Verhandlungen

des

Fünften Deutschen Juristentages.

Herausgegeben

von

dem Schriftführer-Amt der ständigen Deputation

Erster Band.

Berlin, 1864.

Druck und Commissions-Verlag von G. Jansen.

Inhaltsverzeichniß.

Statut des Deutschen Juristentages.

Nach den Beschlüssen vom 25. August 1863 redigirt

von dem Schriftführer-Amt der ständigen Deputation.

§. 1.

Der Zweck des Deutschen Juristentages ist: eine Vereinigung für den lebendigen Meinungsaustausch und den persönlichen Verkehr unter den Deutschen Juristen zu bilden, auf den Gebieten des Privatrechts, des Processes und des Strafrechts den Forderungen nach einheitlicher Entwickelung immer größere Anerkennung zu verschaffen, die Hindernisse, welche dieser Entwickelung entgegenstehen, zu bezeichnen und sich über Vorschläge zu verständigen, welche geeignet sind, die Rechtseinheit zu fördern.

§. 2.

Der Deutsche Juristentag tritt alljährlich zusammen.

§. 3.

Zur Mitgliedschaft berechtigt sind die Deutschen Richter, Staatsanwälte, Advokaten und Notare, die Aspiranten des Richteramtes, der Anwaltschaft und des Notariats, sowie Jeder, der nach seinen Landesgesetzen zum Richteramte, zur Anwaltschaft oder zur Ausübung des Notariats für befähigt erkannt ist, ferner die Lehrer an den Deutschen Hochschulen, die Mitglieder der gelehrten Akademien, die Doktoren der Rechte und die rechtsgelehrten Mitglieder der Verwaltungs-Behörden.

§. 4.

Die Mitgliedschaft beginnt mit dem Empfange der Mitgliedskarte. Sie berechtigt zur Theilnahme an den Verhandlungen und an der Abstimmung.

§. 5.

Der Beitrag der Gesellschaftsmitglieder beträgt zwei Thaler jährlich und ist innerhalb vier Wochen nach Beginn jedes neuen Jahres zu entrichten, widrigenfalls derselbe durch Postvorschuß eingezogen wird. Nimmt ein Mitglied den mit Postvorschuß beschwerten Brief nicht an, so wird dies einer ausdrücklichen Austrittserklärung gleich geachtet. — Für die am Orte des Juristentages selbst zu lösende Anmeldungskarte ist Ein Thaler zu entrichten.

§. 6.

Den Plenarverhandlungen des Deutschen Juristentages gehen der Regel nach Abtheilungs-Berathungen voraus. Zu diesem Zwecke werden durch freiwillige Einzeichnung der Mitglieder folgende vier Abtheilungen gebildet:

1) Abtheilung für Privatrecht, insbesondere Obligationen- und Pfandrecht, juristisches Studium und praktische Ausbildung. *)
2) Abtheilung für Handels-, Wechsel-, See- und internationales Recht. **)
3) Abtheilung für Strafrecht, Strafproceß und Gefängnißwesen.
4) Abtheilung für Gerichtsverfassung und Civilproceß.

Die Abtheilungen wählen ihre Vorsitzenden, Schriftführer, Berichterstatter und benachrichtigen den Vorsitzenden der Plenar-Versammlung (§. 7), sobald ihre Berathungen über einzelne Gegenstände geschlossen sind; ihre Anträge sind schriftlich zu fassen. In jeder Abtheilung stimmen nur Diejenigen mit, welche sich in die betreffende Abtheilung bereits eingezeichnet haben.

Sämmtliche Beschlüsse der Abtheilungen werden in der Plenar-Versammlung mitgetheilt. Es findet jedoch eine Erörterung und Entscheidung im Plenum nur dann statt, wenn dieselbe von der betreffenden Abtheilung vorgeschlagen, oder wenn sie von mindestens zehn Mitgliedern beantragt und von der Plenar-Versammlung beschlossen wird.

---

*) Die gesperrt gedruckten Worte sind eine Aenderung des bisherigen Statuts, welche von dem Vierten Deutschen Juristentage beschlossen worden.

**) Die vom Vierten Deutschen Juristentage beschlossene Vereinigung der ersten und zweiten Abtheilung geschah ausdrücklich nur für die Dauer des Vierten Juristentages.

Ueber die Vorfrage, ob dem von mindestens zehn Mitgliedern gestellten Antrage auf Plenar=Entscheidung stattzugeben, wird nur einem der Antragsteller und dem Berichterstatter das Wort ertheilt.

§. 7.

Die Verhandlungen der Plenar=Versammlung leitet ein Vorsitzender, welcher für die Dauer eines jeden Juristentages in der ersten Plenar=Versammlung durch Stimmzettel oder Akklamation gewählt wird. Derselbe ernennt zwei bis vier Stellverteter und vier Schriftführer. Er bestimmt die Tagesordnung und kann einzelne Gegenstände, ohne Vorberathung in den Abtheilungen (§. 6), unmittelbar zur Plenar=Berathung stellen. Auch ist er befugt, Nichtmitglieder als Zuhörer zuzulassen.

§. 8.

Bei allen Beschlüssen der Plenar=Versammlung und der Abtheilungen entscheidet einfache Stimmenmehrheit der anwesenden Mitglieder, bei allen Wahlen relative Majorität und im Falle der Stimmengleichheit das Loos.

§. 9.

Wird Schluß der Debatte beantragt, so wird über diesen Antrag sofort abgestimmt. In der Plenar=Versammlung sind alle Anträge mit Ausnahme des Antrages auf Schluß der Debatte schriftlich zu stellen.

§. 10.

Vor dem Schlusse eines jeden Juristentages wird von der Plenar=Versammlung durch Akklamation oder in einem einzigen Skrutinium durch Stimmzettel eine aus achtzehn Mitgliedern und dem Präsidenten des letzten Juristentages als Ehren=Präsidenten bestehende ständige Deputation gewählt. Von jenen achtzehn Mitgliedern müssen mindestens drei am Orte des letzten Juristentages und jedenfalls zwölf auswärts wohnen. Die Liste der zur Akklamation vorzuschlagenden Personen wird durch den Präsidenten der Plenar=Versammlung, seine Stellvertreter und je zehn von jeder Abtheilung gewählte Vertrauensmänner gemeinschaftlich festgestellt.

Die ständige Deputation hat folgende Befugnisse und Obliegenheiten:

1) sie sorgt für die Ausführung der von dem Juristentage gefaßten Beschlüsse, veranlaßt nach eignem Ermessen den Druck

der Protokolle und Vorlagen, bewirkt die Vertheilung der Drucksachen an die Mitglieder und verwahrt alle Akten und Schriftstücke des Juristentages;

2) sie bestimmt Zeit und Ort des nächsten Juristentages, trifft die für denselben nöthigen Vorbereitungen, erläßt die Einladungen, stellt die vorläufige Tagesordnung auf, wobei sie in der Regel nur die bis zum 31. Mai des laufenden Jahres eingegangenen Vorlagen zu berücksichtigen hat, und bereitet Abänderungs-Vorschläge in Betreff der Geschäftsordnung für die Plenar-Versammlung vor;

3) sie nimmt die Beitrittserklärungen neuer Mitglieder entgegen, fertigt die Mitgliedskarten aus, empfängt die Beiträge, bestreitet die Ausgaben und legt der folgenden Deputation Rechnung;

4) sie ergänzt sich selbst, falls eins oder mehrere ihrer Mitglieder während des Geschäftsjahres ausscheiden.

Die Deputation wählt aus ihrer Mitte einen Vorsitzenden und einen Schriftführer, welcher Letztere ein von der Deputation festzusetzendes Pauschquantum für baare Auslagen erhält. Der Sitz der Deputation ist der Ort des letzten Juristentages. Zur Giltigkeit ihrer Beschlüsse ist die Einladung sämmtlicher Mitglieder sowie die Mitwirkung von wenigstens fünf Mitgliedern erforderlich.

§. 11.

Abänderungen dieses Statuts können zwar von der Plenar-Versammlung durch einfache Stimmenmehrheit, jedoch nur auf schriftlichen Antrag, der vier Wochen vor dem Zusammentritt des Juristentages der ständigen Deputation (§. 10) überreicht worden, beschlossen werden.

Gutachten.

I.

Gutachten des Oberappellationsgerichts=Rath Becker in Oldenburg.

Von der ständigen Deputation des Deutschen Juristentages ist der Unterzeichnete zur Begutachtung folgender Frage:

> Soll von der Gesetzgebung das Gewohnheitsrecht als gültige Rechtsquelle anerkannt werden und bejahenden Falls in welchem Umfange?

aufgefordert und ihm auf geschehene Anfrage bemerkt worden, daß die Frage sich lediglich auf das Privatrecht beziehen soll. Soweit es meine während der bestimmten Zeit beim Oldenburgischen Landtage sehr in Anspruch genommene Arbeitskraft gestattet, komme ich dieser Anforderung hiermit nach.

Bisher ist in Deutschland von Wissenschaft und Gesetzgebung das Gewohnheitsrecht im Allgemeinen als gültige Rechtsquelle anerkannt worden; nur das allgemeine bürgerliche Gesetzbuch für Oesterreich bestimmt, ohne daneben des Gewohnheits=Rechts besonders zu gedenken, im § 10:

> „Auf Gewohnheiten kann nur in den Fällen, in welchen sich ein Gesetz darauf beruft, Rücksicht genommen werden."

Eine allgemeine Aufhebung der Anerkennung des Gewohnheitsrechts als gültiger Rechtsquelle ist nicht zu rechtfertigen. Auf dem neueren rechtswissenschaftlichen Standpunkte erscheint das Gewohnheitsrecht als ein Ausfluß des innersten Volkslebens, der in Wirklichkeit vorhandenen gemeinsamen Rechtsüberzeugung; das gesetzliche Recht ist berufen, diese Ueberzeugung auszusprechen, kann aber nur in Folge einer Fiktion als diese selbst gelten. Die Kraft des Gewohnheitsrechts ist wenigstens soweit gleichbedeutend mit derjenigen des gesetzlichen Rechts, als beide Ausdruck desselben allgemeinen Willens sind, welcher sich nur in beiden auf verschiedene Weise, unmittelbar im Volke, oder durch die verfassungsmäßigen Organe, äußert; es wäre dieser

Natur beider Rechtsquellen zuwider, das gesetzliche Recht zum allein geltenden zu machen.

Selbst Denjenigen, welche noch heutzutage die Kraft des Gewohnheitsrechts auf die Anerkennung des Gesetzgebers, oder welche dieselbe auf den Begriff der Autonomie gründen, oder welche im Gewohnheitsrecht keine an sich mit der Gesetzgebung gleichberechtigte Rechtsquelle, sondern nur einen durch das Bedürfniß gerechtfertigten Ersatz des gesetzlichen Rechts erkennen wollen, dürfte es für eine allgemeine Aufhebung der Anerkennung an Gründen fehlen.

Zwar schmälert eine fortschreitende Gesetzgebung überall in Deutschland den Umfang des Gewohnheitsrechts, und ist auch seine Neubildung mit der zunehmenden Ungleichheit der Beschäftigungen, Bedürfnisse, Bildung und Kenntnisse der Einzelnen im Volke nothwendig erschwert, es sind jedoch, namentlich in den kleineren Deutschen Staaten, einzelne Gebiete des Privatrechts noch fast ganz dem Gewohnheitsrecht überlassen, in einem großen Theile des Herzogthums Oldenburg z. B. das eheliche Güterrecht. Diese ohne Kodifikation aufzuheben, wäre ebenso unmöglich, als auf diesen Gebieten die fortwirkende Kraft des Gewohnheitsrechts zu verneinen und in Zukunft nur dasjenige als Recht anerkennen zu wollen, was bis jetzt Gewohnheitsrecht war. Ferner können auch bei größter Thätigkeit der Gesetzgebung die gegebenen Gesetze weder die Fälle des Lebens, auch nur der Gegenwart, viel weniger der unberechenbaren Zukunft, erschöpfen, noch durch unzweifelhaften Ausdruck eine bestimmte Anwendung sichern. Es liegt in der Natur der Gesetzgebung, daß sie derartigen Mängeln nicht bei ihrem Hervortreten stets sofort durch neue Gesetze Abhülfe schaffen kann; auch Rechtswissenschaft, gesunde Vernunft und natürliches Recht reichen erfahrungsgemäß hierzu nicht aus, es muß solche Abhülfe dem Gewohnheitsrecht und seinem mit der Wissenschaft erzeugten Kinde, dem Gerichtsgebrauch, mitüberlassen bleiben.

Hiernach sind besondere Gründe erforderlich, um eine ausnahmsweise Beschränkung der Geltung des Gewohnheitsrechts als gültiger Rechtsquelle zu rechtfertigen. Bei Beantwortung der Frage, ob es für das Privatrecht solche Gründe giebt, sind die Erfordernisse des Gewohnheitsrechts, mag man diese nun im gesetzlichen Recht oder in der geschichtlichen Entwickelung des Gewohnheitsrechts finden, oder aus allgemeinen Grundsätzen und Begriffen ableiten, selbstredend nicht als Beschränkungen aufzufassen; doch mag es nicht überflüssig sein, darauf hinzuweisen, daß, wenn man es mit den Erfordernissen des Gewohnheitsrechts und seinem Beweise zu leicht nimmt, dadurch ein die Vortheile des Gewohnheitsrechts aufwiegender Zustand der Rechtsunsicherheit hervorgerufen werden kann.

Im kleinen Rechtsleben meiner Oldenburgischen Heimath ist mir niemals ein Bedenken gegen die unbeschränkte Geltung des Gewohnheitsrechts gekommen, obgleich dasselbe nicht selten den Rechtsgrund gerichtlicher Entscheidungen, auch des höchsten Landesgerichts abgegeben hat, und dabei mitunter umfangreiche Forschungen nach seinem Inhalt stattgefunden haben. Anders mag es in größeren Ländern mit einer allgemeinen Gesetzgebung sich verhalten. Darauf deuten in Betreff Oesterreichs der oben angeführte § 10 des bürg. G.-B. hin, in Betreff Preußens die §§ 3, 4, 6 und 60 der Einleitung und § 7 des Publ.-Patents zum allgemeinen Landrecht, nach welchen man davon ausgegangen ist, daß nur partikuläres Gewohnheitsrecht, und auch dieses nur unter gewissen Beschränkungen zulässig sein soll. Die Redaktoren scheinen hierzu weniger durch eine principielle Verneinung der Kraft des Gewohnheitsrechts, als durch die Gefahr unberechtigter Annahme desselben und durch den Glauben bewogen zu sein, bei einer vollständigen Kodifikation des ganzen Rechts bedürfe es des Gewohnheitsrechts nicht weiter. v. Savigny bemerkt hierzu in der Zeitschrift f. R.-W. III. S. 20 (1817):

> „Das Preuß. Landrecht verbietet alle dem Gesetz derogirende Gewohnheiten und insbesondere alle Rücksicht auf den Gerichtsgebrauch, und dennoch, so neu dieses Gesetzbuch auch ist, hat sich durch die Anwendung in den Gerichten so Vieles modificirt, ergänzt, anders gestellt, daß das geschriebene Landrecht mit dem in den Preußischen Gerichten lebenden Recht keineswegs identisch ist. So ist es überall und so muß es überall bleiben, nur darin wird ein großer Unterschied sein, ob jene unsichtbare Umgebung mehr im Gerichtsgebrauch oder in der allgemeinen Volkssitte oder . . . besteht. Jede Einseitigkeit hierin ist nachtheilig . . . . . Das Schlimmste aber ist, sich über die Unvermeidlichkeit dieses Zustandes zu täuschen, und von der vermeinten Vortrefflichkeit irgend eines neuen Gesetzbuches sich zu der Meinung verleiten zu lassen, daß dasselbe in Wahrheit das Recht unmittelbar und ausschließend beherrschen werde."

Hiermit kann auch Derjenige übereinstimmen, der Savigny's Ansicht über den Beruf unserer Zeit zur Gesetzgebung nicht theilt. Im Französischen code civil fehlen Bestimmungen über das Gewohnheitsrecht. Ein Gutachten des Staatsraths vom 13./22. December 1811 wies die Handelsgerichte an, zu urtheilen en cas de silence de la part du code d'après le droit commun et les usages de commerce. Die ältere Gerichtspraxis nahm selbst die derogatorische Kraft des Gewohnheitsrechts an, bei Diskussion des Gesetzes über die Notarialakte vom 24. Juni 1843 ward diese Kraft verneint. Die Französischen Juristen sind nicht einig. Zachariä, Französisches Civilrecht I. S. 55.

Das allgemeine Deutsche Handelsgesetzbuch bestimmt im Art. 1:

„In Handelssachen kommen, insoweit dieses Gesetzbuch keine Bestimmungen enthält, die Handelsgebräuche, und in deren Ermangelung das allgemeine bürgerliche Recht zur Anwendung."

In Uebereinstimmung mit den Motiven zum Preuß. Entwurfe war die Kommission zur Berathung des allgemeinen D. H.-G.-Buchs in der ersten Sitzung davon ausgegangen, daß der Ausdruck „Handelsgebräuche" das Gewohnheitsrecht mitbefasse. Gewiß ist hiernach die Zulassung neuen ergänzenden Gewohnheitsrechts und die Aufhebung eines dem Handelsgesetzbuch widerstreitenden Gewohnheitsrechts; wie steht es aber mit der derogatorischen Kraft eines künftigen Gewohnheitsrechts? Die Motive zum Preuß. Entwurfe sprechen hierüber nicht deutlich. Es heißt zwar einerseits, daß durch die Gebräuche und Gewohnheiten in Handelssachen mit Hülfe der Handelsgerichte „die Fortbildung des Handelsrechts gesichert werden" soll, andererseits aber wird hinzugesetzt: „Hierbei versteht sich von selbst, daß . . . dieselben den bestehenden Handels- und Strafgesetzen nicht widerstreiten dürfen." Bei der 2. Lesung des Entwurfs kam in der 100. Kommissionssitzung diese Frage zur Sprache: Es ward

„um deutlicher auszudrücken . . daß so lange als das Gesetz eine Bestimmung enthalte, den Gebräuchen keine rechtliche Bedeutung, und namentlich im Interesse eines einheitlichen Rechts keine derogatorische Kraft zukomme",

der Zusatz beantragt:

„Durch Handelsgebräuche können die Bestimmungen dieses Gesetzbuches eine Aenderung nur insoweit erleiden, als es in demselben vorbehalten ist."

Man wendete jedoch ein:

„was die Frage angehe, ob das Handelsgesetzbuch bloß den dermalen bestehenden Handelsgebräuchen derogire, oder ob es auch, insoweit es Bestimmungen enthalte, die Bildung eines jüngeren Gewohnheitsrechts verhindern wolle, so sei es gerathener, diese allgemein rechtliche Streitfrage im Handelsgesetzbuche gar nicht zu berühren,"

und heißt es hierauf weiter im Protokolle:

„Von der Mehrheit wurde aber hervorgehoben, der Entwurf müsse . . . auch bei der jetzigen Fassung im Sinne des Antrags verstanden werden, weshalb es einer ausdrücklichen weiteren Bestimmung nicht bedürfe; es fehlte aber auch nicht an Stimmen, welche einer solchen Norm, abgesehen von deren Richtigkeit und Unrichtigkeit, wenig praktische Bedeutung beilegen zu müssen glaubten."

Hiernach scheint die Mehrheit angenommen zu haben, daß das Gesetz die derogatorische Kraft eines neuen Gewohnheitsrechts verneine, und sind nur aus dieser Annahme die nach der 2. Lesung gemachten Erinnerungen zu erklären:

> von Hamburg: Der Art. 1 gebe zu den ernstesten Bedenken Veranlassung, da er der Weiterbildung der Institute des Handelsrechts durch Gewohnheit eine gefährliche Fessel anlege.
>
> von Kurhessen: Die in Art. 1 den Handelsgebräuchen versagte derogatorische Kraft dürfte einer nochmaligen Erwägung zu unterziehen sein.

Dagegen sagt ein Mitglied der Kommission, Thöl, in seinem Handelsrecht I. S. 67:

> „Mit Unrecht wird behauptet, die derogatorische Kraft des Handelsgewohnheitsrechts sei gegenüber dem Handelsgesetzbuche ausgeschlossen. Dies mag im Interesse der Dauer des einheitlichen Rechts wünschenswerth sein, wenn es überhaupt erreichbar ist. Es steht das aber nicht im Art. 1. Denn dieser spricht über das Verhältniß zum bisherigen Recht, und keineswegs zweizüngig mit denselben Worten auch über die bedeutende Frage nach der Möglichkeit eines künftigen widerstreitenden gewohnheitrechtlichen oder gesetzlichen Rechts."

Thöl mag hierin Recht haben; doch kann es bei der obigen Erklärung der Kommissionsmehrheit nicht auffallen, daß entgegengesetzte Auffassungen stattgefunden haben.

> Vergl. u. A. die Kommissionsberichte der Preußischen Kammern, und die Reden von Behrend, Bürgers und Dr. Götze daselbst.

Vielleicht hat nur der Gedanke an die Wirksamkeit des Gewohnheitsrechts im Verhältnisse zu einer allgemeinen Deutschen Gesetzgebung die ständige Deputation des Juristentages zur Aufstellung der vorliegenden Frage veranlaßt; jedenfalls wird es sich empfehlen, von diesem Gesichtspunkte aus die Frage einer speciellen Beantwortung zu unterziehen.

Die Erstreckung der Gesetzgebung auf das ganze Deutschland kann zunächst keinen Grund abgeben, das ergänzende, Lücken ausfüllende Gewohnheitsrecht auszuschließen. Selbst wenn eine solche Gesetzgebung den Zweck hat, auf einem bestimmten Gebiete alles bestehende Gewohnheitsrecht aufzuheben, indem sie dasselbe entweder verwirft oder zu gesetzlichem Recht macht, kann sie schwerlich verhindern, daß Lücken im Gesetze bleiben, gewiß nicht, daß neue Verhältnisse des Lebens Lücken schaffen, denen sie nicht gleich abzuhelfen im Stande ist. Die nicht ausbleibende Bildung verschiedenen

Gewohnheitsrechts in verschiedenen Theilen Deutschlands für dieselbe Lücke kann für die zu erstrebende Einheit des Rechts kein Grund sein, dem Bedürfnisse mit einer bloßen Verneinung entgegenzutreten, wodurch solche Einheit auch nicht erreicht würde, sondern nur ein Sporn, dem Bedürfnisse baldmöglichst durch Erweiterung des gesetzlichen Rechts abzuhelfen.

Dasselbe gilt von dem die allgemeinen Deutschen Gesetze mit Berücksichtigung ihres Grundes und der Absicht des Gesetzgebers den Ansichten und Verhältnissen des Volkes anpassenden, und insbesondere dem diese Gesetze auf andere Fälle des Lebens ausdehnenden Gerichtsgebrauche; doch kann die bloß wissenschaftliche Auslegung, welche kein Recht schafft, sondern nur aufzeigt, sobald sie als falsch erkannt wird, geändert werden, und ein höchster Deutscher Gerichtshof der verschiedenartigen Anwendung hindernd entgegentreten.

Soll aber ein Gewohnheitsrecht auch einem allgemeinen Deutschen Gesetze unzweifelhaften Inhalts entgegentreten können, sei es nun durch bloße Aufhebung, oder Bildung eines neuen abweichenden Rechtssatzes?

Daß ein allgemeines Deutsches — beziehungsweise ein den ganzen Bezirk, auf welchen das Gesetz sich erstreckt, umfassendes — Gewohnheitsrecht diese Kraft haben müsse, scheint mir unzweifelhaft. Ein ihm inwohnendes Element ist die allgemeine Rechtsüberzeugung, sei es nun des ganzen Volks, oder auch nur des ganzen Juristenstandes, soweit man diesen bei Bildung eines Gewohnheitsrechts als natürlichen Vertreter, bezw. als Organ des Volkes in Rechtssachen ansehen kann, (— eine Berufsthätigkeit der Juristen, die mit derjenigen der Geltendmachung des wissenschaftlichen Rechts nicht zu verwechseln ist, von denjenigen freilich, die Volks- und Juristen-Recht als Gegensätze auffassen, überall nicht anerkannt wird, —) oder auch nur des ganzen Standes, für den der fragliche Rechtssatz Bedeutung hat, z. B. des Handelsstandes 2c. — Diese allgemeine Rechtsüberzeugung, durch Uebung befestigt und erkennbar gemacht, muß sich ihrer Natur nach mit solcher Kraft geltend machen, daß sie die verbietende Gesetzesbestimmung selbst außer Kraft setzen würde.

Die Frage ist indessen nicht von großer praktischer Bedeutung. Die Schwierigkeit der Bildung eines derogatorischen allgemeinen Deutschen Gewohnheitsrechts ist groß, bei einigermaßen thätiger und dem Bedürfnisse entsprechender Gesetzgebung wird solche Bildung nie stattfinden. Nur die bei den zeitigen öffentlichen Zuständen in Deutschland bestehende große Schwierigkeit des Zustandekommens eines allgemeinen Deutschen Gesetzes läßt die Möglichkeit erkennen, daß eine mit den Menschen selbst und ihren Bedürfnissen fortschreitende Rechtsentwickelung allgemeine Deutsche Gesetzesbestimmungen für ganz Deutschland zu todten Buchstaben mache.

Wer die Möglichkeit der Bildung eines solchen allgemeinen Deutschen Gewohnheitsrechts ganz läugnet, bedarf auch keiner gesetzlichen Beschränkung seiner Kraft, kann daher mit mir in dem Resultate übereinstimmen:

> es bedarf für die allgemeine Deutsche Gesetzgebung keiner Aufhebung oder Beschränkung des allgemeinen Deutschen Gewohnheitsrechts als gültiger Rechtsquelle.

Anders liegt die Sache beim partikularen, nicht das ganze Deutschland, bezw. den ganzen Bezirk, auf welchen sich das Gesetz erstreckt, umfassenden Gewohnheitsrecht.

Das Verbot neuer Bildung solchen Gewohnheitsrechts steht mit der Natur des Gewohnheitsrechts selbst nicht in Widerspruch. Dem in dem allgemeinen Gesetze ausgesprochenen allgemeinen Willen ist wohl die Kraft zu versagen, den allgemeinen Willen einer zukünftigen Bevölkerung, nicht aber diejenige, jeden entgegenstehenden Willen eines Bruchtheiles des Ganzen durch das Verbot der Bildung eines abändernden Gewohnheitsrechts zu binden.

Damit ist indessen nur die principielle Zuläßigkeit des Verbotes anerkannt; es fragt sich weiter, ob die besondere Natur der hier fraglichen Gesetze als allgemeiner Gesetze auch das wirkliche Eintreten und, soweit nöthig, Aussprechen dieses Verbotes fordert?

Dies ist allerdings zunächst insoweit der Fall, als gerade die Allgemeinheit der Anwendung eines Rechtssatzes aus ethischen, politischen, staatswirthschaftlichen oder sonstigen allgemeinen Rücksichten so absolut geboten wird, daß der individuelle Wille der Betheiligten überhaupt nicht die Macht haben soll, sich von dem Rechtssatze loszusagen, oder denselben zu ändern. Für dasjenige jus, quod pactis privatorum mutari non potest, ist auch der Aenderung durch partikulares Gewohnheitsrecht die Wirksamkeit zu versagen. Dem Interesse des Ganzen gegenüber erscheint der Eingriff eines Theiles nicht weniger unberechtigt, als der isolirte Privatwille.

Diese Konsequenz wird auch von vielen Schriftstellern als eine aus der Natur des Verhältnisses eines Theiles zum Ganzen nothwendig sich ergebende anerkannt, und als schon bei den Römern in der vielbesprochenen c. 2 C. quae sit longa cons. anerkannt angenommen.

Hierzu zwei kurze Bemerkungen!

Dieselbe Konsequenz gilt selbstredend auch in Betreff der Partikular-Gesetzgebung; wäre Deutschland ein Staat, so könnte es der Gesetzgebung nicht einfallen, ein allgemeines Gesetz anerkannt absoluter Natur für einen Theil des Staates ändern zu wollen, sie würde damit die absolute Natur verneinen. Wenn daher nur die Rechtskonsequenz in Frage käme, müßte einem allgemeinen Deutschen Gesetze absoluter Natur auch die Kraft ertheilt werden, neue abändernde Gesetzgebung der einzelnen Deutschen Staaten zu verbieten.

Dieselbe, partikularrechtliche Aenderungen verbietende, Kraft müßte ferner einem allgemeinen Deutschen Gewohnheitsrechte absoluter Natur zugeschrieben werden, wenn die Möglichkeit der Bildung eines solchen Gewohnheitsrechts angenommen würde.

Ich komme jetzt zu den Gesetzen nicht absoluter Natur, welche nur dann Anwendung finden sollen, wenn der individuelle Wille der Betheiligten seine Macht, sich selbst das Recht zu setzen, nach welchem er beurtheilt werden will, nicht ausgeübt hat. Es läßt sich nicht verkennen, daß auch in Betreff dieser Gesetze der Wunsch, die Rechts-Einheit, welche durch die allgemeine Deutsche Gesetzgebung geschaffen werden soll, nicht durch Zulassung neuen abändernden partikularen Gewohnheitsrechts wieder zerstört zu sehen, seine große Berechtigung hat. Indessen zieht doch schon die Natur des Deutschen Volkes dieser Berechtigung eine Grenze. Bei aller Anerkennung des Segens einer einheitlichen Deutschen Gesetzgebung als neuen, das Nationalitätsgefühl stärkenden Einheitsbandes, als Beförderungsmittel für Verkehr und Kredit, als neuer, sonst beim Ueberwuchern der Partikulargesetzgebung verloren gehender Grundlage für Fortbildung des Rechts durch Wissenschaft und Leben, für den Unterricht auf Universitäten u. s. w. darf man doch nicht soweit gehen, das Deutsche Volk durch ein nur absolutes Recht seiner Natur zuwider centralisiren und so tyrannisiren zu wollen. Dies würde aber geschehen, wenn man denjenigen Rechtsverschiedenheiten keine Rechnung tragen wollte, welche nicht in bloßer Willkür oder gar in einem Rechtsirrthum, in Verkehrsabgeschiedenheit und solchen vorübergehenden Zuständen, sondern in der verschiedenen geschichtlichen Entwickelung der Deutschen Volksstämme oder in lokalen Verhältnissen dauernder Natur (z. B. der Beschaffenheit des Bodens) ihren Grund haben. Es muß der Zeit überlassen bleiben, die Frage zu entscheiden, ob die immer mehr erleichterte Annäherung der Deutschen Volksstämme in Sitte, Religion, Verfassung u. s. w. auch die letzteren Rechtsverschiedenheiten allmälich zu tilgen geeignet ist, oder ob die Deutschen Volksstämme sich das Recht besonderer Gestaltung des in seinen Principien einheitlichen Rechts nicht nehmen lassen wollen.

Liegt hierin schon ein Grund für die Deutsche Gesetzgebung, soweit sich dieselbe nicht etwa auf allgemein anwendbare Principien beschränkt, nicht jedes abweichende partikulare Recht zu verbieten, und trifft dieser Grund insbesondere das aus dem Volksleben bereits entstandene oder künftig entstehende Gewohnheitsrecht, so treten noch überwiegende Gründe hinzu, ein allgemeines Verbot künftigen abändernden partikularen Gewohnheitsrechts als ungerechtfertigt erscheinen zu lassen.

Ein solches Verbot würde dem lebendigsten Recht und seiner Entwickelung hemmend entgegentreten, es würde einen sehr bedauernswerthen, weil die Achtung vor dem Gesetze und seiner Handhabung beeinträchtigenden, Konflikt zwischen der Rechtsüberzeugung, die jedem wahren Gewohnheitsrecht innewohnt, und dem Rechtsprechen hervorrufen, es müßte sogar zu an sich ungerechten Urtheilen führen, so daß es sehr die Frage wäre, ob es sich dem Leben gegenüber auf die Dauer zu halten im Stande wäre.

Die Rechtssätze, um welche es sich hier handelt, sind dem Obigen nach solche, welche durch den individuellen Willen der Betheiligten geändert werden können. Ist dieser individuelle Wille aber in höherem Grade vorhanden, wenn die Betheiligten ihn ausdrücklich ausgesprochen haben, als wenn sie sich stillschweigend dem von ihnen als geltend angenommenen Recht unterworfen haben? Gewiß nicht, und doch wird letzteres beim Gewohnheitsrechte regelmäßig der Fall sein, da jedes Gewohnheitsrecht seiner Natur nach in dem Kreise, wo es existirt, die allgemeine Ueberzeugung, daß es Recht sei, für sich haben muß. Die Möglichkeit ist allerdings zuzugeben, daß gerade Diejenigen, auf welche das fragliche Gewohnheitsrecht im Falle seiner Geltung Anwendung finden soll, dasselbe nicht kannten, allein die Normen, durch welche die Herrschaft der Rechtssätze über die Rechtsverhältnisse bestimmt wird, sind doch der Art, daß eine solche Unkenntniß nur ein, in der Regel bei einiger Aufmerksamkeit vermeidlicher, Ausnahmsfall sein dürfte. Man könnte jene Normen in engere, sicherndere Grenzen ziehen, oder die Pflicht des Richters zur Anwendung eines neuen partikularen Gewohnheitsrechts einem allgemeinen Gesetze gegenüber beschränken wollen auf diejenigen Betheiligten, von denen anzunehmen wäre, daß sie sich im konkreten Falle dem Gewohnheitsrecht haben unterwerfen wollen, oder gar auf Diejenigen, welche das Gewohnheitsrecht kannten ꝛc., ich würde jedoch solche im Allgemeinen der Natur des Gewohnheitsrechts widersprechende Einschränkung (Puchta Gew.-R. 3. Buch, S. 46 f.) nicht für angemessen halten. Es können nur seltene Fälle sein, wo es dem Betheiligten nicht leicht möglich gewesen wäre, von der Existenz des hier fraglichen Gewohnheitsrechts zeitig Kunde zu erhalten. Hat sich dasselbe erst kürzlich gebildet, so wird ihm in der Regel der Widerspruch zwischen dem Gesetze und der gegenwärtigen Lebensanschauung Veranlassung zur Nachforschung bieten. Hat das Gewohnheitsrecht schon längere Zeit bestanden, ist es schon öffentlich ausgesprochen, so wird die Schwierigkeit, zeitig von demselben Kunde zu erhalten, kaum größer sein, wie beim geschriebenen Recht. Der regelmäßig konkretere Inhalt des Gewohnheitsrechts macht dasselbe für den konkreten Fall leichter erkennbar. Auch waltet in Betreff der möglichen Härte, welche in seltenen Fällen die Anwendung eines partikularen Gewohnheitsrechts wegen entschuldbaren Mangels der Kenntniß mit sich führen kann, zwischen das Gesetz ergänzendem und abänderndem Gewohnheitsrechte kein Unterschied ob, und kann diese Härte zum Theil noch dadurch vermieden werden, daß die mangelnde Kenntniß des Gewohnheitsrechts zwar nicht als faktischer Irrthum, aber doch unter Umständen als gleich dem faktischen Irrthume entschuldbarer Rechtsirrthum angesehen wird.

Das Interesse der staatlichen oder nationalen Rechtseinheit kann demnach das Verbot eines neuen abändernden partikularen Gewohnheitsrechts nicht rechtfertigen; höhere Interessen des Rechtslebens und der Gerechtigkeit selbst sind dawider. Dem ersteren Interesse muß auf andere Weise Rechnung getragen werden. Die Gesetzgebung muß solches Gewohnheitsrecht nicht verbieten, sondern durch eigene einsichtige Thätigkeit verhüten. Ein hierzu besonders geeignetes Mittel dürfte für die allgemeine Deutsche Gesetzgebung die Bildung einer in stetem Verkehr mit den einzelnen Deutschen Regierungen und höheren Gerichten stehenden allgemeinen Deutschen Gesetzgebungs-Kommission sein.

Meine Beantwortung der von der Deputation des ständigen Deutschen Juristentages gestellten Frage fällt allem Obigen nach für das Privatrecht dahin aus:

> Die Gesetzgebung darf dem Gewohnheitsrecht die Anerkennung als gültige Rechtsquelle im Allgemeinen nicht versagen; nur bei allgemeinen Gesetzen solcher Natur, daß das Interesse der Allgemeinheit die absolute Unterwerfung der Einzelnen fordert, ist die Bildung abändernden partikularen Gewohnheitsrechts nicht zu gestatten.

In Betreff dieser einzigen oben näher charakterisirten Ausnahme muß ich noch den Wunsch aussprechen, daß die Gesetzgebung Gesetze solcher Natur möglichst bestimmt bezeichnen möge, da der Begriff allein für die Rechtsanwendung kaum genügende Bestimmtheit haben dürfte,

> — dies hat auch die Französische Jurisprudenz in Betreff der Anwendung des Art. 6 des code: „On ne peut déroger, par des conventions particulières aux lois qui intéressent l'ordre public et les bonnes moeurs", anerkannt: Zachariä I, S. 82. —

und von neueren Deutschen Juristen mit dem Erfordernisse der Rationabilität in eine schwankende Verbindung gebracht ist. Die bloße Form des Gebietens und Verbietens reicht nicht aus.

Es ändern freilich auch solche Gesetze im Laufe der Zeit mit der allgemeinen Ansicht des Volkes und der Wissenschaft ihre Natur. Die Römer rechneten manchen Rechtssatz zum **jus publicum, quod pactis privatorum mutari non potest**, den wir der Disposition der Betheiligten unterwerfen. Savigny rechnete im J. 1840 zu den absoluten Gesetzen, deren Anwendung keine partikulare Gewohnheit hindern dürfe, ein neues Wuchergesetz (System I, S. 196); wegen eingetretener Aenderung der volkswirthschaftlichen Ansichten würde aber einem 1840 erlassenen Wuchergesetze schon heute nicht mehr allgemein dieser absolute Charakter beigelegt werden. Solche Erwägung darf nun freilich nicht dahin führen, dem Richter die jedesmalige Prüfung der absoluten Natur eines Gesetzes zur Zeit seiner Anwendung zu überlassen; dazu sind die Gründe für die Annahme eines solchen absoluten Charakters zu verschiedenartiger, großentheils außer der Sphäre des Richters liegenden Natur, der Richter würde zu sehr Gesetzgeber, das Recht zu schwankend werden. Wohl aber legt obige Erwägung dem Gesetzgeber die Pflicht auf, solche Gesetze fortwährend im Auge zu behalten und zu prüfen, ob die zur Zeit ihres Erlasses gerechtfertigte Annahme ihrer absoluten Natur noch fortdauernde Geltung beanspruchen könne. Es möchte sonst dahin kommen, daß das lebendige Recht einer späteren Zeit auch das allein zu rechtfertigende und zur Zeit seines Erlasses völlig gerechtfertigte Verbot eines ändernden Gewohnheitsrechts nicht mehr achtete.

Könnten wir annehmen, wozu wir aber nicht berechtigt sind, daß ein allgemeines Gesetz absoluter Natur ändernde partikulare Gewohnheitsrechte sich überall nicht eher bilden würden, als bis nach allgemeiner Ansicht das Gesetz seine absolute Natur verloren habe, so müßte auch die allein von mir noch angenommene Beschränkung der Zulassung des Gewohnheitsrechts durch die Gesetzgebung fallen, und die Frage der Deputation wäre ohne Beschränkung zu bejahen.

II.

Gutachten des Gerichtsrath Auff in Mainz.

Die ständige Deputation des Deutschen Juristentages wünschte von mir ein Gutachten über die Anträge der Herren Dr. Schenk, Dr. Heller und Dr. Bernays, betreffend das Vormundschaftswesen. (Deutsche Gerichtszeitung Nr. 37 von 1863, S. 150.)

Zur besseren Uebersicht stelle ich diese Anträge hier zusammen.

I. Antrag von Dr. Schenk:

„Der Deutsche Juristentag wolle als seine Ueberzeugung aussprechen:

A. Das Deutsche Familienrecht beruht auf dem Altdeutschen Gedanken des Mundiums.

Daraus folgt:

aa) Die Vormundschaft ist Sache der Familie.

bb) In deren Ermangelung der Gemeinde.

Es ist daher:

B. Die Vormundschaft auf das Familienprincip zurückzuführen.

Zu diesem Ende ist erforderlich:

aa) Die Schaffung einer Familienversammlung.

bb) Die Stellung derselben in einer Weise, daß der Schwerpunkt der Vormundschaft in ihr liegt.

C. Uebrigens ist mit dem staatlichen Aufsichtsrechte immer nur ein Gericht zu betrauen."

II. Antrag von Dr. Heller:

„Der Deutsche Juristentag wolle aussprechen:

Die gedeihliche Entwickelung des Deutschen Vormundschaftsrechtes fordert die Ueberweisung der Vormundschaftssachen an eigene aus den Gemeinden zu bildende Behörden, mit dem Familienrathe zur Seite."

III. Antrag von Dr. Bernays:

„Der Deutsche Juristentag spreche seine Ueberzeugung aus:

1) daß ein Familienrath zu schaffen sei, der in allen durch das Gesetz zu bestimmenden Fällen bald entscheidende, bald berathende Natur habe,
2) daß dem Familienrathe eine richterliche Behörde beigegeben werde, welche den Familienrath leitet und in demselben Sitz und Stimme erhält,
3) daß dem Gerichte die Obervormundschaft über diesen Familienrath der Art zustehe, daß in den durch das Gesetz zu bestimmenden Fällen die Beschlüsse des Familienrathes der Bestätigung des Gerichtes bedürfen und dasselbe über alle zwischen dem Vormunde und dem Familienrathe entstandenen Konflikte entscheide."

Der Schenk'sche Antrag unter A verlangt, der Juristentag solle sich dahin aussprechen:

„Das Deutsche Familienrecht beruhe auf dem Altdeutschen Gedanken des Mundiums."

Dieser Gedanke ist identisch mit demjenigen der Selbstständigkeit der als politische Genossenschaft dastehenden alle Blutsverwandten umfassenden Familie, mit dem Rechte der freien Selbstverwaltung ohne Einmischung und überflüssige Beaufsichtigung des Staates, aber auch mit der dieser freien Selbstverwaltung entsprechenden Pflicht, ihre schwachen und wehrlosen Angehörigen zu schützen und zu vertreten, deren Vermögen zu verwalten.

Vergleiche hierüber:

Kraut, die Vormundschaft, Göttingen 1835.

Mittermaier, Grundsätze des gemeinen Deutschen Privatrechtes, 1847 B. II. § 415.

und die sehr verdienstliche Arbeit des Antragstellers

Dr. Schenk, „der Familienrath", Wien 1863.

Mit diesen Grundsätzen erkläre ich mich vollständig einverstanden und kann nur wünschen, daß der Juristentag denselben seine ungetheilte Zustimmung geben möge.

Wohin die Verdrängung der Familie aus der Vormundschaft und deren Uebernahme durch den Staat in Deutschland führte und immer wieder führen wird, das läßt sich leicht an dem Vormundschaftswesen erkennen, wie es in den Ländern des gemeinen Rechtes besteht.

Der Staat, welcher die Vormundschaften in Händen halten will, kann sie nur durch seine Beamten besorgen lassen. Mögen dies nun die Gerichte oder besondere Behörden der freiwilligen Gerichtsbarkeit sein, immer werden es nur bezahlte Staatsdiener mit einem bestimmten Geschäftskreise sein können, gebildet in der Schule der Beamten, bewandert in den Wissenschaften und den Formen der büreaukratischen Verwaltung aber nur selten vertraut mit den gewöhnlichen Vorkommnissen des bürgerlichen Lebens. Entweder haben sie Zeit und den Willen, sich mit den Vormundschaften gründlich zu befassen, dann thun sie in der Regel zu viel, überlassen dem mit Mißtrauen umgebenen Vormunde nichts als die Verantwortlichkeit für ihre, der Beamten, Fehler, führen die Vormundschaft selbst bis in's kleinste Detail durch ängstliche Verwaltungsvorschriften, oder begnügen sich aus Ueberbeschäftigung oder Indolenz damit, ihre Verantwortung zu decken und dann die Sachen gehen zu lassen, wie sie wollen. Diese Beamten werden immer dem Mündel und dem Vormunde ferne stehen, ohne genügende Kenntniß der Personen und Lokalverhältnisse, in der Regel nach unzuverlässigen Informationen die Vormünder ernennen, die Vormundschaft geschäftsmäßig ohne Liebe zur Sache regieren, die Erziehung des Mündels und die Mittel dazu bestimmen, Veräußerungen, Verpachtungen, ökonomische Einrichtungen beschließen ohne etwas von all dem zu verstehen. Es wird dieser Vormundschaft überall die Wärme und das wohlthätige Leben fehlen, welches bei einem der väterlichen Gewalt ähnlichen Verhältnisse zwischen der Vormundschaft und dem Mündel sich so leicht ergiebt, aber der strengen, fremden, jede Vertraulichkeit ausschließenden richterlichen Autorität gegenüber, welche doch dem Mündel wie dem Vormunde stets als die einzige Richtschnur ihres Verhaltens erscheint, sich nimmer entwickeln kann.

Nehmen wir daher Akt, daß in den vorliegenden Anträgen keine Stimme sich zu Gunsten der mit dem fremden Rechte eingedrungenen gerichtlichen Vormundschaft erhoben hat, und kehren wir zurück zu den Grundsätzen unseres vaterländischen Familienrechtes. Hüten wir uns vor den Folgen der alten Gewohnheit, selbst überall bevormundet zu werden, gewähren wir dem Staate nicht mehr Einfluß auf die Familie und die Vormundschaft, als mit dem ihm allerdings zustehenden streng begrenzten Aufsichtsrechte sich vertragen will, geben wir der obervormundschaftlichen Behörde vertrauensvoll die freie Uebung ihrer obervormundschaftlichen Rechte zurück, sichern wir aber auch dem Vormunde die ihm nöthige Unabhängigkeit in der Erziehung des Mündels und der Vermögensverwaltung, ohne daß wir versäumen, dem Mündel die erforderlichen Garantien seiner Regreßansprüche gegen den Vormund zu wahren; befreien wir die Beziehungen des Vormundes zu der obervormundschaftlichen Behörde von zeitraubenden Formen, suchen wir zwischen der Vormundschaft und dem Mündel ein Verhältniß herzustellen, welches die fehlende elterliche Gewalt und namentlich das mit dieser verbundene uneigennützige Interesse für die Person und das Vermögen des Pfleglings möglichst zu ersetzen vermag; mit einem Worte, lassen wir uns von dem Altdeutschen Gedanken des Familienschutzes leiten, und wir werden ein gutes Vormundschaftsrecht zu schaffen im Stande sein.

Wo aber wären die Elemente zu einer diesen Grundsätzen entsprechenden Vormundschaft irgend zu finden, wenn nicht bei den nächsten Angehörigen d. h. in der Familie oder der Gemeinde, denen der Mündel angehört? Nur bei ihnen ist jenes nähere Interesse für den Pflegling zu erwarten, welches dem Bewußtsein der Verwandtschaft und der Zusammengehörigkeit entspringt; sie beide müssen besonders dringend wünschen, daß der Mündel gut erzogen, sein Vermögen ihm erhalten werde, weil er einer der Ihrigen ist und theils nach Gesetz, theils nach Sitte und Herkommen ihnen zur Last fällt, wenn er arm, ihnen von Vortheil sein kann, wenn er wohlhabend ist. Beide stehen dem Mündel und seinen Verhältnissen ganz nahe, sind also mehr als jeder Andere in der Lage, beurtheilen zu können, wer am meisten zum Vormunde sich eigne, ob Jemand in seiner Person und in seinem Vermögen die nöthige Sicherheit biete und wie diese herzustellen sei, die körperlichen und geistigen Eigenschaften des Pfleglings und dessen Bedürfnisse zu kennen, danach die Art seiner Erziehung zu bestimmen, die Frage zu entscheiden, welche Mittel für die Erziehung und den Unterhalt des Mündels nothwendig, wie dessen Vermögen am besten zu administriren, ob eine dem Mündel anerfallene Oekonomie oder ein Geschäft desselben für seine Rechnung fortzusetzen oder zu veräußern, ob Immobilien zu erhalten, zu verpachten oder zu verkaufen und unter welchen Bedingungen, ob ein Kapital bei diesem oder jenem sicher anzulegen sei. Beide sind gleichmäßig befähigt, den Vormund und seine Verwaltung ganz in der Nähe zu beobachten und zu kontroliren, Thatsachen zu erfahren, welche besondere Vorsicht oder Entfernung des Vormundes erheischen, und alles dies können sie, ohne sich von ihrem Wohnorte zu entfernen, also ohne irgend bedeutende Opfer an Zeit und Arbeit. Bei so vielen günstigen Eigenschaften, welche die Familie und die Gemeinde gleichmäßig als zur Uebernahme der Vormundschaft besonders geeignet empfehlen, könnte es schwierig scheinen, die Frage zu entscheiden, bezüglich deren die Anträge der Herren Dr. Schenk und Heller sich diametral gegenüber stehen, da der Erstere die Vormundschaften vorzüglich den Familien und nur in deren Ermangelung den Gemeinden, Dr. Heller sie dagegen ausschließlich den Gemeinden unter bloßem Beirathe der Familie übertragen wissen will. Ich, der ich zweiundzwanzig Jahre hindurch als Anwalt und Richter die Familie die Vormundschaften führen sah, gebe ohne Bedenken dieser vor der Gemeinde den Vorzug. Bevor ich die Gründe, welche mich dabei leiten, anführe, muß ich den Dr. Heller'schen Antrag etwas näher beleuchten.

Da die Gemeinde in ihrer Gesammtheit unmöglich die Vormundschaften selbst besorgen kann, so hat man diese entweder den bereits bestehenden Gemeindeverwaltungen beziehungsweise den durch und aus diesen gewählten Ausschüssen übertragen oder aus der Gemeinde durch direkte Wahl eigene Behörden gebildet, welche die Pupillenangelegenheiten besorgen. So bestehen die Waisengerichte in Baden je nach der Größe der Gemeinde aus zwei oder sechs Mitgliedern des Ortsgerichtes (Gemeinderathes) von diesen selbst gewählt. In Württemberg sind sie aus dem ersten Ortsvorstande und aus fünf Mitgliedern des Gemeinderathes gebildet. Vielfach hat man vorgeschlagen, die Ortsgeistlichen der verschiedenen Konfessionen und die Schullehrer als stehende Mitglieder diesen Waisengerichten beizufügen, weil sie theils durch das Vertrauen, welches sie in der Gemeinde genießen, theils durch ihre Kenntniß der Familienverhältnisse besonders geeignet seien, günstig auf die Verwaltung der Vormundschaften einzuwirken, was indessen, soweit mir bekannt, bisher nirgends geschehen ist. Am meisten haben mich die Waisen- oder Pflegegerichte angesprochen, wie sie in den Hohenzollern'schen Landen und namentlich in den Gemeinden des vormaligen Fürstenthums Hohenzollern-Hechingen bestehen, von deren Einrichtung Herr Staatsanwalt Evelt von Hechingen in der Nummer 5 und 6 der Preußischen Gerichtszeitung von 1861 eine sehr klare, aber allerdings etwas einseitige Darstellung gegeben hat. Er schildert ihre langjährige Wirksamkeit als eine fruchtbringende. Dieselben bestehen aus dem Ortsvorsteher und zwei, oder in den größeren Gemeinden aus vier Mitgliedern und zwei Ersatzmännern, welche alle drei Jahre durch Stimmenmehrheit von den nach der Gemeindeordnung stimmfähigen Bürgern neu gewählt werden.

Diese oder ähnliche Waisengerichte sind es wohl, welche Dr. Heller im Auge hat, wenn er von besonderen aus den Gemeinden zu bildenden Behörden spricht, und will ich zugeben, daß sie im Allgemeinen die Vorzüge alle besitzen, welche ich oben den Gemeinden attribuirt habe. Aber sie haben auch ihre Schattenseiten.

1) In größeren Gemeinden und in Städten fehlt den Waisengerichten die specielle Kenntniß der Persönlichkeiten des Vormundes und Mündels und ihrer Verhältnisse, die ihnen in kleineren Gemeinden allerdings eigen ist, welche man dagegen bei den Familienangehörigen überall gleichmäßig voraussetzen darf.

2) Die Waisengerichte, welche aus mindestens drei und höchstens fünf

Mitgliedern zu bestehen pflegen, die überdies jenes Ehrenamt nur nebenbei besorgen, während ihre Hauptbeschäftigung der Ackerbau oder ein Gewerbe bleibt, sind nicht im Stande alle Vormundschaften ihrer Gemeinden mit dem Fleiße zu besorgen, die Rechnungen so gründlich abzuhören und mit der Strenge und Sorgfalt den Vormund bei seiner Verwaltung zu kontroliren, wie dies die Familienräthe können, welche, obschon aus ebensovielen Mitgliedern bestehend, immer nur eine specielle Vormundschaft über sich haben.

3) Nicht anders steht es mit dem Regresse des Mündels. Zahlreiche Vormundschaften sind auf das Vermögen weniger Waisenrichter angewiesen. Die vermögenden Bürger der Gemeinden bleiben überdies gewöhnlich den Waisengerichten fern, während unvermögende Geschäftsleute, welche bei solchen Verwaltungen immer ihren Vortheil haben, diese Ehrenstellen ausfüllen, und in ihrem Vermögen gar keine Garantie bieten. Dagegen gewährt da, wo das Gesetz die besondere Haftbarkeit der Familie ausspricht, diese in der Regel gewiß volle Sicherheit für eine ihr anvertraute Vormundschaft, da gewöhnlich das Vermögen des Mündels mit jenem seiner Familie im Verhältnisse steht. Anders würde freilich die Sache sich gestalten, wenn man die Gemeinden selbst für alle aus der vormundschaftlichen Verwaltung der Waisenbehörden entstehenden Regreßansprüche haftbar erklären wollte, was aber bisher, soviel mir bekannt, nirgends geschehen ist.

Abgesehen aber von diesen Gründen dürften folgende Erwägungen der Familie unbedingt den Vorzug sichern:

a. Die Vormundschaft ist eine öffentliche Last, welche vor allen die Familie des Pupillen tragen muß, weil dieser zunächst ihr angehört, mit ihr in der Regel einen und denselben Namen trägt, dessen Ehre und Unehre die ganze Familie mitberühren und dessen Vermögen im Falle gesetzlicher Vererbung an sie zurückfällt.

b. Die Vormundschaft soll die mangelnde elterliche Gewalt ersetzen oder ergänzen. Dies Ziel zu erreichen, dazu müssen alle beitragen, welche bei der Vormundschaft mitwirken. Wer vermöchte dies besser, als die nächsten Angehörigen des Mündels, bei welchen, wenn irgend wo Zuneigung für den Mündel vermuthet werden kann.

c. Von nicht geringer Bedeutung muß die Rücksicht sein, welche der Gesetzgeber der Wahrung der Familiengeheimnisse schenken muß. Keine Familie giebt gerne den aus derselben Gemeinde gebildeten und mit ihr da wohnenden Mitgliedern der Waisengerichte freie Einsicht in alle ihre Verhältnisse. Wer wie ich fünfundzwanzig Jahre an den Handelsgerichten als Parteivertreter fungirte, weiß, wie schwer es dem Kaufmann oder Geschäftsmann wird, seine Handels- oder Geschäftsbücher Handelsrichtern vorzulegen, daß sie zuweilen lieber Schaden erleiden, um dies zu vermeiden, und doch geben die den Vormundschaftsrechnungen, Veräußerungs- und Kapitalaufnahmegesuchen beizulegenden Inventarien, Testamente, Theilungen und andere Familienpapiere die genaueste Einsicht in die Geheimnisse und Kreditverhältnisse nicht nur der betheiligten Pfleglinge, sondern auch der ganzen Familie. Wohl kann in solchen Fällen ein Glied der Familie dem andern und sogar dem fernestehenden Richter des Staates vertrauen, Gemeindebehörden gegenüber, zu welchen vielleicht sogar seine Gegner und Konkurrenten gehören, wird dies jeder möglichst zu vermeiden suchen.

So unbedingt ich nach den bisherigen Ausführungen im Principe der Familie den Vorzug vor der Gemeinde und den aus dieser gebildeten Pupillenbehörden vindicire, ebenso unbedenklich spreche ich mich aber auch dahin aus, daß da, wo die Familie ganz fehlt oder deren Angehörige sämmtlich oder zum Theil so entfernt wohnen, daß dieselben nicht wohl zu den Familienversammlungen zugezogen werden können, die Gemeinde als erweiterte Familie einzutreten habe. In diesen übrigens nur sehr seltenen Fällen bliebe nur die Wahl zwischen der Gemeinde und der gerichtlichen Vormundschaft, und diese kann nach meinen obigen Ausführungen nicht zweifelhaft sein, weshalb ich denn auch für Annahme der Schenk'schen-Anträge

sub aa. Die Vormundschaft ist Sache der Familie,

sub bb. In deren Ermangelung der Gemeinde,

stimme.

Gehe ich nun zu der Frage über, in welcher Weise meiner Ansicht nach die Familie, beziehungsweise die Gemeinde zur Führung der Vormundschaften heranzuziehen seien, so kann ich auch hier wieder nur die hierhergehörigen Anträge von Dr. Schenk unter B

Die Vormundschaft sei auf das Familienprincip zurückzuführen.

Zu diesem Ende sei erforderlich:

aa. Die Schaffung einer Familienversammlung.

bb. Die Stellung derselben in einer Weise, daß der Schwerpunkt der Vormundschaft in ihr liege,

zur Annahme empfehlen.

Diese Anträge sowohl als die specielleren des Herrn Dr. Bernays schließen sich offenbar dem Systeme des Französischen Vormundschaftsrechtes an und werden leicht verstanden werden, wenn ich jenes System hier in einigen Zügen unter Vermeidung aller nicht absolut nöthigen Specialitäten skizzire.

Die Vormundschaft des Französischen Rechtes ist eine öffentliche Last im Interesse des Pflegebefohlenen. Der streng verantwortliche Vormund repräsentirt vermöge der ihm vom Gesetze gegebenen Gewalt den Mündel überall und vollständig und verwaltet die Vormundschaft unter Aufsicht des

Gegenvormundes, welcher die Interessen des Mündels da zu vertreten hat, wo sie mit jenen des Vormundes in Kollision kommen, der Vormund also verhindert ist, und des Familienrathes, welchem die Obervormundschaft übertragen ist.

Der Familienrath ist keine permanente Behörde; das einzige ständige Mitglied desselben ist der Friedensrichter des Gerichtsbezirks, wo der Mündel zur Zeit seiner Bevormundung wohnt, welcher jedesmal dann, wenn er eine Veranlassung dazu erfährt, die sechs nächsten Angehörigen des Mündels und zwar zur Hälfte aus den väterlichen, zur Hälfte aus den mütterlichen Verwandten oder Verschwägerten an dem Orte, den er dazu bestimmt, zusammenruft und zu einem Familienrathe konstituirt. Befinden sich am Sitze der Vormundschaft und in einer bestimmten Entfernung von diesem gar keine, oder keine genügende Zahl von Angehörigen einer oder der andern Linie, so beruft der Friedensrichter statt der fehlenden die nächsten Freunde der Familie aus der Gemeinde. Dieser Familienrath nunmehr, sobald mindestens fünf der berufenen Mitglieder erschienen sind, faßt unter Leitung und Mitstimmung des Friedensrichters nach Stimmenmehrheit Beschlüsse, oder giebt Gutachten ab. Durch Beschlüsse, welche ohne Weiteres vollziehbar sind, wenn kein Rekurs dagegen ergriffen wird, bestellt er namentlich die Vormünder, verfügt er deren Ausschluß oder Destitution, ermächtigt er den Vormund zur Annahme oder zum Ausschlagen der dem Mündel anerfallenen Erbschaften und Schenkungen, zu Klagen, welche Theilungen oder Immobiliarrechte betreffen, erklärt er den Minderjährigen mündig und entmündigt ihn wieder. Gutachten giebt der Familienrath immer da ab, wo das Gesetz, der Vormund oder das Gericht seine Ansicht kennen wollen und in folgenden Fällen, wo die Entscheidung, d. h. die Bestätigung der Gutachten dem Kollegialgerichte erster Instanz reservirt ist, nämlich wenn es sich um Aufnahme von Darlehen, um Verpfändung oder Veräußerung des Mündelgutes, oder um den Abschluß von Vergleichen handelt.

Die Beschlüsse des Familienrathes können der Vormund, der Beivormund die in der Minderheit gebliebenen Mitglieder des Familienrathes, und zwar auch Einzelne derselben, überhaupt alle jene Personen, deren Rechte jene Beschlüsse ihrer Form oder ihrem Inhalte nach verletzen, durch Rekurse anfechten, welche in der Form gewöhnlicher Klagen an die Kollegialgerichte erster Instanz gebracht werden und dem gewöhnlichen Instanzenzuge unterliegen, dagegen sind die Mitglieder des Familienrathes keiner besonderen Verantwortlichkeit unterworfen, haften also nach allgemeinen Grundsätzen nur für dolus und grobe Fahrlässigkeit. Hier finden wir also die Vormundschaft auf das Familienprincip zurückgeführt, welches selbst da beibehalten ist, wo die Gemeinde eintritt. Jede Vormundschaft ist von einer besonderen Familienversammlung umgeben, und wo die Familie fehlt, wird diese Versammlung aus Angehörigen der Gemeinde gebildet oder ergänzt, die der Friedensrichter zunächst aus denjenigen Gemeindeangehörigen zu wählen hat, welche zu der Familie längere Zeit in besonders befreundetem Verhältnisse gestanden haben. In dieser Familienversammlung liegt der Schwerpunkt der Vormundschaft, denn sie übt deren wesentlichsten Rechte.

Im Allgemeinen hat diese Einrichtung in Frankreich sowohl als in den Deutschen Provinzen des Französischen Rechtes befriedigt, (vergl. Philippi, die Vormundschaft. Elberfeld 1859, S. VI der Vorrede) und kann ich aus meiner Erfahrung bestätigen, daß sie der Bevölkerung der Provinz Rheinhessen wirklich lieb geworden ist. Man hat zwar von verschiedenen Seiten die Ansicht ausgesprochen, man solle den Familienrath in eine permanente Behörde umwandeln, weil die Verwaltung der Vormundschaft dadurch an Konsequenz und Einheit gewinnen würde, und der Regierungsentwurf zu einem bürgerlichen Gesetzbuche für das Großherzogthum Hessen von 1844 hatte diese Aenderung in Vorschlag gebracht, aber abgesehen davon, daß das Wesen des Institutes es erfordert, daß der Familienrath immer aus den nächsten Verwandten zusammengesetzt werde, was sich mit der Permanenz nicht wohl vereinigen ließe, hat das Bedürfniß dieser Aenderung in der Praxis sich keineswegs gezeigt und fand deshalb der Regierungsvorschlag weder in den Ausschüssen der Kammer noch in der Provinz Rheinhessen Beifall.

Die in demselben Entwurfe vorgeschlagene Verminderung der Zahl der Mitglieder des Familienrathes, welche den in der Erfahrung nirgends gerechtfertigten Zweck haben sollte, dessen Komposition zu erleichtern und die Fälle, wo Nichtverwandte zugezogen werden müssen, seltener zu machen, mußte schon an der einfachen Betrachtung scheitern, daß der Familienrath möglichst die Summe der Weisheit und Erfahrung der ganzen Familie umfassen soll, überdies die Kontrole und Garantie für die redliche und gewissenhafte Pflichterfüllung des Familienrathes durch Verminderung der Zahl seiner Mitglieder beeinträchtigt würde.

Dennoch bin ich der Meinung, daß ein künftiges Deutsches Vormundschaftsgesetz bei Aufnahme des Institutes des Familienrathes den Standpunkt des Französischen Rechtes im Interesse der konsequenteren Durchführung der leitenden Principien überschreiten soll, und geben mir die sofort zu beleuchtenden Dr. Bernays'schen Anträge Gelegenheit, meine desfallsigen Ansichten zu entwickeln.

Diese Anträge betreffen theils die Zusammensetzung, theils die Kompetenz des Familienrathes.

In ersterer Beziehung will Herr Bernays seinem zweiten Antrage gemäß in Uebereinstimmung mit dem Französischen Rechte, daß dem Familienrathe ein Richter beigegeben werde, welcher denselben leite und in demselben Sitz und Stimme erhalte.

Ich bin damit vollkommen einverstanden, nur muß ich mich gegen das Stimmrecht des Richters aussprechen.

Die Stellung des Friedensrichters im Französischen Familienrathe hat sich im Allgemeinen durchaus als zweckmäßig bewährt. Er bringt in denselben die häufig wünschenswerthe Kenntniß des Gesetzes und Gewandheit in der Abfassung von Beschlüssen, verbürgt durch sein Ansehen die Klarheit und Würde der Verhandlungen, bleibt in genauer Kenntniß des Standes aller Vormundschaften seines Bezirkes und übt zugleich das staatliche Aufsichtsrecht. Aber dazu bedarf er des Stimmrechtes nicht, welches ich für unnöthig, ja sogar für schädlich halte; unnöthig, weil die Versammlung so komponirt werden kann, daß keine Gleichheit der Stimmen sich ergiebt und seit Erlaß des Französischen Gesetzbuches Bildung, Schulkenntnisse und die wünschenswerthe Selbstständigkeit des Urtheils durch alle Schichten des Volkes sich so verbreitet haben, daß es dieses leitenden Einflusses und Beispiels des Friedensrichters nicht mehr bedarf; schädlich, weil die Indolenten im Familienrathe in der Abstimmung des Friedensrichters einen Vorwand finden, sich jeden selbstständigen Urtheils zu entschlagen, indem sie der richterlichen Stimme folgen.

In Bezug auf die Kompetenz des Familienrathes verlangt Herr Bernays, auch hier dem Französischen Rechte folgend, in seinem ersten Antrage:

> daß der Familienrath theils entscheidende, theils nur berathende Natur habe.

Es versteht sich wohl von selbst, daß diesem Antrage nichts im Wege stehen könnte, so lange derselbe nichts weiter bedeuten wollte, als daß der Familienrath in den Fällen, wo der Richter oder der Vormund nur die Ansicht und den Rath der Familie hören wollen, wo es sich aber nicht darum handelt, daß über wirkliche Fragen der Obervormundschaft zu entscheiden ist, nur berathende Behörde sein solle. Aber der Bernays'sche Antrag geht mit dem Französischen Rechte viel weiter. Das ergiebt sich aus seinem dritten Antrag, worin er ausgesprochen haben will, daß die Beschlüsse des Familienrathes in gewissen wichtigen Fällen der Bestätigung des Gerichtes bedürfen sollen.

In diesem letzteren Sinne muß ich mich entschieden gegen die Bernays'schen Anträge, also gegen jedes Bestätigungsrecht der Gerichte aussprechen.

Wer den verwahrlos'ten Zustand der Volksbildung zu Anfang dieses Jahrhunderts und namentlich in Frankreich kennt, kann es nur billigen, daß die Kaiserlichen Gesetze den Familienräthen, über deren Wirksamkeit man in Frankreich nur sehr sparsame Erfahrungen gemacht haben konnte, nicht volles Vertrauen schenkten. Sie konnten dies um so weniger, als die Friedensrichter keineswegs nothwendig juristisch gebildete Leute sein mußten, vielmehr sehr oft nur einfache Gutsbesitzer waren.

Anders verhält es sich jetzt und namentlich in Deutschland. Wir dürfen unserem Volke das Zeugniß geben, daß es von keinem anderen an Kenntnissen und Bildung übertroffen wird. Die allgemeine einsichtsvolle Theilnahme an den politischen, religiösen und Gemeindeangelegenheiten verbürgt uns dessen Fähigkeit und Eifer, seine wichtigsten Familien-Interessen ohne weitere Bevormundung zu wahren: wir können es also schon wagen unsere Familien von dem Verdachte des Französischen Gesetzbuchs zu emancipiren. Fragen wir uns aber auch, welche Bedeutung das richterliche Bestätigungsrecht im Leben habe, so muß zugestanden werden, daß dieselbe eine äußerst unbedeutende, oft sogar geradezu nachtheilige ist.

Will man darin, wie dies in der Regel geschieht, ein staatliches Aufsichtsrecht erkennen, so scheint mir dasselbe überflüssig, weil der Richter allen Berathungen des Familienrathes beiwohnt, also genügende Gelegenheit hat, dessen Thätigkeit und jene des Vormundes zu beaufsichtigen, auch in Gefolge des sofort zu besprechenden Rekursrechtes die wichtigeren Fragen erfahrungsmäßig an die Kollegialgerichte gelangen.

Wollte man darin mit Herrn Dr. Bernays eine weitere gerichtliche Obervormundschaft über den Familienrath erkennen, so würde man zu der nirgends bestehenden Abnormität einer doppelten Obervormundschaft gelangen, welche sich nur durch ein so großes Mißtrauen in die Tüchtigkeit der nach Französischem Rechte dem Familienrathe übertragenen Obervormundschaft rechtfertigen ließe, daß, könnte dasselbe begründet sein, es offenbar besser wäre, überall das Recht der Entscheidung dem Gerichte zu überlassen und der Familie nur eine berathende Thätigkeit zuzugestehen.

Es bedarf aber auch nur eines unbefangenen Blickes in die Geschäfte, bezüglich deren das Französische Recht dem Kollegialgerichte die Bestätigung der Familienrathsbeschlüsse vorbehalten hat, und einiger Erfahrung, um sich sofort zu meiner Ansicht zu bekehren.

Kapitalaufnahmen, Verpfändungen und Veräußerungen des Mündelgutes, Abschlüsse von Vergleichen sollen gerichtlich genehmigt werden! Nun sind dies gerade diejenigen Rechtshandlungen, welche am häufigsten im Leben vorkommen, also jedem einzelnen Mitgliede des Familienrathes jeden Tag vorkommen können und von ihm ohne richterliche Kontrole abgeschlossen werden müssen. Ich sollte also denken, der ganze Familienrath dürfte fähig sein, das für den Mündel zu thun, was jedes Mitglied desselben täglich für sich zu thun genöthigt ist. Oder ist man noch so befangen zu glauben, ein Richterkolleg sei deshalb, weil es aus gelehrten Männern besteht, besser befähigt, jene gewöhnlichen Geschäfte des bürgerlichen Lebens zu beurtheilen, als ein Familienrath?

Dabei ist nicht zu übersehen, daß dieses richterliche Bestätigungsrecht den Pflegling Geld und Zeit kostet.

Ich leugne nicht, daß es Fälle geben mag, wo auch die Majorität des Familienrathes einen Irrthum und am Ende gar auch einmal absichtlich Unrecht thun kann, obschon ich mich aus meiner Praxis eines Falles der letzteren Art wenigstens nicht zu erinnern weiß. Aber für solche Fälle gewährt das Französische Gesetz allen Betheiligten das Rekursrecht an das Kollegialgericht, wovon ich oben bereits geredet habe und dessen Beibehaltung ich nicht genug empfehlen kann, weil es allen wirklich gefährdeten Interessen den gewöhnlichen Rechtsweg und Instanzenzug eröffnet und die Möglichkeit gewährt, jeden einzelnen wichtigeren Akt der Vormundschaft der Parteidiskussion und der Kritik eines Kollegialgerichtes zu unterziehen.

Wie die Erfahrung lehrt, wird von diesem Rechtsmittel nur sehr selten Gebrauch gemacht und ist ein Mißbrauch desselben um so weniger zu fürchten, da die Gerichte berechtigt sind, die Kosten frivoler Rekurse den Rekurrenten persönlich zur Last zu setzen.

In diesem Rekurswege werden dann auch im Französischen Rechte durch die Kollegialgerichte in Gemäßheit ihrer richterlichen Gewalt und nicht, wie Herr Bernays in seinem dritten Antrag anzunehmen scheint, im Gefolge einer ihnen übertragenen Obervormundschaft über den Familienrath alle Konflikte zwischen dem Vormunde und dem Familienrathe erledigt, welche dadurch entstehen können, daß der Familienrath Beschlüsse faßt, die den Vormund verpflichten und von denen er glaubt, daß sie seine eigenen Rechte oder jene seines Pfleglings verletzen.

Nachdem ich in meinen bisherigen Ausführungen mich für die Annahme der Dr. Schenk'schen Anträge unter A, aa, bb, unter B, aa u. bb und damit für die Verwerfung des Dr. Heller'schen Antrages ausgesprochen, ferner die Verwerfung des ersten und dritten und die beschränkte Annahme des zweiten Dr. Bernays'schen Antrages, dagegen die Beibehaltung des im Französischen Rechte gegebenen Rekursrechtes gegen die Familienrathsbeschlüsse befürwortet habe, bleiben mir nur noch zwei Punkte zu erörtern, nämlich:

1) die eventuelle Frage: ob, für den Fall der Juristentag dem Dr. Heller'schen Antrage gemäß sich für Ueberweisung der Vormundschaftssachen an eigene aus den Gemeinden zu bildende Behörden aussprechen sollte, dann diesen Behörden ein Familienrath an die Seite zu setzen sei?

2) ob dem Schlußantrage des Herrn Dr. Schenk entsprechend mit dem staatlichen Aufsichtsrechte immer nur ein Gericht zu betrauen sei?

Bezüglich der ersten Frage hat sich Mittermaier in seinem Aufsatze: „Die neueste Gesetzgebung über das Vormundschaftswesen" im sechszehnten Bande des Archivs für civilistische Praxis ganz im Sinne des Dr. Heller-schen Antrages ausgesprochen. Er will den Rath der Verwandten, wenn er weise sei, zweckmäßig benutzt wissen und zu diesem Ende den die Obervormundschaft besorgenden Gemeindebehörden einen Familienrath von nicht zu vielen Mitgliedern an die Seite gestellt haben, der in allen wichtigeren Angelegenheiten gehört werden müsse, bevor dem Vormunde die nöthigen Ermächtigungen ertheilt würden, dessen Rath der Vormund in anderen Fällen, z. B. wenn Erziehungsangelegenheiten in Frage stünden, einzuholen und der Art zu berücksichtigen habe, daß er da, wo er mit dem Familienrathe abweichender Ansicht sei, die Sache zur Entscheidung an die obervormundschaftliche Behörde bringen müsse.

Ich kann mich jedoch mit dieser Ansicht nicht befreunden, weil der Nutzen, den der nirgends entscheidende Rath der Familie in einzelnen Fällen bringen könnte, durch die Nachtheile einer solchen komplicirten Einrichtung bei Weitem aufgewogen würde. Es würden dem Vormunde zwei Lokalbehörden zur Seite stehen, wovon jede wieder aus mehreren Personen bestünde, deren Berufung und successive Vernehmung schwierig, deren häufig widersprechende Ansichten der Einheit und Energie, wie dem Ansehen der vormundschaftlichen Verwaltung schädlich sein müßten.

Die zweite Frage veranlaßt mich, meine Ansicht über den Begriff des staatlichen Aufsichtrechtes auszusprechen, welches häufig mit der Obervormundschaft verwechselt wird.

Die letztere übt einen Theil der in der Vormundschaft selbst gelegenen Rechte und Pflichten aus, indem sie den Vormund wann nöthig bestellt, denselben kontrolirt und an der Verwaltung der Vormundschaft thätigen Antheil nimmt, indem sie entweder selbst vormundschaftliche Handlungen vornimmt, welche der Vormund nicht vornehmen darf oder den Vormund ermächtigt.

Die Obervormundschaft bildet also einen Theil der Vormundschaft und steht in dieser. Das Aufsichtsrecht des Staates dagegen steht außerhalb der Vormundschaft und hat die Bestimmung zu bewirken, daß die Vormundschaft, also auch die Obervormundschaft ihre Pflichten der Art erfülle, daß der besondere Rechtschutz, welche der Staat den Pflegebefohlenen schuldet und durch die Vormundschaft ausüben läßt, diesen vollständig und unbekümmert zu Theil werde. Da nun Niemand sich selbst beaufsichtigen kann, so bin ich nicht zweifelhaft darüber, daß da, wo die Obervormundschaft einem Gerichte übertragen ist, ein Gericht höherer Instanz, da, wo die Obervormundschaft solchen Behörden übertragen ist, die außerhalb der Gerichte stehen, irgend ein Gericht mit dem staatlichen Aufsichtsrecht betraut, und da, wo das Institut der Staatsanwälte eingeführt ist, deren specielle Mitwirkung ganz in der Weise, wie dies im Französischen Rechte der Fall ist, zu diesem Zwecke in Anspruch zu nehmen sei. Darüber darf wohl kein Zweifel bestehen, daß das staatliche Aufsichtsrecht keiner außerhalb der Gerichte stehenden Behörde überlassen werden darf, weil gerade bei Handhabung der Rechtspflege den Gerichten am häufigsten Gelegenheit gegeben wird, zu erfahren, wie, wo und durch wessen Verschulden die Interessen der Bevormundeten gefährdet werden, weil ihnen die Mittel zu Gebote stehen, drohende Schäden, bevor sie unheilbar geworden sind, abzuwenden und durch Disciplin und Strafen die Pflichterfüllung aller bei der Vormundschaft thätigen Faktoren zu erzwingen. —

Hiermit glaube ich nach Kräften mein Gutachten über alle mir vorliegenden Anträge abgegeben zu haben und erlaube ich mir meine Ansicht in folgenden Schlußanträgen zusammenzufassen:

Der Deutsche Juristentag wolle als seine Ueberzeugung aussprechen:

A. Das Deutsche Familienrecht beruht auf dem Altdeutschen Gedanken des Mundiums.

Daraus folgt:

aa) Die Vormundschaft ist Sache der Familie.

bb) In deren Ermangelung der Gemeinde.

Es ist daher:

B. Die Vormundschaft auf das Familienprincip zurückzuführen.

Zu diesem Ende ist erforderlich:

aa) Die Schaffung einer besonderen Familienversammlung für jede Pflegschaft, welche aus den vom Gesetze zu bezeichnenden Familienangehörigen des Pflegebefohlenen und in deren Ermangelung aus den vom Gesetze zu bezeichnenden Angehörigen der Gemeinde, in welcher der Mündel wohnt, zu bestehen, den Vormund zu wählen und alle weiteren vom Gesetze der Obervormundschaft zugewiesenen Rechte und Pflichten auszuüben hat.

bb) Diesem Familienrathe ist ein Richter beizugeben, welcher den Vormund zu verpflichten, die Familienversammlung zu berufen, deren Berathungen zu leiten und an diesen Theil zu nehmen, aber keine entscheidende Stimme hat.

C. In den vom Gesetze zn bezeichnenden Fällen ist dem Vormunde sowohl als den bei den Entscheidungen des Familienrathes in der Minderheit gebliebenen Mitgliedern desselben ein Rekursrecht gegen jene Entscheidungen an ein Kollegialgericht zu gewähren.

D. Jedenfalls sei mit dem staatlichen Aufsichtsrechte immer nur ein Gericht zu betrauen.

Im Falle der Juristentag sich für Ueberweisung der Vormundschaften an eigene aus den Gemeinden zu bildende Behörden erklären sollte, wolle derselbe seine Ueberzeugung dahin aussprechen,

E. Daß in diesem Falle es nicht rathsam sei, diesen Behörden einen Familienrath an die Seite zu geben.

III.

Gutachten des Staatsanwalts Gareis in Pirna.

Der aus zwei Theilen bestehende Antrag des Advokat Dr. Bardasch betrifft eine Frage, die sowohl in der Gesetzgebung, als in der Wissenschaft in keineswegs übereinstimmender Weise beantwortet wird, den Zeitpunkt nämlich, zu welchem im Strafprocesse die Vereidung der Zeugen vorzunehmen sei.

In dieser Beziehung stellt nun der erste Theil des gedachten Antrages die Forderungen, es solle die Beeidigung der Zeugen

a. in der Regel nicht schon in der Voruntersuchung, sondern erst bei der Schluß-, oder Hauptverhandlung,

b. nach erfolgter Abhörung aller Belastung- und Entlastungszeugen und

c. nach den hierüber vorausgegangenen Anträgen der Anklage und Vertheidigung über Beschluß des Spruchgerichtes

stattfinden.

Bleibe ich zunächst bei diesem ersten Theile des Antrages stehen, so ist

zu a.

zu bemerken, daß in Preußen (Verordn. vom 3. Jan. 1849, § 45 u. 55) in Oesterreich (Str.-Proc.-Ordn. § 132, § 239) und Baden (§ 135, § 231) die Beeidigung der Zeugen in der Voruntersuchung, und zwar lediglich in dieser, zu erfolgen hat, daß das Französische, auch in Rheinpreußen geltende Recht (Code d'instr. crim. Artt. 75, 317), Bayern (Schwurger.-Ges. von 1848, Art. 30, 46, 157 und Strafgesetzb. II. Art. 88 f. 209), Württemberg (Strafr.-O. Art. 211, Schwurger.-Ges. von 1849, Art. 123), Hessen-Darmstadt (Schw.-Ges. von 1848, § 140), Braunschweig (Str.-Pr.-Ordn. §§ 35, 36 und 60), Frankfurt (Art. 83 und 215) Beeidigung der Zeugen sowohl in der Voruntersuchung, als auch in der Hauptverhandlung verlangen; wogegen Sachsen (Str.-Pr.-Ord. Art. 224), Hannover (Str.-Pr.-Ordn. § 99), Kurhessen (Str.-

Pr.-Ordn. § 162, § 88), Thüringen (Art. 188 und 237), Oldenburg (Art. 114, 267), Lübeck (§ 98, § 193) die Beeidigung der Zeugen in der Voruntersuchung nur ausnahmsweise gestatten.

Für die Beeidigung der Zeugen in der Voruntersuchung haben sich insbesondere ausgesprochen: Hye Komment. S. 194 f. Reichmann im Gerichtssaal 1853 Bd. I. S. 308 f. Hüttmann in Goldtammers Archiv Bd. I. S. 619 f. und Walther in der Allgem. Sächs. Gerichtszeitg. 1858, S. 311 f. Ihre Gründe sind in der Hauptsache, daß der Zeuge bis zu der in der Hauptverhandlung stattfindenden Vereidung vielfachen Einwirkungen des Angeklagten oder der Verwandten desselben ausgesetzt sei, so daß er späterhin, soweit möglich, seine Aussage zurückziehen oder mildern, und sich mit Nichtmehr-Erinnern entschuldigen werde; daß ferner der Zeuge zu leicht verleitet werde, das, was er von Anderen gehört hat, auf seine eigene Wissenschaft mit überzutragen und beides zu vermischen; daß weiter der Zeuge bei einer späteren Befragung überhaupt nicht mehr so getreu und unverfälscht aussagen werde. Alle diese Gründe beweisen aber weniger die Vereidung in der Voruntersuchung, als die, überhaupt schleunig die Zeugenabhörung herbeizuführen und bei derselben den Grund der Wissenschaft des Zeugen zu erforschen.

Es ist aber auch ferner geltend gemacht worden, daß möglicherweise ein sehr relevanter Zeuge in der Hauptverhandlung nicht gestellt werden könne, sowie (und das ist jedenfalls der haltbarste Grund), daß das Erkenntniß über die Anklage in der Regel auf unbeschworene Zeugenaussagen gegründet werden müsse. Ersteres ist richtig, doch kann die Möglichkeit des Verlustes einer beschworenen Zeugenaussage das Princip nicht ändern, und was den letzten Grund betrifft, so liegt es im Charakter der dem Anklageerkenntnisse vorausgehenden Voruntersuchung, daß sie nur Indicien, keinen Beweis liefern soll. Führt aber die Voruntersuchung in Folge ungenügender Zeugenaussagen zu einem Einstellungserkenntnisse, so läßt mindestens die Sächs. Str.-Pr.-Ordn. (Art. 238) zweckmäßig nach, solches von vorgängiger eidlicher Erhärtung der Zeugenaussagen abhängig zu machen.

Gegen die Beeidigung der Zeugen in der Voruntersuchung haben sich insbesondere ausgesprochen: Mittermaier im N. Archiv Bd. XI, S. 463, derselbe, Deutsch. Strafverf. II. § 133, Hagemann, Brauer Kriminallexikon verb. „Voruntersuchung“ und „Zeugeneid“, Planck, Deutsches Strafverfahren S. 235, Zachariä, Handb. d. Deutsch. Strafproc. Bd. II, S. 208 ff., Schwarze, in d. N. Jahrb. f. Sächs. Strafr. Bd. IX, S. 39 ff., derselbe in der Allgem. Sächs. Gerichtsztg. 1857, S. 427. ff. Die letztgedachten beiden Abhandlungen sind jedenfalls das Erschöpfendste, was über die Beeidigung der Zeugen geschrieben worden ist, und finden die

Gründe für und gegen die Vereidung der Zeugen in der Voruntersuchung für die ein- oder zweimalige und die vorausgehende oder nachfolgende Vereidung in ihnen die eingehendste Besprechung, weshalb ich auf sie ausdrücklich zu verweisen für nöthig halte.

Eine zweimalige Beeidigung, sowohl in der Voruntersuchung, als in der Hauptverhandlung, giebt zu gerechten Bedenken Anlaß, und glaube ich, daß eine solche Häufung der Eide wenig geeignet sei, das Ansehen, die Würde und Heilighaltung des Eides zu erhöhen. Hiernächst werden sich aber auch, selbst bei den gewissenhaftesten Zeugen, Widersprüche finden zwischen den von denselben in der Voruntersuchung und den in der Hauptverhandlung gemachten Angaben, indem theils der Zeuge selbst sich des einen oder anderen Umstands erinnert, der ihm früher entgangen, theils der in der Hauptverhandlung inquirirende Vorsitzende auf in anderer Weise konstatirte Umstände den Zeugen aufmerksam macht, die ihn zu einer Berichtigung seiner früheren Aussage veranlassen. Offenbar stehen sich in solchem Falle zwei Eide derselben Person entgegen, von denen der eine nothwendig, wenn auch nicht ein Meineid, doch immerhin ein Falscheid ist. Müßte solchen der Richter strafen, so würde sich der Zeuge, selbst bei erlangter Ueberzeugung, daß er bei Erstattung seiner ersten Aussage in einem (vielleicht zu vermeiden gewesenen) Irrthum befangen gewesen sei, zum größten Nachtheile der zu erforschenden materiellen Wahrheit, vor einer Berichtigung seiner Aussage hüten. Sagt aber der Richter dem Zeugen, daß eine Verletzung des ersten Eides nicht gestraft werde, so ist dessen Abnahme ein frevelhaftes Spiel gewesen und gewährt dann der Zeugeneid in der Voruntersuchung die Garantie überhaupt nicht, die man von ihm erwartet. Der gewissenhafte Zeuge aber wird über die Skrupel nicht hinwegkommen, daß, wenn ihn auch der Richter wegen des in der Voruntersuchung abgelegten, objektiv falschen Eides nicht strafe, er vor Gott doch immerhin einen, möglicher Weise zu vermeiden gewesenen, Falscheid geschworen habe. Der leichter gesinnte Zeuge dagegen wird sich fragen: Wenn ein Mal der Eid wahrheitswidrig und doch straflos abgeleistet werden kann, warum nicht auch das andere Mal? und ist er überhaupt dann noch heilig zu halten?

Ist aber die zweifache Vereidung in der Voruntersuchung und der Hauptverhandlung zu verwerfen, so wird man um des Princips willen und aus Gründen, die die Erfahrung an die Hand gegeben, die Beeidigung der Zeugen nicht in der Regel in die Voruntersuchung, sondern in die Hauptverhandlung zu verweisen haben.

Principiell gehört die Beeidigung der Zeugen in die Hauptverhandlung, weil, während die Voruntersuchung nur einen präparatorischen Charakter hat und haben soll, in der Hauptverhandlung der Schwerpunkt der ganzen Untersuchung ruht, indem in ihr vor dem urtheilenden Richter nicht minder, als vor dem Angeklagten, sich die Beweiserhebung, zu der nicht die Abhörung der Zeugen allein, sondern auch ihre Vereidung gehört, vollziehen soll.

Es sind aber auch von der Erfahrung an die Hand gegebene Gründe, die dafür sprechen, die Beeidigung der Zeugen in die Hauptverhandlung zu verlegen.

Schon an und für sich wird die Beeidigung in Gegenwart der versammelten Richter und Geschworenen, in Gegenwart des Angeklagten und des assistirenden Publikums einen tieferen Eindruck auf den Zeugen, zugleich aber auch auf den Angeklagten machen, und den Ersteren mehr veranlassen, die Sache auf das Gewissenhafteste zu nehmen, als wenn er einfach auf den bereits in der Voruntersuchung geleisteten Eid zurückverwiesen wird.

Hiernächst ist es aber auch von Wichtigkeit, daß diejenige Aussage mittels Eides bekräftigt werde, von der der Richter schon an sich die Ueberzeugung haben kann, daß sie objektiv wahr sei. Eine solche Aussage wird aber in sehr vielen Fällen erst in der Hauptverhandlung, ja in dieser erst in Folge von Konfrontationen mit und Berichtigungen durch den Angeklagten, andere Zeugen, oder sonstige vor dem Deponenten sich enthüllende Beweismomente zu erlangen sein. Was in dieser Beziehung weiter auszuführen wäre, fällt zusammen mit dem, was über die Vorzüge der der Abhörung nachfolgenden Vereidung weiter unten darzulegen sein wird, weshalb ich, um Wiederholungen zu vermeiden, hier darauf verweise.

In der Regel soll die Beeidigung der Zeugen in der Hauptverhandlung zu erfolgen haben. Von dieser Regel wird nämlich dann eine Ausnahme zu machen sein, und wird solche auch von denjenigen Gesetzgebungen, die die Zeugenbeeidigung in die Hauptverhandlung verweisen, ausdrücklich gemacht, wenn aus erheblichen, im Protokolle anzugebenden Gründen entweder zu bezweifeln ist, daß der Zeuge unvereidet die volle Wahrheit aussagen werde, oder zu besorgen steht, daß der Zeuge am Erscheinen vor dem erkennenden Gerichte werde verhindert sein.

Was nun

zu b

die Frage anlangt, ob die Beeidigung der Zeugen vor oder erst nach der Vernehmung, ja wie der Herr Antragsteller will, erst nach Abhörung sämmtlicher Belastungs- und Entlastungszeugen zu erfolgen habe? so weichen auch in dieser Beziehung die Gesetzgebungen von einander ab, doch erfolgt in der Voruntersuchung die Beeidigung des Zeugen in der Regel erst nach, im Hauptverfahren vor der Vernehmung des Zeugen. Sehr zweckmäßig geben einige Gesetzgebungen, z. B. die Sächsische, es dem Ermessen des Richters anheim, **wann** in der Hauptverhandlung er die Vereidung des Zeugen vornehmen will.

Planck, a. a. O. S. 367, hält die nachfolgende Beeidigung für nicht wohl verträglich mit der Mündlichkeit, indem die alsdann zur Anwendung kommende assertorische Form des Eides voraussetze, daß zuvor die Zeugenaussage in allen ihren Theilen durch die Niederschrift genau fixirt und dem Zeugen wiederholt vorgelesen sein müsse. — Diese Ansicht halte ich nicht für richtig. Der Zeuge wird vor seiner Abhörung zu wahrhafter Aussage ernstlich ermahnt und zugleich bedeutet, daß er solche werde zu beeidigen haben; er deponirt daher fortwährend mit dem Bewußtsein der bevorstehenden Beeidigung. Im nachfolgenden Eide hat nun der Zeuge zu bekräftigen, daß seine Aussage eine wahre gewesen sei, und ob sie dies gewesen, muß er sich zu diesem Zeitpunkte auch bewußt sein, selbst wenn sie ihm nicht nochmals in der Fassung eines Protokolles vorgeführt wird.

Dagegen spricht allerdings für die Beeidigung vor der Vernehmung der Umstand, daß der Zeuge, welcher nach geschehener Beeidigung deponirt, noch unter dem vollen Eindrucke der religiösen Handlung steht und eben deshalb um so gewissenhafter in seinen Angaben sein wird. Auch kann die Aufschiebung der Beeidigung bis nach geschehener Aussage in dem Zeugen die Hoffnung erregen, daß sie möglicher Weise ganz unterbleiben könne, und er in dessen Folge weniger Bedenken tragen, mit der Wahrheit zurückzuhalten, wenn es aber dann doch zur Beeidigung kommt, sich durch falsche Scham abhalten lassen, etwas an seiner Aussage abzuändern.

Allein diese Bedenken gegen eine nachfolgende Beeidigung lassen sich zum Theil durch eine der Abhörung vorausgehende ernste Ermahnung zur Aussage der Wahrheit, unter Hinweis auf die eidliche Bekräftigung, die der Aussage nachzufolgen habe, ersetzen. Jedenfalls ist aber das Gewicht der nachstehenden Gründe für eine der Abhörung nachfolgende Vereidung weitaus bedeutender.

Zeigt sich doch oft bei der Abhörung selbst erst, ob der Zeuge im Stande war, die Wahrnehmung zu machen, über welche er deponirt, ob er so weit geistig befähigt ist, daß er das Wahrgenommene entsprechend wieder zu geben vermöge, ob er überhaupt zurechnungsfähig sei, ob er nicht an der That, die den Gegenstand der Untersuchung bildet, selbst einen verbrecherischen Antheil habe, oder doch in Verhältnissen zu dem Verbrechen, oder dem Angeklagten stehe, die sein Zeugniß als so bedenklich erscheinen lassen, daß man ihn, wenn sie vorher schon bekannt gewesen wären, zu Leistung des Zeugeneides kaum angehalten haben würde.

Wenn aber auch keiner dieser Umstände vorhanden sein sollte, so ist doch, da die Herstellung der materiellen Wahrheit das Endziel der ganzen

Verhandlung ist, dringend zu wünschen, daß der Zeuge im Laufe der Hauptverhandlung Gelegenheit habe, seine Aussage zu erläutern und zu verbessern.

Allerdings soll der Zeuge nur seine eigenen Wahrnehmungen wiedergeben, nicht sich durch das bestimmen lassen, was er über das Vorgefallene von Andern gehört hat. Das hindert aber nicht, daß er berechtigt und verpflichtet sei, an seine eigene Wahrnehmung die Wahrnehmungen Anderer über dasselbe Faktum als einen Prüfstein anzulegen, und wenn er zu der Ueberzeugung kommt, daß er sich geirrt habe, solches, seine eigene Aussage berichtigend, zu erklären. Jeder Zeuge faßt individuell auf. Das individuell Aufgefaßte ist aber noch nicht objektive Wahrheit. Sie kann durch die verschiedensten Umstände getrübt sein, insbesondere durch die Aufregung, in die den Zeugen der zu bezeugende Vorgang versetzte. Der Zeuge glaubt bei seiner Aussage über den Vorgang die volle Wahrheit gegeben zu haben. Jetzt tritt aber ein zweiter Zeuge auf. Dieser erwähnt vielleicht einen scheinbar unbedeutenden, für den Richter aber sehr gewichtigen Nebenumstand, nach dem der Richter den ersten Zeugen vielleicht sogar gefragt, den dieser aber, weil er sich desselben in der That nicht erinnerte, in Abrede gestellt hat. Nunmehr jedoch, wo der zweite Zeuge des Nebenumstandes mit seinen Einzelnheiten, seinem Verhältnisse zum Hauptvorgange gedenkt, taucht bei dem ersten Zeugen die Erinnerung daran wie aus dunkler Nacht auf; er wird sich sagen, ja, diese von mir in Abrede gestellte Wahrnehmung ist richtig, und er wird, wenn er noch nicht geschworen, wenn seine Vereidung erst noch bevorsteht, seine Aussage verbessern. Weniger wird dies der Fall sein, wenn der Zeuge vor seiner Vernehmung vereidet wurde, da, wenn auch Abänderungen der Aussage bis zum Schlusse der Hauptverhandlung für zulässig erklärt werden, der Zeuge doch immer den Vorwurf scheuen wird, daß er den geleisteten Eid leichtsinnig verletzt habe. Aus demselben Grunde werden in der Regel Konfrontationen bereits vereideter Zeugen kein anderes Resultat haben, als starres Festhalten des einmal Gesagten.

Sind aber Selbstberichtigungen im Interesse der zu ermittelnden Wahrheit zu erleichtern, so wird auch die Vereidung der Zeugen so lange aufgeschoben werden müssen, als die Hauptverhandlung noch Material liefern kann, welches die Zeugen möglicher Weise zu einer Selbstberichtigung veranlassen kann. Dieser Zeitpunkt wird in vielen Fällen allerdings erst nach Abhörung sämmtlicher Be- und Entlastungszeugen gekommen sein, kann aber auch, insbesondere wenn die Hauptverhandlung mehrere Verbrechen zum Gegenstande hat, viel früher eintreten, und solchen Falls wird eine zu große Trennung des Zeugeneides von der Aussage — man denke nur an mehrtägige Hauptverhandlungen — sogar nachtheilig sein. Zweckmäßig dürfte daher die Bestimmung, wann nach Anhörung des Zeugen derselbe zu vereiden sei, nach vorgängigem Gehör des Staatsanwaltes und Vertheidigers, in das Ermessen des Vorsitzenden zu stellen sein.

Daß aber

zu c.

die Beeidigung erst nach den Schlußvorträgen der Anklage und Vertheidigung vorzunehmen sei, dagegen muß ich mich entschieden erklären, wie denn auch bis jetzt keine Gesetzgebung diesen Zeitpunkt als den für die Zeugenbeeidigung geeigneten erklärt hat. Die Schlußvorträge sind nicht geeignet, eine bessere Ueberzeugung bezüglich des Wahrgenommenen bei den Zeugen hervorzurufen. Nur über die Bedeutung des Zeugnisses können sie dem Zeugen Aufschluß, zu Einschüchterungen Veranlassung geben, Mitleid, Gunst oder Ungunst können sie erregen. Das sind aber Einflüsse, die von den Zeugen fern zu halten sind. Die Schlußvorträge können aber überhaupt gar nicht gehalten werden, bevor nicht die Beweisaufnahme, zu der auch die Beeidigung der Zeugen gehört, geschlossen ist. Das beeidigte Zeugniß erst wird dem Staatsanwalte und Vertheidiger eine sichere Unterlage für ihre Vor- und Anträge liefern.

Mein Votum bezüglich des ersten Theiles des gestellten Antrages geht daher dahin:

es wolle der Deutsche Juristentag als seine Rechtsüberzeugung aussprechen:

„daß die Beeidigung der Zeugen in der Regel nicht schon in der Voruntersuchung, sondern erst in der Hauptverhandlung, nach erfolgter Abhörung, zu dem Zeitpunkte zu erfolgen habe, welchen hierzu, nach Gehör des Staatsanwaltes und Vertheidigers, der Vorsitzende für geeignet hält;"

dagegen den Antrag,

daß die Vereidung der Zeugen den Schlußvorträgen nachzufolgen habe,

als unbeachtlich ablehnen.

Was nun den zweiten Theil des von Advokat Dr. Bardasch gestellten Antrages betrifft, so ist die Bestimmung:

a. daß ausnahmsweise bei jenen Zeugen, welche voraussichtlich bei der Hauptverhandlung nicht erscheinen werden, die Beeidigung derselben in der Voruntersuchung zu erfolgen habe, eine nothwendige und auch von allen den Gesetzgebungen, die regelmäßig die Beeidigung der Zeugen in die Hauptverhandlung verweisen, aufgenommen, der somit unbedingt beizustimmen ist.

Ferner wird

b. auch wenn in der Voruntersuchung die Vereidung des Zeugen erfolgen muß, sie zweckmäßig seiner Abhörung nachzufolgen haben, aus den

Gründen, die oben für die nachfolgende Vereidung überhaupt angeführt worden sind.

Dagegen ist dem Verlangen

c. daß eine Beeidigung der Zeugen in der Voruntersuchung, der Beeidigung der übrigen in der Hauptverhandlung abzuhörenden Zeugen nicht hinderlich sein solle, in dieser Allgemeinheit nicht beizutreten.

Tritt die Vereidung in der Voruntersuchung als Nothwendigkeit ein, so muß auch der betreffenden beeidigten Aussage ganz dasselbe Gewicht eingeräumt werden, als wenn ihre Erstattung und Beeidigung in der Hauptverhandlung erfolgt wäre.

Wer nun überhaupt sich für die der Abhörung nachfolgende Vereidung entscheidet, der wird auch — denn es ist dies als einer der Vortheile anzusehen, die mit der nachfolgenden Vereidung verknüpft sind, — dem Vorsitzenden in der Hauptverhandlung die Macht einräumen müssen, einen verdächtigen Zeugen, dessen Zeugniß in Widerspruch steht mit dem eines oder mehrerer anderer Zeugen, die volles Vertrauen verdienen und deren Zeugniß vielleicht auch noch durch andere nicht unerhebliche Momente unterstützt wird, zur eidlichen Bestärkung nicht zulassen. Wäre nun ausnahmsweise die Nothwendigkeit eingetreten, die klassischen Zeugen in der Voruntersuchung abzuhören und zu vereiden, während der nicht unverdächtige Zeuge in der Hauptverhandlung abgehört wird, so kann dieses rein zufällige Verhältniß das durch die Natur der Sache Gebotene nicht abändern.

Mein Votum geht daher dahin:

es wolle der Deutsche Juristentag den zweiten Theil des von Advokat Dr. Bardasch gestellten Antrages in folgender Fassung annehmen:

„daß ausnahmsweise die Vereidung jener Zeugen, welche voraussichtlich bei der Hauptverhandlung nicht erscheinen werden, auch in der Voruntersuchung, nach deren Abhörung, zulässig und der Beeidigung der übrigen, in der Hauptverhandlung abzuhörenden Zeugen nur insoweit hinderlich sein dürfe, als Jener Aussage und Vereidung, wären sie in der Hauptverhandlung erfolgt, solche Wirkung gehabt haben würden."

IV.

Gutachten des Ober-Justiz-Rath Freiherrn v. Holzschuher in Stuttgart.

Daß in Folge der Einführung des Deutschen Handelsgesetzbuchs die Errichtung besonderer Gerichte zur Entscheidung der Handelsstreitigkeiten als Bedürfniß erscheint, dürfte wohl kaum bezweifelt werden. Es wird dies auch von allen Seiten anerkannt: nur über die Organisation dieser Gerichte, namentlich über die Art ihrer Besetzung gehen die Ansichten auseinander. Die mir abverlangte gutachtliche Aeußerung über den Antrag des Herrn Stadtgerichtsrath Borchardt wird sich daher auch auf die letztere Frage beschränken. Dieser Antrag geht dahin:

a) daß die Zusammensetzung des Richterkollegiums in allen Instanzen nach gleichem Grundsatze zu erfolgen habe,

b) daß nur Rechtsgelehrte zu Richtern bestellt werden sollen.

Die Frage, ob die Handelsgerichte nur mit Rechtsgelehrten besetzt werden sollen, ist offenbar die präjudicielle, indem die weitere Frage, ob die Zusammensetzung des Richterkollegiums in allen Instanzen nach gleichem Grundsatze zu erfolgen habe, nur dann eine offene ist, wenn die Vertretung des kaufmännischen Elementes in den Handelsgerichten mit entscheidender Stimme überhaupt für zulässig erkannt wird. Jene Frage soll daher zuerst erörtert werden.

Sie ist bekanntlich in neuerer Zeit vielfach diskutirt worden, sie ist namentlich in der vortrefflichen Abhandlung Creizenachs (das Wesen und Wirken der Handelsgerichte und ihre Kompetenz. Beilagenheft zu Goldschmidts Zeitschrift für das gesammte Handelsrecht, Bd. IV.) einer erschöpfenden Untersuchung unterzogen worden und hat noch in der allerneuesten Zeit in den Motiven und dem ständischen Kommissionsberichte zu dem Württembergischen Gesetzesentwurf, die Errichtung von Handelsgerichten und das

Verfahren vor denselben betreffend, die gründlichste Erörterung gefunden. Die Gründe für und wider sind erschöpft; dieselben dürfen als bekannt vorausgesetzt werden, und es kann sich daher hier nur davon handeln, welche dieser Gründe man für die überwiegenden hält.

Bei der Würdigung der letzteren sind übrigens die beiden Fragen zu unterscheiden: Erfordert eine gute Rechtsprechung in Handelsstreitigkeiten mit Nothwendigkeit die Besetzung der Handelsgerichte mit Kaufleuten, und wenn nicht, sprechen nicht wenigstens Gründe der Zweckmäßigkeit für eine solche Besetzung derselben?

Ein Hauptgrund, warum die Besetzung der Handelsgerichte mit Kaufleuten als ein wesentliches Erforderniß dieser Gerichte aufgestellt wird, ist, daß dieselben Organe des kommerciellen Gewohnheitsrechts seien, und daß zur Handhabung und Kenntniß des letzteren die Bildung des reinen Berufsjuristen nicht hinreiche, daß vielmehr hierzu solche Personen erforderlich seien, welche dieses Gewohnheitsrecht selbst im Leben kennen gelernt haben. Dieser Grund verliert aber da, wo es sich von der Anwendung eines vollständig kodificirten Handelsrechts handelt, als welches sich das Deutsche Handelsgesetzbuch darstellt, den größten Theil seiner Bedeutung. Soweit früher bestandenes Gewohnheitsrecht in dem Handelsgesetzbuch seine Anerkennung gefunden hat, hat es ebendamit seinen ursprünglichen Charakter verloren und steht mit jedem anderen geschriebenen Rechte auf gleicher Stufe. Soweit aber das Handelsgesetzbuch subsidiär die Handelsgebräuche, sei es daß dieselben jetzt schon bestehen oder erst in Zukunft sich entwickeln werden, zur Geltung gelangen läßt, ist nicht abzusehen, warum die Erforschung dieser Handelsgebräuche nur dadurch in befriedigender Weise soll geschehen können, daß Kaufleute im Richterkollegium selbst sitzen; denn die hierbei sich jedesmal aufwerfende Frage, ob dem, was thatsächlich in Uebung ist, allgemein rechtsverbindende Kraft zukomme, ist eine rein juristische und setzt nothwendig Rechtskenntnisse voraus.

Man führt ferner als Grund an, warum die Handelsgerichte mit Kaufleuten zu besetzen seien, daß diese zur richtigen Auffassung der Thatfragen des einzelnen Falles vorzugsweise geeignet erscheinen, indem dem rechtsgelehrten Richter die hierzu nöthigen technischen Kenntnisse fehlen. Dieser Grund würde konsequent festgehalten nur dazu führen, daß die Thatfrage von Kaufleuten, die Rechtsfrage von Rechtsgelehrten zu beurtheilen wäre, eine Trennung, die allerdings bei dem häufigen Ineinanderfließen von That- und Rechtsfragen nicht durchzuführen ist. Ist aber eine solche Trennung nicht möglich, so kann in dem erwähnten Momente kein Grund liegen, dem Nichtrechtsgelehrten nun auch die Beurtheilung der Rechtsfrage zu überlassen. Uebrigens ist der Umstand, daß zu richtiger Beurtheilung der Thatfrage besondere technische Kenntnisse nothwendig sind, keine dem Handelsrechte eigenthümliche Erscheinung; dieselbe zeigt sich auch auf anderen Gebieten des Rechts. Dieselben Mittel, deren der Richter sich hier zu seiner Aufklärung zu bedienen hat, stehen ihm auch bei Handelsstreitigkeiten offen. Wenn man sich in dieser Richtung auch noch auf den Art. 278 des Handelsgesetzbuches beruft, wonach bei Beurtheilung der Handelsgeschäfte der Richter den Willen der Kontrahenten zu erforschen und nicht an dem buchstäblichen Sinne des Ausdrucks zu haften hat, und glaubt, daß die hier dem Richter gestellte Aufgabe von Kaufleuten leichter und vollkommener als von Rechtsgelehrten werde erfüllt werden, so ist hingegen auf die Protokolle der Nürnberger Konferenz (S. 407, 408, 1306) hinzuweisen, welche ergeben, daß in dem angeführten Artikel gerade eine Warnung für die kaufmännischen Richter ausgesprochen werden wollte, weil, wie die kaufmännischen Konferenzmitglieder bestätigten, die Kaufleute, wo sie als Mitglieder der Handelsgerichte thätig werden, sehr geneigt zu einer wörtlichen Auslegung der Verträge seien. Der rechtsgelehrte Richter befolgt die hier aufgestellte Auslegungsregel schon längst und wird sie in Zukunft befolgen, auch wenn er ohne Verbindung mit Kaufleuten entscheidet.

Ein dritter Grund für die Berufung der letzteren in die Handelsgerichte soll darin liegen, daß durch das Deutsche Handelsgesetzbuch dem richterlichen Ermessen ein nicht unbedeutender Spielraum eingeräumt ist, und daß dieses richterliche Ermessen genaue Sachkenntniß und Berufserfahrung zu seiner Grundlage haben müsse. Auch dieser Grund ist nicht durchschlagend. Entweder liegt da, wo das richterliche Ermessen einzutreten hat, das faktische Material, durch welches jenes geleitet werden soll, vollständig vor, dann ist auch der rechtsgelehrte Richter in der Lage, dasselbe eintreten zu lassen; oder er bedarf hierzu noch weiterer thatsächlicher Erhebungen, dann sind ihm diese möglich auch ohne daß das kaufmännische Element im Gerichte selbst vertreten ist.

Was man weiter für die Besetzung der Handelsgerichte mit Kaufleuten anführt, sind lediglich Zweckmäßigkeitsgründe, die eben deshalb nicht geeignet sind, diese Art der Besetzung als ein nothwendiges Erforderniß einer guten Rechtsprechung in Handelsstreitigkeiten erscheinen zu lassen. Wohl aber ist das rechtsgelehrte Element in denselben unentbehrlich und die Erfahrung lehrt, daß dasselbe da, wo es formell ausgeschlossen ist, in einer von dem Gesetze nicht statuirten Weise (wie in den Ländern des Französischen Rechts durch den Gerichtsschreiber) zur Geltung gelangt. Man täuscht sich, wenn man glaubt, die Kenntniß des Handelsrechts könne sich durch die Lektüre des Handelsgesetzbuchs angeeignet werden: die Kodifikation desselben ist keineswegs so vollständig, daß nicht oft noch auf andere Rechtskenntnisse zurückgegriffen werden müßte. Ebenso werden die Kaufleute sich nicht die gewandte und sichere Handhabung der Proceßformen, wie die rechtsgelehrten Richter, aneignen können.

Wenn so eine dringende Nothwendigkeit nicht vorliegt, die Handelsgerichte mit Kaufleuten zu besetzen, so spricht doch die Zweckmäßigkeit dafür, dem kaufmännischen Element eine jedoch nicht überwiegende Vertretung in den Handelsgerichten einzuräumen. Es erhellt nämlich aus dem Angeführten, daß in Handelsstreitigkeiten mehr als auf irgend einem anderen Gebiete der streitigen Gerichtsbarkeit auf das Gutachten Sachverständiger zu rekurriren ist. Die Erfahrung lehrt, daß diese Art der Klarstellung der faktischen Verhältnisse und der Erhebung des Beweismaterials mit erheblichen Schwierigkeiten und häufig mit großem Zeitaufwande verbunden ist. Jeder Praktiker weiß, wie schon die Wahl der Sachverständigen sich oft verzögert, wie ungern die Gewählten sich einer solchen Funktion unterziehen, wie einseitig sie oft ihre Aufgabe auffassen, indem sie theilweise sich als eine Art Sachwalter der Partei, die sie vorgeschlagen hat, betrachten, theilweise die ihnen gestellte Aufgabe mißverstehen und über dieselbe hinausgehen, und wie eben hierdurch Ergänzungen und Erläuterungen nothwendig werden. Diesen Mißständen kann in einer großen Zahl von Handelsstreitigkeiten dadurch begegnet werden, daß im Gerichte selbst Sachverständige sich befinden, welche im gegenseitigen Verkehr mit den rechtsgelehrten Richtern diesen die technische Unterlage für das Urtheil liefern, beziehungsweise ergänzen. Diese unmittelbare Verbindung des sachverständigen Elements mit dem Gerichte kann aber nur dadurch herbeigeführt werden, daß die Kaufleute in dasselbe mit entscheidender Stimme aufgenommen werden; denn man darf als gewiß voraussetzen, daß dieselben, oder wenigstens die intelligenteren derselben zu einer Theilnahme mit blos berathender Stimme sich nicht hergeben würden. Dabei ist nicht zu unterschätzen, daß eine solche Beiziehung auch sonst ihren wohlthätigen Einfluß äußern wird, indem namentlich frivole Processe, Chikanen und leere Ausflüchte vor einem Gerichte, in welchem der Handeltreibende Berufsgenossen unter seinen Richtern erblickt, seltener vorkommen werden, als vor rechtsgelehrten Richtern. Endlich ist auch zu berücksichtigen, daß mit der Vertretung des Handelstandes in den Handelsgerichten einem allseitig geäußerten Wunsche desselben entgegenkommen wird.

Der eben erörterte Gesichtspunkt führt aber, da nach demselben der Schwerpunkt der Rechtsprechung immer in dem rechtsgelehrten Elemente liegt, dahin, daß das kaufmännische Element in den Handelsgerichten nur in untergeordneter Weise vertreten sein darf, daß diese Gerichte aus einer Mehrzahl von Rechtsgelehrten und einer Minderzahl von Kaufleuten zusammengesetzt sein müssen. Hierfür spricht auch noch die selbst von den eifrigsten

Vertheidigern des kaufmännischen Elements anerkannte Thatsache, daß die Kaufleute insofern an einer gewissen Befangenheit (nicht zu verwechseln mit Parteilichkeit) leiden, als sie sich häufig zu Gunsten desjenigen Handelszweigs erklären, den sie selbst betreiben, indem sie Alles unter dem Gesichtspunkte ihres Geschäftszweigs auffassen und die Seite der Dinge vorzugsweise beachten, die ihrem Interesse entspricht. Diesem Uebelstand wird dadurch begegnet, daß die Kaufleute die Minderzahl des Richterkollegiums bilden. — Endlich mag noch daran erinnert werden, daß ja auch Nichtkaufleute vor den Handelsgerichten Recht zu nehmen haben und daß hierin ein weiterer Grund liegt, den Kaufleuten nicht ein Uebergewicht in denselben einzuräumen.

Hiernach dürfte sich eine Zusammensetzung der Handelsgerichte, wie sie zur Zeit im Königreich Bayern besteht, empfehlen, wonach die Handelsgerichte aus zwei Juristen und zwei Kaufleuten unter Vorsitz eines Juristen bestehen.

Wendet man sich zur Frage, wie die Gerichte zweiter Instanz in Handelsstreitigkeiten zusammenzusetzen seien, so sollte trotz der entgegengesetzten Einrichtung in den Ländern des Französischen Rechts darüber kein Zweifel sein, daß die Konsequenz erfordert, daß bei diesen Gerichten ein ähnliches Mischungsverhältniß, wie bei den Gerichten erster Instanz, stattzufinden habe. Die oben angeführten Zweckmäßigkeitsgründe machen sich, wenngleich in verringertem Maße, auch in der höheren Instanz geltend. Daß aber eine solche Besetzung der Appellationsgerichte bezüglich ihrer praktischen Durchführbarkeit erheblichen Schwierigkeiten sollte begegnen können, ist kaum glaublich. Es ist auch hier auf das Beispiel Bayerns hinzuweisen, wo das als zweite und letzte Instanz errichtete Handelsappellationsgericht bei der Urtheilsfällung mit drei Rechtsgelehrten und drei Technikern unter Vorsitz eines rechtsgelehrten Präsidenten besetzt ist. Wo das Bedürfniß nach Errichtung eines besonderen Kassationshofs vorliegt, dürfte dieser allerdings nur mit Rechtsgelehrten besetzt werden, da dessen Funktionen die Herbeiziehung des technischen Elements keineswegs erfordern.

Mit der hier vorgeschlagenen Besetzung der Handelsgerichte ist der Berechtigung des kaufmännischen Elements vollständig Rechnung getragen.

Diejenigen, welche mehr verlangen, gehen bezüglich der Rechtsprechung in unseren mit Rechtsgelehrten besetzten Gerichten von ungegründeten Voraussetzungen aus. Dieselben huldigen nicht mehr, wie dies früher theilweise der Fall gewesen sein mag, einem starren Formalismus, sie suchen sich im Gegentheil mit den Bedürfnissen des Lebens und des Verkehrs in steter Beziehung zu erhalten: überall giebt sich das Streben kund, dem materiellen Rechte zum Siege zu verhelfen; in der Einführung des Deutschen Handelsgesetzbuchs wird für die Gerichte ein weiterer Antrieb liegen, auf dieser Bahn zu beharren. Da, wo über die Rechtsprechung in Handelsstreitigkeiten geklagt wird, liegt der Grund hiervon nicht in der Besetzung der Gerichte mit Rechtsgelehrten, sondern in dem Proceßverfahren. Entspricht dieses den Anforderungen einer guten Justizpflege, dann werden auch die nicht mit einer Mehrheit von Kaufleuten besetzten Handelsgerichte ihre Aufgabe in befriedigender Weise lösen.

V.

Gutachten des Hof- und Gerichts-Advokat Dr. M. Heyssler in Wien.

Das Rechtsleben der Gegenwart bietet viele Erscheinungen, welche nur dann völlig verstanden werden können, wenn man sich gegenwärtig hält, daß zu den beiden Faktoren, mit welchen man am juridischen Gebiete bis vor Kurzem noch ausschließlich zu rechnen gewohnt war: Person und Staat, ein dritter hinzugetreten ist: die Gesellschaft. Natürlich ist hier nicht von einem äußerlichen Hinzutreten die Rede. Die Gesellschaft war immer, so lange Menschen waren; sie ist sogar die ursprüngliche Form des menschlichen Zusammenlebens, geschichtlich älter als der Staat und sein Recht, und nun gar als der Begriff und das Recht der Person, welche der modernen Zeit angehören. Allein die geschichtliche Entwickelung bringt es mit sich, daß bald die eine, bald die andere Form des sittlichen Daseins in den Vordergrund tritt und die übrigen nicht nur verdrängt, sondern in sich auflös't. Es giebt Zeiten, wo sich der Staatsbegriff so präpotent entwickelt, daß in demselben jedes andere Recht aufgeht; Zeiten, wo das Recht der Person so überwiegend betont wird, daß alle gesammtheitlichen Lebensformen zu bloßen Schöpfungen des persönlichen Vertragswillens herabsinken; und es ist nicht zu läugnen, daß sich die letztabgelaufenen Jahrhunderte in der Theorie und Praxis so ausschließlich mit diesen beiden Begriffen beschäftigten, daß darüber die reale Grundlage beider, die Gesellschaft, nach beiden Richtungen zu kurz kam. —

Halten wir uns an die Wissenschaft, die stets der treue Spiegel des Lebens ist, und wir sehen in der That, wie jene beiden Begriffe: Person und Staat, privates und öffentliches Recht, das ganze Rechtsleben erschöpfen. Und die Gesellschaft? Nun, ihre **disjecta membra** sind theils im Staats-

theils im Privatrechte nothdürftig untergebracht, theils ganz aus dem Rechte hinausgehoben. —

Es ist hier nicht der Ort, um die Genesis dieser Erscheinung aufzuweisen, aber wer mit offenem Auge in die Gegenwart blickt, der wird die Thatsache anerkennen müssen, daß das heutige Rechtsbewußtsein mit den Begriffen Staat und Person nicht mehr auslangt und daß es denselben als dritten ebenbürtigen Faktor die Gesellschaft an die Seite stellt. —

Zeichnen wir mit wenigen Strichen die Grenze zwischen diesen drei Gebieten des Rechtslebens. Das Leben der Gesammtheit als solches, in der ganzen Fülle, Mannichfaltigkeit, Abhängigkeit und gegenseitigen Ergänzung seiner Interessen gehört der Gesellschaft an. Diese reicht mit ihren Wurzeln tief in die Naturseite des menschlichen Daseins hinab; Schaft und Krone derselben bilden das materielle und das Kulturleben der Gesammtheit. —

In der Gesellschaft steht die Person, eingeflochten in deren reichbewegtes Leben, in die Strömung ihrer materiellen und Kulturs-Interessen, welche sich jedoch die Person, als Selbstzweck, in individueller Weise aneignet.

Der Staat endlich ragt aus der Mannigfaltigkeit, Partikularität und Zersplitterung des socialen Lebens als die organisirte Einheit hervor, jedem Uebergriffe wehrend, die Gegensätze mildernd und lösend, das reiche Spiel socialer Kräfte und Strebungen in Harmonie und Gleichgewicht ordnend. —

Es vollzieht sich nun in der Gegenwart ein unverkennbarer Sonderungsproceß — im Leben wie in der Wissenschaft — in welchem Gesellschaft, Staat und Person an ihre rechte Stelle, in ihre richtigen Grenzen treten und namentlich die beiden letzteren an die erstere abgeben, was sie in der Epoche ihrer hypertrophischen Entwickelung aus deren Bereiche ungebürlich an sich genommen hatten. Das Verlangen nach Autonomie, Selfgovernment, nach Zurückdämmung der staatlichen Bevormundung, und was in der Richtung dieser Desideria geschah und noch zu thun sein wird, es gehört diesem Auseinandersetzungsprocesse an, der nur der oberflächlichsten Auffassung als ein Zersetzungsproceß erscheinen mag. Ganz im Gegentheile, gerade das Verständniß und die Werthschätzung jener Lebensformen, welche, zwischen dem Einzelnen und dem staatlichen Ganzen liegend, die Personen zu bald engeren, bald weiteren, aber fest gefügten Kreisen zusammenschließen, deren Band Naturzusammenhang, örtliches Zusammenleben, Gemeinsamkeit von Interessen, Ueberzeugungen und Strebungen der mannichfachsten Art ist, deren Bedeutung sich jedoch durchgehends weit in's sittliche Gebiet hinein erstreckt, gerade das Verständniß und die Werthschätzung dieser — durchaus socialen, gesammtheitlichen — Lebensformen, die weder im Staats- noch im Privatrecht ihre richtige Stelle finden konnten, ist erst mit dem wiedergewonnenen Verständnisse der Gesellschaft möglich geworden.

Mitten in dieser Gedankenreihe wurzeln auch die Anträge der Herren Schenk und Heller; und man muß sich, um dieselben richtig aufzufassen, von vornherein klar machen, daß sie nicht blos auf einen anderen Modus, sondern auf ein anderes Princip des Vormundschaftswesens abzielen. Familie und Gemeinde sind sociale Kreise, Formen der bürgerlichen Gesellschaft, und an sie soll die cura minorum da, wo sie dermalen von Staatswegen besorgt wird, abgetreten werden. Das vorliegende Problem gehört daher ganz und gar dem eben geschilderten Auseinandersetzungsprocesse an.

Ich geselle mich aus vollster Ueberzeugung der Meinung bei, daß die Vormundschaft in erster Reihe Sache der Familie ist. Dies ist so wahr, daß die Vormundschaft in ihren wichtigsten Funktionen stets und überall, auch da, wo sie dem positiven Gesetze nach auf ein anderes Princip gebaut ist, de facto in und von der Familie ausgeübt wird; und es fragt sich in der That nur, ob dieser unausweichbare Einfluß der Familie organisirt und zu Recht erhoben, oder der Zufälligkeit, nicht selten auch der Gegenwirkung mit der officiellen Vormundschaft von Staatswegen überlassen, preisgegeben werden soll. —

Was diese, wahrhaft „angeborene" Vormundschaft der Familie anbelangt, so gilt hier recht eigentlich das: naturam furca expellas, tamen usque recurret.

Die Familie kann noch weit mehr, als es von der Gemeinde gesagt worden ist, die Bienenzelle der Gesellschaft genannt werden. Sie ist der engste, innigste Kreis derselben, der tiefer als irgend ein anderer seine Wurzeln in das Naturleben der Gesellschaft hinabsenkt und mächtiger als ein zweiter mit seiner Krone in ihr sittliches Leben hineinragt. Hier stehn das Reale und Ideale in untrennbarster Verbindung, in ursprünglichster Harmonie: aus der realen Grundlage bricht unmittelbar das Sittliche hervor; die freie That und die instinktive Rechnung weisen nach denselben Zielen hin. Alle Faktoren der Gesellschaft, ihre substantielle Grundlage, ihr Güter- und ihr Kultursleben, sind bereits vollentwickelt im Mikrokosmos der Familie anzutreffen, in der Enge und Innigkeit derselben eigenthümlich durchwärmt und geadelt. Hier wird der Mensch gemacht — im trivialsten wie im erhabensten Sinne des Wortes. Was die Familie dem Menschen mitgiebt an physischer, intellektueller und moralischer Gesundheit, an äußerem Schicke und Schliffe, das hält aus im Leben, giebt ihm Richtung und Stellung, wird leicht vermehrt und selten eingebüßt; was in der Familie versäumt oder vergriffen worden ist, wie selten wird es in der herbsten Schule des Lebens nachgeholt!

Der Einfluß der Familie auf alle ihre Glieder, und auf die unfertigen, heranreifenden zumal, ist ein unabsehbarer; er vollzieht sich durch jene Macht der kleinsten, aber beharrlichen, unaufhaltsamen, nahezu unwiderstehlichen Einwirkung, die so direkt und energisch eben nur in der Familie vorkommt. Dieser Einfluß ist nicht etwas Zufälliges oder Accessorisches in der Familie; sondern ihr eigenster — instinktiver und sittlicher — Kern. Und die Familie hat im Recht ihre rechte Stellung und Bedeutung nicht gefunden, so lang diese Seite nicht zu ihrer vollen Geltung gelangt ist.

Es ist hier nicht der Ort, über die Stellung und Gestaltung der Familie im modernen Recht ausführlicher zu handeln; aber man darf — ohne ernstlichen Widerspruch zu besorgen — aussprechen, daß kaum an einem Rechts-Institute die Gegenwart ihren Beruf zur Gesetzgebung minder glänzend bewährt hat, als an diesen. Man kann die Familie nicht mehr nüchterner, inhaltsloser, ungenügender in jeder Beziehung hinstellen, als es in den modernen Gesetzgebungen geschieht. Ja man kann sagen, daß diesen der Begriff der Familie überhaupt abhanden gekommen ist und nur mehr in vereinzelten Korollarien (Eheverbote, gesetzliches Erbrecht, beschränkte Zeugenschaft, strafrechtliche Konsequenzen u. dgl.) nachklingt. Da aber, wo dieses Institut in der Fülle seines Begriffes normirt sein sollte, da trifft man nur einzelne Seiten desselben (Ehe, Verhältniß zwischen Eltern und Kindern 2c.) und diese in kärglichster Auffassung an. Die Familie als solche, deren Konsequenzen auf anderen Gebieten gezogen werden, ist nirgends präfigurirt.

Nun besitzt die Familie freilich ein so festes natürliches und sittliches Gefüge, eine so urwüchsige und unverwüstliche Triebkraft, daß sie aus dieser vollauf supplirt, was das positive Gesetz ungenügend und lückenhaft läßt; und so ist das wirkliche Leben der Familie, ihr wirkliches und lebendiges Recht nirgends auf das karge Maß des positiven Gesetzes herabgedrückt. Nichtsdestoweniger ist die gesetzliche Statuirung der Familie durchaus nicht gleichgültig. Die im positiven Gesetze gegebene Type der Lebensverhältnisse wirkt auf die letzteren stets wieder zurück und hat, je unzulänglicher sie ist, desto gewisser eine sittliche Verflachung derselben zur Folge. Das Recht soll jedes Lebensverhältniß auf der vollen Höhe der sittlichen Anschauung der Zeit fassen und danach seine Typen gestalten: den freieren Formen der Sittlichkeit bleibt innerhalb dieser Typen noch genug zu thun übrig. Dieser Idealismus des Rechts ist aber nirgends mehr gefordert, als in der Gestaltung solcher Lebensverhältnisse, welche dem Centrum des sittlichen Bewußtseins so nahe stehen, wie die Familie. Hier bleibt also dem positiven Rechte noch eine große Aufgabe zu lösen übrig: es gilt nichts weniger, als den abhanden gekommenen Begriff der Familie wieder zu rekonstruiren und als lebensvolle Gestalt ins Rechtssystem einzufügen. Auf dieser Bahn aber giebt es kaum einen entscheidenderen Schritt als die Ueberweisung der Vormundschaft an die Familie und die Konstituirung der Familie ad hoc, die Schaffung des Familienrathes. Damit ist die Familie mit einem Male wieder als juridisches Ganzes gefaßt und die Glieder derselben sind wieder in positive lebendige Beziehung gebracht zu den eigensten Interessen des Familienlebens. Die Betheiligung an denselben ist nicht mehr eine Sache der Zufälligkeit, des guten Willens, der Stimmung; sie ist rechtlich organisirt und führt damit auch jene Glieder in den konkreten Zusammenhang der Familie zurück, welche sich von demselben ablösen oder dazu indifferent verhalten möchten. Die „Familie" besteht fortan nicht mehr darin, allenfalls gewisse Mitmenschen nicht heirathen, für sie keine klassische Zeugenschaft ablegen zu können und, nachdem man sie im Leben gleichgültig ihre Wege oder Abwege gehen ließ, sich der Verwandtschaft zu erinnern, wenn es sie zu beerben gilt; sondern sie besteht in einem thätigen Zusammenwirken zu einem Zwecke, der zwar kein persönlicher der einzelnen Familienglieder, dafür aber ein hohes sittliches und nebenbei auch materielles Interesse der Familie als solcher ist: die Obsorge über ihre heranreifenden Glieder und im Allgemeinen über alle, welche einer solchen Obsorge bedürfen. Die Wirkung dieser Institution geht daher über diejenigen hinaus, für welche sie zunächst geschaffen wird, sie kommt der Familie als solcher zu Statten, deren Gefüge gefestigt, deren Bewußtsein gehoben, deren Idee von dem schwanken Boden der subjektiven Sittlichkeit wieder auf jenen des Rechts zurückgeführt wird. — Allein auch im Interesse des Minderjährigen liegt es im höchsten Grade, daß jene maßgebende Aktion der Familie auf sein Wohl und Weh, welche keine menschliche Macht je ausschließen kann und darf, rechtlich organisirt und kontrolirt werde. — Die Gesetzgebung über das Vormundschaftswesen konnte den Familienzusammenhang freilich niemals ganz ignoriren, ein vorzüglicher Anspruch der nächsten Familienglieder auf die Uebertragung der Vormundschaft von Staatswegen ward stets anerkannt: jedoch die Vormundschaft blieb so eine durchaus persönliche Obliegenheit, unmittelbar unter staatliche Kontrole gestellt, ohne Zusammenhang und Vermittlung mit der in der Familie selbst bestehenden Strömung. So ward an den Minderjährigen nicht selten in den verschiedensten Richtungen gezerrt; an sich löbliche Motive und Absichten verbitterten sich in ihrer unvermittelten Gegenwirkung; es ward gehetzt und geschürt, wo das einträchtigste Zusammenwirken Noth thut; und Keime wurden in der jungen Seele geweckt oder zerdrückt zum unwiderbringlichen Schaden einer ganzen Zukunft. Daß der Familienrath geeignet ist, nach diesen Richtungen gar vieles Schlimme zu vermeiden und vieles Gute zu erzielen, bedarf kaum der Andeutung. Indem neben der Stimme des Vormundes auch jene der Familie legitimirt wird, ist ein Rechtsboden gegeben, auf dem sich offen und loyal begegnen und auseinandersetzen kann, was sich außerdem nur zu häufig in unterirdische Maulwurfsgänge verirrt. Es besteht alsdann ein Familienparlament, in welchem die Parteien und Meinungen aufeinander platzen und sich dadurch klären, berichtigen und adeln.

Diese Wirkung aber entspringt nur aus der Zusammenfassung der zerstreuten Glieder mit ihren subjektiven Zielpunkten zu einem rechtlichen Ganzen mit einem objektiven Zwecke, welcher aber mit der sittlichen Substanz jener partikulären Bestrebungen vollkommen identisch ist.

Es ist richtig, daß das Mundium des Altdeutschen Rechts auf einem weit lebendigeren Bewußtsein des Familienzusammenhanges beruhte, als den modernen Gesetzgebungen eigen ist — ein Bewußtsein, welches freilich durch die ganze Form des damaligen Rechtlebens energisch geweckt und rege gehalten wurde. Ich glaube jedoch, daß die heutige Gesetzgebung nicht auf das Mundium, sondern unmittelbar auf die Idee der Familie zurückgehn und aus derselben in voller Harmonie mit der heutigen Kultur und dem heutigen Rechtsleben folgern und formen solle. Das Mundium in seiner konkreten Besonderheit ist nun einmal eine altgewordene oder, wie wir heute zu sagen pflegen, eine überwundene Gestalt des Lebens; und wenn wir auf bloße „Gedanken“ zurückgehn, so halten wir uns lieber gleich an die eigentlich maßgebende Idee der Familie. Wir werden alsdann nicht blos die Gelehrten, sondern alle für uns haben, die für die Bedeutung der Familie im Kulturleben der Menschheit einen offenen Sinn und ein warmes Herz besitzen.

Ich möchte mich daher durchaus gegen den theoretisirenden Satz aussprechen, den Herr Dr. Schenk an die Spitze seines Antrags stellt und welcher zur Folge hat, daß die weiteren Sätze, jener sub aa und jener sub b, eigentlich Tautologien enthalten.

Dagegen vermisse ich in dem Schenk'schen Antrage jede Andeutung darüber, wie es mit der Bestellung des eigentlichen Vormundes gehalten sein soll. An dieser Frage kann man jedoch nicht vorübergehen, sobald man den Satz aufgestellt hat: die Vormundschaft ist Sache der Familie. Denn hieraus ergiebt sich offenbar nicht blos das Korollar: Schaffung einer Familienversammlung, sondern in noch früherer Rangordnung eine Folgerung in Betreff des persönlichen Vormundes. Konsequent nämlich, und wie ich glaube auch ganz sachgemäß, muß auch in dieser Richtung auf das Familienprincip zurückgegriffen werden. Es ist nicht meine Absicht in dem gegenwärtigen Gutachten eine Frage aufzunehmen, die in den Anträgen, welche dem Juristentage vorliegen, nicht zur Sprache gebracht ist und welche eigentlich den Gegenstand eines Amendements bei der Berathung über jene Anträge zu bilden hätte. Daher nur einige wenige Bemerkungen, welche überdies wieder auf den Boden der vorliegenden Anträge zurückführen.

Zunächst halte ich es für ausgemacht, daß weder Herr Dr. Schenk noch Herr Dr. Heller den Vormund ganz beseitigen wollen. Letzterer setzt vielmehr, indem er den Familienrath der kommunalen Vormundschaftsbehörde zur Seite stellt, den Vormund an der Seite des Mündels entschieden voraus; und in dem Antrage des Berichterstatters Herrn Dr. Bernays geschieht sub 3 des Vormundes ausdrückliche Erwähnung.

Ist man darüber einig, daß der Familienrath den Vormund nicht entbehrlich macht, so wird man auf das Familienprincip — wie schon angedeutet wurde — mit nicht geringerer Entschiedenheit in Betreff des Vormundes, wie in Betreff des Familienrathes zurückgehen müssen. Es folgt hieraus, daß die Vormundschaft die Verwandten des Mündels (in einer durch das positive Gesetz zu statuirenden Reihenfolge) ipso jure trifft. Hierdurch dürfte jedoch das Ernennungsrecht des Vaters (und wohl auch der Mutter) nicht ausgeschlossen werden. Für dasselbe fällt eben jene, insbesondere dem modernen Rechte eigene Respektirung des persönlichen Willens in die Wagschale, auf welcher beispielsweise die testamentarische Verfügung neben dem Familienerbrechte und zum Abbruche desselben beruht. — Neben dem testamentarischen Vormunde bestünde immer noch der durch keine Privat-Verfügung zu beseitigende Familienrath, durch welchen der legitime Einfluß der Familie für alle Fälle gewahrt ist.

Ob und in welchen Fällen der (testamentarische oder gesetzliche) Vormund entsetzt werden könne? ob dies im eigenen Rechte des Familienrathes liege oder über dessen Antrag der obervormundschaftlichen Autorität vorzubehalten sei? dies nebst vielen anderen sind Detailfragen, welche nur im Einklange mit dem ganzen Wurfe des konkreten positiven Rechts geordnet werden können.

Hält man daran fest, daß der persönliche Vormund auch neben dem Familienrathe nicht entbehrt werden kann, so dürfte jedoch der in dem Schenk'schen Antrage sub b formulirte zweite Untersatz (bb): „daß der Schwerpunkt der Vormundschaft in dem Familienrathe liegen solle, kaum so unbedingt adoptirt werden können. Vollkommen einverstanden bin ich, daß das obervormundschaftliche Aufsichtsrecht in die Grenzen des strengsten Bedürfnisses zu reduciren, und daß die eigentliche vormundschaftliche Gestion ausschließlich an den Vormund im Verein mit dem Familienrathe zu überlassen sei; in der Abgrenzung dieser Gestion zwischen dem Vormund und dem Familienrathe aber wird der Erstere nicht zu kurz kommen dürfen, wenn nicht seine Autorität zum Abbruche der Sache geschwächt und demselben manches, was nur die Einzelpersönlichkeit mit der erforderlichen Energie und

Beharrlichkeit leisten kann, aus der Hand genommen werden soll. Was man die „laufende" Gestion nennt, wird stets und nach der Natur der Dinge in der Hand des Vormundes ruhen; während der Familienrath immer nur wird berufen sein können, einzelne Fragen von größerer Tragweite zu entscheiden und die Gestion des Vormundes zu überwachen — eine ähnliche Vertheilung der Agenden, wie sie dermal zwischen dem Vormunde und der Ober-Vormundschaft besteht. Nie aber wird man glauben dürfen, daß sich der Inhalt der Vormundschaft in der Thätigkeit des Vormundes und des Familienrathes erschöpft: der vielleicht unscheinbarste, in der That aber entscheidendste Theil dieses Inhaltes — insbesondere nach der Seite der Erziehung hin — wird stets demjenigen Familienkreise anheimfallen, in dessen Schoße der Minderjährige lebt und aus dem er mit tausend Wurzelfäden die sittlichen, intellektuellen und konventionellen Nahrungsstoffe an sich zieht. Es steht eben über der Vormundschaft die Familie als der weitere, tiefere, reichere Begriff.

Die Anträge der Herren Schenk und Heller können nicht erledigt werden, ohne daß auch die Stellung der Gemeinde zum Vormundschaftswesen in den Kreis der Erörterung einbezogen wird. Es ist nicht zu verkennen, daß damit die Erörterung beinahe ungebürlich erweitert wird. Der Antrag des Herrn Berichterstatters Dr. Bernays bewegt sich allerdings in engeren Grenzen; es wäre jedoch ein Irrthum zu glauben, daß derselbe jene andere Frage intakt läßt. Die Gemeinde konnte in den Konklusionen des Herrn Berichterstatters nur darum unberührt bleiben, weil für dieselbe nach der ausgedehnten Wirksamkeit, welche er der richterlichen Autorität einräumt, kein Platz übrig bleibt.

Was die ursprünglichen Antragsteller betrifft, so nimmt Herr Dr. Schenk für die Gemeinde — in Ermangelung der Familie — die volle Vormundschaft in Anspruch; Herr Dr. Heller verlangt die Uebertragung des Vormundschaftswesens an Gemeindebehörden mit dem Familienrathe zur Seite. Ersterer beantragt noch einen Ausspruch dahin: es sei mit dem staatlichen Aufsichtsrechte stets ein Gericht zu betrauen.

Ich bekenne vor allem, daß ich auf's entschiedenste der Meinung anhänge, daß jede administrative Thätigkeit aus dem Ressort der Gerichtsbehörden zu entrücken sei, und dahin gehört — worüber man heute wohl einig ist — das ganze sogen. officium nobile judicis, und zumal alle und jede vormundschaftliche (beziehungsweise obervormundschaftliche) Gestion. Demgemäß muß ich mich sowohl gegen den Schlußsatz des Schenk'schen Antrages, als gegen die in den Absätzen 2 und 3 des Bernays'schen Antrages den Gerichten vindicirte Betheiligung an der Ausübung der Vormundschaft aussprechen.

Ich bin ferner der Meinung, daß es überhaupt nicht im Berufe des Staates und der staatlichen Organe liegt, in diese Gestion einzugreifen. Auch hier ist meines Erachtens jene Auseinandersetzung zwischen Staat und Gesellschaft und den Thätigkeiten Beider zu vollziehen, wovon oben die Rede war. Die Thätigkeit des Staates hat durchaus nur in's Große und Allgemeine zu gehen, nicht nur die Legislation, sondern auch die Administration; ja auch die richterliche Thätigkeit bezielt nur die Wahrung der allgemeinen Rechtsnorm als des fundamentum regnorum, zwar herab bis in seine Partikularisation als Recht der Einzelnen, jedoch stets nur aus dem Standpunkte der allgemeinen unbeugsamen Rechtsregel ohne Rücksicht auf Wohl und Weh der Einzelnen, daher möglicherweise selbst zum evidenten Ruin der Einzelperson. Das Interesse des Einzelnen als solchen liegt gänzlich außer dem Kreise der staatlichen Fürsorge; sondern fällt theils in das sociale, theils in das persönliche Bereich. Die Gesellschaft insbesondere beruht durchaus auf der menschlichen Bedürftigkeit. Wie vielfach auch die socialen Kreise sich schneiden und kreuzen, so haben doch alle das gemein, daß sie um ein gemeinschaftliches Interesse Vieler anschießen und kristallisiren. Mit vereinten Kräften ein gemeinsames Ziel zu erstreben, ein gemeinsames Interesse zu befriedigen, das ist durchaus das Wesen der socialen Daseinskreise. Hier ist die Sphäre der gemeinsamen Fürsorge für das Wohl des Einzelnen, welche seiner persönlichen Unzulänglichkeit zu Hilfe kommt — eine Hilfe, welche den Stolz des abstrakten philosophischen Ich beugen mag, die aber dem konkreten wirklichen Ich unentbehrlich ist. Es bedarf wohl keiner Ausführung, daß die vormundschaftliche Fürsorge ganz und gar dieser Sphäre angehört. Das nächste Organ dieser Fürsorge ist allerdings die Familie, der engste und innigste sociale Kreis; das weitere Organ aber ist zweifellos die Gemeinde. Die Gemeinde hat mit der Familie die Substantialität der Grundlage und die Universalität der Interessen gemein, die sich auf dieser Grundlage aufbauen. Wie dort Blutsgemeinschaft, ist hier Ortsgemeinschaft die unmittelbare Grundlage; wie aber von der Familie, so gilt das nil humani alienum auch von der Gemeinde. Die höchsten geistigen und sittlichen Interessen der Menschheit, die über jede staatliche Abgrenzung hinausfluthen, steigen in ihrer äußerlichen (rechtlichen) Organisation in den engen Kreis der Gemeinde nieder und suchen deren Schutz, deren Frieden, deren Unterstützung. In der Gemeinde haben Religion, Kunst, Wissenschaft ihre wohnliche Stätte; und die Gemeinde besitzt jene Expansionsfähigkeit um ihren Organismus jeder Kulturstufe, jeder Lebensrichtung, die reichsten und verwickelsten Lebensformen nicht ausgenommen, anpassen und anschließen zu können. — Von der kleinen Hirten- und Bauerngemeinde eines abgelegenen Gebirgsdorfes bis zu den großstädtischen Kommunen unserer modernen Babylons, welcher Abstand und welche Mannichfaltigkeit der Zwischenglieder; stets aber kongruirt die Gemeinde vollkommen mit der Eigenartigkeit, mit der Enge und Kargheit, wie mit der Fülle und Mannichfaltigkeit des Gemeindelebens, das ihrer specifischen „Gesellschaft" innewohnt. In dieser Expansionsfähigkeit ist die Gemeinde entschieden der Familie überlegen; aber das haben Beide gemein und das unterscheidet sie von allen anderen socialen Organismen, daß kein menschliches und insonderheit kein sociales Interesse ihnen fremd ist. In der Richtung allgemeiner Interessen schreitet daher die sociale Organisation von der Familie unmittelbar zur Gemeinde fort; diese ist der nächste sociale Kreis, in dem die Familie mit allen ihren allgemeinen Interessen wurzelt, in den sie sich fortwährend aufhebt, und woraus sie sich stets neu bildet.

Der Gemeinde fällt daher ganz naturgemäß auch die obervormundschaftliche Fürsorge zu, und zwar sowohl unter beiden Gesichtspunkten, welche in dem zweiten und dritten Absatze des Bernays'schen Antrages betont sind, als auch in Stellvertretung der mangelnden Familie, im Sinne des Schenk'schen Antrages.

Ueber die Organe zu sprechen, durch welche diese Obsorge zu üben, wieweit sie der friedensrichterlichen Thätigkeit, und inwieweit eigenen Behörden zuzuweisen wäre — ist hier durchaus nicht am Orte.

In Betreff der vorstehend vertretenen obervormundschaftlichen Funktion der Gemeinde, schließe ich mich daher dem Heller'schen Antrage an, jedoch mit der Modifikation, daß ich in Vormundschaftssachen den Familienrath (an der Seite des Vormundes) entschieden in die erste Reihe stelle und die Gemeinde in die zweite. Der Familienrath ist kein Beirath der vormundschaftlichen Gemeindebehörde, sondern übt (neben dem Vormunde) seine Thätigkeit kraft des Familienrechtes, in welchem er seine rechtliche Wurzel hat, aus.

Daß ich mich nach dem Vorausgesandten dem Antrage des Herrn Berichterstatters am vierten Deutschen Juristentage Dr. Bernays nur im ersten Punkte unbedingt anschließen kann, bedarf keiner ausdrücklichen Bemerkung. Abgesehen jedoch von der principiellen Differenz, in welcher ich mich zu den Punkten zwei und drei befinde, muß ich den großen Vorzug der formellen Fassung des Bernays'schen Antrages gegenüber den beiden anderen anerkennen: gegenüber dem Schenk'schen, insofern in jenem die theoretisirende und antikisirende Haltung des letzteren vermieden ist; gegenüber dem Heller'schen aber durch das Heraustreten aus einer allzu orakelhaften Allgemeinheit.

Ohne mir die Aufstellung eines eigenen Antrages zu erlauben, möchte ich meine Ansicht in Kürze so formuliren:

Die Vormundschaft ist ein Recht und eine Obliegenheit der Familie. Sie wird ausgeübt durch den Vormund und durch den Familienrath, welcher dem Vormunde theils mit berathender, theils mit beschließender Stimme zur Seite steht.

Die Ober-Vormundschaft ist ein Recht und eine Obliegenheit der Gemeinde; sie wird ausgeübt durch die Entscheidung in gewissen vorbehaltenen Fällen, sei es wegen der Wichtigkeit des Gegenstandes, sei es wegen Meinungsverschiedenheit der vormundschaftlichen Organe; und durch die Oberaufsicht über die vormundschaftliche Gestion.

Jede Administrativ-Thätigkeit der Gerichte in Vormundschaftssachen hat aufzuhören; die Gerichte haben in diesen Angelegenheiten ausschließend in den Grenzen und nach den Formen ihrer allgemeinen (Civil- und Straf-) Gerichtsbarkeit einzuschreiten.

Wenn in der vorstehenden Ausführung von dem rechtsgeschichtlichen und positivrechtlichen Materiale, welches in Betreff der Vormundschaftsfrage so reichlich vorliegt, wenigstens explicite gänzlich abgesehen wurde, so geschah dies, weil die Kenntniß desselben ohnedies bei Allen, die sich um die Frage interessiren, vorausgesetzt werden kann. Was sich hierüber aus zweiter und dritter Hand sagen läßt, ist neuestens in der Monografie des Herrn Dr. Schenk über den Familienrath (Der Familienrath. Von Dr. Johann Schenk. Wien 1863. Verlag von F. Manz u. Comp.) recht anregend und vollständig reproducirt worden. Neben anderen Gutachten, welche diesen Standpunkt sowie die Opportunitätsseite voraussichtlich vertreten werden, schien es erlaubt in dem gegenwärtigen, die Frage nach ihrem Zusammenhange mit allgemeineren Problemen in's Auge zu fassen, welche der Deutsche Juristentag heute oder morgen vielleicht noch in anderen Richtungen in Angriff zu nehmen Veranlassung finden dürfte.

VI.

Gutachten des Professor Dr. A. Geyer zu Innsbruck.

Gesetzgebungsfrage: In welchem Umfange sind Maßregeln zur Erzwingung eines Zeugnisses in Strafsachen (Voruntersuchung, Hauptverfahren) zuläßig?

I.*) Das letzte Ziel aller theoretischen und praktischen Bestrebungen auf dem Gebiete des formellen Strafrechtes ist es: durch die Gestaltung des Strafprocesses eine möglichst sichere Bürgschaft dafür zu erhalten, daß dem Schuldigen und nur diesem die verdiente Strafe zu Theil werde, jeden Nichtschuldigen dagegen möglichst wenig von den Nachtheilen und Uebeln treffe, welche die Verwirklichung des Strafrechtes nothwendigerweise mit sich bringt. Indem die Strafrechtswissenschaft diesem Ziele zusteuert, trägt sie ihr Theil bei zur Lösung des großen Problemes der Ausgleichung zwischen den Forderungen des allgemeinen Wohles und des öffentlichen Rechtes einer-, der individuellen Freiheit und Sittlichkeit andererseits — eines Problemes, in dessen Bearbeitung Staats-, Gesellschafts- und Rechtswissenschaften ihren Vereinigungspunkt haben.

Wir sagten: Jeder, der unschuldigerweise in einen Strafproceß verwickelt wird, soll, so weit es sich thun läßt, von Belästigung und Benachtheiligung befreit sein. Dieser Satz ist gerade auch in der hier zu begutachtenden Frage ein leitendes Princip. Maßregeln zur Erzwingung eines Zeugnisses in Strafsachen sind demzufolge nur insoweit zuläßig, als das Zeugniß in dem konkreten Fall unentbehrlich erscheint für Erreichung des

---

*) Die Literatur s. bei Zachariä Handb. des Deutsch. Strafproc. II. S. 181, S. 184 Nr. 9, S. 185 Nr. 10. Dazu noch: Goltdammer's Arch. für Pr. Strafr. X. S. 820 ff. XI. S. 816 ff, Deutsche Gerichtszeitung 1863 Nr. 8 und 9, Allg. Deutsche Strafrechtszeitung 1863 S. 133 ff. S. 429. ff.

Zweckes der Strafrechtspflege. Wo man diesem Zweck in anderer unbedenklicher Weise genügen kann, soll kein Zwang gegen die Zeugen geübt werden.

II. Nicht im Mindesten ist damit gesagt, daß der Zeugnißzwang, wenn er für den Strafproceß unentbehrlich erscheint, auch ohne Maß und Schranken geübt werden dürfe. Denn:

1) Ungemessenheit des Zwanges charakterisirt überhaupt nur den durch und durch verwerflichen Standpunkt, von welchem aus man in den Menschen bloße Mittel sieht zur Erreichung der Regierungszwecke — welche man mit den Staatszwecken fälschlich identificirt. Diesem Standpunkt entspricht bekanntlich der Inquisitionsproceß mit all seiner Form- und Maßlosigkeit.

2) Ungemessener Zeugnißzwang würde auch alle die Ausnahmen von der Zeugnißpflicht illusorisch machen, welche eine gesunde Kriminalpolitik billigt *).

Man muß auch hier, wie überall wo eine Zwangsgewalt eingeräumt werden soll, daran festhalten, daß der Zwang verwerflich ist:

1. Wenn er aller Wahrscheinlichkeit nach entsittlichend wirkt.
2. Wenn er zu einem Konflikt mit dem suum cuique führt.

Zu 1. Ein zu weit gehender Zeugnißzwang kann häufig Anlaß geben zu den härtesten Pflichtenkollisionen, zu falschem Zeugniß und Meineid. Behutsamkeit ist daher bei Anwendung der Zwangsmittel nöthig, da Nachtheil und Schande die Folge des Zeugnisses für den Zeugen sein könnte.

Zu 2. Obschon der Natur der Sache nach der Zweck des Zeugnißzwanges Nöthigung zum Zeugniß ist, zieht seiner Ausdehnung dennoch unüberschreitbare Schranken das ethische Princip: daß nur denjenigen ein Uebel treffen soll, welcher dies verdient — jedem geschehe nach seinen Werken. Mag dieses Princip auch selbst bei uns heutzutage — geschweige denn in Zeiten der Rohheit und Verwilderung — gerade durch die Ausdehnung des Exekutionszwanges (der Schuldhaft u. dgl.) sehr häufig verletzt werden, so sind wir doch deshalb nicht berechtigt, es zu mißachten, wenn es sich im Strafproceß um eine executio ad faciendum handelt.

III. Der über Art und Maß des Zeugnißzwanges entscheidende Punkt ist sonach die Beantwortung der Frage: Hat derjenige, welcher sich weigert Zeugniß zu geben, etwas gethan, was eine Zwangsmaßregel gegen ihn ohne Verletzung der vergeltenden Gerechtigkeit gestattet?

Oder: Was hat der sich weigernde Zeuge strafbares gethan?

---

*) Auf diese Ausnahmen näher einzugehen, liegt meines Erachtens außer dem Umfang der hier gestellten Aufgabe.

Sicher ist es nur, daß er dem richterlichen Befehl nicht gehorchte. Dieser Ungehorsam verdient Strafe. Aber welche Schwierigkeit, die Größe dieser Strafe genauer zu bestimmen, da sich die Größe der Unbotmäßigkeit selbst nur selten mit einiger Sicherheit feststellen läßt! Die Gründe der Weigerung entziehen sich ja in der Regel der vollständigen Beurtheilung. Will man einen Beweis oder auch nur eine Bescheinigung dieser Gründe verlangen, so geräth man in einen unlösbaren Widerspruch mit den nothwendigerweise anzuerkennenden Ausnahmen von der Zeugnißpflicht und mit dem Princip: daß Niemand gezwungen werden soll, sich selbst anzuklagen. Kann es zu einem ähnlichen Konflikt doch sogar kommen, wenn auch nur die Angabe der Gründe der Unbotmäßigkeit verlangt wird *).

Soviel kann aber allerdings gesagt werden, daß der Ungehorsam im Allgemeinen um so größer ist, je höhere Bedeutung die Sache hat, in welcher das Zeugniß abgelegt werden soll. Dies bedarf keines Beweises.

Weitere Anhaltspunkte für die richtige Bemessung der fraglichen „Ungehorsamsstrafe" bietet die Vergleichung mit den analogen Verbrechen, welche ihrem Wesen nach eine Störung der Strafrechtspflege in sich enthalten (worauf schon von mehreren Seiten hingewiesen worden ist.) Es kommen hierbei in Betracht: in erster Linie die Begünstigung, weil eine solche möglicherweise in der Verweigerung eines Belastungszeugnisses enthalten sein kann; in zweiter Linie die falsche Anschuldigung (Verläumdung im Sinne des Oesterreichischen Rechtes), deren Thatbestand freilich unter allen Umständen mehr erfordert, als die Verweigerung eines Entlastungszeugnisses. Endlich kann noch hingedeutet werden auf die im positiven Recht in einem gewissen Umfang anerkannte Pflicht, begangene Verbrechen anzuzeigen.

Bedenken wir nun, daß es sich hier um bloße Möglichkeiten handelt. Möglicherweise liegt in der Verweigerung des Zeugnisses ein derartiges oder ein ähnliches geringeres Delict. Wir kommen so zu einer gewissen Analogie mit dem Verhältniß zwischen **poena extraordinaria** und **ordinaria**. Und hieraus ergiebt sich jedenfalls, daß die Strafe der Verweigerung des Zeugnisses eine bedeutend niedrigere sein müsse, als die irgend eines jener Delicte und insbesondere der Begünstigung. Dabei muß überdies die Begünstigung der mindest strafbaren Kategorie, insbesondere nicht die Hehlerei oder die Befreiung eines in Strafhaft Befindlichen, in Anschlag gebracht werden.

---

*) Natürlich ist auch das Nichterscheinen eines vorgeladenen Zeugen ein Ungehorsam, zu dessen Beseitigung gewisse Zwangsmittel (Geldbuße, Vorführung) anwendbar sind.

Innerhalb der Schranken, welche für die Zwangsmaßregeln gegen Zeugen auf solche Weise gesetzt sind, läßt sich eine Steigerung des Zwanges bei Beharrlichkeit im Ungehorsam allerdings gerade auch aus dem Gesichtspunkt der Strafe begründen. Wenn die Unbotmäßigkeit sich steigert, kann mit der Intensität des gesetzwidrigen Willens auch die Reaktion gegen denselben sich erhöhen. Andererseits wird die Beharrlichkeit im Ungehorsam in den meisten Fällen nur ein Zeichen sein, daß in der That sehr triftige Motive für die Verweigerung des Zeugnisses vorliegen. Darum wird man in dieser Richtung nicht weiter gehen können, als bis zu einer einmaligen Wiederholung der Zwangsmaßregel, wofür auch die Eintheilung des Strafverfahrens in Vor- und Hauptverfahren (das Zwischenverfahren kann hier nicht in Betracht kommen) eine passende Grundlage an die Hand giebt.

Endlich bedarf es wohl keiner weiteren Begründung, wenn wir verlangen, daß die Zwangsmaßregeln gegen unbotmäßige Zeugen nicht den Charakter einer peinlichen oder entehrenden Strafe annehmen dürfen. —

Fassen wir die bisherigen Erwägungen zusammen, so können wir folgende Sätze aufstellen:

1. Maßregeln zur Erzwingung eines Zeugnisses in Strafsachen sind zulässig.

2. Als passende Zwangsmittel scheinen sich Geldbuße und Gefängniß zu empfehlen.

3. Die Anwendung dieser Zwangsmittel und die den Umständen angemessene Wahl des einen oder des anderen ist dem vernünftigen Ermessen des Richters zu überlassen.

4. Dieses Ermessen muß aber vom Gesetz eingeschränkt werden durch die Feststellung einer Grenze, welche die Zwangsmaßregeln nicht überschreiten dürfen (eines Maximum's derselben).

5. Mit Rücksicht auf die Wichtigkeit der schwersten Straffälle erscheint ein Maximum von 100 Thalern (150 Fl.) Geldbuße, bez. von drei Monaten *) Gefängniß nicht zu hoch gegriffen.

6. Das erwähnte Maximum der Gefängnißhaft ist übrigens so gemeint, daß es nur erreicht werden kann, wenn die in der Voruntersuchung geschehene Weigerung Zeugniß zu geben in der Hauptverhandlung wiederholt wird.

IV. Schon früher mußten wir bemerken, daß der Natur der Sache nach der Zeugnißzwang den Zweck hat, die Ablegung eines Zeugnisses zu bewirken. Man darf dies nicht aus den Augen verlieren. Die Natur der **executio ad faciendum** muß sich geltend machen, sobald der Ungehorsam

---

*) Den Monat zu vier Wochen gerechnet.

des Zeugen durch die gegen ihn gerichtete Zwangsmaßregel gebrochen ist. In der Regel muß der Zwang sein Ende erreichen, so wie der Zeuge sich bereit erklärt Zeugniß zu geben.

Diese Regel hat wie jede ihre Ausnahmen.

Es fällt nämlich in dieser Hinsicht in's Gewicht:

1. Der Unterschied von Geldbuße und Freiheitsentziehung.
2. Der Unterschied zwischen der Voruntersuchung und dem Hauptverfahren.

Zu 1. Die Androhung der Geldbuße erfolgt sachgemäß in der Weise, daß die Buße binnen einer bestimmten Frist zu erlegen ist, widrigenfalls sie ungesäumt zwangsweise eingetrieben wird. Eine erst nach Ablauf dieser Frist erfolgende Erklärung des Zeugen, daß er bereit sei das Zeugniß abzulegen, kann nun offenbar nicht die Folge haben, daß die Exekution nicht stattfindet. Zu dem ersten Ungehorsam ist ja jetzt noch ein zweiter getreten, weil die Buße binnen der vom Richter bestimmten Frist nicht gezahlt wurde. Es kann also bloß eine vor Ablauf dieser Frist geschehene Erklärung des Zeugen Berücksichtigung finden. Der Richter geriethe außerdem mit sich selbst in Widerspruch, wenn die ungesäumte Eintreibung der Geldbuße nach Ablauf der gestellten Frist nicht erfolgte.

Zu 2. Weigert sich im Hauptverfahren ein Zeuge auszusagen, und wird in Folge dessen auf Anwendung des Zwanges gegen ihn erkannt, so kann der Zeuge das Erkenntniß blos dann rückgängig machen, wenn er noch vor dem Schlusse der Hauptverhandlung sich zur Ablegung des Zeugnisses bereit erklärt. Wollte man dem Zeugen auch bei einer später noch erfolgenden derartigen Erklärung die gleiche Berücksichtigung angedeihen lassen, so würden sich daraus Konsequenzen ergeben, welche mit der richtigen Organisation des Strafverfahrens vollständig unverträglich wären (Konsequenzen, die allerdings dem Geiste des Inquisitionsprincipes entsprächen). —

Es entsteht nun die Frage: Wie stimmt das, was wir so eben unter Bezugnahme auf das Wesen einer executio ad faciendum entwickelt haben, zusammen mit dem unverletzlichen Princip des suum cuique, welches wir früher hervorhoben? Wie soll es möglich sein, die Zwangsmaßregel, welche der Zeuge durch seine Unbotmäßigkeit verdient hat, dennoch wieder ganz oder zum Theil fallen zu lassen, wenn man erreicht hat, was man bezweckte? Was jemand durch seine gesetzwidrige That verdient hat, soll er leiden — und bloße Zweckmäßigkeitsgründe können hiergegen nicht angerufen werden.

Dennoch sind beide Gesichtspunkte vereinbar, denn:

1) Wenn der Zeuge nicht auf seiner Weigerung beharrt, so wird vorerst in sehr vielen Fällen die (strafbare) Störung der Rechtspflege auf eine so niedere Stufe herabsinken, daß der Zwang, welcher etwa bisher gegen den

Zeugen geübt wurde, zur Ausgleichung des Geschehenen genügend erscheinen wird.

2) Wäre dieses aber selbst in manchen Fällen — besonders auch dann, wenn die bloße Verurtheilung zur Ungehorsamsstrafe bereits die Weigerung des Zeugen beseitigt hätte — nicht anzunehmen, so käme dafür in Anschlag die Beseitigung des Uebels, welches in der fortgesetzten Weigerung liegen würde, der eben durch die in Aussicht gestellte Befreiung von weiterem Zwang (oder von der Exekution überhaupt) entgegengewirkt wird.

V. Im Hinblick auf das vom Untersuchungsprincip so sehr beeinflußte positive Recht scheint es nicht unnöthig, ausdrücklich noch zu bemerken:

1) Daß das Verfahren gegen den Angeschuldigten niemals zu dessen Ungunsten verzögert werden soll, um den Erfolg eines Zwangsverfahrens gegen den Zeugen abzuwarten (vgl. Sundelin Deutsche Strafrechtsz. 1863 S. 149).

2) Eine „Sicherheitshaft, so lange es der Zweck der Untersuchung fordert" (Sächs. Str.-Pr.-O. Art. 267) läßt sich als Zwangsmittel gegen Zeugen nicht rechtfertigen *). Ebensowenig die Verhaftung des Zeugen „bis zur Erledigung der Hauptsache" (s. z. B. die Hannöv. revidirte Str.-Pr.-O. von 1859 §. 97, die Oldenburg. Str.-Pr.-O. Art. 119, dann die betreffenden Bestimmungen des Preuß. und Hessischen Entwurfes).

Endlich sind einige Worte beizufügen zur Begründung meiner Ansicht, daß der Weigerung des Zeugen überhaupt auszusagen die Weigerung desselben den Eid abzulegen gleich steht. Diese Gleichstellung läßt sich nämlich nur dann genügend rechtfertigen, wenn strenge an dem Satz festgehalten wird, daß der Strafrichter bei seinem Urtheil die nichtbeschworene Aussage eines Zeugen nicht berücksichtigen dürfe. Hieraus ergiebt sich dann von selbst, auch abgesehen also von allen anderen Gründen, daß die Beeidigung der Aussage voran gehen muß, und daß eine Verweigerung des Eides in der Hauptverhandlung die vollständige Verweigerung des Zeugnisses in sich schließt. Etwas anders liegt die Sache in der Voruntersuchung, aber nur insofern als hier die Beeidigung der Zeugen **) zuweilen (z. B. wenn die Besorgniß, daß der Zeuge bei der Hauptverhandlung zu erscheinen verhindert sein werde, erst später eintritt) gar nicht vor ihrer Vernehmung möglich ist und selbst

*) Daß ich dagegen der Sächs. Str.-Pr.-O. in den meisten Punkten zustimme, leuchtet dem Kundigen sogleich ein.

**) Daß die Beeidigung der Zeugen nur ganz ausnahmsweise in der Voruntersuchung geschehen kann, wenn sie wirklich bloße Vorbereitung des Hauptverfahrens sein soll, ist wohl nunmehr zur communis opinio geworden, und sollte gar nicht mehr einer ausdrücklichen Bemerkung bedürfen.

wo sie möglich ist, gegründeten Bedenken unterliegt. Behält man das richtige Verhältniß der Voruntersuchung zum Hauptverfahren fest im Auge, so wird offenbar die oben aufgestellte Ansicht durch die in der Voruntersuchung für die Beeidigung geltenden Regeln nicht berührt.

VI. Meine Meinung geht also, unter Erwägung alles Vorangeführten, dahin:

Das Gesetz soll den Richter ermächtigen, gegen Zeugen, welche das Zeugniß in Strafsachen oder die Ablegung des Zeugeneides verweigern (ohne daß ihnen gesetzliche Befreiungsgründe zu Statten kommen), Zwangsmaßregeln zu ergreifen, wenn das Zeugniß in dem betreffenden Falle unentbehrlich erscheint. Und zwar in folgender Weise:

Es kann

A. in der Voruntersuchung nach Umständen gegen einen unbotmäßigen Zeugen auf Geldbuße bis zu 100 Thalern (150 Fl.) oder Gefängniß bis zu sechs Wochen erkannt werden. Die Geldbuße verfällt, wenn binnen der im Erkenntniß festgesetzten Zahlungsfrist der Zeuge seiner Pflicht nicht nachkommt. Die Haft wird auch vor Ablauf der im Erkenntniß bestimmten Zeit aufgehoben:

1) Wenn der Zeuge sich zur Aussage (und zum Eid) bereit erklärt.

2) Wenn sich die Entbehrlichkeit des Zeugnisses im Laufe des Verfahrens herausstellt.

3) Wenn die Hauptverhandlung stattfindet.

In diesem (dem letztangeführten) Fall wird der verhaftete Zeuge zu der Hauptverhandlung als Zeuge vorgeladen, nöthigenfalls auch vorgeführt, und es kann dann bei fortgesetzter Weigerung nach den Bestimmungen unter B. verfahren werden *).

B. Bei der Hauptverhandlung kann gegen einen das Zeugniß (oder den Eid) verweigernden Zeugen auf eine Geldbuße bis zu 100 Thalern (150 Fl.) oder Gefängniß bis zu sechs Wochen erkannt werden, und zwar auch dann, wenn gegen denselben schon wegen Zeugniß-Verweigerung in der Voruntersuchung Zwangsmaßregeln angewandt wurden. (Wird in Folge der Weigerung die Vertagung der Hauptverhandlung nöthig, so kann das Gericht den

---

*) Vgl. die Hannöv. revid. Str.-Pr.-O. §. 97.

Zeugen auch in die dadurch verursachten Kosten verurtheilen).

Erklärt der Zeuge sich noch vor dem Schlusse der Hauptverhandlung zur Erstattung der Aussage bereit, so hat das Gericht das Erkenntniß (auf Geldbuße oder Gefängniß) wieder aufzuheben. (Auch die Verurtheilung in die Kosten muß natürlich aufgehoben werden, soweit deren nicht bereits durch die Weigerung entstanden sind) *).

C. Das Gesetz soll außerdem bestimmen, daß der Richter das Verfahren gegen den Angeschuldigten nie zu dessen Ungunsten verzögern dürfe, um den Erfolg einer gegen einen Zeugen ergriffenen Zwangsmaßregel abzuwarten.

---

*) Vgl. Sächs. Str.-Pr.-O. Art. 284

VII.

Gutachten des Ober-Hofgerichts-Kanzler Haaß zu Mannheim.

Gesetzgebungsfrage: Erscheint es für das Deutsche bürgerliche Verfahren geboten oder auch nur zweckmäßig, daß die Zulässigkeit des Zeugenbeweises auf Rechtsgeschäfte von verhältnißmäßig nur geringem Betrage beschränkt, — und daß derselbe von dem Inhalte einer Urkunde oder zur Ergänzung des Inhalts oder zur Herstellung von Reden, die vor, während oder nach Abfassung einer Urkunde vorgefallen sein sollen, ausgeschlossen werde?

Die Frage über das Verhältniß des Zeugen- zum Urkunden-Beweise ist eine alte; sie hängt ohne Zweifel nicht nur mit der Entwicklung der Rechtsbildung überhaupt, sondern, wie diese, mit dem Kulturstande der Zeiten und Völker zusammen.

Das ältere Römische Recht kennt beide Beweismittel neben einander, ohne Bestimmung über deren gegenseitigen Werth, aber schon das neuere Recht enthält eine Beschränkung des Zeugenbeweises gegenüber der Urkunde über ein Schuldbekenntniß.

Die Einrede der Zahlung soll in diesem Falle nur ebenfalls schriftlich, oder durch fünf klassische Zeugen unter Eidespflicht, bewiesen werden, welche Bestimmung durch die Leichtfertigkeit der Zeugen begründet wird, welche viel Unwahres ausrichten und vielleicht erkauft sein könnten. (L. 18. Cod. de testib.)

Das Deutsche Recht kennt eine solche Beschränkung nicht, der Schwerpunkt des Beweises war dort die eigene eidliche Versicherung der Partei, woneben die Zeugen ursprünglich als Eideshelfer, als Urtheiler, und nicht als

Aussagen über thatsächliche Behauptungen der Partheien erschienen. Die Urkunden waren, wie die Schrift im Allgemeinen von seltenem Gebrauch, am seltensten die Privaturkunden, nur das Grundeigenthum, insbesondere die Lehen, pflegten in schriftlichen Vergabungen überlassen zu werden, und nur in den geistlichen Gerichten wurde der Gebrauch der Urkunden allgemeiner und ging von dort in den allgemeinen Verkehr auch der Laien und der weltlichen Gerichte über.

Auch im Französischen Mittelalter, noch im 15. Jahrhundert galt der Grundsatz „témoins passent lettres", im Gegenstoß wurde die lebendige Stimme des Zeugen der todten Schrift vorgezogen. Aber dieser Grundsatz wurde im 16. Jahrhundert umgekehrt; nach dem Vorgang Italienischer Statuten von Mailand und Bologna, auf den Antrag des Parlaments von Toulouse, aus einem Lande des geschriebenen Rechts — erging die bekannte Ordonnanz von Moulins von 1566, deren Art. 54 den Vorzug der Urkunden gegenüber dem Zeugenbeweis für alle Zukunft sanktionirte. Das Parlament von Paris war sofort einverstanden; „nulla toto hoc saeculo constitutio ac lex regia sanctior ac probatior visa fuit amplissimo nostro Galliae senatui" sagte ein gleichzeitiger Schriftsteller — Boiceau. —

Eine ähnliche Bestimmung erfolgte durch das Edikt der Erzherzoge von Flandern von 1611 (Art. 19); genauer bestimmt und modificirt wurde die Ordonnanz von Moulins durch diejenige von 1667 (tit. XX. Art. 2 sq.) welche den wesentlichen und fast wörtlichen Inhalt des heutigen Französischen Rechts über diesen Gegenstand bildet.

Dieses Recht will:

1) daß über alle Sachen, d. h. Rechtsgeschäfte, deren Werth 150 Franken übersteigt, eine öffentliche oder Privaturkunde errichtet werden soll;

2) daß entgegen, oder außer dem Inhalt der Urkunden oder über Reden vor, bei und nach der Abfassung der letzteren kein Zeugenbeweis zugelassen werde, selbst wenn es sich dabei um eine geringere Summe handelt. (Code civil Art. 1341 sq.)

Nach dem ersten Satz können die Rechtsgeschäfte höheren Betrags nicht durch Zeugen bewiesen werden, nicht die Gültigkeit oder rechtliche Wirksamkeit, sondern nur die Beweislichkeit derselben ist an die Schrift gebunden.

Der zweite Satz unterstellt das Dasein einer Urkunde und bestimmt das Verhältniß derselben zum Zeugenbeweis; der letztere ist unbedingt ausgeschlossen, insofern damit der Inhalt der Urkunde widerlegt oder mündliche Verhandlungen dargethan werden wollen, welche die Errichtung der Urkunde begleitet haben, ihr vorausgegangen oder nachgefolgt sind.

Aus der Begründung des Gesetzes folgt das Princip für die Regel und die Ausnahmen.

Schon die Ordonnanz von Moulins und das verwandte Edikt von Flandern sprechen von der Vermehrung und Verwickelung der Processe, von der Unsicherheit, der Verschiedenheit und dem Widerspruch der Beweise und Proceduren, welchen durch das Gesetz begegnet werden soll; aber ein weiterer, wenn auch nicht ausgedrückter Grund des Gesetzes war nach dem Zeugniß der Geschichte die schon von dem Römischen Recht betonte Leichtfertigkeit oder Unredlichkeit der Zeugen.

Durch die regelmäßige Beurkundung der Verträge und ihrer Modifikationen sollen Streitigkeiten über deren Existenz, Inhalt und Auslegung beseitigt, etwa doch entstehende Processe vereinfacht und abgekürzt, die Rechtssicherheit befördert, insbesondere auch gegen den Einfluß leichtsinniger, schwankender oder leidenschaftlicher und käuflicher Zeugnisse geschützt werden.

Diese Bedenken finden überall nicht oder in geringerem Maße statt, oder können endlich nicht berücksichtigt werden, wenn entweder eine — wenn auch nicht vollbeweisende — Schrift vorliegt, deren Form oder Inhalt unzureichend ist, oder wenn die schriftliche Beurkundung des Rechtsgeschäfts unmöglich, oder endlich ohne Schuld des Beweispflichtigen in Verlust gefallen ist.

In allen diesen Fällen findet ausnahmsweise ein Zeugenbeweis statt, ebenso wenn eine blos natürliche Thatsache in Frage steht, welche keiner schriftlichen Beurkundung empfänglich ist, oder ein so geringer Werth in Streit liegt, daß eine Bestechung der Zeugen nicht zu befürchten steht.

Endlich sind die Verhältnisse des Handels ausgenommen, weil der Handel und die Handelsgerichte die freieste Bewegung in Anspruch nehmen, dort auch neben den Handelsbüchern und dem Briefwechsel besondere Urkunden ebensowenig gebräuchlich als Bedürfniß sind.

Diese Französische Gesetzgebung hat in mehreren Ländern Europa's Eingang gefunden, insbesondere in den Französischen Kantonen der Schweiz, in Belgien und den Niederlanden, abgesehen von den Deutschen Rheinprovinzen und dem Großherzogthum Baden, wo das Französische Recht im Ganzen eingeführt und beibehalten wurde. Auch das Oesterreichische Gesetzbuch erklärt bei dem Dasein eines schriftlichen Vertrags die mündlichen Verabredungen für unwirksam. In England ist der Zeugenbeweis unzulässig, wenn damit der Inhalt einer Urknnde vernichtet oder wesentlich verändert werden soll; auch wird bei Verträgen über Liegenschaften von höherem Werthe unbedingt die Schrift erfordert. —

Das Preußische Recht geht weiter als das Französische: ein jeder Vertrag, dessen Gegenstand sich über fünfzig Thaler beläuft, muß schriftlich errichtet werden; auch einseitige Willenserklärungen müssen bei Gegenständen über fünfzig Thaler, sobald ihre Folgen sich auf die Zukunft erstrecken, schriftlich abgefaßt werden. Verträge und Erklärungen über Grundgerechtigkeiten, ingleichen über beständige persönliche Lasten und Pflichten, erfordern unbedingt eine schriftliche Abfassung.

Ist in Fällen, wo die Gesetze einen schriftlichen Vertrag erfordern, derselbe blos mündlich geschlossen und noch von keinem Theile erfüllt worden, so findet daraus keine Klage statt; hat ein Kontrahent von dem anderen die Erfüllung bereits ganz oder theilweise angenommen, so ist er verpflichtet, entweder den Vertrag von seiner Seite zu erfüllen oder das Erhaltene zurückzugeben oder zu vergüten; übrigens finden aus einem blos mündlichen Vertrage wegen der von dem einen oder anderen Theile verweigerten Erfüllung keine Forderungen von Entschädigungen oder Interesse statt.

Ist ein Vertrag schriftlich geschlossen worden, so muß alles, was auf die Verabredung der Parteien ankommt, blos nach dem schriftlichen Kontrakte beurtheilt werden; auf vorgeschützte mündliche Nebenabreden wird, **ohne Unterschied des Gegenstandes**, keine Rücksicht genommen.

Verträge, welche, vermöge des Gesetzes oder einer Abrede der Parteien, schriftlich geschlossen werden sollen, erhalten ihre Gültigkeit erst durch die Unterschrift. (Allg. Landrecht für die Preuß. Staaten, Theil I. Tit. 5. §. 116 sq.)

Die neueste Deutsche Gesetzgebung über diesen Gegenstand enthält der Entwurf einer Proceßordnung in bürgerlichen Rechtsstreitigkeiten für Bayern im Artikel 370 sqq.

Hiernach können Rechtsgeschäfte, welche die Entstehung oder Tilgung einer Verbindlichkeit im Betrage von mehr als 150 Gulden begründen, nicht durch Zeugen, sondern nur durch Urkunden, Eid oder gerichtliches Geständniß erwiesen werden.

Der Zeugenbeweis ist nicht zulässig gegen den Inhalt einer Urkunde, oder über Verabredungen, welche bei der Errichtung der Urkunde oder vor- oder nachher stattgefunden haben sollen, selbst wenn der Gegenstand den Betrag von 150 Gulden nicht erreicht; ebenso ist der Zeugenbeweis ohne Rücksicht auf den Werth des Gegenstandes ausgeschlossen bei allen Rechtsgeschäften, welche das Eigenthum an unbeweglichen Sachen oder denselben gleichgeachteten Rechten zum Gegenstande haben.

Die obigen Bestimmungen finden keine Anwendung auf solche Fälle, in welchen es dem Beweisführer unmöglich war, sich über die zu beweisende

Thatsache oder die eingegangene Verbindlichkeit einen schriftlichen Beweis zu verschaffen; ferner wenn über die zu erweisende Thatsache oder Verabredung eine als Beweisbehelf dienliche oder eine solche Urkunde vorliegt, welche wegen Mangels in der Form oder wegen sonstiger äußerlicher Unvollständigkeit die behauptete Thatsache oder Verabredung zwar nicht vollkommen beweist, wohl aber in Verbindung mit anderen Umständen nach richterlicher Ueberzeugung wahrscheinlich macht, endlich in Handelssachen überhaupt vorbehaltlich der Bestimmungen des Handelsgesetzbuchs, sowie für den Nachweis der Entstehung oder Tilgung der Verbindlichkeiten aus dem Handel auf Messen und Märkten u. s. w.

Ist eine auf den Proceß bezügliche Urkunde erwiesenermaßen vorhanden gewesen und ohne Verschulden des Beweisführers verloren gegangen, unleserlich oder sonst unbrauchbar geworden, so darf der Beweisführer deren Beschaffenheit und Inhalt durch jedes Beweismittel bewahrheiten, selbst bei Rechtsgeschäften, zu deren Wesenheit oder Beweis eine schriftliche Urkunde gehört. (Art. 345.)

Der Entwurf enthält sonach die beiden Hauptbestimmungen des Französischen Rechts, sowie die wesentlichen Ausnahmen desselben, auch entspricht die Ausführung im Einzelnen, soweit sie gegen die Umgehung des Gesetzes gerichtet ist, oder die nähere Bestimmung der Regel und der Ausnahmen bezweckt, den Französischen Vorschriften, jedoch mit einiger Milderung der Strenge der letzteren.

Die Motive erklären die Beschränkung des Zeugenbeweises als das wirksamste Mittel, um die Rechtsverhältnisse überhaupt sicher zu stellen, die Processe zu vermindern und das Verfahren zu vereinfachen und zu beschleunigen. Im Besonderen wird die Unsicherheit des Zeugenbeweises begründet durch die Schwäche des menschlichen Gedächtnisses, die Unzuverlässigkeit der Erinnerung, zumal in fremden Angelegenheiten, durch die Betrachtung, daß so leicht willkürliche Vorstellungen mit wirklichen Erfahrungen vermengt und letzteren Erfindungen beigemischt werden; endlich durch den schändlichen Einfluß, welchen Eigennutz und Arglist unter solchen Verhältnissen unselbständigen und leichtfertigen Menschen gegenüber zu äußern vermögen, was bei sinkender Religiosität und Moralität immer bedrohlicher werde.

Es entsteht nunmehr die Frage, ob eine solche Beschränkung des Zeugenbeweises, wie sie nach den Grundsätzen des Französischen Rechts stattfindet und nach dem Bayerischen Entwurf adoptirt wird, in das Deutsche bürgerliche Verfahren, welches eine derartige Beschränkung gemeinrechtlich nicht kennt, aufgenommen werden soll, ob diese Aufnahme geboten oder auch nur zweckmäßig erscheint?

Als präjudiciell dürfte die weitere Frage gestellt werden, ob die betreffenden Bestimmungen ihrer Natur zufolge processualische oder civilrechtliche Bedeutung haben, ob sie daher überhaupt bei der Kodificirung des bürgerlichen Processes zu berücksichtigen sind?

Das zu erstattende Gutachten zerfällt daher in die Beantwortung der drei nachstehenden Fragen:

1) Gehören die Bestimmungen über Beschränkung des Zeugenbeweises in bürgerlichen Rechtssachen für besondere Fälle — wie sie insbesondere das Französische Recht aufstellt — zu der Gesetzgebung über das Verfahren?
2) Ist die Aufnahme solcher Bestimmungen in den Deutschen bürgerlichen Proceß durch die übrige Einrichtung des letzteren geboten?
3) Ist eine solche Aufnahme wenigstens zweckmäßig?

Ad 1. Es ist bekannt, daß die Bestimmungen über Beschränkung des Zeugenbeweises nicht in dem Französischen Proceßgesetzbuch, sondern in dem Code civil, und ebenso in dem Badischen Landrechte enthalten sind.

Nicht nur die Badischen Proceß-Ordnungen von 1831 und 1851, sondern auch der neueste Entwurf von 1863 berühren jene Bestimmungen nicht, während der Bayerische sie allerdings aufgenommen hat.

Auch bei der in Hannover versammelten Deutschen Proceß-Kommission waren die Ansichten über diese Frage getheilt. Während ein Antrag gestellt wurde, über die Frage der Beschränkung des Zeugenbeweises zur Tagesordnung überzugehen, weil dieselbe nicht blos zum Proceßverfahren, sondern auch zum materiellen Proceßrechte und zum Civilrechte gehöre, — nahm die Kommission mit 6 gegen 5 Stimmen einen vermittelnden Antrag an, wonach es der Landesgesetzgebung überlassen bleibt, bei Rechtsgeschäften, deren Gegenstand einen bestimmten Betrag übersteigt, den Zeugenbeweis auszuschließen, und ebenso denselben gegen den Inhalt der über Rechtsgeschäfte aufgenommenen Urkunden — ohne Rücksicht auf den Betrag des Gegenstandes, sowie über das, was außer dem Inhalte der Urkunde mündlich über das Rechtsgeschäft verabredet worden sein soll, — zu verbieten.

Unsere Ansicht über diesen Punkt ist folgende:

Handelte es sich von einem allgemeinen Verbot des Zeugenbeweises im bürgerlichen Rechtsverfahren, so daß diese Beweisart gänzlich ausgeschlossen würde, so dürfte eine solche Bestimmung ohne Zweifel in das Proceßrecht gehören, da dieses die einzelnen Beweismittel im Allgemeinen sowohl für das ordentliche als das außerordentliche oder summarische Verfahren festzustellen, nicht blos den Gebrauch derselben, sondern auch die Voraussetzung der Zulässigkeit zu normiren hat.

Es ist dies ebenso unzweifelhaft, als daß die Aufhebung der Ordalien oder der peinlichen Frage nicht zu dem materiellen Strafrechte, sondern in das Strafverfahren gehört, weil damit der Beweis aller und jeder Strafsachen, das formelle Recht der letzteren überhaupt berührt wird.

So liegt aber unsere Frage nicht. Der Zeugenbeweis soll im bürgerlichen Rechte nicht allgemein ausgeschlossen, sondern nur beschränkt werden; die Zulassung desselben bleibt die Regel, das Verbot die Ausnahme.

Der Zeugenbeweis bleibt bei allen Gegenständen von geringerem Werthe, er bleibt bei allen rein sinnlichen Gegenständen der äußeren Natur, er ist nur beseitigt bei allen auf Verträge bezüglichen Verfügungen und Handlungen der Menschen, und selbst bei den letzteren wieder zugelassen, wo eine physische oder moralische Unmöglichkeit der Schrift vorliegt, oder wo die letztere nur unvollständig vorhanden ist.

Die Beschränkung des Zeugenbeweises ist daher nicht eine rein formelle, für alle bürgerlichen Klagen im Allgemeinen, oder für besondere Proceßarten, z. B. den Executivproceß, vorgeschriebene Regel, sondern sie bezieht sich nur auf bestimmte Rechtsverhältnisse, auf die Verträge und ihre Zugehörden.

Diese bestimmten Rechtsverhältnisse, die daraus abfließenden Rechte und Verbindlichkeiten sollen nicht durch Zeugen dargethan werden, wenn ihr Gegenstand bedeutend und die Möglichkeit der Schrift gegeben ist; damit ist zwar die innere Natur dieser Rechte nicht berührt, aber ihre äußere, praktische Wirksamkeit beschränkt, und folglich die civilrechtliche Geltung derselben alterirt, das Vollrecht der bezüglichen Klagen ist aufgehoben, weil und insofern sie nicht durch Zeugen unterstützt und durchgesetzt werden können.

Es ist nur eine fortschreitende Erweiterung und Entwickelung des nemlichen Princips, wenn der Zeugenbeweis auch bei Rechtsgeschäften geringeren Betrages (vergl. Code civ. Art. 1715) oder endlich auch der Eid (C. civ. Art. 2094) ausgeschlossen, die Schrift schlechthin — nach Umständen sogar in öffentlicher Form — erfordert wird (Code civ. Art. 931), was mit den Grundsätzen des Preußischen Landrechts zusammentrifft.

Die Beschränkung des Zeugenbeweises, beziehungsweise der Mangel der Schrift berührt daher den Grund der Rechtsgeschäfte, nicht blos die Art der Geltendmachung derselben, — die Beschränkung folgt dem Rechte vor jedes Gericht, so daß nicht die Gesetze des letzteren — des Proceßgerichts — sondern die Gesetze des Orts und der Zeit entscheiden, wo und wann das Rechtsverhältniß entstanden ist, gerade wie dieses bei der Form der Rechtsgeschäfte überhaupt der Fall ist (locus et tempus regit actum).

Die Gesetze des Proceßgerichts müßten aber schlechthin maßgebend sein, wenn die Normen über Beschränkung des Zeugenbeweises als Vorschriften des Verfahrens zu betrachten wären.

Merlin, Répertoire de jurisprudence, mot: preuve.
Savigny, System des Römischen Rechts, VIII. §. 381 sq., Preuß. Landrecht I. 5. §§. 148. 111.

Hiernach scheint es uns, daß die Frage der Beschränkung des Zeugenbeweises in der vorwürfigen Richtung nicht rein processualischer, sondern vorwiegend civilrechtlicher Natur ist, und daß sich daher die bürgerliche Proceßordnung mit dieser Frage und den hierauf bezüglichen Bestimmungen nicht zu befassen hätte, die bereits in den Gesetzgebungen verschiedener Staaten enthaltenen Bestimmungen des bürgerlichen Rechts über den Zeugenbeweis durch eine allgemeine Proceßordnung auch nicht berührt werden, sofern die letztere nicht eine ausdrückliche Aufhebung oder Aenderung jener Bestimmungen ausspricht.

Ad 2. Die neueren Gesetzgebungen über den bürgerlichen Proceß, insbesondere die Hannoversche Proceßordnung von 1850, ebenso der Bayerische und der Badensche Entwurf legen den Schwerpunkt des Verfahrens in die mündliche Verhandlung. Diese ist nicht blos eine Rechtsausführung über das vorausgegangene schriftliche Material, welches nicht mehr verrückt werden kann, sondern die mündliche Verhandlung bildet die ausschließliche thatsächliche Grundlage des Urtheils, so daß der vorhergegangene Schriftenwechsel nur als Vorbereitung erscheint, aber keineswegs unwiderruflich feststeht, sondern erst bei der mündlichen Verhandlung in seinem Inhalt reproducirt und festgestellt, beziehungsweise abgeändert wird.

Das Princip der Mündlichkeit will ferner, daß alle Verhandlungen, insbesondere auch die Erhebungen der Beweise vor dem Proceßgerichte selbst in unmittelbarer Leitung und Mitwirkung des letzteren vorgenommen werden.

Bei unbedingter Zulassung des Zeugenbeweises in allen Rechtssachen ergiebt sich unter obigen Voraussetzungen die Folge, nicht nur, daß weitläufige Verhandlungen über Beweiseinreden mit oder ohne Verbindung mit den Klagebehauptungen und Einreden der Parteien vorkommen können, deren Ordnung und Auffassung schwierig, jedenfalls zeitraubend und vielleicht nicht in einer Sitzung zu bewältigen ist, sondern daß auch die Zeugenverhöre selbst in der Sitzung vorzunehmen sind, wobei die gedachten Mißstände in gleichem oder höherem Grade eintreten können.

Eine noch bedenklichere Folge ist, daß durch jede Erhebung eines Zeugenbeweises unvermeidlich zwei getrennte Proceßabschnitte entstehen müssen, welche wenigstens zwei mündliche Verhandlungen, die eine vor, die andere nach der Beweiserhebung, mit sich führen. Dabei ist nur die Alternative möglich, entweder, daß der erste Proceßabschnitt durch ein formelles Urtheil — Beweisinterlokut — abgeschlossen wird, welches den Thatbestand des ersten Verfahrens unwiderruflich und rechtskräftig feststellt, wie dieses in der Hannoverschen Proceßordnung geschieht, oder daß bei der zweiten Verhandlung der Stoff der ersten wiederholt, möglicherweise geändert und mit dem Inhalte des Beweisergebnisses verbunden wird.

Die erste Methode verstößt gegen das Princip der Mündlichkeit und der freien Würdigung des gesammten Proceßstoffes bei Erlassung des entscheidenden Urtheils, da die Richter an eine fixirte schriftliche Grundlage gebunden sind, bei deren Entstehung sie möglicherweise nicht mitgewirkt haben, deren unmittelbarer und origineller Eindruck ihnen wenigstens nicht mehr gegenwärtig und bestimmend sein kann.

Bei der zweiten Alternative aber wird das Resultat der ersten Verhandlung möglicherweise aufgehoben, daher zwecklos, und der Stoff der zweiten in solcher Weise gehäuft, daß er kaum äußerlich in der dem Gerichte zugemessenen Zeit, und noch weniger in der scharfen Auffassung und gründlichen Würdigung der Richter bewältigt werden kann.

Aus diesen unverkennbaren Schwierigkeiten befreit nun allerdings die in Frage stehende Beschränkung des Zeugenbeweises, wenigstens für die bedeutenderen und zahlreicheren Rechtsfälle, — und es ist auch von diesem rein processualischen Standpunkte die Annahme jener Beschränkung in dem Schoße der Proceß-Kommission zu Hannover empfohlen worden.

Es ist zwar richtig, daß auch unter Voraussetzung jener Beschränkung noch viele Fälle des Zeugenbeweises übrig bleiben, welche auch im Französischen Processe vorgesehen sind und auch dort eine Unterbrechung des Verfahrens mit sich führen; allein die Zahl der Fälle ist jedenfalls sehr beschränkt, der Nachtheil für die Einheit der Procedur erheblich vermindert, wozu noch kommt, daß sich der Französische Proceß nicht an das Urtheil bindet, welches den Zeugenbeweis zuläßt, und daß es in der Befugniß des Gerichts steht, den Beweis durch Zeugen in dem einzelnen Falle selbst dann zu verwerfen, wenn er nach der Natur des Rechtsverhältnisses an und für sich gesetzlich zulässig wäre. (Code de procédure, Art. 253. — Vergl. Zink, die Ermittelung des Sachverhalts im Französischen Civilprocesse, S. 480.) —

Gleichwohl möchten wir aus processualischen Gründen die absolute Nothwendigkeit der Beschränkung des Zeugenbeweises nicht in Anspruch nehmen, da sich auch unter dieser Voraussetzung nicht alle Anstände und für alle Fälle heben lassen, und da im Uebrigen die objektive Gestaltung des ganzen Verfahrens und das subjektive Element der Richter auch größere Verwickelungen und Nachtheile mehr oder minder zu lösen und auszugleichen im Stande sein dürften.

Aber — wie schon die Ordonnanz von Moulins und das Edikt von 1611 gethan — möchten auch wir in der Beschränkung des Zeugenbeweises in der Französischen Weise eine wesentliche Erleichterung und Vereinfachung, daher auch Beschleunigung des Processes erblicken, also einen erheblichen Grund der Zweckmäßigkeit, welcher neben den übrigen Momenten dieser Art zu berücksichtigen sein wird.

Dies führt

Ad 3 zu der letzten und wichtigsten Frage.

Es ist bereits im Eingange dieses Gutachtens angedeutet worden, daß die Frage des Zeugenbeweises mit der Eigenthümlichkeit und der Entwickelung des Rechts überhaupt, mit der Volkssitte, dem Gebrauch der Schrift und dem Verständniß der letzteren in nothwendigem Zusammenhange steht.

Im alten Rom umgaben Zeugen die Entstehung der Rechtshandlungen und Verträge, sie bestätigten sofort bei Gericht deren Existenz und Inhalt; im Germanischen Mittelalter erscheinen die Zeugen als Geranten und Eideshelfer für die Verträge und deren gerichtliche Bestätigung. Beides änderte sich in der Römischen Kaiserzeit und am Schlusse des Mittelalters; dort blieb die Stipulation als die hauptsächlichste Form der Verträge, allein es wurde üblich sie schriftlich zu fassen (cautio) und diese Schrift begründete die Vermuthung der Perfektion des Vertrages, welche nur durch den stärksten Gegenbeweis, insbesondere wieder durch Schrift widerlegt werden sollte. (L. 14. Cod. de contrah. stipul.)

Die Urkunden wurden überhaupt den Zeugen vorgezogen, die letzteren nur mit Vorsicht und zur Unterstützung anderer Beweisgründe zugelassen. (L. 2. sq. 18. Cod. de testib.)

In Deutschland erhielt sich zwar die rechtliche Geltung der Zeugen als

Auskunftspersonen neben dem schriftlichen Beweis, doch kam die gerichtliche Bestätigung der Verträge, besonders bei Uebertragung von Grundstücken, auf, worüber Urkunden, Lehenbriefe 2c. ausgestellt wurden. Im Uebrigen steigerte sich, wenigstens thatsächlich, der Gebrauch der Urkunden bei allen wichtigeren Sachen nach Verhältniß der zunehmenden Kultur, des Verkehrs und der Erweiterung aller Lebensverhältnisse.

In Frankreich und den romanischen Staaten wirkte wohl die Tradition des Römischen Rechts mit, um den faktischen Gebrauch der Urkunden zum rechtlichen zu stempeln, mit Rechtsfolgen zu umgeben, wie wir solche im Französischen Rechte vor uns sehen, welches insofern seit drei Jahrhunderten eine nationale Eigenthümlichkeit erhalten hat.

Diese Eigenthümlichkeit — die nationale Färbung — ist es aber gerade, welche der Aufnahme der Französischen Bestimmungen in die Deutsche Gesetzgebung im Wege zu stehen scheint. Man sagt vom Deutschen Standpunkte, daß die Entfernung der Zeugen eine ungerechte Verdächtigung derselben enthalte, daß die Ausschließlichkeit der Schrift einen unnatürlichen Zwang, eine Beschränkung der natürlichen Freiheit und Bevormundung des Bürgers, bedinge, daß die materielle Wahrheit verkürzt und die freie Würdigung der Beweise beschränkt werde, — was alles den Deutschen Rechtsanschauungen widerstreite.

Uns scheinen jedoch alle diese Gründe bei näherer Betrachtung nicht haltbar zu sein.

Was die Verdächtigung der Zeugen betrifft, so beruht allerdings der materielle Grund der ursprünglichen Maßregel in Frankreich in dem Mißtrauen gegen die Redlichkeit und Unbestechlichkeit derselben, und es mag zugestanden werden, daß dieses Mißtrauen für Deutschland und die heutige Zeit weniger gerechtfertigt sei, als für andere Völker und Zeiten, wiewohl die Fälle des Meineids und falschen Zeugnisses nach den amtlichen Erfahrungen des Verfassers keineswegs zu den Seltenheiten gehören, und Kollisionen widersprechender Zeugnisse vorkommen, welche sich nicht wohl anders als durch die bewußte Falschheit eines oder des anderen Theiles erklären lassen.

Indessen handelt es sich nicht blos und nicht vorzugsweise um dieses ethische Gebrechen der Zeugen, welches nach Ort und Zeit wechseln, wiewohl niemals gänzlich verschwinden wird, sondern um das objektive, unwandelbare, in der geistigen Natur des Menschen gegründete Unvermögen, thatsächliche Verhältnisse, welche nicht stark in die Sinne fallen, sondern — wie die rechtlichen Vorgänge — in Vorstellungen und Begriffen beruhen, in ihrem Wesen scharf aufzufassen und nach längerer Zeit unter anderen Eindrücken und Stimmungen in der ganzen Ursprünglichkeit und Frische der Auffassung zu reproduciren und darzustellen.

Dieses absolute Unvermögen, welches sich nach der Persönlichkeit der Zeugen mehren oder mindern wird, aber unter keinen Umständen zu heben ist, begründet in erster Reihe die innere Schwäche und die Unsicherheit des Zeugenbeweises und damit die äußerste Gefahr für alle Rechtsverhältnisse, welche unter diese Bürgschaft gestellt, an diese Stütze angelehnt werden sollen.

Dieses Bedenken — das Interesse der Rechtssicherheit — ist daher auch in den Motiven zum Bayerischen Entwurfe mit Recht vorangestellt, es kann durch alle sonstigen Vortheile des mündlichen Zeugnisses, die Lebendigkeit, Unmittelbarkeit und Umständlichkeit des letzteren nicht widerlegt oder aufgewogen werden, — weil alle diese Vortheile nur mehr oder minder zufällig oder trügerisch sind, die bezeichneten Nachtheile aber nothwendig und immer eintreten müssen. Die Schrift gewährt dagegen eine feste und sichere Grundlage für das verbriefte Recht, welche durch die richterliche Auslegung oder nach Umständen auch durch Zeugen ergänzt werden mag, so daß die letzteren an der Urkunde selbst einen Halt für ihre Erinnerung oder Wissenschaft finden und nicht blos an die subjektive Kraft ihrer Reproduktion gewiesen sind.

Gegenüber diesem Interesse der Rechtssicherheit schwindet auch das Bedenken des Zwanges und der Unfreiheit, welches in der Forderung der Schrift gefunden werden will. Es ist Niemand gezwungen, sich der Schrift zu bedienen, wenn er sich auf das Wort und beziehungsweise den Eid seines Gegners verlassen will; aber dieser hat das unbedingte rechtliche Interesse, daß ihm nicht ein trügliches Beweismittel aufgedrungen, sein Recht von dem Ausfall des letzteren abhängig werde. Diesem Interesse muß die unbedingte Freiheit im Gebrauche der Beweismittel weichen, weil eine andere Ausgleichung nicht möglich ist, weil überhaupt jede Freiheit im Rechte nur unter Voraussetzung der Gleichheit, d. h. der Gerechtigkeit denkbar ist, worauf alle Gesetze des Privatrechts, insbesondere die Gebote und Verbote desselben, im letzten Grunde beruhen.

Eben sowenig leidet die materielle Wahrheit durch die Beschränkung des Zeugenbeweises; sie soll vielmehr durch die Entfernung eines schwächeren und unsicheren Mittels, beziehungsweise die Begünstigung eines stärkeren und zuverlässigeren geschützt und gefördert werden, und was die richterliche Würdigung des Beweises betrifft, so wird diese — soweit sie statthaft ist — durch die fragliche Maßregel überall nicht berührt.

Der Richter soll die Beweise nach freiem und gewissenhaftem Ermessen prüfen und würdigen, ohne an formelle Schranken gebunden zu sein, — allein daraus folgt nicht, daß der Richter alle und jede Beweismittel unbedingt benützen und auf jede Weise beiziehen dürfe. Eine solche Gewalt würde nicht nur das Verhandlungsprincip des Deutschen Processes, sondern überhaupt jede Ordnung des Verfahrens umstürzen, die bürgerliche Freiheit und die Rechtssicherheit im höchsten Grade gefährden.

Das Gesetz hat dem Richter die zuläßigen Beweismittel und die Art ihrer Erhebung und Würdigung vorzuschreiben, und bei dieser Weisung wird es eben sowohl die Natur der einzelnen Beweismittel als die Stellung des Richters berücksichtigen, es wird mit gleicher Vorsicht den Weg zur Findung der Wahrheit weit öffnen, als die Abwege verschließen, welche von dem Ziele abführen können. Hievon ausgehend ist es nur zu billigen, daß das Gesetz die Würdigung des Zeugenbeweises — wo er stattfinden soll — in freiester Weise gestattet, weil gerade dieses Beweismittel unendlich beweglich, durch die mannigfaltigsten Verhältnisse der Personen und Sachen bedingt ist, daher nicht an feste Regeln gebunden sein kann.

Aber gerade in dieser Beweglichkeit und Ungebundenheit des Zeugenbeweises, in der Nothwendigkeit der schrankenlosen Würdigung seines Ergebnisses, liegt ein weiterer Grund für die Beschränkung des Gebrauchs desselben, weil die Richter irren können, und hier nur das subjektive Ermessen, vielleicht einer Stimme, entscheiden kann und soll.

Wir kommen dabei auf den weiteren Einwurf, daß der Zeugenbeweis im Strafprocesse nicht ausgeschlossen sei, wo doch die größten Interessen der Freiheit und des Lebens in Frage stehen, und daß selbst im bürgerlichen Verfahren Ausnahmen von der Beschränkung des Zeugenbeweises stattfinden müssen.

Wir könnten diesem Einwand mit der einfachen Bemerkung begegnen, daß im Strafverfahren in der Regel keine Schrift zu haben ist, wo sie nicht selbst den Thatbestand des Verbrechens bildet, und daß die Ausnahmen des Civilrechts auf der gleichen Unmöglichkeit der Schrift beruhen, wo nicht der

Anfang eines schriftlichen Beweises vorliegt, daß aber die Zweckmäßigkeit einer Vorschrift nicht durch den Umstand berührt wird, daß sie nicht ausnahmslos anzuwenden ist.

Bei näherer Betrachtung ergiebt sich aber auch, daß der Beweis im Strafprocesse keineswegs ausschließlich und unmittelbar auf Zeugen ruht, vielmehr ist der direkte Zeugenbeweis der Natur der Sache nach fast ebenso selten als die Schrift; das wesentliche Mittel der Wahrheitserforschung sind hier die Anzeigen in Verbindung mit den äußeren sinnlichen Merkmalen des Verbrechens. Die Anzeigen werden freilich durch Zeugen bewiesen, allein dieser Beweis ist hier durch den engen Zusammenhang zahlreicher Vermuthungen und den objektiven Thatbestand des Verbrechens getragen und unterstützt, endlich von den besonderen Garantieen des Strafverfahrens umgeben, so daß die Gefahren des Beweismittels, insofern sie nicht zu umgehen sind, in hohem Grade gemindert erscheinen.

Die Ausnahmen des bürgerlichen Rechts beziehen sich aber entweder auf Delikte oder Quasidelikte, wo ähnliche Betrachtungen gelten, oder auf Gegenstände von unerheblichem Werthe, oder es ist endlich den Gerichten anheimgestellt, den Beweis durch Zeugen nach Gestalt der Personen und Umstände zuzulassen, und ihn im einzelnen Falle zu verwerfen, wo er nach der allgemeinen Vorschrift des Gesetzes an und für sich zulässig wäre.

Wir kommen schließlich zu einer Betrachtung, welche mit der Ausführung unter 1. zusammenhängt, und sich auf die Natur der vorliegenden Frage bezieht.

Wir suchten dort zu zeigen, daß es sich nicht blos von einer Frage des Beweises, von einem Gegenstande des Verfahrens oder des materiellen Proceßrechts handle, sondern daß die Frage auch einen civilrechtlichen Charakter an sich trage. Diese Bedeutung der Sache soll hier für das Moment der Zweckmäßigkeit noch näher gewürdiget werden.

Die Schrift soll — wie es feststeht — nicht bei allen Thatsachen des Processes, sondern nur bei Rechtsgeschäften, beziehungsweise bei Verträgen und auf Verträge bezüglichen Verfügungen gefordert werden; unbeurkundete Rechtsgeschäfte dieser Art sind zwar nicht unbedingt ungültig, aber ihre praktische Geltung und Wirksamkeit ist auf das Geständniß, beziehungsweise den Eid des Gegners gestellt, daher mit einem Mangel behaftet, welcher gleich der absoluten Ungültigkeit dem Geschäfte anklebt, dasselbe vor jedes Gericht begleitet — der bezüglichen Klage oder Einrede hemmend entgegensteht. Diese Wirkung giebt dem schriftlichen Vertrag oder Rechtsgeschäft einen formellen Charakter, welcher nur dem Grade nach von dem absoluten Gebote der Schrift verschieden ist, insofern hier auch das Geständniß und die Eideszuschiebung beseitigt sind.

Diese Anschauung ergiebt sich auch aus der Fassung des Französischen Gesetzes, welches in erster Reihe die Fertigung der Schrift gebietet (il doit être passé acte) und die Ausschließung des Zeugenbeweises gegen oder über den Inhalt der Urkunde als nothwendige Folgerung jenes Gebots anreiht, während die letztere an und für sich auch selbstständig, als processualische Vorschrift, bestehen könnte.

Wird aber das Gebot der Schrift bei den Rechtsgeschäften als formelle Vorschrift für die letzteren gedacht, so wird damit ein wichtiger materieller Zweck erreicht, welcher dem Gesetzgeber — bewußt oder unbewußt — vorgeschwebt haben mag.

Man hat auch hier den Formalismus der Römischen Verträge getadelt und es als einen besonderen Vorzug der Deutschen Sitte und Anschauung gepriesen, daß auch formlose Verträge binden, daß das Wort des Mannes genüge. Wenn man aber bei Verträgen über Liegenschaften schon von dieser Anschauung abgewichen ist, so entspricht sie überhaupt nicht den praktischen Bedürfnissen des Lebens, wie sie das klassische Recht jenes freiesten Volkes der Vorzeit erfaßt hatte.

Die erste Bedingung jedes Vertrages ist die freie und ernstliche Einwilligung der Paciscenten. Diese Einwilligung kommt aber in der Regel nicht plötzlich — und in diesem Falle nicht leicht frei und ernstlich — sondern nach längerer oder kürzerer Verhandlung zu Stande, und es handelt sich für das materielle und formelle Recht um die Feststellung der Grenze, wo die Unterhandlung aufhört und der Vertrag beginnt, um die Erkennbarkeit der Merkmale des letzteren — des übereinstimmenden Willens der vertragenden Personen. Um die Freiheit und den Ernst der Einwilligung zu verbürgen, ist es ferner nöthig, daß sich die Parteien des Inhalts und der Tragweite des Vertrages klar bewußt werden, mit voller Einsicht und Besonnenheit handeln.

Diesen Rücksichten hat das Römische Recht durch seine Vertragsformen, insbesondere durch die häufigste und nationale Form der Stipulation Rechnung getragen, und eine ähnliche Aufgabe erfüllt der schriftliche Vertrag des Französischen Rechts, ohne daß damit der Geltung und Heiligkeit des gegebenen Wortes Eintrag geschieht; es soll nur der äußere und innere Bestand dieses Wortes festgestellt und gegen Gefährde gesichert werden.

Aber nicht blos die Parteien haben in dem schriftlichen Vertrage eine feste und sichere Probe ihres beschlossenen Rechts, auch der Richter findet darin eine Grundlage für seine Ueberzeugung und Entscheidung, welche der Zeugenbeweis unter keinen Umständen in gleicher Weise gewähren kann; die Processe werden nicht nur vermindert, sondern — wenn entstanden — schneller und sicherer entschieden werden.

Die Urkunden sind in unseren Tagen nicht blos Beweise, sondern Träger der Rechtsverhältnisse, sie verkörpern das Eigenthum, tragen es in dieser Gestalt von Person zu Person, von Geschlecht zu Geschlecht, sie sind die letzten Symbole des Rechts; Treue und Glauben sind nicht verschwunden, aber unter die heilsame Garantie der Schrift gestellt worden.

Nach diesen Betrachtungen glauben wir die letzte Frage entschieden bejahen zu müssen, aus Gründen des materiellen Proceßrechts und des Civilrechts, endlich auch im Interesse des formellen Verfahrens, wie solches zur zweiten Frage näher entwickelt worden ist.

VIII.

Gutachten des Ober-Tribunalsrath v. Tippelskirch in Berlin.

Motto.

„Gar manche Pflichten werden mit Freudigkeit erfüllt. Höchst selten ist dieses aber der Fall beim gerichtlichen Zeugnisse. Man suche nicht den Grund in einer Böswilligkeit oder moralischen Entartung der Menschen, womit viele Sittenrichter so schnell bereit sind. Das menschliche Geschlecht wird wohl zu allen Zeiten in Tugenden und Lastern gleich geblieben sein. Nur die einzige Wahrnehmung möchte nicht trügen, daß eine übel verstandene Freisinnigkeit der neueren Tage einen Hang zu Ungehorsam und Widersetzlichkeit gegen die Befehle der Behörden im Gefolge hat."

v. Jagemann, Handbuch der gerichtlich. Untersuchungskunde § 452.

Die Frage, wieweit und durch welche Mittel Jemand zur Ablegung eines Zeugnisses gezwungen werden dürfe, hat in der neuesten Zeit eine für ihre vorurtheilsfreie Beantwortung nicht eben günstige Celebrität erlangt, weil sie gleich vielen anderen zu einem Streitpunkte der politischen Parteien geworden ist. Wenn ich es daher unternehme, dem Auftrage des geehrten Vorstandes des Deutschen Juristentages zu deren Begutachtung zu genügen, so geschieht es mit dem Vorsatze, bei dieser Arbeit den politischen Tagesfragen fern zu bleiben und mich auf einen Standpunkt zu stellen, der, wenn nicht über den Parteien, so doch außerhalb ihres Kampfplatzes liegt.

Von diesem Standpunkte aus muß ich zunächst in Uebereinstimmung mit allen älteren und neueren Rechtslehrern *) und mit den neueren Gesetzgebungen den Satz voran stellen, daß die Ablegung eines von der zuständigen Obrigkeit Behufs Ausmittelung der Wahrheit geforderten Zeugnisses zu denjenigen Bürgerpflichten gehört, deren Erfüllung der Staat nicht in das Belieben jedes Einzelnen stellen, sondern erforderlichen Falles durch die ihm zu Gebote stehenden gesetzlichen Mittel erzwingen darf. Meine Aufgabe kann demnach nicht darin bestehen, die Zulässigkeit dieses Zwanges an sich zu beweisen, sondern lediglich die Modalitäten desselben in's Licht zu stellen, also zu erörtern:

1) wer zur Ausübung des Zeugenzwanges überhaupt berechtigt,
2) in welchen Fällen und zu welchen Zwecken, sowie
3) gegen wen derselbe statthaft sei, endlich
4) worin die anzuwendenden Zwangsmittel bestehen und wie weit sie gehen können.

Zu 1.

Wenn das Recht, Jemand zur Ablegung eines Zeugnisses zu zwingen, dem Staate gegen seine Unterthanen zum Zwecke der Ausmittelung der Wahrheit gegeben ist, so folgt von selbst, daß es allen Behörden des Staates gegeben sein müsse, die zur Erfüllung ihres Berufes darauf angewiesen sind die Wahrheit von Thatsachen auf historischem Wege, d. h. durch Zeugnisse von Menschen zu ermitteln. Außer den eigentlich sog. Gerichtsbehörden, denen dieses Recht im Principe Niemand bestreitet, wird man es daher auch allen anderen Behörden vindiciren müssen, die sonst ihren Beruf nicht erfüllen könnten, möchte man auch nicht jeder derselben das Recht zugestehen, im gegebenen Falle die erforderlichen Zwangsmittel selbst und unmittelbar eintreten zu lassen. Dem steht nicht entgegen, daß die neueren Proceßordnungen, deren noch weiter unten gedacht werden wird, überall nur von einem Zeugnißzwange des Richters sprechen. Denn dieselben handeln eben nur von den Befugnissen der Gerichtsbehörden in Civil- und Strafsachen; wie weit die Befugnisse anderer Behörden gehen und welchen von ihnen insbesondere eine

*) Boehmer, Meditationes etc ad Art. 72 der C.C.C. §. 3. von Quistorp, Grundsätze des Deutschen peinlichen Rechtes §. 702. Schneider, vollständ. Lehre vom rechtlichen Beweise § 158 u. Anmerkung XXXVII S. 473. Stübel, das Kriminalverfahren in den Deutschen Gerichten §. 2428 v. Jagemann, Handbuch der gerichtlichen Untersuchungskunde § 451. Tittmann's Handbuch der Strafrechtswissenschaft, 2. Auflage, §. 694. Mittermaier, Lehre vom Beweise §. 40. Desselben Deutsches Strafverfahren, 4. Auflage, §. 67. Sundelin's Aufsatz: „Die Pflicht in Strafsachen Zeugniß abzulegen", in v. Holtzendorf's Strafrechtszeitung 1863. S. 133 ff.

exekutive Gewalt beigelegt ist, wird man für jeden einzelnen Staat im Verfassungs- und Verwaltungsrechte desselben suchen müssen *). Thut man dieses, so wird man zunächst auf die Polizeibehörden geführt werden. Von diesen behauptet zwar Dr. Ernst Rubo **), daß, wenn es sich erst um Sammlung von Materialien zur Eröffnung der Untersuchung gegen eine bestimmte Person handle,

> „dem mit Sammlung dieses Stoffes beauftragten Polizeibeamten unangefochten die Antwort verweigert werden könne;“

für Preußen wenigstens möchte jedoch dieser Satz zu bestreiten sein, da § 20 des Gesetzes vom 11. März 1850 über die Polizeiverwaltung ausdrücklich bestimmt:

> „Jede Polizeibehörde ist berechtigt, ihre polizeilichen Verfügungen durch Anwendung der gesetzlichen Zwangsmittel durchzusetzen.“

Mag daher auch zugegeben werden, daß nicht jeder exekutive Polizeibeamte (Polizeikommissar, Schutzmann, Gensdarm u. s. w.), der mit der Ermittelung von Thatsachen beauftragt ist, das Recht habe, gegen Jeden, der ihm eine Auskunft verweigert, ohne Weiteres mit Zwangsmaßregeln vorzugehen, so wird man doch den Polizeivorständen das Recht nicht absprechen können, ungehorsame Zeugen mit Geldbußen zu belegen, nöthigenfalls zwangsweise vorführen zu lassen. Daß da, wo die Polizei nur Hülfsbehörde der Justiz ist und lediglich die Vorbereitungen für ein etwa einzuleitendes gerichtliches Verfahren zu treffen hat, ihr auch das Recht zustehe, die erschienenen oder vorgeführten Zeugen zur Ablegung eines Zeugnisses zu nöthigen, wird dagegen allerdings verneint werden müssen, weil hier die Entscheidung darüber, ob es des verweigerten Zeugnisses überhaupt bedürfe, die Erzwingung desselben also nothwendig sei, schließlich dem Gerichte gebührt.

Anders verhält es sich, wo nach den bestehenden Ressortverhältnissen die Polizei- und andere Verwaltungsbehörden nicht bloß mit der Ausmittelung, sondern auch mit der Entscheidung über Thatsachen betraut sind, wie z. B. in Disciplinarsachen, also wesentlich gerichtliche Funktionen zu üben haben. Hier ist, in Preußen wenigstens, den Disciplinarbehörden überall, auch wenn sie keine eigentlichen Gerichtsbehörden sind, das Recht der eidlichen Vernehmung von Zeugen eingeräumt worden. Je nachdem dann diese Behörden

---

*) Für Preußen zusammengestellt in v. Rönne's Staatsrecht der Preußischen Monarchie Bd. I. S. 178. 179.

**) Siehe den Aufsatz desselben: „Wann und wie weit kann nach Preußischem Rechte Jemand in peinlichen Sachen zur Abgabe eines Zeugnisses gezwungen werden“, in der Preußischen (jetzt Deutschen) Gerichtszeitung für 1859. Nr. 52. S. 3, Spalte 2.

das Recht haben, die erforderlichen Zeugen selbst oder nur durch Requisition ihrer vorgesetzten Gerichtsbehörden vorzuladen *), werden sie auch etwaige Vorführungsbefehle selbst zu erlassen, oder die betreffenden Gerichte darum zu requiriren haben. Etwaige Zwangsmaßregeln gegen Diejenigen, welche die Ablegung oder die Beeidigung eines Zeugnisses verweigern, können dagegen nach gemeinem Rechte **) sowohl, als nach der Preußischen Kriminalordnung (§§ 312. 337) nur vor dem „ordentlichen Richter“ verhängt werden. Im Verhältnisse der Gerichte zu einander hat diese Vorschrift in Preußen zwar durch den § 20 der V. v. 3. Januar 1849 insofern eine Aenderung erlitten, als das Recht des Zeugnißzwanges fortan von jeder wirklichen Gerichtsbehörde auch gegen die ihrer Gerichtsbarkeit nicht unterworfenen Zeugen ausgeübt werden kann ***), anderen Behörden gegenüber, denen das Recht der Vernehmung von Zeugen zusteht, dürfte sie jedoch nach wie vor in Kraft geblieben sein. Dergleichen Behörden würden sich also, wenn es sich um Ausführung von Zwangsmaßregeln zur Erlangung eines Zeugnisses handelt, an den ordentlichen Richter des Zeugen zu wenden, dieser aber wird sich alsdann nur als requirirte Behörde zu betrachten, d. h. nur die Berechtigung des Requirirenden, nicht aber auch die materielle Gesetzlichkeit der Requisition zu prüfen haben, wie solches auch in einem speciellen Falle vom Preußischen Obertribunal entschieden worden ist. †)

Zu 2.

Aus dem vorher Gesagten ergiebt sich, daß ein Zwang zur Ablegung eines Zeugnisses nicht bloß in Civil- und Strafprozessen, sondern auch in Disciplinaruntersuchungen und in allen anderen Angelegenheiten statthaft sein müsse, wo eine Staatsbehörde das Recht und die Pflicht hat, die Wahrheit von Thatsachen zu ermitteln. Was insbesondere den Strafproceß betrifft, so kann nicht davon die Rede sein, daß ein Zeugenzwang, wie von verschiedenen Seiten behauptet wird, erst dann statthaft sei, wenn die Untersuchung, sei sie nun eine wirkliche Vor- oder eine bloße Skrutinialuntersuchung, schon gegen eine bestimmte Person als vermuthlichen Thäter gerichtet ist ††); er wird

---

*) Siehe Kab.-O. v. 18. Juli 1844 (G.-S. S. 299) für die militairischen Ehrengerichte; V. v. 30. April 1847 § 7 (G.-S. S. 197) über die Ehrenräthe der Rechtsanwälte und Notarien; Gesetz vom 21. Juli 1852 über die Dienstvergehen der nicht richterlichen Beamten § 32 (G.-S. S. 472.)

**) Böhmer sagt an der oben allegirten Stelle (ad Art. 72 C. C. C. § 3): „Testes ad testimonium ferendum cogi a suo judice posse juris communis est.“

***) S. Allg. Verfügung vom 30. September 1855 — J.-M.-Bl. S. 326. —

†) Bescheid des Obertribunals vom 16. Mai 1862 — J.-M.-Bl. S. 234.

††) Rubo a. a. O. und der Otto Hagen'sche Fall in der Deutschen Gerichtszeitung für 1862, S. 260 ff.

vielmehr auch zugelassen werden müssen, wenn diese Person erst ermittelt werden soll. Denn selbstverständlich muß die Ermittelung des Thäters der Eröffnung der förmlichen Untersuchung gegen ihn vorhergehen; es würde daher nur selten eine Untersuchung möglich sein, wenn Niemand verpflichtet wäre, durch sein Zeugniß der Obrigkeit zur Ermittelung des Thäters hülfreiche Hand zu leisten. Denn selbst wenn alsdann noch auf freiwillige Zeugen zu rechnen wäre, so würden diese, sobald sie nicht mehr das Bewußtsein hätten und vor ihren Mitbürgern geltend machen könnten, lediglich einer Pflicht der Unterthanen gegen die Obrigkeit zu genügen, sehr oft in Gefahr gerathen, als unberufene Helfer der Polizei mißachtet zu werden und damit zugleich einen Theil ihrer Glaubwürdigkeit einzubüßen.

Hiergegen läßt sich mit Grunde nicht einwenden, daß, wer von der Obrigkeit zur Ermittelung eines derselben noch unbekannten Thäters durch Zwangsmittel angehalten werden sollte, gegen die Vorschrift der meisten Strafgesetzbücher, welche nur in gewissen Fällen das Denunciren von Verbrechen bei Strafe gebieten *), zum Denunciren gezwungen werden würde. Denn abgesehen davon, daß, wenn die Unterlassung einer Denunciation nicht in allen Fällen mit Strafe bedroht ist, sie deshalb noch nicht aufhört in den übrigen Fällen wenigstens eine moralische Pflicht zu sein, so beruht dieser Einwand auch auf einer unrichtigen Auffassung des Begriffes der Denunciation. Denunciation heißt nämlich eine der Obrigkeit freiwillig und unaufgefordert gemachte Anzeige über die Existenz einer strafbaren Handlung und deren Urheber, weshalb die Denunciation in den Lehrbüchern überall unter den ersten Veranlassungen zur Eröffnung der Untersuchung (als ein dem Richter zuvorkommend abgelegtes Zeugniß über ein Verbrechen) aufgeführt wird. **) Es kann also von einer Denunciation nicht die Rede sein, wenn Jemand von der zuständigen, schon mit der Untersuchung beschäftigten Behörde zur Ablegung eines Zeugnisses aufgefordert wird, mag sich dasselbe nun auf den Thatbestand oder den Thäter und im letzteren Fall auf eine schon bekannte oder auf eine noch erst zu ermittelnde Person beziehen. Das Einzige, was der Zeuge fordern kann, ist, daß ihm bestimmte Fragen über konkrete Thatsachen vorgelegt werden. Es ist daher, wie auch vom Preuß. Obertribunal angenommen worden ***),

*) Vergl. z. B. § 39 des Preuß. Str.-G.-B. und Art. 62—64 des Bayerischen von 1861.

**) Feuerbach's Lehrbuch § 626. Mittermaier's Deutsches Strafverfahren, 4. Ausg. § 117. Biener's Beiträge zur Geschichte des Inquisitionsprocesses S. 59. 60.

***) Goltd. Arch., B. III. S 407.

nicht zulässig, so lange es noch an der Gewißheit oder Wahrscheinlichkeit fehlt, daß eine strafbare That überhaupt begangen worden, Jemand ein Zeugniß darüber zuzumuthen, ob irgend wann oder irgend wo eine solche verübt worden sei. Fragen dieser Art würden an die geistlichen Rügegerichte des früheren Mittelalters erinnern, welche von den Bischöfen zum Zwecke der Ermittelung etwaiger in der Gemeinde begangener Missethaten gehalten wurden. Diese mochten in der Anschauung jener Zeit ihre Rechtfertigung finden, daß die geistliche Behörde ein Sittengericht und als solches berufen sei, jedes schuldbeladene Gewissen durch Kirchenbußen von seiner Schuld zu entlasten. Daß dieses die Aufgabe des modernen Staates nicht sei, bedarf keiner Ausführung.

Erheblicher könnte der Einwand sein, daß wer zur Ablegung eines Zeugnisses zur Ermittelung des noch unbekannten Urhebers einer strafbaren That genöthigt wird, möglicher Weise genöthigt werden könne, sich selbst als solchen zu bekennen. Hierüber im folgenden Abschnitt ein Mehreres.

Zu 3.

Fragt es sich nämlich, wen der Staat in den zulässigen Fällen zur Ablegung eines Zeugnisses nöthigen könne, so wird als Regel festzuhalten sein, daß eine solche Nöthigung gegen Jeden statthaft sei, der der Gewalt des Staates unterworfen ist. Nur ausnahmsweise sind gewisse Personen unter gewissen Umständen davon entbunden. Die Lehrer des gemeinen Rechtes und die neueren Strafproceßordnungen zählen dahin ziemlich übereinstimmend:

1) Ehegatten, Ascendenten, Descendenten, Geschwister und Verschwägerte, denen ein Zeugniß gegen einander abzulegen nicht zugemuthet wird. In Preußen ist dieses zwar ausdrücklich nur für Civilsachen ausgesprochen (§ 229. Th. I. Tit. 10. Allg. Ger.-O.). Die Preuß. Kriminalordnung (§ 313) sagt davon nicht nur nichts, sondern sie gestattet im Gegentheil (§ 357) dergleichen Personen, wenn sie gleich als Beweiszeugen nicht gelten sollen, dennoch der Erkundigung wegen (pro informatione) zu vernehmen, ja der § 358 ermächtigt den Richter sogar, sie nach seinem Ermessen zu vereidigen. Nach den Grundsätzen des reinen Inquisitionsprocesses wird man dieses erklärlich finden. Denn wenn man den Angeklagten moralisch für verbunden erachtet, ein Zeugniß gegen sich selbst abzulegen, ja sogar ihn durch die bekannten Strafen des frevelhaften Leugnens u. s. w. dazu nöthigt, so kann selbstverständlich den Angehörigen desselben dieses Zeugniß noch weniger erlassen werden. Die Preußische Praxis hat jedoch, so viel mir

bekannt, nicht erst seit der Zeit, wo die Zwangsmaßregeln zur Ablegung eines Geständnisses aufgehoben sind, sondern schon viel früher von solchen Maßregeln gegen die nächsten Angehörigen des Angeschuldigten keinen Gebrauch mehr gemacht.

2) Geistliche, die über das, was ihnen unter dem Beichtsiegel anvertraut worden,

3) Staatsbeamte, die über die zu ihrer Kenntniß gekommenen Staatsgeheimnisse,

4) Sachwalter und Vertheidiger, die über das ihnen von ihren Klienten Anvertraute Zeugniß abzulegen nicht schuldig sind.*) Der Preuß. Kriminalordnung ist zwar diese letzte Bestimmung ebenfalls fremd; die Preuß. Praxis hat sie jedoch unbedenklich angenommen.**)

Außer den vorgenannten Personen würde man hierher

5) alle diejenigen Personen zählen müssen, denen nach den neueren Strafgesetzbüchern***) die Offenbarung gewisser Geheimnisse, die ihnen Kraft ihres Standes oder Berufes anvertraut worden sind, bei Strafe verboten ist, z. B. Medicinalpersonen gegenüber ihren Patienten und Pfleglingen. Dagegen würden bloße sog. moralische Gründe, z. B. ein dem Urheber einer strafbaren Handlung oder dessen Angehörigen ertheiltes, wenn auch noch so feierliches Versprechen, die Sache geheim zu halten, einen Anspruch mit Ablegung eines Zeugnisses gegen denselben verschont zu werden, nicht begründen†), weshalb auch das Preußische Obertribunal in einem Falle den Einwand eines nach dem Namen eines seiner Korrespondenten befragten Zeitungsredakteurs, daß er diesen, ohne sich eines Bruches des Vertrauens schuldig zu machen, nicht offenbaren könne, als unbegründet verworfen hat.††)

Wie hiernach aber gewisse Pflichten gegen dritte Personen von Ablegung eines Zeugnisses befreien können, so können es auch Pflichten, die der Zeuge gegen sich selbst hat. Die Preußische Kriminalordnung zählt dahin

---

*) von Quistorp a. a. O. § 702; Stübel a. a. O. § 2437; Schneider a. a O. §§. 159 ff. Mittermaier, Lehre vom Beweise S. 311. 312. Desselben Deutsches Strafverfahren B. I. S. 438 ff. Oldenb. St.-P.-O. v. 1857 Art. 107.

**) J.-M.-Bl. 1853, S. 353.

***) z. B. § 155 des Preußischen und Art. 338, 339 des Bayerischen St.-G.-B. von 1861.

†) Mittermaier's Deutsches Strafverfahren B. I. S. 435.

††) Goltd. Arch. B. III. S. 131, B. IX. S. 57, 58.

6) den Fall, daß Jemand die Entdeckung eines Geheimnisses zugemuthet wird, durch die er in seiner Kunst oder in seinem Gewerbe Schaden leiden könnte (§ 313 Nr. 3). Es sind darunter indessen nur solche Geheimnisse zu verstehen, welche die Art der Ausübung der Kunst oder des Gewerbes betreffen, nicht aber solche, von deren Offenbarung der Zeuge blos mittelbar einen Nachtheil besorgt. Daher kann, wie in den oben angeführten Urtheilen des Preußischen Obertribunals angenommen worden ist, einem Zeitungsredakteur die Namhaftmachung seiner Korrespondenten auch aus dem Grunde nicht erlassen werden, daß ihm sonst künftig der Vortheil gewisser das Publikum anziehender Zeitungsartikel entgehen könnte. Um dieser und ähnlicher Nachtheile willen ein Zeugniß abzulehnen, gestattet

7) der § 313 No. 4 a. a. O. einem vorgeforderten Zeugen nur dann, wenn die bezügliche Frage mit dem eigentlichen Gegenstande der Vernehmung offenbar in keiner Verbindung steht. Selbst die Vorschrift des § 180 No. 3, Th. 1, Tit. 10 der Preuß. Allgem. G.-O., daß

8) einem Zeugen nicht zugemuthet werden dürfe, seine eigne oder seiner nächsten Angehörigen Schande zu bekennen, die sich in der Kriminalordnung nicht vorfindet, ist in Strafsachen auf Grund der Aussprüche verschiedener Lehrer des gemeinen Rechtes und in Uebereinstimmung mit neueren Deutschen Strafproceßordnungen nur für diejenigen Landestheile des Preußischen Staates, in denen gemeines, nicht aber auch für diejenigen, in denen Preußisches Recht gilt, zur Anwendung gebracht worden.*)

Ueber das Verfahren, in welchem die vorstehend erwähnten Zeugnißbefreiungsgründe, so weit sie in der Preußischen Kriminalordnung anerkannt sind, zur Geltung gebracht werden können, bestimmt der § 313 derselben am Schlusse, daß der Zeuge den Grund seiner Weigerung geziemend anzuzeigen und zu bescheinigen habe. Erachtet ihn alsdann der Richter für erheblich, so behält es dabei sein Bewenden und der Zeuge, welcher in dem Vernehmungsprotokolle den Punkt zu bezeichnen hat, über welchen er sein Zeugniß ablehnt, leistet nun nach § 333 der Kriminalordnung und nach der Kab.-O. vom 28. Juni 1844 (G.-S. S. 249) den Zeugeneid dahin, daß er außer den in dem Protokolle bemerkten Umständen, zu deren Offenbarung er sich nicht für schuldig halte, nichts verschwiegen habe u. s. w. Hält da-

---

*) Goltd. Arch. B. II., S. 415, Note 2; B. IV., S. 681; B. VIII., S. 545, Oppenhof Strafproceßgesetze zu § 20 (Art. 23) Note 1—12.

gegen der Richter die Weigerung des Zeugen für unbegründet, so soll er nach § 314 der Kriminalordnung die Entscheidung des Obergerichtes einholen. Diese Vorschrift ist jedoch seit der neuen Gerichtsorganisation durch die Verordnung vom 2. Januar 1849 für aufgehoben zu erachten,*) so daß fortan über Weigerungsgründe der bezeichneten Art jedes Gericht, bei dem dergleichen vorgebracht worden, selbst zu entscheiden hat, und es höchstens dem Zeugen freisteht, über die getroffene Entscheidung, wenn sie zu seinem Nachtheil ausgefallen ist, bei der vorgesetzten Instanz Beschwerde zu führen. Es ist hiernach klar, daß über die rechtliche Zulässigkeit, wie über den Nachweis der vorgebrachten Weigerungsgründe nicht der Zeuge, selbst wenn er sich zu deren eidlicher Erhärtung erbieten wollte, sondern lediglich das Gericht zu entscheiden hat. Das bloße Erbieten des Zeugen zur Beeidigung des Ablehnungsgrundes, in welchem der in Goltdammer's Archiv, B. X., S. 820 ff. befindliche, übrigens sehr lehrreiche Aufsatz (de lege ferenda) ein Mittel finden will, die Schwierigkeiten der vorliegenden Materie zu beseitigen, würde man um so weniger für ausreichend erachten können, als es sich hier überall nicht um reine Thatsachen, sondern auch um Urtheile, namentlich um Unterordnung der Thatsachen unter das Gesetz handelt, die nicht Gegenstand eines Zeugeneides sein können.

Auch wird man, so lange es sich nur um die Ablehnungsgründe des § 313, also Beicht-, Beamten-, Kunst- oder Gewerbegeheimnisse, endlich Ablehnung von Antworten auf nicht zur Sache gehörige Fragen handelt, keinen Grund haben, die Entscheidung des Richters in irgend einer Beziehung auszuschließen oder zu beschränken, weil die hier angegebenen Gründe gemeinhin leicht ins Licht zu stellen sein möchten. Schwierig kann dagegen die Lage des Zeugen werden, wenn es sich um eine vorläufige Untersuchung zum Zwecke der Ausmittelung der Urheber oder Theilnehmer an einer strafbaren That handelt und der Zeuge hierüber die Wahrheit nicht aussagen kann, ohne sich selbst zu bezichtigen. Eine Anweisung, wie in einem solchen Falle zu verfahren sei, sucht man in den Gesetzen vergebens. Man kann sie auch nicht füglich darin erwarten, weil, indem die neueren Gesetzgebungen einerseits bestimmen, daß jeder Zwang zur Ablegung eines Geständnisses gegen den Angeschuldigten unstatthaft sei, von der anderen Seite Zeugen und Angeschuldigte dergestalt unterschieden werden, daß selbst Mitangeschuldigte gegen einander nicht als Zeugen gelten, wenn man auch sonst ihre Aussagen benutzt, ja nach § 298 der Preuß. Kriminalordnung sie nöthigenfalls unter dem Versprechen der Begnadigung zur Entdeckung anderer Mitschuldigen

*) Oppenhof a. a. O. Note 14.

auffordert, an die Möglichkeit nicht wohl gedacht sein kann, daß der Zeugenzwang einmal indirekt zu einem Geständnißzwang zu führen vermöge. Wie soll nun aber dieser Möglichkeit vorgebeugt werden, wenn sie sich doch einmal nicht wegleugnen läßt?

Es liegt zu Tage, daß dieselbe nicht leicht mehr eintreten wird, sobald die Untersuchung sich schon gegen eine bestimmte, der That als verdächtig bezeichnete Person gewendet hat, es sich also nur darum handeln kann, sie in dem auf die Ausmittelung des Thäters gerichteten sog. Skrutinial- oder Vorverfahren, wo nicht zu beseitigen, so doch möglichst unschädlich zu machen. Wenn nun aber in diesem Verfahren, seiner Natur nach, die Wahrheit nicht nach einer bestimmten Richtung hin verfolgt werden kann, sondern nach allen Richtungen hin aufgesucht werden muß, so ist es klar, daß hier die forschende Behörde weniger als irgend wo durch Förmlichkeiten beengt werden darf, und daß daher auch in diesem Stadium zum Voraus bestimmte Vorschriften darüber nicht gegeben werden können, wie der Möglichkeit eines solchen Konfliktes vorzubeugen sei, vielmehr Alles auf die Lage des konkreten Falles ankommt. Wenn denn aber über eine lediglich diskretionäre Beurtheilung des jedesmaligen Falles nicht hinwegzukommen ist, so bleibt nur übrig, dieses Urtheil in die Hand von Behörden zu legen, die dem Einflusse der Parteibestrebungen am meisten entrückt sind, so daß man zu ihrer Unparteilichkeit das höchste Vertrauen hegen kann. Solche Behörden sind nach den modernen Staatsverfassungen die ordentliche Gerichte; es wird also bei diesen, wie bei allen anderen Zeugnißverweigerungsgründen nur darauf ankommen, das Urtheil darüber, ob ein Zeugenzwang stattfinden soll oder nicht, in die Hand des Gerichtes zu legen, vorbehaltlich der Berufung von dessen Entscheidung an die Gerichte der höheren Instanzen, die dann aber nicht auf die Entscheidung der sog. Rechtsfrage zu beschränken, sondern mit der ganzen Sache zu befassen sein würden. Haben dann die Gerichte, wie vorausgesetzt werden darf, nur den ernstlichen Willen, jeden ihnen vorgelegten Kollisionsfall der bezeichneten Art unbefangen und wohlwollend zu beurtheilen, so ist kaum anzunehmen, daß das Urtheil über solche Fälle häufig auf große Schwierigkeiten stoßen wird.

Zunächst dürfte schon in vielen Fällen, wo eine Kollision behauptet wird, der Ungrund dieser Behauptung von vorne herein klar sein. Wird z. B. eine Zeitungsnachricht nicht wegen ihres strafbaren Inhaltes an sich, sondern lediglich deßhalb zum Gegenstande der Untersuchung gemacht, weil sie nur durch das Vergehen, oder Disciplinarvergehen*) gebrochener Amts-

*) Im Bayerischen St.-G.-B. von 1861, Art. 365 ist z. B. die gebrochene Amts-

verschwiegenheit an die Oeffentlichkeit gelangt sein kann, und wird der Redakteur darüber vernommen, von wem er diese Nachricht erhalten hat, so kann er unter dem Vorwande einer möglichen Mitverantwortlichkeit sein Zeugniß augenscheinlich nicht versagen, weil er selbst weder wegen gebrochener Amtsverschwiegenheit noch wegen Theilnahme daran bestraft werden kann, das letztere namentlich deßhalb nicht, weil dieses Vergehen mit der unbefugten schriftlichen oder mündlichen Mittheilung des Geheimnisses an einen Dritten schon vollendet ist, durch dessen weitere Verbreitung mittelst einer Druckschrift die That mithin weder vollendet noch weniger aber vorbereitet oder erleichtert werden kann. *)

Erheblich anders könnte sich die Sache dagegen gestalten, wenn der Inhalt eines Zeitungsartikels den Thatbestand einer strafbaren Handlung, also etwa einer Beleidigung, der Gefährdung des öffentlichen Friedens, der Aufregung zu Haß und Verachtung gegen die Staatsregierung u. s. w. enthielte. Denn in diesem Falle würde den Redakteur, sobald er zugestanden hätte, den Artikel mit Kenntniß seines Inhaltes in seine Zeitung aufgenommen zu haben, nach §§ 34, 37 des Preuß. Preßgesetzes vom 12. Mai 1851 (mit welchem hierin der § 20 der Allgemeinen Bundesbestimmungen zur Verhinderung des Mißbrauchs der Preßfreiheit vom 6. Juli 1854 **) übereinstimmt) in Verbindung mit § 34, Nr. 2 des Preuß. St.-G.-B., jedenfalls die Strafe der Theilnahme an dem dadurch begangenen Verbrechen oder Vergehen treffen. Er könnte folglich jetzt, nachdem die Vorschrift des § 294 der Kriminalordnung, der noch einen Zwang zur Angabe der Mitschuldigen gestattet, durch § 18 der Verordnung vom 3. Januar 1849 und § 319 des St.-G.-B. aufgehoben ist ***), nicht gezwungen werden, seine etwaigen Mitschuldigen namhaft zu machen, mithin, da zu diesen auch der Verfasser gehört, sein Zeugniß mit Grunde verweigern. Nicht viel anders läge der Fall, wenn der Redakteur seine Kenntniß von dem Inhalte des

---

verschwiegenheit ein besonderes Vergehen; in Preußen, dessen St.-G.-B. eine ähnliche Bestimmung nicht hat, würde der Bruch der Amtsverschwiegenheit dagegen nur im Disciplinarwege gerügt werden können.

*) Von gleichen Grundsätzen geht der nicht genannte Verf. des Aufsatzes: „Ueber die Verbindlichkeit zur Zeugschaftsleistung in Strafsachen," B. IX., S. 421 ff., der Zeitschrift für Gesetzgebung und Rechtspflege des Königreichs Bayern in seiner Beurtheilung des bekannten Otto Hagen'schen Falles aus Insterburg und des von der Heydt'schen Briefes an den Kriegsminister aus, indem er zugleich auf die gefährlichen Konsequenzen hinweist, welche die von den Zeitungsredakteuren angesprochene Befreiung von der Namhaftmachung ihrer Korrespondenten nach sich ziehen könnte.

**) Abgedruckt in Zoepfl's Corpus juris Confoederationis Germanicae B. II. S. 601.

***) Oppenhof, Strafproceßgesetze zu § 18 Note 1—4.

strafbaren Artikels bei dessen Aufnahme geleugnet hätte. Denn wäre diese Kenntniß ihm auch anderweit nicht zu beweisen, so würde er zwar nicht mit der Strafe des durch den Artikel begangenen Verbrechens oder Vergehens, sondern nur mit der im § 37 a. a. O. eventuell angedrohten Ordnungs- (oder Fahrlässigkeits-) Strafe belegt, mithin auch nicht als Mitschuldiger des Verfassers angesehen werden können, so daß an und für sich seiner Vernehmung als Zeugen Behufs Ermittelung des Verfassers nichts im Wege stände. Gleichwohl bliebe es bedenklich, wenn er diese Angabe verweigerte, mit Zwangsmitteln gegen ihn vorzugehen. Denn, daß ein Redakteur, der als solcher wirklich fungirt und keine bloß vorgeschobene Person ist, einen bedenklichen Artikel ohne Kenntniß seines Inhaltes aufgenommen haben sollte, kann nicht vermuthet werden. Es läge also der Verdacht nahe, daß er seine Nichtkenntniß nur vorgeschützt habe, um der härtern Strafe des Theilnehmers, ja möglicher Weise des Urhebers zu entgehen, da es bekannt genug ist, daß Zeitungsredakteure häufig ihre Artikel selbst schreiben. Wenn daher nicht im konkreten Falle wahrscheinliche Gründe gegen diesen Verdacht sprechen, so wird man im Zweifel wohl thun, den Zeugnißzwang gegen den Redakteur zur Ermittelung des Verfassers nicht eintreten zu lassen.

Nach ähnlichen Grundsätzen wird man auch bei Verfolgung anderer strafbarer Handlungen verfahren können, die sich nicht auf die Presse beziehen. Man denke sich einen gewöhnlichen Raubanfall oder Diebstahl. Der Thäter ist bei Annäherung dritter Personen entwichen und man kennt ihn vorläufig noch nicht. Um ihn zu ermitteln und einstweilen eine möglichst genaue Beschreibung der Person des Entwichenen zu erlangen, werden außer dem Verletzten auch die hinzugekommenen Personen vernommen, deren Unschuld unzweifelhaft ist. Warum sollten diese sich also weigern können, gegen einen noch unbekannten Thäter Zeugniß abzulegen? Umgekehrt denke man sich, daß in einer Werkstatt oder Fabrik Materialien unter Umständen gestohlen wären, die den Verdacht nur gegen die darin beschäftigten Arbeiter lenken können. Diese werden sämmtlich vernommen. Einige von ihnen legen zwar über verschiedene, zur Feststellung des Thatbestandes dienende Thatsachen Zeugniß ab, weigern sich aber ein Gleiches über die Urheber des Diebstahls zu thun. Der Verdacht wird dann nahe liegen, daß sie selbst als Urheber, mindestens als Hehler oder Begünstiger bei der That betheiligt seien, der Richter also wohl thun, sie zum Zeugnisse nicht zu zwingen. Man wird auch, wie es mir scheint, in diesen und ähnlichen Fällen nicht darauf dringen dürfen, daß der Zeugnißverweigerer den eigentlichen Grund seiner Weigerung, daß er nämlich durch ein wahrheitsgemäßes Zeugniß sich selbst bezichtigen würde, wenn auch noch so verblümt angebe, wohl gar bescheinige, wie es der § 313 der Preuß. Kriminialordnung bei den dort aufgeführten anderweiten Zeugnißverweigerungsgründen vorschreibt. Denn, wenn auch die einfache Erklärung des Zeugen, er sei bei der Sache betheiligt, noch kein Geständniß ist, auf Grund dessen allein er verurtheilt werden könnte, so kann sie doch in Verbindung mit anderen Beweisen künftig dazu dienen, seine Verurtheilung zu motiviren (zumal jetzt, wo der Richter an keine Beweisnormen mehr gebunden ist), jedenfalls aber schon einen Grund abgeben, den Zeugen in einen Verdächtigen zu verwandeln, gegen den man mit Untersuchung und Haft vorschreiten kann.

Wenn hiernach in der vorliegenden Frage lediglich die Diskretion des Richters walten darf, so bleibt schließlich nur ein Mittel übrig, um den schädlichen Folgen etwaiger Mißgriffe vorzubeugen. Man muß einen Meineid, den ein Zeuge bloß deshalb geleistet hätte, um sich nicht selbst als Urheber oder Theilnehmer einer strafbaren That zu bezichtigen, straflos lassen. Mehrere Strafgesetzbücher, darunter das Bayerische von 1861 (Art. 195, Nr. 6), haben diesen Grundsatz bereits ausdrücklich ausgesprochen. Auch der älteren Preußischen Praxis war derselbe nicht fremd; das neue Preußische St.-G.-B. von 1851 schweigt aber darüber und die neue Preußische Praxis läßt ihn deshalb nicht mehr gelten*), was meines Erachtens nicht zu billigen ist.

Zu 4.

A. Strafsachen.

Schließlich bleibt nun die Frage zu erörtern, worin die Zwangsmaßregeln gegen einen Zeugnißverweigerer bestehen und wie weit sie ausgedehnt werden können. Das ältere gemeine Deutsche Recht belegte dergleichen Personen, wenn es sich um ein strafgerichtliches Verfahren handelte, wie mehrere der im Eingange erwähnten Rechtslehrer bezeugen, je nach Stand und Rang mit successive gesteigerten Geldbußen oder Gefängnißhaft, schlimmsten Falles mit der Tortur, wenngleich diese nicht über den ersten Grad hinausgehen durfte. Seit Aufhebung der Tortur kamen zwar nur noch Geld- oder Gefängnißstrafen zur Anwendung, und wenngleich dergleichen nicht bis ins Unendliche fortgesetzt zu werden pflegten, so war doch ein bestimmtes Maß derselben nicht vorgeschrieben, das letztere vielmehr der Diskretion des Gerichtes anheim gestellt. Von demselben Grundsatze geht die Preuß. Kriminalordnung aus, wenn sie im § 312 vorschreibt, daß, wer sein Zeugniß verweigere, dazu von seinem ordentlichen Richter

*) Oppenhof, St.-G.-B. 2. Ausg. zu § 126, Note 22; Strafproceßgesetze zu § 18, (Art. 23) Note 4.

„durch Geld- oder Gefängnißstrafen angehalten werden solle.“

Für die Höhe, beziehungsweise die Dauer dieser Strafen mag man zwar in der sog. willkürlichen Strafe, die nach § 35, Th. 2, Tit. 20, A.-L.-R. sechs Wochen Gefängniß oder fünfzig Thaler Geldbuße nicht überschreiten darf, oder in der gegen einen Schuldner nicht über ein Jahr auszudehnenden Exekutionshaft (§ 146, Thl. 1, Tit. 24, A.-G.-O. und § 9, Abschnitt 4 der Exekutionsordnung vom 4. März 1834) Analogien aufsuchen, durch die sich der Richter im einzelnen Falle leiten lassen kann; unbedingt maßgebend sind dieselben aber nicht. Noch weniger würde sich der Zeuge durch Ableistung des juramenti calumniae (§ 37, Thl. 1, Tit. 22 A.-G.-O.) oder des Zeugeneides mit dem Vorbehalte des § 333 der Kriminalordnung, wenn keiner der in § 313, Nr. 1—4 a. a. O. vorgesehenen Fälle vorliegt, der Anwendung von Zwangsmaßregeln entziehen können.*)

Von den neueren Strafproceßgesetzen sprechen nur wenige das Princip des unbegrenzten Zwanges mit dürren Worten aus. So das Frankfurter Gesetz vom 15. Mai 1856, welches im Art. 86 bestimmt, daß ein Zeuge, der sein Zeugniß überhaupt oder die Beeidigung desselben verweigert,

„so lange in gefänglicher Haft gehalten werden könne, bis er seine Weigerung aufgebe;“

das Nassauische vom 14. April 1849, welches, wenn die successive gesteigerten Geld- oder Gefängnißstrafen fruchtlos geblieben sind, den ungehorsamen Zeugen

„bis zur Zeit der Ablegung eines Zeugnisses in Verwahrung zu nehmen“

gestattet; die Holländische St.-P.-O. von 1837, welche in Art. 68 bestimmt,

„daß der Zeuge in Haft gebracht und gehalten werde, bis er seiner Verpflichtung Genüge gethan habe.“

Selbst in Nordamerika kann nach Tittmann**) der sich weigernde Zeuge, außer wenn er gegen sich selbst Zeugniß abzulegen hätte,

„auf so lange in Haft gebracht werden, bis er der Aufforderung Genüge geleistet hat.“

Andere Gesetzgebungen gehen zwar nicht so weit, lassen aber doch das Maß der anzuwendenden Zwangsmittel, insbesondere die Dauer der Gefängnißhaft unbestimmt. So der Code d'instruction criminelle, der in den

---

*) Dieses ist in dem Bescheide des Obertribunals vom 5. November 1862 an den Redakteur Otto Hagen in Insterburg ausgesprochen.

**) Ueber Gerichtsverfassung, Strafrecht und Strafproceß in den Vereinigten Staaten von Nordamerika. Dresden und Leipzig 1848, S. 96.

Art. 80, 157, 189, 304, 355 einfach von einer contrainte par corps spricht*), und die Oesterreichische St.-P.-O. vom 29. Juli 1853, welche in den §§ 119, 230, ähnlich der Preußischen, den sein Zeugniß Verweigernden

„durch eine angemessene Geld- oder Arreststrafe dazu anzuhalten"

gestattet. Noch andere Strafproceßgesetze, wie das Hannoversche vom 5. April 1859 § 97, das Oldenburgische vom 2. November 1857, Art. 119, §§ 1, 2, das Bremensche provisorische Gesetz von 1863, womit auch der Preußische Entwurf von 1851 § 135 und der Großherzoglich Hessische von 1862, Art. 132, 133 übereinstimmen, gestatten zwar die Fortdauer der Haft nur bis zur Erledigung der Hauptsache. Wie lange diese jedoch der Weigerung eines Zeugen wegen hinausgeschoben werden dürfe, darüber findet sich nur in dem Großherzoglich Hessischen Entwurfe die Bestimmung, daß ein solcher Aufschub nicht über zwei Monate statthaft sei. Neben der eigentlichen Zwangshaft kommen übrigens in allen diesen Gesetzen noch Geld- oder Gefängnißstrafen von begrenzter Höhe zur Anwendung.

Die übrigen Deutschen Strafproceßgesetze, als das Badensche vom 6. März 1845, § 145, die Bayerischen vom 10. Mai 1813, Art. 206 und vom 10. November 1848, Art. 160, das Braunschweigische vom 22. August 1849, §§ 39, 87, 131, das Großherzoglich Hessische vom 28. Oktober 1848, Art. 96, 154, das Kurhessische vom 31. Oktober 1848, §§ 82, 83, der Oesterreichische Entwurf von 1862 §§ 174, 270, 380 (entsprechend dem älteren Gesetze vom 17. Januar 1850), das Königl. Sächsische vom 13. August 1855, Art. 217, 218, 284, das Altenburgische vom 27. Februar 1854, Art. 158, 232, das Thüringische von 1850, Art. 178, 179, 223, 224, 234, 282, das Württembergische vom 22. Juni 1843 und mit diesen übereinstimmend auch die St.-P.-O. für den Kanton Zürich von 1851, §§ 111, 112 gestatten zwar Zwangsmaßregeln um den ungehorsamen Zeugen zum Erscheinen zu nöthigen oder legen ihm die Kosten des versäumten Termins zur Last; sonst aber drohen sie im Falle der Weigerung zur Ablegung oder Beeidigung eines Zeugnisses entweder nur Geld oder Gefängnißstrafen bis zu einem bestimmten Maximum an, oder, wo sie Exekutionshaft eintreten lassen, um die Ablegung, beziehungsweise Beeidigung eines Zeugnisses zu erzwingen, setzen

*) So wenigstens wird dieser Ausdruck vom Obertribunal in Uebereinstimmung mit dem Rheinischen Appellationsgerichtshofe, wenngleich nicht ohne Widerspruch anderer gewichtiger Autoritäten verstanden. Siehe Goltd. Arch. Bd. III., S. 121 bis 123, Bd. XI., S 816 ff.

sie zum Voraus ein bestimmtes Maximum auch für diese fest, über welches hinaus dieselbe nicht ausgedehnt werden darf. Die meisten gehen hier nicht über sechs Wochen, nur das Bayerische vom 10. November 1848 geht bis zu sechs Monaten. Auf demselben Principe beruht das neueste Englische Gesetz (11, 12 Vict. c. 42, Art. 16 und c. 43 Art. 7) nach welchem der Friedensrichter gegen eine Person,

> „die sich weigert, sich auf Eid oder Gelöbniß — — — — — vernehmen zu lassen, oder nachdem sie den Eid oder das Gelöbniß geleistet, sich weigert auf die ihr vorgelegten Fragen zu antworten, ohne für solche Weigerung eine gültige Entschuldigung vorzubringen — — — — — einen Haftbefehl erlassen soll, für eine Zeit, die sieben Tage nicht übersteigt, sofern sie nicht mittlerweile einwilligt sich vernehmen zu lassen.“ *)

Hiernach sind in den Gesetzgebungen der civilisirten Welt unter den Mitteln, Personen zur Ablegung, beziehungsweise Beeidigung von Zeugnissen zu nöthigen, zwei Systeme zu unterscheiden, nämlich

1) der bloße psychologische Zwang durch Androhung und eventuelle Vollstreckung von Strafen, Auferlegung der verursachten Kosten u. s. w.,
2) der physische Zwang durch Einsperrung bis dahin, daß der Ungehorsam gebrochen ist, wiewohl mit dem Unterschiede, daß einige Gesetze die Dauer dieser Einsperrung zum Voraus auf eine gewisse Zeit beschränken, andere dieselbe unbestimmt lassen, d. h. den Zeugen der Diskretion des Richters anheim stellen, da eine bis zum Lebensende des Zeugen fortgesetzte Haft wohl schwerlich in der Absicht irgend einer Gesetzgebung liegen wird, auch wenn sie sich das Ansehen giebt, nöthigenfalls bis zu diesem äußersten Ziele gehen zu wollen.

Untersuchen wir nun, welchem dieser Systeme für eine künftige Gesetzgebung der Vorzug zu geben sein möchte, so müssen wir uns vor allen Dingen den Unterschied zwischen Strafe und Exekutionsmittel gegenwärtig erhalten. Ist die Strafe nach Berner **) die Vergeltung für eine verbotene That, dazu bestimmt, das durch diese That verletzte Recht wieder

---

*) Der Verf. verdankt die Nachweisung obiger Gesetze dem Hrn. Generalstaatsanwalt Grimm, der zum Zwecke seines in Goltd. Arch., B. XI., S. 826 ff. abgedruckten Vortrages die einschlagenden Stellen derselben wörtlich ausgezogen und zusammengestellt hat.

**) Berner's Lehrbuch des Deutschen Strafrechtes 2. Aufl., §§. 28, 29.

herzustellen und dem öffentlichen Gerechtigkeitsgefühle Genugthuung zu verschaffen, so dienen Exekutionsmittel dazu, eine von der Obrigkeit gebotene That zu erzwingen. Wenn sich die Strafe mithin auf die Vergangenheit bezieht, so sollen Exekutionsmittel ihre Wirkung in der Zukunft äußern. Darnach kann man nun zwar in der unbegründeten Weigerung eines Zeugen, der Aufforderung der zuständigen Obrigkeit zur Ablegung oder Beeidigung eines Zeugnisses zu genügen, nachdem sie ausgesprochen worden, eine vergangene That erblicken. Durch die bloße Zuerkennung und Vollstreckung einer Strafe für den Ungehorsam würde jedoch der Zweck, den die Obrigkeit durch Erforderung des Zeugnisses verfolgt, nämlich die Wahrheit zu ermitteln, so lange nicht erreicht werden, als der Zeuge der erlittenen Strafe ungeachtet in seinem Ungehorsam verharrt. Diesen zu brechen muß also die Obrigkeit, wo es ihr auf das Zeugniß wesentlich ankommt, noch außerdem zu Exekutionsmitteln ihre Zuflucht nehmen. Wenngleich nun die letzteren in ähnlichen Uebeln bestehn können, wie die Strafe, namentlich also in Geldbußen oder Gefängnißhaft, vorkommenden Falles also auch ihrer Anrechnung auf die noch nicht verbüßten Ungehorsamsstrafen nichts im Wege stehen würde, so unterscheiden sie sich von dieser doch dadurch, daß sie zum Voraus nicht auf ein bestimmtes Maß fixirt werden können, sondern einerseits von selbst aufhören, sobald der Exequendus seiner Verbindlichkeit genügt, andererseits aber auch (bei strenger Verfolgung des Princips) so lange fortdauern, bis ihr Zweck entweder erreicht oder mit Gewißheit vorherzusehen ist, daß er nicht mehr erreicht werden kann, z. B. wenn der zur Exekutionshaft gebrachte Zeuge verstorben wäre. Von diesem Gesichtspunkt aus wird man allerdings denjenigen Gesetzgebungen, die einem Zeugnißverweigerer so lange in Haft zu halten gebieten, bis er seine Weigerung aufgiebt, wenigstens den Vorzug der Konsequenz nicht streitig machen können. Allein auch die Konsequenz hat ihr Maß und hört auf eine Tugend zu sein, wenn dieses Maß erfüllt ist. Denn wie das Leben überhaupt, so folgt auch das Staatsleben nicht einem Princip allein, sondern ist vielmehr ein Gewebe zahlreicher, theils mit, theils gegen einander wirkender, nicht selten einander durchkreuzender Principien, so daß man in Verfolgung des einen gar bald auf ein anderes stößt und durch dasselbe gehemmt wird. Namentlich stehen im Staatsleben zwei große Principien einander gegenüber, deren bis jetzt noch unentschiedener Kampf den wesentlichen Inhalt der inneren Geschichte fast eines jeden Staates ausmacht, das Princip der nothwendigen Unterordnung und des Gehorsams auf Seiten der Unterthanen gegen die Obrigkeit und das nicht minder berechtigte Princip der persönlichen Freiheit und der Verpflichtung zum Schutze derselben auf Seiten der Obrigkeit gegen die Unterthanen. Ist nun auch die Vermittelung dieser Gegensätze vorläufig noch ein ungelöstes Problem, so kann man doch auf die Lösung desselben nicht verzichten, ohne den Staat selbst aufzugeben; es wird sich also der Staat niemals der sorgfältigen Prüfung darüber entziehen dürfen, wie weit er in seinen Maßregeln zur Erzwingung des Gehorsams gehen dürfe, ohne das ihm gegenüberstehende Recht der Gezwungenen zu verletzen. Es kommt dazu, daß wenn man gleich durch Zwangsmaßregeln Jemand verhindern kann, etwas zu thun und es deshalb zweckmäßig erscheinen mag, einen schweren und dem Anscheine nach unverbesserlichen Verbrecher zeitlebens einzusperren, um ihn von ferneren Verbrechen abzuhalten, es doch keine Zwangsmaßregeln giebt, durch die man Jemand absolut nöthigen könnte, etwas zu thun, weil man dazu auf den Willen wirken muß und dieser keinem Zwangsmittel gegenüber die Möglichkeit verliert, seine Freiheit zu behaupten. Zeigt sich dann aber, daß der Gezwungene hiezu entschlossen ist, so würde der Staat durch fortdauernden Gebrauch eines an sich unzulänglichen Mittels nur seine Ohnmacht zur Erzwingung des Gehorsams verrathen und deshalb im Interesse seiner Auktorität, die um so mehr gefährdet ist, je länger seine nutzlosen Anstrengungen dauern, wohlthun, so bald als möglich davon abzustehen. Man sieht hieraus, daß eine gesetzliche Bestimmung, welche einen den Gehorsam verweigernden Zeugen so lange in Haft zu halten gebietet, bis er gehorcht, wie konsequent sie immer sein mag, doch vorkommenden Falles dem Richter große Verlegenheiten bereiten, ja seine ganze Autorität auf's Spiel setzen kann. Nicht viel besser steht es mit denjenigen Gesetzgebungen, die zwar die Zwangshaft nicht unbedingt so lange, bis der Zeuge sich fügt, fortdauern, ihre Dauer aber doch unbestimmt lassen, d. h. sie in die Diskretion des Richters stellen. Denn abgesehen davon, daß dann der Richter nur zu leicht in die unangenehme Alternative gerathen kann, entweder das Odium, welches der Gesetzgeber von sich abgewälzt hat, auf sich zu laden, oder sich dem Vorwurfe der Schwäche, wohl gar der Pflichtvergessenheit auszusetzen, so sind auch die Erfolge, die man von einer solchen diskretionären Gewalt des Richters erwartet, mehr als zweifelhaft. Zu Gunsten derselben wird angeführt, daß wenn der Zeuge zum Voraus weiß, wie lange höchstens die über ihn verhängte Zwangshaft währen kann, er die Vortheile, die er sich etwa von seinem Widerstande verspricht, gegen die Nachtheile desselben abzuwägen vermag, was nicht möglich ist, wenn er von Anfang an über die Dauer seiner Haft in Ungewißheit gelassen wird. Man denkt sich dabei den Fall, daß etwa ein wohlhabender und angesehener Mann einmal in einem unbewachten Augenblick ein Verbrechen begangen und dafür eine Strafe zu erwarten hätte, die ihn auf immer von der guten Gesellschaft ausschließen würde. Da er desselben aber nur durch die Aussagen eines oder einiger weniger Zeugen überführt werden kann, so sucht er sich deren Stillschweigen dadurch zu erkaufen, daß er sie durch das Versprechen einer glänzenden Entschädigung bewegt, ihr Zeugniß zu verweigern und bei dieser Weigerung trotz der über sie verhängten Zwangshaft standhaft zu verharren. Man meint nun, daß wenn der Gesetzgeber die höchste Dauer der Zwangshaft zum Voraus fixiren wollte, solchen Einwirkungen auf den Zeugen Vorschub geleistet, andernfalls denselben in der Unbestimmtheit der Haft ein wirksames Hinderniß entgegengesetzt werden würde. Mir scheint jedoch dieses Beispiel auf irrigen psychologischen Voraussetzungen zu beruhen. Standhaftigkeit und Ausdauer im Dulden eines Uebels, zumal wenn zur Abwendung desselben nichts weiter erfordert wird, als Unterwerfung unter den Willen der Obrigkeit, können füglich nur aus edlen und sittlichen Beweggründen hervorgehen. Mag nun auch zugegeben werden, daß der Mensch in der Schätzung des Werthes seiner Beweggründe sich nicht selten täuscht, also für edel und sittlich hält, was diesen Namen nicht verdient, so ist es doch sehr unwahrscheinlich, daß die Aussicht auf einen unerlaubten Gewinn genügen werde, Jemand die zu solcher Standhaftigkeit und Ausdauer nöthige moralische Kraft zu gewähren. Man kann im Gegentheil annehmen, daß um den aus unlauteren Beweggründen entspringenden Ungehorsam zu brechen schon eine kurze Haft genügen werde, wogegen man umgekehrt, wo dieser Widerstand länger dauert, auf das Vorhandensein edlerer Gründe zu schließen berechtigt sein wird, die der Staat Ursache zu schonen hat, selbst wenn sie der Verfolgung seiner augenblicklichen Zwecke hemmend in den Weg treten. Noch schlagender aber möchte gegen die psychologische Möglichkeit des angeführten Beispiels geltend gemacht werden können, daß wenn ein Zeuge sich einmal erkaufen läßt, er es vorziehen wird, sein Ziel durch Ablegung eines falschen, als durch bloße Verweigerung eines wahren Zeugnisses zu erreichen, weil dieses nicht blos dem Schuldigen, sondern auch ihm selbst vortheilhafter ist. Dem Schuldigen, weil durch ein zu seinen Gunsten abgelegtes, wenn auch falsches Zeugniß der Verdacht von ihm abgelenkt wird, während eine Zeugnißverweigerung denselben fortwährend wach erhält und die Untersuchungsbehörde zu stets erneuerten Anstrengungen antreibt; dem Zeugen, weil dieser sich leicht mit der Hoffnung schmeicheln kann, der Strafe des Meineides zu entgehen, während die Nachtheile der Zeugnißverweigerung gewiß und unabwendbar sind.

Aus allen diesen Gründen bin ich der Meinung, daß zwar gegen einen Zeugen, der die Ablegung oder Beeidigung des von ihm geforderten Zeugnisses verweigert, wenn die etwa verhängten Ungehorsamsstrafen erfolglos geblieben sind, mit der Exekutionshaft vorzugehen, diese jedoch, wie von der Mehrzahl der Deutschen Gesetzgebungen geschehen, auf ein bestimmtes Maximum zu beschränken sei. Ob dieses in der Weise geschieht, daß man die längste Dauer der Exekutionshaft zum Voraus festsetzt (etwa sechs Wochen, wie mehrere Deutsche Gesetzgebungen gethan haben) oder den Eintritt der Hauptverhandlung als den terminus ad quem bezeichnet, macht an sich keinen Unterschied, sobald man nur Vorsorge trifft, daß der letztere nicht willkürlich hinausgeschoben werden kann. Jedenfalls wäre zu rathen, daß man das endliche Ziel solcher Maßregeln nicht zu weit steckte (sechs Monate z. B. möchte vielleicht schon zu lange sein), damit der Eindruck der Gerechtigkeit, den sie vielleicht Anfangs hervorbringen, nicht durch das im Laufe der Zeit eintretende Mitleid mit dem Schicksale des Exequendus wieder verwischt, ja dieser in der öffentlichen Meinung zu einem Märtyrer seiner Ueberzeugung gestempelt werde, wie dieses der bekannte Otto Hagen'sche Fall neuerdings in eklatanter Weise gezeigt hat. Auch wäre zu wünschen, daß das Maximum der Exekutionshaft je nach der Schwere der That, um deren Ausmittelung und Bestrafung es sich handelt, dergestalt verschieden abgestuft würde, daß sie niemals über das Maß der Strafe hinausgehen könnte, welches die Urheber oder Theilnehmer der That zu erwarten haben. Denn wenn eine Zeugnißverweigerung den Erfolg hat, daß ein Schuldiger straflos ausgeht, so kann derjenige, der solches bewirkt, doch höchstens als Begünstiger des Thäters angesehen, wenn sie aber die Bestrafung eines Unschuldigen zur Folge hätte (ein Fall der übrigens zu den allerunwahrscheinlichsten gehört), höchstens einem falschen Denuncianten gleich geachtet werden, den man sonst wenigstens nicht höher als mit der Strafe des fälschlich denuncirten Verbrechens zu bestrafen pflegte.

B. Civilsachen.

Etwas anders werden sich die Maßregeln zur Erzwingung eines Zeugnisses in Civilsachen gestalten. Zunächst wird man, wie im Civilproceß überhaupt, so auch in der Feststellung und Beurtheilung der in diesem vorgebrachten Ablehnungsgründe formeller verfahren können und müssen, schon weil hier die Gefahr, daß der Zeuge genöthigt werden könnte, sich selbst zu bezichtigen, nicht füglich eintreten kann. Materiell aber wird der Zwang weniger energisch zu sein brauchen, einmal, weil es sich hier nicht um Leben, Freiheit und Ehre, sondern nur um Hab und Gut, also um weniger erhebliche Güter handelt, sodann weil hier in dem Regreß der verletzten Partei gegen den Zeugnißverweigerer ein Zwangsmittel gegeben ist, welches durch die Natur und den Zweck des Strafprocesses von selbst ausgeschlossen wird. Dem entsprechen auch die bekanntesten Gesetzgebungen der neueren Zeit. Der Code de procédure civile (Art. 263, 264) droht nur dem nicht erscheinenden Zeugen das erste Mal eine Geldbuße von mindestens 10 Franks, und zwar als Schadensersatz zum Vortheil der Partei, das zweite Mal eine bei Vermeidung persönlicher Haft (contrainte par corps) zu erlegende Geldbuße von 100 Franks an, und gestattet äußersten Falles den Erlaß eines Vorführungsbefehls, schweigt aber ganz und gar darüber, was zu geschehen habe, wenn der Zeuge zwar erscheint, aber die Ablegung oder Beeidigung seines Zeugnisses verweigert.

Nach dem gemeinen Deutschen Civilprocesse werden Zeugen, welche der Vorladung keine Folge leisten, zwangsweise (d. h. durch Vorführung oder Realcitation) zum Erscheinen genöthigt. Verweigern sie die Ablegung eines Zeugnisses ohne gesetzlichen Grund, so sollen sie durch Zwangsmittel, deren Art und Dauer aber nicht bestimmt zu sein scheint, dazu angehalten werden. Bleiben auch diese Mittel erfolglos,

> „so wird der renitente Zeuge der in Folge seiner Weigerung unterliegenden Partei zum Schadensersatze verpflichtet und dieser letzteren die Regreßklage vorbehalten, in welcher die Höhe des Schadens mittelst des Schätzungseides in rechtliche Gewißheit gesetzt werden darf." *)

Aehnlich sind die Bestimmungen des Sächsischen ordentlichen Civilprocesses, nur mit dem Zusatze, daß dem Zeugen zur Ausführung seiner Weigerungsgründe, über welche zunächst nur ein kurzes Verfahren Statt findet, gegen die dieselben verwerfende Resolution des Richters auf seine Kosten und nach Erlegung einer Sukkumbenzstrafe von 5 Thlrn. die Berufung auf gerichtliches Erkenntniß zusteht **). Die Preußische Allgemeine Gerichtsordnung von 1794 (§§. 185, 186, 203 i. f. Th. 1 Tit. 10) weicht von den gemeinrechtlichen Vorschriften nur in so weit ab, daß in dem gegen den Zeugnißverweigerer eventuell von der Partei zu nehmenden Regresse die Vermuthung Platz greift, daß der Zeuge dasjenige wirklich hätte bekunden, beziehungsweise beeidigen können, worüber sein Zeugniß von der Partei verlangt worden ist.

Vermißt man in diesen Vorschriften noch eine nähere Bezeichnung und Begrenzung der zur Erlangung eines Zeugnisses principaliter anzuwendenden Zwangsmittel, so hat die bürgerliche Proceßordnung für das Königreich Hannover vom 8. November 1850 (§§. 258—262) auch diesem Mangel abge-

---

*) Osterloh Lehrbuch des gemeinen Deutschen ordentlichen Civilprocesses, Leipzig 1856. Bd. I. S. 450

**) Osterloh, der ordentliche bürgerliche Proceß nach Königl. Sächsischem Rechte. 4. Auflage. Leipzig 1860. Bd. II. S. 344.

holfen. Nach dieser wird der ungehorsam ausbleibende Zeuge durch wiederholte Geldbußen, beziehungsweise bis zu 20 Thlrn. und bis zu 50 Thlrn., eventuell durch zwangsweise Vorführung oder Verhaftung bis zur nächsten Sitzung zum Erscheinen angehalten. Verweigert dagegen der erschienene Zeuge die Ablegung oder Beeidigung seines Zeugnisses, und ist der etwa von ihm angegebene und zu bescheinigende, in einigen Fällen nur von ihm selbst zu beeidigende Weigerungsgrund nach kurzem Verfahren durch Entscheidung des Gerichtes, die nur durch sofortige Berufung auf den höheren Richter angegriffen werden kann, rechtskräftig verworfen, so wird er zum Kostenersatze verurtheilt und daneben

> „durch Geldbuße und bei deren Erfolglosigkeit selbst durch Gefängnißstrafe bis zu drei Monaten zu seiner Schuldigkeit angehalten."

Hilft auch das nicht, so kann der Zeuge von der Partei auf Schadensersatz in Anspruch genommen werden, zu dessen Begründung, ähnlich wie nach der Preußischen Allgemeinen Gerichtsordnung, angenommen wird, daß der Zeuge dasjenige, worüber er von der Partei vorgeschlagen worden, vollständig bezeugt haben würde.

Abgesehen davon, daß das höchste Maß der Exekutionshaft von 3 Monaten füglich etwas geringer hätte abgemessen werden können (jedenfalls würde es geringer sein müssen, als dasjenige, welches man in Strafsachen festsetzen möchte), scheinen mir diese Vorschriften der Hannoverschen bürgerlichen Proceßordnung nicht nur der Idee des Civilprocesses, sondern auch dem praktischen Bedürfnisse zu entsprechen und für eine künftige Gesetzgebung Deutschlands empfohlen werden zu können.

Ergebniß.

Das Ergebniß der vorstehenden Erörterungen möchte sich in folgende Sätze zusammenfassen lassen:

1) Ein jeder, der von einer Behörde, die den Beruf hat, Thatsachen durch Zeugenvernehmungen zu ermitteln, und mit exekutiven Befugnissen versehen ist, zu seiner Vernehmung als Zeuge vorgeladen ist, kann im Falle des Ausbleibens von eben dieser Behörde durch Geldbußen bis zu einem bestimmten Betrage, nöthigenfalls durch Vorführungsbefehle zum Erscheinen angehalten werden.

2) Zeugen, die, wenngleich erschienen, die Ablegung oder Beeidigung ihres Zeugnisses verweigern, können dazu nur von einer Gerichtsbehörde genöthigt werden. Ist ihr Zeugniß von einer anderen Be-

hörde gefordert worden, so hat diese deshalb den ordentlichen Richter des Zeugen zu requiriren. Der requirirte Richter hat nur die Berechtigung der requirirenden Behörde, nicht aber die Gesetzlichkeit des materiellen Inhaltes der Requisition zu prüfen.

3) Werden von dem Zeugen Gründe vorgebracht, aus denen er sich gesetzlich zur Ablegung eines Zeugnisses nicht für verpflichtet hält, so hat das Gericht, bei dem sie vorgebracht worden, über diese Gründe, die nöthigenfalls zu bescheinigen sind, nach summarischer Untersuchung, vorbehaltlich der Berufung auf den Richter der höheren Instanz, zu entscheiden.

4) Sind keine Weigerungsgründe vorgebracht oder die vorgebrachten rechtskräftig verworfen worden, so ist der Zeuge für seinen Ungehorsam von demjenigen Gerichte, gegen welches er seine Weigerung ausgesprochen hat, mit einer im höchsten Maße zu begrenzenden Geld- oder Gefängnißstrafe zu belegen.

5) Entschließt sich der Zeuge trotzdem nicht, der Aufforderung des Gerichtes Gehör zu geben, und erachtet das Gericht nach den Umständen des Falles die Ablegung oder Beeidigung seines Zeugnisses für nothwendig, so kann es den Zeugen außerdem bis dahin, daß er seine Weigerung aufgiebt, jedoch nicht über eine zum Voraus bestimmte Dauer hinaus, zur Haft bringen. Diese Dauer ist je nach Verschiedenheit der Fälle verschieden, jedenfalls jedoch so zu normiren, daß die Zwangshaft nicht höher gehen kann, als die Strafe, welche die zum Gegenstande der Untersuchung gemachte That nach sich ziehen würde. Das letztere gilt auch von der unter Nr. 4 erwähnten Ungehorsamsstrafe.

6) Ist beim Antritte der Zwangshaft die Ungehorsamsstrafe noch nicht verbüßt, so kann die Dauer der Zwangshaft auf die Strafe angerechnet werden.

7) Die Sätze Nr. 3 — 6 kommen nicht zur Anwendung, wenn nach den Umständen anzunehmen ist, daß der Zeuge sein Zeugniß blos deshalb ablehnt, weil er sich andernfalls als Urheber oder Theilnehmer der strafbaren That, bei deren Untersuchung sein Zeugniß verlangt wird, bezichtigen würde. Das Gericht kann in einem solchen Falle von der Vernehmung oder Vereidigung des Zeugen abstehen, auch wenn er diesen Weigerungsgrund nicht ausdrücklich behauptet hätte.

8) Die vorstehend unter Nr. 1 — 6 aufgeführten Grundsätze kommen auch im Civilprocesse, jedoch hier mit der Maßgabe zur Anwendung, daß die längste Dauer der Zwangshaft kürzer zu normiren,

und daß, wenn dieselbe keinen Erfolg hat, der Partei, welche den die Ablegung oder Beeidigung seines Zeugnisses verweigernden Zeugen vorgeschlagen hat, ein Entschädigungsanspruch gegen denselben vorbehalten bleibt. Bei Begründung dieses Anspruches wird angenommen, daß der Zeuge dasjenige hätte bekunden, beziehungsweise beeidigen können, worüber er vorgeschlagen worden ist.

IX.

Gutachten des Geheimen Justizrath, Professor Dr. Beseler in Berlin.

Die Frage, deren Begutachtung ich für den fünften Deutschen Juristentag übernommen habe, lautet:

> Soll von der Gesetzgebung das Gewohnheitsrecht als gültige Rechtsquelle anerkannt werden, und bejahenden Falls in welchem Umfange?

Diese Frage, so allgemein gestellt, führt zu einer Erörterung über den Werth des Gewohnheitsrechts — sowohl überhaupt, als auch in seinem Verhältniß zu der Gesetzgebung — und die Antwort wird verschieden ausfallen, je nachdem man von den Grundanschauungen der naturrechtlichen oder der geschichtlichen Rechtslehre ausgeht.

Allein dieser Gegensatz beherrscht nicht mehr die Deutsche Rechtswissenschaft. Die Rechtsphilosophie hat sich die Aufgabe gestellt, nicht wie das ältere Naturrecht den Rechtsstoff zu schaffen, sondern ihn in seiner Abhängigkeit von der sittlichen Weltordnung zu begreifen. Andererseits ist sich die Rechtsgeschichte der Aufgabe bewußt worden, die historische Entwickelung bis zur Gegenwart herunter zu führen und die in dieser wirkenden sittlichen Kräfte und Triebe als selbstberechtigt anzuerkennen. Philosophie und Geschichte bilden keinen Gegensatz, sondern sie bedingen und ergänzen sich wechselseitig.

Diese höhere wissenschaftliche Ausgleichung hat auch auf die Lehre von den Rechtsquellen ihre Wirkung geäußert. Die einseitige Bevorzugung der Gesetzgebung als der höheren, ja allein berechtigten Form der Rechtserzeugung läßt sich wissenschaftlich nicht mehr behaupten. Das Maß und die Grenze ihrer Thätigkeit ist in den Anforderungen des staatlichen und socialen

Lebens gegeben, und so wie sie, lässig und schlaff geübt, es dahin bringen kann, daß ein Rechtswesen, welches der energischen Förderung bedarf, sich verwirrt und verwildert, so kann sie umgekehrt, wenn sie über das Bedürfniß hinaus und ohne die rechte Einsicht eine übertriebene Thätigkeit entfaltet, an sich tüchtige und wohlgeordnete Zustände erschüttern und zerstören. Wer möchte es z. B. wohl übernehmen, einen Engländer, der nicht etwa zu Bentham's rationalistisch-kosmopolitischer Schule gehört, davon zu überzeugen, daß England sein **common law** für ein modernes Gesetzbuch umtauschen müsse!

Aber auch das Gewohnheitsrecht gilt denen, welche auf dem Boden der geschichtlichen Rechtslehre stehen, nicht mehr für die einzige normale Rechtsquelle, welcher die Gesetzgebung nur in untergeordneter Bedeutung aushelfend zur Seite steht. Althergebrachte Rechtszustände, welche in sich erstarrt und verkommen sind, bedürfen der ordnenden, vorschauenden, schaffenden Kraft der Gesetzgebung, damit ein neues Leben sie durchströme, und selbst die Kodifikation, welche das Rechtssystem in veredelter Gestalt reproducirt, kann ein unabweisliches Bedürfniß werden.

Gewohnheitsrecht und Gesetzgebung sind selbstberechtigte, einander ebenbürtige Faktoren der Rechtserzeugung. Die ursprüngliche, naive Form behält für das Rechtsleben einen besonderen Werth, und glücklich ist das Volk, welches sich die Kontinuität seiner Rechtsentwickelung zu bewahren vermocht hat; andererseits ist eine groß und klar gedachte Gesetzgebung den edelsten Schöpfungen des menschlichen Geistes beizuzählen.

Es ist ein beschränkter Standpunkt, nach blos verständiger Erwägung des Zweckmäßigen, z. B. der erhöhten formellen Rechtssicherheit, der einen oder der anderen Rechtsquelle — etwa wie der Volks- und Kunstpoesie — principiell den Vorzug einzuräumen; aber die Frage, welche die herrschende ist und sein soll, läßt sich unter gewissen Voraussetzungen nicht abweisen. Die Antwort wird freilich nach den verschiedenen Perioden der Rechtsentwickelung eine verschiedene sein und auch für die Gegenwart nur dann mit wissenschaftlicher Bestimmtheit gegeben werden können, wenn die richtige Einsicht in die geschichtlich gewordenen Rechtszustände gewonnen ist. Betrachten wir daher, wie sich das Verhältniß zwischen Gewohnheitsrecht und Gesetzgebung in den drei Hauptperioden der Deutschen Rechtsgeschichte gestaltet hat.

I. Das Deutsche Recht war ursprünglich ein ungeschriebenes Volksrecht, und die Gesetzgebung hat während des ganzen Mittelalters nur vorübergehend und in beschränkter Weise ihre Einwirkung auf das Rechtswesen geäußert. Die ersten Aufzeichnungen der Stammesrechte enthalten mehr altes Gewohnheitsrecht als neue Satzungen, und selbst die Kapitularien, in denen die Staatsidee der Karolinger zum Ausdrucke gelangte, beschränken sich auf einzelne, freilich tief eingreifende Bestimmungen über das Verhältniß der Kirche, des Beamtenthums, des Gerichts- und Heerwesens. Als dann die Deutsche Nation im Reiche sich selbständig konstituirte, behauptete die Gesetzgebung nicht einmal ihren früher erworbenen Einfluß, und ward, so weit es überhaupt möglich war, durch kaiserliche Verordnungen, durch Weisthümer und Rechtssprüche, durch die Autonomie der Korporationen und durch die Rechtsbücher ersetzt.

II. Seit der Mitte des funfzehnten Jahrhundert begann eine neue Periode in unserem Staats- und Rechtsleben. Die Idee des modernen Staates trat auch an die Deutsche Nation heran und forderte Anerkennung und Verwirklichung. Anfangs schien es, daß das Reich diesen Entwickelungsproceß durchführen und ihm wie bei anderen Nationen ein nationales Gepräge aufdrücken werde. Aber seit dem Scheitern der Reichsreform selbst nahm die Bewegung einen centrifugalen Charakter an. Darauf beruht das Verhältniß zwischen der Reichs- und Landesgesetzgebung, welches aber durch die Reception der fremden Rechte und durch die eigenthümliche Entwickelung des gemeinen Rechts wesentlich bedingt ward.

a) Die Reichsgesetzgebung, welche nur auf einzelne Partien des öffentlichen Rechts einen nachhaltigen Einfluß ausübte, sah sich als die Ergänzung des Gewohnheitsrechts an, welches sie in seinem vollen Umfange anerkannte, so daß selbst unvernünftige, böse Gewohnheiten ausdrücklich aufgehoben werden mußten, um außer Kraft gesetzt zu werden.

b) Eine gleiche Kraft wie den Reichsgesetzen ward den fremden Rechten beigelegt, und wenn deren Reception auch allein auf das Gewohnheitsrecht als den letzten Grund ihrer Geltung zurückgeführt werden muß, so glaubte man doch Anfangs ein geschriebenes Gesetz, ja eine absolut geltende Rechtsquelle dadurch gewonnen zu haben. Allein das Gewohnheitsrecht, welches die Reception bewirkt hatte, wirkte weiter fort und gab ihr allmälich eine andere Bedeutung: die fremden Rechte kamen nur noch als Hülfsrecht zur Anwendung und zogen sogar die Reichsgesetze in diesen Begriff mit hinein. Sie behaupteten sich aber auch neben diesen nicht in der ausschließlichen Herrschaft auf dem Gebiete des gemeinen Rechts, sondern theilten sie mit dem einheimischen Gewohnheitsrechte, dessen nationalen, über das Stammes- und Partikularrecht hinausreichenden Instituten die Deutsche Wissenschaft die Anerkennung der Ebenbürtigkeit erstritt. Sie ward dabei freilich vielfach beschränkt und gehemmt durch die große Unvollkommenheit der älteren Lehre von den Rechtsquellen, namentlich durch die Theorie von dem Wesen und dem Beweise des Gewohnheitsrechts; dies erschwerte dessen praktische Anwendung, ohne jedoch seine principielle Geltung zu beeinträchtigen.

c) Seit der Mitte des sechszehnten Jahrhunderts zeigt sich die Reichsgesetzgebung der Aufgabe, welche der modernen Gesetzgebung obliegt, nicht mehr gewachsen, und seitdem beginnt in immer größeren Dimensionen die Thätigkeit der Landesgesetzgebung. Doch ist diese bis zum Ende des achtzehnten Jahrhunderts in zwiefacher Hinsicht beschränkt.

Dem gemeinen Recht gegenüber behält sie ihre abhängige Stellung bei. Sie setzt dasselbe immer noch als das geltende Hülfsrecht voraus, welches seine Anwendung findet, wo die partikuläre Rechtsbildung aufhört. Insoweit das gemeine Recht daher ein ungeschriebenes ist, galt es in voller Selbständigkeit und ward von der Landesgesetzgebung über den Kreis ihrer unmittelbaren Geltung hinaus nicht berührt.

Aber auch in dieser engeren Begrenzung nahm die Landesgesetzgebung nur selten und für besondere Verhältnisse die Bedeutung der absoluten Rechtsquelle in Anspruch. So wie sie das Statutarrecht neben sich duldete und diesem gegenüber meistens nur den Charakter des ergänzenden Hülfsrechts behauptete, so nahm sie auch dem Gewohnheitsrecht gegenüber keine abwehrende Stellung ein und fand sich namentlich nicht veranlaßt, der derogatorischen Kraft desselben principiell entgegen zu treten.

III. Erst das Ende des achtzehnten Jahrhunderts hat in diesen Verhältnissen einen großen Umschwung herbeigeführt. Die Ansicht von der Omnipotenz des Staates, welche mit der Lehre des Naturrechts über die Entstehung des Rechts durch den Staatswillen zusammen fiel, ward auch auf dem Gebiete der Gesetzgebung die herrschende und machte sich um so nachdrücklicher geltend, je dringender und begründeter die Forderungen einer großen Reform auf dem Rechtsgebiet wurden, und je weniger energisch und schöpferisch das der Selbstverwaltung entfremdete, politisch und ökonomisch verkommene Volksleben sich zeigte. Das gesammte Rechtssystem sollte in Gesetzbüchern reproducirt und zur absoluten Rechtsquelle erhoben werden. Das ist der Grundgedanke der Kodifikation, der zuerst in Preußen, dann auch in Frankreich und Oesterreich zur Durchführung gelangte und für das Gewohnheitsrecht in seiner nationalen Bedeutung keinen Raum übrig ließ. Ein kurzer Ueberblick über die drei großen modernen Gesetzgebungen wird dies darthun.

a) Die Preußische Gesetzgebung. Die einzige Quelle des Landrechts, welche Alle bindet, ist das Gesetz.

> Pr. Allg. Landrecht. Einleitung §. 1. „Das allgemeine Landrecht enthält die Vorschriften, nach welchen die Rechte und Verbindlichkeiten der Einwohner des Staats, so weit die-

selben nicht durch besondere Gesetze bestimmt worden, zu beurtheilen sind."

§. 60. „So wenig durch Gewohnheiten, Meinungen der Rechtslehrer, Erkenntnisse der Richter, oder durch die in einzelnen Fällen ergangenen Verordnungen neue Gesetze eingeführt werden können; ebensowenig können schon vorhandene Gesetze auf dergleichen Art wieder aufgehoben werden."

§. 85. „Rechte und Pflichten, welche aus Handlungen und Begebenheiten entspringen, werden allein durch die Gesetze bestimmt."

Das Gewohnheitsrecht ist also in keiner Beziehung als Rechtsquelle anerkannt. Doch gelten diese Bestimmungen nur für das allgemeine Landesrecht; für das Provinzial- und Statutarrecht finden sich besondere Vorschriften.

Einleitung §. 3. „Gewohnheitsrechte und Observanzen, welche in den Provinzen und einzelnen Gemeinheiten gesetzliche Kraft haben sollen, müssen den Provinzial-Landrechten einverleibt sein."

Auch hier also ist die Kodifikation in Aussicht genommen, aber sie ist bekanntlich nicht durchgeführt. Da nun die Sammlung des Gewohnheitsrechts, so weit es erhalten werden soll, die vorläufige Geltung desselben voraussetzt (vergl. Publikations-Patent vom 5. Februar 1794 §. VII: „deren Beibehaltung nothwendig befunden wird"), so ist auf dem Gebiete des Provinzialrechts demselben eine erhebliche, wenn auch der Absicht des Gesetzgebers nicht entsprechende Bedeutung bewahrt worden.

Nur für die Observanzen wird auch unabhängig von der Kodifikation der Provinzialrechte wieder etwas Besonderes bestimmt:

Einleitung §. 4. „Insofern aber durch Observanzen etwas bestimmt wird, was die Gesetze unentschieden gelassen haben, hat es, bis zum Erfolge einer gesetzlichen Bestimmung, dabei sein Bewenden."

Auf diesem engen Gebiete ist also das Gewohnheitsrecht praeter legem auch in seiner weiteren Entwickelung anerkannt.

b) Die Französische Gesetzgebung. Ihr absoluter Charakter tritt in der ganzen Anlage und Durchführung des Werkes so entschieden hervor, daß nicht einmal Bestimmungen über die Ausschließung des Gewohnheitsrechts für nothwendig erachtet worden sind.

c) Die Oesterreichische Gesetzgebung.

Bürgerliches Gesetzbuch §. 10. „Auf Gewohnheiten

> kann nur in den Fällen, in welchen sich ein Gesetz darauf beruft, Rücksicht genommen werden."

Hier ist also dem Gewohnheitsrecht jede selbständige Geltung abgesprochen, da diejenigen Gewohnheiten, auf welche sich ein Gesetz beruft, eben durch diese specielle Anerkennung sanktionirt werden und nicht aus eigener Kraft als Rechtsquelle gelten.

Dieser Auffassung des Oesterreichischen Gesetzbuchs hat sich das bürgerliche Gesetzbuch für das Königreich Sachsen angeschlossen, indem es Thl. I. Abthl. I. §. 28 bestimmt:

> „Durch Gewohnheiten können weder Gesetze aufgehoben oder abgeändert, noch neue Vorschriften mit Gesetzeskraft eingeführt werden."

Nur hat man es für nothwendig erachtet, auf Sitte und Herkommen, insoweit sie nicht als Rechtsquelle gelten sollen, Rücksicht zu nehmen, und sie als ein Mittel der Auslegung für Rechtsgeschäfte anzuerkennen. In §. 28 heißt es nämlich weiter:

> „Soweit Rechte durch die Willkür der Betheiligten begründet werden können, sind Gewohnheiten zu berücksichtigen, wenn anzunehmen ist, daß die Betheiligten das in gleichartigen Fällen Gewöhnliche beobachten wollten."

Allein diese Vorschrift, welche kaum ausdrücklich angeordnet zu werden brauchte, hat keinenfalls mit der Lehre von den Rechtsquellen etwas zu thun.

Auf Grund dieser allgemeinen Betrachtungen ist die aufgestellte Frage in folgender Weise zu beantworten:

I. Wenn keine besondere Veranlassung vorliegt, hat die Gesetzgebung nicht den Beruf, sich über die Kraft und die Geltung des Gewohnheitsrechts principiell auszusprechen. Ein gesundes Staats- und Rechtsleben wird durch den Grundsatz, daß die Rechtsquellen in gleicher Bedeutung neben einander bestehen, an und für sich nicht gefährdet.

II. Eine Landesgesetzgebung, welche das gemeine Recht noch als das geltende Hülfsrecht voraussetzt, hat im Kreise ihrer Herrschaft es frei zu bestimmen, welchen Einfluß sie dem Gewohnheitsrechte gewähren will. Ueber diesen Kreis hinaus, auf die Beschaffenheit des gemeinen Rechts selbst einwirken zu wollen, liegt nicht in ihrem Berufe; wenn die souveraine Macht des Staates auch formell dazu berechtigt ist, so bringt doch die freie Unterordnung unter die nationale Rechtsentwickelung es mit sich, daß dieser ihr selbständiger Gang nicht verkümmert werden darf.

III. Wenn die Gesetzgebung keine höhere Rechtsordnung über sich erkennt, also selbst als Organ des Gesammtwillens ein gemeines Recht — Reichsgesetz — schafft oder das Landesgesetz zum allein geltenden macht: so wird sie, wenn es sich nicht blos um einzelne ergänzende Bestimmungen handelt, sondern das ganze Rechtssystem oder einzelne selbständige Partien desselben neu geordnet (kodificirt) werden sollen, die absolute Autorität des Staatswillens geltend zu machen haben. Auch dem Gewohnheitsrecht gegenüber kann sie sich dann nicht wohl passiv verhalten, sondern muß es feststellen, ob ihm überhaupt noch eine Bedeutung, und beziehungsweise welche ihm künftig bewahrt werden soll.

a) Der Gesetzgeber hat es zu bestimmen, welche Gewohnheiten etwa neben dem Gesetze und für besondere Kreise und Verhältnisse selbst gegen die Regel des Gesetzes in Geltung bleiben sollen.

b) Die gesetzliche Norm soll bestehen, bis sie gültig wieder aufgehoben wird; es fragt sich daher, ob der Gesetzgeber dies auch durch das Gewohnheitsrecht unter Anerkennung seiner derogatorischen Kraft zu gestatten, also Gewohnheiten contra legem für die Zukunft anzuerkennen hat.

Man könnte sagen, die Frage sei überflüssig, weil das Gewohnheitsrecht in seiner äußeren Erscheinung nichts anderes ist, als die Ordnung der Rechtsverhältnisse durch die Macht der Geschichte, und dieser sich auch der Staatswille für die Zukunft nicht entziehen kann. So verloren die alten Stammesrechte und Kapitularien seit dem zehnten Jahrhundert ihre Kraft, insoweit sie nicht im Gewohnheitsrecht sich erhielten und als dessen Bestandtheile fortlebten; so wurde die Deutsche Rechtsordnung, mochte sie auf Gesetz oder Gewohnheit beruhen, durch die Reception der fremden Rechte durchbrochen; so sind selbst spätere Reichsgesetze, z. B. die peinliche Gerichtsordnung, durch das Gewohnheitsrecht umgestaltet, und viele älteren Landesgesetze und Statuten dadurch außer Uebung gesetzt worden.

Allein dies ist doch nur in Zeiten geschehen, in denen die moderne Staatsidee in ihrer vollen Energie noch nicht durchgeführt war; und wenn auch nicht in Abrede gestellt werden soll, daß auch künftig die Macht der Geschichte sich stärker beweisen kann, als der bestimmt ausgesprochene Wille des Gesetzgebers; so wird dieser doch im Voraus die Möglichkeit eines solchen Widerspruchs nicht anerkennen, sondern die nothwendigen Abänderungen des Gesetzes seiner eigenen Entschließung vorbehalten wollen. Dann aber ist dem Gewohnheitsrecht die derogatorische Kraft zu versagen. — Doch muß hier vor einem Mißverständniß gewarnt werden. Es geschieht zuweilen, daß ein Gesetz durch die veränderten Lebensverhältnisse seinen Gegenstand verloren hat, und es aus diesem Grunde nicht mehr angewandt werden kann. Dann ist nicht das Gesetz selbst aufgehoben, sondern nur die thatsächliche Voraussetzung seiner Geltung beseitigt, und die Uebung des Volkslebens, welche diese Veränderung hervorgerufen hat, stellt sich nicht als eine Rechtsquelle mit derogatorischer Kraft dar. Ein Gewohnheitsrecht, welches sich dann für die neu entstandenen Rechtsverhältnisse bildet, ist daher auch nicht contra legem gerichtet. Dies ist principiell festzuhalten, wenn auch im Einzelnen die Unterscheidung schwer durchzuführen sein kann.

c) Eine weitere Frage ist nun, ob das Gesetz, soweit es sich nicht selbst durch die Sanktionirung einzelner Gewohnheiten beschränkt hat, sich zur ausschließlichen Rechtsquelle machen soll, so daß das Gewohnheitsrecht auch nicht als die ergänzende Rechtsquelle — praeter legem — in Anwendung bleibt. Für einzelne Rechtstheile, bei denen der Charakter des absoluten Rechts mit einer gewissen Nothwendigkeit hervortritt, wie z. B. für das Strafrecht, wird dem Gewohnheitsrecht kaum eine solche aushelfende Bedeutung von der modernen Gesetzgebung beigelegt werden können; im Allgemeinen aber ist anzunehmen, daß die Autorität desselben nicht durch die Anerkennung solcher Gewohnheiten leidet, daß hingegen für das Rechtsleben selbst dadurch die wohlthätigsten Wirkungen herbeigeführt werden können. Denn eine solche ergänzende Kraft des Gewohnheitsrechts macht es möglich, daß der Gesetzgeber sich auf die Feststellung der Hauptgrundsätze beschränkt, deren weitere Ausführung und Entwickelung aber neben der Jurisprudenz der Sitte und Uebung des Lebens überläßt; und damit ist wieder der große Vortheil verbunden, daß der Gesetzgeber sich nicht immer ängstlich um jede Lücke im Gesetz, um jedes im Rechtsleben hervortretende Bedürfniß zu bekümmern hat. Ja es läßt sich als die Probe eines wahrhaft guten, klar und fest gezeichneten Gesetzes ansehen, wenn es einer solchen Einwirkung des Gewohnheitsrechts überlassen werden kann, ohne dadurch in seiner principiellen Geltung erschüttert zu werden.

Hierbei kommt es auf die neu entstehenden Lebensverhältnisse besonders an. Denn diese, für welche sich die entsprechende Norm erst allmälich ausbildet, und welche von der Gesetzgebung oft schwer zu erfassen sind, lassen die Fortdauer einer volksthümlichen Rechtsbildung, deren wesentliche Stütze freilich eine volksthümliche Gerichtsverfassung ist, so überaus wünschenswerth erscheinen. Man erwäge beispielsweise nur, wie tief die neuen Landes-Kultur-Gesetze in die Rechtsverhältnisse der bäuerlichen Familie, der Gemeinde eingegriffen haben, ohne die nöthige Ausgleichung der veränderten Rechtszustände, wie Sitte und Interesse der Betheiligten es erfordern, sogleich feststellen zu können. Man denke an die Bedeutung der Inhaberpapiere für den modernen Geschäftsverkehr, an die Einwirkung der Eisenbahnen und

Telegraphen, und man wird geneigt werden, auch dem Gewohnheitsrecht den ihm gebührenden Antheil an der Rechtsbildung zu lassen. — Die absolute Gleichförmigkeit des Rechts in allen seinen Bestandtheilen wird dadurch freilich gefährdet; aber es ist mit Bestimmtheit in Abrede zu stellen, daß eine solche Gleichförmigkeit, welche von der principiellen Einheit wohl zu unterscheiden ist, den Charakter unseres Volkes, seinen Anforderungen an Recht und Staat wirklich entspricht.

In diesem Sinne hat auch das Allgemeine Deutsche Handelsgesetzbuch die Frage erledigt, indem es verordnet:

> Art. 1. „In Handelssachen kommen, soweit dieses Gesetzbuch keine Bestimmungen enthält, die Handelsgebräuche und in deren Ermangelung das Allgemeine bürgerliche Recht zur Anwendung."

Ich fasse mein Gutachten in folgenden Sätzen zusammen:

I. Gesetz und Gewohnheitsrecht bestehen als selbständige Rechtsquellen ursprünglich in gleicher Kraft und Bedeutung neben einander.

II. Die Aufhebung des Gewohnheitsrechts durch die Gesetzgebung ist ohne ein besonderes Bedürfniß nicht gerechtfertigt.

III. Eine umfassende Gesetzgebung (Kodifikation) hat die derogatorische Kraft des Gewohnheitsrechts nicht anzuerkennen.

IV. Das Gewohnheitsrecht als ergänzende Rechtsquelle kann auch neben einer umfassenden Gesetzgebung in Geltung bleiben und ist nur aus besonderen Gründen und soweit diese reichen, auszuschließen oder zu beschränken.

X.

Gutachten des Landgerichtsrath Dr. Ed. Liszt zu Wien.

Antrag des Dr. Bardasch:

„Der Deutsche Juristentag wolle als seine Rechtsüberzeugung aussprechen:

I. daß im Strafprocesse die Beeidigung der Zeugen in der Regel nicht schon in der Voruntersuchung, sondern erst bei der Schluß- oder Hauptverhandlung nach erfolgter Abhörung aller Belastungs- und Entlastungszeugen und nach den hierüber vorangegangenen Anträgen der Anklage und Vertheidigung über Beschluß des Spruchgerichts stattfinden darf;

II. daß ausnahmsweise bei jenen Zeugen, welche voraussichtlich nicht bei der Hauptverhandlung erscheinen werden, die Beeidigung derselben zwar auch in der Voruntersuchung nach deren Abhörung zulässig, daß jedoch eine Beeidigung der Zeugen in der Voruntersuchung der Beeidigung der übrigen in der Hauptverhandlung abzuhörenden Zeugen nicht hinderlich sei."

Der Hauptzweck des Strafverfahrens ist die Ermittelung der Wahrheit. Die Zeugen, welche vernommen werden, sollen die ihnen bekannten Umstände und Thatsachen mit größter Gewissenhaftigkeit und Vollständigkeit angeben. Sie sollen weder aus Lauheit zu wenig, noch aus Klatschsucht zu viel sagen, weder aus Vorliebe für den Angeklagten die ihn beschwerenden Thatsachen abschwächen, noch aus Gereiztheit dieselben vergrößern. Als das geeignetste Mittel, auf die Willenskraft der Zeugen zu wirken und sie zur Erfüllung ihrer wichtigen Pflicht zu bewegen, wird die Beeidigung derselben angesehen.

Durch die ernste und nachdrückliche Ermahnung, welche der Ablegung des Eides vorangeht, erhalten die Zeugen auf einmal die Vorstellung von der ganzen Wichtigkeit ihrer Aussage; es muß ihnen klar werden, daß sie der menschlichen Gerechtigkeit als Leuchte und als Wegweiser dienen sollen, daß jede Unwahrheit oder Unvollständigkeit ihrer Aussage ein unrichtiges Urtheil zur Folge hat, daß sie dadurch die Grundlage der gesellschaftlichen Ordnung verrücken, und gegen sich selbst die Rachegeister heraufbeschwören; die Erinnerung an die Gottheit, die in das Innere der Herzen sieht und die Lüge verabscheut und straft, muß sie mit heiliger Scheu erfüllen und ihnen Muth und Zuversicht einflößen; die Idee der Gerechtigkeit, der sie dienen, läßt ihnen die Ablegung ihrer Aussage nicht als feige Angeberei, sondern als eine erhabene Pflicht erscheinen, der sie unter den Augen der höchsten Gottheit und ihrer Mitbürger nachkommen. — Wäre die Beeidigung der Zeugen nicht, wo fände sich ein Mittel wirksam genug, um eingeschüchterte oder furchtsame Zeugen zu männlicher Offenheit zu ermuthigen, die Lauheit und Theilnahmlosigkeit anderer zu bannen, Voreingenommenheit und Feindseligkeit, wo sie sich zeigt, auf das rechte Maaß zurückzuführen und unschädlich zu machen?

Wenn man nun die Beeidigung der Zeugen als wesentlich nothwendig erkennt und nach dem eben skizzirten Gesichtspunkte die Anträge des Hrn. Dr. Bardasch in Erwägung zieht, so verdient der erste Theil des Antrages I., nämlich:

> „daß im Strafprocesse die Beeidigung der Zeugen in der Regel nicht schon in der Voruntersuchung, sondern erst bei der Schluß- oder Hauptverhandlung stattfinden solle,“

volle Billigung.

Das Gericht, welches über das Loos des Angeklagten zu entscheiden hat, tagt nicht schon in der Voruntersuchung; das Urtheil, welches einem Menschen Freiheit oder Kerker zutheilt, wird nicht in der Voruntersuchung geschöpft; der große Augenblick, wo über den Angeklagten die Würfel für seine ganze Zukunft, für das Wohl oder Wehe seiner Familie fallen, tritt nicht schon in der Voruntersuchung ein; die eigentliche und volle Wichtigkeit im Strafverfahren hat nicht die Voruntersuchung, sondern erst die Schluß- oder Hauptverhandlung. Von dem Eindrucke, den die Zeugen auf den erkennenden Richter machen, von den Thatsachen, die sie vor ihm aussagen oder bestätigen, hängt größtentheils das Urtheil ab. Die Vernehmung der Zeugen über Einzelheiten, die Vergleichung ihrer Angaben mit denen des Angeklagten und der Mitzeugen erfolgt wesentlich erst vor dem erkennenden Gerichte; hier werden Widersprüche aufgeklärt, dunkle Stellen klar gemacht,

Lücken ausgefüllt, Irrthümer berichtigt. Mit der Hauptverhandlung ist also der Zeitpunkt gekommen, wo an den Zeugen die ernste Mahnung herantreten muß, Gott und der Wahrheit die Ehre zu geben, nichts zu verschweigen, nichts zu erdichten, der Menschenfurcht eben so wie der verletzten Eitelkeit das Ohr zu verschließen.

Und man darf auch mit Grund erwarten, daß die feierliche Eidesleistung, verbunden mit dem Ernste der Gerichtssitzung und der Nähe des für den Angeklagten entscheidenden Augenblickes, an diesem Orte auf die Zeugen einen nachhaltigen Eindruck hervorbringen und ihre Aussage dazu machen wird, was sie sein soll: unparteiisch, vollständig, wahr.

Man kann dagegen nicht einwenden, daß es sich auch schon in der Voruntersuchung um die Erforschung der Wahrheit handle, und daß daher, wenn die Zeugenbeeidigung als ein geeignetes Mittel dazu erkannt werde, dieselbe schon in der Voruntersuchung geschehen müsse. Denn erstens müßten die Zeugen, deren Beeidigung schon in der Voruntersuchung erfolgt ist, in der Schlußverhandlnng wieder beeidigt oder unter der Erinnerung an den früher abgelegten Eid vernommen werden. Die zweimalige Beeidigung aber wäre nicht nur wegen der Vervielfaltigung und Abschwächung der Eide überhaupt vom Uebel, sondern sie würde auch eine große Beängstigung der gewissenhaftesten Zeugen mit sich bringen. Der Zeugeneid geht nämlich jedesmal dahin, daß der Zeuge die ganze und volle Wahrheit aussagen werde. Nun erfolgt aber, wie oben dargethan wurde, gerade erst bei der Schlußverhandlung das genaue Eingehen in das Einzelne, das Vergleichen der Aussagen, das Beheben der Widersprüche, das Aufklären dunkler Partien u. s. w. Müßte der Zeuge hier nicht bei jeder weiteren Frage fürchten, mit seiner früheren Aussage in Kollision zu gerathen, durch ein Mehr oder Weniger in seinen jetzigen Angaben verfänglich zu werden? Die bloße Erinnerung hingegen an den früher abgelegten Eid stellt sich als nichts anderes dar, denn als eine Vernehmung ohne Eid. — Zweitens wurde bereits oben gezeigt, daß gerade bei der Hauptverhandlung der Ort und die Zeit sei, wo es sich am allermeisten um die Erforschung der Wahrheit handelt. Man darf sich daher bei diesem wichtigsten Stadium der Strafverhandlung nicht die Hände binden und das beste Mittel, auf die Willenskraft der Zeugen einzuwirken, welches eben in der Beeidigung liegt, unbenutzt lassen.

Die Gesetzgebungen der Deutschen Staaten weichen bekanntlich in diesem Punkte von einander ab; es erscheint daher überflüssig, sich auf die eine oder die andere derselben zu berufen. Die Oesterreichische Strafproceßordnung vom Jahre 1850 ließ die Zeugen in der Regel in der Schlußverhandlung, nicht in der Voruntersuchung beeidigen. Ich habe während der ganzen Zeit, als sie in Wirksamkeit stand, bei dem größten Gerichtshofe der Monarchie als Staatsanwalt fungirt und kann nur bestätigen, daß sich jene Anordnung durchaus als gut und praktisch bewährt hat.

Der zweite Theil des Antrages I. des Herrn Dr. Bardasch, nämlich:

„daß die Beeidigung der Zeugen in der Hauptverhandlung erst nach erfolgter Abhörung aller Belastungs- und Entlastungs-Zeugen und nach den hierüber vorangegangenen Anträgen der Anklage und Vertheidigung über Beschluß des Spruchgerichts stattfinden solle,“

hat überwiegende Zweckmäßigkeitsgründe gegen sich, und läßt sich daher nicht empfehlen.

Man führt zur Begründung dieses Antrages etwa an, daß sich erst nach der Vernehmung der Zeugen erkennen lasse, ob ihre Aussage wichtig genug sei, um ihre Beeidigung zu veranlassen; dann, daß sich erst nach Abhörung aller Zeugen bestimmen lasse, ob nicht irgend eine Zeugenaussage so bedenklich sei, daß eine Beeidigung derselben nicht räthlich erscheine.

Allein diese Gründe haben mehr scheinbare als wirkliche Bedeutung.

Erstens ist die Vorladung von Zeugen zur Hauptverhandlung kein Akt der Willkür, sondern der reifen Ueberlegung. Man ladet nur Zeugen vor, bezüglich welcher sich eine mehr oder weniger wesentliche Aussage erwarten läßt, oder ein begründeter Antrag der Anklage oder Vertheidigung auf Vorladung eingebracht wird. Es ist daher die Voraussetzung statthaft, daß Zeugen, welche gar nichts anzugeben wissen, bei der Hauptverhandlung selten sein werden. Dann wurde schon oben der Eid als das geeignete Mittel erkannt, die Zeugen zur Angabe der vollen Wahrheit zu bringen.

Dieses Mittel muß aber seiner Natur nach beim Beginne der Vernehmung angewendet werden, weil man mit der späteren Anwendung auch den Erfolg gefährden würde. Endlich würde man sich durch die spätere Beeidigung der Gefahr aussetzen, Zeugenaussagen, d. h. Beweismittel, ganz zu verlieren; denn würde ein Zeuge erst nach Vernehmung aller Belastungs- und Entlastungszeugen und erst, wenn er wesentliche Umstände ausgesagt hat, in Eid genommen, so brauchte er sich nur unwissend zu stellen, um der Beeidigung ganz zu entgehen. Mit anderen Worten: wer die Zeugen erst beeidigt, wenn sie Wesentliches ausgesagt haben, der verliert alle jene, die sich der Aussage entschlagen wollen. —

Ich habe in dieser Hinsicht lehrreiche Erfahrungen zu jener Zeit gemacht, wo in Oesterreich noch die Strafproceßordnung vom Jahre 1803 in Wirksamkeit stand und die Zeugen erst nach ihrer Vernehmung beeidet wurden.

Von mehreren Beispielen nur das folgende:

In einem Betrugsprocesse war eine Frau als Zeugin vorgeladen und vor ihrer Vernehmung schon aufmerksam gemacht worden, daß sie nöthigenfalls ihre Aussage werde beschwören müssen. Nachdem man gegen zwei Stunden ihre allerdings sehr wesentlichen Angaben protokollirt hatte und es zum Eide kam, wurde sie ängstlich, verweigerte den Eid, fragte wiederholt, wie denn die Aussage sein müsse, um nicht als falsch zu gelten, und endlich stellte sich heraus, daß die Thatsachen, die sie früher als Augen- und Ohrenzeuge erzählt hatte, fast durchgängig in das Gebiet der Erfindung und des Weibergeschwätzes gehörten, und daß ihre ganze Aussage nur ein Gewebe von Vermuthungen und nacherzählten Umständen war. Erst die Eideserinnerung und das Krucifix machte auf sie den nöthigen Eindruck; bis zum Eide, aber nicht weiter, behielt der Leichtsinn und die Klatschsucht die Oberhand; der Eid brachte die Wahrheit an das Licht.

Wenn man aber sagt, nur unbedenkliche Zeugen sollen beeidet werden, so gilt dagegen dasselbe, was gerade bemerkt wurde, daß nämlich die Zeugen, welche nichts aussagen wollen, durch die Verschiebung des Eides die Möglichkeit gewinnen, sich der Aussage zu entschlagen. Dann ist das Moment der Bedenklichkeit doch ein sehr elastisches, zweifelhaftes, und die Gerichte, welche darüber zum Behufe der Eidesablegung entscheiden müßten, befänden sich in einer schwierigen Lage, da durch eine solche Entscheidung eigentlich dem Urtheile vorgegriffen wird.

Wie viel Glaube ein Zeuge verdiene, ob seine Aussage bedenklich oder unbedenklich sei, das hat der Richter zur Schöpfung und Begründung des Urtheils abzuwägen, nicht aber soll die Frage, ob ein Zeuge bedenklich sei, vor dem Urtheile Gegenstand einer Entscheidung werden.

Entbehren nun schon die für den Antrag in's Feld geführten Gründe des für die Ueberzeugung nöthigen Gewichtes, so führen die Zweckmäßigkeitsgründe noch um so entschiedener das Wort gegen denselben.

Es giebt Verhandlungen, welche mehrere Tage, selbst Wochen in Anspruch nehmen. Wenn nun die Zeugen, wie Herr Dr. Bardasch beantragt, erst nach erfolgter Abhörung aller Belastungs- und Entlastungszeugen beeidigt würden, so müßten alle Zeugen, und auch diejenigen, welche schon am ersten Tage vernommen wurden, bis zum Schlusse des Beweisverfahrens bei dem erkennenden Gerichte bleiben, oder zum Schlusse der Verhandlung auf's neue vorgeladen werden.

Im ersten Falle würde den Zeugen, besonders jenen, die nicht im Orte des Gerichts wohnen, ein Opfer an Zeit und Geld und anderen wichtigen Dingen aufgebürdet, welches der Staat gar nicht verlangen, der Zeuge auch gar nicht leisten konnte.

Die wiederholte Vorladung erscheint aber ebenso unthunlich, da sich meistens vorhinein der Zeitpunkt nicht bestimmen läßt, wann das Beweisverfahren zu Ende ist, folglich die Beeidigung stattfinden kann; die Zustellung der neuerlichen Vorladung an die Zeugen, besonders an die entfernt wohnenden, in der kurzen Zeit oft nicht durchführbar ist, und die Kosten des wiederholten Erscheinens bei Gericht, das manchmal stundenweit vom Wohnsitze der Zeugen entlegen ist, für manche Zeugen eine unerschwingliche Ziffer erreichen würden.

Der Beeidigung sollen ferner nach dem Antrage des Herrn Dr. Bardasch die Anträge der Anklage und der Vertheidignng vorangehen.

Ich gebe gerne zu, daß die meisten Straffälle von geringerer Bedeutung sind, und daß bei diesen die Beeidigungs-Anträge nicht viel Zeit und Worte kosten werden; aber man darf sich deswegen über die Tragweite jenes Antrages doch keiner Täuschung hingeben. In den wichtigeren Straffällen wird die Frage der Beeidigung der Mittelpunkt des Gefechtes, wo Anklage und Vertheidigung die hartnäckigsten Kämpfe führen; sie wird der Tummelplatz für die Parteien, auf welchem zum großen Nachtheile für die ohnehin stark in Anspruch genommene Zeit und Arbeitskraft der Gerichte die zeitraubendsten Debatten stattfinden. Immerhin bleibt es Aufgabe der Anklage und Vertheidigung, in den Schlußanträgen die Momente hervorzuheben, welche für oder gegen die Glaubwürdigkeit der Zeugen sprechen; allein diese Erwägungen können und dürfen nur dem Urtheile, nicht aber schon der Zeugenbeeidigung vorangehen, soll nicht der Standpunkt des Gerichtes verrückt, und endlich sogar die bewilligte oder verweigerte Zulassung eines Zeugen zum Eide Gegenstand der Beschwerde an den höheren Richter werden.

Auch die Königl. Sächsische Strafproceßordnung vom 13. August 1855 geht nicht so weit als der Antrag des Herrn Dr. Bardasch, da sie im Art. 282 die Beeidigung der Zeugen vor ihrer Vernehmung als Regel aufstellt, dem Gerichte jedoch die Macht einräumt, die Beeidigung bis nach erstatteter Aussage und selbst bis zum Schlusse der Verhandlung auszusetzen.

Ich gehe nun über auf den Antrag II. des Herrn Dr. Bardasch.

Der erste Theil desselben,

> „daß ausnahmsweise bei jenen Zeugen, welche voraussichtlich bei der Hauptverhandlung nicht erscheinen werden, die Beeidigung derselben auch in der Voruntersuchung nach ihrer Abhörung zulässig sei,"

empfiehlt sich in der Beziehung, daß die Zeugenbeeidigung in der Voruntersuchung nur als Ausnahme von der Regel aufgestellt wird, nach dem früher Gesagten von selbst.

Es wird sich kaum ein praktischer Jurist finden, der nicht zugeben möchte, daß Fälle eintreten, wo mit der Beeidigung der Zeugen nicht bis zur Hauptverhandlung gewartet werden kann. Man hat in solchen Fällen nur die Wahl, entweder die Zeugenaussage als beeidigte, d. i. als eigentliches Beweismittel, ganz zu verlieren, oder die Abnahme des Eides in der Voruntersuchung zu gestatten. Letztere Alternative hat aber unbedingt den Vorzug. — Auch erscheint die Beeidigung solcher Zeugen nach ihrer Abhörung zweckmäßiger als vor derselben, weil eben jene Umstände, welche die ausnahmsweise Beeidigung in der Voruntersuchung rechtfertigen, in der Regel erst nach der Vernehmung der Zeugen bekannt sind. — Die Schwierigkeit liegt blos darin, die Fälle zu bestimmen, in denen die Regel aufhört, und die Ausnahme anfängt. Ich stimme hierin dem Antrage des Herrn Dr. Bardasch mit der einzigen Abänderung bei, daß die Ausnahme nur bei jenen Zeugen einzutreten hat, „welche voraussichtlich bei der Hauptverhandlung nicht erscheinen können." Die Grenze wäre zu eng gezogen, wenn blos der „drohende Tod" eines Zeugen die Beeidigung in der Voruntersuchung zulässig machen sollte, da z. B. die bevorstehende Auswanderung eines Zeugen oder der Abgang zu einem Feldzuge doch auch ein genügender Grund ist, seine Beeidigung in der Voruntersuchung vorzunehmen; zu weit aber, wenn dabei blos das richterliche Ermessen maßgebend wäre, indem da leicht die Ausnahme zur Regel werden könnte.

Der zweite Theil des Antrages II.,

> „daß jedoch eine Beeidigung der Zeugen in der Voruntersuchung der Beeidigung der übrigen in der Hauptverhandlung abzuhörenden Zeugen nicht hinderlich sei,"

stellt sich mit Rücksicht auf die bisherige Erörterung als überflüssig dar; denn bleibt die Beeidigung der Zeugen in der Voruntersuchung blos Ausnahme, so kann sie auf die Beeidigung der Zeugen in der Hauptverhandlung ohnehin keinen störenden Einfluß ausüben. Dieser Satz hätte nur Bedeutung, wenn der Antrag I. angenommen würde, wonach die Beeidigung in der Hauptverhandlung „erst nach Abhörung aller Belastungs- und Entlastungszeugen und nach den Anträgen der Anklage und Vertheidigung" stattfinden soll. Denn nur wenn dieser Antrag zum Gesetze erhoben wird, kann durch eine in der Voruntersuchung beschworene Aussage eines Zeugen eine in der Hauptverhandlung abgelegte andere Zeugenaussage sich als bedenklich darstellen und daher von der Beeidigung ausgeschlossen werden; wird aber der Zeugeneid in der Hauptverhandlung vor der Aussage gefordert, so kann ja ein nachträgliches Hinderniß der Beeidigung nicht auftauchen. Ich erachte daher, daß der zweite Theil des Antrages II. nicht annehmbar sei.

Eine andere Frage aber scheint noch an diesen Platz zu gehören, ob nämlich ein Zeuge, welcher schon in der Voruntersuchung beeidet worden ist, dann aber doch bei der Hauptverhandlung erscheinen und vernommen werden kann, bei dieser blos an seinen abgelegten Eid erinnert, oder noch einmal in

Eid genommen werden soll. Ich würde mich ohne Zögern für das letztere entscheiden. Da jedoch das mir abverlangte Gutachten diese Frage nicht in den Kreis seiner Erörterung zu ziehen hat, so enthalte ich mich des genaueren Eingehens auf den Gegenstand, und fasse schließlich mein Gutachten dahin zusammen, es sei der Antrag des Herrn Dr. Bardasch nur in folgender modificirten Fassung anzunehmen:

I. „daß im Strafprocesse die Beeidigung der Zeugen in der Regel nicht schon in der Voruntersuchung, sondern erst bei der Schluß- oder Hauptverhandlung und zwar vor ihrer Vernehmung statt zu finden habe;

II. daß aber ausnahmsweise bei jenen Zeugen, welche voraussichtlich bei der Hauptverhandlung nicht erscheinen können, ihre Beeidigung auch in der Voruntersuchung nach der Abhörung zulässig sei."

XI.

Gutachten des Ministerialrath von Freydorf zu Karlsruhe.

Ueber die Organisation der Staatsanwaltschaft.

I. Einleitung.

Wie sich die Staatsanwälte der Deutschen Länder von Beginn an in einer nach Zahl und Gehalt hervorragenden Weise an den Bestrebungen, Verhandlungen und Arbeiten des Deutschen Juristentags betheiligt haben, so haben auch andererseits die Fragen der Organisation, des Geschäftskreises und der processualischen Rechte und Pflichten der Deutschen Staatsanwaltschaft sofort die Aufmerksamkeit des Juristentags auf sich gezogen.

Geheimer Rath Professor Dr. Mittermaier brachte auf dem ersten Juristentage zu Berlin

> die Regelung des Verhältnisses der Polizeibehörden, des Staatsanwalts und Untersuchungsrichters in Bezug auf den Umfang der jedem dieser Beamten zustehenden Befugnisse in der strafgerichtlichen Voruntersuchung

in Anregung [1]).

Eine zu ausschließliche Befugniß der Preußischen Staatsanwaltschaft (welche nun durch ein auf Anregung des Abgeordnetenhauses im Januar 1862 vorgelegtes Gesetz beseitigt werden soll) rief gleichzeitig die Anträge des Rechtsanwalts Lewald auf Abstellung des sogenannten „Anklage-Monopols" des Staatsanwalts hervor, und es erstreckten sich ferner diese An-

---

[1]) Antrag: Verhandl. S. 127, Erledigung: S. 259, 260.

träge auf Feststellung der processualischen Rechte des Civil-Beschädigten und auf Herbeiführung einer Gleichstellung der sogenannten „Parteirechte des Anklägers und Angeklagten". [2])

Seither ist kein Heft der Druckschriften des Juristentags ausgegeben worden, das nicht Anträge und Gutachten über die Stellung und Befugnisse der Staatsanwaltschaft enthielte; es bildeten diese Fragen in den Versammlungen zu Berlin, Dresden, Wien und Mainz den Gegenstand eingehender und lebhafter Verhandlungen, in denen zuweilen die Geister heftig auf einander platzten.

Während diejenigen Anträge, welche sich auf einzelne Rechte und Pflichten der Staatsanwaltschaft bezogen, sämmtlich formell und größtentheils auch materiell erledigt sind, ziehen sich die die gesammte Organisation der Staatsanwaltschaft betreffenden Anträge des Staatsanwalts Hauschteck zu Stralsund und des Rechtsanwalts Sabarth zu Ratibor unerledigt durch den dritten und vierten in den fünften Juristentag hinein.

Das hohe Präsidium der ständigen Deputation hat mich durch Schreiben vom 10. Januar d. J. mit dem Auftrage beehrt, die auf dem fünften Juristentag zu berathende Frage zu begutachten:

> In welcher Weise ist das Institut der Staatsanwaltschaft zu organisiren? (Vergl. Beschlüsse der III. und IV. Abthl. sowie des Plenum des IV. Deutschen Juristentags — Deutsche Gerichtszeitung de 1863, Nr. 37 S. 152, Nr. 40 S. 164, Nr. 38 S. 155 — und Antrag von Sabarth — Deutsche Gerichtszeitung de 1863 Nr. 37 S. 152 Anm. 6).

Der Antrag des Rechtsanwalts Sabarth lautet in seiner nunmehrigen, unterm 30. Juni 1863 modificirten Form [3]):

Der Deutsche Juristentag wolle beschließen:

1) Das Institut der Staatsanwaltschaft, wie sich dasselbe seither in Deutschland ausgebildet hat, ist kein Bedürfniß oder Förderungsmittel einer unparteiischen Rechtspflege.
2) Zum Wesen des Anklageprocesses sind ständige öffentliche Anklagebehörden nicht erforderlich.

---

[2]) Antrag: S. 70 der Verh.; Verhandlungen und Beschlüsse: S. 322—325, S. 246—258.

Beschluß des Abg.-Hauses vom 26. April 1861; Gesetzentwurf in Goltdammer's Archiv Bd. X. S. 148 ff.; Kommissionsbericht daselbst S. 200 ff.

[3]) Die ursprüngliche Fassung s. in den Vorlagen für 1862, Bd. I der Verh., Nr. 18 b, und Bd. II, S. 447, Anm. — Deutsche Gerichtsztg. von 1862, Nr. 46, S. 189.

3) Dem jener Proceßform zu Grunde liegenden Gerechtigkeitsprincipe wird vielmehr entsprochen, wenn für jeden speciellen Fall einer Gesetzverletzung die Funktionen des öffentlichen Anklägers

a. in Bezug auf die Voruntersuchung einem einzelnen Mitgliede des Richteramts, welches demnächst am Spruche nicht Theil zu nehmen hat;

b. für die kontradiktorische Verhandlung aber einem Advokaten

übertragen werden.

Der diesem Antrag gegenüberstehende Antrag des Staatsanwalts Hauschteck geht, soweit er hieher gehört, dahin:

Der Deutsche Juristentag wolle für die Reorganisation der Justizverfassung in Deutschlaud folgende Grundsätze als maßgebend anerkennen:

3. Die Staatsanwaltschaft wird als eine Justizbehörde organisirt, bestimmt, Namens der Staatsregierung dafür zu sorgen, daß die richterliche Gewalt den Gesetzen gemäß frei geübt werden könne.

4. Der Beruf der Staatsanwaltschaft umfaßt die gesammte Leitung aller für die Rechtspflege nothwendigen nicht richterlichen Geschäfte neben den Gerichten, insbesondere:

die Leitung der Justizverwaltung, einschließlich der gerichtlichen Polizei;

die Anrufung der richterlichen Strafgewalt bei Verletzung von Strafgesetzen — soweit nicht durch besondere Gesetze Privatpersonen Rechte gewährt sind, welche die Staatsbehörde ausschließen;

die Vertretung der Interessen der Staatsregierung vor den Gerichten im bürgerlichen Processe [4]).

Obgleich bei der Beschlußfassung vom 27. August 1863 der Satz gestrichen wurde, wonach bei der ferneren Vorbereitung und Behandlung jener Anträge „vom Standpunkt der seither gefaßten Beschlüsse" auszugehen sei [5]), fällt es nöthig, auf die bisherigen Verhandlungen des Juristentags über die Stellung der Staatsanwaltschaft einzugehen, und Jeder,

---

[4]) Den vollständigen Antrag Hauschteck's s. in den Vorlagen für 1862, Bd. I der Verh., Nr. 18a, und Bd. II von 1862, S. 447 Anm., und in der Deutschen Gerichtsztg. von 1862, Nr. 35, S. 142 und von 1863, Nr. 37, S. 152.

[5]) Deutsche Gerichtsztg. von 1863, Nr. 40, S. 164. Verh. von 1863, II. Band, S. 352, 110.

der jetzt an die Frage herantritt, wird das Bedürfniß fühlen, sich hiemit bekannt zu machen. Die Verhandlungen und Beschlüsse über diese und einschlägige Fragen sind durch alle Jahrgänge der Druckschriften und in den Verhandlungen zweier Abtheilungen und der Plenar-Versammlungen zerstreut, es scheint eine Zusammenstellung nöthig, jedenfalls nützlich.

Dazu kommt, daß der nächste Juristentag schwerlich von einem der betreffenden früheren Beschlüsse abgehen wird. Sie sind meist einstimmig oder mit entschiedener Mehrheit gefaßt und sämmtlich wohl erwogen und begründet, und die Sachlage hat sich seither nicht geändert. Ich wenigstens befinde mich noch heute im Wesentlichen in Uebereinstimmung mit denselben, und so ist durch die folgende Zusammenstellung jedenfalls dem gegenwärtigen Gutachten, und wohl auch dem künftigen Referat und den folgenden Verhandlungen vorgearbeitet, daher der Raum der Druckschrift und die Zeit des Lesers, die sie in Anspruch nimmt, nicht verschwendet.

Ich werde die Zusammenstellung nach den verschiedenen Amtsthätigkeiten der Staatsanwaltschaft trennen, innerhalb der einzelnen Theile aber chronologisch verfahren. Ich werde ferner mich nicht auf einfache Mittheilung der auf jede Vorlage gefaßten Beschlüsse beschränken, sondern auf Grund der vorliegenden Gutachten und stattgehabten Berathungen, der gestellten Anträge und Gegenanträge angeben, was mit jedem Beschlusse gesagt und festgestellt, was abgelehnt und verneint werden wollte.

II. Bisherige Verhandlungen und Beschlüsse des Juristentags.

A. Ueber die Stellung des Staatsanwalts in der Strafrechtspflege.

I. Die Anträge des Rechtsanwalts Lewald in Berlin auf Beseitigung des sogenannten „Anklage-Monopols“ der Staatsanwaltschaft und auf Gleichstellung der „Parteirechte“ des Anklägers und Angeklagten wurden vom ersten Juristentag an die Deputation zurückgewiesen mit dem Auftrag, dem nächsten Juristentag einen ausführlichen Bericht vorzulegen.[6]) Durch die erhobenen Gutachten des Oberstaatsanwalts Freih. von Groß zu Eisenach[7])

[6]) Antrag mit Motiven in den Verh. von 1860, S. 70; Verhandl. der III. Abtheilung S. 322—326, des Plenum S. 246—258.

[7]) Verh. von 1861, Bd. I, S. 131 ff.

und des Ober-Tribunalraths Dr. von Seckendorff, zu Berlin [8]), sowie durch den von dem Referenten der ständigen Deputation, General-Staatsanwalt Dr. Schwarze zu Dresden erstatteten Bericht [9]) wurden noch andere für die Beurtheilung der Lewald'schen Anträge präjudicielle oder sonst durch letztere hervorgerufene Fragen über die Gestaltung der strafgerichtlichen Verfolgung, über das Verhältniß des Staatsanwalts und des verletzten Privaten zu derselben Gegenstand der Berathung des zweiten Juristentags zu Dresden. [10])

In den Sitzungen der III. Abtheilung vom 28. August 1861 [11]) und des Plenum vom 30. August 1861 [12]) wurden meist mit Stimmeneinheit oder ganz überwiegender Mehrheit folgende Sätze festgestellt: [13])

> §. 1. „Die Untersuchung einer strafbaren Handlung wird in der Regel durch den Staatsanwalt veranlaßt, indem das Verbrechen als eine Verletzung nicht blos des Individui, sondern zugleich der Gesammtheit sich darstellt. Bei besonders geringen Verbrechen kann das Gesetz die Erhebung der Anklage ausnahmsweise dem Beschädigten zuweisen und die Mitwirkung der Staatsanwaltschaft ausschließen. Dem Beschädigten sind hiebei in der Regel dieselben Rechtsmittel einzuräumen, welche das Gesetz der Staatsanwaltschaft zugesteht."

Hiebei blieb die Ansicht in der Minderheit, wonach das Verbrechen zunächst nur eine Verletzung des einzelnen davon Betroffenen, und wonach dieser von dem Staate mißbräuchlich aus seinem Anklagerecht verdrängt worden, oder wonach der Staatsanwalt als Beauftragter des Verletzten anzusehen sei; es wurde sonach die „principale Privatanklage" verworfen, vorbehaltlich der in den letzten zwei Sätzen des §. 1 behandelten, sogenannten „Anklagevergehen."

Der Juristentag lehnte durch seine Zustimmung zu §. 1 ferner die da und dort aufgetauchte, in den Verhandlungen ausdrücklich zur Sprache gebrachte Idee ab, die Verbrechen durch Anwälte, nöthigenfalls Official-Anwälte der Verletzten, oder durch von einzelnen Genossenschaften und Kreisen aufgestellte Ankläger verfolgen zu lassen.

---

[8]) Daselbst S. 175 ff.

[9]) Daselbst S. 238 ff. und Deutsche Gerichtsztg. von 1861, Nr. 50, S. 198 ff., Nr. 51, S. 205 ff., Nr. 52, S. 209 ff.

[10]) Daselbst S. 243 ff.

[11]) Verh. d. J.-T. von 1861, Bd. II, S. 288—430.

[12]) Daselbst S. 657—681.

[13]) Die Fassung der Beschlüsse, wie sie aus der Abtheilung hervorgingen, s. S. 427—430, Anm.

Endlich wurde allgemein anerkannt, daß bei gewissen Verbrechen (namentlich bei Verbrechen gegen die Sittlichkeit) das Interesse des Verletzten oder seiner Familie an Unterlassung einer gerichtlichen Verfolgung so überwiegend sein könne, daß die Anklage des Staatsanwalts nicht sofort und von Amtswegen zu erheben, sondern von einer Anzeige oder einem Antrage der Beschädigten abhängig zu machen sei (s. g. Antragsverbrechen). [14])

> §. 2. „Die Staatsanwaltschaft kann die strafgerichtliche Verfolgung ablehnen, weil entweder die Handlung nicht unter das Strafgesetz zu stellen, oder die Anzeige nicht mit genügenden Beweisen unterstützt ist."

Hierdurch wurde das Legalitäts-Princip im Gegensatz zum Opportunitäts-Princip sanktionirt und dem Staatsanwalt die Befugniß abgesprochen, ein Verbrechen auch wegen wirklichen oder vermeintlichen Mangels eines öffentlichen Interesse, oder gar aus politischen Rücksichten unverfolgt zu lassen. [15])

> §. 3. „Der durch die strafbare Handlung Verletzte kann im Falle jeder Ablehnung von Seiten der Staatsanwaltschaft die Anzeige an das Gericht bringen und dessen Entscheidung veranlassen, ob der Fall zu strafgerichtlicher Verfolgung sich eigne oder nicht. Das Gericht kann zur Vorbereitung seiner Entscheidung auf Antrag wie von Amtswegen vorläufige Erörterungen veranstalten."

Hiermit wurde der erste Antrag Lewald's auf Zulassung der subsidiären Privatanklage des Verletzten angenommen, das s. g. Anklage-Monopol des Staatsanwalts verworfen. Das Angehen des Gerichts in Fällen der Ablehnung der Anklage durch den Staatsanwalt soll übrigens, wie sich aus der Fassung des Paragraphen ergiebt, nicht als eine Beschwerdeführung gegen Letzteren, dieser somit nicht als dem Gerichte dienstlich untergeordnet erscheinen.

> §. 4. „Fällt die Entscheidung zu Gunsten des Antragstellers aus, so konstituirt sich derselbe als Privatankläger und betreibt die Anklage bei den Gerichten. Der Staatsanwalt ist in diesem Falle zur Mitwirkung berechtigt, aber nicht verpflichtet."
>
> „Wird der Angeklagte freigesprochen, so können dem Privatankläger die Kosten des Verfahrens, und wenn die Anklage durch Beschluß zurückgewiesen wird, die Kosten der vorläufigen Ermitte-

---

[14]) Vergl. über alle diese Fragen die Deutsche Vierteljahresschrift von 1859, Bd. XXII, Abthl. II, S. 87 und von 1860, Bd. XXIII, Abthl. II, S. 251 ff.

[15]) Verhandlg. hierüber s. in den Verh. von 1861, Bd. II, S. 311—330.

lung zur Last gelegt, auch kann ihm zur Sicherstellung dieser Kosten vorweg eine Kaution abgefordert werden."

Durch diesen Paragraphen wurde unter Verwerfung der Ansicht, daß, auch wenn in den Fällen des §. 3 das Gericht die strafgerichtliche Verfolgung zulasse, der Staatsanwalt die Anklage zu vertreten habe, das Verhältniß des Verletzten und des Staatsanwalts zu der Untersuchung festgestellt, nebenbei durch Abs. 2 eine Garantie gegen muthwillige und leidenschaftliche Verfolgungen geschaffen.

Die §§. 5 und 6

regeln das Verhältniß des Beschädigten zu der Untersuchung, die Befugniß des Strafgerichts, über dessen Ansprüche auf Schadensersatz zu erkennen oder dieselben an das Civilgericht zu verweisen, und das Verhältniß des Strafurtheils zu der Entscheidung des Civilrichters.

§. 7. „Dem Beschädigten ist die Befugniß einzuräumen, einen Antrag auf Verurtheilung, insbesondere gegenüber dem Antrage des Staatsanwalts auf Freisprechung, vor dem erkennenden Gerichte zu stellen und zu begründen."

Auch durch diese Bestimmung ward die Verfügungsgewalt des Staatsanwalts über die Anklage in etwas beschränkt.

Diese §§ 5—7 enthalten die Annahme und nähere Normirung des zweiten Theils des Lewald'schen Antrags.

§. 8. „Der Staatsanwalt nimmt in keinem Stadium der Untersuchung die Stelle einer Partei ein. Er soll nicht nur von jeder Parteilichkeit, sondern auch von jeder Parteieinseitigkeit sich frei halten und nur die Erforschung der materiellen Wahrheit, als den Zweck des strafgerichtlichen Verfahrens, anstreben, gleichgiltig, ob diese zu Gunsten oder Ungunsten des Angeklagten gereicht. Insbesondere soll er ihm bekannt werdende, dem Angeklagten günstige Thatsachen nicht verschweigen und die Verurtheilung desselben nicht da anstreben, wo er von der Unzulänglichkeit des Belastungsbeweises überzeugt ist."

„Die Vertheidigung ist dagegen nicht verpflichtet, ihr bekannt gewordene, dem Angeklagten ungünstige Thatsachen oder Beweismittel zur Kenntniß des Gerichts zu bringen."

§ 9.

beschäftigt sich mit den dem Vertheidiger einzuräumenden Befugnissen, ordnet dessen Zulassung in der Voruntersuchung, Beiziehung zu gewissen Untersuchungshandlungen, dessen Recht zur Einsicht der Akten, und fährt dann fort:

„Dem Vertheidiger ist, wie dem Staatsanwalt, das direkte Fragerecht einzuräumen. Der Vorsitzende schreitet beim Mißbrauch desselben, zum Schutze des Befragten, sowie zur Sicherung des Zwecks der Untersuchung ein."

„Dem Staatsanwalt ist eine besondere Entwickelung der Anklage nach deren Vorlesung bei Eröffnung der Verhandlung nicht zu gestatten."

„Die Vertheidigung hat bezüglich der Vorladung von Zeugen gleiche Rechte mit der Anklage, die von ihr benannten Zeugen sind zuzulassen, wenn nicht Gefährde offen vorliegt."

Obgleich der dem §. 8 als Schlußsatz angehängte Antrag der Deputation:

„Die Befugnisse der Staatsanwaltschaft und der Vertheidigung während der Untersuchung können daher nicht durchgängig dieselben sein, und das Verlangen nach einer Gleichstellung der Befugnisse der Vertheidigung mit denen der Staatsanwaltschaft ist unzulässig;"

in der Minderheit blieb, wurde durch die in den §§. 8 und 9 zusammengefaßten Anträge und Beschlüsse der dritte Antrag Lewald's, soweit er den Staatsanwalt in die Stellung einer Partei im Straf-Verfahren herabdrückt und eine völlige Gleichstellung der s. g. Parteirechte des Anklägers und Angeklagten anstrebt, zurückgewiesen, wurde dem Staatsanwalt vielmehr eine der richterlichen näher kommende Stellung angewiesen, jedoch für Erweiterung der Rechte der Vertheidigung und Beseitigung von Befugnissen Sorge getragen, welche dem Staatsanwalt einen zu überwiegenden Einfluß auf die Voruntersuchung und die Schlußverhandlung gaben.[16])

II. Kurz vor der Zusammenkunft des II. Deutschen Juristentags zu Dresden reichte der K. K. Oesterreich. Ober-Staatsanwalt, nunmehr Ober-Landesgerichtsrath Dr. Keller zu Wien, Anträge ein, welche eine Verbesserung der Voruntersuchung im Strafproceß bezweckten, insbesondere ein unmittelbares Eingreifen des Staatsanwalts in dieselbe, zugleich die Bedingungen und Schranken dieser Befugniß, andererseits den Schutz des Angeklagten gegen ungerechtfertigte Verhaftung und Verlängerung seiner Haft, die rechtzeitige Zulassung eines Vertheidigers und vornehmlich die möglichste Beschränkung und Abkürzung der Voruntersuchung zum Gegenstande hatten,[17])

---

[16]) Kritik der diesen Beschlüssen zu Grunde liegenden Anträge der Deputation s. in der Deutschen Strafrechtszeitung von 1861, Nr. 29, S. 449 ff., Nr. 30, S. 465 ff. Kritik der Beschlüsse s. in der Deutschen Strafrechtszeitung von 1861, Nr. 48, S. 737 u. v. 1862, Nr. 4, S. 49, u. in Goltdammers Archiv, Bd. XI. S. 537.

[17]) Verh. des J.-T. von 1861, Bd. II., S. 6—8. Deutsche G.-Z. von 1861, Nr. 57, S. 229, wo sich auch die Motive finden.

deren Führung fast ausschließlich dem Staatsanwalt und Vertheidiger überlassen werden sollte.

Die dritte Abtheilung des zweiten Juristentags beschloß einstimmig Zurückweisung dieser Anträge an die Deputation zur Berathung, Begutachtung und Vorlage an den nächsten Juristentag [18]). Nachdem der Antragsteller die §§ 1, 2 und 4 seines Antrags selbst abgeändert hatte [19]), wurden vom Justizrath, Rechtsanwalt Dorn zu Berlin [20]), Professor Dr. Geßler in Tübingen [21]) und Staatsanwalt Heinze zu Dresden [22]) drei Gutachten über die angeregten Fragen erstattet, mit Rücksicht auf welche der Antragsteller die §§ 3, 4, 5 und 7 seines Antrags, als ohnedies theilweise durch die Beschlüsse auf die Lewald'schen Anträge erledigt, fallen ließ und nur die §§ 1, 2 und 6 in nochmals modificirter Fassung aufrecht erhielt [23]). Obgleich schließlich in der Verhandlung der III. Abtheilung vom 26. August 1862 auch diese Anträge zurückgezogen wurden [24]), beschloß die Abtheilung auf das von Professor Dr. Glaser zu Wien hierüber erstattete Referat und auf die Berathung der von dem Referenten gestellten bezüglichen Anträge einzutreten, und stellte daraufhin durch einstimmige oder nahezu einstimmige Beschlüsse fest [25]):

> I. „Die gerichtliche Voruntersuchung muß beibehalten werden, weil nicht dem Staatsanwalt, sondern nur einem unabhängigen richterlichen Beamten die Verfügung über die Person des Angeschuldigten, die Aufnahme jener Beweise, welche in der Hauptverhandlung nicht wieder vorgeführt werden können, endlich die Herbeischaffung des Vertheidigungs-Materials anvertraut werden kann."
>
> II. „Die gerichtliche Voruntersuchung muß aber beschränkt werden:
>
> 1. dadurch, daß der Staatsanwaltschaft die Erhebung der öffentlichen Anklage vorbehalten wird;
> 2. dadurch, daß die Staatsanwaltschaft angewiesen wird, der Erhebung der öffentlichen Anklage gerichtspolizeiliche Vorerhebungen vorausgehen zu lassen;

---

18) Verh. von 1861, Bd. II., S. 286, 287.
19) Verh. des J.-T. von 1862, Bd. I., Nr. 9.
20) Daselbst S. 1.
21) Ebenda S. 6 ff.
22) Ebenda S. 13 ff.
23) Daselbst Bd. II, S. 295.
24) Daselbst S. 302.
25) Daselbst S. 303—352.

3. dadurch, daß die Voruntersuchung wegfällt, wo es sich nicht um Verbrechen schwerster Art handelt und weder der Staatsanwalt noch der Angeschuldigte sie verlangt."

III. „Die Voruntersuchung soll verbessert werden:

1. dadurch, daß das Hinarbeiten auf ein Geständniß des Angeschuldigten aufgegeben wird;

2. dadurch, daß sowohl der Staatsanwaltschaft als der Vertheidigung eine fortwährende Einwirkung auf ihren Gang ermöglicht wird;

3. dadurch, daß die Oeffentlichkeit, mindestens die Parteien-Oeffentlichkeit auch für sie als Regel anerkannt wird[26])."

Aus dem Gutachten über die Keller'schen Anträge ist folgendes auf die Stellung der Staatsanwaltschaft Bezügliche bemerkenswerth:

Der Antragsteller selbst beklagte, daß man bei Einführung der Staatsanwaltschaft in Deutschland die Französische Staatsanwaltschaft zum Muster genommen habe, die dem Deutschen Charakter und dem Deutschen Richterstand nicht zusage. Allgemein erklärte man sich aus den unter I. des Beschlusses zusammengefaßten Gründen gegen Uebertragung der Voruntersuchung an den Staatsanwalt, dem man nur die unter II. 1 und 2, und III. 2 und 3 der Beschlüsse erwähnte Einwirkung zugestand. Man war jedoch der Ansicht, daß bezüglich der dem Staatsanwalt eingeräumten vorläufigen Erhebungen die Polizeibehörden demselben untergeben sein müßten, so daß sie unmittelbar, rasch und unweigerlich in Thätigkeit versetzt werden können.

Staatsanwalt Heinze zu Dresden konstatirte gelegentlich und ohne Widerspruch zu finden, daß das Englische Zeugenverhör durch Ankläger und Vertheidiger in Preußen, obgleich (in schwurgerichtlichen Verhandlungen) gesetzlich zugelassen, bisher unbenutzt geblieben sei.

Allseitig gab man übrigens die Mängel, namentlich die zu große Weitläufigkeit der Voruntersuchung, wie solche heuer noch gepflogen wird, zu und wünschte, daß Untersuchungsrichter und Staatsanwalt Sorge trügen, daß dieselbe die Hauptverhandlung ferner nicht überwuchern.

Während der Antragsteller die Staatsanwaltschaft gegen die ihr zugemuthete Parteistellung verwahrte, räumte der Referent zwar ein, daß der Staatsanwalt nach den Gesetzen sein Amt unparteiisch zu üben habe, führte aber die Parteistellung, die derselbe als Ankläger in der Schluß-

---

[26]) Kritik dieser Beschlüsse: Deutsche Strafrechtsztg. von 1862, Nr. 43, S. 653 ff. Nr. 44, S. 669., vgl. ferner Goltdammer's Archiv, Bd. IV., S. 188 ff., Bd. VII., S. 734 ff., Bd. VIII., S. 41 ff., S. 145 ff., Bd. IX., S. 155 ff., Bd. XI., S. 532 ff., Sundelin in der D St.-Z. 1861, S. 4 ff. und 1863, S. 457 ff.

verhandlung einnehme, als einen Grund an, aus welchem ihm die Führung der Voruntersuchung nicht anvertraut werden könne.

Der Referent warnte vor dem Aufgeben unserer durch einen Richter geführten Voruntersuchung, die manche Vorzüge habe, zu Gunsten des mit manchen Mängeln behafteten Englischen Vorverfahrens.

Die staatsanwaltschaftlichen Verhandlungen sollten nur den Zweck haben, den Staatsanwalt selbst von der Wahrheit und Begründetheit einer Anzeige zu überzeugen und für seine Anträge und Anklagen verantwortlich zu machen, sie sollten niemals bis zu Eingriffen vorschreiten, und nicht als Beweismittel in der Hauptverhandlung gebraucht werden können.

Es wurde ferner die Oeffentlichkeit, mindestens die Parteien-Oeffentlichkeit der Voruntersuchung als eines der bewährtesten Mittel zur Erforschung der Wahrheit gerühmt.

Bezüglich der dienstlichen Stellung des Staatsanwalts bemerkte der Referent:

„Der Staatsanwalt ist seiner ganzen Stellung nach ein Verwaltungsbeamter, das Organ einer obersten Verwaltungsbehörde, des Justizministeriums. Der Staatsanwalt in Deutschland ist nicht das, was der Franzose so nennt, ein Magistrat, ein richterlicher Beamter (freilich nennen die Franzosen den Polizei-Präsidenten auch so). Er ist ein Verwaltungsbeamter und ein Verwaltungsorgan und hat keine richterliche Gewalt."

Diese Anschauung von der dienstlichen Stellung des Staatsanwalts macht sich auch sonst da und dort in den bisherigen Verhandlungen des Juristentags geltend.

Die Frage der

B. Stellung der Staatsanwaltschaft in der bürgerlichen Rechtspflege,

ward erstmals beim zweiten Juristentage durch die von der ständigen Deputation zur Begutachtung und Verhandlung ausgesetzte Frage zur Sprache gebracht:

„Soll die Thätigkeit der Staatsanwaltschaft auch auf bürgerliche Rechtsstreitigkeiten ausgedehnt werden und inwieweit?"

Es wurden hierüber Gutachten erstattet von Hofgerichtsrath Eduard Brauer zu Bruchsal[27]) und Kammergerichtsrath Plathner zu Berlin[28]), die aufgeworfene Frage jedoch vom Plenum in Uebereinstimmung mit dem Beschlusse der IV. Abtheilung vom 29. August 1861 in der Sitzung vom

---

[27]) Verh. des J.-T. von 1861, Bd. I., S. 95.

[28]) Daselbst S. 109 ff.

30. August 1861 als noch nicht spruchreif an die Deputation zurückgewiesen [29]).

Nachdem noch drei weitere Gutachten von Obergerichts-Vice-Direktor Franke in Lüneburg [30]), Justizrath, Advokatanwalt König in Cleve [31]) und Staatsanwalt Schloß in Korneuburg (Oesterreich) [32]) erhoben waren, erstattete Obergerichts-Assessor Planck aus Göttingen in der Sitzung der IV. Abtheilung vom 26. August 1862 [33]) über die ganze Frage einen Bericht, auf den hin nach eingehender Berathung beschlossen wurde:

1. „Es ist nicht zweckmäßig, der Staatsanwaltschaft das Recht oder die Verpflichtung zu geben, in Civilprocessen — sei es in allen oder einzelnen oder bei bestimmten Incident-Verhandlungen — ihre Ansicht über die verhandelte Sache und die abzugebende Entscheidung zu entwickeln;"

2. „ebenso ist die Nichtigkeitsbeschwerde im Interesse des Gesetzes nicht zu empfehlen."

Der erstere Antrag des Referenten wurde mit an Einstimmigkeit grenzender, der zweite mit überwiegender Mehrheit angenommen [34]).

Die Abstimmung über den dritten Antrag:

3. „dagegen ist es zweckmäßig, die Staatsanwaltschaft als Proceßpartei in solchen Fällen zuzulassen, wo es sich um eine im öffentlichen Interesse und auf Grund von Prohibitiv-Gesetzen erfolgende Einwirkung auf privatrechtliche Verhältnisse handelt;"

blieb zweifelhaft und es wurde die Frage zur nochmaligen Verhandlung und Entscheidung im Plenum ausgesetzt [35]), welches dieselbe jedoch zur nochmaligen Vorbereitung an die Deputation zurückwies [36]).

Die beiden andern Beschlüsse wurden dem Plenum nur zur Kenntnißnahme mitgetheilt.

Ueber die Frage:

„Ob und in welchen Fällen die Staatsanwaltschaft als Principalpartei in bürgerlichen Rechtsstreitigkeiten zuzulassen sei?"

wurden sohin noch drei Gutachten von Finanzrath Dr. Fierlinger in

---

[29]) Daselbst Bd. II., S. 599, 656.
[30]) Verh. des J.-T. von 1862, Bd. I., S. 28 ff.
[31]) Ebenda S. 50 ff.
[32]) Ebenda S. 57 ff.
[33]) Ebenda Bd. II., S. 449 ff.
[34]) Ebenda S. 490.
[35]) Daselbst S. 507, 511.
[36]) Daselbst S. 99, 100.

Wien[37]), Obergerichts-Anwalt Baumeister in Hannover[38]) und Geheimen Ober-Justizrath, Senats-Präsidenten Dr. Heimsoeth in Köln[39]) erhoben; dieselbe theilte, ohne auf dem IV. Juristentage speciell zur Berathung und Entscheidung zu kommen, das sogleich zu berichtende Schicksal der Hauschteck-Sabarth'schen Anträge und ist mit diesen vom V. Juristentage zu erledigen.

C. Die Hauschteck-Sabarth'schen Anträge,

welche nicht nur einzelne Funktionen, sondern die ganze Organisation der Staatsanwaltschaft erfassen, wurden erstmals vor dem III. Juristentage von 1862 gestellt[40]). Sie wurden auf die Tagesordnung der IV. Abtheilung gesetzt; ein Antrag des Rechtsanwalts Sabarth und Staatsanwalts Hauschteck, dieselben, als präjudiciell, vor der Frage der Stellung der Staatsanwaltschaft im Civilproceß zur Verhandlung zu bringen[41]), wurde abgelehnt[42]) und nachdem sich Berichterstattung und Berathung auf die letztere Frage beschränkt hatten, wurde am Ende der Sitzung vom 26. August 1862[43]) auf den eigenen Vorschlag der Antragsteller beschlossen, jene Anträge der Deputation zur Vorbereitung zu überweisen, welchem Beschluß auch das Plenum beitrat[44]).

Die Deputation erhob zwei Gutachten von Rechtsanwalt Ruhwandl in München[45]) und von Staatsanwalt Lienbacher in Wien[46]), und setzte die Sabarth'schen Anträge auf die Tagesordnung der III., die Hauschteck-schen, ungeachtet des Protestes des Antragstellers gegen diese Trennung[47]), auf die Tagesordnung theils der III. theils der IV. Abtheilung des IV. Juristentages.

Inzwischen hatten die Vorschläge Hauschteck's, welche außer in dessen Anträgen beim Juristentag auch in der Schrift:

Die Organe für die Rechtspflege, systematisch u. s. w. dargestellt, Berlin 1862 bei G. Reimer,

---

[37]) Verh des J.-T. von 1863, Bd. I., S. 23 ff.
[38]) Ebenda S. 34 ff.
[39]) Ebenda S. 279—310.
[40]) Verh. von 1862, Bd. I., Nr. 18a u. 18b, Bd. II., S. 447.
[41]) Daselbst S. 448, 462.
[42]) Daselbst S. 469.
[43]) Daselbst S. 512.
[44]) Ebenda S. 100, 101.
[45]) Verh. des J.-T. von 1863, Bd. I., S. 9 ff.
[46]) Daselbst S. 263 ff.
[47]) Deutsche Gerichtszeitung von 1863, Nr. 29, S. 118, wo sich auch der abgeänderte Antrag Sabarth's mit Motiven findet.

niedergelegt sind, verschiedene Beurtheilungen in juristischen Zeitschriften gefunden [48]).

Die Anträge kamen zu Mainz zunächst in der III. Abtheilung zur Berathung [49]). Nachdem der Antragsteller dieselben näher begründet und insbesondere gegen das Lienbacher'sche Gutachten vertheidigt hatte, erstattete, an Stelle des verhinderten und abwesenden von der Deputation ernannten Referenten, Ober-Landesgerichtsrath Dr. Keller von Wien einen rasch übernommenen und ausgearbeiteten Bericht, in welchem derselbe, sich im Wesentlichen dem Gutachten Lienbacher's anschließend, auf Verwerfung der Sabarth'schen Vorschläge, beziehungsweise auf Uebergang zur Tagesordnung antrug. Nachdem andererseits gewünscht worden war, daß die Gutachten sich nicht auf eine Widerlegung Sabarth's beschränkt, sondern positive Gegenanträge enthalten hätten, und daß eine nochmalige Vertagung und Begutachtung beschlossen werden möge; nachdem ferner allseitig die Nothwendigkeit einer ständigen Anklage-Behörde anerkannt worden war, wurde mit großer Mehrheit ausgesprochen [50]):

> In Erwägung, daß das Institut der Staatsanwaltschaft im Strafverfahren wohl dringend einer Reform bedürftig ist, nicht aber eine ständige Anklagebehörde entbehrt werden kann, geht der Juristentag zur Tagesordnung über und beauftragt die ständige Deputation, dem nächsten Juristentage Vorschläge über die nöthigen Reformen der Staatsanwaltschaft vorzulegen.

Die IV. Abtheilung des IV. Juristentags erledigte die Hauschteck'schen Anträge, soweit sie die Gerichtsverfassung und die Stellung der Richter betrafen, gemeinschaftlich mit den dieselben Gegenstände betreffenden Anträgen des Stadtgerichts-Rathes Eberty zu Berlin [51]). Von den gefaßten Beschlüssen interessirt uns für den vorliegenden Zweck nur derjenige unter II. c., dahin lautend:

> „das Richteramt ist von allen seiner Natur fremden Geschäften, namentlich aus dem Gebiete der Verwaltung, rein zu halten, soweit nicht durch dringende Gründe der Zweckmäßigkeit Ausnahmen geboten sind."

Nachdem inzwischen der obige Beschluß der III. Abtheilung bekannt geworden war, Rechtsanwalt Sarbarth zudem seinen Antrag Nr. 1 (s. Einleitung)

---

[48]) Deutsche Gerichtsztg. von 1862, Nr. 35, S. 145 und Nr. 38, S. 158, Deutsche Strafrechtsztg. von 1862, Nr. 20, S. 205.

[49]) Verh. des J.-T. von 1863, Bd. II., S. 235 ff.

[50]) Daselbst S. 260.

[51]) Daselbst S. 330—349.

zurückgezogen hatte, wurde der Antrag des Referenten, Ober-Tribunalrath Faber:

„Die Berathung über die auf die Staatsanwaltschaft bezüglichen Anträge des Herrn Hauschteck, soweit dieselben der IV. Abtheilung zugewiesen sind, bis zum nächsten Juristentage zu vertagen, zugleich aber die Frage von der Bedeutung, dem Wirkungskreise und der Organisation der Staatsanwaltschaft überhaupt der ständigen Deputation des Juristentages zur weiteren Vorbereitung und näheren Entwickelung, vom Standpunkt der seither gefaßten Beschlüsse zuzuweisen,"

mit Ausscheidung der letzteren unterstrichenen Worte ohne weitere Diskussion zum Beschluß erhoben [52]).

Die Beschlüsse beider Abtheilungen über die Staatsanwaltschaft wurden dem Plenum zur Berathung und Entschließung mitgetheilt, welches denselben, jedoch unter Streichung der Motive des Beschlusses der III. Abtheilung, beitrat [53]).

Wenige Tage nach dem Schlusse des III. Juristentags, am 15. September 1862, trat zu Hannover

III. Die Kommission zur Berathung einer allgemeinen Civilproceß-Ordnung für die Deutschen Bundesstaaten

zusammen, und wir müssen auch die Beschlüsse dieser Kommission über die Stellung der Staatsanwaltschaft im künftigen Deutschen Civilproceß in's Auge fassen.

Es wurden sofort schon in der Sitzung vom 19. Septemper 1862 [54]) „die Grundzüge über die Mitwirkung der Staatsanwaltschaft im bürgerlichen Processe" als Gegenstand der allgemeinen Erörterung bezeichnet und am 24. September hierüber Bericht erstattet [55]).

Der erste Antrag des Referenten, welcher einer thunlichst unabhängig zu stellenden Staatsanwaltschaft eine auffehende Gewalt im Civilproceßverfahren einräumen wollte, wurde, als ins Gebiet der Gerichtsorganisation und Disciplinargesetzgebung gehörig, zurückgewiesen [56]); der zweite Antrag, dahin gehend:

---

[52]) Daselbst S. 351.
[53]) Daselbst S. 105—110.
[54]) Protokolle der Deutschen Civil-Proceß-Kommission Bd. I., S. 12.
[55]) Ebenda S. 34 ff.
[56]) Ebenda S. 35, 43, 44.

2. Das Auftreten der Staatsanwaltschaft im bürgerlichen Verfahren als Hauptpartei erscheint, soweit es das bürgerliche Gesetz nicht vorschreibt, weder nothwendig noch zweckmäßig,

wurde mit 8 gegen 2 Stimmen abgelehnt; die übrigen, das Auftreten der Staatsanwaltschaft als Nebenpartei, die Nichtigkeitsbeschwerde im Interesse des Gesetzes, die Ertheilung des Armenrechts, die Vermittelung der Geschäftsverbindung unter den Gerichtsbehörden, die Bewirkung der Zustellungen ins Ausland betreffenden Anträge wurden zur späteren Einzelberathung ausgesetzt [57]). Bezüglich der zwei ersten Anträge sprach die Kommission mit 8 gegen 2 Stimmen aus:

„Die Kommission betrachtet die Dienstaufsicht der Staatsanwaltschaft als eine in ihrer allgemeinen Bedeutung von ihr nicht zu erörternde Frage der Gerichtsverfassung, wird jedoch bei der Detail-Berathung einzelne Ausflüsse dieser Dienstaufsicht in Erwägung ziehen;"

und:

„Die Frage, ob und in welchen Fällen die Staatsanwaltschaft als Hauptpartei im Civilprocesse mitzuwirken berufen sein solle, ist den einzelnen Landesgesetzgebungen zu überlassen."

Ein anderer Antrag:

Bestimmungen über die Staatsanwaltschaft und deren civilprocessualische Funktionen sind, um in dieser Beziehung dem freien Ermessen der Einzelstaaten nicht vorzugreifen, in den Entwurf der Deutschen Civilproceßordnung nicht aufzunehmen,

wurde mit 7 gegen 3 Stimmen abgelehnt, dagegen theils mit 9 gegen 1 Stimme, theils einstimmig beschlossen:

„Die Kommission verkennt in keiner Weise die hohe Bedeutung der Staatsanwaltschaft für eine wohlgeordnete Civilrechtspflege und wird demgemäß in Erwägung ziehen, welche Funktionen der Staatsanwaltschaft zu überweisen seien.

In Berücksichtigung jedoch der Gerichtsverfassungs-Verhältnisse der Einzelstaaten wird sie aussprechen, daß es den Landesgesetzen überlassen bleibe:

einerseits die Staatsanwaltschaft von der Theilnahme an der Civilrechtspflege ganz oder theilweise auszuschließen, folgeweise einzelne durch die Proceßordnung der Staatsanwaltschaft überwiesenen Funktionen anderen Organen zu übertragen,

---

[57]) Daselbst S. 35, 46.

andererseits aber die Mitwirkung der Staatsanwaltschaft über die ihr in der Proceßordnung gezogenen Grenzen zu erweitern." Diese Befugniß der Einzelstaaten ward dann in § 2 des Entwurfs erster Lesung gewahrt [58]).

Eine eingehendere Besprechung über die Stellung der Staatsanwaltschaft im Civilproceß veranlaßte der § 30 des ersten Entwurfs, welcher, hauptsächlich von dem Hannover'schen Abgeordneten vertheidigt, dem Staatsanwalte nur die Befugniß einräumen wollte, den Verhandlungen über Streitigkeiten des bürgerlichen Rechts anzuwohnen und in denselben das Wort zu ergreifen [59]). Nach einer interessanten Verhandlung [60]) wurde der Gegenantrag der Rheinischen Juristen bei Stimmengleichheit (5 gegen 5) durch die entscheidende Stimme des Präsidenten angenommen [61]), und lautet nach Vornahme einer unbedeutenden Redaktions-Veränderung [62]) der nunmehrige § 155 des Entwurfs nach erster Lesung:

§ 155. „Der Staatsanwalt hat, insoweit dieses Gesetz nicht etwas Anderes bestimmt, allen nicht blos berathenden Sitzungen der Kollegial-Gerichte beizuwohnen, er kann in jeder Sache, wenn er dieses zur Aufrechthaltung der Gesetze oder überhaupt im öffentlichen Interesse für dienlich erachtet, nach dem Schlusse der Verhandlung sein Gutachen vortragen und zu diesem Zwecke Mittheilung der Akten und Bestimmung einer späteren Tagfahrt beantragen."

„Glaubt eine Partei, daß in dem Vortrage des Staatsanwalts unrichtige thatsächliche Auffassungen enthalten seien, so steht ihr nur das Recht zu, dem Gerichte zum Behufe der Berichtigung schriftliche Bemerkungen zu übergeben."

Statt des § 30a. des Gegen-Antragstellers, welcher unter 11 Nummern die Fälle specificirte, in denen der Staatsanwalt vor Fällung des Urtheils gehört werden müsse, und welcher mit 8 gegen 2 Stimmen abgeworfen wurde, ward mit 7 gegen 3 Stimmen die folgende Bestimmung angenommen:

§ 156. „Die Fälle, in welchen das Gericht erst nach Vernehmung des Staatsanwalts zum Urtheile schreiten darf, bestimmt dieses Gesetz [63])."

Die Gründe für und gegen stimmten im Wesentlichen mit den in den

---

58) Daselbst S. 39—46, Bd. II., S. 351—353, Bd. IV., S. 1293 u. Anl. C.
59) Daselbst S. 152.
60) Daselbst S. 152—168 und S. 176—182.
61) Daselbst S. 183—186.
62) Daselbst Bd. II., S. 582—590, Bd. IV., S. 1334.
63) Daselbst Bd. I, S. 157, 187—192.

Gutachten und Verhandlungen des Juristentags vorgebrachten Gründen und Gegengründen überein. Es wurde auch hier u. A. geltend gemacht, daß in den linksrheinischen Ländern die Thätigkeit der Staatsanwaltschaft im Civilproceß in allseitig anerkannter, bewährter unangefochtener Wirksamkeit bestehe. Andrerseits wurde hervorgehoben, daß die Befugnisse der linksrheinischen Staatsanwaltschaft rechts des Rheins bis jetzt nur in den Bayerischen Entwurf einer Proceßordnung übergegangen seien[64]), daß in Hannover, Oldenburg und Braunschweig, wo die Anwesenheit in Civil-Verhandlungen nur gestattet, nicht geboten sei, von dieser Erlaubniß und dem Recht zum Vortrag sehr wenig Gebrauch gemacht werde, daß z. B. in Hannover in den Jahren 1855 bis 1859 sämmtliche Staatsanwälte des Landes in Civilsachen nur 50 Mal aufgetreten seien, und daß andere Deutsche Gesetze und Entwürfe, insbesondere der neue Oesterreichische und Sächsische Entwurf der Staatsanwaltschaft eine solche Befugniß nicht einräumen.

Außer den besprochenen §§ 2, 155, 156 erwähnen die §§ 26, 31, 41, 44, 45, 47, 92, 94, 97, 128, 159, 163, 186, 205 des Entwurfs erster Lesung des Staatsanwalts. Dieselben ordnen dessen Einvernahme bei Streitigkeiten über Zuständigkeit der Gerichte, bei Behinderung oder Ablehnung eines Gerichts, Richters, oder Gerichtsschreibers, über Ausschließung der Oeffentlichkeit einer Verhandlung, dessen Befugniß, bei Verweigerung der Rechtshilfe von Seiten eines Gerichts die Entscheidung des vorgesetzten Gerichts anzurufen, dessen Ermächtigung zur Ertheilung des Armenrechts, schreiben die Erwähnung der Anwesenheit des Staatsanwalts im Gerichtsprotokolle, die Vermittelung des Staatsanwalts bei Zustellungen an Ausländer und bei öffentlichen Bekanntmachungen an solche Personen vor, deren Aufenthaltsort unbekannt ist, und regeln die Befugniß des Staatsanwalts zum Vortrage im Falle der Unterbrechung der Verhandlungen.

Der § 46 verweist die Bestimmungen über Behinderung und Ablehnung des Staatsanwalts und der § 125 die näheren Bestimmungen über das Institut der Gerichtsvollzieher an die Landesgesetzgebung.

Von den seither berathenen, noch nicht in erster Lesung festgestellten §§ (bis § 454) erwähnt nur noch der § 256 des Staatsanwalts, vorschreibend, daß im Urtheile auch die von diesem gestellten Anträge anzugeben seien. —

---

[64]) Art. 133, 134 und Motive § 10, S. 565 ff.

IV. Gutachten.

A. Ueber die Sabarth'schen Anträge.

Bevor wir uns mit der Frage der Organisation und des Wirkungskreises der Staatsanwaltschaft beschäftigen, muß die von Herrn Sabarth angeregte Frage erörtert werden, ob wir einer ständigen Anklagebehörde überhaupt bedürfen und nicht vielmehr ihre Funktionen im Strafproceß theils Richtern, theils Anwälten übertragen können, womit die Schwierigkeiten einer geeigneten Organisation der Staatsanwaltschaft und die Fragen der Uebertragung anderer Funktionen auf dieselbe von selbst wegfielen.

Nach Zurückziehung des Antrags Nr. 1 sind nur noch die Anträge Nr. 2 und 3 zu prüfen, bezüglich deren ich mich den Gutachten der Herren Ruhwandl und Lienbacher, sowie dem Beschlusse der III. Abtheilung des IV. Juristentags, welche sich sämmtlich für Beibehaltung einer ständigen Anklage-Behörde, also für Verwerfung der Sabarth'schen Anträge erklären, anschließe[65]). Indem ich insbesondere auf das Lienbacher'sche Gutachten verweise, hebe ich noch hervor:

Die Sabarth'schen Anträge übersehen, daß das Anklageverfahren Staatsanwälte nicht nur bei den Kollegialgerichten, sondern auch für die zur Zuständigkeit der Amtsgerichte gehörigen Vergehen und Polizeiübertretungen erfordert. Wer soll nun bei letzteren die Anklage vertreten, wenn nicht ein außerhalb des Gerichts und Richteramtes stehender Ankläger? Sollen bei jedem Amtsgerichte zwei Richter angestellt werden, von denen abwechselnd je um den andern Tag oder Fall der Eine den Antrag auf gerichtliche Verfolgung bei dem Anderen stellt, der Andere die Untersuchung einleitet und führt und schließlich (mit oder ohne Schöffen) richtet? oder soll der erste Angriff excurrendo von den Richtern des nächsten Kollegialgerichts besorgt werden? All das führt zu handgreiflichen Unzuträglichkeiten, die einer nähern Ausführung nicht bedürfen. Und wer soll die Anklage in der Schlußverhandlung vertreten? Auch wenn sich zufällig ein oder einige Anwälte an dem Amtsgerichtssitze befinden, wird dieser oder werden diese jahraus jahrein alle Anklagen durchführen wollen, und um welchen Preis? Wer führt die Vertheidigung? Wird nicht schließlich der Staat unter allseitiger Zustimmung, ganz abgesehen von der Frage der Zweckmäßigkeit, schon aus Rücksicht auf den Kostenpunkt zur Anstellung ständiger Ankläger greifen?

---

[65]) Verh. des J.-T. 1863, Bd. I., S. 18, 263 ff., II. Bd., S. 250 ff., Deutsche Gerichtsztg. von 1862, Nr. 35, S. 145 von 1863 Nr. 29, S. 118.

Doch ich folge dem Herrn Antragsteller zu den Kollegialgerichten, auf welche dessen Vorschläge berechnet sind. Auch hier empfehlen sich dieselben nicht zur Ausführung. Es hat sich der Grundsatz der Theilung der Arbeit nicht nur auf dem Gebiete der Industrie, sondern auch in demjenigen der wissenschaftlichen Thätigkeit und der Staatsbeamtung Geltung verschafft. Sowohl in Befolgung dieses Grundsatzes, als auch hauptsächlich im Interesse der Herstellung einer möglichst unparteiischen gerechten Strafjustiz hat man das Amt des Anklägers von dem Richteramte losgetrennt und der mit dieser Trennung entstandene und ausgebildete Anklageproceß wird überall als ein Fortschritt, als ein wesentlich verbessertes Strafverfahren anerkannt. Das Amt des Anklägers und Richters erfordert in manchen Beziehungen verschiedene Anlagen und Eigenschaften, und die Trennung beider Aemter ermöglicht dem Staate die Wahl der für jedes Amt tauglichen Personen. Den Nachtheil, welcher durch die Vereinigung beider Aemter dem Angeschuldigten erwachsen kann, will Herr Sabarth dadurch abwenden, daß er den Richter in denjenigen Fällen, in denen derselbe als Ankläger fungirt hat, vom Richteramte ausschließt. Aber wenn man mit dem Antragsteller glaubt, daß die häufige Uebung des Anklägeramtes eine Verhärtung des Gemüthes, ein stetes Schwarzsehen erzeuge, und annimmt, daß dem Ankläger die **praesumtio mali viri** zur zweiten Natur werde, so sollte man eine ähnliche Wirkung auch auf das Gemüth des anklagenden Richters und eine Nachwirkung auch für solche Fälle befürchten, in denen derselbe die Anklage nicht gerade selbst erhoben hat. Man nehme ein Kollegium von 3 bis 5 Richtern, den Präsidenten wird man wohl von der Verfolgung der Verbrechen dispensiren, ihm vielmehr die Austheilung der einzelnen Fälle unter seine Richter übertragen. Dann theilt sich die strafrechtliche Initiative unter 2 bis 4 Richter, die alle in dem betreffenden Bezirke verübten Verbrechen zu verfolgen hätten, und bei Theilung dieses Geschäfts würde Jeden eine solche Anzahl von gerichtlichen Verfolgungen treffen, daß diese Funktion einen Haupttheil seiner amtlichen Thätigkeit ausmachen würde und nicht ohne Einfluß auf dessen Denkweise bliebe.

Die Sabarth'schen Anträge würden wohl eine Verminderung des staatsanwaltschaftlichen, andererseits aber eine Vermehrung des Richterpersonals zur Folge haben, und außerdem die Anwaltschaft in Anspruch nehmen.

Soll bei oben unterstellter Besetzung des Gerichts die Anklagekammer und sodann der Urtheils-Senat aus 3 oder 5 Richtern gebildet werden, so muß stets ein Ergänzungsrichter vorhanden sein, um den in jedem Falle befangenen Ankläger zu ersetzen, und es würde jener Eine oft, z. B. in solchen Fällen nicht ausreichen, in welchen, den Zusammenhang mehrerer Verbrechen nicht sogleich erkennend, mehrere Richter bei der Einleitung des Verfahrens thätig gewesen, somit befangen wären.

Gewisse Verbrechen, namentlich in großen Städten, werden systematisch und gewerbsmäßig verübt; die Art und Weise der Verübung anderer deutet dem Kundigen von vornherein die Person des Thäters an. Für beide Fälle ist es zweckmäßig, daß die Leitung des ersten Angriffs in eine Hand gegeben werde und nicht mit jedem Tage und in jedem Falle wechsle. Die Verfolgung aller Verbrechen erfordert eine rasche, thatkräftige Initiative, die unmittelbar von einer Person ausgeht und nicht erst mittelbar durch Anzeige bei einem Kollegium, Ernennung eines Anklägers durch den Präsidenten, Aufsuchung und Benachrichtigung des Ernannten in Gang gebracht wird. Ich will nicht davon reden, daß mancher sehr tüchtige Richter ein sehr ungeschickter und unbeholfener Verfolger der Spuren eines Verbrechens und des Thäters sein wird; aber auch der Gewandte muß die Werkzeuge, mit denen er arbeitet, ihre Verwendbarkeit und den Grad ihrer Zuverlässigkeit kennen; es bedarf die dem Staatsanwalt zu untergebende Kriminalpolizei einer einheitlichen und ständigen Leitung, damit sie von der Staatsanwaltschaft abhängig bleibe und damit nicht der häufig wechselnde Ankläger umgekehrt bei seiner Unbekanntschaft mit Personen und Verhältnissen von den Polizeibediensteten abhängig werde. Hierin (einer fast nothwendigen Folge des Sabarth'schen Systems) liegt eine größere Gefahr für die persönliche Freiheit, als sogar in einer ganz nach Französischem Muster organisirten Staatsanwaltschaft, der ich übrigens, wie sich unten zeigen wird, auch nicht das Wort rede.

Die Unterstellung, daß eine stete Beschäftigung in der Staatsanwaltschaft Einseitigkeit, Verfolgungssucht, Voreingenommenheit gegen den Verdächtigen und Beschuldigten erzeuge, ist unrichtig. Die Anfänger und die selten verwendeten Substituten sind die Heißsporne; der erfahrene Staatsanwalt hält mehr und mehr Maß, besieht sich mehr und mehr auch die Kehrseite des einzelnen Straffalles, sein durch die Uebung geschärfter Blick durchschaut, wie er die Anzeigen der Schuld besser zusammenfaßt, auch die Schwäche und Haltlosigkeit, die falsche Richtung eines auf scheinbare, schlau oder einfältig kombinirte, durch Volksgeschrei oder mächtigen Einfluß gestützte Indicien gebauten Verdachts. Sein Ruf ist gemacht, sein Eifer, seine rücksichtslose Strenge sind bewährt, er kann im Falle des Zweifels oder der Ueberzeugung von der Unschuld sein Wort und seine Autorität ohne Gefahr der Mißdeutung auch zu Gunsten des Verfolgten einlegen. Er ist eher, als ein wechselnder Ankläger, dem man im Weigerungsfalle morgen einen anderen substituiren kann, in der Lage, die Zumuthung einer seiner Ansicht nach ungerechten Verfolgung zurückzuweisen. Die durch stete Uebung erworbene größere Sicherheit und Gewandtheit im öffentlichen Auftreten setzt ihn in den

Stand, in der Schlußverhandlung je nach der Gestaltung des Falles ab- und zuzugeben, von der ursprünglichen Anklage abgehend, Entlastungsmomente und Milderungsgründe in Rechnung und zur Sprache zu bringen.

Hier bin ich an der Schlußverhandlung angelangt, in welcher der Herr Antragsteller das Amt des Anklägers von dem Richter auf einen Anwalt überträgt.

Ich übergehe die Frage nach der Zweckmäßigkeit der Theilung einer und derselben Arbeit unter zwei Personen und des Verlustes von Zeit und Geld, der dadurch entsteht, daß sich in jedem Straffalle zwei Personen, eine nach der andern, in dieselbe Sache und Rolle einarbeiten müssen. Ich anerkenne, daß, was Kenntnisse, Gabe und Uebung der Rede, Schlagfertigkeit betrifft, die Anwälte durchschnittlich der Aufgabe eines öffentlichen Anklägers gewachsen sind. Allein ich kann, ohne dem Stande der Anwälte, dem ich selbst anzugehören die Ehre hatte, zu nahe zu treten, behaupten, daß Staat und Gesellschaft durch ständige Ankläger passender und würdiger vertreten sind. Anklagen gegen Freiheit und Ehre, auf Leben und Tod, erhoben Namens des Staats, sollten nur geführt werden von Beamten, die durch ihre Berufspflicht angewiesen sind, stets nur für Wahrheit und Recht einzutreten, die in ihrem Berufe keinen Anlaß haben, von dieser Bahn abzuweichen, und die man stets nur in solcher Pflichterfüllung öffentlich auftreten sieht. Es haben sich auch Anwälte solchen Ruf erworben und erhalten, allein es ist schwer, jede Klippe zu umschiffen, einen zweifelhaften Rechtsstreit eines alten und sonst bewährten Klienten, zurückzuweisen und die Vertheidigung eines Angeklagten vollends kann trotz gegentheiliger Ueberzeugung nicht abgelehnt werden. Das Volk hat aus dem Auftreten der Anwälte in bürgerlichen Rechtssachen und auf der Bank der Vertheidiger nun einmal die Anschauung, daß es deren gibt, welche eben die einmal übernommene Sache mit allen nicht gerade gesetzwidrigen Mitteln verfechten, und ich möchte nicht, daß man, diese Ueberzeugung im Herzen, einen öffentlichen Ankläger einen gegen Freiheit, Ehre und Leben eines Menschen gerichteten Antrag durchführen hörte. Das Vorurtheil gegen solche Ankläger würde dadurch bestärkt, daß man dieselben bald rechts bald links des Präsidenten, mit gleichem Eifer heute die Anklage, morgen die Vertheidigung führen sähe.

Eine Uebertragung der Anklage nur an die angesehensten Anwälte, die in der Regel zugleich die meist beschäftigten sind, wäre diesen selbst unwillkommen, und entweder eine für sie sehr unbillige, oder für den Staat sehr theure Zumuthung.

Ob sich ferner der Anwalt nicht mindestens in demselben Maße, als, nach der Ansicht des Antragstellers, der ständige Ankläger, eine einseitige, parteiische Vertretung der Anklage zu Schulden kommen ließe, mag dahin gestellt bleiben.

Der Anwalt ist gewohnt, die Partei mit allen erlaubten Mitteln und nach allen Richtungen zu vertreten, und sein täglicher Beruf liegt wenigstens eben so weit vom Richteramte ab, das man dem öffentlichen Ankläger als Spiegel vorhält, als derjenige des Staatsanwalts.

Ist einmal, wie ich glaube, die Nothwendigkeit der Aufstellung eines ständigen Anklägers für das Vorverfahren nachgewiesen, so wird man am zweckmäßigsten diesem die Vertretung der Anklage auch in der Schlußverhandlung überlassen.

Eine Berufung auf die Einrichtung der Staatsanwaltschaft in England ist nicht zulässig, einmal weil diese auf dem diesseits des Kanales, insbesondere in Deutschland und vom Deutschen Juristentage verworfenen Systeme der principalen Privatanklage beruht, und zweitens, weil man in England selbst allmälig, von diesem System sich abwendend, zu der Staatsanklage übergeht und die Nothwendigkeit der Aufstellung ständiger, wenn auch nicht mit allen Attributen des ministère public ausgestatteter Ankläger einsieht [66]).

B. Ueber die Organisation der Staatsanwaltschaft.

Das Bedürfniß der Einführung der Staatsanwaltschaft machte sich in Deutschland, rechts des Rheins, zuerst und zum Theile ausschließlich, im Strafverfahren, und zwar in dem Maße geltend, in dem der Anklageproceß den bisherigen Inquisitionsproceß verdrängte. In manchem Staate z. B. führte die Beschränkung und Aufhebung der Censur zu Erlassung von Preßgesetzen; die Verfolgung von Preßvergehen konnte kaum anders, als im Anklageverfahren angeordnet werden, und es erscheint erstmals auf diesem Gebiete der Staatsanwalt. Die übrigen Funktionen, welche derselbe gegenwärtig übt, krystallisirten sich allmälig um jene erste Thätigkeit.

Man ist darüber einig, daß hiebei und bisher die Französische Staatsanwaltschaft als Vorbild und Muster vorschwebte, und weil man den Französischen Staatsanwalt als einen in seinem Berufskreise den Weisungen höherer Verwaltungsstellen und Beamten, jedenfalls des Justizministers, unterworfenen Verwaltungsbeamten ansieht, hat man diese Anschauung auch auf den Deutschen Staatsanwalt übertragen. Prüfen wir, ob jene Voraussetzung richtig ist.

Die Einsetzung des ministère public in seiner heutigen Gestalt datirt vom Code d'instruction criminelle, die magistrats de sûreté und die

66) Gneist, Engl. Verf.-Recht II. Thl., S. 423. Fischel, die Verfassung Englands S. 221. Deutsche Vierteljahrschrift XXII. Jahrg. 1860 Heft II. S. 253.

commissaires du gouvernement, welche bis dahin, die ersteren für den Straf- die letzteren für den bürgerlichen Proceß, aufgestellt waren, bildeten eine nur unvollkommene Organisation. Napoleon I. schuf die einheitliche, stärkere Organisation des heutigen ministère public. Die magistrats de sûreté, eingeführt durch die loi v. 7. Pluviose IX., waren selbstständige, unabhängige Beamte und Freilhard, Réal und Favre erklären in den „motifs du livre I. Chap. 1—8. du code d'instruction présenté au corps législatif" ganz offen diese magistrats für unzureichend, weil sie befugt seien, willkürlich (selbständig) die gerichtliche Verfolgung einzuleiten, fortzuführen, zu unterbrechen oder einzustellen. Man zog die neu vorgeschlagene Organisation vor „car le procureur impérial est l'oeil du procureur général, et le procureur général est l'oeil du gouvernement."

Nach den Bestimmungen des code d'instr. crim. ist der procureur impérial allerdings nicht, wie der Richter, gegen jeden Einfluß von oben gedeckt, sondern im Gegentheil bis zu einem gewissen Grade höheren Befehlen unterworfen. Abgesehen von der Verfügung des art. 9 des code de proc. crim., wonach die Kriminalpolizei, deren Haupt der Staatsanwalt ist, unter der Autorität der Kaiserlichen Gerichtshöfe ausgeübt wird, und den ziemlich unpraktischen und zum Theil auch unklaren Bestimmungen des art. 235 des code de proc. crim. und des Art. 11 des Gesetzes vom 20. April 1810, wonach die Kaiserlichen Gerichtshöfe dem Staatsanwalt eine strafgerichtliche Verfolgung auftragen können, untersteht der procur. impérial dem procureur général und mit diesem dem Justizminister. art. 27, 249, 274 des code d'instr. crim., art. 43, 47 des Gesetzes vom 20. April 1810. Alle Titel, welche jenen Beamten seit deren Einsetzung beigelegt wurden — commissaire du roi, commissaire du pouvoir exécutif, commissaire du gouvernement, procureur impérial, procureur du roi — deuten auf ein solches Abhängigkeitsverhältniß hin.

Allein diese Abhängigkeit bezieht sich nur auf die Einleitung und Betreibung des Verfahrens, nicht auf die Vertretung der einen oder andern rechtlichen Ansicht, nicht auf die Mitwirkung zur Entscheidung. In einem Falle also, in welchem der Justizminister oder procureur général einem procureur impérial die Verfolgung einer nach dessen und seiner Substituten Ansicht nicht unter das Strafgesetz fallenden Handlung und Person zumuthete, und in welchem der procureur général (wozu derselbe befugt ist) die Verfolgung nicht an sich zöge, könnte der procureur impérial allerdings zur Einleitung und Betreibung eines gerichtlichen Verfahrens gezwungen werden; allein in den folgenden Verhandlungen hat er seine eigene Ansicht von der Sache, seine rechtliche Ueberzeugung und nur diese zu vertreten.

Eine Regierung kann billig die Befugniß in Anspruch nehmen, eine ihrer Ansicht nach gesetzwidrige Handlung zur Entscheidung und eventuellen Bestrafung an die Gerichte bringen zu lassen; allein sobald das Gericht damit befaßt ist, hört ihre Einwirkung auf.

Vergl. hierüber M. de Molènes, traité pratique des fonctions de procureur du roi, Paris 1843 tme. I p. IX, p. 5 ff., 24 — 35, 306 — 328.

L. Frey, der Staatsanwalt in Baden und Frankreich, Heidelberg 1845 S. 109 ff.

Aber nicht nur steht in Frankreich die völlige Freiheit des Staatsanwalts fest, in dem plaidoyer seiner Ueberzeugung zu folgen, sondern es scheint sich die Staatsanwaltschaft nicht einmal unbedingt den Befehlen der Regierung bezüglich der Initiative zu unterwerfen. Professor Dr. Rauter zu Straßburg bezeugt in seinem Referat über den Gesetzesvorschlag vom 10. Februar 1834, die Verantwortlichkeit der Minister betreffend [67]), daß die Mitglieder des Parquet, obgleich widerruflich angestellt, nach alter Sitte weder in ihren eigenen, noch in den Augen der Gerichte und des Publikums als agents du pouvoir, als von der Regierung abhängig, sondern als Mitglieder der Tribunale angesehen werden [68]), und daß die Staatsanwälte in sehr vielen Fällen Anklagen, zu denen sie von der Regierung aufgefordert werden, anzustellen sich weigern, oder später wieder aufgeben, ohne daß die Regierung der Sache weiter Folge gebe.

Ein in dem bulletin des arrêts criminels de la cour de cassation von 1827, S. 957 mitgetheiltes Urtheil des Kassationshofs vom 22. Dezember 1827 [69]) soll sogar dem Justizminister die Befugniß der obersten Leitung der öffentlichen Anklage wegen Verbrechen und Vergehen absprechen.

Ein Beispiel aus der neuern Zeit, daß sich ein Staatsanwalt der von dem Justizminister und General-Staatsanwalt ausgegangenen Anordnung der Zurücknahme einer Anklage nicht fügte, liefert die Anklagesache gegen About und den Redakteur der „Opinion nationale“ wegen Amtsehrenbeleidigung des Maire von Saverne. [70])

Jedenfalls wäre es ein Irrthum, wollte man aus Art. 10, verglichen

---

[67]) Kritische Zeitschrift für Rechtswissenschaft und Gesetzgebung des Auslands, Bd. VII, 1835 S. 118.

[68]) S. auch Frey, die Staatsanwaltschaft. S. 9.

[69]) Molènes a. a. O., t. I. S. 316. (Das Bulletin selbst habe ich nicht zur Hand).

[70]) Deutsche Strafrechtsztg. 1862 Nr. 18, S. 273.

mit Art. 9 des code de proc. crim. folgern, daß die Französische Staatsanwaltschaft außer den Weisungen des Justizministers auch denen der préfets de département und des préfet de police à Paris unterworfen sei. Die Staatsanwälte werden zwar den officiers de police judiciaire, als deren Häupter, beigezählt, allein Art. 10 räumt den Präfekten nur die Befugniß ein, diese officiers zu „requiriren", um Vornahme der betreffenden Amtshandlungen anzugehen, und sodann ergiebt sich aus dem bei Vorlage des livre I. chap. 1 — 8 des code d'instr. crim. von Freilhard gehaltenen Vortrage, daß man bei Abfassung des Art. 10 nur daran dachte, dem Präfekten das persönliche Recht der Erhebung des Thatbestands von Verbrechen und der Einleitung der ersten Verfolgung einzuräumen und demselben zu diesem Zwecke die niederen Diener der gerichtlichen Polizei, nicht auch die Staatsanwälte, zur Verfügung zu stellen.

Schreitet der Staatsanwalt oder der Untersuchungsrichter ein, so weicht der Präfekt. [71])

Molènes bezeugt [72]), daß die Präfekten sich in der Praxis eine derartige auf den Art. 10 des code d'instr. gegründete Befugniß über die Staatsanwälte nicht herausnehmen, und daß, wollten sie es thun, sie weder bei den Staatsanwälten Folge, noch anderwärts Unterstützung fänden.

Also selbst in Frankreich werden die Staatsanwälte nicht zu den Verwaltungs-Beamten gezählt, welche unbedingt Ordre zu pariren oder Entlassung zu gewärtigen haben, sondern zu den richterlichen Beamten. Sie haben sich trotz dem Einfluß der Regierung günstiger gesetzlicher Bestimmungen die Befugniß gewahrt, im gegebenen Falle einen höheren Befehl, als mit ihrer rechtlichen Ueberzeugung nicht vereinbar, zurückzuweisen. Und wenn sie sich bezüglich der Initiative fügen, können sie in den folgenden Verhandlungen ihre von derjenigen der Regierung abweichende Meinung frei aussprechen; daß sie in schwurgerichtlichen Verhandlungen die Anklage nicht fallen lassen dürfen, sondern durchführen müssen, hat einen anderwärts liegenden Grund. Diese Vorschrift trifft nicht nur die seltenen auf Anregung der Regierung erhobenen, sondern alle schwurgerichtlichen Anklagen, beruht auf der Aufrechthaltung der Autorität der Erkenntnisse der Anklagekammern und auf der Befürchtung, daß das Aufgeben einer Anklage oder ein Auftreten des Staatsanwalts zu Gunsten des Angeklagten auf das Urtheil von Geschworenen einen allzu bestimmenden, unwiderstehlichen Einfluß üben würde. [73])

[71]) Les codes criminels interprétés par M. Rolland de Villargues, Paris 1861, ad art. 10 note 4 und die dort Citirten.

[72]) a. a. O. t. I S. 320.

[73]) Vgl. art. 190, 576 mit art. 335 des code d'instr. crim. Frey der Staats-

Mag man nun auch die Französische Staatsanwaltschaft, Angesichts einerseits des Geschäftskreises des ministère public, welches zugleich ein Organ der staatlichen Oberaufsicht über die gesammte Rechtspflege ist und viele Justizverwaltungsgeschäfte besorgt, und andererseits der unbedingten Entlaßbarkeit seiner Beamten, welche allerdings faktisch eine größere Abhängigkeit der Staatsanwaltschaft von der Regierung, als nach obiger Darstellung scheinen möchte, zur Folge hat, nach unseren Begriffen von dem Geschäftskreise und der dienstlichen Stellung eines richterlichen Beamten nicht zu diesen Beamten rechnen, so wird man doch der Deutschen Staatsanwaltschaft schon nach ihrer gegenwärtigen Organisation eher diese Stellung zugestehen.

In dem weitaus größten Theil Deutschlands ist die Staatsanwaltschaft fast ausschließlich im Strafverfahren verwendet und bilden andere Attribute einen kaum in Betracht kommenden Theil ihrer Thätigkeit.

So wird es künftig nach den bereits gefaßten und noch zu fassenden Beschlüssen des Juristentags allgemein der Fall sein sollen.

Die Funktionen der Staatsanwaltschaft im Strafprocesse sind nicht über Nacht mit jenem Institut geschaffen worden, und sind nicht etwa von einer Verwaltungsbeamtung, sondern sämmtlich vom Richteramte losgelöst, und lagen offener oder verborgener in dem Amte des Untersuchungsrichters, des Referenten und Korreferenten und des erkennenden Gerichts, die Leitung der Mittel zum Zweck, der Entdeckungs- und Verfolgungspolizei war, ehe sie an den Staatsanwalt überging, in den Händen der Gerichte, ohne daß man diese darum als Verwaltungsstellen angesehen hätte. Zu sorgen, daß kein Verbrechen und kein Schuldiger der verdienten Strafe entgehe, daß aber auch kein Unschuldiger verfolgt und bestraft werde, wie dies die Gesetze dem Staatsanwalte vorschreiben, ist richterlichen Amtes, erfordert die Denkweise und das Pflichtgefühl eines Richters. Viele Staatsanwälte in Deutschland sind noch gegenwärtig nach Titel, Rang, Dienstverhältnissen Mitglieder der Gerichte, bei denen sie angestellt sind, und haben den Richtereid und nur diesen geleistet. In denjenigen Deutschen Staaten, in welchen die Unabsetzbarkeit und Unversetzbarkeit, die selbständige Stellung der Richter noch nicht durchgeführt ist, steht der Staatsanwalt noch heute auch in seinem Dienstverhältniß anderen Beamten, insbesondere den Richtern, ganz gleich. Meines Wissens ist derselbe nirgends in Deutschland so unbedingt entlaßbar, wie in Frankreich, und kann er höchstens, wie andere Beamte, versetzt, zur Disposition gestellt, pensionirt werden. In einem Punkte freilich unterscheidet

---

anwalt S. 78. Frey, Frankreichs Civil- und Kriminalverfassung, Mannheim 1842, S. 242 ff.

sich die Stellung des Staatsanwalts wesentlich von derjenigen des Richters, darin, daß derselbe dem Justizministerium und folgeweise der Regierung untergeordnet, bis zu einem gewissen Grade deren Weisungen unterworfen ist. Ich glaube, daß auch in Deutschland dem Staatsanwalte überall gestattet ist, in den Verhandlungen seine rechtliche Ueberzeugung, und nur diese, und zwar auch in schwurgerichtlichen Sachen, zu vertreten, daß er nirgends angehalten wird noch werden kann, gegen diese Ueberzeugung zu handeln und zu sprechen, und daß derselbe schlimmstenfalls, auch wo er eine einmal erhobene Anklage nicht einseitig zurückziehen darf, doch, seine Ueberzeugung von der Unschuld des Angeklagten, oder von der Unzulänglichkeit der Beweise, oder von dem Vorhandensein eines Entschuldigungs- oder Milderungsgrundes kundgebend, die Entscheidung einfach der Weisheit des Gerichts anheimgeben darf. Die Unterordnung unter höhere Weisungen bezieht sich also auch hier nur auf die Einleitung und formelle Betreibung des Verfahrens. Ob man wegen solcher Abhängigkeit dem Staatsanwalte die richterliche Stellung absprechen will, mag dahingestellt bleiben; aber es muß daran erinnert werden, daß vordem auch die Untersuchungsgerichte Weisungen zur Erhebung eines wirklich oder vermeintlich unter die Strafgesetze fallenden Vorgangs von vorgesetzten Gerichten, selbst mittelbar oder unmittelbar von Verwaltungsstellen annahmen und annehmen mußten, ohne daß deshalb der Untersuchungsrichter, eben weil er nur die Untersuchung der Weisung gemäß führte, aber dann nach freier Ueberzeugung selbst urtheilte, oder die geschlossenen Akten dem zuständigen Gerichte vorlegte, als ein Verwaltungs- und nicht als ein richterlicher Beamter angesehen worden wäre.

Ohne daß diese Ansicht bisher durch einen Antrag beim Juristentag vertreten worden wäre, wird in juristischen Zeitschriften darauf hingearbeitet, die Staatsanwaltschaft ganz als eine unzweifelhaft richterliche Behörde zu organisiren und dieselbe den Gerichten auch in dem Punkte gleichzustellen, daß sie, vom Einfluß des Justizministers und der Regierung befreit, durch einen unabhängigen Ober-Staatsanwalt, wie die Gerichte durch den obersten Gerichtshof, nach oben abgeschlossen werden soll. [74])

Es werden für eine solche Organisation folgende Gründe aufgeführt:

Die Rechtspflege sei nicht unabhängig, wenn die Initiative nicht von der Regierung unabhängig sei, wenn letztere es vielmehr in der Gewalt habe, die Gerichte in und außer Thätigkeit zu versetzen, insbesondere durch

---

[74]) Sundelin: die Staatsanwaltschaft, und in der Deutschen Strafrechtszeitung von 1861, Nr. 19, S. 299, von 1862, Nr. 9, S. 129, Nr. 13, S. 193, Nr. 14, S. 209. Mittermaier daselbst 1862, Nr. 18, S. 273. Johow in der Deutschen Gerichtsztg. 1861, Nr. 53, S. 214.

Unterlassung oder Aufgeben einer Anklage ein Verbrechen und einen Schuldigen der Strafe zu entziehen; die Initiative sei ebensowohl ein Theil der Rechtspflege als der Richterspruch selbst, dieselbe müsse daher gleichfalls unabhängig gestellt werden. Es sei kein großer Unterschied, ob eine Regierung einen gesetzwidrigen Richterspruch oder eine ungesetzliche Anklage befehle; das öffentliche Interesse gebiete keinen vom Gesetze abweichenden Einfluß auf die Initiative im Strafverfahren.

Diesen Gründen ließe sich noch Folgendes beifügen:

Die Strafrechtspflege hat sich in Deutschland seit 15 Jahren durch Einführung des öffentlich-mündlichen Verfahrens und durch Aufgeben der früheren strengen Beweistheorie wesentlich verbessert, und es ist insbesondere die Repression der Verbrechen ungleich stärker und energischer geworden. Staat und Gesellschaft bestanden übrigens ganz wohl auch bei dem früheren Grade der Repression, obgleich, wenn auch nicht leicht ein Verbrechen unverfolgt blieb, doch insbesondere in Folge der strengen Beweisregeln unverhältnißmäßig viele Verbrecher, frei und klagfrei gesprochen, straflos ausgingen. In Anbetracht dieses großen Vortheils, den die öffentliche Ordnung über ihre Feinde errungen hat, könnte sich die Regierung ganz wohl jeden Einflusses auf die Initiative begeben, und würde der Staat wohl keinen Schaden leiden, wenn die Paar Fälle, in welchen nach Ansicht der Regierung ein Vergehen verübt wurde, sich aber kein zuständiger Staatsanwalt findet, der diese Ansicht theilt, unverfolgt und unbestraft blieben.

Die Hemmung einer Anklage vollends wird kaum in irgend einem Falle im wahren Interesse des Staates, selbst nicht der eben die Zügel führenden Regierung liegen; es wird durch solche Eingriffe einerseits in der Regel nur einer einzelnen Person ohne irgend welchen Nutzen für die Gesammtheit eine Gunst erwiesen, andererseits aber gegen das Rechtsgefühl des Volkes schwer verstoßen. Es muß einem Ober-Staatsanwalte oder Justizminister nur erwünscht sein, jede derartige Zumuthung von vornherein mit der Berufung auf die gesetzliche Unstatthaftigkeit eines Einschreitens zurückweisen zu können.

Für Fälle, in welchen überwiegende Gründe der Billigkeit gegen Anwendung des strengen Rechts sprechen, steht hinter der Verurtheilung das Recht der Begnadigung.

Für die richtige und dem Gesetze entsprechende Initiative genügt der Staatsanwalt; ein Gebrauch derselben in zweifelhaften oder in solchen Fällen, welche unter das Gesetz gezwängt werden sollen, ist von keinem oder üblem Erfolge. Wenn schon der Staatsanwalt sich der Erhebung der Anklage widersetzt, wird die Sache auch beim untersuchenden und urtheilenden Gerichte auf Widerstand stoßen. Es endigt dann ein Aufsehen erregender, von der

Opposition in der Presse ausgebeuteter Proceß in erster oder zweiter Instanz mit einer Freisprechung, die als eine Niederlage der Regierung erscheint, oder es kommt eine solche Anklage erst zu einer Zeit zur endlichen Entscheidung, auf die sie gar nicht berechnet war, und zu der Freisprechung oder Verurtheilung politisch ganz gleichgiltig ist.

Eigentliche, unzweifelhafte, gemeine Vergehen und Verbrechen werden erfahrungsgemäß von den Staatsanwälten stets von Amtswegen verfolgt und es hat noch niemals eine Regierung für nöthig gehalten, sich in die Verfolgung einzumischen. Praktisch ist die Frage der Initiative der Regierung und der Unterordnung des Staatsanwalts nur bei sog. politischen und insbesondere bei Preßvergehen. Auf diesem Gebiete muß nun anerkannt werden, daß etwa gleichzeitig mit der Einführung des neuen Strafverfahrens überall in Deutschland die Presse freigegeben wurde, und an die Stelle der Censur Preßgesetze mit dem Systeme der Repression gegen Ausschreitungen traten, und daß einem zuweilen systematisch gegen Regierung und Staat vorgehenden Theile der Presse ein gewisses System in der Repression entgegengesetzt werden muß. Aber auch hier dürfte für unzweifelhaft gegen das Gesetz verstoßende Fälle die von einem Ober-Staatsanwalte geleitete und überwachte Staatsanwaltschaft genügen, und für zweifelhafte Fälle gilt das oben Gesagte. Ich würde also auch aus dieser Rücksicht die Initiative im Strafverfahren nicht für die Staatsregierung in Anspruch nehmen, ganz abgesehen von dem Umstande, daß mit Anklagen von zweifelhafter Begründung gegen die Presse nichts ausgerichtet und von einer Regierung, die sich einmal in solcher Bahn befindet, ein Erfolg nur durch polizeiliche und Verwaltungsmaßregeln erzielt wird.

Alle die kleinen Nachtheile, welche eine Regierung von dem Aufgeben jedes Einflusses auf die Initiative und von deren Ueberlassung an eine selbständige Staatsanwaltschaft zu besorgen hätte, würden weitaus überwogen durch den Gewinn an Ansehen, Autorität und Einfluß, welcher einer Staatsanwaltschaft zuginge, von der auch jeder Verdacht entfernt wäre, als handle sie je aus einer anderen Rücksicht, als nach eigener rechtlicher Ueberzeugung.

Aber trotz alledem muß man sich gegen die erwähnten Vorschläge erklären.

Was zunächst die Frage der Unabhängigkeit der Rechtspflege betrifft, so ist noch Niemanden beigefallen, in solchen Ländern oder auf solchen Gebieten des Strafrechts, in denen das System der Privatanklage gilt, die Unabhängigkeit der Justiz deshalb zu bezweifeln und zu bestreiten, weil dieselbe von einem Privaten willkürlich in und außer Thätigkeit gesetzt werden kann; und doch wäre die Abhängigkeit von jedem Privaten schmählicher und deshalb früher und energischer zu bekämpfen, als die Abhängigkeit von der Regierung. Die bürgerliche Rechtspflege ist und bleibt unabhängig, obgleich es im Belieben jedes Privaten und des Fiskus steht, dieselbe jeden Augenblick in oder außer Thätigkeit zu setzen, und ihr eine beliebige Anzahl Fälle civilrechtlichen Unrechts zu überweisen oder zu entziehen; die Strafrechtspflege in England gilt für unabhängig, obgleich es bei der Mehrzahl der Vergehen im Belieben jedes Betheiligten steht, das Strafgericht in und außer Thätigkeit zu setzen.

Es ist ein empfindliches Uebel, ungerecht und ohne daß man thatsächlich und rechtlich hiezu Anlaß gegeben hätte, angeklagt zu werden, wie es eine Unannehmlichkeit ist, durch eine frivole Forderung in einen bürgerlichen Rechtsstreit verwickelt zu werden; aber keine Verfassung bietet dem Staatsbürger und kann ihm bessere Garantien gegen ungerechte Anklagen und Klagen bieten, als daß er seinem ordentlichen Richter nicht entzogen, nicht ohne gesetzlichen Grund verhaftet, nicht über 24 oder 48 Stunden ungehört in Haft gehalten, und daß die Sache vor einem nach allen Seiten unabhängigen Gerichte verhandelt und entschieden werde. Nebenbei tragen die Gerichtsverfassungs- und Proceßgesetze oder haben dieselben dafür Sorge zu tragen, daß auch während des Verfahrens ohne Vermittelung des unabhängigen Gerichts kein Eingriff in das Eigenthum oder die persönliche Freiheit des Beklagten oder Angeklagten geschehen könne. Will man mit den Verfechtern der Unabhängigkeit der Staatsanwaltschaft weiter gehen und Garantie selbst gegen ungerechte Anklagen schaffen, so muß man vorweg die Privatanklage mit Stumpf und Stiel ausrotten. Denn was nützt die bestorganisirte, bedächtigste und gewissenhafteste Staatsanwaltschaft, wenn in vielen Fällen in erster, in allen (nach den Beschlüssen des Juristentags) in zweiter Reihe der Verletzte den Antrag auf gerichtliche Verfolgung und die Anklage stellen kann? Man wird sagen, dieser Antrag könne abgewiesen, die Anklage nur mit Zulassung des Gerichts erhoben werden, worauf ich erwiedere, daß mit den Anträgen und Anklagen des Staatsanwalts ganz dasselbe der Fall ist, oder der Fall sein soll. Für den urtheilenden Richter sind schon jetzt alle, für den Untersuchungsrichter sollen alle irgend eingreifenden Anträge des Staatsanwalts nicht anders maßgebend und zwingend sein, als diejenigen des Privaten.

Mindestens den Schein eines ungebührlichen Eingriffs in die Rechtspflege kann allerdings in einem und anderem Falle der Gebrauch der Befugniß hervorrufen, die bereits erhobene Anklage zurückzuziehen. Einem Mißbrauch dieses Rechts ist dadurch vorzubeugen, daß nach Einleitung des Verfahrens gegen eine bestimmte Person die Untersuchung nur mit Zustimmung des Untersuchungsrichters, später der Raths- oder Anklagekammer eingestellt werden kann.

Gegen einen ungebührlichen Einfluß der Regierung auf die ungeeignet sogenannte „negative Strafjustiz", insbesondere auf die Unterlassung der Verfolgung strafbarer Handlungen hat der Juristentag schon dadurch vorzubeugen gesucht, daß er sich im Gegensatz zum Opportunitätsprincip für das Legalitätsprincip, daß derselbe im Falle der Unterlassung der Staatsanklage die Privatanklage für zulässig erklärte, und für die Fälle, in denen der Verletzte und Privatankläger fehlt, lohnte es sich nicht der Mühe, eine so eigenthümliche Organisation der Staatsanwaltschaft einzuführen, wie sie Mittermaier und Sundelin wollen, zwischen unabhängige Gerichte und ein verantwortliches Ministerium eine unabhängige, unverantwortliche Staatsanwaltschaft einzuschieben. Ich fahre fort, mir vorbehaltend, unten auch für letztere Fälle andere Abhilfe vorzuschlagen, von dieser Organisation zu reden.

Eigenthümlich nenne ich dieselbe, weil ich nirgends in der Verfassung der Staaten und der Organisation der Behörden ein Analogon finde, und weil es mir nicht ausführbar, jedenfalls nicht politisch richtig zu sein scheint, eine Abtheilung des Staatsdienstes, welche aus einzelnen, nicht zu einem Kollegium vereinigten, Beamten besteht und oben in **einer** Person gipfelt, unabhängig zu stellen. Man beruft sich auf die unabhängige Stellung der Gerichte und es ist richtig, daß diese sich in manchen Staaten auch auf die Einzelrichter erstreckt. Aber hier liegt das Korrektiv in der Unterordnung der Amtsrichter unter Kollegialgerichte, bei denen gegen alle irgend erheblichen Maßnahmen oder Entscheidungen des Einzelrichters Abhilfe gesucht werden kann. Wichtigere bürgerliche Rechts- und Strafsachen sind bei guter Gerichtsverfassung, die wir ja in Deutschland theils haben, theils anstreben, von vornherein den Kollegialgerichten zugewiesen. Die Gerichtsorganisation schließt oben mit einem tüchtig und verhältnißmäßig stark besetzten Gerichtshofe.

Bei kollegialer Verfassung einer Behörde werden die Bedenken, welche sich Angesichts der Leidenschaften, Schwächen, Befangenheit, Irrthümer des Einzelnen der Unabhängigkeitserklärung entgegenstellen, durch die Zusammensetzung der Behörde und die Vorschrift des Zusammenwirkens Mehrerer zu jedem irgend eingreifenden Beschlusse beseitigt.

Die Staatsanwaltschaft dagegen ist von oben bis unten aus einzelnen selbständig thätigen Personen zusammengesetzt, die oberste Spitze, welche unabhängig gestellt werden soll, ist abermals nur eine Person, und diese bietet unter keinen Umständen die Garantien für eine Unabhängigkeitserklärung.

Die Gerichte entscheiden über Eigenthum, Freiheit, Ehre und Leben, sie müßten unter allen Umständen für unabhängig von der Regierung erklärt werden, es müßte dem einzelnen Betheiligten oder Verfolgten das Bewußtsein und die Zuversicht gegeben werden, von einer unabhängigen Behörde gerichtet zu werden, auch wenn die Gerichte die Bürgschaft gegen Mißbrauch dieser Unabhängigkeit weniger in sich trügen, als wirklich der Fall ist.

Die Staatsanwälte können nur Anträge und Anklagen stellen oder unterlassen. Ungerechte, unbegründete Anklagen mögen von den unabhängigen Gerichten zurückgewiesen werden; das eben ist ein Theil ihrer Aufgabe. Unterlassungssünden sind dem Einzelnen und dem Staate nicht in dem Maße nachtheilig, daß so außerordentliche Vorkehr nöthig wäre, und können auf andere Weise unschädlich gemacht werden. Zudem würde die unabhängige Stellung des obersten Staatsanwalts eine Bürgschaft dafür, daß die Initiative nur nach Rücksichten des Rechts und in richtiger Auslegung des Gesetzes geübt würde, nicht in dem Maße bieten, wie durchschnittlich ein unabhängiger Gerichtshof.

Zu einer kollegialen Gestaltung der Staatsanwaltschaft aber wird man der Möglichkeit der unabhängigen Stellung zu Liebe und ohne sonstige Noth nicht schreiten wollen.

Die Unabhängigkeit der Staatsanwaltschaft, insbesondere des Ober-Staatsanwalts würde immerhin nur auf dem Papier stehen, wenn dieselbe nicht gleich der richterlichen Unabhängigkeit durch Unabsetzbarkeit und Unversetzbarkeit jener Beamten gesichert wäre. Kann man aber die zwei letzteren Grundsätze in einem Theile der Beamten-Hierarchie durchführen, dem überall eine kollegiale Verfassung fehlt und nicht gegeben werden kann? Wird sich der Staat dazu verstehen, sich durch alle Wechselfälle hindurch, welche nicht nur den Staat, sondern auch die Person an Körper und Geist treffen können, durch einen und denselben Ober-Staatsanwalt vertreten zu sehen, bis dieser völlig untauglich oder durch den Tod abgerufen wird? Auch die Einflüsse von Krankheit und Alter können in einem Kollegium von unabsetzbaren und unversetzbaren Personen ausgeglichen und aufgewogen werden, in der einzelnen Person nicht.

Die Staatsanwaltschaft also kann in ihrer Spitze nicht unabhängig gestellt werden, und ist dem Justizminister zu untergeben. Dieser ist zwar auch nur ein einzelner Mann, dem aber der Staat schon die Leitung des ganzen Justizwesens anvertraut hat, der durch ein Kollegium, das Justizministerium gestützt, in wichtigen Dingen vom Staatsministerium berathen ist; und hier haben wir auch einen Chef, der für seine und seiner Untergebenen Handlungen und Unterlassungen verantwortlich gemacht werden kann.

Wo Ministerverantwortlichkeit rechtlich oder faktisch nicht besteht, strebe man diese an, statt solchen Mangel durch Verkümmerung und Abschwächung der natürlichen Gewalten und Funktionen der Lenker des Staates heilen zu wollen.

Auch in England ist die Staatsanwaltschaft nicht unabhängig und unabsetzbar, wie sich schon daraus ergiebt, daß die obersten Staatsanwälte in England, der attorney general und solicitor general, sowie die Häupter der Staatsanwaltschaft in Schottland und Irland, der Lord advocate und attorney general und ihre Stellvertreter (solicitor general) zu denjenigen Beamten gehören, welche mit jeder Neubildung des Kabinets nothwendig wechseln.[75])

Ich habe bisher nachzuweisen gesucht, daß es unthunlich sei, die Staatsanwaltschaft, gleich den Gerichten, unabhängig zu stellen. Ich glaube, daß, auch die politische Möglichkeit vorausgesetzt, kein Grund und Bedürfniß hiezu vorläge.

Der Juristentag hat mit Recht ausgesprochen, daß das Verbrechen eine Verletzung nicht blos des Individui, sondern zugleich der Gesammtheit, und daß letztere durch den Staatsanwalt vertreten sei. Das Interesse der Gesammtheit wird aber in höchster Instanz besser durch die jeweiligen obersten Leiter der Staatsverwaltung gewahrt, welche ja dasselbe Interesse in allen anderen Beziehungen, soweit die Verfassung keine Grenzen zieht und keine ständische Zustimmung verlangt, wahrnehmen, als durch einen unabhängigen und unverantwortlichen Beamten.

Die Regierung hat für Aufrechthaltung der Ruhe und Ordnung zu sorgen; Niemand bestreitet ihr das Recht, gegen polizeilich strafbare Störungen einzuschreiten. Entstehen nun in einem Landestheile Störungen, von denen man glaubt, daß sie, die polizeiliche Zuständigkeit übersteigend, strafrechtlich zu verfolgen seien, soll die Regierung, weil zufällig der Staatsanwalt eine andere rechtliche Ansicht hat, oder vielleicht, durch die Bewegung eingeschüchtert oder lahm gelegt, unthätig bleibt, mit gebundenen Händen die Störung und Gefahr anwachsen lassen, oder nicht vielmehr den Staatsanwalt zum Einschreiten auffordern und im Weigerungsfalle einen anderen an seine Stelle setzen können? Ist der Regierung, wenn auch natürlich kein Einfluß auf die Entscheidung der Gerichte, doch nicht wenigstens die Befugniß einzuräumen, einen Vorgang, den sie für peinlich strafbar hält, zur Entscheidung an die Gerichte zu bringen; ein Recht, das man ja mit der principalen Privatanklage jedem Privatmanne eingeräumt hat? —

---

[75]) Gneist: Engl. Verfassungs- und Verwaltungsrecht, Theil I., S. 287, 510.

Die Gegner selbst endlich räumen dem Justizminister die dienstliche Aufsicht und Disciplinargewalt über die Staatsanwaltschaft ein, die sich doch nothwendig auch auf die Prüfung der Frage erstrecken würde, ob nicht gerichtliche Verfolgungen ungehöriger Weise unterlassen oder eingeleitet worden seien, womit dann die ganze angesprochene Selbständigkeit wieder in Frage gestellt wäre.

Mit der Abhängigkeit der Staatsanwaltschaft von der politischen Gewalt ist nun freilich die Möglichkeit ungerechter Verfolgung gegeben, und schon die Verfolgung ist für den Betroffenen eine erhebliche Störung, die aber gegenüber dem Anspruche der Gesammtheit, einen beunruhigenden, jedenfalls an der Grenze krimineller Strafbarkeit liegenden Vorgang zum gerichtlichen Austrag zu bringen, nicht in Betracht kommt.

Ist es noch nicht gelungen, die Möglichkeit einer ungerechten Verurtheilung abzuwenden, so wird es noch schwieriger sein, ungerechte Verfolgungen unmöglich zu machen, doch kann diese Möglichkeit durch folgende Einrichtungen, die ich statt der bisher verworfenen Anträge in Vorschlag bringe, auf ein sehr geringes Maß beschränkt werden. [76])

Ich habe oben nachzuweisen versucht, daß der Staatsanwalt kein Verwaltungs- sondern ein richterlicher Beamter sei. Man wird dies zugeben, wenn man als maßgebend ins Auge faßt, daß der Staatsanwalt zur Verwirklichung der Rechtsidee, insbesondere zur richtigen Anwendung der Strafgesetze des Staates, lediglich im öffentlichen Interesse, kraft Auftrags des Staates, und im Wesentlichen nach freier eigener Ueberzeugung mitwirkt. Man wird dem Staatsanwalte die Eigenschaft eines richterlichen Beamten bestreiten, wenn man hiezu als wesentliche Merkmale richterliche Gewalt, Befugniß zur Entscheidung von Rechtsangelegenheiten und zum Vollzug solcher Entscheidung, und ferner völlige Unabhängigkeit fordert. Dann aber gehört Mangels der ersteren Voraussetzungen auch der Untersuchungsrichter nicht zu den richterlichen Beamten. Es genügt, jene Gesichtspunkte hervorgehoben zu haben, und die Frage bedarf zum vorliegenden Zwecke keiner Entscheidung des Juristentags. Ich gehe zu praktischen Vorschlägen über:

1) Ein hauptsächlicher Mangel und die vornehmlichste Ursache der Schwächen der Französischen Staatsanwaltschaft, zugleich die Gefahr des Mißbrauchs derselben zu politischen Zwecken, liegt in der unbedingten Ent-

[76]) Vergl. über die ganze Frage außer der Eingangs angeführten Schrift Hauschteck's: Triest in der Deutschen Strafrechtsztg. von 1862, Nr. 20, S. 305, Deutsche Gerichtsztg. von 1862, Nr. 35, S. 145, Nr. 38, S. 158. v. Stemann in Goltdammers Archiv Bd. XI., S. 532.

lasbarkeit aller ihrer Beamten. In Deutschland sind meines Wissens die Staatsanwälte nirgends in diesem Grade abhängig, sie können überall nur versetzt, zur Disposition gestellt, pensionirt, und nur unter denselben Bedingungen und Voraussetzungen wie andere nicht mit den Privilegien des Richterstandes ausgestattete Beamte entlassen werden. Eine noch festere Stellung könnte den Staatsanwälten bei Gerichtshöfen dadurch gegeben werden, daß sie mit Richtereigenschaft angestellt würden, oder, wenn sie zuvor Richter waren, diese Eigenschaft beibehielten, so zwar, daß sie, von der Staatsanwaltschaft entfernt, mit dem ihrem Dienstalter entsprechenden Range und Gehalte in das Gericht zurückversetzt werden müßten, oder zurücktreten könnten. [77]) Solche Stellung, bei der höchstens der Verlust des Gehalts des Staatsanwalts, soweit derselbe den Gehalt des Richters übersteigt, zu befürchten wäre, würde wohl auch in den Augen des Mißtrauischen die Staatsanwälte in den Stand setzen, unter allen Umständen entschieden verfassungs- oder gesetzwidrige Ansinnen zurückzuweisen. Andererseits wäre keine Gefahr, daß die Staatsanwälte in unbedeutenden und zweifelhaften Fällen der Regierung entgegenträten und sie in der Initiative behinderten.

2. Der Untersuchungsrichter ist dem Staatsanwalte gegenüber selbständig zu stellen, hat dessen Anträge, so weit sie sich nicht auf bloße gerichtspolizeiliche Vorerhebungen beziehen (Nr. II, 2 der Glaser'schen Resolutionen von 1862), zu prüfen und, vorbehaltlich der Beschwerde an das vorgesetzte Gericht, darüber zu entscheiden. [78])

3. In Frankreich bezichtigt man die Gerichte, insbesondere in Rechtshändeln, welche in Beziehung zu der jeweiligen Richtung der Regierungspolitik stehen, einer gewissen Hinneigung zu den Ansichten und Anträgen der Staatsanwaltschaft. Der Grund dieser Erscheinung, wenigstens dieses Mißtrauens, liegt in der Oberaufsicht und Kontrole, welche die in unmittelbarer Beziehung zum Justizminister stehenden Generalprokuratoren über die Gerichte führen, und in dem vermutheten Drucke, den sie hiedurch ausüben. Es liegt auf flacher Hand, daß eine solche Einrichtung, wenn auch vielleicht nicht überall eine wirkliche Abhängigkeit der Gerichte, doch den Verdacht eines ungebührlichen Einflusses auf die Gerichte und ein einigermaßen ge-

---

[77]) So verfügt §. 7 des Badischen Gesetzentwurfs, die Rechtsverhältnisse der Richter betr., bezüglich der aus dem Richteramte ernannten Staatsanwälte. Vergl. auch Art. 23 der Sächsischen Strafproceßordnung.

[78]) Hauschteck, Deutsche Strafrechtsztg. 1862, Nr. 20, S. 311. Deutsche Gerichtsztg. 1862, Nr. 35, S. 145. Deutsche Vierteljahrschrift 1860, Thl. II., S. 283. v. Stemann in Goltdammers Archiv Bd. VIII., S. 42. Dalcke daselbst Bd. IX., S. 156.

rechtfertigtes Mißtrauen gegen die Rechtspflege erzeugen muß, und man muß sich schon aus diesem Grunde gegen eine Kontrole erklären, mit deren Entfernung dann auch jede Gefahr eines ungebührlichen Einflusses der Staatsanwaltschaft, mittelbar der Regierung, auf das urtheilende Gericht beseitigt wäre [79]).

4. Ferner soll der Staatsanwalt, auch wenn er, in einem zweifelhaften Falle dem Befehle des Ministers nachgebend, eine Anklage gegen seine eigene Ansicht erhoben hat, oder wenn er sich später von der Unhaltbarkeit einer in gutem Glauben erhobenen Anklage überzeugt, in den folgenden Verhandlungen seine eigene rechtliche Ueberzeugung vorwalten lassen, die Anklage nicht weiter vertreten und begründen, als er mit gutem Gewissen kann. Das plaidoyer wenigstens soll frei und von der Regierung unabhängig sein.

5. Endlich ist die Dispositionsbefugniß der Regierung über die Anklage durch die Vorschrift zu beschränken, daß nach Einleitung einer Untersuchung gegen eine bestimmte Person, mit Ausnahme der Fälle, in denen auch der Privatankläger die Anklage jederzeit aufgeben kann, die eingeleitete Untersuchung nur mit Zustimmung des zuständigen Gerichts eingestellt, die Anklage also nicht einseitig zurückgezogen werden darf.

C. Ueber einzelne Funktionen der Staatsanwaltschaft.

Ich glaube im Sinne meines Auftrags zu handeln, wenn ich nach Besprechung der Sabarth'schen Anträge und der Frage der Organisation der Staatsanwaltschaft noch eine Nachlese über einige theils beim Juristentag zur Sprache gebrachte, theils mit der Frage der Organisation nahe zusammenhängende Funktionen und Machtbefugnisse der Staatsanwaltschaft halte und auch diese Gegenstände durch kurz motivirte Anträge zur Erledigung zu bringen suche.

I. Auf dem Gebiete der Strafrechtspflege ist der Staatsanwaltschaft überall das Recht kriminalpolizeilicher Vorerhebungen, die Befugniß zu Vornahme eingreifenderer Untersuchungshandlungen in den dringenden Fällen, der Antrag auf Einleitung und die Ueberwachung der Untersuchung, beliebige Antragstellung beim Untersuchungsrichter, bei der Raths- und Anklagekammer, die Vertretung der Anklage in der Schlußverhandlung und die Befugniß der

---

[79]) Die Nachtheile jenes Aufsichtsrechts sind z. B. mit grellen Farben geschildert in der pseudonymen Schrift: La vindicte publique en France par T. Séchelles, Fribourg e/B. 1860, p. 279 ff., 303 ff. — S. auch Mittermaier in der Deutschen Strafrechtsztg. von 1862, Nr. 18, S. 273; die Literatur über das Verfahren gegen den Advokaten Ollivier und über den kürzlich in Aix verhandelten Proceß gegen Armand von Montpellier.

Ergreifung der in jedem Stadium des Verfahrens und der gegen das Urtheil zulässigen Rechtsmittel eingeräumt, und es wird ihr keine dieser Befugnisse bestritten.

In einzelnen Staaten kämpft die Staatsanwaltschaft noch um unmittelbare Unterordnung der gerichtlichen Polizei.[80]) Es leuchtet ein, und es ist schon oben davon die Rede gewesen, daß die Untersuchung verübter Verbrechen ein rasches, thatkräftiges Einschreiten der mit der Initiative betrauten Behörden erfordert; der erste Angriff ist gelähmt, wenn der Staatsanwalt über das Personal der Entdeckungs- und Verfolgungspolizei nicht unmittelbar selbst verfügen kann, sondern erst ersuchen muß, und wenn der Erfolg von der Fähigkeit, dem guten Willen, vielleicht von sonstigen Sympathien oder Antipathien einer Mittelsperson abhängt. Eine einheitliche Leitung dieser Polizei durch einen der Gesetze besonders kundigen, der Uebung des Rechts gewohnten Beamten liegt im Interesse sowohl einer guten Kriminalpolizei, als auch der bürgerlichen Freiheit, und es verdienen jene Bestrebungen die Unterstützung des Juristentags.

Vielseitig angefochten ist das Recht der Staatsanwaltschaft, eine bereits erhobene Anklage zurückzuziehen[81]). Die Frage kam neuerdings gelegentlich der Anklage gegen About und die Opinion nationale wegen Amtsehrenbeleidigung des Maire von Saverne zur Sprache, in welchem Falle die kurz vor der zur Schlußverhandlung anberaumten Tagfahrt, anscheinend aus politischen Gründen, aus Rücksichten für die Person des Angeklagten und für die Haltung der angeklagten Redaktion erfolgte Zurückziehung der Anklage und insbesondere die Art und Weise der Vereitelung der Tagfahrt großes Aufsehen erregte. Dieser Fall eignet sich nicht zur Grundlage für die Angriffe auf jenes Recht. Ehrenkränkungen sind überall der Privatanklage überlassen und diese Anklage kann vor Fällung des Urtheils beliebig zurückgenommen werden. Nach Badischer Gesetzgebung kann sogar noch nach der Urtheilsfällung auf den Strafvollzug verzichtet werden. Anders natürlich bei Vergehen, deren Verfolgung nur die Anzeige des Verletzten voraussetzt. Es ist kein Grund abzusehen, aus welchem dem Staatsanwalte in solchen Fällen, in denen derselbe an Stelle eines Privaten als Ankläger aufgetreten

---

[80]) Deutsche Strafrechtszeitung von 1862, Nr. 3, S. 45; Schwarze daselbst Nr. 10, S. 148, Nr. 11, S. 161; Sundelin daselbst S. 405 ff. und von 1861, Nr. 5, S. 66, Nr. 44, S. 680; Triest daselbst von 1862, Nr. 20, S. 312. Dalcke in Goltdammer's Archiv, Bd. VII. S. 149 ff.

[81]) Mittermaier in dem in Note 15 citirten Aufsatz. Sundelin in der Deutsch. Strafrechtsztg. von 1862, Nr. 28, S. 433 ff. Nr. 46, S. 701. Hauschteck daselbst Nr. 20, S. 310. Deutsche Vierteljahrschrift 1860, II. Thl., S. 289.

ist, von dem dem Privatankläger vernünftigerweise eingeräumten Rechte des Verzichts ausgeschlossen werden soll; nur muß dieser Verzicht von der Zustimmung des verletzten Privaten oder der Behörde, welche die Anklage veranlaßt hat, und des vorgesetzten Oberstaatsanwalts abhängig gemacht werden. Beide Voraussetzungen lagen in oben erwähntem Falle vor.

In allen Fällen aber, in denen der Staatsanwalt von Amtswegen oder auf bloße Anzeige eines Verletzten einschreitet, soll die bereits erhobene Anklage nicht einseitig zurückgezogen werden können. Es liegt, ganz abgesehen von dem Interesse des einzelnen Beschädigten, im Interesse der durch das Verbrechen beunruhigten und verletzten Gesammtheit, oft selbst des Angeklagten, daß der anhängig gemachte Straffall klar gelegt, daß der Rechtsbruch geheilt, der Schuldige verurtheilt, der Unschuldige freigesprochen werde. Ist wegen mangelnden Thatbestandes oder Beweises von einer weiteren Betreibung und Verhandlung kein Ergebniß zu erwarten, so mag die Untersuchung im Einverständnisse oder auf Antrag des Staatsanwalts von dem zuständigen Gerichte eingestellt werden. Mit dem Verzichtsrechte selbst ist jede Gefahr des Mißbrauchs dieses Rechtes beseitigt [82]).

II. Die Verwendung und der Geschäftskreis der Staatsanwaltschaft auf dem Gebiete der bürgerlichen Rechtspflege, insbesondere in Frankreich, den linksrheinischen Deutschen Ländern, in Hannover, Oldenburg und Braunschweig ist in den Gutachten der Herren Francke, Schloß und Heimsoeth [83]) übersichtlich und ausführlich dargestellt. In letzterem Gutachten findet sich zudem eine treffliche Darlegung der Grundidee und der geschichtlichen Entwickelung der Verwendung der Staatsanwaltschaft im Civilprocesse.

Nachdem die Einschiebung der Staatsanwaltschaft als Nebenpartei (partie jointe) in den Civilproceß, nachdem deren Befugniß zu Erhebung der Nichtigkeitsbeschwerde im Interesse des Gesetzes auf dem Juristentage zu Wien mit ganz überwiegender Mehrheit verworfen wurde, erübrigt noch die Frage der Verwendung der Staatsanwaltschaft als Hauptpartei (partie principale). Ueber Natur und Inhalt dieser Thätigkeit wolle abermals das Gutachten des Herrn Präsidenten Heimsoeth verglichen

---

[82]) Ueber die Organisation und den Geschäftskreis der Deutschen (insbesondere Kurhessischen) Staatsanwaltschaft überhaupt vergl. F. W. Seelig, die Staatsbehörde bei dem Strafgericht, Kassel 1864, über das Aufgeben der Anklage insbesondere § 16 und 23.

[83]) Verh. des J.-T. von 1862, I., S. 28 ff., S. 57 ff., von 1863, I., S. 279 ff. Vergl. noch außer den angeführten Schriften von M. de Molènes und Frey: Makower in der Deutsch Gerichtsztg. 1861, Nr. 36, 37, S. 144 ff.

werden, dessen Anträge 1 und 2 (S. 300 und 302) jene Frage treffend und erschöpfend beantworten und sich zur Annahme durch den Juristentag empfehlen [84]).

III. Eine Aufzählung der Geschäfte, welche der Staatsanwalt als Organ der gerichtlichen Verwaltung zu besorgen hat, findet sich, für Frankreich, in den mehrerwähnten Schriften von Molènes und Frey. Für unsern Zweck genügt es, auf die kurze Zusammenstellung, für Frankreich und Hannover, in dem Gutachten des Herrn Schloß [85]) zu verweisen. Keine dieser Funktionen, mit Ausnahme der Oberaufsicht über die Gerichte, von der unten besonders die Rede sein wird, ist juristisch oder politisch von der Bedeutung, daß es sich einer Berathung und Entscheidung des Juristentags darüber lohnte, ob sie überhaupt beibehalten, ob sie dem Staatsanwalte, oder einer anderen Behörde übertragen werden sollen.

Es ist zweckmäßig, daß der Staatsanwalt dem Justizministerium vierteljährlich Tabellen über seine Thätigkeit und Anträge und über die Zeit und Art ihrer Erledigung durch die Gerichte vorlege, daß er jährlich über den Gang und Stand der Rechtspflege, so weit sie zu seinem Geschäftskreise gehört, und über wahrgenommene Mängel, sachliche und persönliche, berichte. Der Justizminister mag dessen Ansicht und Rath, wie denjenigen anderer Einsichtiger und Kundiger, über Besetzung in dessen Fach und Bezirk erledigter Stellen, ein- oder ausschließlich derer der koordinirten Richter und von diesen abwärts, einholen.

Beschwerden und Anzeigen gegen Richter und andere Beamte und Bedienstete sind nicht, wie Herr Schloß beantragt, bei dem Staatsanwalte, sondern bei der vorgesetzten Behörde einzureichen, und diese hat eventuell die Disciplinaruntersuchung anzuordnen. Ist auch bezüglich solcher Untersuchungen ein Anklageverfahren eingeführt, so ist jedenfalls für den Bereich des Justizministeriums der Staatsanwalt die geeignete Person, die Anklage zu vertreten. Wo die Oberaufsicht und Disciplinargewalt über die Anwälte einer Anwaltskammer anheimgegeben ist, empfiehlt es sich, für solche Fälle der Verletzung der Anwaltspflichten, in denen eine zu indolente oder zu nachsichtige Anwaltskammer nicht einschreitet, den Staatsanwalt für befugt zu erklären, von Amtswegen oder auf Anlaß des Gerichts einzuschreiten und das

---

[84]) Andere Anträge: von Francke a. a. O. S. 49, von Schloß a. a. O. S. 69, von Planck in den Verhdl. des J.-T. von 1862, Bd. II., S. 461, von Bauermeister in den Verhandl. des J.-T. von 1863, Bd. I., S. 37, die sich sämmtlich für, von Fierlinger daselbst S. 33, welcher sich gegen die Principalpartei ausspricht.

[85]) Verh. des J.-T. von 1862, Bd. I., S. 68.

Disciplinarverfahren bei der Anwaltskammer, vorbehaltlich des Rekurses an ein Obergericht, durchzuführen.

Die Anordnung des Strafvollzugs wird man am zweckmäßigsten demjenigen Gerichte überlassen, welches das Urtheil erster Instanz gesprochen hat; die Ueberwachung des Vollzugs in den Amts- und Bezirksgefängnissen wird den Amtsrichtern, in den Centralstrafanstalten dem Justizministerium zu überlassen sein.

Es steht nichts im Wege, neben den Gerichten auch die Staatsanwälte über Gnaden-Gesuche zum Berichte zu ziehen.

Die Aufsicht über die Notare dürfte einem passenden Verwaltungs- oder Justizkollegium, in zweiter Instanz dem Justizministerium übertragen werden; ebenso die Aufsicht über andere Beamte der Rechtspolizei und freiwilligen Gerichtsbarkeit und über Civilstandsbeamte.

Gerichtsschreiber und Gerichtsvollzieher stehen unter der Aufsicht des Gerichts bei dem sie angestellt sind, Bürgermeister, vorbehaltlich der dem Staatsanwalte bezüglich der Kriminalpolizei einzuräumenden Befugnisse, unter der Aufsicht des vorgesetzten Verwaltungsbeamten.

In denjenigen Staaten, in welchen die Gerichte nicht ungebührlich mit Geschäften der freiwilligen Gerichtsbarkeit und der Rechtspolizei, gar der Verwaltung belastet sind, und wo sie ihre Thätigkeit auf die Pflege des Strafrechts und des streitigen bürgerlichen Rechts koncentriren können, macht sich kein Bedürfniß der Uebertragung mit dieser Pflege verbundener Nebengeschäfte auf die Staatsanwaltschaft geltend, für welche auch von vornherein kein durchschlagender Grund vorliegt.

In Folge der Verwerfung der Rolle der Nebenpartei im Civilprocesse erscheint der Staatsanwalt so selten in den Sitzungs- und Geschäftszimmern der Civilabtheilungen der Gerichte, daß eine Uebertragung solcher Geschäfte an denselben noch ungeeigneter und störender sein wird.

Die Erlaubniß zur Einsicht von Akten und zur Fertigung von Auszügen aus solchen wird von dem Gerichte auszugehen haben, das seine Akten kennt, daher das Gesuch ohne besonderes Studium vorbescheiden kann.

Es wird bezeugt, daß die Uebertragung der Ertheilung des Armenrechts an die Staatsanwaltschaft sich in Hannover, Oldenburg und Braunschweig bewährt habe; ich kann versichern, daß die Belassung dieses Rechts bei den Gerichten z. B. in Baden ebensowenig Veranlassung zu Beschwerden gegeben, keinerlei Besorgniß der Befangenheit eines Gerichtes, das eine Partei auf Vorlage eines Armuthszeugnisses und auf oberflächliche Prüfung der Sachlage hin zum Armenrechte zuließ oder davon ausschloß, bei späterer Verhandlung und Entscheidung des Rechtsstreites erregt hat.

Die Besorgung der Korrespondenz der Gerichte unter sich, mit anderen inländischen und mit den ausländischen Behörden ist beispielsweise in Hannover durch das Gesetz vom 31. März 1859, § 3, und die in der Folge erlassene Verordnung der Staatsanwaltschaft wieder abgenommen und den Gerichten überlassen worden, und es läßt sich kein Bedürfniß der Behelligung der Staatsanwaltschaft mit solcher Briefträgerei einsehen.

Die Betrauung der Staatsanwälte mit der Anordnung der Vollstreckung civilgerichtlicher Urtheile fällt wohl mit der Funktion der partie jointe, und wo hiefür nicht besondere, außerhalb des Gerichtes stehende Beamte aufgestellt sind, führt wohl das Gericht, welches die Vollstreckung anordnet und überwacht, zweckmäßig auch die Aufsicht über das Vollstreckungspersonal. Von anderen bisher gerichtlichen Nebengeschäften, welche in Frankreich und denjenigen Deutschen Ländern, welche die Französische Gerichtsverfassung und Proceßordnung in diesem Punkte nachgeahmt haben, auf die Staatsanwaltschaft übertragen wurden, läßt sich die Nothwendigkeit und Zweckmäßigkeit solcher Theilung der Arbeit und Spaltung der Geschäfte noch weniger verstehen.

Indem ich mich gegen die Abgabe derarartiger Justiz-Verwaltungsgeschäfte an die Staatsanwaltschaft erkläre, befinde ich mich in Uebereinstimmung mit

> Brauer, Gutachten S. 98; Makower, Deutsche Gerichtszeitung von 1861, Nr. 37, S. 145; Sundelin, Deutsche Strafrechtszeitung von 1861, Nr. 19 S. 307.

IV. Wenn irgend etwas uns bestimmen könnte, das ministère public mit allen seinen Machtvollkommenheiten und mit sammt seiner Oberaufsicht und Kontrole über die Gerichte blindlings in Deutschland aufzunehmen, so wäre es das gute und unverdächtige Zeugniß, welches die Rheinischen Juristen, und zwar außer den Staatsanwälten auch die Richter und Anwälte, der Wirksamkeit jenes Instituts in den linksrheinischen Deutschen Provinzen ausstellen, und welches dieselben auch in den Verhandlungen des Juristentages laut und unwidersprochen mit der Versicherung ablegten, daß in den Rheinprovinzen sich keine Stimme für eine wesentliche Beschränkung der Befugnisse der Staatsanwaltschaft erhebe.

Wir müssen es unsern Stammesgenossen links des Rheins Dank wissen, daß sie ihre Französische Gerichtsverfassung und Gerichtsverfahren, die mit allen ihren Mängeln weit vernünftiger und besser waren, als bis vor 15 Jahren irgend eine Deutsche Gesetzgebung rechts des Rheins, mit Zähigkeit festhielten und zuweilen unter widrigen Umständen gegen mächtige Feinde vertheidigten, bis die Grundsätze, auf welchen dieselben aufgebaut sind, den Rhein überschreiten, und das Anklageverfahren kollegiale Verfassung der Gerichte, Schwurgerichte, Oeffentlichkeit und Mündlichkeit des Verfahrens überall in Deutschland ihren Einzug halten konnten.

Bald aber wird es an der Zeit, und, sobald sich der Glauben an die Ernstlichkeit und den Bestand dieser Einrichtungen festgesetzt haben wird, auch möglich sein, dasjenige was die Deutsche Gesetzgebung nicht aufgenommen, was die Deutsche Wissenschaft verworfen hat, zu Gunsten der Gemeinsamkeit des Rechtslebens aufzugeben.

Man schreibt die im Vergleich mit Frankreich guten Erfahrungen, welche man in den linksrheinischen Deutschen Ländern mit der gleich mächtigen Staatsanwaltschaft gemacht hat, auf Rechnung des Deutschen Charakters. Ich lasse es dahingestellt, ob wir so viel besser sind, als unsere Nachbarn. In einigen der Eigenschaften, welche hier in Betracht kommen, stehen sie uns in nichts nach, und wir müssen, um jene Erscheinung zu erklären, noch andere Momente, vielleicht folgende, mit in Betracht ziehen:

Die starke Centralisation der Verwaltung ermöglicht es der Französischen Regierung, und der häufige Wechsel der Staatsverfassung und der herrschenden Dynastie nöthigte dieselbe nicht selten, um sich die Herrschaft und die Ruhe im Innern auf die Dauer zu sichern, die Zügel straffer anzuziehen, und die Beamten, über die sie zu verfügen hat, zu einer thatkräftigeren und rücksichtsloseren Verfolgung der jeweiligen Zwecke anzuhalten, als dies je eine der über die linksrheinischen Deutschen Provinzen herrschenden Regierungen für nöthig fand. Hier kamen weder die Staatsanwälte noch die Gerichte in die Versuchung, die ersteren, einen Druck auf die Gerichte zu üben, die letzteren, sich solchen gefallen zu lassen.

In kleineren Staaten und Kreisen kann sich überhaupt ein solches Uebergewicht nicht so leicht geltend machen; die besondere Befähigung und Tüchtigkeit macht sich bis in die Hauptstadt hinein bemerklich, und Niemand hat zu fürchten, daß sein Schicksal im Staatsdienste von der Gewogenheit und den Berichten eines Beamten abhänge, wie dies in entlegenen Provinzen und bei kleinen Gerichten eines großen Reiches der Fall sein mag.

Ferner hatte sich in den linksrheinischen Deutschen Ländern durch die gemeinsame Vertheidigung der dortigen Rechtsinstitutionen eine gewisse Solidarität der Interessen zwischen Volk, Anwälten, Richtern und Staatsanwälten, bis zu einem gewissen Grade eine gemeinschaftliche Opposition gegen ihre rechtsrheinischen Regierungen gebildet, welche vielleicht ein Mißtrauen zwischen Staatsanwaltschaft und Ministerium zur Folge hatte, kein so recht warmes Verhältniß aufkommen ließ und die Staatsanwaltschaft den Gerichten näher rückte, als dem Ministerium.

Endlich brachten die Regierungen bei Maßregeln, welche das ganze Land betrafen, die Macht, die ihnen in der rheinischen Staatsanwaltschaft zu Gebote stand, wohl gar nicht in Rechnung.

Dabei soll nicht verkannt werden, daß es auch dem Deutschen Charakter widerstrebt, eine tüchtige Kraft wegen divergirender rechtlicher oder politischer Ansichten niederzuhalten, daß Deutsche Staatsanwälte vielleicht ihr Oberaufsichtsrecht nicht in diesem Sinne gebrauchen, Deutsche Regierungen eine derartige Einwirkung auf die Gerichte verschmähen würden. Aber man muß nicht bloß vertrauen, wo man sich Garantien verschaffen und die Gefahr ganz abwenden kann.

Mir will nun allerdings scheinen, daß eine Oberaufsicht, eine Kontrole der Staatsanwaltschaft über die Gerichte zu einer Korruption derselben mißbraucht werden kann.

Die Richter sind unabsetzbar und unversetzbar, aber der Staatsanwalt, der über deren Fähigkeit, Leistungen, vielleicht über diese und jene in die Politik einschlagende Abstimmung berichtet, hat eine Einwirkung auf die Beförderung. Die Regierung wird, mindestens bei gleicher Befähigung, diejenigen zu Vorsitzenden und in die oberen Gerichte befördern, welche ihr auch politisch zugethan sind, auf deren Stimmen sie bei gewissen Processen sicherer rechnen kann. Wenigstens wird man dies glauben, werden schwächere Charaktere sich an den Staatsanwalt anlehnen, und wird in zweifelhaften Fällen das Zünglein nach dieser Seite neigen.

In Wirklichkeit ist diese Gefahr nicht groß, die Tüchtigen und Ehrenfesten sind die Mehrzahl; aber es muß auch der böse Schein vermieden und kein Anlaß zu Mißtrauen gegeben werden.

Man wendet zwar ein, Alles, was gut zu gebrauchen sei, enthalte auch auch die Gefahr des Mißbrauchs, diese dürfe von dem Gebrauche nicht abschrecken. Es ist richtig, daß man Feuer und Licht nicht verbannen soll, weil man sich die Finger verbrennen kann, allein in solchem Maße scheint mir die Nothwendigkeit und Nützlichkeit des Aufsichtsrechts der Staatsanwaltschaft nicht nachgewiesen.

Schon zur Zeit des geheimen und schriftlichen Verfahrens hatten die Regierungen durch die Quartal- und Jahrestabellen der Gerichte, durch die Jahresberichte der Präsidenten, durch Einsicht von Akten und Arbeiten, welche aus verschiedenen Anlässen (z. B. in Folge von Begnadigungsbitten) zahlreich an die Ministerien kamen, nöthigenfalls durch Dienstuntersuchungen genaue Kenntniß des Geschäftsstandes der Gerichte, des Richterpersonals, der Fähigkeit und Leistungen der Einzelnen. Nachdem seit Einführung der Oeffentlichkeit und Mündlichkeit die Mängel und etwaige Verzögerungen der Justiz, sowie die Fähigkeiten und Leistungen der Richter noch mehr zu Tage treten, nachdem der gemeine Ruf, das Urtheil von Sachverständigen, welche den Verhandlungen anwohnen, zu jenen Erkenntnißquellen hinzugekommen sind, und Eisenbahnen die Sitze der Gerichte den Hauptstädten näher gerückt haben, liegt um so weniger ein Bedürfniß der Schaffung eines neuen Organs der staatlichen Oberaufsicht über die Gerichte vor.

Dieser Oberaufsicht ist zudem durch die beschlossene Beseitigung der **partie jointe** der Boden unter den Füßen hinweggezogen. Will man eine umfassende Kontrole durch die Staatsanwaltschaft herstellen, so muß man dieser auch die Wege in alle Abtheilungen und Säle der Gerichte ebnen, man muß ihr officiellen Zutritt verschaffen, ihr das Recht und die Pflicht der Anwohnung auch bei den Civilverhandlungen einräumen und auferlegen, in denen sie als **partie principale** sehr selten erscheinen wird.

Gerade in der Civilrechtspflege könnte der Staatsanwalt eine verhältnißmäßig unbefangene, unparteiische Kontrole üben; will man nun, da seine Mitwirkung wesentlich auf die Strafrechtspflege beschränkt ist, diese, in der leichter und häufiger Kollisionen zwischen Staatsanwaltschaft und Gericht eintreten, als hauptsächliches Feld der Kontrole der ersteren über das letztere einräumen?

Die Funktion der partie jointe hat im Vergleich zu dem Aufwande an Zeit und Personal, welche dieselbe erfordert, so wenig wirklichen Werth für die Civilrechtspflege, daß man fast auf die Vermuthung kommt, sie sei nur zum Zwecke der Kontrole und Aufsicht geschaffen.

Indem ich hervorhebe, daß

v. **Feuerbach**, Betrachtungen über Oeffentlichkeit und Mündlichkeit Bd. II., S. 138;
Gerau, im Archiv für civilist. Praxis Bd. 42 S. 328 ff.;
Frey, Frankreichs Civil- und Kriminal-Verfassung S. 230 ff.;
Dalcke in **Goltdammer's** Archiv Bd. IX. S. 157;
Francke, Gutachten S. 28;
Heimsoeth, Gutachten S. 284 und
König, Gutachten S. 50

sich **für**,

Mittermaier im Gerichtssaal Jahrg. X. S. 286;
Schwarze daselbst XI. Jahrg. S. 6 und in der Deutschen Gerichtszeitung von 1863 Nr. 33, 34, S. 136;
v. **Tippelskirch** in **Goltdammer's** Archiv Bd. II. S. 450.
v. **Stemann** daselbst Bd. VIII. S. 53;
Der Verfasser des Aufsatzes in der Deutschen Vierteljahrsschrift von 1860 II. Thl. S. 251;
Sundelin in der Deutschen Strafrechtszeitung von 1863, Nr. 19 S. 307;

Makower in der Deutschen Gerichtszeitung von 1861, Nr. 36, 37 S. 144;
Plathner, Gutachten S. 109;
Bauermeister, Gutachten S. 34;
Lienbacher, Gutachten S. 264;
Planck in seinem Referat von 1862 (Bd. II. der Verh. S. 449)
sich gegen den Staatsanwalt als Organ der Oberaufsicht über die Gerichte erklären, schließe ich mich der letzteren Ansicht an.

V. Anträge.

Ich beantrage zunächst die Verwerfung der Anträge 2 und 3 des Hrn. Sabarth und die Beibehaltung einer ständigen Anklagebehörde.

Die Entscheidung der Frage, ob die Staatsanwaltschaft eine richterliche oder Verwaltungsbehörde sei, würde nur eine unfruchtbare Diskussion ohne praktischen Erfolg herbeiführen, weshalb über den ersten Theil des Antrags 3 des Hrn. Hauschteck: „Die Staatsbehörde wird als eine Justizbehörde organisirt" zur Tagesordnung überzugehen wäre.

Der zweite Satz dieses Antrages 3, der theils die partie jointe, theils die Aufsicht über die Gerichte wiederherstellen oder einführen will, wäre zu verwerfen; ebenso die Absätze 1 und 2 des Antrages 4, insoweit sie die Uebertragung der Leitung aller für die Rechtspflege nöthiger nicht richterlicher Geschäfte, insbesondere der Justizverwaltung, auf die Staatsanwaltschaft bezwecken.

Dagegen empfiehlt sich der Antrag des Schlußsatzes der Nr. 4 Abs. 2, dem Staatsanwalte die Leitung der gerichtlichen (Kriminal-) Polizei zu übertragen, zur Annahme.

An die Stelle der Nr. 4. Abs. 4 des Antrags, die Vertretung der Interessen der Staatsregierung vor den Gerichten im bürgerlichen Processe betreffend, wären die Anträge des Herrn Präsidenten Heimsoeth zu substituiren.

Ueber den Antrag Nr. 4. Abs. 3 endlich, welcher durch die Beschlüsse auf die Lewald'schen Anträge vollständig erledigt ist, dürfte zur Tagesordnung übergegangen werden.

Demnach würden sich folgende Sätze zur Annahme durch den Juristentag empfehlen:

1) Die Amtsverrichtungen der Staatsanwaltschaft sind fortan durch ständige, eigens hiezu ernannte Beamte zu versehen.

2) Diese Staatsanwälte sollen nicht unbedingt, und nur unter denselben Voraussetzungen entlaßbar sein, wie die nicht richterlichen Beamten des Landes.

Die Staatsanwälte bei den Kollegialgerichten sind dem Richterstande zu entnehmen oder mit Richtereigenschaft anzustellen, so zwar, daß sie mit der Entlassung oder dem Rücktritte aus der Staatsanwaltschaft mit denselben Rechten und in demselben Range in den Richterstand eintreten, als hätten sie in der Zwischenzeit diesem Stande angehört.

3) Die Staatsanwälte bleiben den Justizministerien dienstlich untergeben.

Sie sind jedoch befugt und verpflichtet, in den gerichtlichen Verhandlungen einer anhängig gemachten Sache ihrer eigenen rechtlichen Ueberzeugung zu folgen.

4) Das Personal der Entdeckungs- und Verfolgungspolizei ist den Staatsanwälten unmittelbar zu untergeben.

5) Die Untersuchungsrichter haben die Weisungen der Staatsanwälte nur insoweit zu befolgen, als dieselben blos gerichtspolizeiliche Vorerhebungen betreffen, nach Einleitung der gerichtlichen Untersuchung aber deren Anträge selbständig zu prüfen und darüber, vorbehaltlich der Rechtsmittel an das vorgesetzte Gericht, zu entscheiden.

6) Eine bereits gegen eine bestimmte Person gerichtete Untersuchung kann von dem Staatsanwalte nur mit Einwilligung des Untersuchungsrichters, oder auf den Antrag des Staatsanwalts von der Raths- oder Anklagekammer eingestellt werden. Eine einseitige Zurückziehung der Anklage ist nur in denjenigen Fällen zuläßig, in welchen solche auch dem Privatankläger zusteht.

7) Es ist kein Bedürfniß vorhanden, der Staatsanwaltschaft die Leitung der bisher von den Gerichten besorgten Justiz-Verwaltungsgeschäfte, insbesondere der mit der Civilrechtspflege verbundenen Nebengeschäfte zu übertragen.

8) Die Staatsanwaltschaft eignet sich nicht zu einem Organe der staatlichen Oberaufsicht über die Gerichte.

Bezüglich der Verwendung der Staatsanwaltschaft im Civilprocesse schließe ich mich den Anträgen 1 und 2 des Herrn Präsidenten Heimsoeth an, die als Nr. 9 und 10 hier angereiht werden könnten, und unterstelle zur Entscheidung.

XII.

Gutachten des Professor Dr. Hinschius zu Halle a. d. S.

über die Gesetzgebungsfrage:

Erscheint es für das Deutsche bürgerliche Verfahren geboten oder auch nur zweckmäßig, daß die Zulässigkeit des Zeugenbeweises auf Rechtsgeschäfte von verhältnißmäßig nur geringem Betrage beschränkt, und daß derselbe von dem Inhalte einer Urkunde oder zur Ergänzung des Inhaltes oder zur Herstellung von Reden, die vor, während oder nach Abfassung einer Urkunde vorgefallen sein sollen, ausgeschlossen werde?

Das mittelst Schreibens der verehrlichen ständigen Deputation des Juristentages vom 1. März d. J. von mir erforderte Gutachten über die in der Ueberschrift wörtlich mitgetheilte Gesetzgebungsfrage beehre ich mich, wie folgt, zu erstatten:

Das Resultat, zu welchem ich gelangt bin, geht dahin,

dem Juristentage die Verneinung der Frage nach allen Beziehungen hin zu empfehlen.

Die zur Begutachtung gestellte Frage müßte zwar streng genommen in zwei besondere Fragen aufgelöst werden, nämlich erstens in die Frage, ob die näher gedachte Beschränkung des Zeugenbeweises geboten, und zweitens in die, ob sie auch nur zweckmäßig erscheint, indessen habe ich von meinem Standpunkt aus keine Veranlassung, die Erörterung durch die gedachte Scheidung schwerfällig zu machen, denn wer die Zweckmäßigkeit der Beschränkung verneint, wer der Ansicht ist, daß aus einer solchen Einengung des Zeugenbeweises nur Mißstände hervorgehen, der verneint damit auch selbstverständlich den ersten Theil der Frage.

Dies vorausgeschickt, gehe ich zur Begründung meiner verneinenden Antwort über. Da in Frankreich eine solche Beschränkung des Zeugenbeweises, wie sie in der zu begutachtenden Frage ausgesprochen ist, schon seit der Ordonnance de Moulins von 1566 besteht und die heute maßgebenden Artikel 1341 ff. des Code civil auf den Bestimmungen dieser Ordonnance und der Ordonnance von 1667 beruhen, so erscheint es zweckmäßig, die Erörterungen über das Für und Wider mit einer Beleuchtung des Französischen Systems, welches auch der im Jahre 1861 publicirte Entwurf einer Proceßordnung in bürgerlichen Rechtsstreitigkeiten für das Königreich Bayern angenommen hat, zu verbinden. Ein solches Verfahren ist um so mehr gerechtfertigt, als, wenn man die aufgeworfene Frage bejaht, man auch, wie sich aus der gleich folgenden Darstellung ergeben wird, — einige höchst unbedeutende Modifikationen abgerechnet — das Französische Recht ganz aufnehmen muß, ohne daß eine Verlassung seiner Grundprincipien möglich ist.

Die angeführten Bestimmungen des Code civil stellen in Bezug auf den Zeugenbeweis die folgenden beiden Hauptgrundsätze auf:

1) Der Beweis eines jeden Rechtsgeschäftes, dessen Gegenstand die Summe oder den Werth von 150 Francs übersteigt, muß unter Ausschluß von Zeugen durch eine öffentliche oder Privaturkunde geführt werden.

2) Selbst wenn der Gegenstand nur 150 Francs oder weniger beträgt, und eine über das Rechtsgeschäft aufgenommene oder Privaturkunde vorliegt, ist der Zeugenbeweis gegen den Inhalt der Urkunde, über Zusätze zu dem Inhalte und über Reden, welche vor, bei oder nach der Aufnahme der Urkunde gefallen sind, ausgeschlossen.

Die Tragweite dieser Bestimmungen läßt sich aber nur unter Beifügung der von ihnen gemachten Ausnahmen bemessen. Die gedachten Regeln finden nach Französischem Recht keine Anwendung:

1) in Handelssachen;

2) wenn ein sog. commencement de preuve par écrit vorliegt, d. h. wenn ein Schriftstück beigebracht wird, welches die behauptete Thatsache wahrscheinlich macht und welches von der Gegenpartei oder demjenigen, dessen Handlungen die letztere zu vertreten hat, ausgegangen ist;

3) ist der Zeugenbeweis zulässig, wenn sich die Partei keinen schriftlichen Beweis verschaffen konnte. Als Beispiele für diese Ausnahme zählt Artikel 1348 a. a. O. die Verbindlichkeiten auf, welche aus einem Quasi-Kontrakt, Delikt oder Quasidelikt entstehen, das in Nothfällen (während einer Feuersbrunst, eines Schiffbruches &c.) eingegangene Depositum, ferner Verbindlichkeiten, welche unter unvorhergesehenen Umständen, unter denen es unmöglich war, sich einen schriftlichen Beweis zu verschaffen, eingegangen sind,

endlich den Fall, welcher richtiger als eine weitere, selbständige Ausnahme hinzustellen ist:

4) wenn der Gläubiger seinen schriftlichen Titel durch einen unvorhergesehenen und unabwendbaren Zufall verloren hat.

Ueberblickt man dieses System, so muß es sofort in die Augen springen, daß, wenn es auch anscheinend die Unzulässigkeit des Zeugenbeweises als Regel nur mit gewissen Ausnahmen hinstellt, praktisch doch die Zulässigkeit des Zeugenbeweises die Regel und seine Unzulässigkeit das Exceptionelle ist. Das für den Verkehr die bedeutendste Stellung einnehmende Gebiet der Handelsverträge unterliegt der Beschränkung nicht, ebensowenig wird das Gebiet der quasikontraktlichen, Delikts und Quasidelikts-Obligationen von dem Princip getroffen. Weiter ist hervorzuheben, daß selbst da, wo eine Urkunde errichtet ist, alle außerhalb der Urkunde und ihres Inhaltes liegenden, auf die Gültigkeit der schriftlichen Willenserklärung influirenden Momente, wie z. B. die Geisteskrankheit der Kontrahenten, Betrug, Irrthum u. s. w. ebenfalls durch Zeugen erwiesen werden können, ja der Zeugenbeweis selbst zur Feststellung der bestrittenen Aechtheit einer Privaturkunde zulässig ist.

Der Kreis von Geschäften, in denen der Zeugenbeweis ausgeschlossen bleibt, ist also ein verhältnißmäßig kleiner, und man wird daher nicht behaupten können, daß das Französische System, welches dem Zeugenbeweis abhold ist, ihn aber doch in den meisten Fällen zuläßt, konsequent ist. Einen innern Grund dafür, daß man einen Darlehnsvertrag über 148 Francs durch Zeugen, die Hingabe von 151 Francs zu gleichem Zwecke dagegen nur durch eine Urkunde beweisen darf, wird Niemand angeben können. Ebenso unerfindlich ist es, daß Jemand einen Kaufvertrag über ein Paar Pferde, welchen er mit einem Bauer abgeschlossen, nur durch eine Urkunde beweisen kann, wenn er die Pferde für sich selbst zum Fahren oder Reiten benutzen will, dagegen den Zeugenbeweis führen darf, wenn er die Pferde mit Profit zu verkaufen, oder sie an Andere gegen Entgelt zu vermiethen beabsichtigt, weil in letzterem Fall ein Handelsgeschäft vorliegt.

Diese Inkonsequenz rührt daher, daß der Zeugenbeweis da, wo er für unzulässig erklärt ist, nicht etwa wegen der Eigenthümlichkeit dieser Fälle ausgeschlossen worden ist, sondern daß, wie gleich näher auszuführen sein wird, alle Gründe, die gegen die Anwendbarkeit dieses Beweismittels sprechen, die Natur desselben treffen; will man diese Gründe als richtig anerkennen, so müßte man konsequenter Weise den Zeugenbeweis soweit wie möglich beschränken. Daß dies aber im Französischen Recht nicht in größerem Umfange geschehen, und auch die zur Begutachtung gestellte Frage nicht über das Französische Recht in dieser Beziehung hinausgeht, liegt an der Unmöglichkeit, den Zeugenbeweis in engere Grenzen einzudämmen. Es leuchtet sofort ein, daß man zum Beweise des Zwangs und ähnlicher Anfechtungsmittel nicht den Urkundenbeweis verlangen kann, ebensowenig zum Beweise von außerkontraktlichen Beschädigungen. Abgesehen von Zeugen- und Urkundenbeweis wäre zwar noch die Möglichkeit offen, in diesen Fällen den Beweispflichtigen auf die Eidesdelation zu verweisen, — und diese ist nach dem Französischen Recht auch in der That zulässig, — allein man würde eine große Härte begehen, wenn man hier die Partei lediglich auf den Schiedseid beschränken wollte, denn man kann nicht von ihr verlangen, daß sie sich stets ohne Weiteres auf Treu und Glauben ihres Gegners in solchen Fällen verläßt, wo der Anspruch meistens aus einem mit Treu und Glauben nicht in Einklang stehenden Benehmen desselben entstanden, oder ihr doch mindestens ihr Gegner, dessen Rechtlichkeit sie blind vertrauen soll, wider ihren Willen, nicht durch ihre freie Wahl als Verpflichteter gegenüber getreten ist.

Für das Gebiet des Handelsrechtes schließlich muß man den Zeugenbeweis ebenfalls zulassen; Treu und Glauben, sowie die Beweglichkeit und Raschheit des Verkehrs erfordern denselben auch hier.

Lassen sich nun diese Inkonsequenzen nicht beseitigen, treten sie ferner noch greller hervor, wenn man erwägt, daß man für das Gebiet des Kriminalprocesses den Zeugenbeweis ebensowenig beschränken kann, so würde das Bedenken gegen die Einführung eines so inkonsequenten Systems nur dann gehoben werden können, wenn gewichtige Gründe für die Ausschließung des Zeugenbeweises vorhanden wären. Meines Erachtens liegen aber solche nicht vor.

Es sind hauptsächlich zwei Momente, aus welchen man die Nothwendigkeit und Zweckmäßigkeit einer Herübernahme der Französischen Grundsätze herleitet, nämlich die Unsicherheit des Zeugenbeweises und ferner die durch die Aufnahme eines solchen Beweises herbeigeführte Verzögerung der Processe.

Alles, was in erster Beziehung zu Ungunsten des Zeugenbeweises gesagt werden kann, haben die Motive zu dem gedachten Bayerischen Entwurf scharf und kurz hervorgehoben und es mag daher gestattet sein, die betreffende Stelle hier einzurücken. Es heißt dort (a. a. O. S. 585, 586):

„Der Grund der Beschränkung ist einleuchtend. Er liegt zunächst in der Unsicherheit des Zeugenbeweises, herbeigeführt durch die Schwäche des menschlichen Gedächtnisses, die Unzuverlässikeit der Erinnerung, zumal in fremden Angelegenheiten dadurch, daß so leicht willkürliche Vorstellungen mit wirklichen Erfahrungen vermengt und letzteren Erfindungen beigemischt werden, durch den schädlichen Einfluß endlich, welchen Eigennutz und Arglist unter solchen Verhälthältnissen unselbständigen und leichtfertigen Menschen gegenüber zu äußern vermögen, und der bei sinkender Religiosität und Moralität immer bedrohlicher wird. Nichts ist mehr geeignet demoralisirend auf das Volk zu wirken und das Ansehen der Rechtspflege zu beeinträchtigen, als das häufige Vorkommen falscher Zeugenaussagen und die damit verbundene Irreleitung der Gerichte."

Wären diese Anschauungen völlig begründet, so könnte man sich nur wundern, wie man überhaupt so lange den Zeugenbeweis zugelassen hat. Bei der nähern Betrachtung des in Rede stehenden Grundes halte ich es für angemessen von einer Erörterung darüber abzusehen, ob die Zeugenaussagen für ein sicheres oder unsicheres Beweismittel zu halten sind. Je nach subjektiven Auffassungen, je nach der Qualität der Zeugen, welche der eine oder der andere vorwiegend kennen gelernt hat, wird man sich bald zu dem ersteren, bald zu dem letzteren hinneigen, und es wird schwer sein die Meinungsverschiedenheiten auszugleichen. Von diesem Gesichtspunkte läßt sich also nichts für die Frage Entscheidendes gewinnen.

Nur soviel muß bemerkt werden, daß die Anhänger der Französischen Theorie die durch den Zeugenbeweis herbeigeführte Gefahr des Meineides zu sehr urgiren. Es kann zwar nicht geleugnet werden, daß falsche Aussagen von bestochenen Zeugen abgelegt und darauf hin ungerechte Erkenntnisse ergangen sind, es wäre aber denn doch immer noch der Nachweis zu führen, — der, so viel mir bekannt, bisher nicht erbracht worden ist, — daß das Vorkommen des Verbrechens so häufig in Deutschland ist, daß deshalb der Zeugenbeweis ausgeschlossen werden müßte. Selbst wenn es aber richtig wäre, was die Gegner behaupten, so fragt es sich doch noch, ob man durch Einschränkung des Zeugenbeweises der Gefahr, daß der Richter auf Grund von meineidigen Aussagen das materielle Recht der Parteien verletzt, entgehen würde? Hat man kein Vertrauen mehr zu der Moralität des Volkes im Allgemeinen, glaubt man nicht mehr an die Heilighaltung des Eides durch die Mehrzahl desselben, ist es dann nicht widersinnig, durch die Gesetzgebung die proceßführenden Theile in einer Reihe von Fällen, wenn keine Urkunden vorhanden sind, zu dem Gebrauche des Schiedseides hinzudrängen? Bei dem letzteren ist die Gefahr des Meineides doch sicherlich größer. Hier hat die schwörende Partei das unmittelbarste Interesse, schon dieses allein kann sie bestimmen, von der Wahrheit abzuweichen, während beim Zeugenbeweis dem Zeugen erst künstlich seitens der Partei durch Versprechen von gewissen Vortheilen u. s. w. ein Interesse erregt, also eine Schlechtigkeit zweier Personen präsumirt werden muß. Dazu kommt, daß beim Zeugenbeweis die Möglichkeit einer Irreleitung des Richters und die Fällung eines ungerechten Urtheils insofern eher vermieden wird, als der Richter die Glaubwürdigkeit des Zeugen prüfen kann, bei dem Beweis durch Eidesdelation wegen der formellen

Natur dieses Beweismittels aber ohne Weiteres die durch den Eid der Partei festgestellte Thatsache als wahr hinnehmen muß.

Allerdings ist die Schlechtigkeit der Menschen nicht allein der Rechtfertigungsgrund, vielmehr muß den Anhängern des Französischen Rechts zugegeben werden, daß häufig die Zeugenaussagen aus einer Reihe in menschlicher Schwachheit liegender Gründe unzuverlässig sind. Leitet man aber hieraus die Nothwendigkeit einer Beschränkung her, glaubt man durch die letztere Personen und Eigenthum sichern zu müssen, so ist hier das Mittel jedenfalls ein verfehltes. Der hervorgehobene Grund würde völlige Abschaffung des Zeugenbeweises erfordern. Wenn dies, wie früher schon gezeigt, unmöglich ist, so bleibt nichts übrig, als den Zeugenbeweis, wie bisher im Deutschen Proceß, uneingeschränkt zu lassen, denn die Glaubwürdigkeit und die Beweiskraft des Zeugnisses hängt wesentlich von inneren, individuellen Eigenschaften ab; Wahrheitsliebe, Auffassungsgabe, gutes Gedächtniß, Fähigkeit, objektive Wahrnehmungen frei von subjektiven Färbungen und Anschauungen darzustellen, sind die Momente, auf welche es ankommt; die Qualität der Streitsache, die Höhe des Objekts und Aehnliches, wonach das Französische Recht die Zulässigkeit oder Unzulässigkeit des Zeugenbeweises bemißt, ist ein völlig irrationeller Maßstab, denn das Zeugniß eines Menschen, welcher die obengedachten Eigenschaften besitzt, bleibt unter allen Umständen gleich zuverlässig, ob er über ein Objekt von 10 oder 1000 Francs, ob er über einen gewöhnlichen Kauf oder Handelskauf u. s. w. vernommen wird. Wenn man aber, wie die praktischen Verhältnisse liegen, keinen rationellen Maßstab finden kann, dann ist es eine Widersinnigkeit, den Zeugenbeweis in einer Reihe von Fällen auszuschließen, damit Personen und Eigenthum gesichert werden, ihn aber gerade da, wo nicht nur sehr hohe Werthe, sondern auch die höchsten Güter der Person in Frage stehen, d. h. auf dem Gebiete des Handels- und Kriminalrechts, zuzulassen.

Völlig durchschlagend in Bezug auf den hier in Rede stehenden Grund ist der Gesichtspunkt, welchen schon Planck in seiner Kritik des Bayerischen Proceßordnung-Entwurfes hervorgehoben hat. Für die Rechtfertigung einer Beschränkung des Zeugenbeweises zu Gunsten des Urkundenbeweises käme es vor allem darauf an, den Nachweis eines absoluten Minderwerthes des ersteren im Verhältniß zum Urkundenbeweise — und man kann zusetzen im Verhältniß zu der daneben immer zulässigen Eidesdelation — zu führen. Ein solcher Nachweis kann aber nicht erbracht werden, denn der Urkundenbeweis hat ebenfalls seine eigenthümlichen Uebelstände und Nachtheile, welche die etwaige Unsicherheit des Zeugenbeweises reichlich aufwiegen. Die Urkunde beweist zwar sicherer und dauernder das, was die Parteien geschrieben haben, aber häufig entspricht der Inhalt der Urkunde dem wirklichen Willen und den wirklich getroffenen Verabredungen nicht. Die Parteien beabsichtigen zwar, ihre wahre Willensmeinung niederzuschreiben, aber oft haben sie selbst oder der Verfertiger der Urkunde wegen mangelnder Fassungsgabe oder Unfähigkeit, sich korrekt auszudrücken, etwas fixirt, was der unbetheiligte Dritte später bei entstehendem Streite ganz anders, als es gewollt ist, auffassen muß. Wenn man hier den Zeugenbeweis nicht zuläßt, so opfert man dem Stück Papier und der Schrift das materielle Recht, während es doch sicherlich die Aufgabe einer jeden Proceßgebung ist, die Verwirklichung des materiellen Rechts durch die proceßrechtlichen Normen, soviel als möglich, herbeizuführen. Oft sind die Urkunden dunkel und undeutlich gefaßt, oft ist das Wesentliche vergessen, die Gefahr der Fälschung, sei es beim Entstehen der Urkunde durch den Verfasser und Schreiber, sei es später nach der Vollendung der Urkunde, nicht ausgeschlossen, so daß auch hier eine nicht geringere Unsicherheit als beim Zeugenbeweis eintritt. Der Partei muß mithin die Möglichkeit gegeben werden, den Widerspruch zwischen dem Inhalte der Urkunde und ihrem materiell vorhanden gewesenen Willen darzuthun. Dies durch andere Urkunden zu erweisen, wird oft unmöglich sein, und wollte man, wie das Französische Recht, nur dies zulassen, so würden ja in Betreff dieser Urkunden die eben hervorgehobenen Uebelstände sofort hervortreten.

Das weitere Auskunftsmittel, welches die Partei im Französischen Proceß hat, die Eidesdelation, ist deshalb nicht genügend, weil hierdurch die Wahrheit in rein formeller Weise festgestellt wird, und man daher der Partei nicht ohne Weiteres zumuthen kann, sich auf Treu und Glauben ihres Gegners zu verlassen.

Auch von diesem Gesichtspunkt aus läßt sich nach dem Vorstehenden die Beschränkung des Zeugenbeweises auf Rechtsgeschäfte von geringerem Betrage und Ausschließung desselben gegen den Inhalt einer Urkunde nicht rechtfertigen. Was insbesondere den letzten Punkt betrifft, so kommt man hier übrigens wieder zu der weiteren Inkonsequenz, über gewisse außerhalb der Urkunde liegende Thatsachen, z. B. über den Irrthum den Zeugenbeweis zuzulassen, ihn aber für andere Thatsachen, z. B. über Aeußerungen, welche die Bedeutung einzelner, von den Kontrahenten gebrauchter Ausdrücke näher ins Licht stellen sollen, auszuschließen.

Alle vorstehenden Erörterungen führen also dahin, daß das System des Französischen Rechts oder eine Nachbildung desselben wegen der angeblichen Unzuverlässigkeit und Unsicherheit des Zeugenbeweises nicht zu empfehlen ist.

Als weiterer Grund für die Einführung der in Rede stehenden Beschränkungen des Zeugenbeweises werden die Verzögerungen hervorgehoben, zu denen die Zeugenvernehmung Anlaß giebt. Wenn, wie man mit Recht voraussetzen darf, die Neugestaltung des Deutschen Proceßverfahrens auf

Grundlage der Mündlichkeit erfolgt, so ist es vollkommen richtig, daß beim Beweise durch Urkunden eine Beschleunigung dadurch erreicht werden kann, daß dieselben gleich bei der ersten Verhandlung vorgelegt werden. Allein vergegenwärtigt man sich, daß die Beschränkung des Zeugenbeweises nur für einen verhältnißmäßig kleinen Kreis von Processen möglich ist, so wäre damit im Ganzen für die Herstellung einer schleunigen Rechtshülfe wenig gewonnen. Ferner würde der Vortheil, welcher hiermit zu erreichen wäre, theilweise wieder durch andere Uebelstände, welche die Einführung des Systems mit sich im Gefolge hat, aufgewogen. Streitigkeiten, welche darüber entstehen, ob eine die Zulassung des Zeugenbeweises gestattende Ausnahme vorliegt, können eine Quelle von Weiterungen werden, welche sonst nicht entstehen würden.

Abgesehen hiervon giebt es genug andere Mittel, das Verfahren zu beschleunigen, und das Beispiel Hannovers zeigt, wie auch trotz der unbeschränkten Zulassung des Zeugenbeweises eine schleunige Rechtspflege sich erreichen läßt. Jedenfalls ist die höchste und erste Anforderung, welche an ein Processystem gemacht werden muß, die, daß es das materielle Recht soviel wie möglich zur Erscheinung bringt, und alle weiteren Rücksichten stehen erst in zweiter Linie.

Endlich zeigt sich auch hier wieder eine neue Inkonsequenz des Französischen Systems. Man schließt den Zeugenbeweis im Interesse der Beschleunigung aus. Verdienen nun aber die Processe, bei denen er allein beschränkt werden kann, eine schnellere Verhandlung als diejenigen, wo man ihn zuläßt? Gewiß nicht, die Sache steht gerade umgekehrt, denn in aller Welt ist man der Ansicht, daß Handelsprocesse und die ferner in Frage kommenden Bagatellprocesse sich zu einer schleunigeren Behandlung eignen.

Die Gründe, welche man für die Einführung des Französischen Rechts geltend macht, lassen sich also an und für sich nicht halten. Die Abänderung unseres jetzigen bestehenden Zustandes ist aber um so weniger nöthig, als alle die Uebelstände, welche man durch Einschränkung des Zeugenbeweises zu vermeiden sucht, auch auf andere Art beseitigt werden können. Haben wir erst wieder ein auf dem Princip der Mündlichkeit beruhendes Verfahren, so wird schon an und für sich eine Beweiserhebung seltener, als im heutigen gemeinen Proceß vorkommen. Die größere Gelenkigkeit des Verfahrens, der unmittelbare Verkehr des Richters mit der Partei von Mund zu Mund, die Möglichkeit einer ausgedehnteren Anwendung des richterlichen Fragerechtes, alle diese Umstände verhindern das frivole Läugnen und das kleinliche Streiten über einzelne Behauptungen und gewähren zugleich den Vortheil, eine Reihe von Thatsachen durch bloße mündliche Fragen zwischen Richter und Partei aufzuklären in Fällen, wo in unserem ungelenken schriftlichen Proceß erst eine lange und schwerfällige Beweisaufnahme nöthig wird.

Man gebe ferner dem Richter Freiheit in der Beurtheilung des Resultates des Beweisverfahrens, wie dies der vierte Juristentag bereits als nothwendig und zweckmäßig anerkannt hat, dann wird er im Stande sein, die Glaubwürdigkeit und die Sicherheit des einzelnen Zeugnisses nach dem, wie vorhin gezeigt, einzig möglichen individuellen Maßstab zu beurtheilen und man braucht dann der Partei nicht von vornherein ein Mittel, wodurch jedenfalls mit zur Eruirung der materiellen Wahrheit beigetragen wird, abzuschneiden. Man hat dann nicht nöthig, ein inkonsequentes, den nicht juristisch gebildeten Verstand frappirendes System aufzustellen und in einer Reihe von Fällen das Kind mit dem Bade auszuschütten.

Auch von einem weiteren schließlich geltend zu machenden Gesichtspunkt aus wird man zur Verneinung der zu begutachtenden Frage gelangen. Von Französischen und Rheinischen Juristen hört man zwar fast allgemein, daß die in Rede stehenden Bestimmungen des Code civil sich bewährt haben, trotzdem glaube ich, daß sie unseren Zuständen nicht angemessen sind, und daß, wenn wir uns den Verlauf in Frankreich vergegenwärtigen, wir Anstand nehmen müssen, jene Vorschriften auf unseren heimischen Boden zu verpflanzen.

Soviel mir bekannt, sind in Frankreich die Bestimmungen in das Volksbewußtsein übergegangen, und es ist selten, daß dort Verträge über bedeutende Summen nicht notariell abgeschlossen werden. Man darf dabei aber nicht vergessen, daß dort dies System schon seit beinahe 300 Jahren gilt. Als man im sechszehnten Jahrhundert durch die Ordonnance de Moulins mit dem früheren Recht brach, fand man das neue Gesetz hart und suchte sich demselben durch alle möglichen Umwege zu entziehen, erst nach einem Jahrhundert gelang es, seine volle Anwendung durchzusetzen und das neue System mit dem Volksbewußtsein in Einklang zu bringen.

Daß die heutige Sitte in Frankreich manche Vortheile mit sich bringt, und daß gerade die Gewöhnung, die Verträge vor einem rechtskundigen, mit öffentlichem Glauben versehenen Beamten zu schließen, einen Theil der vorhin hervorgehobenen Nachtheile des Systems beseitigt, will ich nicht läugnen. Dann liegt aber die gerühmte Vortrefflichkeit nicht an und für sich in dem System, sondern in der zum Theil durch dasselbe hervorgerufenen Volkssitte. Will man also nicht soweit gehen, blos öffentliche Urkunden als Beweismittel zuzulassen und auch den Beweis durch Privaturkunden auszuschließen, — und das wird man unmöglich können, — so fragt es sich, ob das allerdings in Frankreich gelungene Experiment auch bei uns gleichen Erfolg haben wird.

Ich möchte dies bezweifeln. Dem Rechtsbewußtsein des Deutschen Volkes widerspricht es entschieden, überall sich etwas Schriftliches geben zu lassen. Und daß sich etwaige die Einführung einer solchen Sitte bezweckende Vorschriften nicht einbürgern werden, davon geben unsere Preußische Verhältnisse das beste Beispiel. Die Bestimmungen des Landrechts über die Schriftlichkeit der Verträge sind — darüber ist man bei uns einig — nicht in das Volksbewußtsein übergegangen; statt der erwarteten Rechtssicherheit ist ein Heer von Processen entstanden über Fragen, welche man weder in den Ländern des gemeinen noch des Französischen Rechtes kennt, und der Ausgang derselben ist in den meisten Fällen der, daß der unredliche Kontrahent sich auf Kosten des anderen, auf Treu und Glauben bauenden Mitkontrahenten bereichert.

Freilich schreibt das Landrecht die schriftliche Form als Essentiale für die Gültigkeit der Verträge vor, während bei der beabsichtigten Annahme des Französischen Rechts die schriftliche Form nur die Natur eines Beweismittels haben und mithin die Gültigkeit des nur mündlich geschlossenen Vertrages nicht tangirt werden würde. Nichtsdestoweniger wird man die Heranziehung unserer Verhältnisse nicht von der Hand weisen können.

Dem nicht juristisch gebildeten Verstande wird der Unterschied zwischen der Bedeutung der Form als Bedingung der Gültigkeit und als Beweismittel nicht so leicht klar zu machen sein, im Gegentheil wird er es schwer begreifen, daß der mündlich vor Zeugen geschlossene Vertrag in einer ganzen Reihe von Fällen gültig sein kann, daß sich aber trotzdem die Kontrahenten für die Geltendmachung ihrer Rechte nicht auf die Zeugen als Beweismittel berufen können. Wer Gelegenheit gehabt, viel in juristischen Dingen mit Laien zu verkehren, der wird die Erfahrung gemacht haben, daß der Laie immer nur das materielle Recht im Auge behält und daß es ihm schwer wird, sich in Aenderungen zu finden, welche ein processualisches Verfahren auf das materielle Recht hervorbringen kann. Hat sich also die Schriftlichkeit in ihrer Bedeutung als wesentlicher Form für die Gültigkeit der Verträge nicht eingebürgert, so ist nach dem eben Bemerkten die Hoffnung gewiß nicht berechtigt, daß sie sich blos dadurch, daß man dieser Bedeutung eine andere Funktion, die als Beweismittel, substituirt, mehr an Terrain im Volke gewinnt, umsoweniger, als doch an und für sich die Auffassung der Form im Preußischen Recht ein stärkerer Hebel für die schriftliche Eingehung der Verträge ist, als im Französischen Recht, weil nach dem letzteren die Nachtheile der Nichtbeobachtung geringer sind, als nach dem ersteren.

Ich würde mit Rücksicht hierauf die Einführung des Französischen Rechtes für nichts anderes als für ein sehr gefährliches Experiment erklären, und selbst wenn man anzunehmen berechtigt wäre, daß die Uebertragung der Französischen Grundsätze schließlich zu demselben Resultate wie in Frankreich führen würde, so müßte man sie doch von der Hand weisen. Das bloße Experimentiren auf einen erst nach Jahren zu erreichenden Erfolg hin ist ein Verkennen der Aufgaben der Gesetzgebung. Es entspricht nicht dem Berufe derselben, Bestimmungen zu treffen, welche erst auf Jahre, vielleicht Jahrhunderte hinaus im Volksbewußtsein Wurzel fassen sollen, vielmehr soll die Gesetzgebung gerade den Bedürfnissen der Gegenwart angemessen sein und diesen Rechnung tragen.

Aus allen vorstehend entwickelten Gründen halte ich die an die Spitze des Gutachtens gestellte Verneinung der Frage für gerechtfertigt.

Selbstverständlich ist es, daß damit nicht die Einführung jeder schützenden Form von der Hand gewiesen werden soll; da sich aber das Bedürfniß solcher Formen wesentlich durch den Charakter der einzelnen Rechtsgeschäfte bestimmt, würde eine darauf gerichtete Erörterung von dem processualischen Gebiet auf das Gebiet des Civilrechts hinüberführen und muß deshalb hier bei Seite gelassen werden.

Verhandlungen

des

Fünften Deutschen Juristentages.

Herausgegeben

von

dem Schriftführer-Amt der ständigen Deputation

Zweiter Band.

Berlin, 1864.
Druck und Commissions-Verlag von G. Jansen.

Inhaltsverzeichniß.

A. Statut.

B. Gutachten,

welche in den ersten Band nicht mehr Aufnahme finden konnten.

C. Stenographische Berichte.

D. Mitglieder-Verzeichnisse.

Statut des Deutschen Juristentages.

§. 1.

Der Zweck des Deutschen Juristentages ist: eine Vereinigung für den lebendigen Meinungsaustausch und den persönlichen Verkehr unter den Deutschen Juristen zu bilden, auf den Gebieten des Privatrechts, des Processes und des Strafrechts den Forderungen nach einheitlicher Entwickelung immer größere Anerkennung zu verschaffen, die Hindernisse, welche dieser Entwickelung entgegenstehen, zu bezeichnen und sich über Vorschläge zu verständigen, welche geeignet sind, die Rechtseinheit zu fördern.

§. 2.

Der Deutsche Juristentag tritt in der Regel alljährlich zusammen; doch ist die ständige Deputation ermächtigt, aus Gründen der Zweckmäßigkeit ausnahmsweise die Wiedereinberufung des Juristentages erst in dem auf dessen letzten Zusammentritt folgenden zweiten Kalenderjahre vorzunehmen.*)

§. 3.

Zur Mitgliedschaft berechtigt sind die Deutschen Richter, Staatsanwälte, Advokaten und Notare, die Aspiranten des Richteramtes, der Anwaltschaft und des Notariats, sowie Jeder, der nach seinen Landesgesetzen zum Richteramte, zur Anwaltschaft oder zur Ausübung des Notariats für befähigt erkannt ist, ferner die Lehrer an den Deutschen Hochschulen, die Mitglieder der gelehrten Akademien, die Doktoren der Rechte und die rechtsgelehrten Mitglieder der Verwaltungs-Behörden.

---

*) Die gesperrt gedruckten Worte sind eine von dem Fünften Deutschen Juristentage beschlossene Aenderung des Statuts.

§. 4.

Die Mitgliedschaft beginnt mit dem Empfange der Mitgliedskarte. Sie berechtigt zur Theilnahme an den Verhandlungen und an der Abstimmung.

§. 5.

Der Beitrag der Gesellschaftsmitglieder beträgt zwei Thaler jährlich und ist innerhalb vier Wochen nach Beginn jedes neuen Jahres zu entrichten, widrigenfalls derselbe durch Postvorschuß eingezogen wird. Nimmt ein Mitglied den mit Postvorschuß beschwerten Brief nicht an, so wird dies einer ausdrücklichen Austrittserklärung gleich geachtet. — Für die am Orte des Juristentages selbst zu lösende Anmeldungskarte ist Ein Thaler zu entrichten.

§. 6.

Den Plenar-Verhandlungen des Deutschen Juristentages gehen der Regel nach Abtheilungs-Berathungen voraus. Zu diesem Zwecke werden durch freiwillige Einzeichnung der Mitglieder folgende vier Abtheilungen gebildet:

1) Abtheilung für Privatrecht, insbesondere Obligationen- und Pfandrecht, juristisches Studium und praktische Ausbildung.
2) Abtheilung für Handels-, Wechsel-, See- und internationales Recht.
3) Abtheilung für Strafrecht, Strafproceß und Gefängnißwesen.
4) Abtheilung für Gerichtsverfassung und Civilproceß.

Die Abtheilungen wählen ihre Vorsitzenden, Schriftführer, Berichterstatter und benachrichtigen den Vorsitzenden der Plenar-Versammlung (§. 7), sobald ihre Berathungen über einzelne Gegenstände geschlossen sind; ihre Anträge sind schriftlich zu fassen. In jeder Abtheilung stimmen nur Diejenigen mit, welche sich in die betreffende Abtheilung bereits eingezeichnet haben.

Sämmtliche Beschlüsse der Abtheilungen werden in der Plenar-Versammlung mitgetheilt. Es findet jedoch eine Erörterung und Entscheidung im Plenum nur dann statt, wenn dieselbe von der betreffenden Abtheilung vorgeschlagen, oder wenn sie von mindestens zehn Mitgliedern beantragt und von der Plenar-Versammlung beschlossen wird. Ueber die Vorfrage, ob dem von mindestens zehn Mitgliedern gestellten

Antrage auf Plenar=Entscheidung stattzugeben, wird nur einem der Antragsteller und dem Berichterstatter das Wort ertheilt

§. 7.

Die Verhandlungen der Plenar=Versammlung leitet ein Vorsitzender, welcher für die Dauer eines jeden Juristentages in der ersten Plenar=Versammlung durch Stimmzettel oder Akklamation gewählt wird. Derselbe ernennt zwei bis vier Stellvertreter und vier Schriftführer. Er bestimmt die Tagesordnung und kann einzelne Gegenstände, ohne Vorberathung in den Abtheilungen (§. 6), unmittelbar zur Plenar=Berathung stellen. Auch ist er befugt, Nichtmitglieder als Zuhörer zuzulassen.

§. 8.

Bei allen Beschlüssen der Plenar=Versammlung und der Abtheilungen entscheidet einfache Stimmenmehrheit der anwesenden Mitglieder, bei allen Wahlen relative Majorität und im Falle der Stimmengleichheit das Loos.

§. 9.

Wird Schluß der Debatte beantragt, so wird über diesen Antrag sofort abgestimmt. In der Plenar=Versammlung sind alle Anträge mit Ausnahme des Antrages auf Schluß der Debatte schriftlich zu stellen.

§. 10.

Vor dem Schlusse eines jeden Juristentages wird von der Plenar=Versammlung durch Akklamation oder in einem einzigen Skrutinium durch Stimmzettel eine aus achtzehn Mitgliedern und dem Präsidenten des letzten Juristentages als Ehren=Präsidenten bestehende ständige Deputation gewählt. Von jenen achtzehn Mitgliedern müssen mindestens drei am Orte des letzten Juristentages und jedenfalls zwölf auswärts wohnen. Die Liste der zur Akklamation vorzuschlagenden Personen wird durch den Präsidenten der Plenar=Versammlung, seine Stellvertreter und je zehn von jeder Abtheilung gewählte Vertrauensmänner gemeinschaftlich festgestellt.

Die ständige Deputation hat folgende Befugnisse und Obliegenheiten:

1) sie sorgt für die Ausführung der von dem Juristentage gefaßten Beschlüsse, veranlaßt nach eignem Ermessen den Druck

Gutachten,

welche in den ersten Band nicht mehr Aufnahme finden konnten.

XIII.

Gutachten des Professor Dr. Anschütz zu Halle über den Antrag des Stadtgerichtsrath Borchardt in Berlin.

I.

Es giebt Einrichtungen, von denen man sagen kann, daß sie im Geiste der Zeit liegen. Zu den regelmäßigen Forderungen, welche heut zu Tage an die staatliche Organisation gestellt werden, gehört auch die Einrichtung nicht blos besonderer Gerichte für Handelssachen überhaupt, sondern solcher Handelsgerichte, welche entweder ausschließlich oder doch theilweise mit Kaufleuten besetzt sein sollen. Es liegt der Grund dieser Forderung nicht blos in dem Wunsche, einen verbesserten und den speziellen Interessen des Handels entsprechenden Gang der Justiz zu erreichen, sondern auch in einem gewissen Selbstständigkeitsgefühl des Handelsstandes, ein Gefühl, welches im Prinzip völlig berechtigt erscheint.

Die nachfolgenden Ausführungen werden sich weniger mit der Frage beschäftigen, inwiefern die Errichtung besonderer Handelsgerichte überhaupt erforderlich sei, als vielmehr mit der Frage, ob die Handelsgerichte mit kaufmännischen Mitgliedern zu besetzen seien. Denn nur die letztere Frage erscheint als eine Prinzipienfrage, nur sie ist bestritten. Ueber die erste Frage dagegen werden die Meinungen weniger auseinandergehen; es erscheint lediglich als eine lokale Frage zweckmäßiger Geschäftsvertheilung, ob besondere Gerichtsabtheilungen für Handelssachen errichtet werden sollen.

II.

Der ziemlich verbreitete Ruf nach kaufmännischer Besetzung der Handelsgerichte scheint ganz speziell seit der Vollendung des Deutschen Handelsgesetzbuches an Intensivität zugenommen zu haben. Zunächst scheint uns nun gerade diese Ideenverbindung keine naturgemäße zu sein; vielmehr dürfte seit Publikation des Handelsgesetzbuches gerade der umgekehrte Schluß gerechtfertigt sein; denn in denjenigen Ländern, wo es früher an einem kodifizirten und ausführlichen Handelsrecht fehlte, würden Kaufleute als Mitglieder der Handelsgerichte den Juristen mitunter wesentliche Dienste geleistet haben, weil bei jenem Zustand des Handelsrechts die besonderen handelsrechtlichen Anschauungen und Grundsätze dem Juristen weit schwerer zugänglich waren. Gegenwärtig verhält es sich nun aber umgekehrt. Durch das neue Handelsgesetzbuch, welches sich speziell die Aufgabe gestellt hat, die herrschenden kaufmännischen, vom Civilrecht abweichenden Auffassungen und Bildungen der Rechtsinstitute wiederzugeben, wird es dem Juristen weit leichter als früher, sich im Handelsrecht und in Handelsstreitigkeiten zurecht zu finden. Und da die Erklärung des neuen Handelsgesetzbuches jetzt noch vorzugsweise Gegenstand rechtswissenschaftlicher Thätigkeit ist und noch für lange Zeit bleiben wird, so könnte es sich ereignen, daß der kaufmännische Kollege des rechtsgelehrten Handelsrichters nicht mehr wie früher diejenige Autorität ist, bei welcher der Jurist über die Geheimnisse der kaufmännischen Auffassung Belehrung sucht und nach Umständen auch findet; sondern umgekehrt, der kaufmännische Kollege wird das Verständniß solcher Bestimmungen des Gesetzbuches, welche noch einer Erklärung bedürfen, bei den Juristen und aus den Werken juristischer Schriftsteller suchen müssen. Die angebliche Stütze, die der Kaufmann dem Juristen im handelsgerichtlichen Kollegium gewähren soll, würde also sehr illusorisch sein.

III.

Wenn also in der Publikation des Handelsgesetzbuches für sich allein nichts weniger als ein entscheidender Grund zur Einführung von Handelsgerichten mit kaufmännischen Mitgliedern liegen kann, so fragt es sich, welche andere Gründe vorhanden sein können oder thatsächlich angeführt werden, die zu jener Einrichtung führen würden. Hier sind nun vor allen Dingen einige Gründe auszuscheiden, mit welchen das Verlangen nach der neuen Einrichtung häufig motivirt wird, ohne daß dabei ein innerer Zusammenhang erkennbar wäre.

Zu dieser Klasse von Gründen gehört:

1) die Klage über den langsamen und kostspieligen Gang des gerichtlichen Verfahrens. Diese Klage betrifft den Civilprozeß und die Gerichtsorganisation überhaupt. Offenbar aber hängt die Beseitigung dieser Uebelstände, insofern dieselben überhaupt vorhanden und ihre Beseitigung überhaupt möglich ist, durchaus nicht mit der Frage der kaufmännischen Besetzung der Handelsgerichte zusammen; denn wenn unser gerichtliches Verfahren

Mängel und Lücken hat, so wird es dieselben auch dann behalten, wenn statt der Juristen es Kaufleute sind, die den schleppenden Prozeßgang handhaben und Recht sprechen sollen. Und umgekehrt würde eine den begründeten Anforderungen der Neuzeit entsprechende Reform des Civilprozeßverfahrens jenen Klagen auch dann abhelfen, wenn die Richter, die das neue Verfahren handhaben sollen, keine Kaufleute, sondern Juristen sind. Dies gilt ganz insbesondere von der im Deutschen Handelsgesetzbuch bereits vielfach zur Anerkennung gekommenen freien Beweistheorie und freien Taxation des Schadens (vergl. Anschütz in der Pr. Anwaltsztg. 1864, Nr. 3). Durch diese freiere Stellung des Richters ist einem Theile der oben erwähnten Klagen, und vielleicht dem wichtigsten Theile in der That schon jetzt abgeholfen, und es bedarf nur eines, für den rechtsgelehrten, wie eventuell für den kaufmännischen Richter in ganz gleichem Maße erforderlichen Einlebens, in diese freiere Stellung, um den großen Fortschritt gegen die früheren Zustände erkennen zu lassen.

Sodann ist

2) auch die Anschauung ausgesprochen worden, als ob die kaufmännische Besetzung der Handelsgerichte der Forderung von Standesgerichten entsprechen solle. Auch diese Anschauung führt auf ein ganz anderes Gebiet; denn offenbar werden vom Standpunkte des Standesgerichts aus mit demselben Rechte auch die übrigen Berufs- oder Geburtsstände, also unter den Berufsständen die Arbeiter, die Handwerker, die Grundbesitzer, die Bauern, die Gelehrten, die Aerzte und jeder Stand, der eine reale Grundlage im Leben hat, besondere Gerichte verlangen können. Diese Frage ist offenbar eine von ganz anderen Gesichtspunkten aus zu betrachtende social-politische Frage, nicht aber eine speziell den Handelsstand betreffende Frage. Entscheidet man sich überhaupt gegen Standesgerichte — wie denn die Frage auch bei einer neuen Justizorganisation in der That in verneinendem Sinne entschieden bleiben wird — so wird auch zu Gunsten eines angeblichen Standesinteresses der Kaufleute füglich keine Ausnahme gemacht werden. Hierzu kommt aber noch ein anderer entscheidender Grund: das Handelsrecht des Handelsgesetzbuches ist überhaupt nicht mehr ein ausschließliches Recht der Kaufleute, sondern ein Recht der Handelsgeschäfte, welche auch von Nichtkaufleuten geschlossen werden können. Die Kompetenz der Handelsgerichte ist heut zu Tage überwiegend mehr eine Real- als eine Personalkompetenz.

3) Ein dritter Grund, welcher für die kaufmännische Besetzung der Handelsgerichte im gewöhnlichen Leben angeführt zu werden pflegt, ist die Analogie des Geschworenengerichtes. Auch dieser Grund greift in ein anderes, viel weiteres Gebiet hinüber. Würde man sich von irgend welchem Standpunkte aus für die Einführung der Civiljury entscheiden, so würde diese

Einrichtung sicher nicht auf die Entscheidung der Handelsstreitigkeiten beschränkt bleiben. Auch diese Frage ist keine spezifisch kaufmännische, und die Interessen des Handelsrechts nehmen bei ihrer Lösung keine besondere Stellung ein. Sodann aber paßt die Analogie des jetzigen Geschworenengerichtes auch deshalb nicht, weil gerade die kaufmännischen Mitglieder im Handelsgericht überall nicht blos etwaige Thatfragen, sondern vorzugsweise die Rechtsfrage entscheiden sollen.

Wenn endlich

4) die kaufmännisch besetzten Handelsgerichte auch noch unter dem Gesichtspunkte der Schiedsgerichte empfohlen werden, durch welche Vergleiche unter den streitenden Parteien erzielt werden sollen, so läßt sich gegen diese Auffassung allerdings wenig bemerken. Es ist hinlänglich bekannt, daß in einigen Preußischen Handelsstädten, wie in Berlin, Stettin, solche von der Kaufmannschaft selbst eingesetzte Schiedsgerichte mit gutem Erfolge bestehen. Allein Schiedsgerichte setzen eine freiwillige und vereinbarte Unterwerfung unter das Schiedsgericht voraus, während das Handelsgericht ein Gericht mit Gerichtszwang sein soll. Die zwangsweise Aufnöthigung eines Schiedsspruchs in allen Handelsstreitigkeiten würde heißen, daß Handelsstreitigkeiten überhaupt nicht im Wege des Civilprozesses und des geordneten Instanzenzugs, sondern durch Vergleiche entschieden werden sollen. Es erscheint nun aber sehr fraglich, ob der Handelsstand, oder ob Diejenigen, welche überhaupt Handelsgeschäfte schließen, gewillt sind, statt der Entscheidung ihrer Streitigkeiten im Wege des ordentlichen Prozeßverfahrens durch Urtheil und Recht, sich a priori einem Vergleiche zu unterwerfen.

IV.

Neben den soeben besprochenen Gründen giebt es nun aber andere, welche für die aufgestellte Forderung weit mehr in's Gewicht fallen. Und unter diesen wird der wichtigste Grund immer der sein, daß in den Handelsgerichten nothwendigerweise auf die Handelsusancen und auf die Handelsgebräuche Rücksicht genommen werden muß.

Der Art. 1 des Handelsgesetzbuches läßt die Handelsusancen und Handelsgebräuche zur Ergänzung des Gesetzbuches zu. Allein es ist unverkennbar, daß außer dieser ergänzenden Kraft der Handelsgebräuche denselben auch noch eine andere zukommt; diese besteht in dem Werth, den die Handelsgebräuche für die Auslegung von Verträgen und Willenserklärungen, für die Auslegung des Gesetzes und endlich für die Fortbildung des Handelsrechts selbst haben.

Nun erscheint es auf den ersten Anblick als unzweifelhaft, daß die Kenntniß der Handelsusancen und Handelsgebräuche gerade den Kaufleuten besser innewohnt, als den rechtsgelehrten Richtern, welche sich jene Kenntniß anscheinend nur im Wege der besonderen Erforschung verschaffen können. Und doch stehen auch hier Einwendungen verschiedener Art entgegen, welche wir der Erfahrung entnehmen und deren Aufzeichnung dazu dienen soll, um vor jenen übertriebenen Hoffnungen zu warnen, welche man in die kaufmännische Besetzung der Handelsgerichte jetzt zu setzen pflegt.

Vor Allem darf wohl nicht außer Acht gelassen werden, daß es keineswegs immer ein Vortheil für die Parteien sein wird, wenn sie eine Usance oder einen Handelsgebrauch nicht mehr speziell zu beweisen haben, sondern wenn sie sich hinsichtlich der Existenz desselben geradezu auf die Wissenschaft der kaufmännischen Handelsrichter berufen können oder berufen müssen; denn die Parteien verlieren dadurch den Vortheil, daß die behauptete Usance oder der Handelsgebrauch durch spezielle Sachverständige festgestellt wird, bei deren Ernennung oder Auswahl sie mitwirken können, deren Gutachten also den Parteien noch ganz besondere Garantieen bieten.

Sodann aber muß in dieser Beziehung noch ein anderer Umstand hervorgehoben werden, welcher in der bisherigen handelsgerichtlichen Praxis wie im kaufmännischen Leben überhaupt ziemlich scharf hervortritt. Es ist dies die Trennung des Handels in Spezialitäten. Auch der Handel hat seine Spezialitäten, und neben den allgemeinen kaufmännischen Gebräuchen sind gerade die Usancen und die herrschenden Anschauungen in den einzelnen Zweigen des Handels, ja bei einzelnen Handelsrechtsinstituten, wie bei den Handelsgesellschaften im Gegensatz zum Geschäft des Einzelkaufmanns, ganz besonders wichtig. Der Rübenzuckerfabrikant und der Kolonialwaarenhändler werden die Usancen und Gebräuche im Syrup- und Zuckerhandel, die usancenmäßige Bestimmung über die „Durchschnittsqualität", „lieferbar" u. s. w. in ihrer Branche bei einiger Erfahrung unzweifelhaft vortrefflich verstehen, während keine Bürgschaft vorliegt, daß ihnen die Usancen im Fonds- und Wechselgeschäft eben so geläufig sind. Der Getreidehändler kann unter Umständen eine Autorität in denjenigen Usancen und Rechtsanschauungen sein, die das gesammte Getreidegeschäft betreffen, während er mit den Usancen des Kolonialwaarenhandels auch nicht entfernt vertraut zu sein braucht. Allerdings giebt es Kaufleute, denen eine so universelle Erfahrung und Kenntniß des Handelsverkehrs innewohnt, daß sie in der That mit den Rechtsanschauungen und den Usancen der verschiedensten Handelszweige vertraut sind, und mitunter verleiht gerade das Geschäft des Bankiers eine solche Erfahrung. Allein immerhin liegt die Gefahr weit näher, daß sie zwar vortreffliche Kenner ihres speziellen Handelszweiges und der ihren Handelszweig betreffenden Handelsusancen, nicht aber des Handelsrechts überhaupt sind, und daß demnach aus der Zuziehung kaufmännischer Mitglieder zu den Handelsgerichten keineswegs immer eine besondere Garantie für die Parteien oder eine besondere Hilfe für die rechtsgelehrten Richter entsteht.

V.

Ist es also an sich schon schwierig, im Handelsstand die geeigneten Persönlichkeiten für die kaufmännische Besetzung der Gerichte zu finden, so muß auch noch die Frage aufgeworfen werden, ob nicht die Möglichkeit, solche Persönlichkeiten mit dem Amte eines Handelsrichters zu beauftragen, überhaupt nur an wenigen Plätzen gegeben ist. In der That werden sich die geeigneten Persönlichkeiten nur in den größten Handelsstädten finden; denn nur hier wird eine Auswahl möglich sein, weil nicht jeder Kaufmann, der zu einem solchen Amte fähig ist, — einzelne fähige Persönlichkeiten können sich selbstverständlich auch in kleinen und mittleren Handelsstädten finden, — über die zur Uebernahme jenes Ehrenamtes erforderliche Zeit verfügt. Gerade die Rücksicht auf diese Schwierigkeiten mag der Grund gewesen sein, weshalb in dem so verständig und praktisch denkenden Handelsstaat Holland die durch den code de commerce eingeführten, mit Kaufleuten besetzten Handelsgerichte wieder beseitigt wurden. Und sonach dürfte sich ergeben, daß die Zuziehung kaufmännischer Mitglieder zu den Handelsgerichten nur als Ausnahme möglich ist und keineswegs die Regel bilden kann: als Ausnahme nämlich nur da, wo nicht blos das Bedürfniß mit Rücksicht auf die Masse der Handelsstreitigkeiten vorliegt, sondern wo vor allen Dingen auch die Zusammensetzung des Kaufmannsstandes das nöthige Material für die Besetzung der kaufmännischen Richterstellen bietet.

Wenn wirklich die Befürchtung begründet ist, daß der rechtsgelehrte Richterstand sich gegen die Fortbildung des Handelsrechts durch die Handelsusancen und Handelsgebräuche selbst dann abschließen würde, wenn die Handelsrechtspraxis in besonderen handelsgerichtlichen Abtheilungen, in denen das Handelsrecht speziell gepflegt werden kann, konzentrirt ist, so dürfte dieser Gefahr durch ein ganz anderes Mittel vorgebeugt werden können, als durch die Besetzung der Gerichte mit kaufmännischen Mitgliedern. Dies Mittel besteht in der periodisch wiederkehrenden und zu erneuernden Aufzeichnung und Spezialisirung der Handelsusancen durch dazu berufene Organe. Diese Organe sind in letzter Instanz die Handelskammern und die kaufmännischen Korporationen, deren Vorstände mit der Leitung dieses Geschäfts, unter Zuziehung von Juristen, zu beauftragen sein würden. (Vergl. den Entwurf einer Denkschrift der Breslauer Handelskammer, die Selbstverwaltung in den gemeinsamen Berufsangelegenheiten betreffend, Januar 1860). Es ist bekannt, daß in neuerer Zeit solche, innerhalb ihres Kreises offizielle Aufzeichnungen und nach geschehener Aufzeichnung auch periodische Revisionen der Usancen in bestimmten Zweigen des Handels in größeren Handelsplätzen, wie Hamburg, Berlin, Frankfurt a. M. und anderwärts stattgefunden haben. Eine umfassendere Arbeit dieser Art über die Berliner Börsenusancen steht auf Veranlassung der Korporation der Berliner Kaufmannschaft in der Kürze zu erwarten. Ist erst diese Sitte allgemeiner geworden und ist sie durch den Gebrauch selbst oder durch Gesetze geregelt, so wird das Material der Handelsusancen und Handelsgebräuche auch dem rechtsgelehrten Richter in ganz anderer und in greifbarerer Weise zugänglich sein, als bisher, und es wird dieses umfangreiche Material von ihm auch mit vollkommener Sicherheit beherrscht werden können.

XIV.

Gutachten des Handelsgerichts-Präsidenten Kaufmann Carl Röder zu Mainz über den Borchardt'schen Antrag.

Der Unterzeichnete, von der ständigen Deputation des Juristentages mit der Begutachtung des Antrages des Herrn Stadtgerichtsraths Borchardt in Berlin, betreffend die Errichtung besonderer Gerichte zur Entscheidung der Handelsstreitigkeiten, betraut, beehrt sich, in Nachstehendem diejenigen Erfahrungen niederzulegen, die er in seiner Eigenschaft als Richter und Präsident des Mainzer Handelsgerichts zu machen die Gelegenheit hatte, ohne für diese Zeilen das Verdienst der Aufstellung neuer Ideen zu beanspruchen.

Als Mitglied eines nach den Bestimmungen der Französischen Gesetzgebung eingerichteten, seit mehr als 50 Jahren bestehenden Handelsgerichts kann sich der Unterzeichnete nur für die Beibehaltung einer Gerichtsverfassung aussprechen, die sowohl den Bedürfnissen des Handels, als auch den Anforderungen des Rechts und der Gerechtigkeit vollständig genügt.

Um über die Frage, in welcher Weise Handelsgerichte zu besetzen seien, ein richtiges Urtheil zu fällen, dürfte es vor Allem geboten sein, sich darüber klar zu werden, welche Idee der Einführung besonderer Handelsgerichte zu Grunde gelegen und welches der Beruf der Handelsgerichte sei. Nach dem, was uns von den ersten Anfängen der Französischen Handelsgerichte aufbewahrt ist, zu schließen, waren die Handelsgerichte berufen, als Standesgerichte die zwischen Kaufleuten in Beziehung auf ihre Handelsgeschäfte entstehenden Streitigkeiten zu schlichten und zwar, soweit thunlich, mit Umgehung aller hemmenden Prozeßformen, wobei ein besonderes Gewicht darauf gelegt ward, daß bei Beurtheilung der Rechtsfälle die in dem Handelsstande allgemein beobachteten Gewohnheiten eine besondere Berücksichtigung finden sollten. Während man nun gern einräumt, daß die Rücksicht auf die dem Handelsstande allein nur bekannten Usancen und Anschauungen, die sich nach Bedürfniß erzeugen und erhalten, der Einrichtung besonderer Handelsgerichte zu Grunde gelegen habe, will man denselben den Charakter wirklicher Standesgerichte ableugnen, indem man sich darauf beruft, daß nirgends ein Grund ersichtlich sei, warum gerade dem Handelsstande und nicht auch anderen Ständen eine besondere organisirte Gerichtsbarkeit von Genossen eingeräumt worden sei. Daß dieses Argument nichts beweisen kann, liegt auf der Hand; es beweist zu viel und darum beweist es zu wenig. Daß besondere Standesgerichte für Nichtkaufleute nicht bestehen und unter den gegebenen Verhältnissen keine Bedeutung haben, schließt nicht aus, daß Verhältnisse eintreten können, welche die Errichtung spezieller Gerichtsstände mit sich führen. Bis jetzt ist kein Stand dagewesen, der so sehr in's Leben der Völker eingegriffen und die materiellen Bedürfnisse derselben so nahe berührt hätte, als der Stand der Handeltreibenden. Durch die den Handelsleuten eingeräumte Bevorzugung, wenn man dies so nennen will, hat man nicht blos ihren Interessen, sondern den allgemeinen Bedürfnissen Rechnung getragen. Der Handel und Verkehr hat den wesentlichsten Einfluß auf den Wohlstand der Länder und bedarf somit des besonderen Schutzes. Darum hat man zu allen Zeiten den Kaufleuten Vorzüge einzuräumen gesucht und eine wesentliche Stütze des Handels in den Handelsgerichten gefunden. Bei ihrer Errichtung konnte aber nicht etwa blos der beschleunigte Gang des Verfahrens maßgebend sein, sondern die Absicht, durch Sachkundige Fragen entscheiden zu lassen, die nicht nach einem geschriebenen Gesetze, sondern nach den unter den Fachgenossen bestehenden Uebungen und Gebräuchen zu beurtheilen sind. Im Handel bilden sich, unbekümmert um den Stillstand der Gesetzgebung und oftmals dieser zum Trotz, neue Rechtsideen, denen sich Jeder im Verkehre mit den Anderen anschließen muß. Nur Diejenigen, die gewissermaßen an der Wiege dieser Schöpfungen und Neubildungen stehen, können darüber Auskunft ertheilen. Nur die, welche unter dem Eindrucke lähmender Formen selbst zu leiden haben, wissen denselben entgegenzutreten.

Lenken wir unsere Betrachtung auf die Geschichte der Französischen Handelsgerichte, so sehen wir, daß in der Mitte des 16. Jahrhunderts Handelsleute von den Königen in den größeren Handelsstädten berufen wurden, um über die zwischen ihren Standesgenossen ausbrechenden Streitigkeiten zu erkennen. Es ist der ausgesprochene Wunsch der Gesetzgeber, die Kaufleute durch Ihresgleichen beurtheilen zu lassen, wobei den Richtern zur Pflicht gemacht ist:

> „l'abreviation des procès et differents entre marchands, qui doivent négocier ensemble de bonne foi sans être astreints aux subtilités des ordonnances.“ (Edikt vom November 1563.)

Hätte man nicht besondere Standesgerichte schaffen wollen, so wäre die Einrichtung der Konsulargerichte dadurch überflüssig geworden, daß man den ordentlichen Richtern ein beschleunigtes Verfahren in Handelssachen zur Pflicht gemacht hätte; allein die Beschleunigung war, wie angedeutet, nicht der einzige Zweck des Gesetzgebers, und deshalb konnten ihm die gewöhnlichen Richter nicht genügen. Den Charakter von Standesgerichten haben die Handelsgerichte, wie sie in Frankreich bestehen, dadurch nicht eingebüßt, daß ihrer Kognition nicht ausschließlich die Streitigkeiten der Handelsleute unter einander, sondern auch diejenigen Fälle überwiesen wurden, in denen Nichthandelsleute über Geschäfte, die das Gesetz als Handelsgeschäfte ansah, in Streit geriethen. Es war diese Erweiterung der Kompetenz durch das Bedürfniß des Verkehrs geboten und durch die Betrachtung gerechtfertigt, daß mit Bezugnahme auf den einzelnen Fall, wo ein Nichthandelsmann ein Handelsgeschäft abschloß, derselbe als Handelsmann angesehen wurde. An dem Wesen der Handelsgerichte wurde dadurch nichts geändert.

Wenn man hiernach in den Französischen Handelsgerichten wirkliche Standesgerichte erblickt, so muß man konsequenter Weise die Organisation derselben gerechtfertigt ansehen, wie sie der Französische Gesetzgeber in seinen Art. 615—630 code de commerce aufgestellt hat. Es sind im Wesentlichen dieselben Grundsätze, die bereits in der ältesten Zeit aufgestellt und zu wiederholten Malen durch die Gesetzgebung sanktionirt worden sind. Als im Beginne der Französischen Revolution die Gesetzgebung und Gerichtsverfassung in Frankreich eine durchgehende Abänderung erlitten, ließ man die Handelsgerichte, die aus Kaufleuten zusammengesetzt waren, bestehen. Ein Dekret vom 25. Juni 1790 erhielt den bisherigen Wahlmodus der juges-conseils aufrecht, ebenso das wichtige Gesetz vom 16. August 1790, das in seinem Titel XII, Artikel 7, verfügte:

> Les juges de commerce seront élus dans l'assemblée des négociants, banquiers, marchands, manufacturiers, armateurs et capitaines de navire de la ville, où le tribunal sera établi.

Der Artikel 9 bestimmte bezüglich der Qualität der zu Wählenden:

> nul ne pourra être élu juge d'un tribunal de commerce, s'il n'a résidé et fait le commerce au moins depuis cinq ans dans la ville, où le tribunal sera établi, et s'il n'a trente ans accomplis; il faudra être âgé de 35 ans et avoir fait le commerce depuis dix ans pour être président.

Mit einigen unbedeutenden Modifikationen gingen diese Bestimmungen in den code de commerce (Art. 618—620) über.

Infolge dieser Einrichtungen hatten sich die Kaufleute zu Richtern herangebildet, die nach dem Zeugnisse der Gesetzgebung selber ihre Aufgaben vollständig zu lösen im Stande waren. Wenn sie zu einer Zeit, wo die Französische Gesetzgebung noch nicht so abgerundet, klar und präzis, wie später in der Kaiserzeit infolge der neuen Gesetzgebungswerke, vorlag, ihrer Mission gewachsen waren, so durfte man mit Recht ein Gleiches von dem Augenblicke an erwarten, wo die Gesetzeskenntniß anfing, ein Gemeingut aller Bürger zu werden. In kurzen Zügen wurden im code de commerce die Prinzipien des Handelsgerichts wiedergegeben; die Formen des Verfahrens wurden so vereinfacht, daß Jeder im Stande war, seine Rechte selbst zu wahren, ohne auf den Beistand eines Rechtsverständigen angewiesen zu sein. Sollte da der Handelsrichter hinter den übrigen Klassen der Bevölkerung zurückgeblieben sein? Gewiß nicht. Bis heute ist es den Franzosen noch nicht eingefallen, Mißtrauen gegen ihre Handelsgerichte zu hegen.

Betrachten wir nun die einzelnen Gründe, die man gegen die Besetzung der Handelsgerichte durch Handelsleute vorgebracht hat, so will es scheinen, als seien dieselben eben nur aus einem Mißtrauen in die Kenntnisse und in die Unparteilichkeit der Kaufleute entstanden. Ohne die Frage näher zu berühren, inwieweit nicht etwa die Kaufleute zu Mißtrauen gegen die Juristen berechtigt seien, welchen letzteren doch mindestens die Erfahrung in kaufmännischen Dingen nicht selten abgeht, wenigstens in solchen Gegenden, die nicht, wie z. B. die nordischen Hansestädte, ausschließlich mit Handel sich befassen so wollen wir kurz die gegen das Französische System geäußerten Bedenken und Vorschläge prüfen.

Man hat vorgeschlagen, in die Handelsgerichte ein rechtsgelehrtes Element hineinzubringen und zwar in den verschiedensten Formen. Entweder soll ein Rechtsgelehrter als Präsident fungiren, oder es soll ein solcher als Konsulent den Handelsleuten zur Seite stehen, oder es sollen gar mehrere rechtsgelehrte Richter dem Kollegium einverleibt werden, die entweder die Mehr- oder Minderzahl zu bilden haben. Alle diese Systeme können nur dazu führen, den Charakter der Handelsgerichte zu verwischen; es sind halbe Maßregeln, die darum zu verwerfen sind. Entweder traut man den Handelsleuten zu, daß sie im Stande sind, ihre Aufgabe zu lösen, und dann bedürfen sie keines Beistandes, oder man hält sie für nicht hinreichend qualifizirt, und dann darf man sie gar nicht zum Richterstande heranziehen. Ein Drittes ist nicht denkbar. Diejenigen, die Recht vor einem Gerichte suchen, müssen die Ueberzeugung haben, daß sie vor einem Gerichte stehen, welches vollkommen im Stande ist, ihre Interessen zu fassen und zu würdigen. Ein solches Vertrauen kann aber kein Gericht einflößen, das zum Theil Elemente enthält, die man aus Mißtrauen gegen einen Theil der

Richter in deren Mitte gesetzt hat. Von den Kaufleuten wird man denken, sie seien durch rechtsgelehrte Richter verstärkt worden, weil ihnen die Gesetzeskenntniß abgehe; von den rechtsgelehrten Richtern wird man die Ansicht hegen, daß sie von den rein kommerziellen Fragen nichts verstehen. Da kein Theil im Vollbesitze aller erforderlichen Qualitäten ist, wird das Ganze ebensowenig den Anforderungen, die man an ein Gericht zu stellen berechtigt ist, entsprechen. Faßt man die Sache von der praktischen Seite auf, so wird sich die Unhaltbarkeit dieser Systeme von selbst ergeben. Sind die Kaufleute im Richter-Kollegium in der Minderheit, so sind sie blos berufen, gleichsam als Experten den rechtsgelehrten Richtern Aufschlüsse über die rein kommerzielle Seite der Handelsstreitigkeiten zu ertheilen; im Uebrigen aber werden sie kaum in der Lage sein, ihren Ansichten Geltung zu verschaffen. Sind die rechtsgelehrten Richter in der Minderheit, so müssen sie ihre Zustimmung zu Beschlüssen geben, die ihrer Ansicht widersprechen; sie werden dieselbe Rolle spielen, wie im ersten Falle die Kaufleute — Rollen, zu denen weder der eine noch der andere Theil besondere Neigung haben wird.

Am allerwenigsten Beifall dürfte aber unter allen Umständen der Vorschlag finden, der seiner Zeit auf dem ersten Deutschen Handelstage vorgebracht wurde, dahin gehend:

> „Als integrirendes Mitglied des Handelsgerichts fungirt bei demselben ein Rechtsgelehrter, welcher an der Urtheilsberathung und Beschlußfassung nicht Theil nimmt, dagegen das Recht und die Pflicht hat, nach dem Schlusse der Parteivorträge in einem in offener Sitzung zu haltenden Vortrage diejenigen Bemerkungen zu machen, welche ihm im gegebenen Falle im Interesse des Gesetzes nothwendig erscheinen."

Auch dieser Vorschlag ging nur aus einem Mißtrauen gegen die Kenntnisse der Handelsrichter hervor und hätte derselbe zur Folge, daß in recht auffallender Weise in jedem einzelnen Falle der Rechtsuchende auf die Mangelhaftigkeit der ganzen Institution aufmerksam gemacht würde. Die Stellung des Konsulenten, wenn man ihn so nennen wollte, wäre der der Staatsbehörde in Civilsachen ähnlich. Ueber Letztere brauchen wir kein Wort zu verlieren, da heute wohl Niemand mehr der Ansicht sein wird, daß irgend ein Nutzen aus den Konklusionen der Staatsbehörde in Civilrechtsstreitigkeiten erwachsen kann. In der That wäre es für einen Juristen keine beneidenswerthe Stellung, gegenüber einem seiner Unabhängigkeit sich bewußten Gerichte, auf der einen Seite dazu berufen zu sein, sein Gutachten abzugeben, und auf der anderen Seite fühlen zu müssen, wie wenig das Gericht von der Selbstständigkeit seines Urtheils abweichen will. Stimmt aber das Urtheil des Handelsgerichts mit der Ansicht des Konsulenten überein, so dürfte zu leicht der Verdacht entstehen, daß das Gericht auf eine selbstständige Prüfung der Sache verzichte und — sei es aus Unkenntniß, sei es aus Bequemlichkeit — sich der Konklusion des Konsulenten konformire. Welchen Werth kann aber in zweifelhaften Fällen ein Rath haben, der gleichsam extemporirt vorgetragen wird, während das Gericht sich veranlaßt sieht, in eine längere Berathung und Diskussion einzugehen und zu dem Zwecke die Verkündigung des Urtheilsspruches zu vertagen.

Sagen wir es nur ganz ehrlich heraus: der Widerspruch gegen die Handelsgerichte, die ausschließlich mit Kaufleuten zu besetzen wären, wurzelt in der Unterstellung, daß den Kaufleuten die juristischen Vorkenntnisse, die zum richterlichen Berufe nothwendig sind, fehlen. Allein wir geben Folgendes zu bedenken.

Sobald das Gesetz, welches das materielle Handelsrecht enthält, kurz und klar vorliegt, kann es auch der Laie erfassen. Die Handelsleute sind dann eben so gut im Stande, ein Urtheil zu fällen, wie jeder andere Richter. Ihre Befähigung hierzu wird aber noch weniger angezweifelt werden können, wenn das Gesetz, wie dies ja im Deutschen Handelsgesetzbuche geschehen ist, ausdrücklich den Richter auf die Handelsgebräuche verweist. Außer dem Handelsgesetzbuche muß aber auch das Civilrecht, wenigstens in seinem Obligationenrecht, klar und kurz gefaßt sein, damit, soweit die Lehren desselben in das Handelsrecht eingreifen, auch hier eine Allgemeinverständlichkeit erzielt werde. Statt daß die Juristen den Kaufleuten mangelnde Befähigung vorwerfen, sollten sie, nach dem Muster der Französischen Gesetzgeber, recht bald ein allgemein giltiges Civilgesetzbuch, wenigstens ein auf moderner Rechtsbildung beruhendes Obligationenrecht schaffen.

Es kann zweitens eine Gefahr, wie man sie öfter angedeutet hat, dann nicht eintreten, wenn man, wie im Französischen Rechte, das Verfahren vor den Handelsgerichten so einfach als möglich einrichtet und dabei alle Incidentpunkte beseitigt, die eine Verschleppung der Prozeduren ermöglichen, oder bei deren Erkenntniß es auf spezielle juristische Ausbildung ankommt.

Auch hier ergeht wiederum an die Juristen die Aufforderung, so viel als möglich das Prozeßverfahren, wenigstens vor den Handelsgerichten, zu vereinfachen. Auch hier wiederum mag das Französische Gesetz als Muster dienen, dessen Formen so einfacher Art sind, daß ein Handelsrichter sehr bald in den Stand gesetzt ist, den ganzen Mechanismus zu erfassen. Es ist namentlich noch hervorzuheben, daß die Französischen Gesetzgeber auch auf einem anderen Gebiete ihr Prozeßverfahren so zu vereinfachen verstanden, daß Laien nicht blos ihr Recht selbst wahren, sondern auch selbst zu Gericht zu sitzen im Stande sind. Das Gesetz vom 24. August 1790 bestimmte, daß jeder Bürger, der das Alter von 30 Jahren erreicht hat, Friedensrichter sein kann; und doch waren diese Richter berufen, über die sämmtlichen Fragen des Civilrechts und über manche Prozeßfragen zu entscheiden. Noch bis zur Stunde fungiren in Rheinhessen eine Reihe von Leuten als Ergänzungsrichter, die nie Jurisprudenz studirt haben. Bis jetzt hat man einen Mißstand hierin nicht erblickt.

Ueberdies hat aber der Französische Gesetzgeber für die Heranbildung Desjenigen, der die handelsgerichtlichen Verhandlungen leiten soll, gesorgt, indem nur der zu dieser Würde erst gelangt, welcher bereits früher Handelsrichter gewesen:

> Le président ne pourra être choisi que parmi les anciens juges (art. 620 code de commerce).

Es ist überhaupt kein Grund vorhanden, zu glauben, daß die Handelsleute nicht mit demselben Eifer und mit derselben Gewissenhaftigkeit danach forschen, was im gegebenen Falle Rechtens ist, als es die ordentlichen Richter thun. Im Gegentheil kann man wohl annehmen, daß gerade das Bewußtsein, unmittelbar durch das Vertrauen der Standesgenossen zu der richterlichen Stellung berufen worden zu sein, nur dazu führen wird, die Richter zu einer um so treueren Erfüllung ihrer Pflichten anzuspornen. So ist es denn auch gekommen, daß da, wo bereits seit langen Jahren Handelsgerichte mit Kaufleuten bestehen, ein gewisser Stamm von Fachgenossen sich gebildet hat, die durch öftere Heranziehung zum Sitzungsdienste die nothwendige Routine sich verschafft haben.

Nur ein Punkt war uns bisher bei der vielfachen Besprechung der obschwebenden Frage unverständlich geblieben, nämlich der Einwand, daß die Handelsleute nicht die zum Richterstande so unbedingt nothwendige Unparteilichkeit besäßen. Allein dürfte nicht die Wahl der Richter selbst der beste Beleg sein, wie wenig die Fachgenossen einen solchen Hintergedanken hegen? Wählen sie nicht gerade Diejenigen, von denen sie am besten wissen, daß sie Recht und Gerechtigkeit ohne Ansehen der Person oder der sonstigen Rücksichten handhaben? Führt das nicht gerade vielmehr dahin, die Handelsgerichte für unabhängiger zu halten, als die vom Staate bestellten richterlichen Beamten? Die Richter, gelehrte wie ungelehrte, bleiben stets Menschen und menschlicher Schwäche ausgesetzt; so wenig man aber den gelehrten richterlichen Kollegien Parteilichkeit zutrauen darf, so wenig darf man es dem ungelehrten Richter. In allen Fällen haben die Richter nach materieller Wahrheit zu forschen, und der Weg, der die gelehrten Richter führt, wird auch die Nichtfachmänner dahin führen; denn es giebt keinen spezifischen juristischen Verstand.

Darum ist unser Vorschlag, das System des code de commerce bei Organisation der Handelsgerichte je nach Maßgabe der Verhältnisse zu Grunde zu legen und zur Beseitigung aller Gefahren alle Streitigkeiten der Nichtkaufleute den ordentlichen Gerichten zu übertragen. An Diejenigen, welchen ihr Beruf dies zur Pflicht macht, geht die Aufforderung, für eine einfache Prozeßgesetzgebung und für ein allgemeines Obligationenrecht zu sorgen, dann wird auch jeder Zweifel an der Fähigkeit der Handelsleute schwinden.

Mit der vorliegenden Frage zusammenhängend ist die nach Einrichtung von Appellationsgerichten in Handelssachen, wobei das kaufmännische Element besondere Berücksichtigung finden soll.

In diesem Punkte hat man der Französischen Gesetzgebung den Vorwurf der Inkonsequenz gemacht. In erster Instanz entscheiden hier Fachleute, während in appellatorio nur gelehrte Richter erkennen. Und doch dürfte der Vorwurf mehr scheinbar als wirklich sein. Allerdings erkennen in zweiter Instanz nur gelehrte Richter; aber es ist auch nicht abzusehen, welche Gefahren oder Mißstände hierbei eintreten. In der Regel bildet den Gegenstand der Appellation weniger die materielle Seite — wenn man so sagen darf — des Prozesses, als vielmehr die streitige Auslegung irgend einer Gesetzesstelle, wobei es weniger auf kaufmännisches Wissen, als auf eine Subsumtion gegebener Thatsachen unter einen Rechtsbegriff ankommt. Soweit es sich um die Aufklärung von Punkten dreht, die eine besondere kaufmännische Erfahrung voraussetzen, ist das Material bereits in dem erstinstanzlichen Erkenntnisse niedergelegt und der Oberrichter prüft in der Regel nur, ob der Schluß aus den vorhandenen Thatsachen ein richtiger war oder nicht. Wollte man die Konsequenz weiter treiben, so müßte übrigens da, wo noch ein weiterer Instanzenzug ist, auch bei den Kassationshöfen für die Vertretung des merkantilen Elements gesorgt sein, weil hierfür im Ganzen dieselben Gründe sprechen würden, wie für die Besetzung der Appellgerichte mit Kaufleuten. Ueberdies giebt wohl jede Gesetzgebung dem Oberrichter Mittel an die Hand, um, falls es einmal auf besondere kommerzielle Kenntnisse ankommt, sich hierüber hinreichende Aufklärung zu verschaffen.

Hiernach können wir auch bei diesem Punkt nur die Beibehaltung des Französischen Systems empfehlen.

Schließlich erlaubt sich der Unterzeichnete, einen Ueberblick der Thätigkeit des Mainzer Handelsgerichts während der letzten zehn Jahre mit besonderer Berücksichtigung der gegen die Erkenntnisse eingelegten Berufungen vorzulegen, wodurch manche der vorgetragenen Ansichten ihre Bestätigung finden dürften.

Hiernach steht fest, daß bei einer jährlichen Durchschnittszahl von 517 kontradiktorischen Urtheilen nur gegen 17 Urtheile das Rechtsmittel der Berufung eingelegt und nur etwa die Hälfte der angefochtenen Urtheile reformirt oder aufgehoben wurde. Dabei ist die Zahl der durch den Kassationshof aufgehobenen obergerichtlichen Entscheidungen nicht in Ansatz gebracht worden.

Uebersicht

der am großherzogl. Handelsgerichte zu Mainz vom Justizjahre 1851/52 bis 1860/61 incl. erlassenen Urtheile, der dagegen eingelegten Appellationen und der darauf vom großherzogl. Obergerichte erlassenen Urtheile.

Justizjahr.	Kontumazial-Urtheile.	Kontradiktorische Urtheile.	Gesammturtheils-Zahl.	Gesammtanzahl der Appellat.	Konfirmatorische Urtheile.	Reformatorische Urtheile.
1851—1852	341	469	810	20	11	9
1852—1853	295	473	768	19	9	10
1853—1854	354	440	794	18	10	8
1854—1855	356	492	848	20	6	14
1855—1856	369	494	863	21	12	9
1856—1857	365	465	830	15	10	5
1857—1858	295	577	872	23	9	14
1858—1859	394	575	969	15	10	5
1859—1860	378	555	933	9	4	5
1860—1861	433	633	1066	12	5	7
	3580	5173	8753	172	86	86

XV.

Gutachten des Advokat-Anwalt und Ergänzungsrichter Dr. J. Creizenach in Mainz

über die Gesetzgebungsfrage:

„Erscheint es für das Deutsche bürgerliche Verfahren geboten oder auch nur zweckmäßig, daß die Zulässigkeit des Zeugenbeweises auf Rechtsgeschäfte von verhältnißmäßig nur geringem Betrage beschränkt, und daß derselbe von dem Inhalte einer Urkunde oder zur Ergänzung des Inhalts oder zur Herstellung von Reden, die vor, während oder nach Abfassung einer Urkunde vorgefallen sein sollen, ausgeschlossen werde?"

Die Beantwortung der aufgestellten Frage ist mir durch die Gutachten der Herren Kanzler Haaß und Professor Hinschius insofern wesentlich erleichtert, als den dort im Allgemeinen für und wider aufgezählten Gründen kaum etwas hinzugefügt werden kann und ich gewiß mit Recht voraussetzen darf, daß jeder Leser des meinigen schon vorher die der beiden genannten Herren gelesen hat. — Ich glaube auch der Aufforderung der ständigen Deputation nur deshalb Folge leisten zu müssen, weil außer mit Ja oder Nein auch noch eine dritte Antwort möglich ist, und es zudem bei Gutachten, welche rein wissenschaftlichen Debatten vorausgehen sollen, mehr darauf ankommt, daß alles zur Beurtheilung der Frage nöthige Material herbeigeschafft werde, als auf die Meinung des Begutachtenden. — Ich gehe deshalb sogleich in medias res.

1.

Es liegt für Wissenschaft und Leben eine heilsame Erfahrung in dem Satze, daß zur Beschwichtigung eines Meinungsstreites der bedeutsamste Schritt geschehen ist, wenn man die Frage richtig gestellt hat. Das zu bewerkstelligen, soll auch im vorliegenden Falle meine Aufgabe sein. In dieser Beziehung ist schon in dem Haaß'schen Gutachten ein wichtiger Schritt dadurch geschehen, daß der Schwerpunkt der Untersuchung, meines Wissens zum ersten Male, auf die Vorfrage gelegt ist, ob die Frage selbst in das bürgerliche Recht oder in das Prozeßrecht gehöre. Dieses Verdienst bleibt ungeschmälert, wenn man auch mit dem Resultate, wonach es sich um eine Civilrechtsfrage handle, nicht einverstanden ist.

2.

Dieses Resultat glaube ich aber bestreiten zu müssen; denn es handelt sich hier nur um eine dem Richter für die Prozeßentscheidung gegebene Regel. Dies ergiebt sich schon daraus, daß der Richter die Zulässigkeit des Zeugenbeweises nach der richtigen Ansicht ex officio prüfen muß und nicht dann etwa Zeugen anhören darf, wenn die Parteien darüber einverstanden sind. Das ganze Kapitel VI. des Französischen Gesetzbuchs, von dem es sich ja hier in erster Linie handelt, ist weiter nichts, als der Inbegriff der gesetzlichen Beweistheorie, welche dem Richter auferlegt ist. Die Lehre ist in das Französische bürgerliche Gesetzbuch, anstatt in die Prozeßordnung, ohne irgend einen tieferen Grund blos in Folge davon gekommen, daß Pothier in der analogen Stelle seines Traité des obligations davon handelt. Eine civilrechtliche Vorschrift ist es, wenn das Gesetz zur Perfektion eines Rechtsgeschäftes schriftliche Abfassung fordert, — eine prozessualische, wenn es nur schriftlichen Beweis zuläßt oder den Zeugenbeweis ausschließt. Eine Vorschrift von der ersten Art ist für die Parteien, eine Vorschrift von der letzten Art ist für den Richter gegeben. Die Vorschriften über die Form eines Wechsels sind civilrechtlicher, aber schon das Gesetz, daß die rechtzeitige Präsentation des Wechsels den Vormännern nur durch Protesterhebung bewiesen werden kann, ist prozessualischer Natur, obwohl hier mit dem Beweis auch das Recht selbst verloren geht. Noch weit mehr ist dies dann der Fall, wenn nur der Beweis oder gar nur ein einzelnes Beweismittel in Frage kommt. Wenn die Parteien bei den Vertragsabschlüssen Rücksicht auf die eventuelle Nothwendigkeit nehmen, dieselben vor Gericht beweisen zu müssen, und deshalb, weil Zeugen nicht genügen, eine Urkunde aufnehmen, so begehen sie einen prophylaktischen Prozeßakt — sie legen das Material künftiger Beweisaufnahmen zurecht. Wenn Zeugen genügen, so sind sie beruhigt, wenn sie deren haben; und was sie in dieser Beziehung der bestehenden Gesetzgebung gemäß thun, das muß auch genügen, wenn etwa die Gesetzgebung später den Zeugenbeweis ausschließt, wie dies bei jedem Prozedurakt genügt, der, einmal gethan, ein jus quaesitum erzeugt, aber ein prozessualisches, nicht civilrechtliches. Wenn Haaß mit den Französischen Rechtslehrern behauptet, daß die Frage über

Zulässigkeit des Zeugenbeweises nach dem am Orte des Vertrags und nicht nach dem am Orte des Prozesses geltenden Rechte zu entscheiden ist, so soll dies hier nicht bestritten werden, obwohl Deutsche Autoritäten, wie Mittermaier (Archiv XIII. p. 315, 316) und Linde (Civilprozeß p. 41), aus besseren Gründen anderer Ansicht sind. Aber wenn auch die Französische Ansicht richtig ist, so ist sie es nicht, weil es sich hier um die Form eines Rechtsgeschäfts, sondern weil es sich um die Form eines Prozeßaktes, wenn auch nur eines den Prozeß vorsehenden Prozeßaktes handelt, und jedenfalls ist das aus dieser Ansicht für die These, daß diese Frage überhaupt keine Prozeßfrage sei, geschöpfte Argument eine Beantwortung der Frage mit der Frage.

3.

Die von der ständigen Deputation aufgestellte Frage entspricht in ihrer Fassung durchaus der des Art. 1341 des Code civil, nur daß sie sehr mit Recht als Gesetzgebungsfrage nur von Rechtsgeschäften, nicht wie der Artikel von allen Thatsachen (de toutes choses) spricht; denn so weit wird keine neue Gesetzgebung, selbst mit all' den vielen Ausnahmen, die der Code civil macht, gehen wollen. — Ich glaube aber mit Haaß und Hinschius, daß die Frage noch weiter auf Verträge und Zahlungen im engeren Sinne zu beschränken und daß erst in dieser beschränkten Fassung eine befriedigende Lösung möglich ist. Die eigentliche ratio legis kann nur die Absicht sein, die Parteien zu veranlassen, über ihre Verträge schriftliche Urkunden aufzunehmen und über Zahlungen im engeren Sinne, die durch Empfangnahme des Gegenstandes der Verbindlichkeit durch den Gläubiger geschehen, sich Quittungen geben zu lassen. Die weiter gehende Fassung des Code hat eine Reihe von Kontroversen erzeugt, die damit wegfallen würden, z. B. die Frage, ob die außergerichtliche Aufforderung zur Vertragserfüllung, ob die Absicht des Schuldners, sich zu entlasten, auch durch Zeugen bewiesen werden könne. Die Einreihung der fraglichen Verfügungen in das Französische Gesetzbuch ist überhaupt so verschroben und unlogisch, wie möglich. Das erwähnte Kapitel VI ist überschrieben: „Von dem Beweise der Verbindlichkeiten und Zahlungen", und ist eine Unterabtheilung des Titels: „Von den Kontrakten und vertragsmäßigen Verbindlichkeiten". Man sollte also denken, daß es sich in dieser Unterabtheilung auch nur von dem Beweise der Verträge und dessen, was man in Folge von Verträgen schuldig ist, handeln könne. Das ist aber nicht der Fall; denn, wie gesagt, enthält das fragliche Kapitel die ganze civilprozeßliche Beweistheorie, ja sogar, inkorrekt genug, immer in Anschluß an Pothier, die Lehre von der res judicata. Die einzelnen Beweismittel werden nun aufgezählt; bei der Lehre vom Zeugenbeweise will man Beschränkungen einführen, die an sich Ausnahmen sind, weil man diese Beweisart nur bei Verträgen und Zahlungen beschränken will, sieht sich aber genöthigt, weil alle koordinirten Rubriken sich auf das ganze Gebiet bestrittener Thatsachen erstrecken, die Ausnahme zur Regel zu machen und zur Ausgleichung von dieser zur Regel gemachten Ausnahme wieder eine Masse von Ausnahmen aufzuführen und zwar wieder unvollständig genug. Denn selbst Verträge und Zahlungen müssen unter Umständen, wenigstens nach der richtigen Theorie, durch Zeugen bewiesen werden können, wenn nämlich Derjenige, der sie behauptet, nicht in der Lage war, sich eine Urkunde oder Quittung zu schaffen, wenn er z. B., um in einem Konkurs eine Kollokation zu bestreiten, die Tilgung der Forderung mittelst Zahlung Seitens des Gemeinschuldners behauptet; denn er macht ja nicht des Letzteren Privatrecht, sondern sein eigenes prozessualisches Beweisrecht geltend. Die Frage ist also weiter auf die Zulässigkeit des Zeugenbeweises bei Verträgen zwischen den Kontrahenten und bei Zahlungen im engeren Sinne zwischen Gläubiger und Schuldner zu beschränken.

4.

Ist die Beschränkung des Zeugenbeweises eine Richtschnur legaler Logik für die Urtheilsfindung, so ist die aufgestellte Gesetzgebungsfrage im Grunde lediglich ein Korollar der umfassenderen Frage, ob man dem Richter überhaupt eine Beweistheorie, d. h. an die Stelle der allgemeinen Logik eine Gesetzeslogik auferlegen solle, soweit es sich um die Ermittelung des Sachverhaltes handelt. — Aber es ist hier der Ort nicht, so weit auszuholen, und nur ohne prinzipiellen Anlauf die Frage dahin zu fassen, ob Gründe vorliegen, dem Civilrichter eine ihn dermaßen einengende Beweistheorie aufzubürden, daß ihm die Möglichkeit genommen ist, ein so wichtiges Beweismittel, wie sinnliche Wahrnehmungen vernünftiger Menschen, bei Feststellung seiner Ansicht über die Existenz oder Nichtexistenz sinnlich wahrnehmbarer Thatsachen zu benutzen.

5.

So muß nämlich die Zweckmäßigkeitsfrage gestellt werden. Denn das Französische Recht, von welchem es sich ja hier wesentlich handelt, schneidet in der That diese Möglichkeit ab. Während es sonst hieß: **in ore duorum testium stat omne verbum**, was so viel bedeutet, als: was die Zeugen sagen, das muß man immer glauben (was eigentlich die Konsequenz der Fähigkeit des Beweisinterlokuts ist, die Rechtskraft zu beschreiten), begnügt sich das Französische Recht nicht damit, dem Richter zu sagen: „Den

Zeugenaussagen muß man nicht immer glauben", sondern es schärft ihm ein: „Die Zeugen darf man gar nicht anhören, geschweige ihnen glauben". Man sieht also, daß auf die uns beschäftigende Frage allerdings noch eine dritte Antwort, außer der mit Ja oder Nein, möglich, deren umfassende Begründung aber allerdings ein tieferes Eingehen in die Entwickelungsfähigkeit des civilrichterlichen Amtes erfordert, als an diesem Orte thunlich ist. Für den zunächst liegenden Zweck sei es mir gestattet, einen kleinen Umweg einzuschlagen, der zu einer immer noch präziseren, wenn auch diesmal nicht engeren, sondern weiteren Fassung der Frage führt, um so mehr, als die direkten Gründe für und wider in den beiden früheren Gutachten erschöpft und die bei diesem Anlasse obligaten, nichts beweisenden Ausfälle gegen den Französischen Nationalcharakter vermieden sind.

6.

Mein Umweg führt über den Art. 1353 des **Code civil**, welcher verfügt, daß auch jeder Vermuthungsbeweis, jede Schlußfolgerung aus bekannten Thatsachen ausgeschlossen sein soll, wo der Zeugenbeweis ausgeschlossen ist. Der gesunde Menschenverstand des Richters wird also mit den Zeugenaussagen ganz auf dieselbe Linie gestellt. Nun lese man in den beiden Gutachten von Haaß und Hinschius die so sorgfältig für und gegen den Zeugenbeweis vorgebrachten Gründe nach und frage sich, ob einer derselben auf den richterlichen Verstand paßt! Ein Richter kann bestochen werden, wie ein Zeuge, aber seine Logik unmöglich! Ein Richter kann verkehrte Schlüsse ziehen, wie ein Zeuge sich irren kann; er kann oberflächlich urtheilen über Thatsachen, wie über Rechtssätze; aber die induktive Logik, die Quelle menschenmöglicher Wahrscheinlichkeit, kann nicht irren, und wenn auch diese Wahrscheinlichkeit keine Gewißheit ist, so ist doch das Ideal menschlicher Justiz erreicht, wo diese menschenmögliche Wahrscheinlichkeit zum Rechte kommt. — Der Vermuthungsbeweis, sagt das Gesetz, und wenn es nicht so sagte, läge es in der Natur der Sache, ist überhaupt nicht zulässig, wenn nicht wichtige, genaue und schlüssige (**graves, précises et concordantes**) Anhaltspunkte vorliegen. — Die nämliche richterliche Logik aber, die aus Thatsachen Schlüsse zieht, ist es, welche thätig ist, wenn Schlüsse aus Urkunden gezogen werden, überhaupt, wenn das Gesetz angewendet wird; sie ist allerdings dem Irrthum ebenso unterworfen, aber auch nicht mehr, wenn es sich um mehr, als wenn es sich um weniger, als um 70 fl. handelt; der Richter ist in beiden Fällen gleich unbetheiligt, und die Klage, daß der Richterstand im Allgemeinen weniger sorgfältig die Akten prüft, wenn es sich um kleine, als wenn es sich um große Summen handelt, ist mir wenigstens noch nicht zu Ohren oder zu Gesichte gekommen, wenn auch manchen Zeugen die Größe der Summe zu größerer Gewissenhaftigkeit veranlassen könnte. — Die gegen den Zeugenbeweis geltend gemachten Gründe fallen also hier vollständig weg und man sollte denken, daß das Gesetz, wie den künstlichen Vermuthungs-, so auch den Zeugenbeweis nicht in odium der Zeugen, sondern in favorem der Urkunden beschränkt hat.*)

7.

Die letzte Folgerung ist aber unrichtig; denn die Beschränkung des Vermuthungsbeweises ist lediglich die zwingende Folge der Beschränkung des Zeugenbeweises. Auch der Deutsche Gesetzgeber wird nicht die eine Verfügung ohne die andere treffen dürfen. Denn wenn die richterliche induktive Logik Surrogat der Verbriefungen sein darf, warum soll der Richter nicht auch aus Zeugenaussagen, ohne ihnen unbedingten Glauben schenken zn müssen, Schlußfolgerungen ziehen dürfen? Mit der einen Beschränkung mnß auch die andere fallen. Das Französische Recht hat bei Verträgen über 70 Gulden lieber die richterliche Präsumtion ausgeschlossen, als daß es den Zeugenbeweis gestattet hätte, — und wir sind hiermit am Schlusse der zur Präzisirung unserer Frage gehörigen Voraussetzung angelangt, die dahin lauten muß:

---

*) Daß Letzteres bei der Beschränkung des Zeugenbeweises die eigentlich maßgebende Rücksicht war, dafür sprechen geschichtliche Anhaltspunkte und positive Verfügungen. Geschichtlich läßt sich nachweisen, daß man gegen Zeugen an sich nicht immer eingenommen war; denn sonst hätte das Rechtssprichwort nicht gelten können: temoins passent lettres, nicht in dem Sinne, als ob dem Richter im Falle des Widerspruchs zwischen Zeugen und Urkunden letztere nichts gelten sollten sondern in dem, daß man, um den Inhalt eines Vertrags sicher zu stellen, sich mit mehr Sicherheit auf die zu dessen Konstatirung nach alter Sitte hinzugerufenen Zeugen, als auf die Verbriefung mit ihren Hinterthüren u. dgl. verlassen könne. Diese ältere Idee mußte der der zunehmenden Intelligenz späterer Zeiten mehr entsprechenden Klugheitsregel: lettres passent temoins, im Leben und in der Gesetzgebung später allerdings weichen, und es wurde in der den Verbriefungen zugesicherten besseren Beweiskraft gewissermaßen eine Prämie auf die urkundliche Aufnahme gesetzt. Dieser Gesichtspunkt tritt in den positiven Verfügungen der Art. 1345, 1346 ganz unverkennbar hervor. Denn sonst wäre nicht abzusehen, warum man dem Zeugen A glauben sollte, wenn er über einen am 1. Januar, und dem Zeugen B, wenn er über einen am 1. März abgeschlossenen Vertrag in verschiedenen Verhörterminen deponirte, dem B aber nicht, wenn er später in einem anderen Prozesse über die nämliche Thatsache vernommen wird. Vollends läßt es sich gar nicht aus der Unglaubwürdigkeit der Zeugen erklären, daß der Gläubiger seinen ganzen zweiten Anspruch verlieren soll, wenn er über den ersten einmal hat Zeugen vernehmen lassen (Marcadé ad art. 1346). Beides läßt sich nur durch die Absicht erklären, die Parteien zu schriftlichen Vertragsabschlüssen indirekt zu nöthigen.

„Erscheint es geboten oder zweckmäßig, daß, wenn Verträge und Zahlungen im engeren Sinne zwischen den Kontrahenten (resp. Gläubiger und Schuldner) je zum Prozesse kommen, die Zulässigkeit des Zeugen- und künstlichen Beweises auf Fälle, in welchen es sich von verhältnißmäßig geringen Beträgen handelt, beschränkt oder zur Ergänzung des Inhaltes oder zur Herstellung von Reden, die vor, während oder nach Abfassung einer Urkunde vorgefallen sein sollen, ausgeschlossen werden?"

8.

Ehe ich zur Beantwortung der Frage übergehe, will ich noch den zweiten Theil derselben mit der Unterstellung, daß die Hauptfrage zu bejahen wäre, erledigen. — Es ist darüber kein Zweifel möglich. Daß gegen den Inhalt einer Vertragsurkunde kein Zeugenbeweis geführt werden darf, folgt daraus, daß überhaupt der Zeugenbeweis über Verträge ausgeschlossen ist; denn was gegen diesen Inhalt behauptet wird, ist ja selbst wieder ein Vertrag. Nur darf hier nicht außer Acht gelassen werden, was den jenseitigen Praktikern vielleicht weniger bekannt ist, daß die Französische Rechtsprechung im Interesse des materiellen Rechts diesen Punkt sehr leicht nimmt. Nicht nur macht das Gesetz selbst, richtig verstanden, die Ausnahme, daß Zeugen zulässig sind, um zu beweisen, daß der eine Kontrahent den andern durch Betrug zum Vertragsabschluß gebracht hat, sondern die Praxis macht Ausnahmen, wenn bewiesen werden soll, daß der Vertrag nicht ernst oder nicht nach dem Wortlaut gemeint (simulirt) war, daß der Schuldschein für eine Spielschuld ausgestellt worden, daß wucherische Zinsen darin enthalten seien u. dgl. Diese Erscheinungen sind offenbar da, wo es sich de lege ferenda handelt, nicht gleichgiltig; denn sie betreffen die Frage der Durchführbarkeit des Gesetzes.

9.

Nach dieser Abschweifung komme ich auf den Artikel 1353 und den künstlichen Beweis zurück und will mir die Frage nicht damit erleichtern, daß ich auf das Zeugniß der Rheinisch-Französischen Praktiker hin mich darauf berufe, wie vielfach die Gerichte den Art. 1353 als nicht vorhanden betrachten. Ein Anwalt gilt auch ohne schriftliche Urkunde als bevollmächtigt, trotz dem Leugnen des Klienten, wenn er die dem Letzteren insinuirte Ladung in Händen hat. — Ein gehörig ausgearbeitetes Oelportrait, wenn man nicht annehmen kann, daß der Maler aus Interesse am Original die Züge abgelauscht hat, wie Hofmaler Frisch die Züge Friedrich des Großen, wird als Beweis der Bestellung des Bildes angenommen. Quittungen über spätere

Termine gelten als Beweis dafür, daß die früheren bezahlt sind. — Mitunter werden sogar Zeugenverhöre angeordnet, um die fehlende Prämisse zu dem Schlußsatze zu gewinnen; wenn z. B. in dem erwähnten Beispiele der Besteller des Bildes leugnet, daß der klagende Maler das Bild gemalt, wird kein Gericht Anstand nehmen, deshalb ein Zeugenverhör anzuordnen. Ich erwähne auch diese Erscheinung nur, um daran zu zeigen, daß das Bedürfniß materieller Rechtsprechung die gesetzliche Schranke durchbricht und man doch bei Einführung einer neuen Gesetzgebung eine laxe Praxis nicht von vornherein wird provoziren mögen. Unsere Frage gestaltet sich also immer präziser dahin: ob man auch den Vermuthungsbeweis überall ausschließen oder auch den Zeugenbeweis überall zulassen solle? Wenn Beides ein Uebel ist, so ist man hier, wie so oft in der Gesetzgebung, darauf reduzirt, statt für das unerreichbar Gute, für das minder Schlimme sich zu entscheiden.

10.

Es ist in Folge dieses Art. 1353 in der Sprache des Justizpalastes der Satz zur Parömie geworden: „Wo Zeugen, da sind auch Vermuthungen zuläßig," mit anderen Worten: Wo der Richter dem sinnlichen Wahrnehmungsvermögen der Menschen trauen darf, da darf er auch seinem eigenen Schlußvermögen, seinem eigenen gesunden Menschenverstande trauen. Das, denke ich, verstände sich eigentlich von selbst, und der Satz hat nur dadurch einen ersprießlichen Sinn, daß nach modernem Rheinischem Rechte die Aussagen selbst der klassischesten Zeugen nicht unbedingt für wahr gehalten werden müssen, mit anderen Worten, weil auch sie nur Vermuthungen begründen. Den Zeugenaussagen gegenüber verhält sich das Gericht immer gewissermaßen als Civiljury. Will man dies billigen, wie ich glaube und nachzuweisen unternehmen werde, daß man thun soll, so ist die Antwort auf die Frage gefunden, indem man den Satz, mit einer kleinen Aenderung umkehrend, sich so erklärt: So wie (nicht wo) Vermuthungen zu berücksichtigen sind, so ist auch die Aussage der Zeugen zu berücksichtigen, d. h. in der nämlichen Weise, wie der Richter einen Induktionsbeweis als geführt annehmen soll, soll er auch einen Zeugenbeweis als geführt annehmen dürfen, und deshalb soll es ihm auf der einen Seite niemals verwehrt sein, Zeugen anzuhören; auf der anderen Seite soll er die Zeugenaussagen ihrem Werth oder Unwerth nach prüfen und würdigen und sie wie alle anderen Vermuthungsgründe, nicht mehr und nicht weniger zur Grundlage seiner Entscheidungen machen dürfen.

11.

Der Artikel 1353 hat mir dazu gedient, nachzuweisen, daß nicht das

odium testium, sondern der **favor documentorum** die fragliche Verfügung veranlaßt hat, und daß zum Theil eben deshalb das richterliche Recht, den Sachverhalt durch Induktionsbeweis zu ermitteln, das nämliche Schicksal haben muß, wie das Recht, Zeugenverhöre zu diesem Zwecke abzuhalten. Ich kann denselben also hiermit wieder verlassen und wende mich zur Betrachtung der Dinge, wie sie sich im Leben gestalten.

In dem Hinschius'schen Gutachten ist die fast immer als unbestreitbar angesehene These, daß Urkunden überhaupt mehr Glauben verdienen, als Zeugen, einer eingehenden Kritik unterworfen und damit gewissermaßen, wenn der Ausdruck erlaubt ist, der Stier bei den Hörnern gepackt worden. — Wie im ganzen Verlauf meiner Darlegung, setze ich auch diese Ausführung hier als gelesen voraus und füge nur Folgendes hinzu: Daß eine Urkunde für den Betheiligten Vorzüge vor Zeugen hat, versteht sich von selbst; davon ist aber hier die Rede nicht, sondern von ihrer relativ größeren oder geringeren Glaubwürdigkeit für den Richter.

Wir brauchen nicht die Sittenreinheit der Neuzeit gegenüber der früherer Jahrhunderte herauszustreichen, wenn wir behaupten, daß eigentlich krasse Lügen der Zeugen vor dem Civilrichter nach geschehener Beeidigung nicht häufiger sind, als falsche Schuldscheine und falsche Quittungen, wenigstens solche Lügen nicht, durch welche die Perfektion eines Vertrags oder die Leistung einer Zahlung, ohne daß weitere Anhaltspunkte die Thatsachen wahrscheinlich machen, behauptet wird. — Dergleichen wird seltener vorkommen, nicht weil die Menschen mehr Achtung vor der Wahrheit, mehr Rechtssinn hätten, sondern weil die gedankenlose Brutalität, die meist erst solches Beginnen möglich macht, seltener geworden ist. Wer kann aber sagen, daß nicht gerade die moderne Verfeinerung, vielleicht unterstützt durch technische Mittel, die Fälschungen häufiger gemacht hat oder machen wird? Wir glauben, die Erfahrung lehrt, daß sehr selten ein Zeuge einen Vertrag oder eine Zahlung schlechtweg behaupten wird, wenn es durchaus gelogen ist, wenigstens wird dies nicht häufiger vorkommen, als falsche Unterschriften. Doch wir geben zu, daß hier die eigentliche Gefahr der Enquete nicht liegt. Sie liegt in der Untüchtigkeit der meisten Zeugen, ihre eigenen sinnlichen Wahrnehmungen zu kontroliren und richtig wiederzugeben, sodann in Transaktionen mit dem Gewissen, Schönfärberei, Pointirung einzelner Umstände zum Vortheile des einen oder des anderen Theils, parteiischer Gruppirung der Thatsachen, sodann in gleichmäßigem Vermischen von Wahrem und Halbwahrem, auch Wichtigthuerei, einestheils wieder Schwatzhaftigkeit und anderentheils ängstlichem Hinterhalten. Das Alles entwickelt sich aber unter den Augen des Richters, der darin seine Erfahrungen gemacht hat und es verstehen muß, abzuwägen und mit Scharfblick, Humanität und

Menschenkenntniß den Kern der Sache, oder was dazu führen kann, selbst aus dem konfusesten charakterlosen Gerede herauszufinden.

Was Alles dagegen bei Abfassung von Urkunden nicht in Ordnung zugeht, ist der Kenntnißnahme des Richters entzogen, und wie vielerlei ist da platzgreiflich, wodurch dem materiellen Rechte Stöße versetzt und Dinge konstatirt, Verpflichtungen übernommen werden, an die der Kontrahent nicht gedacht hat! Wie oft ist dem Kontrahent die Tragweite der Klauseln unbekannt und hält er für Nebensache, was Hauptsache ist, und umgekehrt! **Littera scripta manet** ist eine Wahrheit, die eben so viel verhängnißvolles Unheil, als Segen in sich schließt. Wer hat das nicht schon erfahren? Und man erinnere sich aller Erfahrungen der Praxis und stelle dann in Abrede, daß gerade die pfiffigsten Uebervortheiler, wenn ein Geschäft halbwegs verabredet ist, gleich mit Papier, Tinte und Feder versehen sind, um den anderen Theil zu binden und noch während des Schreibens Konzessionen zu erwischen, und daß, wie die Gauner mit Reisepässen, so bei Prozessen die ärgsten Preller mit Schwarz auf Weiß versehen sind, und am reichlichsten da, wo sie den anderen Theil am stärksten überrumpelt haben. Aber **littera scripta manet**, und das Richteramt ist dagegen weit ohnmächtiger, als selbst gegen die leichtfertigsten und gewissenlosesten Zeugen.

12.

Nach Französischem Recht darf, nach den linksrheinischen Einführungsgesetzen des Deutschen Handelsgesetzbuches muß der Zeugenbeweis in Handelssachen immer zugelassen werden, wo es das Gesetz nicht ausdrücklich untersagt. Also gerade derjenigen Berufsklasse, die am meisten in ihrem Beruf mit Schriftlichem verkehrt, der man am meisten Vor- und Umsicht zutrauen darf, und für die man am wenigsten Ueberrumpelung zu fürchten hat, bewilligt man den Beweis, den man dem Landmann abschneidet! Und warum? „Weil Handelsgeschäfte schnell abgeschlossen werden müssen, weil das Lebenselement des Handels prompte Erledigung der Operationen sei", — so lautet die Phrase! Als ob man im Handel nicht schriftlich am raschesten zum Ziele käme: durch Schlußnotizen, Korrespondenz, Quittungs- und andere Formularien, Frachtbriefe, Konnossements, Polizen u. dergl. — Gerade, wenn man im Handel rasch an's Ziel kommen will, wird man schriftlich abschließen und sich nicht nach Zeugen umsehen, die überdies in Handelssachen, wo es meist nur darauf ankommen kann, den reinen Rechtsakt der Perfektion des Vertrags zu bezeugen, weit unzuverlässiger sind, wie in den Sachen des gewöhnlichen Verkehrs. — Man läßt Zeugen vernehmen, unter zehn Fällen neunmal, nicht weil sie den Abschluß des Vertrags, sondern weil sie Umstände bezeugen, die zu Schlüssen über dessen Existenz oder

Nichtexistenz berechtigen, je nachdem der Richter kraft seines verständigen Ermessens die eine oder andere Ueberzeugung gewinnt.

13.

So mag es denn auch in Nichthandelssachen gehalten werden. Fragt man sich gar, von welchen Fällen es sich da eigentlich handelt, so wird man finden, daß dergleichen Sachen eigentlich nur selten sind, und daß selbst der Mißtrauischeste darüber nicht zu erschrecken braucht. Es wird dabei Vieles allerdings auf die Individualität des Richters ankommen, wie bei jeder Jury; aber ist die Individualität des Richters, wie des Menschen überhaupt, nicht durchgängig die Basis aller seiner Ueberzeugungen? Und welches sind denn die Folgen, die da überhaupt zur Sprache kommen können? Handelt es sich um einen Gegenstand von Wichtigkeit, z. B. den Verkauf eines Güterkomplexes, eines Hauses, das Eingehen einer Societät, und denken wir uns den Fall, es würde von einer Seite eine Reihe von klassischen Zeugen produzirt, die da ganz im Allgemeinen erklärten, der Vertrag sei perfekt geworden, so wird der Richter unter Umständen dennoch sagen können, daß ihn diese Aussagen nicht befriedigen, weil derartige Verträge zwischen den Parteien gar oft bei der schriftlichen Aufnahme wegen einzelner Klauseln scheitern und man deshalb nicht gewohnt sei, sie vor dieser schriftlichen Aufnahme für perfekt zu halten, weil, was besprochen wird, seine Perfektion jedenfalls erst durch die schriftliche, dem eigentlichen Dokument vorhergehende Punktation erhalte. Er wird aber auch in anderen Fällen, wo nur ein einziger Zeuge auftritt, der zwar ohne Interesse für oder wider, jedoch veranlaßt war, dem Hergange bei der Vertragsaufnahme seine Aufmerksamkeit zu schenken und im Stande ist, seine Wahrnehmungen genau wiederzugeben, denselben nicht nur über das Vertragsverhältniß im Allgemeinen, sondern gerade in Betreff des Einzelnen dann um so mehr Glauben schenken, jemehr diese Aussage in das Bereich des Urkundenprivilegs eingreift, d. h., je genauer sie sich in die Details ausläßt. — Meist werden die Aussagen der Zeugen jedoch sich nur auf adminikulirende Umstände beschränken, die eine faktische Vermuthung begründen, d. h. eine Prämisse zu richtigen Schlußfolgerungen.

14.

Wo aber der Richter mit Recht die präzise Aussage eines klassischen Zeugen für die Existenz eines Vertrags als nicht beweisend annehmen kann, da hat dies eben seinen Grund darin, daß eine Art von Vertrag vorliegt, die man vorsichtiger Weise nicht anders als schriftlich perfekt macht. — In solchen Fällen erklärt aber die Gesetzgebung besser die Skriptur für eine Bedingung der Existenz des Rechtsgeschäfts, und darin läge eine wirksamere, wir möchten sagen, ehrlichere Aufforderung zur Skriptur, als wenn dieselbe nur die Funktion eines Beweismittels hat (s. Hinschius Gutachten S. 175).

15.

Die Stellung der Richter als Jury gegenüber dem Zeugenbeweisverfahren muß der Form der Enquete entsprechen. — Hier versteht es sich vor Allem von selbst, daß die Zeugenverhöre womöglich mündlich und vor dem versammelten Gericht stattfinden müssen. — Es kann keine größere Anomalie geben, als die, daß der Französische Civilprozeß im ordentlichen Verfahren die Mündlichkeit und Oeffentlichkeit beim Zeugenverhöre, also gerade, wo sie am zweckmäßigsten und nothwendigsten ist, im Interesse einer sehr problematischen Zeitersparung preisgegeben hat. Letztere liegt darin, daß die Zeit, welche in den öffentlichen Sitzungen mit den Verhören zugebracht wird, für die Verhandlung anderer Dinge gewonnen wird. Es ist aber dies kaum ein Gewinn zu nennen. Das schriftliche Protokolliren dauert dafür um so länger außer den Sitzungen, und in den Sitzungen nimmt die Vorlesung der Protokolle und die dadurch um so längere Plaidoirie über die Bedeutung der Depositionen dafür weiter einen guten Theil der angeblich gewonnenen Zeit weg, so daß damit auf keinen Fall der größere Mißstand ausgeglichen ist, daß der entscheidende Richter die Zeugen nicht hört und sieht. Dazu kommt ein weiterer Mißstand. Auch von den Zeugenverhörprotokollen kann man sagen: **littera scripta manet.** Davon ist die unvermeidliche Folge, daß die Parteien im Verhörtermin die Zeugen durch Interpellationen müde hetzen, so daß oft genug ein Zeuge, der anfangs sehr präzis gesprochen, am Ende nicht mehr weiß, was er gesagt hat, irgend einen Widerspruch in der Wortfassung sich beigehen läßt, der dann festgehalten, protokollirt wird, neue Interpellationen, neue Widersprüche hervorruft. Am Ende wird das Ganze vom Aktuar in das Schriftdeutsche und zwar meist in unser Juristen-Deutsch übersetzt. Da muß der entscheidende Richter oft genug eine falsche Ansicht von den wirklichen Ergebnissen des Verhörs bekommen. Nur in den der Berufung unterworfenen Sachen wird über das mündliche Zeugenverhör ein Protokoll aufzunehmen, dann aber den Parteien zu gestatten sein, wenn ihnen die protokollarische Aufnahme nicht genügt, die in erster Instanz schon vernommenen Zeugen in zweiter Instanz nochmals abhören zu lassen. Außerdem gehört zu der Stellung des Richters als Jury dem Zeugenverhör gegenüber, daß das Verwerfungsrecht den Zeugen gegenüber in möglichst enge Grenzen gezogen werde. Da es den Parteien freisteht, die Glaubwürdigkeit der Zeugen zu diskutiren, und dem Richter, sie abzuwägen, so ist in den seltensten Fällen ein Grund vorhanden, „die Zeugen überhaupt gar nicht anzuhören oder, wie es beim schriftlichen

Zeugenverhör der Fall ist, sie nicht zu lesen, d. h. nicht zu berücksichtigen, obgleich man sie liest und obgleich man sie für wahr hält."

16.

Was für die Ausschließung des Zeugenbeweises gesagt wird, ist also nach unserer Meinung an sich nur dann richtig, wenn der Inhalt der Zeugenaussagen absolute und vollständige Ueberzeugung des Richters begründen soll. Glaubt man dagegen dem richterlichen Ermessen die Abwägung der Glaubwürdigkeit der Zeugen überlassen zu dürfen, was man thun darf und muß, da ein guter Richter nicht blos das Gesetz, sondern auch Leben und Menschen kennen und über den natürlichen Hergang der Dinge ein gesundes Urtheil haben soll, so wird man ihn unbedenklich in allen Dingen befugt erklären, aus menschlichen Wahrnehmungen, die ihm mitgetheilt werden, Schlüsse zu ziehen, den Zeugen zu glauben, um so viel mehr sie anzuhören.

Demnach dürften sich folgende Sätze zur Annahme empfehlen:

1) Ohne die Bedenken gegen die unbedingte Zulässigkeit des Zeugenbeweises zu verkennen, ist doch ebensowenig außer Acht zu lassen, daß die Ergebnisse der Zeugenverhöre in den meisten Fällen eine zur Entscheidung des Thatsächlichen überaus wichtige Ueberzeugungsquelle sind, die dem Richter, auch wo es sich um Verträge und Zahlungen handelt, so wenig verschlossen werden darf, wie die induktive Logik und der darauf beruhende künstliche Beweis überhaupt.
2) Der Zeugenbeweis ist als Spezies des künstlichen Beweises oder als Mittel dazu überall gestattet.
3) Eben deshalb ist aber auch die richtige Stellung der Gerichte gegenüber den Zeugenverhören lediglich die einer Civiljury, indem es auf der einen Seite dem Gerichte in allen Prozessen freistehen soll, Zeugenverhöre anzuordnen, andererseits aber auch ganz dem vernünftigen richterlichen Ermessen anheimgegeben sein soll, welcher Werth auf die Aussagen der Zeugen zur Ermittelung des Thatsächlichen zu legen ist.
4) Dabei ihm die nöthige Vorsicht und Strenge zu empfehlen, wenn Zeugen und Urkunden einander widersprechen, ist nicht Sache der Gesetzgebung, sondern diese Vorsicht ergiebt sich als Pflicht schon aus der Natur und dem Wesen des Richteramtes.
5) Der Stellung des Richters als Civiljury den Zeugendepositionen gegenüber muß das Verfahren entsprechen; insbesondere müssen
   a. die Zeugenverhöre vor dem versammelten Gericht stattfinden,
   b. ist das Recht der Zeugenverwerfung zu beschränken.

Stenographische Berichte.

Erste Plenarversammlung
des Fünften Deutschen Juristentages
am 26. August 1864
im Odeon zu Braunschweig.

Die Sitzung wird um 9 Uhr durch den Vorsitzenden der ständigen Deputation, Geh. Rath Prof. Dr. v. Wächter aus Leipzig eröffnet.

Dr. v. Wächter: Meine geehrten Herren! Als Vorstand der ständigen Deputation des Vierten Deutschen Juristentages habe ich die Ehre und die Obliegenheit, den Fünften Deutschen Juristentag zu eröffnen. Ich komme dieser Obliegenheit mit der größten Freude nach, und zugleich mit dem vollsten Vertrauen auf den Erfolg auch unserer diesmaligen Zusammenkunft. Wenn ich aus der Gegenwart auf die nächste Zukunft schließen darf, so kann ich unserem Juristentage nur die beste Prognose stellen: Der Himmel scheint uns von heute an begünstigen zu wollen. (Heiterkeit.)

Wir wurden in Braunschweig auf so freundliche Weise empfangen, daß ich nicht Worte genug finde, um unseren Dank gehörig auszudrücken.

Die herzlichsten Wünsche für unser Wirken kommen uns entgegen. Ich kann es mir nicht versagen, meine verehrten Herren, in dieser Beziehung des Schreibens eines hohen Prinzen, den ich auf dem Ersten Deutschen Juristentage wohl mit Recht einen erlauchten Juristen genannt habe, zu erwähnen. Dasselbe ist einem unserer Mitglieder gestern Abend zugegangen. Der Prinz spricht darin wörtlich aus, daß er „unseren Verhandlungen sein unverändertes Interesse zuwende und von denselben hoffe, daß sie zur Förderung Deutschen Rechtslebens in gedeihlicher Weise beitragen werden." Er gab unserem Mitgliede den ausdrücklichen Auftrag, uns von diesen seinen Gesinnungen in Kenntniß zu setzen.

Bei solchen Sympathieen, die von allen Seiten für uns an den Tag gelegt werden, eröffne ich denn mit voller Zuversicht den Fünften Deutschen Juristentag, und ich schreite hiermit noch zur Erfüllung der letzten Obliegenheit, die auf mir als Vorsitzenden der ständigen Deputation ruht, indem ich Sie einlade, m. H., Sich Ihren Präsidenten für die bevorstehenden Verhandlungen zu wählen.

Obertribunalrath Freiherr **v. Sternenfels** aus Stuttgart: Die Mitglieder der ständigen Deputation hegen einmüthig — mit einziger Ausnahme ihres Vorsitzenden — den Wunsch, daß ihr Vorsitzender selber den Plenar-Verhandlungen präsidiren möge; sie erlauben sich daher den Vorschlag: unseren bewährten Geh. Rath v. Wächter zum Präsidenten des Fünften Deutschen Juristentages zu wählen. (Lebhafte Zustimmung von allen Seiten.)

Dr. v. Wächter: Um Ihren Beifall zu diesem Vorschlage zu konstatiren, muß ich Sie bitten, die Hand zu erheben. (Geschieht von der ganzen Versammlung einmüthig.)

(Nimmt den Präsidentenstuhl ein.)

Ich weiß nicht, wie ich Ihnen genügend danken soll. Ich war allerdings anderer Ansicht als unsere Deputation, und zwar aus persönlichen und sachlichen Gründen. Die persönlichen Gründe will ich verschweigen; was aber die sachlichen betrifft, so glaubte ich, es wäre gut, wenn bald einmal ein Wechsel im Präsidium eintreten würde, und deshalb hatte ich mir vorgenommen, Ihnen ein anderes Mitglied als Präsidenten vorzuschlagen. Ich könnte mit Recht einen Zweifel an der formellen Giltigkeit Ihres soeben gefaßten Beschlusses hegen, da er in der Form von unserer bisherigen Gewohnheit abweicht. Indessen, da dieser Beschluß mit solcher Einstimmigkeit ausgesprochen worden, so besorge ich, daß, wenn ich mit Rücksicht auf meine formellen Bedenken Sie nochmals die Präsidentenwahl zu vollziehen bäte, ich mit meinem Vorschlage nicht durchdringen würde, und so unterwerfe ich mich Ihrem Willen. (Bravo.)

Zunächst, m. H., erlauben Sie mir, daß ich eine Bitte an Sie und eine Bitte an ein gegenwärtiges Mitglied dieses Juristentages richte.

Wir verehren in unserer Mitte einen Justiz-Minister, welcher auf die freundlichste Weise sich unseren Bestrebungen, und insbesondere auch unserem Wunsche, in Braunschweig zu tagen, geneigt erwiesen hat; er hatte sogar die große Güte, sich an die Spitze des Lokal-Comité's in Braunschweig zu stellen, um für unser Wohlbefinden in diesen Mauern zu sorgen. — Ich erlaube mir im Namen des ganzen Juristentages den innigsten Dank für dieses Entgegenkommen auszusprechen, sowie dem Juristentage zu proponiren und den Herrn Minister v. Campe zu bitten, daß mir gestattet sein möge, Seine

Excellenz als Ehrenpräsidenten des Fünften Deutschen Juristentages zu proklamiren. (Anhaltender allseitiger Beifall.)

Sind Sie, m. H., mit diesem Vorschlage einverstanden? (Rufe: Ja! Die ganze Versammlung erhebt sich.)

Sonach erkläre ich hiermit Se. Excellenz den Herrn Justiz-Minister von Campe zum Ehrenpräsidenten des Fünften Deutschen Juristentages. (Bravo.)

Demnächst liegt mir ob, das Büreau zu bilden. Ich habe vermöge der Gewalt, die Sie dem Präsidenten des Juristentages durch Ihr Statut eingeräumt haben, zuvörderst einige unserer Herren Kollegen einzuladen, das Vice-Präsidium zu übernehmen.

Ich erlaube mir, zu diesem Zwecke aufzufordern: den Herrn Obergerichts-Präsidenten Trieps aus Wolfenbüttel, den Herrn Ober-Staatsanwalt von Schaab aus München, Herrn Ober-Appellationsrath Becker aus Oldenburg und Herrn Geheimen Justizrath, Professor Dr. Beseler aus Berlin.

Wenn die geehrten Herren Kollegen, die ich zu nennen mir gestattete, geneigt sind, das Amt anzunehmen, so ersuche ich sie, mir das durch ihr Aufstehen gütigst bezeigen zu wollen. (Geschieht.)

Dann ersuche ich folgende Herren Kollegen, dem Schriftführer-Amte sich gefälligst unterziehen zu wollen: Herrn Kreisgerichts-Direktor v. Kunowski aus Beuthen, Herrn Hof- und Gerichts-Advokaten Dr. Schenk aus Wien, Herrn Obergerichts-Advokaten Horst aus Braunschweig und Herrn Kreisrichter Koch aus Braunschweig. Ich bitte die geehrten Herren, wenn sie diese Obliegenheiten zu übernehmen gewillt sind, neben mir Platz zu nehmen. (Geschieht.)

Und nun, m. H., gehen wir zum ersten Gegenstande der Tagesordnung über. Ein Hauptzweck des Juristentages ist, nach unseren Kräften auf ein gemeinsames Deutsches Recht hinzuwirken. Ich halte es deshalb für eine der wesentlichsten Aufgaben der ständigen Deputation, durch den Bericht, den sie Ihnen vorzulegen hat, Auskunft zu geben über dasjenige, was in vergangenen Jahre auf jenem Gebiete überhaupt in Deutschland erreicht worden ist, und über die guten, freundlichen und minder freundlichen Erfahrungen, die wir in der bezeichneten Richtung gemacht haben. Genehmigen Sie daher, daß Ihnen dieser Bericht erstattet wird. Ich lade den Herrn Stadtrichter Hiersemenzel aus Berlin ein, den von ihm im Namen und unter Mitwirkung der ständigen Deputation verfaßten Bericht vorzutragen.

Referent, Stadtrichter **Hiersemenzel**: Meine hochgeehrten Herren! Der Zweck des Deutschen Juristentages ist nach §. 1 unseres Statuts: eine Vereinigung für den lebendigen Meinungsaustausch und den persönlichen Verkehr unter den Deutschen Juristen zu bilden; auf den Gebieten des Privatrechts, des Processes und des Strafrechts den Forderungen nach einheitlicher Entwickelung immer größere Anerkennung zu verschaffen; die Hindernisse, welche dieser Entwickelung entgegenstehen, zu bezeichnen, und sich über Vorschläge zu verständigen, welche geeignet sind, die Rechtseinheit zu fördern.

Zur Erreichung dieses Zweckes hat der Zweite Juristentag es für geboten erachtet, daß Ihre ständige Deputation Ihnen alljährlich Bericht erstatte über Dasjenige, was seit unserer letzten Zusammenkunft für oder wider die Förderung der Rechtseinheit in Deutschland geschehen sei. Zum dritten Male seit jenem Beschlusse ist heute ein derartiger Bericht Ihnen zu erstatten. Es ist selbstverständlich, daß Ihre Deputation nicht in jedem Jahre in der Lage sein kann, Ihnen von großen, Epoche machenden Ereignissen auf dem Gebiete Deutscher Rechtsentwickelung zu berichten: bedeuten doch in der Geschichte des Rechts oft Jahrhunderte kaum einen Schritt vorwärts, — ist doch, wie jede organische Entfaltung, auch die des Rechts eine allmälige, keine sprungweise, sich überstürzende. So hat der Jahresbericht denn meist nur Symptome zu registriren; nur ausnahmsweise gestattet der formelle Abschluß einer seit Jahren vorbereiteten Reform, oder die Einführung eines großen Princips in den partikularen Organismus einen Ruhepunkt und einen Moment der Betrachtung. Und so haben wir denn unsere Aufmerksamkeit überwiegend zuzuwenden nicht dem Fertigen, Gewordenen, sondern dem in der Entwickelung Begriffenen, Werdenden; gerade daran aber wird unser Interesse stets ein besonders lebendiges sein, weil wir hier häufig selbst noch mitthätig einzugreifen, die Entwickelung auf das gemeinsame Ziel der einheitlichen Rechtsbildung zu richten im Stande sind.

Die Uebersicht des verflossenen Jahres giebt uns in einer Richtung ein entschieden erfreuliches Bild: die von dem Juristentage ausgesprochenen Grundsätze brechen sich mehr und mehr Bahn. Mit wenigen Ausnahmen entsprechen die Gesetzgebungsarbeiten, die wir seit dem letzten Juristentage zu verzeichnen haben, den Anforderungen einer gesunden Entwickelung, einer zeitgemäßen Fortbildung des Rechtsorganismus und stehen im Einklang mit den betreffenden Aussprüchen des Juristentages.

Das Gebiet des öffentlichen Rechts ist statutenmäßig unserer eingehenderen Berücksichtigung entzogen. Es genüge daher hier die Erinnerung daran, daß der im vorigen Jahre dem Kongresse Deutscher Fürsten unterbreitete Entwurf einer Bundesreformakte zu keinem Resultate geführt hat und deshalb das unsere Aufgabe berührende Projekt eines Bundesgerichts nicht zur Ausführung gelangt ist.

Die bereits vorhandene einheitliche Deutsche Gesetzgebung faßt in anerkennenswerther Weise immer festeren Fuß in den einzelnen Staaten des gemeinsamen Vaterlandes: die aus den Berathungen der Nürnberger

Konferenz hervorgegangene Novelle zur allgemeinen Wechselordnung ist seit unserem letzten Bericht nun auch in Bayern, Hannover, Sachsen, Württemberg und Baden eingeführt; in Nassau ist sie in der zweiten Kammer beantragt.

Die Publikation des allgemeinen Handelsgesetzbuchs war in Hannover auf Schwierigkeiten gestoßen; gemeinsame Berathungen mit den angrenzenden Staaten haben unterdeß stattgefunden und zur im Wesentlichen unveränderten Annahme des gemeinsamen Gesetzbuches geführt. Die Regierungsmotive sagen darüber:

„Die Sachlage hat sich mittlerweile (d. h. seit dem vorigen Landtage) in einigen Beziehungen wesentlich geändert. In den meisten und größten Deutschen Staaten hat der Entwurf des Handelsgesetzbuchs Gesetzeskraft erlangt und ist bereits in Wirksamkeit getreten, ohne daß eine direkte Aenderung der darin enthaltenen Bestimmungen für erforderlich erachtet ist. Die großherzogl. Oldenburgische Regierung war bereits, als hierselbst über die Einführung des Handelsgesetzbuchs mit Kommissarien der benachbarten Staaten berathen ward, allen Aenderungen des Gesetzbuchs principiell abgeneigt und ist hierbei stehen geblieben. In dem Großherzogthum Mecklenburg-Schwerin und Mecklenburg-Strelitz haben sich die Landstände gegen eine Aenderung des Gesetzbuchs erklärt und ist darauf die im Wesentlichen unveränderte Annahme desselben beschlossen. In der freien und Hansestadt Bremen sind zwar die meisten und wichtigsten Aenderungen des Handelsgesetzbuchs, die bei den hierselbst stattgehabten Berathungen für erforderlich erachtet waren, von der Bürgerschaft angenommen. Allein der Senat hat noch eine fernere, tief eingreifende Aenderung der Principien des Handelsgesetzbuchs der Bürgerschaft anheimgegeben, indem derselbe wegen der eigenthümlichen Verhältnisse und Rechtszustände Bremens die Anwendung des im zweiten Buche des Handelsgesetzbuchs aufgestellten Grundsatzes; daß eine Handelsgesellschaft ihr besonderes Vermögen gleichwie eine Korporation besitze, und dessen, was dieser Grundsatz mit sich bringt, nicht für rathsam erachtet. Es finden darüber noch Verhandlungen statt und ist daher der Zeitpunkt, worin das Handelsgesetzbuch in Bremen eingeführt werden wird, noch nicht zu ermessen. Was die freie und Hansestadt Hamburg betrifft, so sind, so weit bekannt, die Arbeiten der vom Senate und der Bürgerschaft zur Prüfung des Handelsgesetzbuchs und Entwerfung eines Einführungsgesetzes bestellten gemeinsamen Kommission bisher noch nicht zum Ende gediehen und ist es zur Zeit noch nicht möglich, mit einiger Sicherheit zu bestimmen, wann und eventuell mit welchen Aenderungen das Handelsgesetzbuch dort eingeführt werden wird. — Bei den engen Handelsbeziehungen, welche zwischen dem Königreiche und den gedachten freien und Hansestädten stattfinden, würde es an sich den Wünschen der königlichen Regierung in hohem Grade entsprochen haben, das Handelsgesetzbuch in Uebereinstimmung und gleichzeitig mit Bremen und Hamburg einzuführen. Allein andererseits darf sie die Vortheile nicht verkennen, welche ein mit den übrigen Deutschen Staaten, mit mehr als 30 Millionen Menschen gemeinsames Handelsrecht mit sich führt. Auch glaubt sie zunächst die Wünsche des Handelsstandes des Königreichs berücksichtigen zu müssen, die einstimmig auf die Einführung des Handelsgesetzbuchs gerichtet sind. Sie hat daher beschlossen, die Einführung des Handelsgesetzbuchs wiederholt der allgemeinen Stände-Versammlung anheimzugeben, obgleich die Verhandlungen in den benachbarten Hansestädten noch nicht zum Abschlusse gediehen sind. Weil Letzteres aber nicht der Fall, es auch mit Sicherheit nicht zu bestimmen ist, in welcher Gestalt das Handelsgesetzbuch eventuell in jenen beiden Handelsemporien Gesetzeskraft erhalten wird, so hat sie geglaubt, auch die in der früheren Vorlage vorgeschlagenen Aenderungen des Handelsgesetzbuches lediglich vom Standpunkte der speziellen Hannoverschen Interessen nochmals prüfen zu müssen. Bei dieser Prüfung ist sie davon ausgegangen, daß der Hauptzweck und der Hauptnutzen des Handelsgesetzbuchs in der Gemeinsamkeit oder der Einheit des für das ganze Deutschland zu schaffenden Handelsrechts zu befinden sei, daß folglich die Abänderung irgend einer Bestimmung des Handelsgesetzbuchs sich nur dann rechtfertigen lasse, wenn die betreffende Bestimmung entweder aus principiellen Gründen oder wegen Verletzung wichtiger Hannoverscher Interessen sich als völlig unannehmbar erweise. Das Ergebniß dieser Prüfung ist gewesen, daß sie die sämmtlichen in der früheren Vorlage enthaltenen Aenderungen des Handelsgesetzbuchs aufgeben zu können glaubt."

Soweit die Motive der Hannoverschen Regierung.

Die Einführung ist, wie erwähnt, demgemäß beschlossen; sie hat inzwischen auch in den beiden Mecklenburg, in Braunschweig, Oldenburg, Lübeck und mit einigen Modifikationen in Bremen stattgefunden, während die Berathungen darüber in Hamburg noch immer nicht zum Abschluß gediehen sind.

In Württemberg ist sowohl das Handelsgesetzbuch als auch ein dazu gehöriges Einführungsgesetz und ein Gesetz über das Verfahren in Handelssachen von der zweiten Kammer durchberathen und liegt nunmehr zur Berathung der ersten Kammer vor. Das Gesetz über das Verfahren in Handelssachen ist erfreulicher Weise auf die von der Deutschen Civilproceß-Kommission angenommenen Grundsätze gebaut.

Dem von der Nürnberger Konferenz ausgearbeiteten Entwurfe eines Gesetzes über Gewährung gegenseitiger Rechtshilfe haben beim Bunde vorzugsweise zwei Regierungen — Oesterreich und Hannover — noch nicht zugestimmt, ohne Zweifel im Hinblick auf das erwartete Zustandekommen der allgemeinen Deutschen Civilproceß-Ordnung.

Den Entwurf dieser gemeinsamen Proceßordnung hat die in Hannover tagende Kommission in erster Lesung beendet; derselbe umfaßt 684 Paragraphen und ist zum Zwecke freier Kritik durch den Buchhandel veröffentlicht.

Neben der Kommission in Hannover tagte bekanntlich in Berlin eine durch Kabinetsordre vom 25. Februar 1861 eingesetzte Kommission Preußischer Juristen zur Revision des Preußischen Civil- und Strafproceßrechts und, wenn möglich, zur Herbeiführung einer gemeinsamen Deutschen Gesetzgebung auf diesen Gebieten. Auch diese Kommission hat ihre Arbeit dem Vernehmen nach vor wenigen Wochen beendet und dem Preußischen Justizministerium überreicht. Es ist demnach noch immer die Möglichkeit, vielleicht selbst die Hoffnung vorhanden, daß eine Vereinigung beider Kommissionen und ihrer Entwürfe zum gemeinsamen Werke stattfinde. Ihre Deputation glaubt sich Ihrer einmüthigen Zustimmung gewiß halten zu dürfen, wenn sie dem dringenden Wunsche nach einer solchen Vereinigung hierdurch Ausdruck verleiht. (Lebhafte Zustimmung.)

Der Bayerische Civilproceß-Gesetzentwurf, dessen bereits in dem vorjährigen Berichte Erwähnung geschehen, befindet sich noch immer in dem Stadium der Vorbereitung für die Berathungen in den Kammern, deren Beginn noch ungewiß ist. Die Ergebnisse der Berathungen in Hannover werden, selbst wenn es in Bayern zu einer äußerlich partikularistischen neuen Proceßordnung käme, nicht verfehlen, eine nachhaltige Wirkung auf den materiellen Inhalt derselben zu machen. — Im Königreich Sachsen war zwar dem so eben geschlossenen Landtage von der Regierung der Entwurf einer besonderen Civilproceß-Ordnung vorgelegt, die erste Kammer hat ihn auch zum großen Theile bereits genehmigt, allein die Verabschiedung desselben ist unterblieben, indem ein Theil der zweiten Kammer den Gegenstand zu einer Berathung auf dem gegenwärtigen Landtage für nicht genügend vorbereitet erachtete, ein anderer Theil dagegen in anerkennenswerther Rücksicht auf das gemeinsame Deutsche Interesse dem Deutschen Gesetzgebungswerke nicht vorgreifen wollte.

Nicht minder erfreulich, als die der Kommission zu Hannover, sind die bisherigen Resultate der Arbeiten der in Dresden tagenden Kommission für Ausarbeitung eines Allg. Deutschen Obligationenrechts. Der Allgemeine Theil (427. Artikel) dieses Entwurfs ist bereits in erster Lesung beendet und durch den Druck veröffentlicht. Die Kommission ist in der Ausarbeitung des besonderen Theiles bereits weit vorgeschritten und hofft mit dem ganzen Entwurf in erster Lesung am Schlusse dieses Jahres fertig zu werden. Zu bedauern ist, daß dessen ungeachtet die Ständeversammlung des Königreichs Sachsen den Entschluß ihrer Regierung, ihr bereits publicirtes bürgerliches Gesetzbuch mit Einschluß des Obligationenrechts in nächster Zeit in Kraft treten zu lassen, vor kurzem gebilligt und die Ermächtigung hierzu ertheilt hat.

Unter den Arbeiten der partikularen Gesetzgebungsthätigkeit sind zunächst diejenigen hervorzuheben, welche mehr oder weniger auf die Umgestaltung des Rechtslebens und der Rechtsentwickelung von Einfluß sind. In erster Linie ist hier das Großherzogthum Baden zu nennen; nicht nur, weil die dort stattgefundenen Veränderungen der letzten Jahre die umfangreichsten sind, sondern auch, weil sie sich in vollster Uebereinstimmung mit den Beschlüssen und Intentionen des Juristentages befinden. Es dürfte deshalb auch etwas specieller gerade auf diese Verhältnisse einzugehen sein.

Die grundsätzliche Aenderung, welche in der Regierung des Großherzogthums Baden seit der im März und April 1860 erfolgten Verwerfung des Konkordats und dem hierdurch veranlaßten Ministerwechsel vorging, hatte eine Prüfung und Abänderung vieler Gesetze zur Folge, welche theils mit dem konstitutionellen Principe, theils mit dem gegenwärtigen Stande der Wissenschaft nicht mehr im Einklang standen. Nach einigen das Gebiet des Staats- und des Kirchenrechts berührenden kleineren Gesetzen der Jahre 1860—1862 erging zuvörderst ein Gesetz vom 5. Oktober 1863 über die Organisation der inneren Verwaltung. Von ausschließend oder vornehmlich in das Gebiet der Rechtspflege gehörenden Gesetzen ist außer dem Einführungsgesetz zum Allgemeinen Deutschen Handelsgesetzbuch zunächst die neue Gerichtsverfassung vom 19. Mai 1864 hervorzuheben. Nach diesem Gesetze bleiben Rechtspflege und Verwaltung durch alle Instanzen getrennt, sollen bürgerliche Rechts- und Strafsachen in der Regel nur auf öffentlich-mündliche Verhandlung erledigt, soll in Strafsachen das Anklageverfahren mit Schwurgerichten durchgeführt werden.

Der von den Kammern angenommene Gesetz-Entwurf über die Rechtsverhältnisse der Richter erklärt deren Anstellung für unwiderruflich, gestattet deren Entlassung nur auf Grund eines strafgerichtlichen oder eines vom Disciplinarhof gefällten Erkenntnisses, läßt selbst Versetzungen und Beförderungen nur unter Bedingungen und Voraussetzungen zu, und behält dieselben Rechte auch den aus dem Richterstande ernannten Staatsanwälten vor.

Die von den Kammern beschlossene neue Anwaltsordnung erklärt jeden Rechtsgelehrten, welcher nach Erstehung der obersten Staatsprüfung zwei Jahre bei Staatsstellen oder unter der Leitung eines Anwalts gearbeitet hat, für zur Ausübung der Anwaltschaft berechtigt. Der Anwalt kann sich an jedem Ort niederlassen, an welchem ein Kollegialgericht seinen Sitz hat.

Auch in Baden wurde, trotz der förderlichen Thätigkeit der in Hannover tagenden Kommission, unterm 18. März 1864 eine neue bürgerliche Proceßordnung sanktionirt. Den Fortschritten der Wissenschaft und der Gesetzgebung und den Aussprüchen des Juristentags ist in diesem Gesetze insbesondere auch insofern Rechnung getragen, als der Schwerpunkt des Verfahrens in die mündliche Schlußverhandlung gelegt und als dem Ermessen des Richters bei Prüfung der Beweisfrage ein freierer Spielraum gewährt ist.

Gleichzeitig am 18. März 1864 wurde auch eine neue Strafproceß-Ordnung sanktionirt und verkündet. Dieselbe führt das Anklageverfahren folgerichtig durch und schreibt für alle Stufen von Gerichten ein öffentlich-mündliches Verfahren vor. Daran schließen sich die Gesetze vom 28. Mai d. J. über Einführung der Strafproceßordnung, über die Gerichtsbarkeit und das Verfahren in Polizei-Strafsachen. — Ein Gesetz vom 28. Mai 1864 endlich über die Verwaltung der freiwilligen Gerichtsbarkeit und über das Notariat weist in Titel I. die höhere freiwillige Gerichtsbarkeit den Amtsgerichten zu, welchen zu diesem Behufe in der Regel ein in seinen Dienstverrichtungen selbstständiger Gerichtsnotar beigegeben wird. — Nach §. 11 werden zu jeder Vormundschaft zwei oder vier der nächsten Verwandten oder Verschwägerten des Mündels, oder in deren Ermangelung zwei andere Ortseinwohner als Beiräthe berufen, welche bei allen wichtigeren Angelegenheiten, in welchen nach dem Landrecht (code Napoléon) der Familienrath beizuziehen ist, mitzuwirken haben. Der übrige Inhalt des Titel I. bezieht sich meist auf Ordnung des Vormundschaftswesens, welches unter der Leitung des Amtsgerichts, beziehungsweise Gerichtsnotars steht, vorbehaltlich eines Einschreitens des Staatsanwalts und Anrufens des Appellationssenates. Auch die Mitwirkung der Gemeinde ist durch Beibehaltung des Instituts der s. g. Waisenrichter gewahrt, welches durch künftige Verordnungen weiter ausgebildet werden soll. Titel II. handelt von dem Geschäftskreise und der Zuständigkeit der Notare (von der niederen freiwilligen Gerichtsbarkeit), welche unter Beseitigung der bisherigen Amtsrevisorate von deren Aufsicht frei und selbstständiger gestellt werden.

Nächst Baden sind im Kurfürstenthume Hessen die tiefgreifendsten Aenderungen auf dem Gebiete der Rechtspflege vor sich gegangen. Seit dem

1. Januar d. J. sind daselbst eine neue Gerichtsorganisation, ein verändertes Verfahren in bürgerlichen Rechtsstreitigkeiten und eine umfassende Strafproceßordnung in's Leben getreten. Die neue Organisation und das neue Verfahren bezüglich der Civil-Jurisdiktion charakterisirt sich dadurch, daß man im Hinblick auf die Arbeiten der Civilproceßgesetz-Kommission in Hannover, an welchen sich auch Kurhessen betheiligte, bis zur Einführung einer allgemeinen Deutschen Civilproceß-Ordnung ein Uebergangsstadium zu schaffen strebte. Gelegentlich der Kompetenzbestimmung der Untergerichte ist ausgesprochen, daß auf körperliche Züchtigung weder als selbstständige noch als Zusatzstrafe erkannt werden darf.

In betrübendem Gegensatze zu diesem Fortschritte humaner Gesetzgebung in Kurhessen haben wir jenes Mecklenburgischen Gesetzes zu erwähnen, dessen Bekanntwerdung seiner Zeit weit über die Grenzen unseres Vaterlandes hinaus eine allgemeine tiefe Entrüstung hervorrief, jenes zuerst am 2. April d. J. in Mecklenburg-Schwerin, unter dem 8. Mai d. J. auch in Mecklenburg-Strelitz erlassene Gesetz, betreffend „die Untersuchung und Bestrafung der Dienstvergehen der Gutsleute in den ritterschaftlichen Gütern", — bekannter unter dem Namen: „das Prügelgesetz". Wir bedauern, daß eine Deutsche Partikulargesetzgebung mit der Prügelstrafe sich zu einem anderen Zwecke beschäftigt hat, als um dieselbe abzuschaffen. (Lebhafte Zustimmung.)

In Betreff des Strafrechts ist schließlich noch zu erwähnen, daß Anhalt-Bernburg in Folge seiner Vereinigung mit Dessau-Köthen vom 1. Oktober d. J. ab das bis dahin giltige Preußische Strafrecht gegen das Thüringische mit den Dessauischen Modifikationen vertauschen wird. Ebenso wird das Ober-Appellationsgericht zu Jena von da ab an die Stelle des Preußischen Obertribunals als höchste Instanz in Strafsachen treten.

In Sachsen endlich ist ein Gesetz über verbotene Spiele und Wetten publicirt und ein Gesetzentwurf über Aufhebung der Wuchergesetze von den Ständen genehmigt.

In Braunschweig ist bei Gelegenheit der Publikation des Handelsgesetzbuches ein dessen Bestimmungen entsprechendes Bankerutt-Strafgesetz publicirt worden.

Auf dem Gebiete des Strafprocesses sind außer den vorhin bereits erwähnten Gesetzen auch in Bremen und Lübeck mit den neuen Gerichtsorganisationen, die, seit Jahren vorbereitet und in den verschiedenen Fachjournalen eingehend besprochen, im Laufe dieses Jahres in Wirksamkeit getreten sind, nun auch die betreffenden Strafproceß-Ordnungen geltendes Recht geworden. In Bremen hat mit der dadurch gebotenen Einführung des mündlichen und öffentlichen Strafverfahrens mit Geschworenen und Schöffen gleichzeitig eine Ausdehnung des mündlichen Verfahrens in Civilsachen, welches bisher nur bei dem Handelsgericht stattfand, sich als nothwendig herausgestellt. Vom 1. Okt. d. J. ab wird danach bei allen Gerichten verfahren werden.

Am geringsten ist im verflossenen Jahre die Thätigkeit der Gesetzgebung auf dem Gebiete des Civilrechts gewesen; erwähnt mag hier werden ein Nassauisches Gesetz über Einführung der Noth=Civilehe.

Hier endet unser Bericht. Wir schließen ihn mit dem aufrichtigen Wunsche, daß das Werk der Reform auch im nächsten Jahre rüstig fortschreiten und daß es auch unserem Vereine ferner vergönnt sein möge, manchen Baustein zu dem Dome Deutscher Rechtseinheit beizutragen! (Beifall.)

Präsident: Ich erlaube mir zu fragen, ob an diesen Bericht von Ihrer Seite sich irgend ein Antrag knüpft?

Da kein Antrag gestellt wird, gehen wir in der Tagesordnung weiter. Ich ersuche Herrn Stadtrichter Hiersemenzel, über einen Antrag der ständigen Deputation auf Aenderung unseres Statuts zu referiren.

Referent, Stadtrichter **Hiersemenzel**: M. H.! Die ständige Deputation beantragt, §. 2 des Statuts dahin zu ändern:

> „Der Deutsche Juristentag tritt in der Regel alljährlich zusammen; doch ist die ständige Deputation ermächtigt, aus Gründen der Zweckmäßigkeit ausnahmsweise die Wiedereinberufung des Juristentages erst in dem auf dessen letzten Zusammentritt folgenden zweiten Kalenderjahre vorzunehmen."

Zur Motivirung dieser Befugniß, welche die Deputation sich beigelegt zu sehen wünscht, brauche ich wohl nur auf die Ereignisse des gegenwärtigen Jahres hinzuweisen, nach denen es leicht sich so fügen konnte, daß die Zusammenberufung des Juristentages zu sehr ungeeigneter Zeit hätte erfolgen müssen. Glücklicher Weise kam es anders, als wir befürchteten. Um nun ein für allemal die ständige Deputation nicht in die Lage gerathen zu lassen, entweder trotz aller Ungunst der Zeitverhältnisse den Juristentag zusammen zu berufen, oder aber die Statuten zu verletzen, ist es gewiß zweckmäßig, wenn Sie derselben die beantragte Befugniß beilegen.

Präsident: Wünscht nun Jemand das Wort über diesen Antrag zu ergreifen?

Da das nicht der Fall ist, so werde ich die Sache Ihrer Beschlußfassung unterwerfen. (Abstimmung. Die entschiedene Majorität erklärt sich für den Antrag.)

Wir gehen zu einem anderen Gegenstande über. Die Abtheilungen, m. H., konnten die Tagesordnung ihrer ersten Sitzung nicht selbst bestimmen, weil sie noch nicht existiren, sondern ihre Existenz erst mit ihrem Zusammentritt erhalten. Die ständige Deputation mußte sich daher erlauben, die Tagesordnung auch für die Abtheilungen vorläufig festzusetzen und das Material, welches an den Juristentag gelangt ist und von den Abtheilungen bearbeitet werden muß, an sie zu vertheilen. Wir haben in dem kleinen Schriftchen, das in Ihren Händen sein wird, diese Vertheilung Ihnen näher vorgelegt, und ich gestatte mir die Frage, ob Sie mit dieser Vertheilung einverstanden sind.

Professor Dr. **John** aus Königsberg: Ich wollte bitten, die Vorlage, die der vierten Abtheilung in Betreff der Organisation der Staatsanwaltschaft gemacht ist, auch der dritten Abtheilung zuzuweisen. Der Grund, der mich zu dieser Bitte bestimmt, ist der, daß der dritten Abtheilung kriminalistische Gegenstände zugewiesen sind, und ich glaube annehmen zu dürfen, daß diejenigen Mitglieder des Juristentages, welche Specialisten in Hinsicht derjenigen Gegenstände sind, welche der dritten Abtheilung zugewiesen worden, auch Specialisten in Betreff dieses Gegenstandes sein werden. Wollen Sie davon einige zwingen, nur der dritten Abtheilung beizuwohnen, andere dagegen, nur in der vierten zu erscheinen: so würde daraus für beide Abtheilungen sich ein Nachtheil ergeben. Ich würde daher vorschlagen, daß die Frage der Organisation der Staatsanwaltschaft der gemeinschaftlichen Berathung der dritten und vierten Abtheilung überwiesen werde.

Obergerichtsrath **Planck** aus Meppen: Bereits auf den früheren Juristentagen ist die Frage zur Sprache gekommen, wie die Staatsanwaltschaft am zweckmäßigsten zu organisiren sei, und es ist früher so gehalten worden, daß dieselbe an beide Abtheilungen verwiesen ward. Es hat sich dabei geradezu herausgestellt, daß eine Verweisung an zwei Abtheilungen unzweckmäßig war. Die eine nahm auf die andere Rücksicht und wartete auf deren Votum, und über die Hauptfrage ist es in keiner zu einem Beschluß gekommen. Das Richtigste wäre allerdings, beide Abtheilungen für diesen Gegenstand zu kombiniren. Denn obgleich die Frage über die Stellung der Staatsanwaltschaft und ihre Organisation zunächst eine Frage der Gerichtsverfassung ist, so hängt ihre Beantwortung doch wesentlich mit davon ab, wie man die Aufgabe der Staatsanwaltschaft im Strafprocesse auffaßt. Allein eine Kombination beider Abtheilungen würde im Grunde ziemlich das Plenum selbst sein. Solche Fragen aber in Plenarversammlungen zu verhandeln, muß nach den gemachten Erfahrungen für unzweckmäßig gehalten werden. Deshalb hat die ständige Deputation geglaubt, die Frage derjenigen Abtheilung überweisen zu sollen, welche statutenmäßig zunächst dabei interessirt ist. Die vierte Abtheilung hat nicht blos Civilproceß-Fragen, sondern auch Gerichtsverfassungs-Fragen überhaupt zu berathen. Wie die Frage in Betreff der Staatsanwaltschaft aber jetzt vorliegt, ist sie eine Frage der Gerichtsverfassung. Ich glaube deshalb, daß der Vorschlag der ständigen Deputation der zweckmäßigste sein wird.

Präsident: Ich erlaube mir, in dieser Beziehung darauf aufmerksam zu machen, daß jedes Mitglied sich in zwei Abtheilungen einschreiben lassen darf, und es somit den Mitgliedern der dritten Abtheilung möglich ist, auch in der vierten Abtheilung sich einschreiben zu lassen und an den Berathungen über die Staatsanwaltschaft theilzunehmen. Vielleicht kann von den Vorsitzenden beider Abtheilungen darauf Rücksicht genommen werden, daß die Sitzungen beider Abtheilungen nicht zusammenfallen.

Professor Dr. **John**: Unter dieser Voraussetzung ziehe ich meinen Antrag zurück.

Präsident: Wird noch eine Erinnerung in Beziehung auf die projektirte Vertheilung der Vorlagen gemacht?

So kann ich annehmen, daß Sie unser Projekt hiermit genehmigt haben.

Ich habe noch eines Schreibens zu erwähnen, welches vom Vorstande des Handelsvereins zu Löbau an den Juristentag gelangt ist. Es betrifft die Bildung eines gemeinsamen höchsten Gerichtshofes für handelsrechtliche Streitsachen in Deutschland und schlägt in dieser Hinsicht speciell das Ober-Appellationsgericht zu Lübeck vor. Ich glaube, m. H., wir werden wohl am besten thun, diesen Antrag der zweiten Abtheilung zur Vervollständigung ihres Materials mitzutheilen und ihr anheim zu stellen, in wie weit sie darauf Rücksicht zu nehmen für zweckmäßig erachtet. Sind Sie damit einverstanden? (Rufe: Ja!) So ist mein Vorschlag genehmigt.

M. H., wir sind bereits am Ende unserer heutigen Tagesordnung, und ich halte das insofern für ersprießlich, als die Abtheilungen um so mehr Gelegenheit erhalten, uns Stoff für unsere zweite Plenarsitzung zu liefern.

Justiz-Minister **v. Campe** aus Braunschweig: Meine geehrten Herren! Sie haben mich durch die vorhin stattgefundene, ebenso wohlwollende als ehrenvolle Kundgebung zu tief gefühltem Danke verpflichtet, und ich kann es mir daher nicht versagen, diesen in wärmster Weise hiermit auszusprechen. (Bravo.)

Präsident: Die Sitzung, m. H., ist geschlossen.

(Schluß der Sitzung 10¼ Uhr.)

Zweite Plenarversammlung
des Fünften Deutschen Juristentages
am 29. August 1864
im Odeon zu Braunschweig.

(Beginn der Sitzung 9 Uhr 15 Minuten.)

Präsident, Geheimer Rath Dr. v. **Wächter**: Geehrte Versammlung! Ich gebe mir die Ehre, die zweite Plenarsitzung des Fünften Deutschen Juristentages zu eröffnen. — Ich ersuche den Herrn Schriftführer, Kreisgerichts-Direktor v. Kunowski, uns das Protokoll der ersten Plenarversammlung zu verlesen. (Geschieht.)

Hat Jemand etwas gegen das Protokoll zu erinnern?

Da keine Erinnerung erfolgt ist, so erkläre ich dasselbe für genehmigt.

Wir gehen nun zu unserer Tagesordnung über. Nach unserem Statut haben die Abtheilungen, in welchen die Hauptwucht unserer Arbeiten liegt, durch specielle Sachverständige über die einzelnen Fragen berathen und entschieden. Die Resultate ihrer Berathungen können uns entweder zur Kenntnißnahme oder zur Beschlußfassung mitgetheilt werden. Wenn sie die letztere Form wählt, so drückt die Abtheilung dadurch den Wunsch aus, daß auch wir unsere Ansicht über den betreffenden Gegenstand aussprechen und damit die Ansicht der Abtheilung wo möglich besonders sanktioniren sollen. Wenn dagegen die Sache uns blos zur Kenntnißnahme vorgelegt wird, so steht es ganz bei uns, ob wir selbst auf eine Berathung eingehen wollen, oder nicht; nur haben wir bisher in unseren Plenarversammlungen die Ansicht der Abtheilungen, welche glaubten, daß das Plenum darüber nicht berathen und keinen Beschluß fassen solle, in der Regel als eine maßgebende Autorität behandelt. Auch die meisten Beschlüsse, welche die Abtheilungen in den letzten Tagen über die zum Theil sehr wichtigen von ihnen erörterten Fragen gefaßt haben, theilen dieselben uns blos zur Kenntnißnahme mit.

Ich lade zunächst den Herrn Dr. Gneist ein, uns den Bericht über die Verhandlungen der ersten Abtheilung vortragen zu wollen.

Referent, Professor Dr. **Gneist** aus Berlin: M. hochv. H.! Die erste Abtheilung hat die Gewohnheitsrechtsfrage in Berathung gezogen und zwar in der Fassung, welche den beiden uns erstatteten werthvollen Gutachten des Herrn Ober-Appellationsgerichtsrath Becker und des Herrn Professor Dr. Beseler zu Grunde liegt. Eine sehr erfreuliche Uebereinstimmung zeigte sich in der Anerkennung der Resultate der geschichtlichen Schule in Deutschland, in der vollkommenen Würdigung des Gewohnheitsrechtes als der lebendigen, im besten Sinne des Wortes naturwüchsigen Quelle unseres gemeinsamen Rechtszustandes in Deutschland. Es zeigte sich auch die lebendige Anerkennung des Gewohnheitsrechtes in allen seinen Wirkungen, also nicht blos mit der Funktion, bestehendes Recht zu ergänzen, sondern auch es abzuändern und bestehendes Recht aufzuheben. Eine Differenz trat nur hervor an dem Scheidepunkte, der auch unsere Deutschen Rechtszustände in gewissem Sinne sichtbar trennt, nämlich für die Länder kodificirter Gesetzgebung.

Die eine Seite sagt: auch in diesem Falle ändert das Privatrecht seine Natur nicht; es ist also logisch und juristisch konsequent, daß das Gewohnheitsrecht auch in diesem Falle das Recht der Gleichheit bewahre, und daraus folgt, daß auch in diesem Falle das Gewohnheitsrecht seine derogatorische Kraft behauptet. Es würde ja auch der entgegengesetzte Versuch rein vergeblich sein; denn die Macht der Rechtsüberzeugung wird sich jedem geschriebenen Buchstaben gegenüber geltend machen. Jede clausula derogatoria solcher Gesetze hat sich als vergeblich erwiesen. Ist eine tiefe, gemeinsame Rechtsüberzeugung da, so setzt sie auch die Klausel außer Kraft, daß die Gewohnheit nicht gegen das Gesetz gelten solle.

Die andere Seite sagt: Die Kodifikation ist kein blos privatrechtlicher Akt, den man nur nach den gewohnten Anschauungen des Privatrechts beurtheilen könnte, sondern sie ist eine Maßregel von großer Tragweite, die überhaupt regelmäßig nur in einem Nothstande des Rechts zur Erscheinung kommt; wenn es sich nämlich darum handelt, ein Staatswesen von Grund auf neu zu ordnen, mit der Neuordnung eines geschaffenen modernen Staates in allen seinen Anforderungen, — mit dem in Wechselwirkung die Rechtsverwirrung und Rechtsungleichheit weggeschafft werden soll, welche aus einer alten Staats- und Gesellschaftsordnung in neue Zustände hineinreicht, — das jus aequum in diesen neuen Zuständen herzustellen, das Privilegium, so wie es tief in das Familien- und selbst in das Vermögensrecht hineinzuwachsen pflegt, zu beseitigen. Diese Grundrichtung der Kodifikation würde gefährdet, wenn der Gesetzgeber nicht den ernsten Willen kategorisch ausspräche: gegen diese Gefährdung der neuen ratio, gegen diese Lüsternheit, dem alten Partikularismus und den alten Privilegien ihre Stelle zu wahren, wollen wir entschieden auftreten. Das ist der Grund, warum geschichtlich in großen fertigen Staatswesen die Kodifikation sich nach dieser Richtung hin negirend verhält. Im Uebrigen bleibt das Gewohnheitsrecht in seinen Würden. Es ergänzt, als die lebendige Quelle, noch immer unser Privatrecht, und kann sowohl da, wo es sich als Juristenrecht, als auch da, wo es durch volksthümliche Theilnahme an den Gerichten als unmittelbare Volksüberzeugung sich noch sichtbarer geltend machen kann, heute ebenso wohlthätig wirken, wie früher. Es ist überhaupt rathsam, daß der Gesetzgeber mehr Principien giebt, als die Ausführung des Einzelnen, und deshalb wird auch auf diesem Gebiete dem Gewohnheitsrechte (vorbehaltlich der ratio) im neueren Rechte ein erheblicher Spielraum bleiben.

Zwischen diesen beiden Ansichten hat nun die Abtheilung zuletzt mit Stimmenmehrheit entschieden, und zwar für die letztere Ansicht, wie sie von Beseler auf S. 110 (Band I.) unserer diesjährigen gedruckten Verhandlungen formulirt ist. Die Abtheilung nimmt also mit Stimmenmehrheit folgende Sätze an:

„I. Gesetze und Gewohnheitsrecht bestehen als selbstständige Rechtsquellen ursprünglich in gleicher Kraft und Bedeutung neben einander. II. Die Aufhebung des Gewohnheitsrechts durch die Gesetzgebung ist ohne ein besonderes Bedürfniß nicht gerechtfertigt. III. Eine umfassende Gesetzgebung (Kodifikation) hat die derogatorische Kraft des Gewohnheitsrechts nicht anzuerkennen. IV. Das Gewohnheitsrecht als ergänzende Rechtsquelle kann auch neben einer umfassenden Gesetzgebung in Geltung bleiben und ist nur aus besonderen Gründen, und soweit diese reichen, auszuschließen oder zu beschränken."

Dies das Resultat der Berathungen der ersten Abtheilung, welches ich als Berichterstatter der hochgeehrten Versammlung mitzutheilen beauftragt war.

Präsident: Ich frage nun, wird ein Antrag auf Berathung und Beschlußfassung über diese Aeußerungen der ersten Abtheilung noch jetzt gestellt? Dann gehen wir zum folgenden Gegenstande unserer Tagesordnung uber.

Referent, Notar **Euler** aus Düsseldorf: M. H.! Auf dem vorjährigen Juristentage kamen über das Vormundschaftswesen zwei wesentlich verschiedene Anträge zur Verhandlung: der eine von dem Herrn Hof- und Gerichts-Advokat Dr. Schenk aus Wien, der andere vom Herrn Professor Dr. Heller aus Graz. Der Antrag des Herrn Dr. Schenk lautete:

„Der Deutsche Juristentag wolle als seine Ueberzeugung aussprechen: A. Das Deutsche Familienrecht beruht auf dem Altdeutschen Gedanken des Mundiums. Daraus folgt: aa) die Vormundschaft ist Sache der Familie, bb) in deren Ermangelung der Gemeinde. — Es ist daher: B. die Vormundschaft auf das Familienprincip zurückzuführen. Zu diesem Ende ist erforderlich: aa) die Schaffung einer Familienversammlung, bb) die Stellung derselben in einer Weise, daß der Schwerpunkt der Vormundschaft in ihr liegt. — C. Uebrigens ist mit dem staatlichen Aufsichtsrechte immer nur ein Gericht zu betrauen."

Dem entgegengesetzt lautete der Heller'sche Antrag: „Der Deutsche Juristentag wolle aussprechen: die gedeihliche Entwickelung des Deutschen Vormundschaftsrechts fordert die Ueberweisung der Vormundschaftssachen an eigene, aus den Gemeinden zu bildende Behörden mit dem Familienrathe zur Seite."

Referent über beide Anträge war Herr Advokatanwalt Bernays zu Mainz. Dieser schloß sich dem Schenk'schen Antrage im Wesentlichen an in folgender Weise: „Der Deutsche Juristentag spreche seine Ueberzeugung aus: 1. daß ein Familienrath zu schaffen sei. der in allen durch das Gesetz zu bestimmenden Fällen bald entscheidende, bald berathende Natur habe, — 2. daß dem Familienrathe eine richterliche Behörde beigegeben werde, welche den Familienrath leitet und in demselben Sitz und Stimme erhält, — 3. daß dem Gerichte die Obervormundschaft über diesen Familienrath der Art zustehe, daß in den durch das Gesetz zu bestimmenden Fällen die Beschlüsse des Familienraths der Bestätigung des Gerichts bedürfen und dasselbe über alle zwischen dem Vormunde und dem Familienrathe entstandenen Konflikte entscheidet."

Der vorjährige Juristentag verwies jene Anträge — nach einzuholenden Gutachten — an den diesjährigen Juristentag. Die von Herrn Gerichtsrath Aull zu Mainz und Herrn Hof- und Gerichts-Advokat Dr. Heyßler zu Wien erstatteten Gutachten liegen Ihnen gedruckt vor. Dr. Aull kommt zu folgendem Resultate: „Der Deutsche Juristentag wolle als seine Ueberzeugung aussprechen: A. Das Deutsche Familienrecht beruht auf dem Altdeutschen Gedanken des Mundiums. Daraus folgt: aa) die Vormundschaft ist Sache der Familie, bb) in deren Ermangelung der Gemeinde. — Es ist daher: B. die Vormundschaft auf das Familenprincip zurückzuführen. Zu diesem Ende ist erforderlich: aa) die Schaffung einer besonderen Familienversammlung für jede Pflegschaft, welche aus den vom Gesetze zu bezeichnenden Familienangehörigen des Pflegebefohlenen und in deren Ermangelung aus den vom Gesetze zu bezeichnenden Angehörigen der Gemeinde, in welcher der Mündel wohnt, zu bestehen, den Vormund zu wählen und alle weiteren vom Gesetze der Obervormundschaft zugewiesenen

Rechte und Pflichten auszuüben hat. bb) Diesem Familienrathe ist ein Richter beizugeben, welcher den Vormund zu verpflichten, die Familienversammlung zu berufen, deren Berathungen zu leiten und an diesen Theil zu nehmen, aber keine entscheidende Stimme hat. — C. In den vom Gesetze zu bezeichnenden Fällen ist dem Vormunde sowohl als den bei den Entscheidungen des Familienrathes in der Minderheit gebliebenen Mitgliedern desselben ein Rekursrecht gegen jene Entscheidungen an ein Kollegialgericht zu gewähren. — D. Jedenfalls sei mit dem staatlichen Aufsichtsrechte immer nur ein Gericht zu betrauen. — Im Falle der Juristentag sich für Ueberweisung der Vormundschaften an eigene aus den Gemeinden zu bildende Behörden erklären sollte, wolle derselbe seine Ueberzeugung dahin aussprechen: E. daß in diesem Falle es nicht rathsam sei, diesen Behörden einen Familienrath an die Seite zu geben." — Dr. Heyßler empfiehlt folgende Sätze: „Die Vormundschaft ist ein Recht und eine Obliegenheit der Familie. Sie wird ausgeübt durch den Vormund und durch den Familienrath, welcher dem Vormunde theils mit berathender, theils mit beschließender Stimme zur Seite steht. Die Ober-Vormundschaft ist ein Recht und eine Obliegenheit der Gemeinde; sie wird ausgeübt durch die Entscheidung in gewissen vorbehaltenen Fällen, sei es wegen der Wichtigkeit des Gegenstandes, sei es wegen Meinungsverschiedenheit der vormundschaftlichen Organe; und durch die Oberaufsicht über die vormundschaftliche Gestion. Jede Administrativ-Thätigkeit der Gerichte in Vormundschaftssachen hat aufzuhören; die Gerichte haben in diesen Angelegenheiten ausschließend in den Grenzen und nach den Formen ihrer allgemeinen (Civil- und Straf-) Gerichtsbarkeit einzuschreiten."

Das sind die Vorlagen. Nach ausführlicher Debatte hat sich die erste Abtheilung im Wesentlichen, wenigstens dem Grundgedanken nach, für die Schenk-Bernays'schen Anträge ausgesprochen in folgender Weise:

> „Es ist ein Familienrath, d. h. ein Organ aus Familienmitgliedern event. Freunden für jede Vormundschaft zu schaffen, welches unter Vorsitz des Ortseinzelrichters theils berathend, theils beschließend in die Vormundschaftsverwaltung einzuführen und dessen Beschlüsse in wichtigeren, vom Gesetze zu bestimmenden Fällen von dem kollegialischen Gerichte zu bestätigen."

M. H.! Wollte ich Ihnen die Gründe darlegen, welche uns zu diesem schließlichen Votum geführt haben, so könnte ich es nicht, ohne tiefer in die Sache einzugehen, wollte ich dabei der Schwierigkeit der Sache und ihrer Wichtigkeit für die Gesetzgebung einigermaßen gerecht werden. Von den beiden Systemen, um die es sich hier handelt, sagt das eine, die Vormundschaft sei Sache der Familie, das andere, sie sei Sache des Staats. Wie Sie wissen, m. H., besteht das letztere System fast überall in Deutschland. Es ist daher als eine sehr erfreuliche Erscheinung zu betrachten, daß die erste Abtheilung ihren Beschluß einstimmig gefaßt hat. Der Grundgedanke dabei war der, daß der Familie das Interesse des Pflegebefohlenen mehr am Herzen liegt. und daß sie auch besser im Stande sei, von diesem Interesse Kenntniß zu nehmen, daß dagegen der Staat nur auf eine Aufsicht in den wichtigeren Fällen zu beschränken sei M. H.! Ich als Rheinländer freue mich doppelt über diesen Beschluß; ich glaube, er wird eine große Tragweite haben.

Präsident: Auch diesen Beschluß hat uns die Abtheilung nur zur Kenntnißnahme vorgelegt.

Ich lade Herrn Senator Dr. Versmann aus Hamburg ein, uns über die Beschlüsse der zweiten Abtheilung, betreffend die Einführung und Zusammensetzung der Handelsgerichte, berichten zu wollen.

Referent, Senator Dr. **Versmann**: M. H.! Die zweite Abtheilung des Juristentages hat sich fast ausschließlich mit der einen Frage beschäftigt, aus welchen Elementen diejenigen Gerichte zusammenzusetzen seien, welche in Handelssachen Recht zu sprechen haben. Es sind alle in dieser Beziehuug möglichen Ansichten mit gleicher Lebhaftigkeit vertreten worden, und es wird deshalb meine Aufgabe sein, von den drei verschiedenen Arten der möglichen Zusammensetzung Ihnen einen, wenn auch nur schattenhaften, Abriß zu geben.

Es sind die drei Ansichten vertreten gewesen, daß die Handelsgerichte zusammenzusetzen seien einmal nur aus Juristen, zweitens nur aus Kaufleuten, drittens aus beiden Elementen gemischt. Aus den gedruckt in Ihren Händen befindlichen Mittheilungen haben Sie ersehen, daß die zweite Abtheilung sich für die letztere Ansicht entschieden hat. — Die Ansicht der Abtheilung kulminirt in dem ersten Satz ihrer Beschlüsse:

„Die Einführung besonderer, aus rechtsgelehrten und kaufmännischen Richtern gebildeter Handelsgerichte erscheint als ein dringendes Bedürfniß.“ *)

---

*) Die ferneren Sätze lauten: 2) (Eventueller Beschluß für den Fall, daß ein Ausspruch über die Organisation der Handelsgerichte beliebt werden sollte, worüber die Abtheilung die Definitiventscheidung für jetzt abgelehnt hat.) Die Handelsgerichte sind aus kaufmännischen Richtern und einem Juristen als Präsidenten zusammenzusetzen. 3) Die Mitwirkung des kaufmännischen Elementes ist auch in den Gerichten zweiter Instanz bei der Entscheidung von Handelssachen nicht zu entbehren. 4) Die Gerichtsbarkeit in Handelssachen ist nur in solchen Bezirken, in welchen eine größere Zahl von Handelsstreitigkeiten nicht vorkommt oder die Zusammensetzung des Handelsstandes eine Auswahl tüchtiger Handelsrichter nicht bietet, den gewöhnlichen Gerichten zu übertragen, und zwar, wo es thunlich ist, besonderen Abtheilungen derselben. 5) Die ständige Deputation wird aufgefordert, die Frage, auf welche Weise dem Bedürfnisse eines gemeinschaftlichen Organs behufs Erhaltung

Ich werde mir erlauben, möglichst kurz zuerst die Gründe zu rekapituliren, die für die Ansicht vorgebracht sind, die Handelsgerichte müßten lediglich aus Juristen zusammengesetzt sein. Der Ideengang der Vertreter dieser Ansicht mag etwa folgender sein. Dreierlei, so wurde gesagt, gehört zu einer verständigen Urtheilsfindung: Kenntniß des Rechts, Kenntniß des Thatsächlichen 'und Subsumtion des Thatsächlichen unter die rechtlichen Gesichtspunkte. In allen drei Beziehungen sind die Kaufleute durchaus ungeeignete Richter. Die Kenntniß des Rechts geht ihnen naturgemäß ab. Die Kenntniß des gesetzlichen Rechts können sie auch aus dem Studium des Handelsgesetzbuchs nicht erwerben, denn dieses umfaßt nicht das gesammte Recht, welches bei Entscheidung der Handelsstreitigkeiten zur Anwendung kommt; auch ist es keineswegs ein klar und durchsichtig geschriebenes Gesetz, welches jeder Laie nur zu lesen braucht, um sofort daraus die erforderliche Entscheidung entnehmen zu können, es muß im Ganzen verstanden und interpretirt werden durch den Mann von Fach, zumal es nicht einmal in einer leichten Form geschrieben ist: Die Kenntniß des Rechts kann nur durch ein eingehendes Studium erworben werden. Nicht besser steht es mit der viel gerühmten Fähigkeit der Kaufleute, über das Gewohnheitsrecht Auskunft zu geben. Dieses zu konstatiren, sind vielmehr die Kaufleute nicht viel besser geeignet als jeder Jurist. Denn der Kaufmann kennt immer nur die Usancen und Gebräuche eines einzelnen Orts und seiner Branche, in der er gerade Geschäfte macht, aber eine allgemeine Kenntniß der handelsrechtlichen Gebräuche wohnt ihm nicht bei. — Was die zweite Voraussetzung einer tüchtigen Rechtsprechung, die Feststellung des Thatsächlichen anbetrifft, so mag es zugegeben werden, daß der Kaufmann in einigen Fällen geeignet ist, Willenserklärungen der kaufmännischen Parteien besser zu interpretiren, als der Jurist, daß er auch manche Formen, die im Geschäftsverkehr vorkommen, besser zu würdigen weiß, als der Jurist. Aber das qualificirt ihn noch keineswegs zum Richter. Der Richter ist meistens in der Lage, das thatsächliche Material auf dem processualischen Wege festzustellen, er muß Beweise aufnehmen, er muß erkennen über die Folgen der Kontumaz, der Eideszuschiebung ꝛc. ꝛc., mit einem Worte, er muß eine vollständige Kenntniß des Processes besitzen, um das thatsächliche Material, welches der Entscheidung zu unterbreiten ist, herbeizuschaffen und festzustellen. — Was das dritte unerläßliche Erforderniß betrifft, die Subsumtion des gewonnenen Materials unter den allgemein-rechtlichen Gesichtspunkt, so wird da der Kaufmann

---

der Einheit des Handelsrechts in Deutschland am zweckmäßigsten zu genügen sei, auf die Tagesordnung des nächsten Juristentages zu setzen und für eine geeignete Vorbereitung dieser Frage zu sorgen."

in keiner Weise an seinem Platze sein. Es erfordert diese Operation ein stetiges Gegenwärtigsein des gesammten Rechtsorganismus, ein völliges Durchdrungensein davon. Es erfordert ferner die Gewöhnung an juristisches, d. i. logisches und konsequentes Denken, — und weder das Eine noch das Andere hat der Kaufmann. — Demgemäß kann man den Kaufmann in keiner Weise für geeignet halten, den juristischen Richter zu ersetzen. Mindestens verhalten sich Kaufleute zu Juristen, wie schlechte Richter zu guten. Kann man aber Kaufleuten allein die Entscheidung nicht überlassen, warum sollen die Handelsgerichte von vorn herein mit Elementen von der angedeuteten Differenz besetzt werden?

Ferner wurde gegen eine solche Kombination von Kaufleuten und Juristen von Seite derjenigen, die nur juristische Handelsrichter zulassen wollen, hervorgehoben, man könne es machen, wie man es wolle, die Komposition werde doch zu keinem befriedigenden Resultate führen. Wenn man den Kaufleuten die Majorität in den Gerichten nicht geben wolle, so würden sie sich nicht zufrieden fühlen; wenn man ihnen aber die Majorität einräume, so würde gerade der Minderheit der Juristen der Schein der intellektuellen Ueberlegenheit, durch welche das numerische Uebergewicht ihrer kaufmännischen Kollegen ausgeglichen werden könne, zum Nachtheile dieser letzteren zufallen: es würde den Eindruck machen, als ob ein oder wenige Juristen genügten, das Kaufmannsrichterkollegium zu leiten. Und sollte dies auch hier oder da nicht der Fall sein, so würden besten Falls die handelsgerichtlichen Entscheidungen nur den Werth schiedsrichterlicher Urtheile haben, also nicht als wirkliche Erkenntnisse von exemplificirender Bedeutung betrachtet werden können. Es bleibe daher nichts übrig, als auch die Handelsgerichte mit Juristen zu besetzen. An Studium gewöhnt, könnten diese sich nicht allein die Wissenschaft des Handelsrechts aneignen, sondern auch so weit mit den besondern Funktionen des Handelsgewerbes sich vertraut machen, als zum Verständniß der vor sie gebrachten Thatbestände erforderlich sei. Könne man die Kaufleute nicht als Richter gebrauchen, so seien dieselben auch als Sachverständige im Gremium des Gerichts überflüssig, zumal das Sachverständniß dem Richter durch die Parteien ebenso gut suppeditirt werden müsse und könne, als die Erkenntniß des eigentlichen Thatbestandes, worauf der Richter seine Rechtsentscheidung gründen soll.

Soweit die Ansichten derer, welche nur Juristen in die Handelsgerichte berufen wollen.

Dem schroff entgegen stellte sich die zweite Ansicht, nur aus Kaufleuten diese Gerichte zu bilden. Diese Ansicht hatte den außerordentlich großen Vortheil für sich, daß sie sich auf die seit vielen Jahrzehnten in den Rheinlanden bestehenden kaufmännischen Gerichte berufen konnte und darauf hinweisen, daß der Rheinische Handelsstand einstimmig durchaus des Lobes voll sei von diesen Gerichten und ihre Beseitigung als ein Attentat gegen die Interessen des Handelsstandes betrachten würde. Das Räsonnement, soweit ich es aufgefaßt habe, — was um so schwerer, weil ich, als Gegner dieser Seite, nicht erwarten konnte, das Referat übernehmen zu sollen, — ging dahin: Es wird allgemein, oder doch mehr und mehr zugegeben, daß Kaufleute an der Rechtsprechung in Handelssachen Theil nehmen müssen. Das ist aber eine Halbheit. Die Kaufleute verstehen entweder das Rechtsprechen, oder sie verstehen es nicht. Verstehen sie es, so soll man es ihnen ganz überlassen; verstehen sie es nicht, so mag man sie ganz aus den Gerichtskollegien weisen: also das Eine oder das Andere, aber kein Mittelding! Da aber die oben angedeutete Voraussetzung ihrer Fähigkeit zur Rechtsprechung mehr und mehr anerkannt wird, so bleibt nur der erste Theil dieser Alternative zulässig. Der viel hervorgehobene Einwand, daß Kaufleute nicht geeignet seien, über wirklich „juristische Fragen" zu entscheiden, sei schon durch die Erwägung zu beseitigen, daß diese Fragen durch die Vertreter der Parteien gehörig beleuchtet vorgelegt würden, und so instruirt würden die Kaufleute darüber entscheiden können und nicht häufiger darin irren, als die mit Juristen besetzten Gerichte.

Diese Gründe haben nicht vermocht, die Majorität der zweiten Abtheilung zu gewinnen; sondern nach einer sehr lebhaften Debatte, an der sich eine große Zahl von Rednern betheiligte, hat die Abtheilung mit erheblicher Majorität sich für die Anträge entschieden, welche gedruckt in den Händen der geehrten Anwesenden sind.*)

Bei ihrer Motivirung kamen verschiedene Redner darin überein, daß man eine Reihe von Gründen, die sehr häufig für diese Komposition der Handelsgerichte geltend gemacht werden, von sich abweisen müsse, und daß der allgemeinen Einführung einer Betheiligung der Kaufleute an den Handelsgerichten häufig geschadet sei durch die eigenen Freunde derselben. Es stellte sich heraus, daß man im Allgemeinen nicht geneigt war, diese Theilnahme der Kaufleute an der Rechtsprechung darauf zu gründen, daß die Handelsgerichte Standesgerichte sein müßten, daß sie vorzüglich in der Lage sein würden, nach einer angeblichen Billigkeit zu entscheiden, daß ja nunmehr das Allgemeine Deutsche Handelsgesetzbuch eingeführt sei, daß es ferner in Handelssachen auf abgeschlossene Sätze des Gewohnheitsrechts ankomme, oder weil oft einzelne technische Fragen bei der Rechtsprechung in Handelssachen auftauchten: vielmehr hatte sich aus der Diskussion als leitender Gesichtspunkt herausgestellt — soweit ich es aufgefaßt habe — daß

*) Vergl. die Anmerkung oben S. 53.

das berechtigte Streben unserer Zeit nach engerer Verbindung der Theorie und Praxis des Handelsrechts mit dem allgemeinen Rechtsbewußtsein des Handelsstandes die Theilnahme kaufmännischer Richter an der Rechtsprechung in Handelssachen als ein vollberechtigtes, weil auf innerer Nothwendigkeit gegründetes Postulat erscheinen lasse. Wenn, — so wurde von dem Referenten, der diese allgemeine Seite der Sache am ausführlichsten behandelt hat, gesagt — wenn auch auf allen Gebieten des Rechts der Zug der Gegenwart dahin gehe, die Kluft auszufüllen, welche sich — hier mehr, dort weniger — aufgethan hat zwischen dem Recht, wie es in den Gerichten gesprochen wird, und der volksthümlichen Entwickelung und dem volkswirthschaftlichen Bedürfniß, so seien doch diese Bestrebungen besonders auf dem Gebiete des Handelsrechts hervorgetreten. Der gewaltige Aufschwung, den der Handel in den letzten Jahrzehnten genommen habe, die daraus hervorgehende wachsende Bedeutung des Handelsstandes machten es immer mehr zum Erforderniß, daß das Handelsrecht mehr und mehr aus seinem eigenen Geiste aufgefaßt werde. Auch sei die Rechtsbildung nicht etwa mit der im Handelsgesetzbuche enthaltenen Kodifikation abgeschlossen, der Handel erfinde vielmehr immer neue Formen und Wege, die Gemeinsamkeit der Rechtsanschauungen ergreife immer weitere Kreise. Je mehr nun diese Entwickelung fortschreite, desto mehr verlange der lebendige Geist des Handelsrechts, welches die Rechtsverhältnisse wie das Blut den Körper durchdringe, nach Repräsentanten in den Gerichten.

Daran schloß sich die Ausführung, daß man sich vor Allem klar werden müsse, in welcher Weise die gemeinschaftliche Thätigkeit der kaufmännischen und der juristischen Richter in den Handelsgerichten einzutreten habe, und es wurde geltend gemacht, daß die mangelnde Richtigkeit und Klarheit in der Auffassung dieses Verhältnisses häufig wohl der Grund sei, daß unter den Juristen so viele Gegner der Betheiligung von Kaufleuten an der Rechtsprechung sich finden. Es wurde in dieser Beziehung die Erfahrung angeführt, daß selbst an denjenigen Orten, wo Handelsgerichte, aus Kaufleuten und Juristen zusammengesetzt, sich befinden, der Juristenstand sehr geneigt ist, die Wirksamkeit der Kaufleute in dem Gerichte zu unterschätzen und die gute Rechtsprechuug der Mitwirkung der juristischen Mitglieder zuzuschreiben. Es wurde indeß andererseits darauf aufmerksam gemacht, daß umgekehrt die kaufmännischen Parteien den Eindruck erhielten und die Ueberzeugung hegten, daß gerade die merkantilen Richter die eigentlichen verantwortlichen Urheber der Entscheidungen seien. Die von dem Juristenstande repräsentirte Auffassung dieses Verhältnisses sei also nur einseitig und daher irrthümlich, jedenfalls aber nicht die Auffassung derer, für die das Recht in den Handelsgerichten gesprochen werden solle. — Es ist dann hervorgehoben worden, daß man sich den Einfluß, den die Kaufleute, indem sie an der Urtelsfindung Theil nehmen, ausüben, nicht als einen mechanischen, direkten vorzustellen habe, so daß je nach der Zahl der mitsprechenden Kaufleute oder Juristen sich gegenüberstehende Urtheile gefällt würden, — vielmehr habe man sich jenen Einfluß mehr als einen indirekten vorzustellen, als einen solchen, der gerade deshalb, weil er ein unmerklicher, oft gar nicht zum Bewußtsein der Betheiligten gelangender sei, um so tiefer und umfangreicher wirke.

Man hat sich allerdings daran zu erinnern, daß die Kaufleute in der That mehr, als die Genossen irgend eines anderen Berufes, in der Lage sind, von vorn herein mit rechtlichen Begriffen zu operiren. Während der Beruf des Kaufmanns eben darin besteht, sich im Abschließen von Obligationen zu bewegen, wird der Nichtkaufmann im gewöhnlichen Leben sehr häufig mit dem Rechte in keine Berührung kommen, — am wenigsten mit dem Obligationenrecht, allenfalls nur mit den anderen Theilen des Rechts. Dem Kaufmanne, welcher darin lebt und webt, werden sodann eine Reihe von Begriffen, welche dem Laien verschlossen bleiben, durch seine tägliche Uebung durchaus klar. Denn er muß sich klar bewußt sein, wie er seine Geschäfte einleitet, er weiß zu unterscheiden zwischen Offerte und Annahme, er ist daran gewöhnt, sich über den Uebergang der Gefahr versandter Waaren Rechenschaft zu geben, u. s. w. So wie er nun in der Lage ist, täglich sich selbst diese rechtlichen Fragen beanworten zu müssen, um seine Geschäfte und seine Handlungsweise danach einzurichten, so wird er auch im Stande sein, vorkommenden Falls seinen Genossen auf dem Gericht das Recht zu sprechen. Es ist daraus ferner herzuleiten der sichere, rasche Blick, den der Kaufmann bei Beurtheilung merkantiler Rechtsgeschäfte hat, seine Auffassung und Beurtheilung der Totalität des Falles. Dadurch unterscheidet sich seine Thätigkeit eben von der des Juristen, welcher vielmehr auch in Handelsgerichten so operiren soll, daß er durch logische Deduktion und Subsumtion des Thatsächlichen unter das Gesetz entscheide. — Es ist sodann darauf hingewiesen, daß diese Schnelligkeit des Urtheils, diese Leichtigkeit der Auffassung, diese vollständige Beherrschung des Materials, in welchem der Rechtsstreit sich bewegt, nicht verfehlen werde, auf die juristischen Mitglieder des Gerichts einen bedeutenden und bestimmenden Einfluß auszuüben. Es ist im Einzelnen nachgewiesen worden, daß eine große Reihe von merkantilen Verhältnissen von dem Juristen wegen der mangelnden Kenntniß des allgemeinen Stoffes gar nicht genügend zu beurtheilen sei, und wurden als Beispiele angeführt: die Grenze zwischen der erlaubten Spekulation und den verbotenen Handlungen, die feine Grenze zwischen dem Satz: qui suo jure utitur, neminem laedit einerseits und der Chikane andererseits. Solche Fragen, die mit einem gewissen feinen Gefühle und Takte, gewissermaßen aus der Intuition beurtheilt werden sollten, könnten nur von in kaufmännischen Dingen erfahrenen Männern beurtheilt werden, von Männern, welche in ihrem Urtheile Zeugniß von dem Gefühle und der üblichen Weise der Kaufleute ablegten. — Nicht die Zweifelhaftigkeit der Rechtssätze ist es, welche die Entscheidung der Processe schwierig macht, sondern die Zweifelhaftigkeit der Frage, welche Rechtssätze auf den gegebenen Fall anzuwenden sind. Es ist die vollständige Kenntniß des quid actum est inter partes, was den Handelsrichter befähigt, ein sachgemäßes Erkenntniß abzugeben, und das kann er ohne kaufmännische Beirichter nicht bewerkstelligen. In solcher Weise haben die juristischen und die kaufmännischen Richter die Arbeit der Rechtsprechung in Gemeinschaft auszuüben. — Allerdings ist nicht nur zugegeben, sondern als ein nothwendiger Theil der Rechtsauffassung auch von dieser Seite ausdrücklich erklärt und hingestellt worden, daß eine gewisse äußerliche Theilung der Arbeit ebenfalls stattfinden wird. Es werden manche Partien in Gerichten, die aus Kaufleuten und Juristen zusammengesetzt sind, den juristischen Mitgliedern zur Erledigung allein zufallen: die ganze Proceßleitung, die Wahrung des positiven Rechtes, soweit dasselbe auf den gegebenen Fall Anwendung erleidet rc. Andererseits wird eine große Anzahl von Rechtsgeschäften, die wenn auch nicht der Summe, doch der Zahl nach ganz wichtig sind, der Art sein, daß die kaufmännischen Mitglieder sie so gut wie allein zu entscheiden haben werden, und sich der Jurist auf den Ausspruch seiner kaufmännischen Kollegen wird verlassen müssen. Und die Erfahrung hat gezeigt, daß gerade in diesen Fällen die kaufmännischen Parteien am allerseltensten unzufrieden gewesen sind.

Nach dieser Auseinandersetzung ist einleuchtend, daß durch Einholung von Gutachten diese Thätigkeit der Kaufleute in keiner Weise ersetzt werden kann, wie das vorgeschlagen worden ist. Hierbei ist die Schwierigkeit die, die Frage zu stellen; und dazu wird derjenige, welcher die Totalität eines Falles nicht vollständig in seinem faktischen Materiale übersieht, nicht im Stande sein.

Das wird angeführt für die Nothwendigkeit der Betheiligung von Kaufleuten in diesen zusammengesetzten Gerichten. Für die Nothwendigkeit der Betheiligung des Juristen ist darauf hinzuweisen, daß das Handelsgesetzbuch als Ganzes aufgefaßt und interpretirt werden muß im Zusammenhange mit den allgemeinen Rechtsgrundsätzen; daß die Kenntniß und Auslegung der Rechtssätze Sache des Juristen ist und auch in Handelssachen bleiben soll, indem gerade die Nichtjuristen bei Interpretationen von den Buchstaben des Gesetzes beherrscht zu werden pflegen. Um so mehr wird das juristische Element in den Handelsgerichten nicht zu entbehren sein, als es durchaus nicht die Meinung sein kann, daß die kaufmännischen Richter nach Emanation des kodificirten Handelsrechtes nunmehr sich an der Hand dieses Gesetzbuches und in dem Studium desselben etwa zu Juristen bilden sollten. Wer glaubt, daß das Handelsgesetzbuch diese Wirkung haben werde, wird sich täuschen; und es wäre in hohem Grade zu bedauern, wenn das der Erfolg der Kodifikation sein sollte. Im Gegentheil wollte man den juristisch gebildeten Geist in den Handelsgerichten so wenig entbehren, als man ihn bei Urtheilssprechungen sonst entbehren kann; und wenn eingewandt werden sollte, daß bei dieser Auffassung dem Juristen ein wesentlicher und bedeutender Theil der Rechtsprechung auch in den gemischten Gerichten zufallen würde, so ist darauf erwidert worden, daß allerdings in vielen Fällen es durchaus nicht die Aufgabe der Kaufleute sein werde, das Erkenntniß selbständig zu schöpfen, daß aber auch, wenn das nicht der Fall sei, die Betheiligung der Kaufleute und der Umstand, daß sie das von Juristen gefundene Erkenntniß billigen, von höchstem Werthe sein würde.

In untergeordneter Weise hat die Abtheilung sich über die Zusammensetzung der Handelsgerichte ausgesprochen, nämlich der Zahl nach, in welcher das kaufmännische und juristische Element bei denselben vertreten sein solle. Es hat die Sektion nicht einen direkten Entschluß darüber gefaßt, sondern sie ist sich nur darüber klar geworden, daß, wenn sie in der Lage sein sollte, einen Beschluß darüber zu fassen, sie sich dann für kaufmännische Richter unter einem juristischen Vorsitzenden aussprechen würde. Geltend gemacht war für diese Zusammensetzung, auf die von einer Seite bedeutender Werth gelegt worden und die als das Wesen dieser Gerichte betrachtet worden ist, daß, wo eine Majorität von Juristen vorhanden sei, weder das merkantile, noch das juristische Element zu seiner vollständigen Geltung kommen werde; das Erstere nicht, weil die ganze Diskussion in dem juristischen Begriffe sich bewegen werde und die Kaufleute leicht sich als überflüssig betrachten und zur Rolle solcher herabsinken würden, welche nur um Rath gefragt werden. Umgekehrt liegt für eine Mehrheit von Juristen die Gefahr nicht ganz fern, daß bei Verschiedenheit der rechtlichen Ansichten der juristischen Mitglieder des Gerichts der Versuch gemacht werden könnte, die Majorität für die von den Einzelnen vertretene Ansicht durch Herüberziehung der kaufmännischen Stimmen zu gewinnen, daß also dann auf solche Art möglicher Weise der Erfolg eintreten könnte, daß die Kaufleute in juristischen Fragen, die sie nicht verstehen, den Ausschlag geben würden, während sie in denjenigen Sachen, die zu ihrer besonderen Kognition eigentlich vorbehalten sind, den Ausschlag nicht geben können.

Für die eine und andere Art von Handelsgerichten, nämlich für die Betheiligung von Kaufleuten an den Handelsgerichten überhaupt, haben sich diejenigen, welche aus solchen Theilen Deutschlands herstammen, in denen Handelsgerichte bestehen, mit großem Nachdruck darauf berufen, daß die dort bestehenden Handelsgerichte sich im Kaufmannsstande, ja in der ganzen Bevölkerung der entschiedenen Achtung und des größten Vertrauens erfreuen, ein Umstand, der in der That wohl in keiner Weise als gering zu betrachten ist. Denn wir Alle wissen sehr gut, daß es sehr wesentlich darauf ankommt, daß in denjenigen, die Recht suchen vor einem Gerichte, der Glaube an die Tüchtigkeit und Fähigkeit dieses Gerichts wach erhalten werde.

Das, m. H! sind die drei Ansichten, die sich geltend gemacht haben, und das Referat darüber. Ich glaube schließen zu dürfen mit der Versicherung, daß diejenige Majorität, welche sich für die gemischte Zusammensetzung der Handelsgerichte ausgesprochen hat, wie die gedruckte Tagesordnung es enthält*), dies nicht etwa gethan hat, wie man von einer oder der anderen Seite geneigt sein möchte zu glauben, weil man dem Strome der Zeit in gewisser Weise nachgeben und in einer Beziehung, die sich besonders geltend mache, etwas koncediren müsse dadurch, daß man Kaufleute in die Gerichte aufnehme, sondern daß diese, wie bemerkt, nicht unerhebliche Majorität durchdrungen war von der Nothwendigkeit, daß durch Schaffung solcher zusammengesetzten Richterkollegien an allen Orten, wo genügende Elemente dazu vorhanden sind, einem wirklichen, innerlich begründeten Bedürfnisse abgeholfen werde.

Präsident: Auch dieser wichtige Beschluß der zweiten Abtheilung ist uns nur zur Kenntnißnahme mitgetheilt worden.

Ich erlaube mir nun den Herrn Geh. Rath Bluntschli einzuladen, uns über einen weiteren Beschluß derselben Abtheilung zu referiren.

Referent, Geh. Rath Prof. Dr. **Bluntschli** aus Heidelberg: Die Aufmerksamkeit der zweiten Abtheilung war ausschließlich auf die wichtige Frage der Bestellung der Handelsgerichte koncentrirt. Es lag aber noch ein anderer Antrag vor, der des Herrn Kreisrichter Lesse aus Thorn bezüglich des Akkordverfahrens theils innerhalb, theils außerhalb des Konkurses, und es kam nun in Frage, ob dieser Antrag einer weiteren Diskussion unterworfen werden solle, oder nicht. Die Abtheilung war in Uebereinstimmung mit dem Herrn Antragsteller der Ansicht, daß dieser Gegenstand noch keineswegs genügend vorbereitet, und daß schon deshalb es nicht wünschenswerth sei, denselben schon jetzt zu berathen. Sie hielt ihn aber immerhin für so erheblich, um die ständige Deputation durch die Plenarversammlung einladen zu lassen, die Frage für einen der folgenden Juristentage näher begutachten zu lassen. Selbstverständlich ist es, daß bei dieser Begutachtung, durch welche die Frage überhaupt erwogen wird, man nicht ausschließlich an die gestellten Antragspunkte sich zu halten braucht, zumal diese immerhin nur auf der Grundlage eines bestimmten Einzel-Rechtssystems gefaßt sind, nämlich des Preußischen

*) Vergl. die Anmerkung oben S. 53.

Rechts. Dort ist eine Grundfrage entschieden, die, wenn überhaupt einmal das Akkordverfahren zur Sprache kommt, unmöglich umgangen werden kann, die Frage nämlich, wann und in welcher Weise ein Akkord zu Stande komme, namentlich ob durch Mehrheitsbeschluß oder nur durch einstimmigen Vertrag, und wenn durch Mehrheitsbeschluß, in welchem Verhältniß des Uebergewichts derselben. Darüber bestehen bekanntermaßen die allerverschiedensten Ansichten. Ich führe das nur deshalb an, damit die ständige Deputation, wenn sie ihrerseits die Frage in Erwägung zieht, sich nicht etwa gebunden erachte an die engere, bestimmtere Fassung, die in den Antragspunkten liegt, sondern sich für ermächtigt halte, die Frage ganz frei begutachten und erörtern zu lassen. Ist dieselbe dann gehörig vorbereitet, so können wir darüber mit Sicherheit eine Meinung aussprechen. Und das ist ja doch die Aufgabe des Juristentages, daß er in den Dingen, welche in ihm selber zur Klarheit gelangt sind, als eine geistige Autorität seine Meinung ausspricht.

Ich erlaube mir daher, Ihnen die Annahme des Antrages der zweiten Abtheilung zu empfehlen.

Präsident: Wenn Niemand darüber das Wort verlangt, — (geschieht nicht) — so bitte ich Diejenigen, welche dem Beschlusse der zweiten Abtheilung, betreffend den Lesse'schen Antrag wegen eines gemeinsamen Akkordgesetzes:

> „den Antrag von der Tagesordnung abzusetzen und die ständige Deputation aufzufordern, über denselben für den nächsten Juristentag schriftlich referiren zu lassen",

zustimmen wollen, die Hand zu erheben.

Dem Beschlusse ist das Plenum einstimmig beigetreten.

Referent, Professor Dr. **John** aus Königsberg: Verehrte Herren! Die dritte Abtheilung hat lediglich über den Zeugenzwang diskutirt. — Es ist bekannt, daß in der neuesten Zeit hier und da in einer nicht gerechtfertigten Weise dieser Zwang ausgeübt worden ist, und es ist daher die Frage entstanden, ob sich nicht, ohne irgendwie der allgemeinen Rechtsordnung und der Rechtssicherheit Schaden zu thun, Principien aufstellen ließen, welche nach der einen oder der anderen Richtung hin eine Beschränkung dieses Zwanges als zulässig erscheinen lassen. — An den fünften Juristentag ist diese Frage herangetreten in der Form einer allgemeineren Frage*) und eines daran sich reihenden ganz speciellen Antrages**). Die Beschlüsse, welche in Beziehung auf Frage und Antrag die dritte Abtheilung gefaßt hat, sind Ihnen in der

*) Gesetzgebungsfrage: „In welchem Umfange sind Maßregeln zur Erzwingung eines Zeugnisses in Strafsachen (Voruntersuchung, Hauptverfahren) zulässig?"

**) Antrag des Rechtsanwalt Dr. Calm: „Niemand kann gezwungen werden, in einer Untersuchungssache zeugeneidlich Auskunft zu geben, so lange die Untersuchung nicht gegen eine bestimmte Person eröffnet ist."

gedruckten heutigen Tagesordnung mitgetheilt*), und Sie gestatten, daß ich zur Erläuterung derselben nur noch wenige Worte hinzufüge.

Der erste Beschluß lautet: „Die Zwangsmittel, welche zur Erlangung eines Zeugnisses anzuwenden sind, müssen beschränkt sein.“ Gegen diesen Satz hatte sich in der Abtheilung nicht nur kein Widerspruch erhoben, sondern es wurden in ihr sogar Stimmen laut, daß man diesen Satz nicht zu einer besonderen Formulirung gelangen lassen dürfe, weil derselbe so selbstverständlich sei, daß eine besondere Beschlußfassung über ihn unnöthig erscheine. In Erwägung jedoch, daß es in der That noch Gesetzgebungen giebt, welche entweder überhaupt nicht von einer Grenze des Zeugenzwanges sprechen, oder aber wenigstens diese Grenze nur relativ bestimmen, — in der Weise, daß der Zeugenzwang nicht weiter ausgedehnt werden dürfe, als bis diejenige Sache, in Betreff deren das Zeugniß gefordert werde, abgeurtheilt sei, — in Erwägung ferner, daß dieser Satz auch gewissermaßen eine Einleitungsformel zu bilden habe für denjenigen Satz, welcher über die Grenze des Zeugenzwanges selbst ein Votum aussprechen sollte: aus diesen Erwägungsgründen wurde von der Abtheilung dieser Satz mit sehr überwiegender Majorität angenommen.

Der zweite Satz bestimmt: „Der Umfang der in jedem Falle überhaupt zulässigen Maßregeln darf eine mäßige Geldstrafe oder Freiheitsentziehung nicht übersteigen.“ M. H.! Dieser Satz ist zwar unbestimmt, aber die Unbestimmtheit dieser Fassung erklärt sich aus folgendem Gesichtspunkt. Es konnte nicht Aufgabe der Abtheilung des Juristentages sein, bereits eine bestimmte Gesetzesformel zu fassen, sondern nur, ein Princip aufzustellen, auf Grund dessen eine Gesetzesformel von den in dieser Hinsicht kompetenten gesetzgebenden Versammlungen abgefaßt werden könne. Und so gewiß die Bestimmung, die in diesem zweiten Beschluß der dritten Abtheilung liegt, wenn ich sie mir als Gesetzesformel niedergelegt dächte, den Vorwurf der Unbestimmtheit unter allen Umständen so sehr gegen sich haben würde, daß ich mich mit dieser Formel in keiner Weise würde einverstanden erklären können, — und ich glaube, daß ich in dieser Beziehung auch durchaus den Sinn der Abtheilung reproducire, — so gewiß ist es doch, daß wenn es sich nur darum handelt, ein Princip für zu erlassende Gesetze auszusprechen, der Ausdruck „eine mäßige Geldbuße,“ „eine mäßige Freiheitsentziehung“ für ausreichend erachtet werden darf, um das, was der Juristentag in's Leben

*) Diese Beschlüsse lauten: „1) Die Zwangsmittel, welche zur Erlangung eines Zeugnisses anzuwenden sind, müssen begrenzt sein. — 2) Der Umfang der in jedem Falle überhaupt zulässigen Maßregeln darf eine mäßige Geldstrafe oder Freiheitsentziehung nicht übersteigen. — 3) Niemand darf gezwungen werden, ein Zeugniß abzugeben, bevor die gerichtliche Voruntersuchung eröffnet ist.“ —

zu rufen bestrebt sein mag, in genügender Weise auszudrücken. — Dazu kam, daß die Abtheilung sich in einiger Verlegenheit befand, wenn sie sich aus den verschiedenen Strafproceßordnungen die Verschiedenheit derjenigen Bestimmungen vergegenwärtigte, welche die Begrenzung des Zeugenzwanges aussprechen. Diese Bestimmungen sind sehr verschieden in Betreff der Größe des Zwanges. Wenn auch keine von ihnen über eine Freiheitsentziehung von 6 Monaten hinausgeht, so giebt es doch viele Strafproceßordnungen, in denen dieses Maximum noch lange nicht erreicht wird. Die Abtheilung mußte billig Bedenken tragen, sich für irgend eine Grenze der Zwangsmittel auszusprechen, wegen der Gefahr, die Grenze vielleicht zu hoch zu greifen. Die Abtheilung hat sich überdies vergegenwärtigt, daß sie sich in dieser Beziehung auf einem Gebiete befände, wo der Partikulargesetzgebung ein gebührender Einfluß eingeräumt werden müsse, daß also der Deutsche Juristentag nur einen Satz aussprechen dürfe, welcher im Allgemeinen für alle Partikulargesetze mit gleicher Berechtigung in Anwendung gebracht werden könne.

Der dritte Beschluß, welchen die Abtheilung Ihnen vorlegt, korrespondirt dem Antrage des Herrn Calm aus Bernburg. Die Abtheilung war in ihrer großen Majorität der Ansicht, daß diesem Antrage des Herrn Calm die Zustimmung nicht gegeben werden könne. Es wurde darauf aufmerksam gemacht, daß, wenn man an irgend welche mißbräuchliche Procedirung denken wolle, dieser Antrag keinen Schutz gegen etwaige Mißbräuche enthalten würde: denn es sei immerhin möglich, gegen eine bestimmte Person eine Untersuchung zu eröffnen, gleichviel auf welchen Verdacht hin, und dann sei ja dem Requisit dieses Antrages genügt; wenn man aber, wie dies ja nicht anders sein kann, an das regelmäßige, an das korrekte Verfahren dächte, so würde dieser Antrag unzweifelhaft den Erfordernissen, welche der Rechtsstaat, welche eine sichere Rechtsordnung nöthig macht, in erheblicher Weise widersprechen. Denn, wenn der objektive Thatbestand eines Delikts festgestellt sei, dann sei es in vielen Fällen nothwendig, bereits sich eines Beweismittels zu bedienen, um die Thäterschaft herauszustellen, und von diesem Erfordernisse könne im Interesse der Rechtsordnung nicht abgegangen werden. — Dasjenige, was die Abtheilung Ihrer Beschlußfassung unterbreitet, beruht auf folgender Erwägung. Der Zeugenzwang ist ein strafprocessualisches Zwangsmittel, und die Abtheilung glaubte, es aussprechen zu müssen, daß processualische Zwangsmittel in ihrer Anwendung abhängig gemacht werden müßten von der richterlichen Kognition, daß die Anwendung processualischer Zwangsmittel — um es negativ auszudrücken — nicht abhängig gemacht werden dürfte von der Staatsanwaltschaft und der gerichtlichen Polizei. Es hätte vielleicht aus diesem Grunde der Beschluß auch noch etwas weiter gefaßt werden können, indem man sagte, daß dasjenige, was hier vom Zeugenzwang gesagt sei, auch von der sonstigen Anwendung von Zwangsmitteln gelten solle. Die Abtheilung war indeß eben nur mit dem Zeugenzwang allein und ausschließlich befaßt. — Dieser von mir ausgeführte Gedanke aber, — daß die Zwangsmittel im Strafproceß und speciell der Zeugenzwang in Anwendung gebracht werden sollten nicht von denjenigen Personen, welche der Staatsanwaltschaft oder der gerichtlichen Polizei angehören, sondern nur von dem Strafrichter, welcher unter Beurtheilung des ihm vorliegenden Materials nach seiner eigenen richterlichen Ueberzeugung darüber beschließt, ob das betreffende Zwangsmittel anzuwenden sei oder nicht, — dieser Gedanke sollte in dem dritten Beschlusse ausgedrückt werden. Ich verkenne nicht, daß sich gegen die Fassung „nicht bevor die gerichtliche Voruntersuchung eröffnet ist" mit Rücksicht auf einzelne Partikulargesetzgebungen diese und jene Bedenken erheben möchten. Aber dennoch bitte ich Sie, diesem Beschlusse Ihre Zustimmung zu ertheilen und dabei zu erwägen, daß es sich hier ja nicht um eine Gesetzesformel handelt, die wir uns in einer Deutschen Strafproceßordnung publicirt zu denken hätten, sondern daß wir weiter nichts beabsichtigt haben, als denjenigen Gedanken auszudrücken, welchen ich schon vorher mir auszusprechen erlaubte.

Dieses sind die Motive gewesen, welche die Abtheilung zu ihren Beschlüssen geführt haben. Die Abtheilung hat beschlossen, dieselben auch dem Plenum des Juristentages zur Sanktion vorzulegen. Ich glaube, m. H., daß ich im Sinne der Abtheilung handle, wenn ich diesen einzigen Fall der ganzen Tagesordnung, worüber das Plenum zur Beschlußfassung aufgefordert wird, so erkläre, daß in ähnlicher Weise, wie bei den bisherigen Mittheilungen die Zustimmung des Plenums eine stillschweigende und nur vorläufige ist, sie in dieser Hinsicht eine ausdrückliche und definitive sein möchte.

Präsident: Was der Herr Referent gesagt hat, ist motivirt worden durch Verfügungen, die in der neueren Zeit von höheren Instanzen ergangen sind und die Anwendung von Zwangsmitteln zur Gewinnung eines Zeugnisses in einer ungemeinen Ausdehnung sowie für ungeahnte Fälle zu sanktioniren suchen. Um so bedeutungsvoller wird es sein, wenn der Deutsche Juristentag über eine so hochwichtige Frage, wobei die bürgerliche Freiheit ungemein betheiligt ist, sich ausspricht. — Es handelt sich also davon: Wenn Jemand in Strafsachen, wenn es auf eine kriminelle oder auch nur disciplinarische Untersuchung ankommt, ein Zeugniß abzugeben aufgerufen wird, und er hat Gründe, wenn auch nur subjektive, die nicht schon vor dem Gesetze gelten würden, das Zeugniß zu verweigern, — ob er dann so lange mit Zwangsmitteln behandelt werden kann, bis er endlich willfährig wird und das verlangte Zeugniß abgiebt? Die dritte Abtheilung verneint, wohl mit den meisten

Juristen Deutschlands, ganz entschieden diese Frage und formulirt sie in drei Sätzen. Wenn wir über dieselben debattiren wollen, so müssen wir sie trennen, was auch leicht thunlich ist. — Der erste lautet:

„Die Zwangsmittel, welche zur Erlangung eines Zeugnisses anzuwenden sind, müssen begrenzt sein."

Wünscht Jemand darüber das Wort zu nehmen?

So frage ich Sie, m. H., sind Sie mit diesem Satze einverstanden? Wer dafür ist, hebe die Hand hoch! (Geschieht; Ruf: Gegenprobe!) Wer ist für unbegrenzten Zwang?

Niemand!

Der zweite Satz lautet:

„Der Umfang der in jedem Falle überhaupt zulässigen Maßregeln darf eine mäßige Geldstrafe oder Freiheitsentziehung nicht übersteigen."

Darin, m. H., wird wohl kein Zweifel sein, daß, wenn Jemand auf seine innerliche Verantwortung hin das im öffentlichen Interesse geforderte Zeugniß verweigert, derselbe bestraft werden muß: Er stellt sich dem allgemeinen Willen entgegen. Die Abtheilung meint, daß eine mäßige Geldstrafe oder Freiheitsentziehung verhängt werden kann. Will Jemand über diesen zweiten Punkt das Wort nehmen?

Dann ersuche ich Diejenigen, welche auch mit diesem zweiten Satze einverstanden sind, ihre Hand zu erheben.

Wer will weiter gehen? der hebe die Hand auf!

Niemand!

Der dritte Satz geht dahin:

„Niemand darf gezwungen werden, ein Zeugniß abzugeben, bevor die gerichtliche Voruntersuchung eröffnet ist."

Es ist dieser Satz von dem Herrn Referenten nicht weiter bestimmt und interpretirt worden. Ich glaube, wir müssen davon ausgehen, daß wir dabei „gerichtliche Voruntersuchung" nicht streng in dem technischen Sinne nehmen, in welchem ihn manche Partikulargesetzgebungen haben. Es wollte die Abtheilung gewiß nur das aussprechen, daß nur ein Gericht über die Anwendung dieses — moderirten — Zwanges befinden könne, nicht aber ein Staatsanwalt oder eine sonstige nichtrichterliche Behörde sich des Richters als eines willenlos verfügenden Organes bedienen dürfe, um den Zwang auszuüben; daß indeß andererseits das Gericht ihn anwenden könne nicht blos dann, wenn die Untersuchung schon gegen eine ganz bestimmte Person gerichtet ist, sondern auch in jedem Stadium der vorbereitenden Untersuchung, selbst wenn es sich erst um die Gewinnung eines objektiven Thatbestandes handelt. Ich glaube: in diesem Sinne dürfte ich wohl den dritten Satz auslegen. (Mehrseitige Zustimmung.) Wünscht Jemand das Wort über diesen Punkt zu nehmen?

Staatsanwalt **v. Elmendorff** aus Heiligenstadt: Ich möchte mir erlauben, eine andere Fassung dieses dritten Satzes der Abtheilung vorzuschlagen.

Präsident: Ich glaube, nach der so eben ohne Widerspruch von mir gegebenen Interpretation, die ja in unseren Verhandlungen mit dem Antrage selbst verbunden erscheinen wird, dürfte dies wohl kaum nöthig sein. Und hier, in so zahlreicher Versammlung, uns über eine Aenderung der Wortfassung zu berathen, das wird etwas schwierig sein! Oder bestehen Sie, Herr Kollege, auf Ihren Wunsch?

Staatsanwalt **v. Elmendorff**: Ja! und zwar um Mißverständnissen vorzubeugen: der Herr Präsident hat selbst darauf hingewiesen, daß der Begriff „Voruntersuchung" nach verschiedenen Partikulargesetzgebungen ein besonderer ist, und nicht Jeder, welcher von unserem Beschlusse Kenntniß erhält, erfährt auch die ihn begleitende Erklärung, welcher ich für meine Person zustimme. Ich möchte also vorschlagen, zu sagen:

> „Niemand darf gezwungen werden, ein Zeugniß abzugeben, außer von dem mit der Untersuchung des Delikts befaßten Richter."

In Uebereinstimmung mit der Erklärung des Herrn Präsidenten mag dann ein Zeuge auch zur Verfolgung und Aufdeckung der allerersten Indicien eines Verbrechens vernommen werden, vorausgesetzt nur, daß der Richter es ist, welcher unter freier, vollständiger und gewissenhafter Würdigung aller Umstände es bemißt, ob er jenen abnormen Zwang üben, beziehentlich in welchem Grade er ihn anwenden soll.

Geh. Rath, Prof. Dr. **Bluntschli**: Ich bin mit dem Herrn Präsidenten einverstanden, daß eine große Versammlung ein schlechter Redaktor ist, und wenn sie aus lauter guten Redaktoren bestände. Auf der anderen Seite scheint es klar, daß in der Fassung, wie sie von der Sektion beantragt ist, mancherlei Bedenken liegen, und daß immerhin leicht Mißverständnisse sich daran knüpfen könnten. Denn man muß dem Herrn Vorredner zugestehen, das Publikum — auch das juristische — hält sich nur an den eigentlichen Tenor des Beschlusses und sieht nicht genau nach, wie er etwa in den Verhandlungen interpretirt worden ist. Endlich glaube ich, es wird nach Allem, was ich höre, der ganze Juristentag einverstanden sein über den Sinn des Beschlusses der Abtheilung, wie ihn der Herr Präsident ausgesprochen hat. Können wir nicht aus allen Schwierigkeiten herauskommen, wenn wir erklären: wir sind der Intention nach einverstanden mit dem Beschlusse der dritten Abtheilung, wie er von dem Herrn Referenten vorgetragen und von dem Herrn Präsidenten erläutert worden ist; wir überlassen es aber der ständigen Deputation, die

Formulirung dieses Antrages im Protokolle so zu berichtigen, wie die erwähnte, treffliche Erklärung des Herrn Präsidenten es schon ausspricht? (Widerspruch.)

Präsident: Ich werde die Frage trennen müssen. Die Abtheilung hat uns drei Beschlüsse vorgelegt. Man fragt uns, ob wir damit einverstanden sind? Mit den beiden ersten sind wir unbedingt einverstanden; bei dem dritten erklären wir: wir sind auch mit diesem einverstanden, aber — wohlgemerkt — in dem und dem Sinne. Wir haben, glaube ich, den Beschluß nicht zu formuliren, sondern nur unsere Meinung zu erklären, und wenn Sie mit dem vorhin von mir ausgedrückten Sinne des Beschlusses einverstanden sind, so bedarf es m. E. keiner Bemühung um eine besondere Formulirung. Wer daher gegen diesen Sinn, den ich entwickelt habe, sprechen will, den bitte ich das Wort zu nehmen.

Ober-Staatsanwalt Dr. Frhr. v. **Groß** aus Eisenach: Ich erkläre, daß ich mit dem vom Herrn Präsidenten entwickelten Sinne des Abtheilungsbeschlusses nicht einverstanden bin. Der Zeugenzwang ist ein Ausfluß des obrigkeitlichen Imperiums. Ich will im Skrutinial-Verfahren denjenigen Behörden, welche darin thätig sind, die Befugniß vindiciren, daß sie die Privatpersonen als Zeugen zum Erscheinen und zur vorläufigen Aussage zwingen können.

Referent, Professor Dr. **John**: In Erwiderung auf diese Erklärung habe ich anzuführen, daß in der Abtheilung dieser Gedanke schon erwähnt worden ist; daß aber die Mehrheit derselben sich der Ansicht angeschlossen hat, daß alle informatorischen Mittel der Staatsanwaltschaft zu Gebote stehen müßten, diese Mittel für die Staatsanwaltschaft und das obrigkeitliche Imperium im Allgemeinen auch ausreichend seien bis zu dem Punkte, wo die staatsanwaltschaftliche Behörde sich zum weiteren Eingehen in die Sache des Gerichtes bedienen muß; daß aber die Anwendung von Zwangsmitteln von informatorischen Mitteln wohl zu sondern sei. Das glaubte die Abtheilung als ein ausschließliches Privilegium des Richterstandes annehmen zu müssen zum Schutze der persönlichen Freiheit des Einzelnen. (Zustimmung.)

Präsident: Wir haben nunmehr abzustimmen. Ich ersuche Diejenigen die Hand aufheben zu wollen, welche mit dem Sinne, den ich vorhin und der Referent entwickelt haben, ebenfalls einverstanden sind.

Ich bitte die Gegenprobe zu machen, und Diejenigen, welche das Recht, den Zeugenzwang anzuwenden, auf die Behörden noch weiter ausdehnen wollen, als wir es soeben erklärten, die Hände zu erheben.

Es sind etwa zehn Stimmen. Wir wären nun über den dritten Punkt einig; es würde nur noch die Frage entstehen, ob Sie eine Formulirung dieses Satzes wünschen. (Ruf: ja!) Es liegt in dieser Beziehung der Antrag vor, die Sache so zu fassen:

„Niemand darf gezwungen werden, ein Zeugniß abzulegen, außer von dem mit der Untersuchung des Delikts befaßten Richter."

Ich fordere den Herrn Referenten auf, sich darüber äußern zu wollen.

Referent, Prof. Dr. **John**: Wenn ich die Worte so nehme, wie sie eben verlesen sind, so sagen sie in der That nichts anderes, als was in der Formulirung der Abtheilung liegt. Wenn dagegen etwas anderes damit gesagt sein soll, so könnte ich mir darunter nur denken, daß z. B. auf eine einzelne Requisition, ohne daß der Richter mit der Sache ganz befaßt ist, der Zeugenzwang ausgeübt werden soll. Dieser Auffassung müßte ich aber widersprechen. Ich weiß nicht, weshalb ein Amendement in dieser Fassung eingegangen ist, und würde daher bitten, dasselbe zurückzuziehen.

Staatsanwalt **v. Elmendorff**: Nach der Interpretation des Herrn Präsidenten glaube ich allerdings, daß der Abtheilungsbeschluß ad 3 dasselbe sagt, was ich beantragt habe. Ich wollte nur eine präcisere Fassung haben, weil das Wort „Voruntersuchung" zu verschiedenen Interpretationen Veranlassung geben könnte. Wenn aber in das Protokoll diese Interpretation des Satzes 3 aufgenommen wird, so ziehe ich meinen Antrag zurück.

Kammergerichtsrath **Jacobi** aus Berlin: Ich nehme den Antrag wieder auf.

Referent, Prof. Dr. **John**: Ich habe den Abtheilungsbeschluß motivirt und erklärt, daß, insofern das Amendement mit diesem Beschluß übereinstimmt, mir kein Grund vorhanden zu sein scheint, weshalb in einer anderen Fassung dasselbe proponirt werden soll, was der Abtheilungsbeschluß sagt. Aber ich habe zu gleicher Zeit darauf hingewiesen, daß, indem man blos von einem richterlichen Befaßtsein mit der Sache statt von der gerichtlichen Voruntersuchung spricht, ein Mißverständniß mit dem anderen vertauscht werden dürfte. Es könnten sich allerdings Zweifel an den Ausdruck „gerichtliche Voruntersuchung" knüpfen, aber es können auch bei dem neuen Ausdruck des Amendements Zweifel entstehen. Ich will aber namentlich das vermieden wissen, — um an ein Wort des Herrn von Tippelskirch anzuknüpfen, — daß nicht etwa die Requisition der staatsanwaltschaftlichen Behörde an den Richter, den Zeugen zu vernehmen und Zwang auszuüben, so aufgefaßt werde, daß der Richter nur über die Kompetenz der requirirenden Behörde und nicht über die Berechtigung, die er nach seinem eigenen Urtheil zur Anwendung der Zwangsmittel zu haben glaubt, zu entscheiden befugt wäre. Ich will also den Beschluß der Abtheilung aus dem Grunde angenommen wissen, weil ich die vollkommene richterliche Selbstständigkeit in der Kognition darüber, ob Zwang anzuwenden oder nicht, respektirt wissen will.

Präsident: Ich muß mir die Bemerkung erlauben, daß das, was der Herr Referent gesagt hat, durchaus paßt auch auf die Formulirung des Beschlusses der Abtheilung, und seine Annahme widerlegt, dieser Beschluß bedürfe keiner Interpretation. Er bedarf einer solchen jedenfalls! Sie ist von ihm und von mir gegeben. Die Versammlung stimmt gewiß der Sache nach auch mit dem Abtheilungsbeschlusse ad 3 überein. Wenn es aber zur Beruhigung dienen kann, so lege ich noch den durch Herrn v. Elmendorff gestellten und von Herrn Jacobi wieder aufgenommenen Antrag zur Beschlußfassung vor, indem ich nur mit Zustimmung der Herren weglasse: „des Delikts".

Der Antrag würde nunmehr lauten:

„Niemand darf gezwungen werden, ein Zeugniß abzugeben, außer von dem mit der Untersuchung befaßten Richter."

Soll also dieser Antrag — und namentlich auch in dem von mir, ohne Widerspruch, dargelegten Sinne — angenommen werden? Wer dafür ist, erhebe die Hand!

Die entschiedene Majorität ist dafür.

Und so, m. H., sind wir in dieser wichtigen Frage über die Punkte 1. und 2. einstimmig; über den dritten Punkt hat die entschiedene Majorität ihre Zustimmung erklärt.

Wir werden hiernach weiter gehen können.

Referent, Obergerichtsrath **Planck** aus Meppen: Der erste Gegenstand der Berathungen der vierten Abtheilung ist die Stellung und Organisation der Staatsanwaltschaft. Schon auf dem Dresdener und Wiener Juristentage sind einige Verhandlungen und Beschlußfassungen über die Stellung der Staatsanwaltschaft im Strafprocesse, über die Privatanklage, über die Stellung der Staatsanwaltschaft zur Voruntersuchung, über ihre Aufgabe als partie jointe und partie principale gepflogen. Zwei Anträge in Beziehung auf das genannte Institut blieben unerledigt: der vom Rechtsanwalt Sabarth und der vom Staatsanwalt Hauschteck. Der erste Antrag wollte die Staatsanwaltschaft als ständige Behörde abgeschafft wissen, dergestalt, daß die Funktion der Staatsanwaltschaft in der Voruntersuchung einem Richter, die in der Hauptverhandlung aber einem Anwalte aufgetragen würde. Im Gegensatze dazu verlangte der Hauschteck'sche Antrag, daß die Staatsanwaltschaft — wesentlich in Französischem Sinne — als Justizbehörde organisirt werde, welche alle auf die Rechtspflege bezüglichen nichtrichterlichen Geschäfte und die Aufsicht über die Justizverwaltung wahrzunehmen habe.

Die zweite Abtheilung hat keinen dieser Anträge annehmen zu können geglaubt, auch die v. Freydorf'schen Anträge nicht angenommen; sie hat sich aber durch sieben Beschlüsse über die dadurch angeregte Frage aussprechen zu müssen geglaubt, und ich werde nun die Hauptgesichtspunkte, von welchen die Abtheilung bei diesen Beschlüssen ausgegangen, zu erläutern haben.

Vier dieser Beschlüsse betreffen die Aufgabe und die Funktionen der

Staatsanwaltschaft, die anderen drei ihre Organisation In der ersteren Beziehung trat zunächst die Frage hervor, ob sich ein Princip aufstellen lasse, aus dem mit Nothwendigkeit sich ergebe, daß der Staatsanwaltschaft außer den ihr im Strafprocesse zukommenden Funktionen auch noch die Funktionen zugewiesen werden müssen, die sie nach Französischem Rechte besitzt. Es wurde in dieser Beziehung von einer Seite mit Rücksicht auf die Theilung der öffentlichen Gewalt im Staate und auf die Nothwendigkeit ihres Zusammenwirkens behauptet, daß die Staatsanwaltschaft ihrer inneren Natur nach ein Organ der aufsehenden und vollziehenden Gewalt sei, insofern sie darauf sieht, daß die richterliche Gewalt einschreite, sobald Veranlassung dazu da ist, daß dieselbe dem Willen und der Absicht der Gesetzgebung gemäß verfahre, und daß ihre Aussprüche zum Vollzug gelangen. Um diese Gewalt auszuüben, müsse die Regierung ihre Organe bei den einzelnen Gerichten haben, und diese gewähre eben die Staatsanwaltschaft. Von der anderen Seite wurde dagegen das angedeutete Princip darin gefunden, daß die Staatsanwälte nur Organe der Gerichtsherrlichkeit seien. Eine Reihe von Befugnissen, die dem Gerichtsherrn aus der Gesammtheit der Gerichtsherrlichkeit zukämen, seien zwar den Gerichten übertragen worden, sie müßten jetzt aber wieder davon getrennt werden, und zu diesen Befugnissen gehöre nicht nur die Funktion der Aufsicht über die Justizverwaltung, sondern namentlich auch die Funktion des Anklägers im Strafprocesse. — Die Abtheilung hat sich in ihrer Majorität dieser Anschauung nicht anschließen können, vielmehr hervorgehoben, daß das Amt des Anklägers im Strafprocesse nicht als ein Ausfluß der oberaufsehenden Gewalt aufgefaßt werden könne. Wenn es in Deutschland allgemein als ein Bedürfniß anerkannt ward, daß der Anklageproceß an die Stelle des Inquisitions-Processes trete, so sei das nicht deshalb geschehen, weil man es als ein Bedürfniß erkannt habe, daß die oberaufsehende Gewalt irgend einen Einfluß auf die Entscheidung des einzelnen Strafprocesses gewinne, sondern lediglich deshalb, weil man für die bisher im Untersuchungsrichter vereinigten Funktionen der Stoffsammlung für den Beschuldigungs- und Entschuldigungs-Beweis und des Urtheilens für unverträglich gehalten und dagegen für zweckmäßig erkannt habe, diese Funktionen von einander zu trennen und jede einem besonderen Beamten zu überweisen. Das öffentliche Anklageamt sei also ein aus Gründen der Zweckmäßigkeit vom Untersuchungsrichteramt abgezweigtes; es habe aber seine innere rechtliche Natur in der hier in Betracht kommenden Weise nicht verloren, es sei kein Ausfluß der oberaufsehenden Gewalt geworden. Der Staatsanwalt solle Material beschaffen, damit das Gericht das Strafgesetz auf den einzelnen Fall anwenden könne. Selbst durch die Struktur des Anklageprocesses werde daran Nichts geändert; die Staatsanwaltschaft müsse sich lediglich das Gesetz zur Richtschnur dienen lassen, so gut wie das Gericht. Das öffentliche Anklageamt sei Organ der Zwecke der Gerichtsbarkeit, nicht der oberaufsehenden Gewalt. — Als Organ der vollziehenden Gewalt lasse sich allerdings die staatsanwaltschaftliche Funktion im Anklage-Proceß bezeichnen. Damit werde aber Nichts bewiesen, weil die Gerichte auch Organe der vollziehenden Gewalt darin seien. Und wenn man die staatsanwaltschaftliche Funktion als Organ der Gerichtsherrlichkeit betrachte, dann müsse man sie so weit fassen, daß alle daraus abgeleiteten Funktionen einer Behörde übertragen werden müßten. Aus einem Princip lasse sich nicht ableiten, daß die Funktion des Anklägers im Anklage-Processe und die der Oberaufsicht und Justizverwaltung einem und demselben Beamten übertragen würden. Höchstens sei es eine Frage der Zweckmäßigkeit, ob man die nicht verwandten Funktionen einem und demselben Beamten übertragen solle.

Auch diese Frage der Zweckmäßigkeit hat die vierte Abtheilung zunächst in Beziehung auf die Oberaufsicht über die Gerichte und deren Geschäftsgang verneinen zu müssen geglaubt. Es wurde für die Uebertragung dieser Befugnisse hauptsächlich von den Rheinischen Juristen hervorgehoben, daß der Justizminister, um seine Oberaufsicht auszuüben, Organe bei den einzelnen Gerichten haben müsse, und daß, weil eben die Gerichte selbst mitbeaufsichtigt werden sollten, sie selber zu dieser Funktion nicht paßten; daß es für das öffentliche Verfahren von Bedeutung sei, daß ein Staatsanwalt beständig den öffentlichen Gerichtsverhandlungen zur Kontrole der äußeren Ordnung beiwohne, daß durch seine Theilnahme an der Sitzung die Würde der Verhandlung gehoben werde, und daß die Konflikte, welche so leicht zwischen dem Gerichtspräsidenten und den Rechtsanwälten entständen, durch einen Staatsanwalt gelöst werden könnten. Vor allen Dingen beriefen sich diese Rheinischen Vertheidiger aber auf ihre lange Erfahrung und darauf, daß die Staatsanwaltschaft, wie sie nach Französischem Recht organisirt, eine vortreffliche und jedenfalls beizubehaltende Einrichtung sei. — Dem gegenüber wurde von anderer Seite hervorgehoben, daß den Rheinischen Erfahrungen die Erfahrungen im übrigen Deutschland entgegenständen; wenn aber wirklich einzelne Vortheile damit verbunden seien, so seien doch die Nachtheile überwiegend. Solche Nachtheile lägen in der Gefahr des Mißbrauchs für die Unabhängigkeit der Gerichte; diese Gefahr sei in Frankreich wirklich eingetreten, und wenn sie am Rheine noch nicht eingetreten sei, so liege dies in besonderen Verhältnissen, die nicht für alle Zeiten und Theile passen. Und wenn sich die Gefahr auch nicht verwirkliche, sondern auch nur an sie geglaubt werde, so sei doch die daran geknüpfte Erschütterung des Vertrauens auf die Unparteilichkeit der Rechtspflege sehr gefährlich. Sodann aber sei, wenn man ein Organ der Aufsicht haben wolle, dieses der Staatsanwaltschaft deshalb nicht zu übertragen, weil deren sonstige Funktionen damit unverträglich, weil dadurch nothwendig eine schiefe Stellung des Anklägers zu den Gerichten entstehe, und die dringende Gefahr erwachse, daß das Wesen des Anklageprocesses darunter leide. Denn der Staatsanwalt könnte auch im Anklageverfahren leicht vergessen, daß er nur Ankläger sei; es sei zu befürchten, daß er dem Gerichte und dem Beschuldigten statt als Ankläger und Parteiorgan mit der Autorität des Organes der Oberaufsicht entgegentrete. — Diese Nachtheile sind nach der Ansicht der Majorität der vierten Abtheilung so überwiegend, daß es sich nicht empfiehlt, den Staatsanwalt zu einem Organe der staatlichen Oberaufsicht über die Gerichte zu machen.

In Betreff der übrigen Justizverwaltungsgeschäfte glaubte die Abtheilung sich damit begnügen zu müssen, auszusprechen, daß eine innere Nothwendigkeit nicht vorliege, diese der Staatsanwaltschaft zu übertragen. Eine innere Verwandtschaft dieser Verwaltungsgeschäfte mit denen des öffentlichen Anklägers wurde nicht anerkannt. Es könnte also — so wurde hervorgehoben — nur eine Frage der Zweckmäßigkeit sein, so daß je nach der Organisation der Gerichts- und anderen Behörden in den verschiedenen Ländern beurtheilt werden müsse, ob einzelne der mit den Justizverwaltungsgeschäften verbundenen Befugnisse dem Staatsanwalt zu übertragen seien, und welche.

Rücksichtlich der Stellung der Staatsanwaltschaft als partie jointe im Civilproceß wurde auf die Verhandlungen des Juristentages in Wien verwiesen. Es ist darüber jetzt kein neuer Beschluß von der Abtheilung gefaßt; ein Antrag, welcher in dieser Beziehung angekündigt wurde, ist späterhin zurückgezogen worden.

Dagegen hat die Abtheilung es für nöthig gehalten, sich dahin auszusprechen, daß es zweckmäßig sei, der Staatsanwaltschaft diejenige Funktion, die sie in einer bestimmten Richtung als partie principale im Französischen Recht ausübt, auch in Deutschland zu übertragen. Sie ist davon ausgegangen, daß in den meisten Deutschen Ländern im Civilproceßverfahren ausnahmsweise noch Fälle vorkommen, wo der Richter, abweichend von der sonst geltenden Verhandlungsmaxime, von Amtswegen einzuschreiten und den Thatbestand, von dem die Entscheidung abhängt, zu ermitteln hat, ohne sich dabei an die Anträge der Parteien, an die beigebrachten Beweismittel und Thatsachen zu binden, wie z. B. bei der Nichtigkeitserklärung einer Ehe. Hier muß nach dem bisherigen Verfahren in den meisten Ländern der Richter von Amtswegen das thatsächliche Material, wovon die Nichtigkeit abhängt, ermitteln. Es wurde hervorgehoben, daß derselbe Gedanke, der dazu geführt habe, im Strafproceß an Stelle des Inquisitionsprocesses den Anklageproceß zu setzen, nothwendig dahin führe, auch in diesen Fällen des Civilverfahrens an Stelle des dort noch herrschenden Untersuchungsprocesses ein dem Anklageproceß analoges Verfahren zu setzen und analog auch hier ein staatliches Organ mit Parteirechten hinzustellen.

Endlich hat die Abtheilung sich noch dahin ausgesprochen, daß dem Staatsanwalt die unmittelbare Verfügung über die gerichtliche Polizei gelassen werden müsse. Sie sei eine Hand, mit der er operiren, und über die er mithin selbstständig verfügen müsse.

Das sind im Wesentlichen die Gesichtspunkte gewesen, die zu den vier Beschlüssen geführt haben, welche die Aufgabe der Staatsanwaltschaft betreffen. Sie lauten — auf Satz 1 komme ich sogleich —:

2) Der Staatsanwaltschaft ist neben dem Amte des öffentlichen Anklägers in Strafsachen der Beruf zu überweisen:

a) in den Fällen, wo nach dem bisherigen Verfahren ohne Antrag einer Privatpartei von Amtswegen durch ein Civilproceßverfahren (zur Feststellung, Aenderung oder Aufhebung eines den Gegenstand des Verfahrens bildenden Privat-Rechtsverhältnisses) einzuschreiten ist, als Principalpartei das Verfahren bei den Gerichten anhängig zu machen und unter Beibringung der Thatsachen mit den Proceßmitteln einer Partei durchzuführen;

b) in den Fällen, in welchen im Civilproceßverfahren (über die Feststellung, Aenderung oder Aufhebung eines den Gegenstand des Verfahrens bildenden Privat-Rechtsverhältnisses) zwar auf die Anträge einer oder mehrerer Parteien zu entscheiden, dabei jedoch die Thatsachen (welche die Voraussetzung der Entscheidung bilden) nicht lediglich nach Lage der Behauptungen, Beweise und Zugeständnisse der Parteien sich bestimmen, sondern von Amtswegen darauf zu halten ist, daß der wirkliche Thatbestand der Entscheidung zu Grunde gelegt werde, als Principalpartei an dem Verfahren betheiligt zu sein und selbstständig im geeigneten Falle unter Beibringung des Thatbestandes mit den Proceßmitteln und Rechtsmitteln einer Partei einzuwirken.

3) Das Personal der Entdeckungs- und Verfolgungs-Polizei ist der Staatsanwaltschaft unmittelbar zu untergeben.

4) Die Staatsanwaltschaft eignet sich nicht zu einem Organe der staatlichen Oberaufsicht über die Gerichte.

5) Es ist nicht nothwendig, der Staatsanwaltschaft die sämmtlichen Justizverwaltungsgeschäfte zu übertragen. Ob ihr einzelne derselben zu überweisen seien, ist Sache der Landesgesetzgebung.

Ich bemerke, daß die Formulirung der Anträge sub 2 vornehmlich dem Heimsoeth'schen Gutachten entnommen ist.

Was sodann die Organisationsfrage betraf, so mußte zunächst über den Sabarth'schen Antrag, welcher die Staatsanwaltschaft als ständige Behörde ganz abschaffen will, entschieden werden. Man verkannte zwar nicht, daß in Folge der ausschließlichen Beschäftigung mit dem Strafproceß eine gewisse Einseitigkeit bei den Staatsanwälten entstehen könnte; man hielt indeß die Vortheile, die aus einer ständigen Staatsanwaltschaft entständen, so überwiegend, daß als erster Satz, wenn ich nicht irre — einstimmig, beschlossen wurde:

1) „Die Amtsverrichtungen der Staatsanwaltschaft sind durch ständige, eigens damit betraute Beamte zu versehen."

Eine einheitliche rasche Strafverfolgung schien nur auf diesem Wege, durch ständige Beamte zu ermöglichen.

Was sodann die weitere Frage nach der Organisation betraf, so mußte für diese, nach dem oben gefaßten Beschluß, die Thätigkeit der Staatsanwaltschaft im Anklageproceß und die innere Natur dieser Funktion maßgebend sein. Der leitende Gedanke für die Abtheilung war wesentlich folgender: Es soll nicht nur das Urtheil im Strafproceß, sondern auch das ganze zu dem Zweck eingeleitete Verfahren, also das Strafverfahren überhaupt, lediglich durch Rücksichten und nach den Vorschriften des Rechts bestimmt werden. Jede Willkür, jede das Recht aus Zweckmäßigkeitsgründen, in welches Gewand sie sich immerhin kleiden möge, bei Seite setzende Handlung muß ausgeschlossen bleiben. Schon in Dresden hat sich deshalb der Juristentag für das Legalitätsprincip im Gegensatz des Opportunitätsprincipes ausgesprochen. Nun ist es von jeher in Deutschland anerkannt, daß das beste Mittel, um eine richtige Anwendung des Gesetzes auf den einzelnen Fall zu erwirken, das ist, diese Anwendung nicht durch Verwaltungsorgane, sondern durch selbstständig entscheidende, unabhängige Behörden vornehmen zu lassen. Diese waren nach dem bisherigen Gerichtsverfahren ausschließlich die Gerichte. Mit der Einführung des Anklageprocesses in Stelle des Inquisitionsprocesses sind die Funktionen des öffentlichen Anklägers vom Untersuchungsrichteramt abgetrennt. Sie haben jedoch, wie bereits hervorgehoben, ihre innere rechtliche Natur nicht verloren, und folglich muß auch die äußere Stellung dieselbe bleiben. Auch der öffentliche Ankläger ist dazu berufen, in denjenigen Funktionen, die ihm durch die Struktur des Anklageprocesses überwiesen sind, lediglich das Recht auf den einzelnen Fall anzuwenden. Dieselben Gründe, die also dafür sprechen, die sonstigen Organe der Rechtspflege unabhängig und selbstständig zu stellen, die sprechen auch dafür, daß die Staatsanwaltschaft unabhängig sei. Wenn der frühere Untersuchungsrichter selbstständig zu entscheiden hatte und dabei unabhängig dastand, wie es wenigstens nach gemeinem Recht der Fall ist, so muß der Ankläger, der nur einen Theil des ganzen Untersuchungverfahrens jetzt wahrnimmt, ebenso gestellt sein. Es liegt nicht im

Wesen der Anklage, daß hier irgendwie in einem einzelnen Falle der Justizminister oder die oberaufsehende Gewalt des Staates oder sonst irgend eine politische Macht einen maßgebenden Einfluß ausübe, sondern der Auffassung des Deutschen Rechtsstaates nach müssen auch im Anklageproceß die Organe, welche berufen sind, das Recht auf den einzelnen Fall anzuwenden, um selbstständig zu urtheilen, unabhängig gestellt sein; und da auch die Staatsanwaltschaft dazu gehört, so muß auch diese unabhängig gestellt werden. — Diesen principiellen Gründen gegenüber schienen Zweckmäßigkeitsgründe nicht in Betracht kommen zu können; aber es wurde in der Abtheilung hervorgehoben, daß auch Zweckmäßigkeitsgründe für eine selbstständige Stellung der Staatsanwaltschaft sprächen. Das Vertrauen auf die Staatsanwaltschaft wird, wenn sie selbstständig gestellt ist, in solcher Weise gestärkt und gehoben werden; das Mißtrauen, welches in vielen Theilen Deutschlands sich gegen dieses Institut geltend gemacht hat, wird so verschwinden, daß eine erfolgreiche Thätigkeit für die Handhabung des Strafgesetzes damit in größerem Maße als bisher angebahnt werden wird; und dem Justizminister wird im Grunde, wenn er das Recht, Anweisungen für die Strafverfolgung zu geben, verliert, eine Verantwortlichkeit genommen, die er nach der Natur seines Amtes zu tragen nicht im Stande ist. Letzteres ist eben nur möglich, wenn man die Staatsanwaltschaft selbstständig entscheiden läßt, und ihr die Disposition über die Erhebuug der Anklage in solcher Freiheit überläßt, wie selbige dem Richter bei Beurtheilung der vor ihn gebrachten Streitigkeiten zusteht. — Statt der Abhängigkeit vom Justizminister soll dann die höchste Instanz für die Funktionen der Staatsanwaltschaft nicht ein einzelner General-Staatsanwalt bilden, sondern eine kollegialisch eingerichtete Behörde, und als solche schienen sich nach der in Deutschland geltenden Gerichtsverfassung von selbst die Anklagesenate der Obergerichte oder eine besondere Abtheilung des höchsten Gerichtshofes zu eignen. Auf die specielleren Fragen, wie die Einrichtung einer höchsten Aufsichts- und Beschwerde-Instanz zu treffen sei, hat die Abtheilung sich nicht einlassen zu müssen geglaubt, vielmehr es für genügend gehalten, allgemeine Principien auszusprechen.

Das sind, freilich nur in ganz kurzen Umrissen, die Gesichtspunkte, welche für die Beschlüsse der vierten Abtheilung in Betreff der Staatsanwaltschafts-Organisationsfrage maßgebend gewesen sind. Die Beschlüsse lauten wörtlich dahin:

6) a. Die Staatsanwaltschaften haben die ihnen im Straf- und Civilprocesse zustehenden Funktionen (Nr. 2.) selbstständig auszuüben und können ihnen dabei Anweisungen von Seiten des Justizministeriums nicht ertheilt werden.

b. Als oberste Beschwerde- und Aufsichtsinstanz für alle Staatsanwälte treten an die Stelle des Justizministers — vorbehaltlich natürlich der demselben in Betreff der Staatsanwälte in demselben Umfange wie in Betreff der Gerichte verbleibenden allgemeinen Oberaufsicht — die Anklagesenate der höheren Gerichtshöfe oder eine Abtheilung des höchsten Gerichtshofes.

7) Die Staatsanwälte können nur unter denselben Voraussetzungen, wie Richter, entlassen, versetzt oder pensionirt werden.

Präsident: Die Abtheilung hat nur Kenntnißnahme ihrer Beschlüsse empfohlen.

Ober-Staatsanwalt Dr. Frhr. v. **Groß**: M. H.! Ich beantrage, daß das Plenum die Berathung und Beschlußfassung über das ganze Thema, über welches wir einen so lichtvollen Vortrag gehört haben, an sich heranziehe.

Die Beschlüsse der Abtheilung, die uns mitgetheilt worden sind, betreffen brennende Fragen, die in der Wissenschaft und Politik noch nicht abgeschlossen sind; sie sind von tief eingreifender Bedeutung, namentlich insofern sie den Regierungen ihre Organe vor den Gerichten entziehen und die Staatsanwaltschaft unter die Aufsicht einer richterlichen Behörde stellen wollen. Die Diskussion in der Abtheilung war eine verhältnißmäßig kurze, und die Beschlüsse stehen theilweise in Widerspruch mit früheren, reiflich erwogenen Beschlüssen des zweiten Juristentages in Dresden, wo die Unterordnung der Staatsanwaltschaft unter Gerichtsbehörden bei Berathung der Lewald'schen Anträge ausdrücklich abgelehnt worden ist. Mit Rücksicht auf diese Gründe, sowie darauf, daß die Zeit noch keine vorgerückte und die Versammlung noch frisch ist zur Diskussion, empfehle ich Ihnen, meinen Antrag auf Behandlung der Sache im Plenum zu unterstützen.

Präsident: Wird der Antrag unterstützt?

Er ist sehr ausreichend unterstützt.

Referent, Obergerichtsrath **Planck**: Die Abtheilung hat nicht geglaubt, daß es sich empfehle, die Sache nochmals zur Verhandlung in das Plenum zu bringen. Ich bin vollständig mit dem Antragsteller einverstanden, daß der Gegenstand von großer Wichtigkeit sei, daß es auch vielleicht wünschenswerth, wenn die Diskussion in der Abtheilung eingehender und ausführlicher gewesen wäre, als sie es gewesen ist. Aber ich glaube, daß das, was dort etwa versäumt ist, nicht hier im Plenum nachgeholt werden kann. Gerade weil die Anträge so außerordentlich wichtig nicht nur, sondern auch tief eingreifend in eine Reihe der wichtigsten Fragen sind, halte ich nach den bisherigen Erfahrungen das Plenum nicht für die geeignete Stelle einer vortheilhaften Erörterung. Ich glaube, daß wir im Ganzen und mit Recht das Princip beobachten, eine Frage in das Plenum nur dann zur Diskussion und

Beschlußfassung zu bringen, wenn dieselbe so gereift ist, daß der communis opinio ein feierlicher Ausdruck gegeben werden darf. So steht die Sache hier noch nicht, daß sich bereits eine wirkliche communis opinio gebildet hätte. Obgleich die Beschlüsse mit großer Majorität gefaßt sind, so sind die Ansichten doch noch so verschieden und auseinandergehend, daß von einer wirklich allgemeinen Ueberzeugung des Deutschen Juristentages schwerlich wird gesprochen werden können, also auch ein Beschluß der Plenar-Versammlung nicht die Bedeutung eines Wahrspruches haben würde. Es muß m. E. genügen, durch die Abtheilung die Frage wieder angeregt und vorläufig einen Abschluß erzielt zu haben. Geht die Entwickelung weiter, so ist die Frage auf einem späteren Juristentage wieder zur Verhandlung zu bringen. (Zustimmung.)

Präsident: Ich habe den Antrag des Herrn v. Groß nunmehr zur Abstimmung zu bringen. Die Abtheilung geht davon aus, daß die Beschlüsse blos zur Kenntnißnahme mitzutheilen sind. Ein Gegenantrag ist von Herrn v. Groß gestellt, und von mehr als 10 Stimmen unterstützt, daß wir die ganze Angelegenheit nochmals im Plenum zur Berathung und Beschlußfassung bringen. — Wer für diesen Antrag ist, der erhebe die Hand!

Der Antrag ist mit entschiedener Minorität gefallen.

Referent, Stadtrichter **Hiersemenzel** aus Berlin: M. hochv. H.! Der vierten Abtheilung lag die Frage vor, ob die Deutsche Civilproceßordnung die nämliche Beschränkung des Zeugenbeweises aufnehmen solle, welche in dem Französischen Rechte bekanntlich stattfindet. Für die Aufnahme jener Beschränkung sprach sich in der Abtheilung nur ein einziger Redner aus. Er machte für die Französisch-rechtliche Beschränkung des Zeugenbeweises namentlich folgende Gründe geltend. Sein erster Grund war: die Unzuverlässigkeit des Zeugenbeweises, wurzelnd in der fast allgemein vorhandenen Unfähigkeit der Zeugen, rechtliche Vorgänge scharf aufzufassen und korrekt wiederzugeben. Es wurde hierauf erwidert, daß ein Korrektiv für diese Unzuverlässigkeit des Zeugenbeweises bereits in der freien Beweiswürdigungs-Theorie, welche der Deutsche Juristentag im vorigen Jahre angenommen hat, liege. — Von dem Vertheidiger des Französischen Grundsatzes ward ferner hervorgehoben, daß die Beschränkung des Zeugenbeweises den Processen vorbeuge und den Gang derselben beschleunige: denn die beschränkte Zulässigkeit des Zeugenbeweises dränge die Parteien darauf hin, ihre Rechtsgeschäfte beurkunden zu lassen, resp. selbst zu beurkunden, und durch diese Beurkundungen würden theils Processe vermieden, theils weitläufige Beweisaufnahmen abgeschnitten. Es wurde hiergegen geltend gemacht: Es heiße das Kind mit dem Bade ausschütten, wenn man, um Processen vorzubeugen oder dieselben zu beschleunigen, den Parteien ihre wichtigsten und vielleicht alleinigen Beweismittel abschneide. Es sei überdies ein bedenklicher Eingriff in die bürgerliche Freiheit, wenn man in dieser Weise die Parteien zur Beurkundung ihrer Rechtsgeschäfte nöthige. Sodann wurde entgegengehalten, daß überall da, wo der Zeugenbeweis unstatthaft sei, auch der künstliche oder Vermuthungs-Beweis wegfallen müsse, und daß, wenn dies geschehen solle, der induktiven Logik des Richters ihr gutes Recht verkümmert werde. Es wurde endlich entgegnet, daß die Französisch-rechtliche Beschränkung des Zeugenbeweises sich gewiß nicht in Deutschland würde einbürgern lassen. Dabei wurde auf Preußen hingewiesen, wo für Rechtsgeschäfte von größerer Bedeutung die schriftliche Form nicht als bloßes Beweismittel, sondern als Bedingung der Gültigkeit des Rechtsgeschäfts vorgeschrieben sei. Nicht einmal diese Preußisch-rechtlichen Vorschriften, sagte man, hätten in das Volksbewußtsein einzudringen vermocht; um wie viel weniger würden Vorschriften, welche die schriftliche Form nicht als Bedingung der Gültigkeit, sondern nur als Beweismittel aufstellten, Wurzel fassen können. — Zuletzt wurde von dem Vertheidiger der Französisch-rechtlichen Beschränkung auf die Bestechlichkeit der Zeugen hingewiesen. Es ward indeß erwidert: nicht bloß Zeugenaussagen, auch Urkunden ließen sich fälschen. Es sei überhaupt nicht zu behaupten, daß dem Zeugenbeweise gegenüber der Urkundenbeweis einen größeren Werth habe; unter Umständen könne dieser, unter Umständen jener mehr Zuverlässigkeit besitzen; über alle Gefahren aber helfe, wie gesagt, die freie Beweiswürdigung des Richters hinweg. Bei dem Recht freier Beweiswürdigung habe ja der Richter die Zeugenaussagen nicht mehr als absolute, seine Ueberzeugung unbedingt zwingende Beweismittel zu betrachten, sondern vielmehr nur als Material für eine Schlußfolgerung seiner induktiven Logik.

In Folge dieser Erwägungen ward mit sehr großer Majorität folgender Satz von der Abtheilung angenommen:

> „Es erscheint weder nothwendig, noch auch nur zweckmäßig, daß, wenn die civilrechtlichen Folgen einer Handlung Gegenstand eines Proceßverfahrens sind, die Zulässigkeit des Zeugenbeweises auf Rechtsgeschäfte von verhältnißmäßig nur geringem Betrage beschränkt, und der Zeugenbeweis von dem Inhalte einer Urkunde, sowie zur Ergänzung des Inhalts und zur Herstellung von Reden, welche vor, bei oder nach Abfassung einer Urkunde vorgefallen sein sollen, ausgeschlossen werde."

Die Abtheilung hat aber noch einen zweiten Beschluß gefaßt, und diesem ist allerdings eine lebhafte Debatte vorhergegangen. Es standen sich zwei Meinungen sehr bestimmt gegenüber, die gleichwohl etwas Gemeinsames hatten. Es war nämlich allseitig in der Abtheilung anerkannt worden, daß der Zeugenbeweis in der That ein ziemlich unzuverlässiger Beweis sei, und daß man sich deshalb bemühen müsse, das in der freien Beweiswürdigung liegende Korrektiv möglichst wirksam zu machen. Dies könne aber nur in der Art geschehen, daß die Beweisaufnahme unmittelbar vor dem erkennenden Gerichte stattfinden müsse. In diesem Gedanken, in diesem Postulate war man einig. Nun aber trat insofern eine Meinungsverschiedenheit hervor, als die Einen verlangten, die Abhörung eines Zeugen solle, wenn es sich um die Bekundung eines Rechtsgeschäftes handle, stets und unter allen Umständen vor dem erkennenden Richter erfolgen; als einzige Ausnahme sei der Fall zu betrachten, wo beide Theile damit einverstanden, daß der Zeuge durch einen Kommissar vernommen werde. Im Uebrigen aber seien gar keine Ausnahmen zuzulassen, insbesondere nicht die Ausnahme, daß der erkennende Richter erklären dürfe, der Zeuge wohne zu weit, als daß er in die Audienz geladen werden könne, und müsse deshalb kommissarisch abgehört werden. In solchem Falle habe entweder die Partei, welche sich auf den entfernten Zeugen berufe, dafür zu sorgen, daß er in der Audienz erscheine, oder sie sei dieses Beweismittels für ebenso verlustig zu erachten, als wenn der Zeuge gestorben wäre. Desgleichen dürfe in Krankheitsfällen u. s. w. der Zeuge nicht kommissarisch vernommen werden. Andere Mitglieder der Abtheilung fanden jene Forderung zu weitgehend. Sie erkannten aber doch an, daß die Ausnahmen, welche zu statuiren, auf die ganz unvermeidlichen zu beschränken seien, und daß namentlich nicht die Ausnahme zu dulden sei, daß der erkennende Richter sagen dürfe: weil es zu viele Zeit kosten würde, die Zeugen in der Audienz zu vernehmen, müsse die Beweisaufnahme kommissarisch erfolgen. Die Majorität entschied sich demnächst für folgende Fassung:

> „Dagegen erscheint es geboten, daß die Zeugenverhöre, soweit es sich um ein streitiges Rechtsgeschäft handelt, im Civilproreß, mit Beschränkung der Ausnahmen auf die ganz unvermeidlichen, vor dem erkennenden Richter stattfinden."

Endlich hat die Abtheilung beschlossen, daß diese ihre Resolutionen Ihnen, m. H., nur zur Kenntnißnahme vorgelegt werden sollen.

Präsident: M. H.! Wir werden es sehr wohl bei dieser bloßen Kenntnißnahme bewenden lassen können. —

Und so, m. H., kommen wir an den letzten Gegenstand der Tagesordnung. Von einem Juristentage zum anderen ist statutenmäßig eine ständige Deputation berufen, die Interessen desselben zu vertreten und seine Arbeiten vorzubereiten. Die von Ihnen in den verschiedenen Abtheilungen gewählten Vertrauensmänner haben die Liste für die heut zu wählenden Mitglieder dieser Deputation möglichst in Ihrem Sinne zu entwerfen gesucht. Die

Vorfrage ist aber die: Genehmigen Sie, daß die Wahl durch Akklamation geschieht? Ich bitte die Hand zu erheben, wer dafür ist.

Es ist angenommen.

Indem ich Ihnen das Resultat der Berathungen der Vertrauensmänner mittheile, erinnere ich zunächst daran, daß in die ständige Deputation wenigstens drei Mitglieder aus dem Orte, wo der letzte Juristentag stattgefunden hat, gewählt werden müssen. Wir haben aber geglaubt, den Ausdruck „Ort" auch auf das Land Braunschweig beziehen zu können, und nicht blos auf die Stadt, und schlagen ihnen vor die Herren: Obergerichts-Präsident Trieps aus Wolfenbüttel, Oberbürgermeister Caspari aus Braunschweig und Obergerichts-Anwalt Gotthard aus Braunschweig. Dann erlaubt sich die Kommission Ihnen als viertes Mitglied den Mann vorzuschlagen, welcher das Organ des Juristentages leitet, der das größte Verdienst um dieses Organ hat, und der als Schriftführer unserer Vereinigung seit ihrer Begründung sich bewährt hat, den Stadtrichter Hiersemenzel aus Berlin. Die übrigen Mitglieder haben wir möglichst nach den verschiedenen Stämmen unseres Deutschen Volks auszuwählen gesucht. Es sind· 5) Stadtgerichtsrath Dr. Graf v. Wartensleben und 6) Professor Dr. Gneist aus Berlin, 7) Adv.-Anwalt Justizrath König aus Cleve, 8) Sektionschef Dr. Rizy und 9) Hof- und Gerichts-Advokat Dr. Berger aus Wien, 10) Ober-Staatsanwalt v. Schaab und 11) Ober-Apellat.-Ger.-Rath Dr. Kalb aus München, 12) General-Staatsanwalt Dr. Schwarze und im Verhinderungsfalle Dr. Schaffrath aus Dresden. Ich muß mir hier den Vorwurf machen, daß nach der Bestimmung des Statuts es eigentlich nicht zulässig ist, einem nicht anwesenden Mitgliede sofort einen Substituten zu geben. Nach den Statuten ist nämlich der Deputation das Recht eingeräumt, sich zu ergänzen. Wenn indeß der Herr General-Staatsanwalt Dr. Schwarze in Dresden die Betheiligung an der ständigen Deputation ablehnen sollte, so wird die ständige Deputation gewiß die einstimmige Ansicht Ihrer Vertrauensmänner und des Plenums als maßgebende Autorität für ihre Wahl gelten lassen. Wir schlagen Ihnen ferner vor: 13) Ober-Trib.-Rath Freiherr v. Sternenfels aus Stuttgart, 14) Ober-Ger.-Rath Planck aus Meppen, 15) Geh. Justizrath Prof. Dr. Ihering aus Gießen — für beide Hessen, 16) Kreisger.-Direktor v. Stößer aus Baden, 17) Senator Dr. Pfeiffer aus Bremen — für die freien Städte, 18) Kirchspielvogt Niemand aus Büsum — für Schleswig-Holstein. (Lebh. Beifall.) Für manche andere Stämme Deutschlands haben wir keine Vertreter wählen können, weil die Zahl der Mitglieder nur aus achtzehn besteht. Aber wir können von dem Gedanken ausgehen, daß jeder Deutsche Jurist in dieser Deputation nicht nur sein engeres Vaterland, sondern ganz Deutschland vertritt, und

und zwar nicht blos äußerlich, sondern von ganzem Herzen und in voller Wahrheit.

Sind Sie nun, m. H., mit dieser von Ihren Vertrauensmännern entworfenen Liste einverstanden, so erheben Sie die Hand.

Ich glaube, daß wir in dieser Beziehung einstimmig sind. (Kein Widerspruch.)

Ich habe nun noch die Frage an Sie zu richten, ob Jemand unter Ihnen ist, der einen Antrag zu stellen wünscht?

Dies ist nicht der Fall.

M. H.! Ich habe vorgestern die Ehre gehabt, Ihnen Kenntniß zu geben von der Zuschrift eines hohen Prinzen Deutschlands, der in der freundlichsten und gütigsten Weise unsere Verhandlungen erwähnte und uns alles Glück auch zu dem jetzigen Juristentage wünschte. Erlauben Sie mir, daß ich in Ihrem Namen, im Namen des Fünften Deutschen Juristentages, den tiefsten Dank diesem Prinzen darbringe für seine freundliche Gesinnung und warme Theilnahme an den Angelegenheiten des Juristentages! (Einmüthige Zustimmung.)

Und jetzt gestatten Sie mir, m. H., daß ich einen kurzen Rückblick auf die Tage werfe, die wir hier verlebt haben. Ich glaube sagen zu können, meine verehrten Herren Kollegen, daß wir mit entschiedener Befriedigung auf den Fünften Juristentag werden zurückblicken können. Es sind ja zwei Zwecke, die uns bei dem Juristentage leiten: wir wollen Bausteine sammeln zu einer gemeinsamen Deutschen Gesetzgebung, und indem wir unsererseits das Nöthige zu deren Schaffung thun, in dieser Beziehung auch die Pflicht, die jeder Deutsche in seinem Kreise hat, in unserem Kreise erfüllen: mehr und mehr für die Einheit Deutschlands zu wirken. Wir haben uns bemüht, dies in unseren Abtheilungen zu thun; denn wir dürfen nicht vergessen, daß die ganze Wucht der Arbeiten des Juristentages hauptsächlich in den Abtheilungen, wo die speciellen Sachverständigen repräsentirt sind, ruht. Und ich hoffe, daß einige unserer Beschlüsse, die wir in den Abtheilungen und theils auch hier im Plenum gefaßt haben, Früchte für unser Deutschland bringen werden. Ich rechne dahin den Beschluß über die Handelsgerichte und namentlich über den Zeugenzwang. Die einstimmige Ansicht des Juristentages wird auch hier gewiß ähnlich wirken, wie sie schon in anderer Beziehung zu wirken das Glück gehabt hat.

Der andere Hauptzweck des Juristentages sodann ist, mehr und mehr ein persönliches Band um die Juristen Deutschlands zu schlingen, weil durch ein solches gegenseitiges Sichkennenlernen und Aussprechen ein Hauptbeitrag geliefert wird zu dem festen Kitt, der alle Deutschen Herzen in dem Wirken für Deutschlands Wohl verbinden soll. Um dieses Band fester und fester zu knüpfen, dazu hat nicht nur das innige Zusammensein mitgewirkt, in welchem der kleine Ort uns hier verband, sondern namentlich der ganze Sinn und Geist, der uns hier entgegenkam.

Und nun komme ich auf den Gegenstand, bei welchem mir die Worte eigentlich fehlen und ich nicht weiß, wie ich gehörig nach allen Seiten — und nach so vielen Seiten — das aussprechen soll, was Sie gewiß Alle mit mir fühlen werden.

Ich möchte vor Allen dem edlen Fürsten unseren Dank sagen, unter dessen Schutz und Schirm wir hier in diesem schönen Lande getagt haben, — unseren herzlichsten Dank aussprechen unserem hochverehrten Herrn Ehrenpräsidenten und seinen Herren Kollegen, die sich an die Spitze gestellt haben, um auch in Braunschweig für den Juristentag die Wege zu bahnen und zu ebnen. Ich möchte unseren Dank aussprechen dem Lokal-Komité, das mit der größten Aufopferung unsere Zwecke förderte und Alles für uns that, was wir — ich sage nicht: erwarten konnten, sondern was alle unsere Erwartungen weit übertraf. Ich möchte unseren Dank abstatten der Stadt Braunschweig, die uns in so herzlicher Weise empfangen, die sich festlich geschmückt hat, um zu zeigen, daß sie ein Herz für den Juristentag besitzt. Ihrem Vorstand und allem Schönen und Guten, das Braunschweig enthält, sei unser Dank auf's Innigste und Herzlichste dargebracht! Und ich lade Sie ein, zum Zeichen, daß Sie ganz ebenso denken, wie ich es eben ausgesprochen habe, sich erheben und dadurch Ihren Dank ausdrücken zu wollen. (Die ganze Versammlung erhebt sich unter lautem Beifallsruf.)

Und nun, meine verehrten Herren Kollegen, wiederhole ich nur mit einem Wort den persönlichen Dank, den ich Ihnen schulde. Ich habe das Amt, das Sie mir übertragen haben, übernommen im Vertrauen auf Ihre Unterstützung und Mitwirkung. Dies mein Vertrauen ist auf's Glänzendste gerechtfertigt worden. Möchte ich nur auch das Vertrauen, das Sie in mich gesetzt, einigermaßen gerechtfertigt haben. Ich sage Ihnen herzlich Lebewohl und hoffe, das uns die Vorsehung noch oft zusammen kommen läßt, um von dem Standpunkte aus, von dem wir einmal zu wirken berufen sind und wirken können, für das Wohl unseres geliebten Vaterlandes Sorge tragen zu können! (Lebhaftes Bravo.)

Die Sitzung ist geschlossen.

(Schluß der Sitzung gegen 12 Uhr.)

Erste Sitzung der ersten Abtheilung des Fünften Deutschen Juristentages am 26. August 1864 zu Braunschweig im Saale des Großen Club's.

(Beginn der Sitzung 11 Uhr Vormittags.)

Stadtgerichtsrath Dr. Graf **v. Wartensleben** aus Berlin eröffnet die Sitzung und schlägt den Professor Dr. Gneist aus Berlin zum Präsidenten der ersten Abtheilung vor. Die Versammlung stimmt diesem Vorschlage durch Akklamation einmüthig zu; Prof. Dr. Gneist nimmt die Wahl an, übernimmt den Vorsitz und schlägt seinerseits vor: zum Vicepräsidenten den Obergerichts-Vicepräsident Knittel aus Wolfenbüttel und zu Schriftführern den Bürgermeister Möller aus Schwerin und den Assessor Mansfeld aus Wolfenbüttel. Die Abtheilung tritt auch diesen Vorschlägen durch Akklamation bei, und die Gewählten übernehmen die ihnen übertragenen Aemter.

Prof. Dr. **Gneist**: Der erste Gegenstand der Tagesordnung ist die aufgeworfene Frage:

> „Soll von der Gesetzgebung das Gewohnheitsrecht als gültige Rechtsquelle anerkannt werden, und, bejahenden Falls, in welchem Umfange?"

Die ständige Deputation hat mir die Ehre erwiesen, mich zum Referenten für diese Frage zu ernennen. Ich erlaube mir die Bitte an den Herrn Vice-Präsidenten, den Vorsitz übernehmen zu wollen und mir das Wort als Referenten zu geben. (Geschieht.)

M. H.! Die Frage, die hier aufgeworfen wird, ist seit etwa einem Menschenalter — ich möchte sagen — die erste Frage geworden, die in den wissenschaftlichen Darstellungen über das gemeine Recht als grundlegend erörtert wird. Zugleich ist sie aber auch eine Frage der Rechtsanwendung, die mitten im praktischen Leben in den allerlebendigsten Beziehungen des Privatrechts auftauchen kann, namentlich innerhalb der Gebiete, in denen das gemeine Privatrecht noch seine unmittelbare Anwendung findet.

Diesem Verhältniß entsprechen nun auch die beiden erstatteten werthvollen Gutachten. Einerseits ist es das Gutachten des Herrn Professor Dr. Beseler, der selbst an Erörterung der Streitfragen über die Stellung des Gewohnheitsrechts einen so hervorragenden Antheil genommen hat, welches uns von den allgemeinen Gesichtspunkten aus die Frage darstellt. Von anderer Seite ist es das Gutachten des Herrn Ober-Appellationsgerichtsrath Becker, der uns aus seiner praktischen Erfahrung über die Stellung des Gewohnheitsrechts berichtet. Beider Gesichtspunkte finden sich wesentlich friedlich zusammen in Anerkennung des Gewohnheitsrechtes, in dem Ausdruck einer großen Hochachtung für dies naturwüchsige, lebensfrische Element unserer Rechtsbildung. Dies Zusammentreffen ist zugleich ein erfreuliches Zeugniß dafür, daß die unsterblichen Verdienste der geschichtlichen Rechtsschule in Deutschland gewisse Wahrheiten zum Gemeingut gemacht haben, über die man vor einem Menschenalter allerdings streitig sein konnte: daß auf dem Gebiete unserer Wissenschaft eben in ihrem Fortschritt, wie in der altrömischen Jurisprudenz, Kontroversen überwunden sind, die — einst schwierige Fragen — heute dadurch gelöst sind, daß man von beiden Seiten das Nothwendige in der geschichtlichen Entwickelung des gemeinen Rechts anerkennt.

Ich glaube, m. H., ich kann mich daher als Referent insofern kurz fassen, weil wir solche grundlegenden Lehren nur als fertige Resultate zu konstatiren haben. Wir haben heut nicht mehr nöthig, die unbedingte Ebenbürtigkeit des Gewohnheitsrechts, als Recht schaffender Quelle, neben der Gesetzgebung zu beweisen. Wir haben nicht mehr nöthig, den Irrthum zu widerlegen, als ob das Recht eine rein willkürliche Schöpfung der Gesetzgebung wäre. Wir haben nicht mehr nöthig, zu rechtfertigen den Gang der Rechtsbildung des Mittelalters, welches auf das Gewohnheitsrecht als principale Rechtsquelle verwiesen war.

Ich kann sogleich anknüpfen an die entscheidende große Thatsache der Reception der fremden Rechte. Wir verdanken auch darüber der historischen Schule eine unbefangene Grundanschauung. Diese Reception bildet gerade in Deutschland einen höchst vortheilhaften Kontrast gegen die Art und Weise, in der das fremde und einheitliche Recht in Frankreich und England zur Geltung kam. Jene List, jene Gewaltsamkeit, mit der die fremden Rechte einst in Frankreich als Element des neuen Beamtenstaats geltend gemacht wurden, jene Gewaltsamkeit, mit der man in England buchstäblich durch ein Säbelregiment das fremde Recht importirt hat, welches den einheitlichen Staat begründete, ist uns fremd. In unserem Deutschen Rechtswesen hatten wir dasselbe Bedürfniß eines einheitlichen jus gentium für das Vermögen; es waren vorzugsweise Bedürfnisse unserer gesellschaftlichen Zustände zu befriedigen. Gegenüber dem durch das Feudalwesen zersplitterten Staat, gegenüber dem Zwiespalt, der im geistlichen und weltlichen Staat sich darstellte, war die Schaffung eines einheitlichen Privatrechtes, als der lebendigsten und nachhaltigsten Grundlage eines großen Staatswesens, eine absolute Forderung der Einheit geworden.

Die Eigenthümlichkeit unserer Deutschen Entwickelung liegt hauptsächlich in zwei Gesichtspunkten. Erstens in dem dominirenden Einfluß, den das geistige Leben schon im Laufe des fünfzehnten Jahrhunderts auf diesem Gebiet gewonnen hat, — ein Einfluß, der beispiellos wäre, wenn nicht eine Parallele dazu wäre im sittlichen Gebiet. Dies Vorherrschen der geistigen Elemente zeigt sich auf sittlichem Gebiete darin, daß Deutschland die Heimath der Reformation wurde, auf dem rechtlichen Gebiete darin, daß wir durch das geistige Uebergewicht der Gebildeten zur Reception der fremden Rechte gelangten, — nur mit einem Unterschiede! Das geistige Leben auf dem Gebiete der Reformation hat uns die Einheit nicht schaffen können, vielmehr nur den Zwiespalt. Die dominirende Kraft des Juristenstandes dagegen hat uns die solideste und nachhaltigste Grundlage unserer Einheit geschaffen — im gemeinen Deutschen Recht. Auf der anderen Seite ist es eine wunderbare Mäßigung, welche die Deutsche Rechtsbildung dieser Periode charakterisirt — in Schonung der Privatrechts-Verhältnisse. Es ist einmal eine Mäßigung in der Form zu gewahren. Welchen Eindruck macht diese, aus Ueberzeugung der Besten im Volk geschöpfte Reception der fremden Rechte gegen Französische und Englische Zustände! Sodann ist zu beachten die durchgehende Specifikation, die das fremde Recht bei uns bei der Aufnahme erfahren hat. Alles, was in einem Privatrecht wirklich national ist, hat sich bei der Reception bereits geltend gemacht, vor Allem die Elemente des Familienlebens im gemeinrechtlichen Familienrecht (im ehelichen Güterrecht, der väterlichen Gewalt u. s. w.). Dieser specificirende Einfluß erstreckt sich auch auf das reine Vermögensrecht, sofern etwas Nationales, z. B im Gesinderecht, im Verhältniß der arbeitenden Klassen, dabei im Spiele ist. Demnächst ist die Ergänzung des gemeinen Rechts durch die Landesgesetze eine weitere Modalität der Verschmelzung des nothwendigen Einheitlichen mit den vorgefundenen individuellen und dadurch partikularen Elementen des Privatrechts. Dann die spätere Zurückdrängung der fremden Rechte in die Stellung eines subsidiären Rechts. Es ist daraus im 17. und 18. Jahrhundert das eigentliche praktische Gemeine Privatrecht hervorgegangen, welches niemals identisch war mit dem rein Römischen Recht. Man könnte eher zweifelhaft sein, ob das partikuläre Element sich nicht weiter geltend gemacht hat, als es wünschenswerth war im Interesse der Rechtssicherheit.

Erst mit dem Schluß des achtzehnten Jahrhunderts tritt das hervor, was uns das Gutachten unseres Prof. Beseler vorführt: die Idee der „Omnipotenz des Staates". Ich bitte Sie aber, nicht zu verkennen, daß diese Periode der Kodifikation am Schluß des achtzehnten Jahrhunderts unter ganz eigenthümlichen Zeit- und Ortsverhältnissen eintritt. Das Bedürfniß der Kodifikation tritt auf, wo ein Konglomerat ursprünglich getrennter Theile Deutschlands sich vereint zu einem neuen großen Staatswesen; wo sich das Bedürfniß des modernen Staates für seine öffentlichen Funktionen geltend macht, wo sich das Bedürfniß zeigt, in großartigem Maßstabe Finanzwesen, Polizei, staatliche Kirchenhoheit für den Rahmen eines großen Staates neu zu ordnen und, was damit in nothwendiger Wechselwirkung steht, aufzuräumen mit den vorgefundenen Resten des Feudalwesens, des ständischen Wesens, des ursprünglichen Zwiespaltes zwischen kirchlichem und weltlichem Staat, — als ein neues öffentliches Recht erst geschaffen werden mußte, welches himmelweit unterschieden ist von dem öffentlichen Rechte der Zeit, in welcher unsere Gerichte über den Schutz individueller Rechte erkannten, d. h. über den Schutz von Vorrechten, Immunitäten, Steuerfreiheiten 2c. In dieser Zeit entstand das Bedürfniß der Kodifikation, das Bedürfniß einer durchgreifenden Revision des vorgefundenen Privatrechts.

Es ist wahr, daß diese Bedürfnisse eines großen Staatswesens zunächst mehr die Gerichtsverfassung nach sich ziehen. Das Kriminalrecht, der Civilproceß mußten neu geordnet werden, und es ist in Bezug auf die Gerichtsverfassung offenbar in der Regel eher zu wenig als zu viel geschehen. Aber auch das Privatrecht wurde durch diese Zustände ergriffen. Denn es ist blos theoretische Abstraktion, wenn wir den Zustand des Privatrechts als ein Thema für sich — ganz losgerissen von dem öffentlichen Recht — betrachten. In der Wirklichkeit ist der privatrechtliche Mensch und der staatsrechtliche Mensch ebenso vollkommen ein Individuum, wie der kirchliche Mensch und der staatliche Mensch. Bei dieser Kodifikation nun sah der neugebildete Staat sich gegenüber einer Reihe von Resten des Feudalismus, des mittelalterlichen Staatswesens, die überall das Privatrecht durchdrungen hatten. Das ganze Familienrecht, die ganze Gestaltung des Grundbesitzes war durchzogen von Resten eines verfallenen Gesellschaftslebens. Das war der Grund, warum gerade diese großen Staaten die Kraft und den Beruf in sich fühlten, eine durchgreifende Revision ihres privatrechtlichen Zustandes vorzunehmen, bei dem sie übrigens von dem Deutschen Element in unserem Recht viel mehr konservirt, als abgebrochen haben.

Diese Stellung der neueren Kodifikation brachte es mit sich, daß man dem Gewohnheitsrecht nicht die unbedingte Geltung hat belassen können, die in einer älteren naturwüchsigen Rechtsbildung ihm zukam. Denn Sie werden anerkennen, daß alle Elemente des alten Feudal- und Ständewesens gerade im Interesse der einflußreichen, mächtigeren Klassen lagen, welche auch in der Bildung des Gewohnheitsrechts dominiren. Man würde das jus iniquum damit erhalten und das Bedürfniß des modernen Staatslebens lahm gelegt haben, wenn man den gewohnheitsrechtlichen Zustand contra legem hätte fortbestehen lassen oder seiner Neubildung eine neue Statt bereiten wollen.

Das ist der Grund, warum im Allgemeinen die kodificirende Gesetzgebung eine negirende Stellung gegen das Gewohnheitsrecht behauptet — aber in verschiedenen Stufen! Am schroffsten da, wo der Haß gegen das Privilegium die höchste Spitze erreicht hatte, im code Napoléon. Im code war die Ausschließung des Gewohnheitsrechts zur Zeit, als man ihn redigirte, so selbstverständlich, daß man nicht an die Nothwendigkeit dachte, die Ausschließung auszusprechen. Wenn etwas später Schwankungen sich finden, so rühren dieselben aus einer Zeit her, wo man in Frankreich selbst unter anderen Einflüssen etwas zurückkam von dem wüthenden Haß gegen die Rechtsungleichheit, gegen Alles, was mit Recht oder Unrecht sich als Vorrecht betrachtete. Der code Napoléon hat aus socialen Gründen am Schärfsten und Reinsten aufräumen wollen mit allen gewohnheitsrechtlichen Elementen, — geleitet von dem richtigen Instinkt, daß das Gewohnheitsrecht vorzugsweise von Klassen gebildet wird, die auch im socialen Leben herrschende Klassen sind.

Aus einem anderen Grunde mußte die Oesterreichische Gesetzgebung sich gegen das Gewohnheitsrecht schroff verhalten, weil hier die nächste Aufgabe zu lösen war: widerstrebende Nationalitäten zuerst zusammenzuschweißen zu einem Gesammtstaat. Die Centrifugalkraft der Nationalitäten nöthigte den Gesetzgeber, um die nothdürftigsten Grundlagen einer Einheit zu gewinnen, zu einer auffallenden Mißachtung des Gewohnheitsrechts, dem erst durch eine besondere Erlaubniß Platz gemacht werden muß. Es schwebte der Oesterreichischen Gesetzgebung insofern derselbe Gedanke vor, wie der neueren Französischen: nämlich durch die Einheit des Privatrechts eine einheitliche Nation zu schaffen.

Am schonendsten ging das Preußische Recht zu Werke. Der Preußische Staat bedurfte nicht dieser gewaltsamen Zusammenschweißung; denn er bestand wesentlich nur aus Deutschen Elementen. Hier konnte man dem Gewohnheitsrecht wenigstens die Stellung einer partikulären Geltung praeter legem lassen. Indeß muß ich doch darauf aufmerksam machen: selbst hier, wo der Gesetzgeber mit großer Schonung vorging, ist die Beibehaltung des provincialen und lokalen Gewohnheitsrechts nicht blos eine Handhabe für eine berechtigte Opposition gegen die willkürliche Gleichmacherei geworden, sondern sie ist die Anknüpfung geworden für den wüthendsten Haß gegen das ganze System der Kodifikation, der sich aus politischen Motiven in den privilegirten Klassen entwickelt hat. Die Bekämpfung der Kodifikation wurde Schlagwort alles dessen, was sich auf das Privilegium als Basis des Staatslebens stützte.

Nun, m. H., durch diesen geschichtlichen Gang der Kodifikation beantwortet sich auch die gestellte Frage des Privatrechts. Es ist vollkommen richtig, daß von der Seite des Privatrechts sich wohl nirgends ein Bedürfniß herausstellen wird, das Gewohnheitsrecht in seiner natürlichen Geltung zu beschränken, und diesen Gesichtspunkt verfolgt das Gutachten des Herrn Ober-Appellationsgerichtsrath Becker. Nehmen wir aus unserer Wirklichkeit einen kleineren Deutschen Staat, der keine Elemente des Feudalismus zu bekämpfen und zu dem Zweck das ganze Privatrecht zu revidiren hat, — einen Staat, der nicht ein neues, öffentliches Recht zu schaffen hat, — einen Staat, der eine tüchtige Praxis seiner Gerichtshöfe aufzuweisen hat, so werden Sie mit mir einverstanden sein: das gemeine Recht unter so günstigen Konstellationen ist ein vortreffliches Recht. Es steht insofern auf gleicher Linie mit denjenigen neueren Gesetzgebungen, welche große Grundstriche geben und dabei der Rechtsprechung einen weiten Spielraum lassen. Es läßt sich das materielle Recht vortrefflich nach diesen Grundlagen handhaben, und das Gewohnheitsrecht ist eine wohlthätige, lebendige Ergänzung dieses Rechts, welche in zeitgemäßer Fortbildung auch älteres bestehendes Recht außer Kraft setzen mag. Alles das sind Zustände, die unter diesen Voraussetzungen sehr wohl bestehen können. Es kann z. B. das eheliche Güterrecht — was unter allen Umständen große Probleme für die Gesetzgebung bildet — sich ganz durch die Praxis gestalten. Dies mag generell der Zustand sein für die Länder, an die bis jetzt die Forderungen der Kodifikation nicht herangetreten sind, weil aus dem Staatsleben heraus kein großes Reformbedürfniß vorhanden war, und weil die Rechtsprechung der Gerichte im Wesentlichen festen Boden gefunden hat.

Allein, wo sich das Bedürfniß der Kodifikation überhaupt zeigt, geschieht es immer nur in Zuständen, wo es sich darum handelt, ein neues Staatsrecht zu bilden durch die gesetzliche Regelung des Finanzwesens, der Kirchenhoheit, der Militärhoheit, der Polizeihoheit u. s. w., wo ein neues gemeines Recht für einen großen Verband zu schaffen ist, welches dann in den neueren Verfassungsurkunden nur seinen konsequenten Abschluß gefunden hat. Unter solchen Umständen findet es der Gesetzgeber nicht rathsam, ein Gewohnheitsrecht contra legem bestehen zu lassen, da es nicht blos den harmlosen Charakter hat einer Neuschaffung von Recht nach den Bedürfnissen der Zeit, sondern auch eine gefährliche Seite für den Grundgedanken, für die ratio der Kodifikation, — weil nämlich durch dies Gewohnheitsrecht contra legem der Rückfall in das jus iniquum und in den Partikularismus nur zu leicht gemacht wird.

Wenn man ferner bei kodificirender Gesetzgebung die Besorgniß hat, daß der Gesetzgeber der Idee der Gleichmacherei anheim fällt, so, glaube ich, ist diese Gefahr mehr theoretisch als praktisch. Der innere Zug, das Bestreben nach Selbstständigkeit in dem inneren Leben der Deutschen Landschaften, die von Alters her ihre wohlbegründete und berechtigte Zusammengehörigkeit haben, dieser Zug nach Selbstständigkeit ist so überwiegend stark in Deutschland, daß man behaupten kann: es kommt zu einer Kodificirung überhaupt nur, wo ein Nothstand vorhanden ist, wo die Zerrissenheit der Praxis, die Unsicherheit der leitenden Grundsätze und vor allen Dingen der Widerspruch eines veralteten Rechtes mit den Bedürfnissen eines neuen Staatswesens zum Unerträglichen geworden ist. Die Kodifikation geht nicht hervor aus einer Liebhaberei zur Gleichmachung, sondern aus einem großen Bedürfniß. Eben deshalb ist zu erwarten, daß die Kodifikation überhaupt nur zu Stande kommt da, wo sie ein großes Bedürfniß fordert. Sie wird sich im Privatrecht wohl nothgedrungen auf Gebiete, wie Handels- und Wechselrecht und einen Theil des Schuldrechtes, beschränken müssen. Weiter kommen wir unter den Schwierigkeiten, die jede Kodifikation bietet, schwerlich.

Ist das die Bedeutung der Kodifikation, so wird sich neben dieser Kodifikation eine Ergänzung von selbst machen. Mag im Gesetz stehen, was da will: die neueren Bedürfnisse unseres Lebens — man braucht nur an die Eisenbahn- und Agrar-Verhältnisse zu erinnern — werden unter allen Umständen zu einem ergänzenden Gewohnheitsrecht hindrängen; und wenn der Gesetzgeber dies verbieten wollte, so würde es unter dem Namen der Analogie so wie so sich bilden. Es ist also auch unter kodificirter Gesetzgebung kein Grund vorhanden, das ergänzende Gewohnheitsrecht praeter legem zu beschränken, selbst auf die Gefahr hin, neue Partikularrechte zu schaffen. Die etwanige Gefahr derselben wird die überall thätige Gesetzgebung wieder beseitigen können.

Die beiden vorliegenden Gutachten sind also in der That aus der Anschauung verschiedener Gebiete geschöpft. In den Gebieten, wie sie der Herr Ober-Appellationsgerichtsrath Becker vor Augen hat, erkenne ich gern an, daß kein Bedürfniß ist, die altgeschichtliche Stellung des Gewohnheitsrechtes zu alteriren. Da mag das Gewohnheitsrecht praeter legem und contra legem, generell und partikulär fortleben. Wo es sich aber um Zustände handelt, in denen die Forderungen des Staatslebens zu dem ungeheueren Entschluß der Kodifikation geführt haben, da ist es dringend rathsam, das

Gewohnheitsrecht nicht contra legem fortdauern zu lassen, wenn der Gesetzgeber nicht seine mühsame Schöpfung gefährden will. Wir sehen auch, daß jedes große Staatswesen zu dieser Richtung gekommen ist. Das Römische Recht, nachdem es seine weltgeschichtliche Aufgabe gelöst hat, das Privatrecht κατ᾽ ἐξοχὴν zu schaffen, hat sofort den Riegel vorgeschoben und das Gewohnheitsrecht contra rationem vel legem verboten. Die Verordnung Konstantin's lex 2. Cod. quae sit longa consuetudo sagt das mit dürren Worten, an denen alle Interpretation gescheitert ist. Sie sehen im Mittelalter, daß die Kirche, als sie auf ihrem Höhepunkt war, das Gewohnheitsrecht contra legem hat ausschließen müssen. Das Englische Recht hat es mit einer Schroffheit ausgeschlossen, wie kein Deutsches. Die Französischen Zustände des ancien régime schlossen es ebenso aus. Auch unsere gemeinrechtliche Praxis verhielt sich mit großer Vorsicht gegenüber dem Gewohnheitsrecht contra legem. Ich glaube auch, daß unser neues Deutsches Handelsgesetz aus guten Gründen sich negativ verhalten wollte, wobei ich übrigens die Möglichkeit einer anderen Auslegung nicht in Abrede stelle.

Ich komme also in Summa dahin, daß ich der geehrten Abtheilung vorschlagen möchte, die Thesen zu adoptiren, die Ihnen das Gutachten des Herrn Professor Dr. Beseler vorlegt:

I. „Gesetz und Gewohnheitsrecht bestehen als selbstständige Rechtsquellen ursprünglich in gleicher Kraft und Bedeutung neben einander."

Das ist ein geschichtlicher Satz, bei dem man streiten könnte, ob Veranlassung wäre, sich darüber auszusprechen. Ich glaube aber, die Deutsche Wissenschaft wird es Ihnen danken, wenn auch mitten aus dem praktischen Leben konstatirt wird, daß ihr Resultat, nämlich Anerkennung des Gewohnheitsrechts, kein Gegenstand der Kontestation mehr ist.

II. „Die Aufhebung des Gewohnheitsrechts durch die Gesetzgebung ist ohne ein besonderes Bedürfniß nicht gerechtfertigt."

Es folgt das von selbst aus dem geschichtlichen Recht und aus der Ebenbürtigkeit des Gewohnheitsrechts.

III. „Eine umfassende Gesetzgebung (Kodifikation) hat die derogatorische Kraft des Gewohnheitsrechts nicht anzuerkennen."

Ich habe mich bemüht, Ihnen darzulegen, warum ein Staat, wenn er überhaupt in dem Nothstande ist, kodificiren zu müssen, nicht anders kann, als diese spröde Stellung gegen die consuetudo contra legem einzunehmen.

IV. „Das Gewohnheitsrecht als ergänzende Rechtsquelle kann auch neben einer umfassenden Gesetzgebung in Geltung bleiben und ist nur aus besonderen Gründen, und soweit diese reichen, auszuschließen oder zu beschränken."

Ich habe bemerkt, daß, soweit das Wesen der Kodifikation nicht gefährdet wird, es dringend wünschenswerth ist, nicht im Wege der Gesetzgebung alle Fragen zu erschöpfen, sondern hier die Lebenstriebe einer volksthümlichen Fortbildung des Rechts bestehen zu lassen. Ich hoffe auch, daß Herr Ober-Appellationsgerichtsrath Becker wesentlich zufrieden zu stellen ist mit der Fassung unter IV.

Ich erlaube mir also, Ihnen, m. H., — zur Erleichterung der Debatte — die Anträge S. 110 der gedruckten „Verhandlungen" zur Annahme zu empfehlen.

Ober-Appellationsgerichtsrath **Becker** aus Oldenburg: Ich kann mich leider nicht ganz einverstanden erklären mit den Vorschlägen, die der geehrte Herr Präsident und Referent uns macht. Was in meinem Gutachten ausgesprochen ist, dabei muß ich verbleiben. Ich kann freilich auf das gelehrte Gebiet der geschichtlichen Rechtsforschung dem Herrn Referenten nicht folgen. Ich muß aber eine Prämisse in Zweifel ziehen, die er wesentlich zur Schlußfolgerung, wodurch er seine letzten Sätze gerechtfertigt hat, benutzt: das ist der Ausspruch, daß die Kodifikation es nöthig gemacht habe, das Gewohnheitsrecht contra legem zu verbieten. Durch Zustände, wie sie der Herr Referent geschildert hat, ist die Kodifikation und die Aufhebung des bestehenden Gewohnheitsrechts nothwendig gemacht worden, — aber nicht das ewige Verbleiben des neu kodificirten Rechts, auch wenn die Zeit noch so weit fortschreitet, auch wenn die Einsicht des Volkes eine bessere wird. Auch in der Zukunft hat jede Rechtsquelle das gleiche Recht, das Gewohnheitsrecht sowohl wie das gesetzgebende Recht. Wie ich der Gesetzgebung das Recht zutheile, alle Rechte der Vergangenheit umzugestalten, so muß ich auch dem Gewohnheitsrecht der Zukunft das Recht geben, das Gesetzesrecht der Vergangenheit aufzuheben. Ich habe das insbesondere aus dem Gesichtspunkt des Praktikers für nöthig gehalten, weil nach meiner Erfahrung das Rechtsprechen sonst mit dem Rechtsgefühl nothwendig in Konflikt kommt, und weil es sonst dahin führen kann, wohin auch die Erfahrung der Vergangenheit geführt hat, daß alle Verbote des Gewohnheitsrechts contra legem nichts helfen und das Leben derselben spottet.

Obergerichtsrath **Vorwerk** aus Wolfenbüttel: Ich trete der Ansicht meines Herrn Kollegen Becker im vollen Sinne und namentlich auch darin bei, daß, wenn Sie dem Gewohnheitsrecht Ebenbürtigkeit und gleiche Rechte mit der Legislation einräumen können, Sie dann auch konsequent verneinen müssen, daß eine Kodifikation oder ein einzelnes Gesetz einem Gewohnheitsrecht derogatorische Kraft und Selbstständigkeit absprechen kann. Ich könnte Ihnen aus dem Codex Justinianeus Gesetze vorführen mit der Klausel: „in aeternum valitura." Als Studenten lachten wir schon darüber und hielten das für Aufschneiderei. Wir zweifeln nicht, daß jedes neue Gesetz das frühere abschaffen kann. Kann nun aber ein Gesetz nicht zu einer ewigen Norm sich machen, so kann es auch nicht dem ihm gleichberechtigten Bruder, dem Gewohnheitsrecht die derogatorische Kraft benehmen und im Voraus versagen. Ich glaube durchaus nicht — wie Herr Professor Gneist — daß dies mit großen Gefahren verbunden ist. Es ist aber zu unterscheiden zwischen absolutem und hypothetischem Recht, und nur da eine Gleichberechtigung beider Rechtsarten anzunehmen, wo ein gleiches Rechtsgebiet sich findet. Es ist nicht möglich, m. H., daß ein hypothetisches Gewohnheitsrecht ein absolutes Gesetz abschafft; es ist aber auch nicht möglich, daß ein partikulares Gewohnheitsrecht ein Reichsgesetz abschafft; Sie müssen nothwendig gleiche intensive und extensive Natur für beide Arten voraussetzen. Setzen Sie aber das voraus, dann ist es ganz unbedenklich, daß Sie auch beiden Arten von Rechten gleiche Wirkung beilegen müssen. Nehmen wir z. B. ein Reichsgesetz! — wie schwer wird sich eine Gewohnheit so durchgängig bilden, daß wir sagen: die Reichsgewohnheit ist Reichsgesetz! Oder nehmen Sie ein absolutes Gesetz an, — es wird die schüchterne Gewohnheit gegen das Verbot nicht ankommen können, — so lange nicht, bis die Gewohnheit am Ende mit Gewalt und Kraft durchdringt und als absolute Gewohnheit sich hinstellt. In dem Ländchen, in dem Sie tagen, sind z. B. — und gewiß giebt es keine absoluteren Gesetze als die Strafgesetze — ein sehr strenges Gesetz über die Bestrafung der Pferdediebe und ein Gesetz über die Bestrafung ungetreuer Beamten durch Gewohnheitsrecht abgeschafft worden, wie unser Braunschweigisches Gericht zu Anfang der zwanziger Jahre ausdrücklich ausgesprochen hat. Beseler hat in seinem Gutachten selbst auf die Abschaffung des Reichs-Kriminalrechts durch Gewohnheit hingewiesen.

Wenn also nicht allein theoretisch, sondern auch geschichtlich die Gewohnheit dieselbe Kraft und Aufgabe hat, wie das Gesetz, dann darf solches Gesetz nicht allein der Gewohnheit ihre Wirkung nicht versagen, sondern das Gesetz hat auch gar nicht die Möglichkeit, nicht die Macht dazu. Ich glaube, es würde ganz bedeutungslos sein, wenn das Gesetz sagte: Ich will künftig, in ewige Zeiten hin keine Gewohnheit zulassen. Unsere zweite und dritte Generation würde sich nicht daran kehren, und die Gewohnheit würde zur Geltung kommen müssen.

Ich möchte deswegen vorschlagen, den Antrag des Herrn Dr. Becker*)

*) Derselbe lautet (Bd. I. S 12): „Die Gesetzgebung darf dem Gewohnheitsrecht die Anerkennung als gültige Rechtsquelle im Allgemeinen nicht versagen; nur bei allgemeinen Gesetzen solcher Natur, daß das Interesse der Allgemeinheit die absolute Unterwerfung der Einzelnen fordert, ist die Bildung abändernden partikularen Gewohnheitsrechts nicht zu gestatten."

anzunehmen Ich würde darin jedoch statt „darf" sagen: „kann", und weiter bitte ich das Wort „partikularen" mit Gedankenstrichen zu versehen. Natürlich ist die Bildung u. s. w. nicht zu gestatten, weil der Theil nicht das Ganze beherrschen kann.

Geh. Justizrath Prof. Dr. **Beseler** aus Berlin: Wer die Güte gehabt hat, meine Studien zu verfolgen und die Resultate derselben, die ich veröffentlicht habe, wird mir leicht glauben, daß meine Neigung, meine ganze Rechtsanschauung eigentlich mehr dahin gerichtet ist, dem Gewohnheitsrecht, d. h. der unmittelbaren, naiven, volksthümlichen und nationalen Rechtsbildung vor einem gewöhnlichen Gesetzesrecht den Vorzug zuzuerkennen. Wenn ich nichtsdestoweniger nach reiflicher Erwägung zu dem Resultat gekommen bin, daß wenn einmal eine Kodifikation vorgenommen wird, sie ein Gewohnheitsrecht contra legem nicht anzuerkennen hat, so beruht das auf sehr bestimmten Gründen. Ich will zunächst bemerken, daß ich nicht gezweifelt habe, daß die Macht der Geschichte so auftreten kann, daß man ganz vergeblich darauf seine Kräfte verwendet, eine Rechtsveränderung zu verhindern, und daß Verbote dazu nicht ausreichen. Aber es ist etwas Anderes, einem Staate, der seinen Willen zusammennimmt und eine bestimmte Rechtsordnung herstellen will, zuzumuthen, daß er von vorn herein erklärt: Wenn man meine Gesetze nicht befolgt, so will ich damit einverstanden sein, daß man sie gewohnheitsrechtlich abschafft. Das ist ähnlich, als wenn man behauptet: es können Zustände im politischen Leben bestehen, die unerträglich sind, und wenn solche Zustände nicht auf dem Wege der Reformen ihre Abhülfe finden, dann tritt die Macht der Thatsachen mit der Revolution ein. Es ist aber doch sehr verschieden, ob Sie in einer Verfassung ausdrücklich erklären lassen wollen: das Recht der Revolution ist anerkannt, oder ob die Staatsregierung sich fügen muß, wenn die Revolution über sie hingeht. Wenn eine Kodifikation wirklich beliebt wird, dann ist die Anerkennung eines Gewohnheitsrechts contra legem nichts Anderes als Anerkennung eines Rechts der Revolution, die freilich hier in sehr zahmen und mäßigen Formen sich geltend machen wird.

Was gegen die Ansicht des Herrn Referenten angeführt worden ist, finde ich, ist mehr gegen die Kodifikation gerichtet, als gegen das Gewohnheitsrecht. Die Kodifikation — und das hat der Herr Referent sehr präcis ausgedrückt — ist ein Unternehmen von verhängnißvoller Tragweite, und ich beneide den Muth der Sächsischen Regierung, daß sie den jetzigen Bewegungen des Rechtslebens in Deutschland gegenüber gewagt hat, mit einem Königl. Sächsischen Civil-Gesetzbuch aufzutreten. Es ist ein Unglück, daß so der Partikularismus sich festnagelt, während alle Kräfte der Nation in Bewegung sind, um uns ein gemeinsames Deutsches Recht zu schaffen. Ich finde, eine solche Kodifikation, die nicht durch die Nothwendigkeit geboten und durch die größte staatsmännische

Erwägung hervorgerufen wird, ist ein Attentat gegen das Rechtseinheitsbestreben der Nation! Aber haben Sie, m. H., eine Kodifikation und stehen Sie auf dem Boden derselben, dann können Sie nicht anders als anerkennen: was einmal Gesetz ist, wollen wir als Gesetz halten. Herr Becker sagt: Ja, wenn das Gesetz Unsinn ist, soll das Volk dann die Sache nicht anders bilden können? Aber was berechtigt Sie, den Gesetzgeber für ein unvernünftiges Wesen anzusehen? Wenn die ganze Nation nach besseren Gesetzen ruft, dann haben wir Zustände, in welchen die Gesetzgebung die Besserung vornehmen muß. Es ist ein Widerspruch zwischen Gesetzesrecht und Gewohnheitsrecht nur möglich, wenn die gesetzgebende Gewalt schlaff ist. Dann wird die Geschichte sich Bahn brechen, — und darauf habe ich hingewiesen in meinem Gutachten. Was hat es geholfen, daß die Reichsgesetze dies und jenes bestimmt haben? Trotz der ausdrücklichen Bestimmung des Reichsgesetzgebers hat sich in vielen Fällen ein Gewohnheitsrecht gebildet. Aber wie jetzt die Verhältnisse in Deutschland sind, namentlich wie die Thätigkeit der Gesetzgebung sich gestaltet hat — die meiner Meinung nach leider an Superfötation leidet — und wenn die gesetzgebende Gewalt so aufmerksam ist, wie jetzt in den kleinsten Staaten Deutschlands, glauben Sie dann wirklich, daß Zustände eintreten können, die zu einem unerträglichen Verhältniß führen, welches dann dem Gewohnheitsrecht freie Bahn bricht? Es können allerdings die Einrichtungen sich so gestalten, daß es schwer wird, durch die Gesetzgebung das rechte Maß zu finden, — und ich denke dabei namentlich an unser Handelsgesetzbuch. Natürlich das Handelsgesetzbuch ist jeder souverainen Partikular-Gesetzgebung unterworfen, und es können auch später Abänderungen durch die Gesetzgebung herbeigeführt werden. Aber es wäre eine Kalamität, wenn wir aus der mit großer Mühe errungenen Rechtseinheit so bald heraustreten müßten. Ich verkenne nicht, daß das Seerecht in einer Weise redigirt ist, daß die Durchführung desselben sich auf die Dauer kaum halten wird, — nämlich so kasuistisch redigirt, daß man annehmen darf, es wird über Einzelnes das Geschäftsleben der Handelswelt und namentlich das Bedürfniß des Seeverkehrs vielfach hinwegschreiten müssen. Daraus können allerdings so große Schwierigkeiten entstehen, daß man wird wählen müssen, falls keine einheitliche Form für die Deutsche Gesetzgebung gefunden wird, ob man die Hülfe der Partikular-Gesetzgebung in Anspruch nehmen oder dem Gewohnheitsrecht seine volle Macht einräumen will. Denn wenn Sie, m. H., anerkennen: auch die Partikular-Gesetzgebung kann das Handelsgesetzbuch abändern, dann werden Sie auch annehmen können, daß das Gewohnheitsrecht nöthigenfalls in ähnlicher Weise verfahren wird. Aber solche Erwägungen führen zu keinem sicheren Ergebniß; mögen wir Ja oder Nein sagen, wir werden immer — wie überhaupt im Rechts- und Staatsleben es der Fall ist — in letzter Konsequenz auf Schwierigkeiten und Uebelstände stoßen. Hier kommt es darauf an, das Princip über das Verhältniß des Gewohnheitsrechts zur Kodifikation zu wahren, und da muß ich sagen: was ich bisher gehört habe, trifft nur die Länder, wo keine Kodifikation ist. Wo aber diese energisch durchgeführt wird, kann die Gesetzgebung sich selbst nicht für unmündig erklären, indem sie ein derogatorisches Gewohnheitsrecht anerkennt. Das werden Sie zugeben, namentlich wenn Sie bedenken, daß die Gewohnheitsrechte durch die Gerichtshöfe festgestellt werden, daß aber ein Gerichtshof., der contra legem spricht und successive durch solches Rechtsprechen ein Gewohnheitsrecht begründet, kein gutes Zeugniß ablegt von den Rechtszuständen des Landes, dem er angehört.

Referent, Professor Dr **Gneist**: Ich möchte mir erlauben noch auf ein paar Punkte aufmerksam zu machen. Ich gestehe Ihnen zu, die geschichtlichen Beispiele für derogirendes Gewohnheitsrecht haben ihr Recht. Wir sind eine Menge Todesstrafen losgeworden, wir sind die fürstlichen Straf-Edikte über die Verführung der Kammerjungfern in herzoglichen Palais losgeworden, wir sind eine Menge von Edikten, die wir in Preußen von Friedrich Wilhelm I. her hatten, losgeworden; — Alles vortrefflich, aber in einer ganz anderen Zeit, wo die Reichsgesetzgebung todt und die Partikular-Gesetzgebung unreif, war und nicht selten ein Aggregat von Einfällen des Serenissimus zu werden anfing. Diese Zeiten haben wir längst überwunden! Jene wohlthätige Kraft der desuetudo wird keine Gelegenheit mehr haben, sich zu äußern; denn unsere sehr fruchtbare Gesetzproduktion wird einer solchen desuetudo keinen Spielraum lassen. Wohin kommen Sie überdies mit der großen Idee der Kodifikation, wenn Sie den Gegner autorisiren, ihre bindende Kraft durch den Gebrauch zu beseitigen? Wenn z. B. das Gesetz die Prügelstrafe und das Prügelrecht beseitigt, werden nicht die privilegirten Klassen eine unwiderstehliche Neigung fühlen, sofort Gewohnheitsrecht zu machen contra legem? Es ist allerdings ein Unterschied zwischen dispositivem und absolutem Recht. Das, was Savigny als absolutes Recht aus Gründen der Staatsweisheit und Sittlichkeit bezeichnete, sind im Wesentlichen die Anforderungen der modernen Gesellschaft an die Gesetzgebung. Ich bitte zu erwägen, daß man überhaupt zur Kodifikation nur kommt in solchen Zeitumständen und auf solchen Gebieten, wo ein derartiges Element des absoluten Rechts im Spiele ist. Ich glaube daher auf dem Standpunkt des Beseler'schen Gutachtens verbleiben zu müssen.

Ober-Appellationsgerichtsrath **Becker**: Niemand kann mehr die Vielheit der Kodifikationen in Deutschland verdammen, als ich, — ich sehe nur nicht ein, warum, weil solche Kodifikationen da sind, die Zukunft nicht das Recht haben soll, ihrer besseren Rechtsüberzeugung auf jede Weise Raum zu verschaffen? Es handelt sich ja nicht darum, den Gesetzgeber für unvernünftig anzusehen in dem Augenblick, wo er das Gesetz macht, sondern davon, was Gesetze mit der Zeit werden. Ich verlange durchaus nicht, daß die Gesetzgebung sich selbst unmündig erkläre, sie soll nur nicht weiser sein wollen, wie die Zukunft.

Ich glaube außerdem, daß die Sätze III. und IV. leicht Mißverständnissen ausgesetzt sind. In Satz III. steht: „nicht anzuerkennen," soll dies heißen: „stillschweigend gestatten", wie Herr Beseler sagt, als allmälige Revolution, d. h. als Reform. In Satz IV. heißt es: „das Gewohnheitsrecht als ergänzende Rechtsquelle rc." Würden diese drei Worte gestrichen, so daß es nur hieße: „Das Gewohnheitsrecht kann auch neben einer umfassenden Gesetzgebung in Geltung bleiben" u. s. w., so wären wir vollkommen einig. Ich verlange keine besondere Anerkennung dieser Rechtsquelle, sie wird dieselbe sich selbst schaffen. Ich verlange nur keinen Auspruch des Juristentages dahin: Wir geben der Kodifikation eine solche Macht, daß sie die derogatorische Kraft des Gewohnheitsrechtes nicht anerkennt, d. h. versagt.

Hof- und Gerichtsadvokat Dr. **Schenk** aus Wien: M. H.! Ich komme aus einem Lande, wo wir schon lange die Kodifikation besitzen, und ich sage, daß wir glücklich darüber sind. Ich möchte Sie auf einen praktischen Punkt noch aufmerksam machen, der bisher nicht zur Sprache gekommen ist. Wenn ich ein Gesetz citire, so ist mit Anführung des Paragraphen Alles gethan; wenn ich aber ein Gewohnheitsrecht anrufen will, muß ich seine Existenz erst darthun. Soll ich das Gewohnheitsrecht als solches feststellen, so tritt mir die Frage entgegen: wann ist das Gewohnheitsrecht als solches anzusehen? Wenn Sie mir darüber Auskunft geben können, entscheide ich mich für das Gewohnheitsrecht.

Professor Dr. **Götz** aus Leipzig: Ich komme aus einem Lande, das heut in Betreff der Kodifikation etwas hart besprochen worden ist. Es ist nicht am Ort, hier die betreffende Thatsache zu rechtfertigen; nur das möchte ich bemerken, daß man uns immer — an höchster Stelle wenigstens — in Aussicht gestellt hat, daß, wenn es zu einer gemeinsamen Deutschen Gesetzgebung käme, wir uns sofort derselben anschließen würden.

Ich meines Theils würde recht wohl den Werth einer Kodifikation anerkennen können, ohne darum als Konsequenz den Satz anknüpfen zu müssen: Dann muß die derogatorische Kraft des Gewohnheitsrechtes verboten werden. Es scheint mir doch, daß ein feiner Unterschied zwischen Geschichte und Gewohnheitsrecht gemacht werden muß. Das Gewohnheitsrecht ist das geschichtlich in der bürgerlichen Gesellschaft sich bildende Recht. Dagegen scheint mir ein bedeutender Unterschied zu sein zwischen der Revolution und dem Gewohnheitsrecht. Ich glaube, es wird wohl der Werth der Kodifikation unbeeinträchtigt gelassen werden können, ohne der künftigen Ausbildung des Gewohnheitsrechtes positive Bestimmungen entgegenzustellen. Es scheint mir in unseren heutigen Deutschen Verhältnissen schon viel gewonnen zu sein, wenn die ohne Noth verschiedene Partikulargesetzgebung im Obligationen-Recht einer einheitlichen Gesetzgebung weicht. Wenn ich nur die Mängel einer solchen Kodifikation im Auge behalte, so kann ich mir denken, daß der Gesetzgeber sagt: Ich will hier die Norm, soweit ich sie als Norm des Verkehrs richtig erkannt zu haben meine, aufgestellt haben. Nun gut! habe ich sie nicht richtig aufgestellt, — infallibel habe ich nicht sein wollen. Ich möchte, daß der Gesetzgeber, der dem Gewohnheitsrecht entgegentritt, das Familienleben und das Leben und Recht der bürgerlichen Gesellschaft recht studirt. Ihr gehört das Gewohnheitsrecht an, nicht dem Staat allein; wir müßten sonst zweifeln an den Grundsätzen des nationalen Rechtes, des Volks-Rechtes und müßten sagen: Alles, was da als Recht ausgegeben wird, ist — principiell angesehen — nur eine sittliche Macht oder sittliche Tugend, aber Recht ist es nicht. Wer aber glaubt an ein Recht, das nicht begrenzt ist im Bereich des Staates, das vielmehr wächst in der bürgerlichen Gesellschaft, der braucht nicht eine Revolution anzunehmen, wenn der Staat sagt: ich will meinen Beruf festhalten, die bürgerliche Gesellschaft zu überschauen, aber ich gebe zu, daß ich mich geirrt habe; gut, dann prüfe du Richter, ob opinio necessitatis vorhanden ist für das Abweichen vom Gesetz, — hilf mir, allgemeine Normen zu schaffen.

Advokat **Hasse** aus Chemnitz: M. H.! Herkommen oder Gewohnheitsrecht nennt man diejenigen Rechtsnormen, welche, ohne durch ausdrückliche Gesetze anerkannt zu sein, durch gleichmäßige, auf einer gewissen Rechtsidee beruhende Handlungen des Volkes, desgleichen durch die Urtheile der Richter und durch die Meinung Rechtsverständiger sich nach und nach gebildet und festgestellt haben. In der Jugendzeit eines Volkes ruht dessen Recht auf Sitte und Gewohnheit. Das ursprüngliche Recht eines Volkes beruht auf dem allgemeinen Volksglauben, dem Gefühl einer Nothwendigkeit. Von dem Gewohnheitsrecht der Deutschen sagt Tacitus, daß die guten Sitten dort mehr gegolten haben, als anderwärts oder in Rom die Gesetze. Der Grund für die gesetzliche Kraft des Gewohnheitsrechtes ist wohl am Richtigsten in der Art und Weise zu suchen, wie alles positive Recht beschaffen sein soll, und in der Nothwendigkeit der Rechtsgewohnheiten. Das positive Recht eines Volkes soll nämlich der Ausdruck der unter diesem Volke herrschenden Rechtsidee oder Rechtsüberzeugung sein. Es ist das Gewohnheitsrecht auch nothwendig, theils um Lücken der Gesetzgebung auszufüllen, theils um Altes mit dem neuen Gesetz in Einklang zu bringen. Selbst bei absolut bindenden Gesetzen kommt nicht selten mit den Lebensbedürfnissen die Anwendbarkeit außer Kraft. So werden

z. B. bei Gellius XX. 20. verschiedene Gesetze erwähnt, welche rein durch Gewohnheitsrecht abgeschafft worden sind. Im Allgemeinen wird man die unbeschränkte Anerkennung und Geltung des Gewohnheitsrechtes anempfehlen können, mit der einzigen Modifikation, daß Gewohnheitsrechte, welche guten Sitten und öffentlichen Rechten widersprechen, nichtig und unzulässig sind.

Dr. **Voigt** aus Weimar: Der eigentliche Zweck unserer Debatte — von dem wir, wie es mir scheint, etwas abgewichen sind — ist, uns klar zu werden, ob wir dem Gutachten des Herrn Dr. Beseler, oder dem des Herrn Ober-Appellationsraths Becker beistimmen. Wir müssen uns deshalb die Frage vorlegen, worin denn ein wesentlicher Unterschied dieser beiden Gutachten liegt. Ich glaube, es verschwindet der Unterschied derselben vielleicht ganz, wenn wir über den Sinn des Satzes III. des Gutachtens von Beseler vollständig klar werden. Der Herr Verfasser hat m. E. in diesem Satze keineswegs die von einigen Seiten bekämpfte Ansicht aussprechen wollen, es habe eine Kodifikation dem Gewohnheitsrecht die derogatorische Kraft ausdrücklich zu entziehen. Ist das aber nicht der Fall, so stimmen die beiden verehrten Verfasser der Gutachten im Wesentlichen überein. In der Sache selbst hat sich auch wohl eine übereinstimmende Ansicht dahin ausgesprochen, daß es einer Gesetzgebung nicht zugemuthet werden kann, im Voraus ausdrücklich die künftige Abänderung zu gestatten. Es ist aber ebenso klar und deutlich ausgesprochen worden, daß so wenig man der unaufhaltsam fortschreitenden Entwickelung und neuen Gestaltung des Rechtes einen Hemmschuh anlegen, ebenso wenig man der Wirksamkeit eines Gewohnheitsrechtes für die Zukunft ihre Berechtigung abschneiden kann.

Referent, Prof. Dr. **Gneist**: Ich glaube doch, daß eine wesentliche Differenz zwischen dem Becker'schen und dem Beseler'schen Gutachten da ist. Ersterer ist der Meinung: die kodificirte Gesetzgebung hat das Recht und die Veranlassung, die derogatorische Kraft des Gewohnheitsrechtes auszuschließen. Die andere Meinung ist: der Gesetzgeber hat keine Veranlassung und kein Recht dazu. — Eine Differenz ist also da. Es ist übrigens beiläufig ein Unterschied zwischen dem Theoretiker und dem Praktiker hervorgehoben worden. Ich glaube, m. H., die Debatte hat gezeigt, daß ein solcher Unterschied nicht besteht. Sie sehen, ein Praktiker docirt vollständig so wie ein Theoretiker.

Vice-Präsident **Knittel**: Es würde nun, da sich Niemand mehr zum Worte gemeldet hat, die Debatte zu schließen sein. Es fragt sich zunächst, ob Herr Obergerichtsrath Vorwerk einen speciellen Antrag stellen will.

Obergerichtsrath **Vorwerk**: Ich lege kein Gewicht darauf. Es mag genügen, daß ich meine Meinung ausgesprochen habe.

Vice-Präsident **Knittel**: Ich halte es für gerathen, daß die beiden ersten Sätze des Beseler'schen Gutachtens zuerst zur Abstimmung kommen. Hernach würde ich vorschlagen, daß über den Satz des Herrn Ober-Appellationsgerichtsrath Becker als Amendement zu Nr. III. abgestimmt werde. Falls derselbe angenommen wird, fallen die beiden folgenden Sätze des Gutachtens Beseler, III. und IV., weg.

Die beiden ersten Sätze nehme ich, da kein Widerspruch erhoben ist, als angenommen an. (Zustimmung.) Nun würde der Satz des Gutachtens Becker zur Abstimmung kommen:

„Die Gesetzgebung darf dem Gewohnheitsrecht die Anerkennung als gültige Rechtsquelle im Allgemeinen nicht versagen; nur bei allgemeinen Gesetzen solcher Natur, daß das Interesse der Allgemeinheit die absolute Unterwerfung der Einzelnen fordert, ist die Bildung abändernden partikularen Gewohnheitsrechtes nicht zu gestatten."

Ich bitte diejenigen Herren, die für den Antrag — nnd zwar in seiner ganzen Fassung — sind, aufzustehen.

Der Antrag des Herrn Ober-Appellationsgerichtsrath Becker ist abgelehnt.

Herr Rechtsanwalt Hasse aus Chemnitz beantragt:

„Der Juristentag möge sich dafür aussprechen, daß Rechtsgewohnheiten, welche den guten Sitten oder öffentlichen Rechten widerstreiten, nichtig sind, indem man es der Beurtheilung des einzelnen Falles überläßt, ob die Rechtsgewohnheit den guten Sitten entspricht."

Diejenigen Herren, welche diesem Antrage beitreten wollen, bitte ich, sich zu erheben.

Er ist einstimmig abgelehnt.

Endlich kommen wir zur Abstimmung über die Sätze III. und IV. der Anträge Beseler. (Werden verlesen.) Ich bitte diejenigen Herren, welche diesen Anträgen beitreten wollen, sich zu erheben.

Es ist die Majorität; sie sind angenommen.

Präsident Dr. **Gneist** (übernimmt den Vorsitz): Hiermit ist der zweite Theil unserer Tagesordnung erledigt. Wir kommen nun zum dritten Theil, betreffend den Familienrath.

Referent, Notar **Euler** aus Düsseldorf: M. H.! Gegenstand meines Referats sind die Anträge der Herren Dr. Schenk, Dr. Bernays und Dr. Heller und die über diese Anträge von den Herren Bezirks-Gerichtsrath Aull und Hof- und Gerichtsadvokat Dr. Heyßler erstatteten Gutachten*). Die Anträge der Herren Schenk und Heller sind bereits auf dem vorjährigen Juristentage zur Verhandlung gekommen, von diesem aber dem diesjährigen Juristentage nach Einholung schriftlicher Gutachten überwiesen worden. Referent war Herr Bernays, und hat dieser seinen Antrag in dem Referate niedergelegt und näher begründet**).

Der Schenk'sche Antrag lautet: A. Das Deutsche Familienrecht beruht auf dem Altdeutschen Gedanken des Mundiums, daraus folgt: a. die Vormundschaft ist Sache der Familie; b. in deren Ermangelung der Gemeinde. — Es ist daher B. die Vormundschaft auf das Familienprincip zurückzuführen. Zu diesem Ende ist erforderlich: a. die Schaffung einer Familienversammlung; b. die Stellung derselben in einer Weise, daß der Schwerpunkt der Vormundschaft in ihr liegt. — C. Uebrigens ist mit dem staatlichen Aufsichtsrechte immer nur ein Gericht zu betrauen."

Die Anträge des Herrn Dr. Bernays lehnen sich an den Schenk'schen Antrag an und lauten: „1. Daß ein Familienrath zu schaffen sei, der in allen durch das Gesetz zu bestimmenden Fällen bald eine entscheidende, bald eine berathende Stimme hat. — 2. Daß dem Familienrathe eine richterliche Behörde beigegeben werde, welche den Familienrath leitet und in demselben Sitz und Stimme hat. — 3. Daß den Gerichten die Obervormundschaft über diesen Familienrath derart zustehe, daß in den durch das Gesetz zu bestimmenden Fällen die Beschlüsse des Familienrathes der Bestätigung des Gerichtes bedürfen, und das Letztere über alle zwischen dem Vormunde und dem Familienrathe entstandenen Konflikte entscheide."

Dagegen spricht sich der Heller'sche Antrag dahin aus: „Die gedeihliche Entwickelung des Deutschen Vormundschaftsrechts fordert die Ueberweisung der Vormundschaftssachen an eigene aus den Gemeinden zu bildende Behörden mit dem Familienrath zur Seite."

Dieser Antrag unterscheidet sich also wesentlich von denen der Herren Schenk und Bernays. Es erscheint daher zweckmäßig, diese von jenen getrennt zu halten.

Herr Bernays erklärt sich in seinen Ansichten mit Herrrn Schenk vollständig einverstanden, empfiehlt aber den Eingang des Schenk'schen Antrages nicht zur Annahme, weil derselbe den Satz enthalte: „Das Deutsche Familienrecht beruht auf dem Altdeutschen Gedanken des Mundiums." Auch Herr Heyßler ist der Meinung, daß die heutige Gesetzgebung nicht auf das Mundium, sondern unmittelbar auf die Idee der Familie zurückzugehen habe.

*) Bd. I. S. 17 ff., 43 ff.

**) Verh. des Vierten D. J.-T., Bd. II. S. 189 ff.

Dagegen wünscht Herr Aull, daß der Juristentag sich für jenen Satz ausspreche.

Nach meiner Ansicht, m. H., ist jener in seiner Wahrheit unbezweifelte erste Satz: „daß das Deutsche Familienrecht auf dem Gedanken des Mundiums beruhe“ für den Schenk'schen Antrag ohne Bedeutung, weil der darauf folgende Satz: „die Vormundschaft ist Sache der Familie“ das Princip und den Kernpunkt des ganzen Antrages enthält. Zudem erscheint die historische Begründung überflüssig.

Die drei Bernays'schen Anträge behandeln nur den Familienrath, und werde ich daher bei diesem auf dieselben zurückkommen. Der Schenk'sche Antrag dagegen erstreckt sich auch auf die Vormundschaft. Denn er sagt: „Die Vormundschaft ist Sache der Familie.“ In diesem Sinne hat auch die ständige Deputation mein Referat bezeichnet als ein Referat über das Vormundschaftswesen.

Herr Heyßler vermißt im Schenk'schen Antrage jede Andeutung darüber, wie es mit der Bestellung des eigentlichen Vormunds gehalten sein solle; man könne an dieser Frage jedoch nicht vorübergehen, sobald man den Satz: die Vormundschaft ist Sache der Familie, aufgestellt habe. Denn hieraus ergebe sich nicht blos das Korollar: Schaffung einer Familienversammlung, sondern in noch früherer Rangordnung eine Folgerung in Betreff des persönlichen Vormunds; konsequent, auch ganz sachgemäß müsse auch in dieser Richtung auf das Familienprincip zurückgegriffen werden.

Der Antrag des Herrn Schenk ist in diesem Punkte durch dessen vortreffliche Schrift: „Der Familienrath“, zu ergänzen. Herr Schenk stellt hierin der Hauptsache nach das Französische Recht als Muster für das Vormundschaftswesen, also auch für die Bestellung des Vormunds auf.

Nach diesen Ausführungen enthält der Schenk'sche Antrag folgende drei Kategorien: die Vormundschaft, den Familienrath, das Aufsichtsrecht des Staats. —

Was zunächst die Vormundschaft anbetrifft, so stellt Herr Schenk in seiner Schrift das Französische Vormundschaftsrecht als Muster dar im Gegensatz zum Oesterreichischen, nach welchem die Vormundschaft eine Staatsanstalt ist. Letzteres ist fast überall in Deutschland der Fall auf Grund der Abänderungen, welche das Römische Recht erfahren hat. Während bekanntlich nach älterem Römischen Recht die Vormundschaft ein Familienrecht war, welches mit den strengen Begriffen der väterlichen Gewalt zusammenhing und dem Vormunde gewisse Vortheile gewährte, wurde sie später ausschließlich eine Pflicht des Tutors im Interesse des Pfleglings und gewann mehr den Charakter eines obligatorischen Rechtsverhältnisses zwischen Beiden. Zugleich wurde sie (insbesondere seit der Reichs-Polizei-Ordnung von 1577) eine

Staatsanstalt, indem der Staat die Sorge für den Pflegling übernahm. So nach jetzigem gemeinen Recht und nach den meisten Vormundschaftsordnungen der einzelnen Deutschen Länder. Es sind also zwei Systeme, deren Prüfung hier in Betracht kommt: Die Vormundschaft als Staatsanstalt und die Vormundschaft als Familienrecht.

Unter den Deutschen Ländern, in welchen beide Systeme neben einander bestehen, verdient Preußen eine besondere Beachtung, einmal, weil das in den Altlanden geltende Allgemeine Landrecht, nach welchem, wie in den Preußischen Ländern des gemeinen Rechts, die Vormundschaft eine Staatsanstalt ist, mit unvergleichlicher, wenn auch zu ängstlicher Sorgfalt die ausführlichsten Verfügungen zum Schutze der Pflegebefohlenen aufstellt, und dann, weil in den Rheinlanden manche Abänderungen an dem Französischen Recht eingetreten sind. Das Vormundschaftswesen Preußens nach beiden Systemen ist daher besonders geeignet, die Vorzüge und Mängel des einen und anderen derselben an die Hand zu geben und dadurch feste Anhaltspunkte zur Beurtheilung des vorliegenden Antrages zu bieten. Ich werde daher auf dasselbe zurückkommen. Zugleich ist mir ein praktischer Standpunkt gewonnen, weil ich im Gebiete der einen und nahe an der Grenze der anderen Gesetzgebung wohne, und in meiner langjährigen Praxis als Rheinpreußischer Notar auch das Vormundschaftswesen der Altlande aus vielfacher Anwendung kenne. — Die Gutachten sprechen sich mit dem Antragsteller dahin aus, daß die Vormundschaft nicht Sache des Staates, sondern Sache der Familie ist. Dies erkennen fast alle Schriftsteller und Gesetzgebungen in so fern an, als sie die Familie bei der Wahl der Vormünder berücksichtigen. Es besteht aber hier der große Unterschied, daß die Einen die Familienmitglieder zur Führung der Vormundschaft Kraft Gesetzes berechtigt erklären und den Eltern ein Recht auf Ernennung von Vormündern einräumen, die Anderen aber lediglich den die Obervormundschaft führenden Beamten, welche allein den Vormund zu ernennen haben, vorschreiben, bestimmte Familienmitglieder zu berücksichtigen. So ist nach Preußischem Landrecht jede Vormundschaft eine dative, indem die Vormünder durch das Gericht bestellt werden, welchem die Anordnung jeder Vormundschaft obliegt, wie dieses in der Reichs-Polizei-Ordnung vorgesehen war. Daher sind hier die Vorschriften über Bestellung der Vormünder, über die Unfähigkeit zur Uebernahme von Vormundschaften, über den Vorzug gewisser Personen, der im Testament Ernannten, der Mutter und Großmutter, von geringer Erheblichkeit, denn dieses sind nur Vorschriften für den Richter bei der Auswahl des Vormundes. Für die Beurtheilung der Gültigkeit der von einem Vormunde vorgenommenen Handlungen kommt es nur darauf an, ob derselbe vom Richter ernannt und mit gehöriger Bestallung versehen ist. Für die Mutter, welche zur anderweitigen Ehe schreitet, besteht aber ein Verbot, indem diese die Vormundschaft über ihre Kinder aus voriger Ehe selbst dann nicht behalten kann, wenn der Vater des Pflegebefohlenen dieses verordnet hat. Wird die fernere Ehe getrennt, so kann der Mutter jene Vormundschaft durch das Gericht wieder übertragen werden, wenn aus der späteren Ehe keine Kinder vorhanden sind.

Das Französische Recht stellt das entgegengesetzte System auf. Aus dem Princip der Berechtigung der Familie zur Führung der Vormundschaft und des Rechtes der Eltern zur Ernennung der Vormünder entwickeln sich hier die Entstehungsarten der Vormundschaft in folgenden Stufen: Die erste Stufe bildet die Vormundschaft der Eltern. Bei Auflösung der Ehe — so lange sie dauert, giebt es keine Vormundschaft — ist der Ueberlebende der Eltern Kraft Gesetzes Vormund der Kinder, bei der Ehescheidung mit gewissen Einschränkungen. Die Vormundschaft der Mutter ist in folgender, für die Gesetzgebung sehr beachtenswerther Weise abweichend von jener des Vaters angeordnet: 1. Die Mutter ist nicht, wie der Vater, zur Annahme verpflichtet, muß aber, wenn sie ablehnt, die mit der Vormundschaft verbundenen Pflichten so lange erfüllen, bis sie einen Vormund hat ernennen lassen. Sie kann auch die schon angenommene Vormundschaft niederlegen. Hört die Thätigkeit des neuen Vormundes auf, so kann die Mutter an dessen Stelle Dativ-Vormünderin werden. 2. Die Mutter verliert die Vormundschaft, wenn sie zur zweiten Ehe schreitet, ohne den Familienrath zu berufen, oder wenn dieser im Falle seiner Zusammenberufung ihr die Vormundschaft nicht belassen hat, und ist ihr zweiter Ehegatte für alle Folgen der etwa widerrechtlich beibehaltenen Vormundschaft solidarisch verantwortlich, also auch für die der Ehe vorhergegangene Verwaltung. Beläßt der Familienrath der Mutter die Vormundschaft, so kann er sie, eben weil er ihr dieselbe ganz entziehen darf, gewissen Beschränkungen hinsichtlich der Vermögensverwaltung unterwerfen. Bleibt oder wird die Mutter Hauptvormünderin, so ist ihr zweiter Mann als Mitvormund zu ernennen und für die nach der Heirath geführte Verwaltung solidarisch mit seiner Frau verantwortlich. Wird der Mann als Mitvormund abgesetzt, so verliert auch die Frau die Vormundschaft. — Diese durch das Interesse der Kinder gebotenen, der Ehre der Mutter aber nicht zu nahe tretenden Bestimmungen verdienen gewiß den Vorzug vor dem Allgemeinen Landrecht. 3. Der Vater kann der überlebenden Mutter einen besonderen Rathgeber (conseil spécial) ernennen, ohne dessen Zustimmung sie keine auf die Vormundschaft sich beziehenden Handlungen vornehmen darf, in so fern der Vater nicht die Befugnisse des Beistandes beschränkt hat. In der Ausübung der elterlichen Gewalt kann aber die Frau durch den Beistand nicht beeinträchtigt werden.

Der zweite Entstehungsgrund der Vormundschaft (zweite Stufe) liegt in dem Rechte des Ueberlebenden der ehelichen Eltern, seinen minderjährigen Kindern einen Vormund zu wählen in der Form eines Testaments oder durch Erklärung vor dem Friedensrichter oder dem Notar; auch wenn der Vater oder die Mutter minderjährig ist, während nach Römischem Recht nur dem großjährigen Vater die Wahl zustand. Jenes Wahlrecht ist eine Folge der elterlichen Verwaltung, hört daher mit dieser auf. Die Wahl der wieder verheiratheten Mutter ist aber nur durch die Bestätigung des Familienrathes gültig, selbst dann, wenn dieser ihr die Vormundschaft über die Kinder voriger Ehe belassen hat. Hat der Ueberlebende der Eltern dem Minderjährigen einen Vormund nicht ernannt, so tritt die dritte Stufe ein. Es sind nämlich dann die männlichen Ascendenten zur gesetzlichen Vormundschaft berufen und zwar zuerst der väterliche Großvater, in dessen Ermangelung der mütterliche Großvater u. s. w. Die weiblichen Ascendenten können nur Dativ-Vormünderinnen sein. Ist endlich weder ein Vormund durch Wahl, noch ein gesetzlicher Vormund vorhanden, so geschieht als vierte und letzte Stufe die Ernennung des Vormunds durch Beschluß des Familienrathes.

In diesen Entstehungsarten der Vormundschaft finden wir das Römische Recht wieder mit dem Unterschiede, daß hier der testamentarische Vormund dem gesetzlichen Vormunde vorangeht. Neben jedem Vormunde steht der Gegenvormund, welcher berufen ist, den Pflegebefohlenen zu vertreten, wenn sein Interesse mit jenem des Vormunds kollidirt, und ohne dessen Mitwirkung außerdem der Vormund einzelne Rechtshandlungen z. B. Inventarien, Theilungen, Veräußerungen nicht vornehmen darf. Der Gegenvormund wird vom Familienrath ernannt.

In diesem Französischen System entwickelt sich Alles einfach, klar und folgerecht aus dem Grundsatze, daß die Vormundschaft ihren Ausgangspunkt in der elterlichen Gewalt hat. Auch das Allgemeine Landrecht spricht dieses, aber folgewidrig, aus in den Worten: „In Beziehung auf den Pflegebefohlenen vertreten die Vormünder zunächst die Stelle der Eltern“ *). Bezeichnend führt Herr Schenk in seiner Schrift aus: „Der Gedanke jeder Vormundschaft ist eigentlich nichts anderes, als der Gedanke der elterlichen Gewalt in ihrer fingirten Fortsetzung auch nach dem Tode der Eltern. Die Sprache der Natur spricht eben in zu gewaltigen Tönen in dem Verhältnisse zwischen Eltern und Kindern, als daß es nicht in dem Wunsche und Willen der ersteren läge, ihren während ihres Lebens den Kindern gewährten Schutz auch nach ihrem Ableben durch Stellvertreter fortgesetzt zu sehen.“

*) §§. 240 ff. II. 18.

In gleichem Sinne spricht sich Herr Heyßler in seinem Gutachten aus*), und in ähnlicher Weise äußert sich Herr Aull**).

Und auch ich, m. H., kann diesen Gründen nur beitreten und Ihnen daher den Schenk'schen Antrag: „die Vormundschaft ist Sache der Familie" zur Annahme empfehlen. —

Der zweite Theil des Schenk'schen Antrages führt zu der Frage, ob der Grundsatz, daß die Vormundschaft Sache der Familie ist, auch dahin seine Wirkung äußert, daß die Obervormundschaft von der Familie und nicht von staatlichen Organen ausgeübt werden soll. Hierin stehen sich wieder das Altpreußische Recht und das Französische Recht gegenüber. Nach Ersterem wird der Vormund von dem Vormundschaftsgericht (Pupillen-Kollegium) überwacht, an dessen Anordnungen er überall gebunden und welches berechtigt und verpflichtet ist, ihn unter beständiger Aufsicht zu halten und seinen Konsens erforderlichen Falls zu ertheilen. Ja, aus einigen Bestimmungen geht hervor, daß das Gericht mit Umgehung des Vormundes und wider dessen Willen selbsthandelnd auftreten kann. Ausnahmsweise bleibt die Thätigkeit des Gerichts beschränkt beim Vater, und wenn der Erblasser, welcher einem Pflegebefohlenen mehr, als einen ihm schuldigen Pflichttheil zuwendet, durch gerichtliche Erklärung oder in einem förmlichen Testamente einen von ihm ernannten Vormund von gewissen Einschränkungen befreit. Der Regel nach übt also eigentlich das Gericht die Vormundschaft aus und ist der Vormund als dessen Bevollmächtigter zu betrachten. Hinsichtlich der Frage, wie weit der Vormund selbstständig handeln könne, verliert sich das Gesetz in seinen sehr ausführlichen Bestimmungen in eine Kasuistik, die jede Grundlage und selbst einen Anhalt verweigert. Die Praxis hat es öfters versucht, dieses schiefe und in der Ausführung schwierige Verhältniß, welches den Vormund in seiner Thätigkeit überall hemmt, in eine naturgemäße Lage zu bringen.

Noch schroffer, wie das Allgemeine Landrecht, tritt das Oesterreichische bürgerliche Gesetzbuch auf. Nach Französischem Recht dagegen ist der Familienrath die obervormundschaftliche Behörde, und bedürfen dessen Beschlüsse nur in einigen Fällen der Bestätigung des Gerichts. Herr Aull faßt die Bestimmungen des Französischen Rechts über die Bildung und den Geschäftskreis des Familienrathes in folgenden Sätzen zusammen: „der Familienrath ist keine permanente Behörde; das einzige ständige Mitglied desselben ist der Friedensrichter des Gerichtsbezirks, wo der Mündel zur Zeit seiner Bevormundung wohnt, welcher jedesmal dann, wenn er eine Veranlassung dazu erfährt, die sechs nächsten Angehörigen des Mündels und zwar zur

*) Vergl. Bd. I. S. 45.
**) S. 16 ff. a. a. O.

Hälfte aus den väterlichen, zur Hälfte aus den mütterlichen Verwandten oder Verschwägerten an dem Orte, den er dazu bestimmt, zusammenruft und zu einem Familienrathe konstituirt. Befinden sich am Sitze der Vormundschaft und in einer bestimmten Entfernung von diesem gar keine oder keine genügende Zahl von Angehörigen einer oder der anderen Linie, so beruft der Friedensrichter statt der Fehlenden die nächsten Freunde der Familie aus der Gemeinde. Dieser Familienrath nunmehr, sobald mindestens fünf der berufenen Mitglieder erschienen sind, faßt unter Leitung und Mitstimmung des Friedensrichters nach Stimmenmehrheit Beschlüsse, oder giebt Gutachten ab. Durch Beschlüsse, welche ohne Weiteres vollziehbar sind, wenn kein Rekurs dagegen ergriffen wird, bestellt er namentlich die Vormünder, verfügt er deren Ausschluß oder Destitution, ermächtigt er den Vormund zur Annahme oder zum Ausschlagen der dem Mündel anerfallenen Erbschaften und Schenkungen, zu Klagen, welche Theilungen oder Immobiliarrechte betreffen, erklärt er den Minderjährigen mündig und entmündigt ihn wieder. Gutachten giebt der Familienrath immer da ab, wo das Gesetz, der Vormund oder das Gericht seine Ansicht kennen wollen, und in den Fällen, wo die Entscheidung, d. h. die Bestätigung der Gutachten dem Kollegial-Gerichte erster Instanz reservirt ist, nämlich wenn es sich um Aufnahme von Darlehen, um Verpfändung oder Veräußerung des Mündelguts, oder um den Abschluß von Vergleichen handelt."

„Die Beschlüsse des Familienrathes können der Vormund, der Beivormund, die in der Minderheit gebliebenen Mitglieder des Familienrathes, und zwar auch Einzelne derselben, überhaupt alle jene Personen, deren Rechte jene Beschlüsse ihrer Form oder ihrem Inhalte nach verletzen, durch Rekurse anfechten, welche in der Form gewöhnlicher Klagen an die Kollegial-Gerichte erster Instanz gebracht werden und dem gewöhnlichen Instanzenzuge unterliegen; dagegen sind die Mitglieder des Familienrathes keiner besonderen Verantwortlichkeit unterworfen, haften also nach allgemeinen Grundsätzen nur für dolus und grobe Fahrlässigkeit. Hier finden wir also die Vormundschaft auf das Familienprincip zurückgeführt, welches selbst da beibehalten ist, wo die Gemeinde eintritt. Jede Vormundschaft ist von einer besonderen Familienversammlung umgeben, und wo die Familie fehlt, wird diese Versammlung aus Angehörigen der Gemeinde gebildet oder ergänzt, die der Friedensrichter zunächst aus denjenigen Gemeindeangehörigen zu wählen hat, welche zu der Familie längere Zeit in besonders befreundetem Verhältnisse gestanden haben. In dieser Familienversammlung liegt der Schwerpunkt der Vormundschaft, denn sie übt deren wesentlichste Rechte."

Die Antragsteller und die Gutachten stehen auf der Seite des Französischen Rechts.

Daß aber, m. H., gerade die Familie am meisten geeignet ist, an Stelle des Gerichts die Obervormundschaft zu führen, ergiebt sich aus den früher für die Vormundschaft der Familienmitglieder angeführten Gründen. Herr Schenk folgert daher auch mit Recht seinen Antrag: „Es ist ein Familienrath zu schaffen" unmittelbar aus dem Grundsatze des vorhergehenden Antrages: „Die Vormundschaft ist Sache der Familie."

Ich spreche mich daher aus voller Ueberzeugung für das Institut des Familienrathes aus.

Was die Zusammensetzung des Familienrathes anbelangt, so entsteht die Frage, ob diesem Familienrathe zu dessen Leitung eine gerichtliche Behörde beigegeben und ob derselben Stimmrecht eingeräumt werden solle. Herr Bernays bejaht in seinem zweiten Antrage beide Fragen. Ebenso Herr Heyßler. Herr Aull spricht sich zwar auch dafür aus, daß der Familienrath von einer richterlichen Behörde geleitet wird, verwirft aber das Stimmrecht dieser Behörde, denn dasselbe sei zunächst unnöthig, weil die Versammlung so komponirt werden könne, daß keine Gleichheit der Stimmen sich ergebe, und weil seit Erlaß des Französischen Gesetzbuches Bildung, Schulkenntnisse und die wünschenswerthe Selbstständigkeit des Urtheils durch alle Schichten des Volkes sich so verbreitet hätten, daß es dieses leitenden Einflusses und Beispiels des Friedensrichters nicht mehr bedürfe. Ferner sei das Stimmrecht schädlich, weil die Indolenten im Familienrathe in der Abstimmung des Friedensrichters einen Vorwand fänden, sich jedes selbstständigen Urtheils zu entschlagen, indem sie der richterlichen Stimme folgten.

Ich schließe mich der Ansicht der Herren Bernays und Heyßler an, und kann die Auffassung des Herrn Aull nicht theilen. Denn für's Erste möchte der Fortschritt in der Bildung des Volkes in allen Theilen Deutschlands nicht von Jedem in dem angeführten Grade zugegeben werden, und ist der Richter, welcher über den Parteien steht, gewiß die geeignetste Person, hier nachzuhelfen. Wenn aber die Indolenten sich an den Richter anschließen, so verdient dieses eben wegen jener Stellung desselben den Vorzug vor dem Anschließen an ein Mitglied der Familie. Der Hauptgrund gegen die Auffassung des Herrn Aull liegt aber darin, daß es der Würde und dem berechtigten Einflusse des Richters zu nahe tritt, wenn ihm das Stimmrecht entzogen wird. Dieser berechtigte Einfluß besteht insbesondere einmal darin, daß der Richter bei Stimmengleichheit entscheidet, noch mehr aber darin, daß seine Stimme in dem Falle, wenn die väterliche und mütterliche Linie nicht gleich vertreten sind, das Uebergewicht der einen Linie über die andere ausgleicht. — Die Frage, welcher richterliche Beamte zur Leitung des Familienraths zu wählen ist, dürfte wenig Schwierigkeit bieten. In den Ländern des Französischen Rechts empfiehlt sich der Friedensrichter als der geeignetste richterliche Beamte. Dem Vorschlage, den Notaren die Leitung des Familienrathes anzuvertrauen, widersetzt sich Herr **Bernays** mit Recht aus dem Grunde, weil Notare in anderer Beziehung beschäftigt sind und sehr häufig mit den einzelnen Personen im Familienrathe in solcher Verbindung stehen, daß ihnen ein Vorsitz im Familienrathe unbedingt nicht gestattet werden kann.

Was die **Kompetenz** des Familienrathes anlangt, so enthält der **Schenk**'sche Antrag hierüber nur den allgemeinen Satz, daß der Schwerpunkt der Vormundschaft in demselben liegen soll. Das heißt: nicht in der das Aufsichtsrecht ausübenden Behörde. Dieser Satz will daher nicht — wie Herr Dr. **Heyßler** meint — die selbstständige Thätigkeit des persönlichen Vormundes ausschließen. Der **Bernays**'sche Antrag sagt hinsichtlich der Kompetenz nur: daß der Familienrath in allen durch das Gesetz zu bestimmenden Fällen bald entscheidende, bald berathende Natur habe. Es kann auch nicht Aufgabe des Juristentages sein, die einzelnen Akte, wobei der Familienrath begutachtend und entscheidend mitwirken soll, festzustellen. Es sei mir hier nur die Bemerkung erlaubt, daß der Code die Mitwirkung des Familienrathes zu sehr beschränkt, wie dies auch Dr. **Schenk** in seiner genannten Schrift tadelt. Und hierin, m. H., liegt die große, die gefahrvolle Schwäche des Französischen Rechts. Ich bezeichne sie kurz so: Es geht diesem Rechte die Einrichtung ab, wodurch die Erhaltung des Kapital-Vermögens des Pflegebefohlenen gesichert wird. Eine Folge davon ist, daß dieses Vermögen durch die Schuld des Vormunds gänzlich verloren gehen kann und, wenn auch selten, verloren gegangen ist. Meine Gründe sind folgende:

Der Vormund ist für sich allein berechtigt, alle Gelder des Pfleglings zu empfangen, also namentlich alle Kapitalien, jeden Falls die exigibilen einzuziehen und zu verwenden. Es ist hier eine sichere Gewährschaft gegen Verluste nirgends gegeben. Eine Kautionsleistung des Vormunds wie im Allgemeinen Landrecht kennt das Französische Recht nicht, die gesetzliche Hypothek des Pfleglings gegen den Vormund reicht aber nicht weit. Denn oft besitzt der Vormund kein unbewegliches Vermögen, und wenn er es besitzt, so ist es in vielen Fällen beim Anfange der Vormundschaft übermäßig belastet.

In Rheinpreußen, wo Gesetze und Ministerial-Reskripte eine größere Kontrole des Vormundes herbeiführten, hat man jenem Hauptmangel durch die Kab.-O. vom 18. December 1836 abzuhelfen gesucht. Diese bestimmt, daß der Vormund ohne Mitwirkung des Gegenvormunds kein Aktiv-Kapital empfangen darf, daß die auf den Inhaber lautenden Papiere des Pflegebefohlenen durch das Friedensgericht außer Kours zu setzen und nur in Gegenwart und mit Vorwissen des Gegenvormunds wieder in Kours zu setzen sind. Allein diese Bestimmungen, welche auf die Vormundschaft des Vaters oder

der Mutter keine Anwendung finden, sind unzureichend. Ist der Gegenvormund nachlässig oder gewissenlos und mit dem Vormund einverstanden, so können die größten Verluste für den Pflegling eintreten und sind eingetreten.

Nach A. L.-R. ist der Vormund auf die Einziehung der Zinsen des Pupillen-Vermögens beschränkt, und darf ihm von diesem Vermögen nur so viel belassen werden, als zu den nothwendigen und nützlichen Auslagen erforderlich ist; alle übrigen Gelder sind zum gerichtlichen Depositum abzuliefern, und hat das Vormundschaftsgericht deren Wiederanlage zu überwachen, wenn vom Vormunde nicht vollständige Sicherheit für die Substanz des ganzen Vermögens gestellt wurde. — Solche Vorschriften empfehlen sich als sehr zweckmäßig, wobei vorbehalten bleiben kann, ob nicht eine andere sichere Art der Aufbewahrung der Pupillengelder zu ermitteln sei, und ob und wie weit bei den Eltern eine Ausnahme eintreten müsse. Jedenfalls möchte aber hier die Ermächtigung durch den Familienrath hinreichen. Auch Herr Schenk weist auf eine Anlegung der Gelder als zweckmäßige Einrichtung hin. Wenn Herr Bernays einen Grund gegen solche Depositen-Kassen in den Gefahren findet, welchen sie im Kriege bei Eroberungen ausgesetzt sind, so können solche Ausnahmefälle eine als nothwendig anerkannte Regel nicht aufheben; um so weniger, als der von ihm geschilderte, die Stadt Mainz betroffene Vandalismus dem heutigen Völkerrechte widerspricht.

Die Frage, ob das Institut des Familienrathes sich in der Praxis bewährt habe, wird von den Herren Schenk, Bernays und Aull bejaht.

Herr Aull bemerkt hinsichtlich Rheinhessens, daß hier der Regierungs-Entwurf zu einem bürgerlichen Gesetzbuch von 1844 zwei Abänderungen des Französischen Rechts enthalten habe, einmal dahin, den Familienrath in eine permanente Behörde umzuwandeln, weil die Verwaltung der Vormundschaft dadurch an Konsequenz und Einheit gewinnen würde; dann dahin, die Zahl der Mitglieder des Familienrathes zu vermindern. Beide Abänderungen seien aber nicht angenommen worden. Auch in Baden wird in dem Entwurf des Gesetzes über die Verwaltung der Rechtspolizei vom 7. Februar 1863 der Familienrath beibehalten. Nur Holland macht eine Ausnahme, indem man hier dem Familienrath nur eine berathende, dem Kanton-Richter (Friedensrichter) aber allein die entscheidende Stimme gegeben hat. Dadurch wird aber die Hauptsache, nämlich das Interesse der Familie, fast gänzlich vernichtet, gewiß zum Nachtheil des Pflegebefohlenen.

Unter den Stimmen des Tadels über den Familienrath ist jene oft erhoben worden, daß indolente und unwürdige Personen in denselben aufgenommen werden. So auch bei den Verhandlungen über den Schenk'schen Antrag am vorigjährigen Juristentage. Dieser Vorwurf ist schon deshalb nicht stichhaltig, weil von dem Deutschen Volke nicht unterstellt werden kann und darf, daß die Mehrzahl der zur Familienversammlung berufenen Personen aus Indolenz oder gar aus unwürdigen Motiven die Interessen des Pfleglings verletzen würden.

Derartige Mißstände können aber auch als notorisch seltene Ausnahmen die Regel nicht aufheben. Sie finden sich fast überall bei menschlichen Einrichtungen, bei den besten vielleicht am meisten, wie das Unkraut gerade im fruchtbarsten Boden am meisten wuchert. Wer wird aber des Unkrauts wegen die Saat aufgeben? Es fragt sich ja in der Gesetzgebung häufig darum, nicht welches Rechtsinstitut ein vollkommenes, sondern welches das am wenigsten unvollkommene ist. Und das gilt vorzugsweise von unserer so schwierigen Lehre. Gewiß bewährt sich hier der Spruch: „das Beste ist der Feind des Guten" im vollsten Maße. Wenn aber die Nothwendigkeit des Familienrathes anerkannt ist, so bleibt alles Uebrige Sache der Verbesserung einzelner gesetzlicher Bestimmungen und dann der strengen Ausführung des Gesetzes.

Mein Votum über den zweiten Theil des Schenk'schen Antrages: „Es ist ein Familienrath zu schaffen" und den demselben entsprechenden ersten und zweiten Bernays'schen Antrag geht dahin, diese Anträge anzunehmen. —

(Ruf nach Vertagung).

Präsident: Das Thema, welches uns vorliegt, ungetheilt zur Debatte zu stellen, hat große Bedenken, die schon im vorigen Jahre hervorgetreten sind. Vor allen Dingen halte ich es für rathsam, die Frage zu erörtern: Glauben wir durch die Aufnahme des Familienrathes einen Vortheil für unser Deutsches Vormundschafswesen zu erreichen?

Auf Wunsch der Versammlung vertagen wir jedoch die Sitzung.

(Schluß der Sitzung 12 Uhr)

Zweite Sitzung der ersten Abtheilung des Fünften Deutschen Juristentages am 27. August 1864 zu Braunschweig im Saale des Großen Club's.

Präsident Professor Dr. **Gneist**: Ich möchte zunächst bitten, das Protokoll zu verlesen. (Geschieht.)

Da nichts erinnert wird, sehe ich es als genehmigt an.

Ehe wir in die heutige Tagesordnung eintreten, ist noch ein Referent zu ernennen für die Gewohnheitsrechts-Frage.

Advokat Dr. **Bernays** aus Mainz: Da der Antrag angenommen worden ist, so wäre es wohl zweckmäßig, wenn wir auch heute der bisherigen Praxis folgen und unseren Präsidenten Herrn Professor Gneist zum Referenten ernennen.

Präsident: Ich bin natürlich bereit, diesen ehrenvollen Auftrag zu übernehmen, und bitte die Herren, die zustimmen wollen, die Hand zu erheben. (Geschieht einstimmig.)

Soll über das Resultat nur berichtet, oder soll eine Debatte im Plenum darüber eröffnet werden? Wer für das Erstere ist, möge die Hand erheben. (Geschieht.)

Wir werden nur über das Resultat zu referiren haben.

(Folgen geschäftliche Mittheilungen.)

Wir gehen nunmehr zur heutigen Tagesordnung über, und ich ersuche den Herrn Referenten Notar Euler den Schluß des Berichtes uns heute geben zu wollen.

Referent, Notar **Euler** aus Düsseldorf: Es sind zwei wesentlich verschiedene Anträge in Beziehung auf das Vormundschaftswesen, über welche ich zu referiren habe. Der eine Antrag ist der des Herrn Dr. Schenk, und der andere der des Herrn Dr. Heller. Der Antrag des Dr. Schenk geht von dem Grundsatz aus: das Vormundschaftswesen ist Sache der Familie. Er folgert aus diesem Grundsatz: 1) Die Vormundschaft ist von den Familien-Mitgliedern auszuüben, und 2) die Obervormundschaft kommt dem Familienrathe zu, d. h. einer Versammlung, gebildet aus den Familienmitgliedern, zur Hälfte aus der väterlichen Linie und zur anderen Hälfte aus der mütterlichen Linie; in Ermangelung von Familienmitgliedern tritt die Gemeinde ein. Dagegen will der Heller'sche Antrag, daß die Vormundschaft ausgeübt werde von der Gemeinde mit dem Familienrathe zur Seite. An den Schenk'schen Antrag in Beziehung auf den Familienrath schließen sich die Anträge des Dr. Bernays an. Herr Dr. Schenk will außerdem, daß die Aufsicht über das Vormundschaftswesen dem Staate übertragen werde, worüber sich Herr Heller nicht genauer ausgesprochen hat. Ich habe die Anträge, weil sie verschieden sind, getrennt, habe gestern mit dem Schenk'schen Antrage begonnen, diesen Antrag nach seinen drei Kategorien in drei Theile zerlegt und auch nach diesen drei Theilen das Referat behandelt. Der erste Theil: die Vormundschaft, der zweite: der Familienrath und der dritte Theil die Aufsicht des Staates. Ich habe gestern bereits referirt über die Vormundschaft und den Familienrath. Hinsichtlich der Vormundschaft habe ich mich ganz dem Schenk'schen Antrage angeschlossen: „die Vormundschaft ist Sache der Familie." Hinsichtlich des Familienrathes lautet der Schenk'sche Antrag dahin: „es ist ein Familienrath zu schaffen," und Bernays hat dies näher ausgeführt. Ich habe mich diesem Schenk'schen Antrage mit den Bernays'schen Ausführungen angeschlossen und habe heute nur zwei Punkte zu erledigen, nämlich den dritten Theil des Schenk'schen Antrages, das Aufsichtsrecht des Staates, und dann den Heller'schen Antrag. Ich komme also jetzt zum Aufsichtsrecht des Staates.

Wenn man im Allgemeinen anerkennt, daß die Obervormundschaft in der Familie ruht, so läßt sich doch darüber streiten, ob der die Obervormundschaft bildende Familienrath ganz selbstständig handeln oder ob dessen Thätigkeit nicht der Kontrolle eines staatlichen Organs und in wichtigeren Angelegenheiten sogar der Mitwirkung desselben unterliegen soll. Herr Dr. Schenk beantragt allgemein: „Mit dem staatlichen Aufsichtsrecht ist immer nur ein Gericht zu betrauen." Specieller lautet der dritte Bernays'sche Antrag dahin: „daß den Gerichten die Obervormundschaft über den Familienrath derart zustehe, daß in den durch das Gesetz zu bestimmenden Fällen die Beschlüsse des Familienrathes der Bestätigung der Gerichte bedürfen, und die letzteren über alle zwischen dem Vormunde und dem Familienrathe entstandenen Streitigkeiten entscheiden. Dagegen verwerfen Herr Heyßler und Herr Aull*) jedes Bestätigungsrecht des Staates.

Ich muß mich gegen diese Ansicht erklären. Eine Kontrolle des Familienrathes wird durch die Nothwendigkeit geboten, den Pflegling in solchen Fällen, wo demselben durch die Beschlüsse des Familienrathes ein großer Schaden leicht erwachsen könnte, zu schützen. Diese Nothwendigkeit ist um so mehr anzuerkennen, als der Familienrath nur nach allgemeinen Rechtsgrundsätzen, also nur für dolus und culpa lata verantwortlich ist, denselben aber keine besondere Regreßpflicht trifft. Herr Schenk hat in einer mir kürzlich zugegangenen Schrift: „Die Magistratur im Französischen Recht" die Nothwendigkeit der gerichtlichen Bestätigung dargethan und an vielen Beispielen aus der Französischen Gerichtspraxis nachgewiesen. Nach Französischem Rechte sind die Beschlüsse des Familienrathes, welche Veräußerung und Verpfändung von Liegenschaften, Kapital-Aufnahmen, Vergleiche und Theilungen zum Gegenstande haben, vom Gerichte zu bestätigen. Ich bin darin mit Herrn Aull einverstanden, daß ein Richter-Kollegium in der Regel nicht besser befähigt ist, die gewöhnlichen Geschäfte des bürgerlichen Lebens zu beurtheilen, als der Familienrath. Aber das Richter-Kollegium steht über den Verhältnissen, während der Familienrath in einzelnen Fällen sich hinreißen lassen kann zu dem Pupillen höchst nachtheiligen Beschlüssen, z. B. wenn die Majorität desselben eigennützige Zwecke im Auge hat, wohin die Verwandtschaft mit dem Pflegling, die Aussicht, ihn bald zu beerben, führen kann. Aber es sind auch nicht blos gewöhnliche Geschäfte des täglichen Lebens, welche hier zur Sprache kommen. So bedingt die Beurtheilung, ob ein Vergleich vortheilhaft sei oder nicht, ein tiefes Eingehen in die gegenseitigen rechtlichen Verhältnisse und ein richtiges Auffassen der Streitpunkte. Und das schwierigste und bedeutendste Rechtsgeschäft, die Theilung, kann doch wahrlich nicht ohne tiefe Rechtskenntniß beurtheilt werden. Denn es handelt sich ja hier um Feststellung der Quoten, der Konferenden, der Vorzugsrechte und der Vorwegnahmen, also um Prüfung der Intestat-Erbfolge, der Testamente, der ehelichen Güterrechte u. s. w. Wer soll hier die schützende letzte Hand anlegen, als ein in der Rechtswissenschaft erfahrenes Richter-Kollegium? Nur in ihm liegt ein hinreichender Schutz des Pfleglings. Daß das richterliche Bestätigungsrecht demselben Zeit und Geld kostet, kommt gegen solche Vortheile nicht in Betracht. Zudem kann die Gesetzgebung Sorge tragen, daß beides auf ein geringes Maß beschränkt wird, wie dieses in Rheinpreußen der Fall ist. Wenn Herr Aull anführt, daß der den Familienrath leitende Richter genügende Gelegenheit habe, dessen Thätigkeit zu beaufsichtigen, so

*) Vergl. Bd. I. S. 24. f. S. 50.

ist dagegen zu bemerken, daß der Familienrath in seinen Beschlüssen, die ja Majoritäts-Beschlüsse sind, an den Richter nicht gebunden ist, daß dieser also nur warnen und abrathen, nicht aber nachtheilige Beschlüsse abwenden kann.

Dazu kommt, daß auch für den Richter eine Aufsichtsbehörde bestehen muß, und daß diese naturgemäß nur in dem ihm vorgesetzten kollegialischen Gerichte gefunden werden kann.

Wenn ferner Herr Aull das Rekursrecht als hinreichend erachtet, so ist dagegen zu bemerken, daß dieses Recht ohne Wirkung ist, wenn alle Mitglieder des Familienrathes einig gehen, daß ein indolentes Mitglied den Rekurs nicht antreten, und daß überhaupt die Minorität nicht leicht dieses Mittel ergreifen wird aus Befürchtung, im Falle der Verwerfung des Rekurses die Kosten tragen zu müssen. Daß aber von dem Rekursrechte jetzt so selten Gebrauch gemacht wird, hat seinen Grund gewiß darin, daß ein Aufsichtsrecht der Gerichte besteht, und das gerade bei den wichtigsten Rechtsgeschäften die Nothwendigkeit der Bestätigung derselben durch die Gerichte das Rekursrecht überflüssig macht.

Der Satz des dritten Bernays'schen Antrages, daß die Gerichte über alle zwischen dem Familienrathe und dem Vormunde entstandenen Streitigkeiten zu entscheiden haben, rechtfertigt sich aus der Natur der angegebenen Verhältnisse.

Nach diesen Darlegungen erkläre ich mich mit dem dritten Theil des Schenk'schen Antrages: „Mit dem staatlichen Aufsichtsrecht ist immer nur ein Gericht zu betrauen" vollkommen einverstanden, möchte aber die Fassung des dritten Bernays'schen Antrages, der auch den Inhalt des staatlichen Aufsichtsrechts normirt, vorziehen, nur daß anstatt des Wortes: „Obervormundschaft" der korrektere Ausdruck: „staatliches Aufsichtsrecht" gesetzt wird.

Der so veränderte dritte Bernays'sche Antrag lautet: „daß den Gerichten das staatliche Aufsichtsrecht über den Familienrath derart zustehe, daß in den durch das Gesetz zu bestimmenden Fällen die Beschlüsse des Familienrathes der Bestätigung der Gerichte bedürfen, und daß die letzteren über alle zwischen dem Vormunde und dem Familienrathe entstehenden Streitigkeiten entscheiden."

Ich komme nunmehr zu dem letzten Theile meines Referats, zu dem Antrag des Herrn Dr. Heller. Nach diesem Antrage fordert die gedeihliche Entwickelung des Deutschen Vormundschaftsrechts die Ueberweisung der Vormundschaftssachen an eigene aus den Gemeinden zu bildende Behörden mit dem Familienrathe zur Seite. Diese Behörden können entweder aus der Gemeindeverwaltung oder durch dieselbe gewählt werden, oder durch direkte Wahl aus der ganzen Gemeinde hervorgehen. Solche Waisengerichte bestehen

z. B. in Baden, Württemberg, den Hohenzollern'schen Landen, der Schweiz, Lübeck, Bremen. In Baden werden die Waisengerichte, wie Herr Aull anführt, je nach der Größe der Gemeinde aus zwei oder sechs Mitgliedern des Gemeinderathes gebildet und von diesem selbst gewählt. In Württemberg sind sie aus dem ersten Ortsvorstande und fünf Mitgliedern des Gemeinderathes zusammengesetzt. In den Hohenzollern'schen Landen bestehen die Waisengerichte aus dem Ortsvorstande und zwei oder in den größeren Gemeinden aus vier Mitgliedern und zwei Ersatzmännern, welche alle drei Jahre nach Stimmenmehrheit von den nach der Gemeindeordnung stimmfähigen Bürgern gewählt werden.

Die Gründe seines Antrages hat Herr Heller in seiner Schrift: „Ueber das Vormundschaftswesen, insbesondere über den Familienrath," niedergelegt, die mir leider nicht zugänglich gewesen ist. Ich habe deren theilweisen Inhalt nur aus dem Bernays'schen Referat ersehen. Hiernach glaubt Herr Heller den Familienrath deshalb nicht empfehlen zu können, weil wir Deutsche noch kein solch' entwickeltes praktisches Leben hätten, daß wir den Familienrath sogleich in Anwendung bringen könnten. Aus diesem Grunde schlägt Herr Heller als Uebergangsperiode die Gemeinden als Vormundschafts-Behörden vor.

Dem Heller'schen Antrage treten die übrigen Antragsteller und die Gutachten entgegen. Insbesondere hebt Herr Aull folgende Schattenseiten der Waisengerichte hervor: 1. In größeren Gemeinden und in Städten fehlt den Waisengerichten die specielle Kenntniß der Persönlichkeiten des Vormundes und Mündels und ihrer Verhältnisse, die ihnen in kleineren Gemeinden allerdings eigen ist, welche man dagegen bei den Familienangehörigen überall gleichmäßig voraussetzen darf. 2. Die Waisengerichte, welche aus mindestens drei und höchstens fünf Mitgliedern zu bestehen pflegen, die überdies jenes Ehrenamt nur nebenbei besorgen, während ihre Hauptbeschäftigung der Ackerbau oder ein Gewerbe bleibt, sind nicht im Stande, alle Vormundschaften ihrer Gemeinden mit dem Fleiße zu besorgen, die Rechnungen so gründlich abzuhören und mit der Strenge und Sorgfalt den Vormund bei seiner Verwaltung zu kontrolliren, wie dies die Familienräthe können, welche, obschon aus eben so vielen Mitgliedern bestehend, immer nur eine specielle Vormundschaft zu verwalten haben. Nicht anders steht es mit dem Regresse des Mündels. Zahlreiche Vormundschaften sind auf das Vermögen weniger Waisenrichter angewiesen. Die vermögenden Bürger der Gemeinden bleiben überdies gewöhnlich den Waisengerichten fern, während unvermögende Geschäftsleute, welche bei solchen Verwaltungen immer ihren Vortheil haben, diese Ehrenstellen ausfüllen und in ihrem Vermögen gar keine Garantie bieten. Dagegen gewährt da, wo das Gesetz die besondere Haftbarkeit der Familie ausspricht, diese in der Regel gewiß volle Sicherheit für eine ihr anvertraute Vormundschaft, da gewöhnlich das Vermögen des Mündels mit jenem seiner Familie im Verhältnisse steht. Anders würde freilich die Sache sich gestalten, wenn man die Gemeinden selbst für alle aus der vormundschaftlichen Verwaltung der Waisenbehörden entstehenden Regreßansprüche haftbar erklären wollte, was aber bisher, so viel mir bekannt, nirgends geschehen ist.

Außerdem bezieht sich Herr Aull auf die Rücksicht, welche der Gesetzgeber der Wahrung der Familiengeheimnisse schenken müsse. Keine Familie gebe gern den aus derselben Gemeinde gebildeten und mit ihr da wohnenden Mitgliedern der Waisengerichte freie Einsicht in alle ihre Verhältnisse. Wohl könne ein Glied der Familie dem andern und sogar dem fern stehenden Richter des Staates vertrauen; Gemeindebehörden gegenüber, zu welchen vielleicht sogar seine Gegner und Konkurrenten gehörten, werde dies Jeder möglichst zu vermeiden suchen.

Ich habe das Recht der Familie in Vormundschaftssachen ausführlich nachgewiesen und kann den Motiven des Herrn Aull nur beitreten. Ich muß daher meine Meinung dahin äußern, den Heller'schen Antrag nicht anzunehmen. Wie bereits vorher bemerkt, spricht sich auch Herr Heyßler dagegen aus, daß an Stelle des Familienrathes die Gemeinde trete; er will jedoch der Gemeinde einen anderen Beruf zutheilen, nämlich auf dieselbe das Aufsichtsrecht übertragen, welches nach meiner Ansicht, wie früher ausgeführt, bei den Gerichten beruhen muß. Demgemäß stellt Herr Heyßler, ohne einen Antrag einbringen zu wollen, folgenden Satz auf: „Die Obervormundschaft ist ein Recht und eine Obliegenheit der Gemeinde; sie wird ausgeübt durch die Entscheidung in gewissen vorbehaltenen Fällen, sei es wegen der Wichtigkeit des Gegenstandes, sei es wegen Meinungsverschiedenheit der vormundschaftlichen Organe, und durch die Oberaufsicht über die vormundschaftliche Gestion. Jede Administrativthätigkeit der Gerichte in Vormundschaftssachen hat aufzuhören; die Gerichte haben in diesen Angelegenheiten ausschließend in den Grenzen und nach den Formen ihrer allgemeinen (Civil- und Straf-) Gerichtsbarkeit einzuschreiten." Zur Motivirung dieser Ansicht führt Herr Heyßler hauptsächlich Folgendes an: Die Thätigkeit des Staates habe durchaus nur in's Große und Allgemeine zu gehen, auch die richterliche Thätigkeit bezwecke nur die Wahrung der allgemeinen Rechtsnorm ohne Rücksicht auf Wohl und Wehe der Einzelnen. Das Interesse des Einzelnen als solchen falle theils in das sociale, theils in das persönliche Bereich. Die gemeinsame Fürsorge für das Wohl des Einzelnen, so auch die Vormundschaft falle in die socialen Daseinskreise. Das nächste Organ dieser Fürsorge sei allerdings die Familie, das weitere Organ sei aber die Gemeinde. Wenn dort Blutsgemeinschaft, so sei hier Ortsgemeinschaft die unmittelbare Grundlage. Zudem besitze die Gemeinde jene Expansionskraft, um ihren Organismus jeder Kulturstufe, jeder Lebensrichtung anzupassen. In der Richtung allgemeiner Interessen schreite daher die sociale Organisation von der Familie unmittelbar zur Gemeinde fort. Dieser falle demnach ganz naturgemäß auch die obervormundschaftliche Fürsorge zu.

Diese Ansicht des Herrn Heyßler wird durch die Gründe widerlegt, welche vorher gegen die Gemeinde als Vormundschaftsbehörde angeführt worden sind, und durch die Gründe, wodurch das Aufsichtsrecht des Staates als eine Nothwendigkeit nachgewiesen wurde. Ich trage dahin an, der Heyßler'schen Ansicht nicht beizupflichten.

Es bleibt nun noch eine Frage zu beantworten, die Herr Aull mit Recht aufwirft, nämlich die eventuelle Frage: „ob, für den Fall der Juristentag dem Heller'schen Antrage gemäß sich für Ueberweisung der Vormundschaftssachen an eigene, aus den Gemeinden zu bildende Behörden aussprechen sollte, dann diesen Behörden ein Familienrath an die Seite zu setzen sei?“ Ich bin mit Herrn Aull der Ansicht, daß diese Frage zu verneinen ist, „weil der Nutzen, den der nirgends entscheidende Rath der Familie in einzelnen Fällen bringen könnte, durch die Nachtheile einer solchen komplicirten Einrichtung bei Weitem aufgewogen würde. Es würden dem Vormunde zwei Lokalbehörden zur Seite stehen, wovon jede wieder aus mehreren Personen bestände, deren Berufung und successive Vernehmung schwierig, deren häufig widersprechende Ansichten der Einheit und Energie, wie dem Ansehen der vormundschaftlichen Verwaltung schädlich sein müßten.“

Die sich hier anschließende zweite Frage des Herrn Aull: „ob dem Schlußantrage des Herrn Schenk entsprechend, mit dem staatlichen Aufsichtsrechte immer nur ein Gericht zu betrauen sei?“ ist bereits oben von mir erörtert und bejaht worden, was auch Seitens des Herrn Aull geschieht. —

Ich beehre mich nun, meine Herren, also zu resumiren: hinsichtlich der Vormundschaft die Sätze **A.**, **a.** und **b.** des Schenk'schen Antrages und hinsichtlich des Familienrathes und des staatlichen Aufsichtsrechts die Bernays'schen Anträge anzunehmen, letztere mit der erwähnten kleinen Modifikation.

Mein Antrag geht demnach dahin:

„Der Juristentag wolle als seine Ueberzeugung aussprechen:

1) daß die Vormundschaft Sache der Familie, in deren Ermangelung der Gemeinde ist;

2) daß ein Familienrath zu schaffen ist, der in allen durch das Gesetz zu bestimmenden Fällen bald entscheidende, bald berathende Natur hat, daß diesem eine richterliche Behörde beigegeben wird,

welche den Familienrath leitet und in demselben Sitz und Stimme erhält;

3) daß dem Gerichte das staatliche Aufsichtsrecht über diesen Familienrath der Art zusteht, daß in den durch das Gesetz zu bestimmenden Fällen die Beschlüsse des Familienrathes der Bestätigung des Gerichts bedürfen, und daß dasselbe über alle zwischen dem Vormunde und dem Familienrathe entstehenden Streitigkeiten entscheidet."

Für den Fall, daß der Juristentag dem Heller'schen Antrage stattgeben sollte, wolle derselbe seine Ueberzeugung dahin aussprechen, daß es nicht rathsam sei, diesen Behörden einen Familienrath an die Seite zu geben, daß aber auch dann mit dem staatlichen Aufsichtsrecht ein Gericht zu betrauen sei.

Indem ich hiermit, m. H., mein Referat schließe, muß ich um Ihre Nachsicht um so mehr bitten, als es unter gehäuften Berufsgeschäften in oft unterbrochenen Mußestunden zu Stande kam. Den Vorwurf einer zu großen Hinneigung zum Französischen Recht fürchte ich in dieser Versammlung nicht. Mein Grund besteht aber nicht darin, weil das Französische Vormundschaftswesen echt Deutsche Anschauungen vertritt, sondern weil der Juristentag immer an dem Grundsatze festgehalten hat, welchen die Kabinets-Ordre Friedrich Wilhelm's III. von Preußen vom 20. Juni 1816 an die Immediat-Justiz-Kommission ausspricht. Dieser Kabinets-Ordre haben wir Rheinländer die Erhaltung unserer Gesetzgebung zu danken. Sie lautet:

„Ich will, daß das Gute überall, wo es sich findet, benutzt und das Rechte anerkannt werde, daß daher die Kommission überall ohne vorgefaßte Meinung zu Werke gehe."

Präsident: Ich darf wohl dem Herrn Referenten im Namen der geehrten Versammlung Dank abstatten für das überaus gründliche Referat, welches er erstattet hat.

Das Thema ist so ausführlich, daß es wohl rathsam ist, eine Theilung vorzunehmen, und diese ergiebt sich m. E. auch aus dem Antrage und dem Vortrage des Herrn Referenten. Mir scheint der gestrige Vortrag ganz wohl geeignet zu einer abgeschlossenen Debatte und der heutige als zweiter Theil derselben. Der Herr Berichterstatter spricht sich im Wesentlichen aus für die Anträge des Dr. Schenk. Ich möchte Ihnen vorschlagen, als ersten Theil die Anträge des Dr. Schenk unter A. und B. zur Debatte zu stellen, wie sie der Herr Referent ergänzt hat aus der Bernays'schen Fassung, mit anderen Worten, das nächste praktische Ziel im Auge zu behalten: Ist die Abtheilung geneigt, sich mit der Einführung des Familienrathes — mutandis mutatis — in das Deutsche Vormundschaftsrecht einverstanden zu erklären? Ich eröffne die Debatte.

Hof- und Gerichts-Advokat Dr. **Schenk** aus Wien: Ich bin mit dem Herrn Berichterstatter vollständig einverstanden. Wir differiren nur in der Stylisirung; diese Unterschiede sind aber nicht so bedeutend, um nicht meinen Antrag zurückzuziehen und mich vollständig der Ansicht des Herrn Berichterstatters anzuschließen.

Advokat-Anwalt, Justizrath **König** aus Cleve: Ich würde vorschlagen, mehr praktisch die Sache anzugreifen und die beiden ersten Sätze über die Principien wegzulassen; ich stelle das Amendement, auszusprechen:

> „daß, ähnlich wie im Französischen Recht, ein Organ aus Familiengliedern eventuell Freunden für jede Vormundschaft zu schaffen ist, welches unter dem Vorsitz des Orts-Einzelrichters die Angelegenheiten der Vormundschaft zu leiten hat, und dessen Beschlüsse in wichtigeren, vom Gesetze zu bestimmenden Fällen von dem Kollegial-Gerichte zu bestätigen sind."

Ich bin nicht dafür, dem Familienrath allein die Gewalt der Obervormundschaft einzuräumen, sondern ich halte es für einen Vorzug der Französischen Gesetzgebung, daß sie die Souveränetät — wenn ich mich so ausdrücken darf — die Herrschaft über den Minorennen theilt zwischen Familienrath und Gericht. Das Gericht ist nicht Aufsichtsbehörde, es ist ein Mitfaktor der Vormundschaft; die beiden Faktoren wirken zusammen und müssen übereinstimmen; die Initiative aber muß der Familienrath ergreifen.

Ich kann es nicht loben, daß soviel von dem „Princip" gesprochen und fast kein Antrag gestellt wird, worin nicht das „Princip" vorkommt: das Princip gehört in die Ausführung. Ich habe bisher geglaubt, daß Herr Dr. Schenk nur den Zweck hatte, den Familienrath zu schaffen für die Deutschen und in Deutschland einzuführen. Der Herr Referent geht weiter. Eben das rührt von dem allgemeinen Satze her! Er will darüber entschieden haben, ob die gesetzliche Vormundschaft der Eltern, der Ascendenten, die testamentarische Vormundschaft ohne Genehmigung des Familienrathes gebilligt werden soll. Allerdings hängt das mit dem Familienprincip zusammen. Durch das Aussprechen allgemeiner Sätze kommt man auch auf andere Sätze, und so haben sich das Referat und der Antrag des Referenten ausgedehnt auf das ganze Vormundschaftswesen. Wenn wir darüber erwägen sollen, so meine ich, dazu sind wir nicht gehörig instruirt, und ich würde deshalb beantragen, die Sache auf den nächsten Juristentag zu verweisen, weil es sich darum handelt, das ganze Vormundschaftsrecht zu reguliren.

Ich glaube aber, es ist das nicht die Absicht des Herrn Referenten.

Ich will daher durch mein Amendement den Antrag beschränkt halten auf den Familienrath.

Der Herr Advokat Dr. Schenk ist unzufrieden mit dem Vormundschaftswesen in Deutschland und Oesterreich. Er studirt das Französische Recht und findet, daß ein Familienrath da existirt, daß man damit zufrieden ist. Er findet noch dazu aus historischen Studien, daß der Familienrath in den Theilen Frankreichs, wo das Gewohnheitsrecht bestand, mit dem Mundium zusammenhängt. Er ist entzückt darüber, aber wohl nur als Theoretiker. Er sagt dem Juristentag: „Seht, in Frankreich haben wir ein Institut, das ganz vortrefflich ist, führt es ein!" Das ist seine Absicht gewesen, und ich glaube, wir könnten uns darauf beschränken.

Ich theile im Ganzen und Großen die Ansicht des Herrn Referenten, der sehr gründlich die Sache erörtert hat, — aber unter einer Bedingung: daß über dem Familienrath auch noch ein Gerichts-Kollegium steht, welches in wichtigeren Angelegenheiten ein Wort mitzusprechen hat.

Der Hauptvorzug des Familienrathes vor einer vormundschaftlichen Behörde ist, daß jeder Familienrath eine Vormundschaftsbehörde ad hoc ist. Die Kommunal-Vormundschaftsbehörden, die vormundschaftlichen Gerichte sind generelle Vormundschaftsbehörden. Eine solche Behörde erhält vielleicht ein Paar Hundert Vormundschaftssachen, und es ist natürlich, daß sich bei solchen ständigen Kollegien eine Schablone bildet, in welche hinein Alles passen muß. Die Individualität der Sache wird nicht angesehen: „Fiat justitia, pereat mundus!" Der zweite Vorzug des Familienrathes ist seine Bekanntschaft mit den speciellen Verhältnissen. Da sieht man das Praktische, daß es nicht ein „Princip" ist. Man nimmt Freunde, nicht solche, die weit weg wohnen: Freunde aus der Familien-Freundschaft, aber der Accent ist nicht Familie, sondern Familien-Freundschaft. Der Gesetzgeber hat dabei das Wort „Kommune" nicht gebraucht. Deshalb ist der zweite Satz Schenk's: „in deren Ermangelung die Gemeinde" auch unrichtig; denn das Kommunalprincip kommt dabei nicht zur Sprache.

Aber der Familienrath — gerade wegen der zweiten Eigenschaft — hat auch seine Schattenseiten, und gegen diese muß ein Korrektiv vorhanden sein — ein Korrektiv-Organ, und das ist die obervormundschaftliche gerichtliche Behörde; das kann keine Gemeinde sein. Diese Schattenseiten rühren her von den Eigenschaften, welche die Kommunalmitglieder mit den Familienmitgliedern gemein haben: weil es Familienglieder sind, wird oft das Interesse des Minorennen hintenangesetzt, und andere Interessen — auch der Familie — werden berücksichtigt. Man muß nur den Familienrath nicht —

wie allerdings Herr Dr. Schenk zu thun scheint — idealisiren. Ich will das blos an einem Punkte nachweisen, an der Vormundschafts-Ernennung. Der Vormund des Französischen Rechts ist sehr frei; er hat das ganze Mobiliar-Vermögen in seiner Gewalt. Der Vormund wird ernannt vom Familienrath; natürlich nimmt man ihn aus der Familie. Die eigentliche Sicherheit, die das Französische Recht dem Vermögen des Minorennen giebt, ist die gesetzliche Hypothek des Minorennen, die den Vormund sehr belästigt. Nun kommt es zur Vormundschaftswahl. Es sind Einige in der Familie, die sehr gut Vormund sein könnten. Da sagt Einer zu dem Andern: Ich werde belästigt; da ist Einer, der hat kein Grundeigenthum, — und in der Regel nimmt man den, der kein Grundeigenthum hat. Oder einen anderen Fall! Das erste Geschäft ist z. B. Auseinandersetzung mit den Verwandten, bei Erbschaften. Nun beginnt eine Theilung. Natürlich werden die Betheiligten leicht begünstigt. Man nimmt Rücksichten darauf, während die Minorennen nicht mitsprechen können. Derlei Geschäfte können leicht zum Nachtheil der Minorennen ausschlagen. — Eine andere Schattenseite ist die, daß die Leute das Recht nicht kennen. Der Einzige, der davon etwas weiß, das ist der Friedensrichter, ein Einzelrichter. Dagegen sind die Anderen im Nachtheil. Nun giebt es aber doch wichtige Verhältnisse, wo es bedenklich ist, dem Friedensrichter allein diese Funktion zu überlassen, namentlich die ehegüterrechtliche Frage, die Erbschaftsfrage, die Qualität der Schulden, Mobiliar- und Immobiliar-Schulden u. s. w. Es sind so wichtige Fragen, daß es zweckmäßig erscheint, das Organ des Kollegiums noch mitwirken zu lassen. Ich bin daher entschieden für den Familienrath, aber mit dieser Beschränkung, daß seine Beschlüsse in jedem wichtigeren Falle bestätigt werden müssen. Ob ein Rekurs gegen die Beschlüsse zuzulassen sei, und in welcher Weise, ist eine bloße Formfrage.

Das sind die Gründe, die ich vom praktischen Standpunkte aus Ihnen vorzutragen hatte. Sollte aber die Diskussion sich ausdehnen auf das Princip und Alles, was aus diesem Principe für die Vormundschaft gefolgert werden kann, dann bin ich der Meinung, daß die Sache zur weiteren Erörterung dem künftigen Juristentage anheimfällt, um so mehr, als nur wenige Rheinländer hier sind, also nur Wenige von uns das Institut des Familienrathes aus eigener Anschauung kennen.

Hof- und Gerichts-Advokat Dr. **Schenk**: Ich glaube, unser Streit kommt hinaus auf einen Wortkampf. Ich wollte mich nur im Allgemeinen ausdrücken, weil wir nicht da sind, detaillirte Gesetze zu formuliren. Wir müssen uns auf einen erhöheten Platz stellen — das habe ich ein „Princip" genannt. Wenn der Herr Vorredner bemerkt, daß wir uns nicht darauf einlassen sollen, so bin ich damit einverstanden, weil ich glaube, daß, wenn das Princip aufgestellt wird: „es ist ein Familienrath zu schaffen“, auch die Konsequenzen darin liegen, welche in dem vorzüglichen Vortrage unseres Herrn Referenten enthalten sind.

Advokat-Anwalt Dr. **Bernays** aus Mainz: Auch ich bin der Ansicht, daß wir keine theoretischen Sätze aufstellen sollen. Ich habe deshalb im vorigen Jahre auch den theoretischen Satz Schenk's, das Deutsche Familienrecht beruhe auf dem Altdeutschen Gedanken des Mundiums, nicht zur Annahme empfohlen. Ebenso habe ich den Satz, daß die Vormundschaft in Ermangelung der Familie Sache der Gemeinde ist, nicht zur Annahme empfohlen; sondern ich habe das Praktische empfohlen, die Schaffung eines Familienrathes. Darum habe ich gleich gesagt: Es soll ein Familienrath geschaffen werden, der in allen durch das Gesetz zu bestimmenden Fällen bald entscheidender, bald berathender Natur ist. Es wäre gut, wenn gleich der zweite Satz, dem König und ebenso auch Euler Beifall schenkt, an die Spitze gestellt würde, so daß wir also kein Princip, sondern das Organ, welches das Princip verwirklicht, empfehlen.

Obergerichtsrath **Vorwerk** aus Wolfenbüttel: Mir scheint, daß es doch nothwendig ist, Grundsätze hier auszusprechen. Ich bin mit König insofern einverstanden, als, wenn wir uns bei einer legislatorischen Arbeit befänden, es fehlerhaft sein würde, Principien an die Spitze zu stellen. Dann hätten wir positive Sätze auszusprechen. Der Juristentag aber soll in der That einen Grundsatz aussprechen und ihn geltend zu machen suchen. Ich würde ein Amendement stellen:

> „Die Vormundschaft ist Sache der Familie, vorbehaltlich des Rechtes der Mutter, die Vormundschaft zu führen, und der Eltern, einen Vormund zu ernennen.“

Denn ohne das würde die cura legitima abgeschafft sein. Wir haben aber aus dem Bericht unseres Referenten gewiß die Ueberzeugung bekommen, daß das althergebrachte Recht der allernächsten Verwandten, die Vormundschaft in die eigenen Hände zu nehmen, oder das Recht der Eltern, einen Vormund zu bestellen, keineswegs auf dem Spiele steht; sondern darüber sind wir wohl einig: Diese allernächsten und wichtigsten Rechte sollen wir bewahren und erhalten. Wenn wir nun so mit dem sonst zulässigen principiellen Satz A. wohl einverstanden sein könnten, so würde doch die Gefahr, die ich angedeutet habe, uns veranlassen müssen, darüber hinweg zu gehen und dem Bernays'schen Vorschlag uns anzuschließen, der sofort in die Sache hineingeht und sagt: „Es ist ein Familienrath zu schaffen.“ Und darüber möchte ich mir noch einige Worte erlauben.

Der Grundsatz „die Vormundschaft ist Sache der Familie“ ist im Grunde nicht zu bestreiten. Unser bisheriges Vormundschaftswesen greift auf die Familie stets zurück. Nur ist davon zu unterscheiden, daß die Familie daraus keinen Rechtsanspruch ableitet, sondern daß es eine Familienpflicht ist, kein Familienrecht. Es giebt auch keinen Anspruch der Familien-Angehörigen auf Eintritt in den Familienrath, sondern nur eine Verpflichtung dazu. Nun ist die weitere Konsequenz die, daß die Behörde, wenn sie den Rath zusammenberuft, eine freiere, größere Wahl hat, daß sie sich nicht zu binden braucht an die Gewählten, daß sie den Bekannten, den Freund, den sonstigen Anhänger und Förderer des Pupillen mit heranzieht und so einen Familienrath komponirt, der gewiß bei freier Wahl viel richtiger komponirt ist, als bei einer Wahl, die sich auf die Verwandtschaft beschränkt.

Wir haben ganz richtig die Unterscheidung gehört von Vormundschaftsbehörden „ad hoc“ und von „generellen.“ Die „ad hoc“ sind die, welche aus den Angehörigen zu bilden sind, „die generellen“ sind die stetigen und bleibenden Behörden. Ich denke, wir müssen es für nothwendig halten, daß der Familienrath „ad hoc“ auch ein stehender, bleibender sei, daß man nicht wechseln dürfe, bei dieser Gelegenheit einmal diese Person heranzieht, und bei einer anderen Gelegenheit eine andere Person aus einem anderen Kreis. Es ist uns wenigstens historisch mitgetheilt worden, daß eine solche Wechselfreiheit — nicht allgemeine Wahlfreiheit — in Frankreich besteht.

Ich verlange einen ständigen Familienrath, einen solchen, der in der Lage ist, auf der Warte zu stehen und den Vormund mit seinen kontrollirenden Blicken zu begleiten, und der sich auch beschweren kann. Würde man je nach den Geschäften einen Wechsel im Familienrathe zulassen, so würde diese Kontrolle nie bestehen. Es ist also ein Familienrath zu schaffen. Mit diesem einfachen Satz kommen wir auch über die Schwierigkeit hinweg, welche uns die eventuelle Berufung der Gemeinde zur Bildung des Familienrathes machen wird.

Heller hat in seinem Gutachten sehr hübsch dargestellt, wie wir in unserer Volkswirthschaft und Gesetzgebung auf dem Wege sind, die Gesellschaft zu ihrem Recht zu bringen, welches ihr in der Gesetzgebung des vorigen Jahrhunderts entzogen worden. Ich bin mit seiner philosophischen Betrachtung einverstanden; aber ich glaube, er wendet dieselbe nicht konsequent an. Denn er kommt aus dem allgemeinen Satz ohne Weiteres dazu, zu sagen: Also die Gemeinde muß den Rath eventuell bilden. Das ist wohl nicht richtig, weil es zu eng gefaßt ist. Wir haben bekanntlich nicht blos die Gemeinden als örtliche und organisirte Gesellschaft zu fassen, sondern wir haben da auch an Berufs-, Religions- und wirthschaftliche Genossenschaften zu denken. Das sind alles Gesellschaften; und soll uns die Gesellschaft eventuell das Material zum Familienrath liefern, dann will ich sehen, ob wir nicht in den meisten

Fällen noch auf andere Gesellschaften kommen als auf die Gemeinde. Denken Sie sich eine große Stadt, — was weiß die Gemeinde von ihren einzelnen Angehörigen? Hat sie ein größeres Interesse als der Kleinstaat? Der Kleinstaat wird als Staat die Waisen schützen. Aber lassen Sie uns zum kleinen Dorf gehen, — wie kann es Interesse und Fähigkeiten besitzen, die Angelegenheiten eines verstorbenen Predigers, Gutsbesitzers, Beamten zu besorgen? Was versteht der einfache Landmann von den Angelegenheiten und Interessen der Hinterbliebenen jener Männer? Da würde ja die Gemeinde durchaus nicht die geeignete Genossenschaft sein, um eventuell, wenn keine Verwandten da wären, einen Familienrath zu bilden. Denn ist die Behörde einer so kleinen Gemeinde wohl so geschäftsfähig, um eine Vormundschaft für eine intelligente, reiche Familie zu bilden? Ich glaube, nein. Da würden wir also gleich in Verlegenheit sein. Wir würden, wenn wir keinen Familienrath aus den Angehörigen bilden könnten, keinen aus der Gemeinde komponiren, sondern wir würden uns weiter umsehen müssen.

Der Herr Referent hat diesen Satz, die Vormundschaft sei in Ermangelung der Familie Sache der Gemeinde, allerdings noch in seinem Schlußantrag beibehalten; in seiner Motivirung aber hat er auch das Urtheil darüber gesprochen. Ich möchte anheimgeben, daß wir, sowohl wir sonst berufen sein möchten, Principien auszusprechen, uns ohne Weiteres an den Bernays'schen ersten Satz halten.

Präsident: Ich habe von Anfang an das Bedenken nicht verhehlen können, welches ich gegen die Fassung Schenk's zu äußern habe. Der Satz: „die Vormundschaft ist Sache der Familie" drückt zuviel aus, wenn damit gesagt sein soll: ausschließlich Sache der Familie. Wenn wieder gesagt wird: der Schwerpunkt soll in der Familie liegen, bestreite ich, daß das ein juristischer Ausdruck ist. Ich habe nicht blos ein Bedenken gegen die Fassung, sondern auch gegen die Begründung der Schenk'schen Anträge, die dem praktischen Ziele, worauf der Herr Antragsteller hin will, schadet. Ich kann bevorworten: ich würde mich für das Amendement König aussprechen, der die Güte gehabt hat, das, was ich leise im Anfang andeutete, vollständig auszuführen. Ich halte den Gang rückwärts nicht für historisch richtig, den diese Anträge einschlagen. Es wird nicht die Absicht der geehrten Abtheilung sein, im Ernst zurück zu wollen auf die historischen Zustände der Vormundschaft, die daraus ein jus quaesitum der Familie gemacht haben. Wir haben mit unendlicher Mühe diesen Standpunkt überwunden. Auch der Französische Familienrath ist davon verschieden und gesichert vor dem Rückfall in das mittelalterliche Mundium. Es ist ein ganz neues Institut, ein höheres, ein reiferes! Sache der Familie, Privatrecht der Familie kann die Vormundschaft nicht bleiben — aus dem einfachen Grunde, weil sich im Verlauf der Zeit herausstellt, daß innerhalb der Familie die allerbedenklichste Kollision der Interessen vorliegt, die den nächsten Verwandten und Erben in einer Reihe von Fällen principiell ganz ungeeignet macht, über Fragen der Vormundschaft selbstständig zu entscheiden. Wir sehen, daß alle Rechtsbildungen in dem Zustand der Reife über den Satz hinauskommen: „die Vormundschaft ist Sache der Familie“, — weil ja das Recht des nächsten Erben unvereinbar ist in unzähligen Fällen mit dem wahren Wohl und Interesse des Mündels. Es können ferner verfeindete Familien sein, in denen die väterliche und mütterliche Seite im Kampf unter sich und in sich liegen. Es giebt Mündel, die keine geeigneten Familienmitglieder haben, aus denen man eine solche leitende Behörde bilden könnte. Endlich giebt es auch — nicht sowohl Fragen der „Bildung“, sondern einer einseitigen Bildung, die eine souveräne Stellung des Familienrathes innerlich verkehrt machen würden. Ueber Bildung wollen wir nicht streiten! Wenn die Bildung in Deutschland nicht ausreichte, um einen Familienrath zu schaffen, dann würde sie nirgends in der Welt ausreichen. Ich will Ihnen aber ein Beispiel anführen. Nehmen Sie einmal an einen bäuerlichen Familienrath in Nord-Deutschland. Die Leute haben einen so vortrefflichen, ökonomischen Verstand, wie man ihn nur wünschen kann; aber in unzähligen Fragen ist dieser Verstand unserer ländlichen Bevölkerung einseitig. Denken Sie sich eine wichtige Frage über die Erziehung des Mündels. Glauben Sie, daß ein bäuerlicher Familienrath auch nur einen Acker wird veräußern lassen, um den Mündel in die Lehre zu geben und ihn etwas erlernen oder gar studiren zu lassen? Glauben Sie, daß er eine Kuh verkauft, um das Schulgeld für den Mündel zu bezahlen? In all' diesen Beziehungen finden Sie eine sehr enge Lebensanschauung, obgleich es den Leuten an ökonomischem Verstande nicht fehlt.

Der Französische Familienrath ist kein Rückfall in die rohe, mittelalterliche Anschauung, als ob die Vormundschaft ein ausschließliches Recht der Verwandten wäre; sondern er behält den höheren Gedanken bei, den wir beim Ausgang aus dem Mittelalter gewonnen haben: Die Vormundschaft hat ihren Schwerpunkt im öffentlichen Recht; es ist der Staat, der die Vormundschaft in höchster Potenz in sich trägt. Daraus folgt aber bei Leibe nicht, daß der Staat durch seine beamteten Richter die Vormundschft zu führen, daß er selbst zu administriren hat; sondern der Fortschritt ist, daß das Französische Recht, dem droit accoutumé entsprechend, sich für die Ausübung der Vormundschaft das Organ gesucht hat, welches am geeignetsten dazu ist. Der Familienrath ist wesentlich Organ des Staates, welcher sich des Mediums der Familie bedient. Es ist der Familienrath — wie schon die Zusammensetzung, die Bestätigung, die Mitwirkung des Friedensrichters, die Beschwerde-Instanz beweist, — nicht als

Schöpfung eines selbstständigen Familienrechts hingestellt, sondern als Organ für die öffentliche Pflicht des Staates: zu sorgen für diejenigen, die der Bevormundung bedürfen. Insofern billige ich es auch, daß Herr Justizrath König dies Element gleich in die Fassung aufnimmt, aus der ersichtlich ist, daß wir nicht ein privatrechtliches Institut der Familie, sondern im Sinne der wahren Selbstverwaltung ein öffentliches Organ konstituiren, für das sich der Staat der Familie bedient.

Die Gründe nun aber für die Ausübung dieser öffentlichen Thätigkeit womöglich durch Familienglieder sind m. E. so einleuchtend und schlagend, daß wir allerdings annehmen können, wir werden auch in unserem Deutschen Vormundschaftsrecht aus der bureaukratischen Einseitigkeit, aus dem Selbstadministriren der Vormundschaftsgerichte am sichersten herauskommen, wenn man die geeigneten, durch die Familie gegebenen Repräsentanten auswählt.

Es gehört dazu immer, daß der Familienrath als integrirenden Theil den Orts-Einzelrichter zur Seite hat — nicht grade einen „Friedensrichter". Sie wissen, m. H., dies letztere Wort ist nur aus einer falschen Uebersetzung entstanden. Es bedeutet einen Polizeirichter, den man — durch ein mißverstandenes juge de paix — „Friedensrichter" übersetzt und dadurch arkadische Nebenvorstellungen hineingezogen hat. Unser Deutscher Einzelrichter ist der allerrespektabelste Friedensrichter, den man finden kann.

Aus diesen Gründen möchte ich das König'sche Amendement Ihnen zur Annahme empfehlen.

Advokat-Anwalt Justizrath **König**: Das Wort „ähnlich" in dem Satze „ähnlich wie im Französischen Recht" kann wegbleiben.

Präsident: Das halte ich nicht gerade für zweckmäßig, weil viele Mitglieder doch eine gewisse Latitüde beibehalten wollen. Ich halte es z. B. für äußerlich, daß gerade die Hälfte des Familienrathes aus Agnaten, die andere Hälfte aus Kognaten und Affinen bestehen soll. Ich glaube, es ist ein weiterer Spielraum zu halten. Für ländliche Vormundschaften dürfte die Zahl 6 zu groß sein; wir können unter Umständen 4, auch 2 als ausreichend ansehen. — Erlauben Sie, m. H., mir noch eine Schlußbemerkung. Wenn gesagt ist, daß das Deutsche Vormundschaftsrecht in den Grundfehler zu vieler Bevormundung verfallen sei, so ist das richtig, wenn damit gemeint ist, daß der Staat zu viel selbst zu thun auf sich nimmt durch seine Beamten. Es ist ganz richtig, daß unser Deutscher Vormundschaftsrichter — besonders in Preußen — viel zu viel selber administrirt, was er nicht ordentlich kann und, namentlich in Gestalt von Kollegial-Gerichten, verkehrt macht. Aber den Vorwurf der „Bevormundung" im Allgemeinen lasse ich nicht passiren! Wenn es irgendwo in der Welt eine Veranlassung zur Bevormundung giebt, so ist das die Vormundschaft. Da muß man bevormunden, — nur nicht ausschließlich durch Beamte. Ich glaube also auch, daß das Bestätigungsrecht der Gerichte nicht entbehrt werden kann. Es ist dasselbe auch auf solche Fälle beschränkt, wo ein Konflikt der Interessen nahe liegt. Daß man da die Gerichte bestätigen läßt, ist kein Akt der Selbst-Administration, sondern der Wachsamkeit, der hier ebenso am Orte ist, wie die Bestätigung bei Beschlüssen der Gemeinden und juristischer Personen, bei denen augenblickliche Anschauungen und Interessen in Konflikt kommen können mit den dauernden Interessen der Institution. Das sind die Gründe, aus denen ich die Anträge des Herrn Dr. Schenk auf das praktische Ziel beschränken möchte.

Hof- und Gerichts-Advokat Dr. **Schenk**: In Betreff dessen, was Herr Professor Gneist vorgebracht hat gegenüber dem familienrechtlichen Princip, will ich nochmals bemerken, daß ich nie den Standpunkt verlassen habe, daß der Staat die ersten Rechte hat, und daß ich denen entgegen bin, welche die Familie in dieselben einsetzen.

Advokat-Anwalt, Justizrath **König**: Wenn wir die Worte „ähnlich wie im Französischen Recht" ganz streichen, würde man vielleicht darin dies finden, wir wollten nichts aus Frankreich, und als spielten wir darauf an: Was aus Frankreich kommt, perhorresciren wir. Aber ich glaube, es ist gut, so zu sagen, weil wir dadurch die Sache besser definiren.

Obergerichtsrath **Vorwerk**: Da der Herr Verfasser des Antrages es nicht für nothwendig hält, diese Worte zu streichen, so erlaube ich mir den formellen Antrag: diese Streichung vorzunehmen. Der Herr Präsident hat uns selbst darauf aufmerksam gemacht, wie bedenklich dergleichen Hinweisungen sind, z. B. Schwerpunkt u. dergl. Das ist auch mit dem Worte „ähnlich" der Fall. Der Eine faßt es so auf, der Andere so. Sie haben damit nichts beschlossen!

Ministerialrath **Selkmann** aus Oldenburg: Ich glaube, m. H., im Allgemeinen sind wir Alle auf den König'schen Antrag zurückgekommen, der das Wesen der Sache zu treffen sucht, nämlich: Einführung eines Familienrathes. Darum handelt es sich allein. Im Allgemeinen könnte auch ich mich mit dem König'schen Antrage einverstanden erklären, wenn die Worte „ähnlich wie im Französischen Recht" gestrichen sein werden. Aber ich habe noch ein anderes Bedenken. Es steht in dem Antrag des Herrn König, daß der Familienrath die Leitung der Vormundschaft haben soll. Eine eigentliche Leitung der Vormundschaft hat der Familienrath nicht — auch nicht nach Französischem Recht — und ich glaube, wir würden nicht weiter gehen können. Nur in gesetzlich bestimmten Fällen ist diese Leitung und in anderen bestimmten gesetzlichen Fällen ist seine Zustimmung erforderlich zu den Handlungen, die der Vormund vorzunehmen hat. Der Familienrath ist nach seiner ganzen Zusammensetzung nicht geeignet, eine eigentliche Leitung, die eine fortgesetzte Thätigkeit bedingen würde, vorzunehmen. Wie Sie vorhin schon gehört haben, ist der Familienrath keine ständige Behörde. Darum lege ich kein Gewicht darauf, daß wir in unserem Deutschen Recht zu dem Resultate eines ständigen Familienrathes kommen; ich betrachte das als offene Frage. Viel wichtiger ist die Thätigkeit der Gerichte. Ich bin auch in der Lage gewesen, mehrere Jahre lang die Thätigkeit des Familienrathes in einem kleinen Theile der Rheinprovinz zu beobachten, und da — muß ich gestehen — habe ich eine sehr große und einwirkende Thätigkeit des Familienrathes gerade nicht spüren können. Es liegt in der Natur der Sache, daß der Vormund, der die ganze Vormundschaft führt, mit allen Verhältnissen näher bekannt ist, als selbst viele Familienglieder. Die Mitglieder werden oft mehrere Stunden weit herbeigerufen; sie sagen, wenn der Friedensrichter und der Vormund einverstanden sind, ja, und sind froh, daß sie wieder nach Hause gehen können.

Trotzdem glaube ich, daß die Einführung des Familienrathes für uns große Wichtigkeit hat. Einmal: Die Verantwortlichkeit, die bisher nach Deutschem Recht für den Vormund eine große war, wird ihm theilweise abgenommen. Andererseits werden die Selbsthandlungen des Vormundes geschützt. Ich bin also im Allgemeinen einverstanden mit dem Satz, daß der Familienrath in das Deutsche Vormundschaftsrecht eingeführt werde; aber ich möchte anheimgeben, den Zusatz im König'schen Amendement wegzulassen: daß der Familienrath die Vormundschaft leiten soll. Dazu ist er nicht geeignet.

Präsident: Würde es Ihnen genügen, wenn dastände: „welches unter dem Vorsitz des Ortseinzelrichters theils beschließend, theils berathend neben den Vormund zu stellen ist?"

Ministerialrath **Selkmann**: Allerdings; ich bin damit einverstanden.

Justizrath **König**: Ich verzichte auf den Ausdruck „Leitung" in meinem Antrage.

Präsident: Ich schließe demnach die Debatte über 1. und 2. der Anträge des Referenten und frage, ob der Herr Berichterstatter vielleicht noch eine Bemerkung zu machen hat?

Referent, Notar **Euler**: Ich bin ganz einverstanden und finde die Abänderungen vortrefflich!

Präsident: Es würde nun der König'sche Antrag als Amendement den beiden Anträgen des Herrn Referenten vorangehen. Zu diesem Amendement ist ein Unteramendement eingegangen: die Worte „ähnlich wie im Französischen Rechte" wegzulassen. Das würde ich voranstellen und fragen, ob im Falle der Annahme dies wegbleiben soll. Wird das König'sche Amendement angenommen, dann ist dieser Theil der Tagesordnung erledigt;

wird es abgelehnt, so würden die beiden Anträge des Herrn Referenten folgen: 1) daß die Vormundschaft Sache der Familie, in deren Ermangelung der Gemeinde ist, 2) daß ein Familienrath zu schaffen ist, der in allen durch das Gesetz zu bestimmenden Fällen bald entscheidender, bald berathender Natur ist, und daß diesem eine richterliche Behörde mit berathender und beschließender Stimme beizugeben ist. Für den Fall, daß diese beiden Anträge angenommen werden, kommt das Unteramendement von Vorwerk — „vorbehaltlich des Rechts der Eltern und der nächsten Verwandten auf die Führung der Vormundschaft und die Ernennung des Vormundes“ — zur Abstimmung.

Erlauben Sie mir noch die eine Bemerkung! In dem Amendement muß, wenn die Worte „ähnlich wie im Französischen Recht“ wegbleiben sollen, ein Substantiv substituirt werden, weil der Gegenstand sonst unbestimmt bleibt. Dann wird es wohl im Sinne des Herrn Amendement-Stellers heißen müssen: „Es ist ein Familienrath, d. h. ein Organ aus Familiengliedern eventuell Freunden für jede Vormundschaft zu schaffen, welches unter dem Vorsitz des Orts-Einzelrichters 2c.

Ich bitte die Herren, die für den Fall der Annahme dieses Antrages die Worte „ähnlich wie im Französischen Rechte“ weglassen wollen, die Hand zu erheben. (Geschieht.)

Es ist die überwiegende Majorität. Ich bitte nun die Herren, die in diesem Falle das Wort „Familienrath“ mit dem beschreibenden Zusatz substituiren wollen, die Hand zu erheben. (Geschieht.)

Auch das ist die überwiegende Majorität. Nun bitte ich die Herren, welche mit dieser Abänderung den ganzen Antrag König annehmen wollen, die Hand zu erheben.

Advokat-Anwalt Dr **Bernays** (unterbrechend): Ich möchte wünschen, daß das „neben dem Vormund“ herausgelassen wird.

Obergerichtsrath **Vorwerk**: Ich würde empfehlen, statt „neben dem Vormund“ zu sagen: „als Beistand des Vormundes.“ Wir können den „Vormund“ nicht entbehren, weil wir sonst auf den falschen Sinn hinkämen, als wäre der Vormund nicht nöthig, und wir müssen doch nothwendig die legitima und dativa cura aufrecht erhalten. Und wir müssen für den Fall, daß dergleichen Vormünder nicht da sind, Freunde annehmen, die die Befugniß haben, einen Vormund zu ernennen.

Präsident: Ich will mir einen Vorschlag erlauben. Es kommt darauf an, den anstößigen Ausdruck „neben dem Vormund“ zu beseitigen. Wie wäre es, wenn gesagt würde: „in die Vormundschaftsverwaltung einzuführen?“ (Zustimmung.) Nun würde das amendirte Thema lauten:

„Es ist ein Familienrath, d. h. ein Organ aus Familienmitgliedern eventuell Freunden für jede Vormundschaft zu schaffen, welches unter

Vorsitz des Orts-Einzelrichters theils berathend, theils beschließend in die Vormundschaftsverwaltung einzuführen ist und dessen Beschlüsse in wichtigeren vom Gesetze zu bestimmenden Fällen von dem Kollegial-Gerichte zu bestätigen sind."

Ich bitte die Herren, welche den Satz in dieser Fassung annehmen wollen, die Hand zu erheben. (Geschieht.)

Er ist einstimmig angenommen worden. Nun möchte ich bitten, die Berathung über den zweiten Theil zu beginnen, und möchte vorschlagen, die Vorfrage über die Betheiligung der Gemeinde voranzustellen. Für den Fall, daß diese negirt würde, würden wir ein einfaches Thema: „Ueber die Stellung der Gerichte zur Vormundschaft" zu behandeln haben.

Ich bitte die Herren, die sich zunächst über die Betheiligung der Gemeinde aussprechen wollen, sich zum Worte zu melden. (Es meldet sich Niemand.)

Legen Sie es mir, m. H., nicht als Unbescheidenheit aus, wenn ich ein Paar Worte darüber sage. Ich bin ein Verehrer der Gemeinde, aber die Einschiebung der Gemeinde an dieser Stelle ist nicht sachgemäß. Wie soll sich die Gemeinde betheiligen? Wenn man überhaupt glaubt, daß die Selbstständigkeit der Gemeinde nur darin bestehe, daß man den gewählten Gemeinderäthen Beschlußfähigkeit giebt, so ist das nicht richtig. Diese gewählten Gemeinderäthe haben ihre große Wichtigkeit für Vermögens-Verwaltungsfragen, aber sehr selten für höhere Funktionen, welche der Staat der Gemeinde anzuvertrauen hat. Wenn wir selbstständige Deutsche Gemeinden haben wollen, so wollen wir den Schwerpunkt in die Magistrate und nicht in die gewählten Gemeinderäthe verlegen, wodurch man in England das Gemeindeleben in den letzten Jahrzehnten vollständig verdorben hat. Es könnte sich immer nur um eine Theilnahme der dauernden Verwaltungsbehörden, der Magistrate, handeln. Wenn diese aber eine Vormundschaft übernehmen, so führt das zu einer Bildung von städtischen Waisengerichten zurück. Solche städtische Vormundschaftsverwaltungen werden im Ganzen redlich geführt werden, aber — sehr schwerfällig! Sie werden sich kollegialisch formiren, sie werden nicht einmal die gelenkigere Geschäftsweise der Staatsbehörden adoptiren. Sollte aber damit gemeint sein, daß die wechselnden gewählten Glieder in irgend einer Weise mit der Oberaufsicht über die Vormundschaft oder den Familienrath betraut werden sollen, so halte ich das für unzulässig. In großen Ortschaften fehlt das Interesse für die Ausübung einer solchen Funktion, in kleinen Ortschaften könnten persönliche Interessen es sehr bedenklich machen, zwei Ortsschöffen ohne Weiteres zu einer Oberinstanz über die Vormundschaft zu machen. Soweit als die Gemeinde den natürlichen

Beruf hat, an Vormundschaften theilzunehmen, soweit ist sie schon berücksichtigt im Familienrath. Die Ortsgemeinde wird, da der Familienrath aus dem vicinetum genommen wird, primo loco ihre Stelle finden. Ihre Glieder treten in subsidium ein, wo die Verwandten fehlen. Darüber hinauszugehen, haben wir in Preußen versucht. Aber es giebt keine passende Form, um die heutige Gemeindeverwaltung in die Vormundschaft einzuführen. Es würde nur ein weiteres Rad entstehen, welches die ganze Maschine schwerfällig machte.

Nun, m. H., ein formulirter Gegenstand der Abstimmung läge nicht vor. Demnach bitte ich, die Debatte weiter zu erstrecken auf die Frage der Gerichte, sei es, daß man sie nennen will „Obervormundschaft," oder sei es, daß man ihr Recht nennt „staatliches Aufsichtsrecht." Halten Sie die Stellung der Gerichte als Organe der staatlichen Aufsicht für nöthig? Halten Sie es für nöthig, daß man in dieser Stelle nur ein Gericht hat, oder event. wird sich die Staatsanwaltschaft eignen zum Organ der Obervormundschaft?

Hof- und Gerichts-Advokat Dr. **Schenk**: Ich glaube, daß dieser Theil der Tagesordnung seine Erledigung schon gefunden hat.

Präsident: Als Gegenstand der Berathung lag formell noch der Antrag 3. des Dr. Bernays vor:

„daß dem Gerichte die Obervormundschaft über diesen Familienrath der Art zustehe, daß in den durch das Gesetz zu bestimmenden Fällen die Beschlüsse des Familienrathes der Bestätigung des Gerichts bedürfen und dasselbe über alle zwischen dem Vormunde und dem Familienrathe entstandenen Konflikte entscheidet."

Advokat-Anwalt Dr. **Bernays**: Diese Frage wird wohl in der Annahme des König'schen Antrages ihre Erledigung gefunden haben.

Präsident: Sind Sie, m. H., der Meinung, daß dieser Antrag in der That mit der Adoption des Familienrathes in seiner eben bezeichneten Gestalt erledigt ist? (Allgemeine Zustimmung.) Dann ist kein Gegenstand der Abstimmung mehr da.

Der Heller'sche Antrag war von dem Referenten nicht aufgenommen. Wenn es gewünscht wird, so ist es nicht ohne Interesse, zu sehen, ob die geehrte Abtheilung sich darüber etwa negativ aussprechen will. Der Antrag lautet:

„Der Deutsche Juristentag wolle aussprechen: die gedeihliche Entwickelung des Deutschen Vormundschaftsrechts fordert die Ueberweisung der Vormundschaftssachen an eigene, aus den Gemeinden zu bildende Behörden mit dem Familienrathe zur Seite."

Ich bitte die Herren, die diesen Antrag zu dem ihrigen hätten machen wollen, die Hand zu erheben. (Niemand erhebt die Hand.)

Ich glaube, sagen zu können, die Abtheilung hat sich einstimmig gegen den Heller'schen Antrag erklärt.

Damit wäre dann die heutige Tagesordnung und somit überhaupt die Aufgabe unserer Abtheilung geschlossen. —

(Folgt die Wahl der Vertrauensmänner für die Vorwahl der ständigen Deputation: sie fällt auf die Herren Knittel — Braunschweig, Schmidt — Hannover, Becker — Oldenburg, Euler — Preußen, Ruhwandl — Bayern, Zenker — Sachsen, Schenk — Oesterreich, Bernays — Hessen, Malß — Frankfurt a. M. und Gneist.)

Es ist nun für die Plenarversammlung ein Referent zu ernennen. Dürfte ich mir erlauben, Ihnen den bisherigen Herrn Referenten Euler vorzuschlagen? (Zustimmung.)

Sind Sie auch damit einverstanden, daß nur das Resultat der Plenarversammlung berichtet wird? (Zustimmung.)

Ich schließe nunmehr die Sitzung . . .

Obergerichtsrath **Vorwerk**: Lassen Sie uns, m. H., nicht scheiden, ohne dem Herrn Präsidenten unseren Dank auszusprechen für die umsichtige Leitung der Debatte. Es war das Material so verwickelt und so groß, daß ich nicht ohne einige Sorge zur heutigen Sitzung gekommen bin. Wir verdanken es dem Herrn Präsidenten, daß keine Verwirrung eingetreten ist.

Ich möchte diesen Dank auch auf den Herrn Referenten ausdehnen, mit dem Wunsche, daß sein sehr sachgemäßer und gründlicher Bericht uns demnächst gedruckt zu Theil werden möchte. Ich darf wohl bitten, daß der Herr Präsident uns darüber beruhigt; sonst würde ich den Antrag stellen.

Präsident: Der ständige Ausschuß wird gewiß sein Mögliches thun, den Bericht drucken zu lassen. Ein bindender Beschluß der Abtheilung ist aber bedenklich, weil die sehr weite Ausdehnung der Drucksachen uns schon in große Verlegenheit gebracht hat. Ich möchte vorschlagen, in Form des Wunsches im Protokoll es auszusprechen.

Meinerseits habe ich noch zu danken für die hohe Ehre, die Sie mir erwiesen haben.

Ich bitte nun zum Schluß den Herrn Protokollführer, das Protokoll zu verlesen. (Das Protokoll wird verlesen und genehmigt.)

(Schluß der Sitzung 11¾ Uhr.)

Erste Sitzung der zweiten Abtheilung des Fünften Deutschen Juristentages am 26. August 1864 zu Braunschweig im Saale des Neustadt-Rathhauses.

(Beginn der Sitzung 11 Uhr Vormittags)

Senator Dr. **Pfeiffer** aus Bremen eröffnet Namens der ständigen Deputation die Sitzung und schlägt den Geh. Rath Prof. Dr. Bluntschli aus Heidelberg zum Präsidenten und den Kreisgerichts-Direktor Riesell aus Braunschweig zum Vice-Präsidenten der Abtheilnng vor. Die Versammlung tritt diesen Vorschlägen durch Akklamation bei.

Geheimer Rath **Bluntschli** übernimmt den Vorsitz, bestellt unter allseitiger Zustimmung den Kreisrichter Koch aus Braunschweig und den Ober-Gerichtsanwalt Dr. Weigel aus Cassel zu Schriftführern und ertheilt sodann dem Senator Dr. Pfeiffer das Wort zur Berichterstattung über die Borchardt-Reinach'schen Anträge, betreffend die Errichtung und Zusammensetzung von Handelsgerichten.

Referent, Senator Dr. **Pfeiffer** aus Bremen: Der Antrag des Herrn Stadtgerichtsrath Borchardt in Berlin lautet: „1. Die Einführung des Deutschen Handelsgesetzbuches läßt die Errichtung besonderer Gerichte zur Entscheidung der Handelsstreitigkeiten als ein Bedürfniß erscheinen. 2. Was die Organisation solcher Handelsgerichte betrifft, so ist es erforderlich, daß die Zusammensetzung des Richter-Kollegiums in allen Instanzen nach gleichem Grundsatze erfolge und nur Rechtsgelehrte zu Richtern bestellt werden."

Hierzu hat Herr Dr. Reinach aus Mainz folgendes Amendement gestellt: „1. Die Einführung des Deutschen Handelsgesetzbuches erfordert die

Errichtung besonderer Handelsgerichte. 2. Im Interesse der einheitlichen Fortbildung des Handelsrechts ist eine möglichst gleichmäßige Organisation der Handelsgerichte in allen Deutschen Staaten wünschenswerth. 3. Die Handelsgerichte sollen weder ausschließlich aus rechtsgelehrten Richtern, noch lediglich aus Kaufleuten bestehen, vielmehr empfiehlt sich eine entsprechende Vereinigung des juristischen und des kaufmännischen Elements bei Besetzung der Handelsgerichte. 4. Dieses kaufmännische Element soll auch bei der Zusammensetzung der Gerichte der Appell-Instanzen, insoweit es sich um handelsgerichtliche Rechtsstreite handelt, berücksichtigt werden."

Ihre ständige Deputation hat die Herren Ober-Justizrath Frhr. von Holzschuher in Stuttgart, Professor Dr. Anschütz in Halle und Handelsgerichts-Präsident Röder in Mainz um Gutachten über die vorliegenden Anträge ersucht. Diese Herren haben sich mit dankenswerther Bereitwilligkeit diesem Auftrage unterzogen; ihre werthvollen Arbeiten befinden sich in den Händen der anwesenden Herren; sie sind theils in den „Verhandlungen des Fünften Deutschen Juristentages", theils in der „Deutschen Gerichtszeitung" abgedruckt.

Die von Herrn Borchardt angeregte Frage bildet ohne Zweifel eine zeitgemäße Aufgabe für den Deutschen Juristentag. In Folge der Einführung des Handelsgesetzbuches ist das Interesse für Gegenstände des Handelsrechts neu angeregt und belebt worden. Das Handelsgesetzbuch enthält eine Reihe von Bestimmungen über die Thätigkeit der Handelsgerichte sowohl in Bezug auf die freiwillige, als in Bezug auf die streitige Gerichtsbarkeit. In demselben ist zwar zugleich für den Fall, daß der Einführung besonderer Handelsgerichte Schwierigkeiten entgegentreten würden, den einzelnen Staaten überlassen, die Funktionen der Handelsgerichte den gewöhnlichen Gerichten zu übertragen Gerade hierdurch aber wird die Frage nahe gelegt, ob die Einführung besonderer Handelsgerichte als ein Bedürfniß zu betrachten sei oder nicht. Die Herren Antragsteller haben an die Spitze ihrer Anträge den Vorschlag gestellt, sich darüber auszusprechen, daß die Einführung besonderer Handelsgerichte überhaupt ein Bedürfniß sei. Diese Frage wird jedoch erst dann Inhalt und Verständniß gewinnen, wenn wir das Wesen, die Organisation und Zusammensetzung der Handelsgerichte erörtert haben. Wir werden daher zunächst zwei Fragen zu besprechen haben: erstlich, aus welchen Elementen die Handelsgerichte zusammenzusetzen sind, — ob nur aus kaufmännischen Mitgliedern, oder nur aus rechtsgelehrten Mitgliedern, oder aus beiden gemischt, — und zweitens, wie die Handelsgerichte in zweiter Instanz am zweckmäßigsten zu organisiren seien.

Der Schwerpunkt der Erörterung liegt in der ersten Frage. Die Meinungen in dieser Beziehung weichen weit von einander ab, und die Verschiedenheit derselben spiegelt sich in den erstatteten Gutachten ab. Herr Borchardt erklärt sich für die Besetzung der Handelsgerichte mit nur rechtsgelehrten Richtern, Herr Röder für Kaufleute allein, Herr Reinach will die Handelsgerichte aus beiden Elementen gemischt wissen, und die Herren v. Holzschuher und Anschütz schließen sich zwar der letzteren Ansicht an, jedoch mit Bedenken und Modifikationen. Gestatten Sie mir, daß ich Ihnen die wesentlichen Gründe der Ansichten, welche in den Gutachten niedergelegt sind, mit kurzen Worten in's Gedächtniß zurückrufe.

Herr Borchardt erklärt sich gegen die Zuziehung von Kaufleuten zunächst von dem Gesichtspunkte eines Privilegiums des Handelsstandes aus, welches er für unzulässig erklärt, und dessen Ertheilung seiner Ansicht nach, wenn es dem Handelsstande gewährt würde, auch anderen Berufsklassen, z. B. den Handwerkern nicht vorenthalten werden könnte. Er spricht die Ansicht aus, daß auch rechtsgelehrten Richtern, namentlich solchen, welche an ständigen Handelsgerichten Theil nähmen, die Kenntnißnahme von der Thätigkeit und Ausbildung des Handels und seiner Gebräuche keineswegs verschlossen sei. Er erklärt, daß die Nothwendigkeit der Mitwirkung des juristischen Elements in den Handelsgerichten gegenwärtig allgemein anerkannt sei. Gegen gemischte Handelsgerichte erklärt er sich aber, weil, wenn in ihnen den Kaufleuten nicht die Majorität gewährt werden würde, diese nicht befriedigt sein würden, während, wenn umgekehrt die Kaufleute die Majorität hätten, entweder dies nur scheinbar der Fall sein würde, indem doch die Autorität der rechtsgelehrten Mitglieder überwiege, oder, wenn wirklich den Kaufleuten die Mehrheit gegeben werde, zu befürchten sei, daß die Entscheidungen nur die Natur eines schiedsrichterlichen Spruches annähmen. Aus diesen Gründen hält er die Mitwirkung von Kaufleuten als Richter nicht für erforderlich oder zweckmäßig. Er glaubt aber auch, daß dieselben nicht als Sachverständige besondere Dienste leisten würden, und zwar vorzüglich deshalb, weil einzelne Kaufleute nicht eine universelle Uebersicht aller kaufmännischen Geschäftszweige, sondern nur eine specielle Sachkenntniß in dem einzelnen von ihnen selbst betriebenen Geschäftszweige mit in's Handelsgericht zu bringen vermöchten.

Herr Röder bezeichnet unter Hinweisung auf die historische Entwickelung der Handelsgerichte im Französischen Recht, im Gegensatz zu Herrn Borchardt, die Handelsgerichte als Standesgerichte und erklärt sie als solche für nothwendig, theils mit Rücksicht auf die Bedeutung des Handelsstandes und der Handelsgeschäfte an und für sich, theils mit Rücksicht auf die im Handelsstande sich stets bildenden neuen Uebungen und Gewohnheiten, welche nur einem Mitgliede dieses Standes genügend bekannt sein könnten. Es ist daher für die Besetzung der Handelsgerichte nur mit Kaufleuten. Er spricht sich gleichfalls mit großer Entschiedenheit gegen gemischte Handelsgerichte aus; er erklärt ihre Einführung für eine halbe Maßregel, welche nur aus einem Mißtrauen gegen die Unparteilichkeit und Befähigung der kaufmännischen Richter hervorgegangen sei. Entweder müsse man anerkennen, daß die Kaufleute zu einer sachgemäßen Rechtsprechung befähigt seien, dann könne man ihnen die Gerichtsbarkeit allein überlassen; oder man müsse ihnen dies Vertrauen verweigern, dann seien sie ganz auszuschließen. Aus eigener Erfahrung als Präsident und Mitglied des Handelsgerichts zu Mainz bezeugt er, daß erfahrene Kaufleute sehr wohl im Stande seien, mit befriedigendem Erfolge die Gerichtsbarkeit auszuüben, während er andererseits die Befürchtung andeutet, daß dem Juristen die erforderliche Erfahrung zur Urtheilsfällung fehle. Schließlich richtet er noch an die Juristen den besonderen Wunsch, behufs Erleichterung der Kaufleute bei der Rechtsprechung in den Handelsgerichten auf zwei Punkte ihre Bestrebungen zu richten: auf die Einführung eines einfachen Civilgesetzbuches oder doch eines der modernen Rechtsbildung entsprechenden Obligationenrechtes, und ferner auf ein vereinfachtes abgekürztes Proceßverfahren.

Herr v. Holzschuher unterscheidet zwischen der Nothwendigkeit und der Zweckmäßigkeit der Einführung kaufmännischer Handelsgerichte. Die Nothwendigkeit bestreitet er, indem er die einzelnen dafür angeführten Gründe in Abrede stellt. Dahin gehört die angebliche Nothwendigkeit der Handelsgerichte, um die handelsrechtlichen Gewohnheiten zu konstatiren, da das auch auf anderem Wege, namentlich in einem ordentlichen Beweisverfahren, sich ganz ebenso gut erreichen lasse. Er bestreitet ferner, daß die Kaufleute in den Handelsgerichten nothwendig seien behufs der richtigen Auffassung der Thatsachen, denn es gäbe auch hierfür andere und geeignetere Mittel; jedenfalls seien die Kaufleute aus diesem Grunde nur zur Entscheidung der Thatfrage erforderlich; in Civilsachen lasse sich aber die Thatfrage nicht wohl von der Rechtsfrage scheiden; um der Thatfrage willen ihnen aber auch die Rechtsfrage mit zu übertragen, dazu liege kein genügender Grund vor. Für die Unentbehrlichkeit der rechtsgelehrten Mitglieder in den Handelsgerichten erklärt er sich mit Entschiedenheit. Er giebt aber doch zu, daß Zweckmäßigkeitsgründe dafür sprächen, den Kaufleuten ein gewisses beschränktes Maß der Theilnahme an den Handelsgerichten zu gestatten. Diese Zweckmäßigkeitsgründe sind vorzugsweise, daß sie als Sachverständige eine nützliche Thätigkeit bei den Handelsgerichten entwickeln würden; ferner, daß auch ein wohlthätiger Einfluß auf den Proceßgang von ihrer Mitwirkung insofern zu erwarten sei, als die Parteien, wenn ihre Berufsgenossen als Richter am Handelsgerichte Theil nähmen, sich scheuen würden vor Chikanen, frivolen Proceßführungen, leeren Ausflüchten u. s. f. Endlich legt er Werth auf den allgemeinen Wunsch des Handelsstandes, der sich vielfach kundgegeben habe. Er betont jedoch, daß der Schwerpunkt im juristischen Elemente liegen müsse, und schlägt daher vor, daß so, wie im Königreich Bayern geschehen ist, die Handelsgerichte mit drei Juristen und zwei Kaufleuten besetzt werden möchten.

Auch Herr Anschütz erklärt sich nur zögernd für kaufmännische Handelsgerichte. Er findet zunächst in der Einführung des Handelsgesetzbuches keinen genügenden Grund zu einer solchen Maßregel, indem umgekehrt durch das Handelsgesetzbuch gerade dem Juristen die Handhabung des Handelsrechts erleichtert sei, und daher das kaufmännische Element eher entbehrt werden könne. Als überhaupt nicht hierher gehörig bezeichnet er eine Reihe von Gründen, die für die Handelsgerichte angeführt sind: einmal das Verlangen nach den Handelsgerichten als Standesgerichten, sodann die Klage über den langsamen und kostspieligen Proceßgang, ferner die Berufung auf die Analogie der Schwurgerichte, und endlich die Auffassung der Handelsgerichte als Schiedsgerichte. Größeres Gewicht legt er dagegen auf die bessere Kenntniß der Handelsgebräuche und Usancen, welche den Kaufleuten beiwohne, und zwar in verschiedener Beziehung. Theils seien dieselben dienlich zur Ergänzung des Handelsgesetzbuches, theils zur Auslegung der Gesetze, Verträge und Willenserklärungen, vorzugsweise aber auch noch zur Fortbildung des Handelsrechtes selbst. Er warnt jedoch davor, in diesem Punkte übertriebene Hoffnungen zu hegen. Auf der einen Seite hebt er nämlich gleichfalls hervor, daß auch ohne Theilnahme von Kaufleuten an den Handelsgerichten, im Wege des gewöhnlichen Proceßganges eine Ermittelung der Gewohnheiten möglich sei, und betont dabei, daß sogar den Parteien mehr damit gedient sein könne, indem ihnen im gewöhnlichen Beweisverfahren des Processes eine Mitwirkung zukomme, die ihnen bei der geheimen Berathung des Handelsgerichtes fehle. Sodann kommt auch er auf den Grund zurück, daß den kaufmännischen Handelsrichtern nicht eine universelle Kenntniß in allen Zweigen des Handels zukomme, sondern sie nur in ihrem eigenen Geschäftszweige bewandert seien. Jedenfalls, meint er, seien Handelsgerichte nur in größeren Handelsplätzen zulässig. Er erklärt sich daher für aus Kaufleuten und Juristen zusammengesetzte Handelsgerichte nur als Ausnahme, an solchen Orten, wo eine größere Masse von Handelsstreitigkeiten das Bedürfniß nach solchen Gerichten erzeuge, und wo ferner die Zusammensetzung des Handelsstandes der Art sei, daß sie das erforderliche Material zur Wahl von Handelsrichtern darbiete. Schließlich empfiehlt er noch die Sammlung und Aufzeichnung der Handelsusancen zur Orientirung der rechtsgelehrten Handelsrichter, um dadurch die Zuziehung des kaufmännischen Elements entbehrlich zu machen.

Sie sehen, daß die geehrten Herren, welche uns die dankenswerthe Gelegenheit und Hülfe zu der heutigen Besprechung geboten haben, in ihren

Ansichten vielfach weit auseinandergehen. Indem ich von Ihrer ständigen Deputation beauftragt bin, Ihnen eine Resolution vorzulegen, kann ich nicht umhin, meine eigene Ansicht auszusprechen und dieselbe zu motiviren. Ich glaube, der Ansicht den Vorzug geben zu müssen, welche sich für die Zusammensetzung der Handelsgerichte aus rechtsgelehrten und kaufmännischen Mitgliedern erklärt.

Ich fasse zunächst die Frage ins Auge, ob die Mitwirkung kaufmännischer Mitglieder in den Handelsgerichten als ein Bedürfniß zu betrachten sei. Und in dieser Beziehung beginne ich auch damit, einige Gründe, die hierfür angeführt worden, als solche zu bezeichnen, auf welche kein entscheidendes Gewicht gelegt werden kann. Dahin gehört zunächst das Verlangen nach Handelsgerichten als Standesgerichten, gewissermaßen nach Einführung eines privilegirten Gerichtsstandes für den Handelsstand, so zu sagen eines Pairsgerichts: denn Vorzugsrechte in Bezug auf die Rechtspflege verdienen überall keine Begünstigung, auch nicht zu Gunsten eines Standes von so großer Bedeutung, wie sie ohne Zweifel der Handelsstand im modernen Staatsleben erlangt hat. Es kommt aber noch hinzu, daß es schwerlich gelingen wird, Handelsgerichte zu schaffen, denen nur Kaufleute in ihren Streitigkeiten unter sich unterworfen sein würden. Wir müssen darauf verzichten, auf eine nähere Erörterung der schwierigen und interessanten Frage einzugehen, wie die Kompetenz der Handelsgerichte abzugrenzen sei. Soviel glaube ich aber als sicher annehmen zu können, daß die Kompetenz nicht rein persönlich bestimmt werden kann, sondern vorzüglich sich nach sachlichen Momenten richten muß, daß daher auch Streitigkeiten, wo wenigstens auf Einer Seite Nichtkaufleute stehen, unter die Gerichtsbarkeit der Handelsgerichte fallen müssen. Wenn dies der Fall ist, so fällt damit von vornherein der Gesichtspunkt eines Standesgerichts hinweg. Ich kann ferner die Ansicht nicht für begründet halten, welche die Handelsgerichte als Organe der sogenannten Billigkeit gegenüber den Anforderungen des strengen Rechts betrachtet. Ich glaube, daß die Strenge des Rechts unter keiner Voraussetzung gebeugt werden darf. Was man als Billigkeit zu bezeichnen pflegt, ist häufig nichts weiter, als subjektive Willkür gegenüber der objektiven Regel des Rechts, die als Ausdruck des Gesammtwillens erscheint, und der sich die individuelle Auffassung im einzelnen Falle unterwerfen muß. Ich glaube ferner nicht — und zwar aus denselben Gründen, die Herr Professor Anschütz angeführt hat, — daß die Einführung des Handelsgesetzbuches ein besonderes Moment ist, welches uns gerade jetzt veranlassen sollte, auf die Einführung von kaufmännischen Handelsgerichten zu dringen. Das Bedürfniß bestand früher ganz ebenso wie jetzt. Es ist zwar wahr, daß den kaufmännischen Handelsrichtern die Rechtsprechung in Handelssachen durch das Handelsgesetzbuch erleichtert werden wird.

Es ist aber ganz ebenso wahr, daß auch den juristischen Handelsrichtern die Kenntniß des Rechts durch das Handelsgesetzbuch erleichtert wird. Beide Gründe heben sich daher gegenseitig auf. Ein ungleich größeres Gewicht würde ich legen auf die besondere Kenntniß handelsrechtlicher Gewohnheiten und die größere Erfahrung in Fragen technischer Natur, welche den Kaufleuten ohne Zweifel beiwohnt. Es ist nicht zu verkennen, daß in beiden Beziehungen — sowohl in Bezug auf die Konstatirung gewohnheitsrechtlicher Sätze, als in Bezug auf Sachkunde — Kaufleute in den Handelsgerichten sehr nützliche Dienste leisten können. Wenn es sich jedoch nur darum handelte, bestimmte feststehende Sätze des abgeschlossenen Gewohnheitsrechts oder einzelne specielle Fragen der technischen Sachkunde festzustellen, dann, glaube ich, würden wir einen so großen Apparat, als die Handelsgerichte mit sich bringen, lediglich um dieses Zweckes willen nicht empfehlen können. Denn es ist ganz richtig, daß Fragen dieser Art auch im ordentlichen Beweisverfahren festgestellt werden können, und zwar unter Umständen mit besserem Erfolge als im Handelsgericht. Auch würde in dieser Hinsicht das von Herrn Professor Anschütz empfohlene Mittel der Aufzeichnung und Sammlung von handelsrechtlichen Usancen eine gute Aushülfe gewähren. Dabei würde dann auch in Betracht kommen, daß allerdings das Wissen des einzelnen Kaufmanns in technischen Fragen und in speciellen handelsrechtlichen Gewohnheiten vorzugsweise auf seinen eigenen Geschäftszweig beschränkt ist und daher in einer Mehrzahl von Fällen sich unzureichend erweisen wird.

Dessenungeachtet finde ich in den angeregten Beziehungen den gewichtigsten Grund für die Zuziehung von Kaufleuten zu den Handelsgerichten, wenn man dieselben unter einem allgemeineren gemeinsamen Gesichtspunkte betrachtet. Dieser allgemeine Gesichtspunkt besteht in dem Streben nach einer engeren Verbindung der Theorie und Praxis des Handelsrechts mit dem allgemeinen Rechtsbewußtsein des Handelsstandes. Die Bestrebungen, die Entwickelung des Rechts der engen Stubengelehrsamkeit zu entziehen und sie an die frische Luft der Lebens zu bringen, gehören nicht dem Handelsrecht allein an. Auf allen Gebieten des Rechts bricht sich in neuerer Zeit die Ueberzeugung Bahn, daß zwischen dem Recht, welches die Wissenschaft lehrt und die Gerichte anwenden, und dem Rechte, welches der Lebensverkehr selbst fordert, sich eine Kluft gebildet hat. Auf allen Gebieten des Rechts ist das Streben lebendig, den Bedürfnissen des wirklichen Lebens, den volkswirtschaftlichen Anforderungen, dem Rechtsbewußtsein des gegenwärtig lebenden Volkes Rechnung zu tragen und eine volksthümliche Entwickelung des Rechts anzubahnen. Ganz besonders lebendig aber sind diese Bestrebungen auf dem Gebiete des Handelsrechts. Der gewaltige Aufschwung, den Handel und Schifffahrt, Industrie und Geldverkehr in unseren Tagen gewonnen haben, die wachsende sociale Bedeutung des Handelsstandes, die Mannigfaltigkeit der Rechtsverhältnisse auf dem Handelsgebiete haben allen Gegenständen des Handelsrechts ein steigendes Interesse zugeführt. Eine Folge hiervon ist, daß man mehr, als früher geschehen, das Handelsrecht aus seinem eigensten Geiste zu verstehen und fremde Beimischungen von ihm fern zu halten sucht. Zu diesem Zwecke muß man sich die eigenthümlichen Erscheinungen, welche das Rechtsleben im heutigen Handelsverkehr und das Rechtsbewußtsein des Handelsstandes bietet, vergegenwärtigen. Ich rechne unter Anderem dahin zunächst eine Gemeinsamkeit der Rechtsanschauungen und eine größere Ausbildung gewohnheitsrechtlicher Normen, als sie in irgend einem Theile des sonstigen gemeinen Rechts sich findet. Die gesammte Thätigkeit des Kaufmannsstandes bewegt sich fast ausschließlich um den Abschluß von Rechtsgeschäften. Die Lebendigkeit des Verkehrs, die häufige Wiederholung von Rechtsgeschäften ähnlicher Art, die enge Berührung der Interessen der Berufsgenossen müssen dahin führen, daß übereinstimmende Anschauungen im Handelsstande sich bilden, daß feste Gewohnheiten, Gebräuche u. s. w. entstehen. Eine zweite Erscheinung besteht darin, daß die Rechtsbildung auf dem Gebiete des Handelsrechts nicht abgeschlossen, sondern in stetem lebendigen Flusse begriffen ist. Der Handel sucht täglich neue Formen und neue Wege und hierfür müssen sich neue Rechtsinstitute und neue Rechtsgestaltungen bilden. Endlich eine dritte Eigenthümlichkeit liegt in der Formlosigkeit der Handelsgeschäfte, in dem Vorwalten des Vertrauens auf die bona fides, in der besondern Berücksichtigung der Absicht der Kontrahenten. Die Beweglichkeit des Handels erfordert einen raschen Umsatz, kurzen Abschluß der Geschäfte, eine schnelle Entscheidung derselben. Damit harmonirt nicht die Aufnahme genau formulirter und wohl verklausulirter Verträge mit allen Kautelen und sonstigen Vorsichtsmaßregeln, wie sie im gewöhnlichen Geschäftsleben üblich sind. In Handelsgeschäften, bei welchen es sich oft um höhere Summen handelt, als im sonstigen Leben vorkommen, müssen kurze Notizen, Schlußzettel, die im Lapidarstyl geschrieben sind, briefliche Mittheilungen, Telegramme u. s. f. genügen. Für den Mangel der genaueren Form muß jedoch ein anderer Faktor der Rechtssicherheit eintreten, und dieser Faktor besteht eben in dem Vorwalten von Treu und Glauben, für welche der Gemeingeist des gesammten Handelsstandes die Bürgschaft übernimmt.

Diese von mir hervorgehobenen Erscheinungen kennzeichnen die bedeutende Rolle, welche das Rechtsbewußtsein des Handelsstandes in Bezug auf handelsrechtliche Verhältnisse spielt; ich brauche wohl kaum den Nachweis zu versuchen, daß diesem Rechtsbewußtsein die vollste Berücksichtigung gebührt. Ist es doch heut zu Tage ein anerkannter Satz, daß die

Quelle des Rechts überall in dem Rechtsbewußtsein des Volkes oder einzelner Abtheilungen desselben zu suchen ist. Die Quelle des Handelsrechts liegt daher im Rechtsbewußtsein des Handelsstandes, oder — noch bestimmter ausgedrückt — das Handelsrecht soll identisch sein mit dem Bewußtsein der Klasse, in welcher es lebt und wirkt. Das Rechtsbewußtsein des Handelsstandes ist der Geist des Handelsrechts — dies Rechtsbewußtsein, welches die Rechtsverhältnisse im Handelsverkehr, wie das Blut den Körper durchdringt, welches neue Rechtsbildungen hervortreibt, wo dies das Leben verlangt, und morsche Hüllen durchbricht, wo neue Rechtsinstitute hervorbrechen. Dieser Geist des Handelsrechts lebt und schafft noch in unserer Mitte. Auf anderen Gebieten des Rechts hat es mühsamer Arbeit tiefer Denker bedurft, um den Geist des Rechts aus dem Schacht der Jahrhunderte, in welchem er begraben war, zu Tage zu fördern. Ich erinnere an Ihering's Geist des Römischen Rechts. Auf dem Gebiete des Handelsrechts bedarf es solcher Arbeit nicht, weil jener Geist unter uns verkörpert im Handelsstande fortlebt und fortwirkt. Und hierin vorzugsweise finde ich die Rechtfertigung des Verlangens, daß Kaufleute zur Rechtsprechung zugezogen werden: als Repräsentanten ihres Standes, als **Repräsentanten des lebendigen Geistes des Handelsrechts**.

Man könnte nun fragen, ob nicht auch Juristen fähig sind, in den Geist des Handelsrechts einzudringen? Es unterliegt nicht dem geringsten Zweifel, daß Juristen, namentlich solche, die mit Kaufleuten in größeren Handelsplätzen in näherer Berührung stehen, einen tieferen Einblick in die eigenthümlichen Verhältnisse des Handels zu gewinnen vermögen. Aber trotzdem ist nicht zu leugnen, daß ihre Kenntniß, weil sie nicht auf unmittelbarer Erfahrung, nicht auf eigenen Erlebnissen und eigener Thätigkeit beruht, an derjenigen Lebendigkeit Mangel leidet, welche den kaufmännischen Mitgliedern beiwohnt, die aus der Fülle eigener Erfahrungen schöpfen können. Dies gilt ganz allgemein sowohl vom Verständniß des geschriebenen Handelsrechts, als von dem des handelsrechtlichen Gewohnheitsrechts selbst. Insbesondere werden aber Juristen selten im Stande sein, vollständig zu beurtheilen, was Treu und Glauben, einer der wichtigsten Faktoren handelsrechtlicher Verhältnisse, nach den im Kaufmannsstande selbst herrschenden Grundsätzen verlangt. Auch das Handelsgesetzbuch enthält verschiedene Bestimmungen, welche eine Zuziehung von Kaufleuten wünschenswerther machen, als es bisher der Fall war. Ich meine diejenigen Bestimmungen, welche auf die besondere Sachkunde des Handelsgerichts selbst Bezug nehmen, z. B. solche, welche von der Verpflichtung zur Sorgfalt eines ordentlichen Kaufmannes reden, welche auf einen ordentlichen Geschäftsgang, die Führung ordentlicher Geschäftsbücher u. s. f. hinweisen. Gegenstände dieser Art können mit Zuverlässigkeit nur von Kaufleuten beurtheilt werden und nicht von rechtsgelehrten Richtern. Es wird auch schwer sein, Fragen dieser Art so aus dem Zusammenhang des Rechtsverhältnisses herauszulösen, daß eine besondere Beurtheilung derselben durch Sachverständige im gewöhnlichen Beweisverfahren möglich wäre. Noch dringender wird die Mitwirkung von Kaufleuten in den Handelsgerichten erfordert durch diejenigen Bestimmungen des Handelsgesetzbuchs, welche geradezu dem arbiträren Ermessen des Gerichts die Entscheidung in die Hand geben, z. B. die Feststellung des Schadensbetrages bei Entschädigungsklagen, die Bestimmung von, den besondern Umständen des Falles angemessenen, Fristen u. s. f. In Fällen dieser Art kann die Entscheidung nicht auf logisch gegliederte Gründe gestützt, sondern muß vielmehr gewissermaßen aus unmittelbarer Intuition geschöpft werden. Ein juristisches Spruchkollegium wird solchen Fragen geradezu rathlos gegenüberstehen und entweder in's Blaue hinein willkürlich greifen oder vom Richterstuhl heruntersteigen und besonderen Sachverständigen die Entscheidung auf dem einen oder anderen Wege überlassen müssen.

Auf eine Einwendung, die mir die gewichtigste von allen zu sein scheint, muß ich jedoch noch kommen, nämlich die, daß Kaufleute als Handelsrichter unter Umständen der erforderlichen Unbefangenheit entbehrten, insofern es sich um Fragen handelt, die mit ihrem eigenen Geschäftsbetrieb in näherer Verbindung stehen. Ich glaube, daß allerdings solche Fälle vorkommen können. Wenn z. B. in Assekuranzfällen ein Assekuradeur im Handelsgericht sitzt, so wird er beim besten Willen und bei voller Unparteilichkeit doch geneigt sein, die Einwendungen, die gegen den Entschädigungs-Anspruch erhoben werden, mit günstigeren Augen anzublicken, als die entgegenstehenden Interessen. Aehnliche Verhältnisse werden bei Streitfällen z. B. zwischen Exporteur und Zwischenhändler, zwischen Spediteur und Absender u. s. f. eintreten können. Dieses Bedenken kann meiner Meinung nach nicht vollständig abgewiesen werden. Ich glaube jedoch kein großes Gewicht darauf legen zu müssen. Denn einmal sind Fälle dieser Art nicht häufig; sodann steht ja auch ein Kaufmann nie allein da, sondern es stehen immer mehrere neben einander, die sich gegenseitig kontrolliren; vor Allem aber wird, wenn, wie es meiner Ansicht nach zweckmäßig ist, auch rechtsgelehrte Richter an der Rechtsprechung Theil nehmen, hierin ein genügendes Gegengewicht gegen vorgefaßte Anschauungen zu finden sein.

Dies führt mich denn auf den zweiten Theil meiner Erörterung, nämlich auf die Unentbehrlichkeit des juristischen Elementes in den Handelsgerichten. Wenn ich vorher das kaufmännische Element und den in ihm verkörperten Geist des Handelsrechts als das Blut bezeichnet habe, welches den Körper der gerichtlichen Erkenntnisse durchdringen soll, so darf ich das juristische Element als das Knochengerüst und die Muskeln ansehen, welche das rechtliche Urtheil nicht entbehren kann.

Das Recht ist ein organisches Ganzes. Es kann daher nur eine systematische Kenntniß desselben zur richtigen Beurtheilung des Einzelnen führen; die systematische Kenntniß ist aber nur durch ein eigentliches Fachstudium zu erreichen. Dies gilt insbesondere auch vom Handelsgesetzbuch. Es ist ein Irrthum, wenn man annimmt, man brauchte künftig in jedem Rechtsfalle nur den betreffenden Artikel des Handelsgesetzbuches aufzuschlagen und darin werde sich die Entscheidung von selbst finden. Auch das Handelsgesetzbuch will als systematisches Ganzes, in seinem inneren Zusammenhang aufgefaßt werden, und nicht nur das, sondern auch im Zusammenhang mit den allgemeinen Rechtsgrundsätzen, die zum großen Theil auch noch wie früher die Quelle der Entscheidung bilden müssen. Nichtjuristen aber werden häufig in die Lage kommen, nicht das Recht zu beherrschen, sondern im Gegentheil vom Worte und Buchstaben des Gesetzes beherrscht zu werden. Zu diesem Mangel civilistischer Studien tritt bei Kaufleuten noch die Unkenntniß des processualischen Elements und der Mangel an Geschäftsroutine, welche sich nur ein Fachmann durch längere Geschäftsübung aneignen kann. Ueberhaupt schon die Uebung im abstrakten Denken, die Fähigkeit, die besonderen Thatsachen unter die allgemeine Rechtsregel richtig zu subsumiren, wird den Kaufleuten nicht in dem Grade zu Gebote stehen, wie sie zur richtigen Urtheilsfällung nöthig ist. Selbst Herr Röder, der sich für eine gänzliche Ausschließung der rechtsgelehrten Richter aus den Handelsgerichten mit Entschiedenheit erklärt, verlangt doch zur Erleichterung der Kaufleute bei Ausübung ihres Berufs ein vereinfachtes Obligationenrecht und ein abgekürztes Proceßverfahren. Er scheint damit wenigstens anzuerkennen, daß nach dem jetzigen Rechtszustande Schwierigkeiten vorliegen, welche der einfache Kaufmann schwer überwinden kann. Dagegen stützt man sich auf die Erfahrungen in den Ländern Französischen Rechts, in welchen vollkommen befriedigende Resultate mit rein kaufmännischen Handelsgerichten erzielt sein sollen, und ein sehr beachtenswerthes Zeugniß in dieser Beziehung liegt eben im Gutachten des Herrn Handelsgerichtspräsidenten Röder vor, der über die langjährige Thätigkeit des Handelsgerichts in Mainz referirt. Solchen Zeugnissen gegenüber kann man nicht in Abrede stellen, daß unter günstigen Umständen auch rein kaufmännische Handelsgerichte Vertrauen erweckende Urtheile zu fällen im Stande sein mögen, namentlich wenn sie unter der Leitung besonders begabter Präsidenten arbeiten. Diesen Erfahrungen gegenüber stehen indessen auch entgegengesetzte Erfahrungen, die z. B. in den Niederlanden so mächtig geworden sind, daß sie zur gänzlichen Beseitigung der kaufmännischen Handelsgerichte geführt haben. Es soll sich nach bestimmten

Zeugnissen in den Handelsgerichten fast überall das Bedürfniß der Leitung und Unterstützung durch Rechtsgelehrte geltend machen; und wo dasselbe nicht direkt auf gesetzlichem Wege befriedigt werden kann, da findet es durch eine Hinterthür Eingang: in der Regel ist es der rechtsgelehrte Gerichtsschreiber, auf den sich die Handelsgerichte zu stützen pflegen. Außerdem giebt es auch noch gesetzliche Mittel, um in Fällen der Verlegenheit auszuhelfen: im Französischen Recht wird ein juge arbitre zugezogen, und bestimmte Fragen werden geradezu von den Handelsgerichten an die ordentlichen Gerichte verwiesen und dort erledigt.

Ich konkludire also dahin, daß zu einem entsprechenden Urtheil das Zusammenwirken kaufmännischer und juristischer Kenntnisse erforderlich ist. Ich verkenne nicht die Schwierigkeiten, welche darin liegen, daß man in einem Kolleg Personen von verschiedenem Bildungsgange und von verschiedenen Lebenserfahrungen vereinigt. Ich glaube jedoch annehmen zu können, daß sich praktisch die Sache überall, wo Handelsgerichte eingeführt sind, ungleich besser gestaltet, als man vielleicht a priori anzunehmen geneigt sein möchte. In den gemischten Handelsgerichten ist den rechtsgelehrten Richtern die Aufgabe gestellt, ihren kaufmännischen Kollegen den Rechtspunkt in den einzelnen Fällen klar zu machen. Sie sind genöthigt, bei Erörterung der Rechtsgrundsätze sofort an den praktischen Fall anzuknüpfen und die kaufmännische Auffassung von vornherein dabei zu berücksichtigen, sich selbst also die Auffassung des Rechts vorzugsweise in praktischer Richtung klar zu machen. Seitens der kaufmännischen Mitglieder wird dagegen ihre Lebenserfahrung beigetragen und hierdurch auf die Ansicht des rechtsgelehrten Richters ein gewichtiger Einfluß geübt. Schließlich wird freilich der Regel nach das Urtheil selbst in der Hand des Juristen liegen, aber nicht als sein eigenes Werk, sondern als ein Resultat des lebendigen Zusammenwirkens der verschiedenen Elemente, welche im Handelsgerichte vereinigt sind.

Es kommt hierbei m. E. wenig auf das numerische Verhältniß zwischen Juristen und Kaufleuten an. In Bremen und Hamburg bestehen die Handelsgerichte aus zwei Kaufleuten und einem rechtsgelehrten Vorsitzenden; in Bremen ist sogar das Handelsgericht zweiter Instanz in Sachen bis zum Streitbetrage von 300 Thalern aus vier Kaufleuten und einem juristischen Vorsitzenden zusammengesetzt. Trotz dieses Uebergewichts der Kaufleute sind erfahrungsmäßig in Hamburg und Bremen nur höchst selten Fälle vorgekommen, in welchen der Jurist von den Kaufleuten überstimmt worden ist: offenbar, weil beide Elemente sich in einander leben und vereinigen.

Man könnte aus der Erscheinung, daß das rechtsgelehrte Mitglied selten von den kaufmännischen Beisitzern überstimmt wird, ein Bedenken sogar gegen die Bildung der Handelsgerichte aus Einem Juristen und mehreren Kaufleuten hernehmen, weil, namentlich in Beziehung auf civilistische und processualische Fragen, das juristische Mitglied ein Uebergewicht erlangen könnte. Man könnte fragen, ob nicht demjenigen System der Vorzug zu geben sei, welches z. B. hier in Braunschweig mit Erfolg bisher gehandhabt worden ist, und welches auch in Württemberg eingeführt werden soll, wonach nämlich drei Kaufleute und zwei Juristen zusammenwirken. Dies System bietet wenigstens den Vorzug, daß auch die Beleuchtung der Rechtsfrage von verschiedenen Seiten möglich gemacht wird. Wir brauchen jedoch diese Frage hier nicht zur Entscheidung zu bringen, theils weil sie nicht auf der Tagesordnung steht und nicht in den Anträgen berührt ist; theils halte ich dafür, daß dieselbe nicht von entscheidender principieller Bedeutung ist.

Ich kann daher nunmehr auf die zweite Hauptfrage übergehen, wie nämlich die Handelsgerichte in zweiter Instanz zu organisiren seien. In dieser Beziehung weichen gleichfalls die Ansichten stark von einander ab. Die Herren Borchardt und v. Holzschuher erklären sich für eine gleichmäßige Organisation der Handelsgerichte in beiden Instanzen: Herr Borchardt seiner Grund-Ansicht gemäß für eine Zusammensetzung nur aus Juristen, Herrn v. Holzschuher für eine Vermischung des kaufmännischen und juristischen Elements der Art, daß vier Juristen und drei Kaufleute zugleich die Rechtsprechung übernehmen sollen. Herr Röder dagegen vertheidigt auch in dieser Beziehung das Französische System, nach welchem in zweiter Instanz nur Rechtsgelehrte im Gericht sitzen, indem er hierfür anführt, daß die Thatfrage in der Regel schon in erster Instanz genügend erledigt wäre, so daß in die zweite Instanz nur die Rechtsfrage gelange, wofür ein rechtsgelehrtes Kollegium genüge. Mir scheint für Alle, die sich für gemischte Handelsgerichte erklären, auch eine nothwendige Konsequenz, für die zweite Instanz eine gleiche Zusammensetzung zu wünschen. In dem Französischen System liegt ein Anerkenntniß dafür, daß man mit Kaufleuten allein doch nicht ausreichen könne, daß vielmehr im Ganzen und Großen die Rechtsprechung auch die Mitwirkung von Juristen verlangt; nur scheint mir diese Art der Theilung der Funktionen, daß man eine Instanz nur mit Kaufleuten, die zweite nur mit Juristen besetzt, die am wenigsten nachahmenswerthe zu sein. Ich erlaube mir, für die Zusammensetzung der Gerichte zweiter Instanz aus Kaufleuten und Juristen auch noch folgende besondere Gründe anzuführen. Wenn nova in zweiter Instanz vorkommen — und der Deutsche Zukunftsproceß wird wahrscheinlich die Zulässigkeit der nova in größerem Umfange, als sie bisher nach Gemeinem Proceß stattfindet, verordnen, — wenn also nova in zweiter Instanz vorkommen, so würden hierüber nur rechtsgelehrte Richter entscheiden und daher insofern das kaufmännische Element ganz ausgeschlossen sein. Es würde ferner den Handelsgerichten, wie überall schon der Fall ist, die Entscheidung über handelsrechtliche Gewohnheiten aus eigener Wissenschaft übertragen werden müssen. Wenn nun gegen einen solchen Ausspruch appellirt wird, so fehlt entweder die zweite Instanz über diesen vielfach höchst wichtigen Punkt, falls man das Appellationsgericht für gebunden an den Spruch erster Instanz erklärt; oder, wenn die zweite Instanz an diesen Spruch nicht gebunden ist, so verliert der Spruch erster Instanz seinen Werth, weil dann in zweiter Instanz ein neues Beweisverfahren durch Sachverständige eingeleitet werden müßte, und dadurch die Entscheidung der kaufmännischen Handelsrichter wieder indirekt werthlos gemacht würde.

Aus diesen Gründen erlaube ich mir, Ihnen zunächst folgende Anträge vorzuschlagen:

1. „Die Einführung besonderer, aus rechtsgelehrten und kaufmännischen Richtern gebildeter Handelsgerichte erscheint als ein Bedürfniß im Interesse der Erhaltung eines lebendigen Zusammenhangs der Anwendung und Fortbildung des geschriebenen Handelsrechts mit dem allgemeinen Rechtsbewußtsein des Handelsstandes.
2. Die Mitwirkung des kaufmännischen Elementes ist auch in den Gerichten zweiter Instanz bei der Entscheidung von Handelssachen nicht zu entbehren."

Ich muß aber noch auf einen anderen Punkt zurückkommen. Herr Professor Anschütz will die Einführung der Handelsgerichte nur als Ausnahme auf solche Orte beschränkt haben, wo viele Handelsstreitigkeiten das Bedürfniß nach Handelsgerichten erzeugen und die Zusammensetzung des Handelsstandes das genügende Material zur Besetzung dieser Gerichte bietet. Wenn ich nicht irre, ist in ähnlichen Richtungen im Königreich Hannover von der Regierung und den Ständen vor Kurzem Bedenken getragen worden, überhaupt auf Anträge in Betreff der Einführung von Handelsgerichten einzugehen. Nun läßt sich gewiß nicht leugnen, daß man da, wo gar keine oder sehr wenige Handelsstreitigkeiten vorkommen, oder wo keine geeigneten Handelsrichter aus dem Kaufmannsstande zu finden sind, auf die Einführung von kaufmännischen Handelsgerichten verzichten muß. Die Frage kann daher nur sein, ob es größere Bezirke in Deutschland giebt, die so arm in diesen beiden Beziehungen wären. Ich muß gestehen, daß ich dies in Zweifel ziehe, namentlich für Hannover: ich meine, daß in einem Lande, in welchem Städte mit einem so lebhaften Handelsverkehr, wie in Hannover, Emden, Harburg, Hildesheim, Osnabrück u. s. f. liegen, ein Bedürfniß von Handelsgerichten nicht geleugnet werden sollte. Aber es würde eine statistische Nachweisung nöthig sein, um diesen Punkt vollständig zu erledigen. So lange eine solche Nachweisung fehlt, wird man im Allgemeinen sagen müssen, es versteht sich von selbst, daß an Orten, wo kein Bedürfniß besteht, auch keine Handelsgerichte einzuführen seien. Zur Beruhigung derer, welche hierin ein besonderes Bedenken finden, gebe ich Ihnen deshalb anheim, noch eine weitere Resolution zu fassen, jedoch nicht in der Form, wie Herr Professor Anschütz vorgeschlagen hat, wonach die Einführung der Handelsgerichte nur als Ausnahme betrachtet werden soll, sondern umgekehrt schlage ich folgende Fassung vor:

„3. Die Gerichtsbarkeit in Handelssachen ist nur in solchen Bezirken in welchen eine größere Zahl von Handelsstreitigkeiten nicht vorkommt oder die Zusammensetzung des Handelsstandes eine Auswahl tüchtiger Handelsrichter nicht bietet, den gewöhnlichen Gerichten zu übertragen, und zwar, wo es thunlich ist, besonderen Abtheilungen derselben."

Es ist vor wenigen Tagen auf dem volkswirthschaftlichen Kongreß in Hannover eine wichtige Frage wieder zur Sprache gekommen, nämlich die Begründung eines gemeinschaftlichen gerichtlichen Organs behufs Erhaltung der Rechtseinheit auf dem Gebiete des Handelsrechts. Dieser Gegenstand steht nicht auf unserer Tagesordnung; wir können denselben deshalb wohl nicht gegenwärtig einer eingehenden Erörterung unterziehen. Er ist jedoch von so großer Wichtigkeit, daß ich ihn nicht ganz übergehen möchte, zumal ich mit dem in Hannover gefaßten Beschluß in Ansehung einer Beauftragung des Ober-Appellationsgerichts zu Lübeck mit den Funktionen eines höchsten Gerichtshofes in Handelssachen für ganz Deutschland mich nicht einverstanden erklären kann. Ich erlaube mir daher, Ihnen vorzuschlagen, diese Frage Ihrer ständigen Deputation zur Vorbereitung für den nächsten Juristentag zu überweisen und beantrage daher folgende vierte Resolution:

„4. Die ständige Deputation wird aufgefordert, die Frage:

auf welche Weise dem Bedürfnisse eines gemeinschaftlichen Organs behufs Erhaltung der Einheit des Handelsrechts in Deutschland am zweckmäßigsten zu genügen sei,

auf die Tagesordnung des nächsten Juristentages zu setzen und für eine geeignete Vorbereitung dieser Frage zu sorgen."

Gerichtsrath **Malß** aus Frankfurt a. M.: Es ist vielleicht nicht gleichgültig bei der vorliegenden Frage, von vornherein zu wissen, wo ein Redner lebt, und in welchen Verhältnissen er steht. Ich bin aus Frankfurt a. M., also aus einer fast nur Handel treibenden Stadt, und bemerke im Voraus, daß, soweit ich die Stimmung dort kenne — und ich kenne sie ziemlich genau — man in Frankfurt Handelsgerichte aus bloßen Kaufleuten nicht errichten, und vielleicht besondere Handelsgerichte überhaupt gar nicht wünschen wird. Der Ruf nach Handelsgerichten ist aus dem Schoße des Handelsstandes hervorgegangen; es ist aber gewiß ein Irrthum, wenn man glaubt, der Handelsstand verlange nach einem Privilegium, oder er denke an ein judicium parium oder Zunftgerichte u. s. f. Der Handelsstand pflegt überhaupt nicht nach Principien, sondern nach Interessen zu handeln. Das Bedürfniß hat den Handelsstand von jeher dahin geführt, sich gegen die Justiz, wie sie in allen unseren Staaten gewesen ist, zu sträuben: er konnte die langen Fristen und den schwerfälligen Gang des Processes nicht abwarten; wenn der Proceß zu Ende, hatte der Kaufmann, dessen Geschäfte immer schnell gehen müssen, kaum noch ein Interesse daran, wie die Sache entschieden war. Dies ist auch historisch der Grund für die Entstehung der Handelsgerichte. Sie waren nicht judicia parium, sondern Genossenschaftsgerichte mit dem Charakter von Schiedsgerichten: die Kaufleute, die bei der Staatsjustiz keinen Trost fanden, haben im Innern ihrer Korporation sich selbst Recht verschafft. Ich glaube deshalb auch, daß, wenn der Proceß reformirt ist, dem Bedürfniß des Handelsstandes zum großen und vielleicht zum allergrößten Theile bereits genügt ist. Auch, glaube ich, würde, unter Voraussetzung einer solchen Reform des Processes, von Handelsgerichten schon deshalb ganz Umgang genommen werden können, weil das Handelsrecht jetzt kodificirt ist.

Man muß jedoch anerkennen, der Ruf nach Handelsgerichten ist allgemein, und es wird kaum möglich sein, ihm nicht in der einen oder anderen Weise entgegenzukommen. Aber auch wissenschaftlich rechtfertigt sich die Zuziehung von Kaufleuten zu denjenigen Gerichten, welche in Handelssachen erkennen sollen, weil das Handelsrecht trotz seiner jetzigen Kodifikation nicht abgeschlossen ist, sondern sich fortwährend erneuert und fortwährend einer weiteren Ausbildung bedarf. Damit dieses innere Wachsthum des Handelsrechts gedeihlich geschehen könne, ist es wünschenswerth, wenn in den Handelsgerichten selbst Kaufleute sitzen. Es wird sich also wesentlich nur noch fragen, wie stark das kaufmännische Element in Handelsgerichten sein soll; dabei sollte man aber vor allen Dingen von der Gleichmacherei absehen, die überhaupt in der Gesetzgebung nicht sehr heilsam ist.

Wenn das Handelsrecht noch nicht kodificirt wäre, würde es meiner Ansicht nach vorzuziehen sein, wenn das ganze Gericht aus Kaufleuten bestände, die sehr wohl fähig sind, zweckmäßige und passende Urtheile in Handelsproceßsachen zu fällen. Jedenfalls sollte man da, wo die Juristen und Advokaten noch in der Stubengelehrsamkeit befangen und dem Leben entfremdet sind, die Kaufleute überwiegen lassen, damit ein frisches Element bei der Rechtsprechung mitwirkt. Da aber, wo auch in den Juristenstand längst ein frischeres Leben eingezogen ist, wie es in den großen Handelsemporien der Fall sein wird, sollte das kaufmännische Element nur in geringerer Anzahl dem Gerichte beigegeben sein. Ferner glaube ich, wie auch schon angedeutet ist, daß sich Handelsgerichte an vielen Orten gar nicht werden einrichten lassen: weil entweder kein Bedürfniß für sie vorhanden, oder weil es an geeigneten kaufmännischen Persönlichkeiten fehlen wird, um aus ihnen die nöthigen kaufmännischen Handelsrichter zu nehmen. An anderen Orten dagegen werden die Handelssachen einen sehr großen Theil der Thätigkeit der Gerichte ausmachen. In Frankfurt werden z. B. von den Geschäften des kollegialischen Gerichts erster Instanz mindestens $^{7}/_{8}$, wenn nicht $^{19}/_{20}$ unter den Begriff von Handelssachen fallen. Hier wäre es doch verkehrt und unwirthschaftlich, wenn man für den größten Theil der bisherigen Sachen besondere Handelsgerichte errichten, und den ganzen Apparat der bisherigen Gerichte für einen kleinen Rest von Sachen bestehen lassen wollte. Ich sehe nicht ein, warum man nicht einfach in Handelssachen das bisherige Gericht als Handelsgericht unter Zuziehung einer bestimmten Anzahl von mitstimmenden Kaufleuten Recht sprechen lassen will.

Auch aus einem anderen Grunde halte ich dies für wünschenswerth. Ich bin nämlich nicht, wie Herr Röber, der Ansicht, daß wir in so kurzer Zeit ein allgemeines Deutsches, oder Süddeutsches, oder Westdeutsches, oder sonst ein partikuläres kodificirtes Obligationen- oder Privatrecht bekommen werden. Es wird dies noch sehr lange dauern, — was auch vielleicht kein so enormes Unglück ist. Inzwischen wird das Handelsgesetzbuch, das ja doch nicht blos einzelne sporadische Entscheidungen in Handelssachen enthält, sondern ein sehr systematisches Gesetzbuch ist, einen sehr wesentlichen Einfluß üben auf die Rechtsprechung bei anderen Fragen des Obligationenrechts, und das ist m. E. gar nicht zu unterschätzen. Wo z. B. über Retentionsrechte oder über Pfandrechte oder über mora u. s. f. im Gemeinen Rechte Controversen bestehen, die jetzt im Handelsgesetzbuch entschieden sind, wird die Praxis gar nicht umhin können, die vom Handelsgesetzbuch angenommene Ansicht auch für Fälle des gewöhnlichen Rechts als maßgebende anzunehmen. Man hat dies an verschiedenen Orten bereits sehr fühlbar erkannt und deshalb Kommissionen niedergesetzt, die darüber berichten sollen, welche Grundsätze des Handelsgesetzbuches jetzt schon auf dem Wege der Gesetzgebung für anwendbar auf das übrige Rechtsgebiet erklärt werden können. Dies ist meines Wissens in Bremen, ich glaube auch in Hamburg, jedenfalls in Frankfurt geschehen. Ich meine also, daß die Trennung der Handelsgerichte von den gewöhnlichen Civilgerichten in dieser Beziehung nachtheilig wirken wird.

Wenn ich mich in der Wahl entscheiden müßte, ob ich das kaufmännische oder das juristische Element entbehren möchte, so würde ich sagen: das kaufmännische kann, das juristische kann nicht entbehrt werden. Diejenigen, die ihre Ansichten auf die Erfahrungen in den Französisch-rechtlichen Provinzen stützen, vergessen, wie mir scheint, Eines: den großen Unterschied zwischen dem code de commerce und unserem Allgemeinen Deutschen Handelsgesetzbuch. Jenes ist ein verhältnißmäßig einfaches Gesetzbuch; dieses ist dagegen verhältnißmäßig sehr komplicirt und selbst für den Juristen schwer zu handhaben. Ich wollte doch z. B. sehen, wie Kaufleute über das kaufmännische Retentionsrecht, die Inpfandnahme und dergl. Fragen so rasch ins Klare kommen sollten. Man darf nicht vergessen, die Franzosen haben ja allmälig ihre ganze wissenschaftliche Arbeit verloren, Alles ist in lexikographische Arbeiten und in Paraphrasen der einzelnen Gesetzesstellen ausgeartet: dessen aber ist der Deutsche Geist nicht fähig, unsere Deutsche Rechtswissenschaft steht auf einem anderen und höheren Standpunkte. Zudem erklärt das Handelsgesetzbuch ausdrücklich das Gemeine Recht als in subsidio geltend. Ich sehe also nicht, wie es möglich sein soll, das juristische Element zu entbehren.

Ich schließe mich deshalb den Anträgen des Herrn Referenten an. Nur möchte ich nicht ausgesprochen haben, daß besondere Handelsgerichte bestehen sollen, sondern möchte im Gegentheil empfehlen, daß Handelsgerichte nur Abtheilungen der bestehenden Civilgerichte sein und für den einzelnen Fall — ad hoc — durch Zuziehung kaufmännischer Elemente organisirt werden sollen, welche je nach Ort und Gelegenheit die Majorität oder die Minorität eines kollegialen Gerichts bilden mögen, welche aber in allen Fällen nicht nur berathende, sondern auch beschließende Stimme haben.

Rechtsanwalt **Dockhorn** aus Posen: Ich möchte mich, m. H., für den Borchardt'schen Antrag — und zwar nach allen Richtungen — aussprechen.

Zunächst kann kein Zweifel darüber bestehen, daß Handelsgerichte überhaupt einzurichten. Denn das Handelsgesetzbuch hat darüber bereits Bestimmung getroffen. Wenn daher im Gegentheil angenommen werden sollte, Handelsgerichte seien überflüssig, so müßten besondere Gründe da sein, die eine Abänderung des betreffenden Artikels rechtfertigten.

Der Schwerpunkt der hier zu erörternden Frage liegt darin: Sollen die Handelsrichter nur Kaufleute, oder nur Juristen, oder Kaufleute und Juristen sein? Wenn man Kaufleute zu Richtern berufen will; so fragt es sich, ob sie überhaupt fähig, und ob sie fähiger als die Juristen sind, in Handelssachen das Urtheil zu finden. Um ein Urtheil zu finden, ist doch dreierlei erforderlich: Kenntniß des Rechts, Kenntniß des Thatsächlichen, Subsumtion des Thatsächlichen unter das Recht.

Kann zunächst die in Handelssachen nöthige Rechtskenntniß ohne gelehrtes Studium, also blos dadurch, daß man das Recht selbst übt, erworben werden? Ich glaube, daß diese Frage verneint werden muß für das Handelsrecht, wie für jedes andere Recht. Das Handelsrecht ist ja nicht ein Abschnitt des Rechts der Art, daß das übrige Recht zusammenhangslos daneben bestände; es beruht vielmehr auf dem allgemeinen bürgerlichen Recht. Ich glaube nun, daß man das Recht überhaupt nur dann kennen kann, wenn man es gelernt hat, und ich kann keinen Grund finden, der für das Handelsrecht eine andere Annahme rechtfertigte. Jedenfalls aber kennt der kaufmännische Richter das Recht nicht in dem Umfange und nicht in der Art, daß er einen Spruch abgeben könnte, dem sich ein Anderer unterwerfen muß. Das Handelsgesetzbuch umfaßt nicht das ganze Recht, ebensowenig wie das Handelsrecht das gesammte Recht. Ich will nur auf die eine Vorfrage hinweisen, welches Recht, d. h. das Recht welches Ortes und welcher Zeit denn überhaupt in einem bestimmten Falle anzuwenden sei, — ein bekanntlich sehr schwieriger Punkt auch für wissenschaftlich gebildete Juristen. Ist nun etwa das Handelsgesetzbuch so geschrieben, daß Jeder, der es aufschlägt, es verstehen kann? Ich behaupte, daß man jeden beliebigen Artikel herausnehmen und, wenn man ihn einem Kaufmann vorlegt, sicher sein kann, daß er ihn unrichtig auslegen wird. Das Handelsgesetzbuch hat z. B. bekanntlich in wenigen Artikeln Anordnungen über Handelsregister getroffen; es sagt aber nicht, welche Wirkungen die Eintragung hat, wie sich also eine eingetragene Firma von einer nicht eingetragenen unterscheidet, welche Erforderniſſe erfüllt sein müssen, ehe sie eingetragen werden darf u. s. f. Die Meinungen selbst der Juristen gehen hierüber sehr weit auseinander, und in Preußen verfährt fast jeder Kommissarius anders, als sein Kollege. — Man legt aber ein großes Gewicht darauf, daß die Kaufleute, da sie mitten im Leben ständen, besonders geeignet seien, das Gewohnheitsrecht zu kennen. Auch dies bestreite ich. Allerdings ist ein Kaufmann wohl geeignet, darüber Auskunft zu geben, welche Usancen gerade in seiner eigenen Branche und an dem Orte, wo er sein Geschäft treibt, vorherrschen. Vor Gericht sollen aber nicht nur Usancen einer einzigen Branche und eines einzigen Ortes festgestellt werden, es kommen vor ihm in den mannichfaltigsten Processen vielmehr die Handelsbräuche aller möglichen Branchen und Plätze zur Sprache, und für diese wird man doch nicht jedesmal einen besonderen Kaufmann verlangen, der als Richter mitwirke. Wenn also auch der Kaufmann die an seinem Platze in seiner Branche bestehenden Usancen kennen mag, so kann dies allein, da ihm die Kenntniß der übrigen Usancen mangelt und das ganze übrige Recht verschlossen ist, nicht genügen, ihn zum Richter zu berufen auch für Materien, deren Kenntniß ganz wo anders her zu entnehmen ist. — Diejenigen, die die Kaufleute zu Richtern berufen wollen, sagen ferner gar nicht, wen sie von den Kaufleuten auswählen würden, wohin namentlich nach ihrer Ansicht die Kenntniß des Einzelnen gehen solle. Der Begriff

„Kaufmann“ ist aber nach dem Handelsgesetzbuch ein außerordentlich umfassender.

Geht nun aber den Kaufleuten die zur Findung eines Urtheils erforderliche Rechtskenntniß ab, so steht es nicht viel besser mit der Feststellung und Erkenntniß des Thatsächlichen. Es ist ganz richtig, daß ein Kaufmann besser, als ein Jurist geeignet ist, die Willenserklärungen der Handeltreibenden auszulegen, und besser Auskunft geben kann, was mit einem Wort oder mit einer Form gemeint ist. Folgt denn aber hieraus, daß der Kaufmann zum Richter berufen werden muß? Dies bestreite ich ebenfalls. Die thatsächliche Feststellung im Proceß kommt zu Stande zunächst durch Zugrundelegung der processualischen Form, zweitens durch Aufnahme, Würdigung der Beweismittel u. s. f. Glauben Sie nun, m. H., daß ein Kaufmann, blos weil es sich um eine handelsrechtliche Entscheidung handelt, geeignet ist, die Folgen der Agnition, der Kontumaz, der Eideszuschiebung, der Eideszurückschiebung u. s. f. besser zu würdigen, oder auch nur überhaupt so zu würdigen, wie ein Jurist? Wenn aber dem Kaufmann die Kenntniß des Processes abgeht und abgehen muß, so mangelt ihm dies für einen Richter zur Urtheilsfällung nöthige zweite Erforderniß: die Fähigkeit, das Thatsächliche festzustellen.

Ich meine endlich drittens, daß der Kaufmann auch nicht so wie ein Jurist geeignet ist, das gefundene thatsächliche Material unter das Recht zu subsumiren. Es gehört dazu eine Gewöhnung des Denkens, die nur einem Fachmann beiwohnt. Denn wenn man Thatsachen unter rechtliche Gesichtspunkte unterordnen soll, so muß man stets die ganze betreffende Rechtsmaterie gegenwärtig haben. Dies kann aber unmöglich derjenige, der sich nur gelegentlich mit dem Rechtsprechen beschäftigt: er wird also immer erst von den Parteien darauf hingewiesen werden müssen, und es bleibt dabei immerhin möglich, daß er nicht auf das hingewiesen wird, worauf sein Blick hätte gelenkt werden müssen.

Wenn nun nach allen drei Richtungen der Kaufmann nicht nur nicht besser geeignet ist, als der rechtsgelehrte Richter, sondern überhaupt nicht fähig ist, den Juristen zu ersetzen, so kann m. E. kein Zweifel darüber sein, daß jedenfalls eine Besetzung der Handelsgerichte ausschließlich mit Kaufleuten unthunlich ist. Aber auch die Erfahrung bestätigt dies. Zwar rühmt eines der Gutachten, die Erkenntnisse des Mainzer Handelgerichts seien sehr gut gewesen: wer aber diese Erkenntnisse gemacht, haben wir nicht erfahren. Ich weiß z. B. von einer bedeutenden juristischen Autorität des Rheinlandes, daß sehr häufig die kaufmännischen Richter sich bei einem rechtsgelehrten Richter nach dessen Ansicht über einen speciellen Fall erkundigen, danach stimmen und das Urtheil absetzen. Ich halte es auch für ganz unmöglich, daß in einem aus Kaufleuten und Juristen gemischten Handelsgerichte der kaufmännische Richter dem rechtsgelehrten Vorsitzenden widerspreche, wenn dieser z. B. in einem konkreten Falle nachweist, daß auf ihn das Russische oder Englische Gesetz anzuwenden sei. Der kaufmännische Richter kann sich über eine solche Frage gar nicht in eine Diskussion mit einem Juristen einlassen; er glaubt diesem, weil er ihm glauben muß.

Ich glaube hiermit auch bewiesen zu haben, daß eine Theilnahme der Kaufleute neben Juristen ebenfalls unthunlich ist. Nehmen Sie einen Kaufmann in das Handelsgericht und stellen Sie einen Juristen ihm gegenüber, so haben Sie einen schlechten neben einen guten Richter gesetzt. Beide Stimmen können aber gar nicht gegeneinander aufgewogen werden: Wenn der Kaufmann als Richter überhaupt Nichts taugt, so taugt er auch Nichts, wenn er neben einem juristischen Richter sitzt.

Ich würde also empfehlen, den Antrag des Herrn Borchardt so anzunehmen, wie er von ihm gestellt ist.

Rechtsanwalt **Wilke** aus Berlin: Wenn ich den Antrag der Herren Borchardt und v. Holzschuher richtig verstehe, so wollen sie nicht etwa blos die alten Gerichte bestehen lassen mit einem neuen Namen — „Handelsgerichte" — und allenfalls unter Zuziehung einer Minorität von Kaufleuten, sondern es sollen neue kollegialische Gerichte nach ihrem Votum gebildet werden. Ist dies richtig, so finde ich bei flüchtigem Ueberschlag etwa 100 Orte in dem Rechtsgebiete des Handelsgesetzbuches, welche sich zur Etablirung von Handelsgerichten eignen würden. Dazu kämen mindestens 20 Appellationsgerichte zu 5 rechtsgelehrten Mitgliedern. Wir hätten also über 400 neue Richterstellen zu besetzen. Dadurch würde allerdings einem längstgefühlten Bedürfniß abgeholfen, und zugleich würden wir Advokaten einige Zeit lang frei sein von dem Drängen nach Freigebung der Advokatur. Dieses Bedürfniß ist aber wohl nicht maßgebend — wenigstens nicht für den Handelsstand; und es ist gewiß auch dem Herrn Antragsteller nicht in den Sinn gekommen. Wenn ich nun auf die Sache selbst eingehe, so will ich Ihnen meine Meinung darüber vortragen, 1) ob die Erwägungen, welche den Anträgen der Herren Borchardt und v. Holzschuher zum Grunde liegen, richtig sind und maßgebend sein dürfen; 2) wenn sie es nicht sind, welche Erwägungen denn sonst zur Sprache zu kommen haben; 3) endlich, wohin diese leiten — nach allgemeinen Gesichtspunkten und nach der Erfahrung.

Die Herren Borchardt und v. Holzschuher deduciren so: Privilegien müssen beschränkt werden. Die rechtsgelehrten Richter sind zur Rechtsprechung für alle Sachen und alle Staatsangehörigen berufen. Einzelne Stände oder Klassen des Volks dürfen an der Rechtsprechung nur Theil nehmen, wenn die Nothwendigkeit dazu vorhanden ist. Nothwendig ist die

Theilnahme der Kaufleute nicht: der Jurist kann leicht lernen, was sie wissen. Bloße Zweckmäßigkeitsgründe sind nicht berücksichtigungswerth, — wären sie es, so könnten auch alle möglichen anderen Kategorien, z. B. Handwerker, für sich besondere Gerichte fordern. Durch die Kodifikation des Handelsrechts verliere die Betheiligung der Kaufleute überhaupt wesentlich an ihrer Bedeutung; und wenn man etwa an Usancen denke, so sei es ganz eigentlich Aufgabe des Juristen — nicht des Kaufmanns — zu entscheiden, ob eine Usance wirklich vorhanden sei. Die Thatfrage könne der Richter mindestens so gut fassen, als der Kaufmann, eine Trennung derselben von der Rechtsfrage sei unthunlich. Der Jurist sei ganz unentbehrlich, — in den Französischen Handelsgerichten sei es der Greffier, welcher einen ganz unzulässigen Einfluß übe, — die Formalien könne doch immer nur ein Jurist besorgen. Uebrigens hätten die Gerichte sich ja sehr gebessert: sie huldigten keinem starren Formalismus mehr, sondern bemühten sich, das wirklich materielle Recht siegen zu lassen.

Ich kann nicht leugnen, m. H., daß mir der Eingang dieser Deduktion einen geradezu drastischen Effekt verursacht hat. Es wird zuerst gesagt: „Privilegien müssen möglichst beschränkt werden." Und unmittelbar darauf folgt die Behauptung: „die rechtsgelehrten Richter haben das Privilegium, über alle Staatsangehörigen Recht zu sprechen." Und auf diese Behauptung — ausschließlich — ist die ganze weitere Deduktion gebaut; fällt diese, so fällt die ganze Beweisführung.

Nun, wo steht denn das eigentlich, daß die rechtsgelehrten Richter berufen seien, für alle Staatsangehörigen Recht zu sprechen? Ist es etwa historisch begründet? ist es Recht der Griechen, der Römer, der Germanischen Völker? Ich finde es nirgend bethätigt. Sokrates wurde nicht von Juristen verurtheilt; Demosthenes plaidirte nicht vor Juristen: es ist nicht bekannt, daß ein Athieniensisches Gericht mit Juristen besetzt gewesen wäre. Bei den Römern war der Formularproceß, wonach der Prätor die Formel faßte und einem Privatmanne die eigentliche Entscheidung übertrug, nicht nur zu den Zeiten der Blüthe der Rechtswissenschaft in Anwendung, sondern noch bis zu Diocletian. Papinian und Ulpian und die anderen großen Juristen sagen nichts von einem Privilegium Recht zu sprechen für die Juristen, und haben selbst nie in einem Richter-Kollegium gesessen und Recht gesprochen. In Schweden entscheiden in den Civilprocessen auf dem Lande 12 Laien gegen das Votum des rechtsgelehrten Richters. Der erste Friedensrichter Englands, der Lordmayor von London, ist noch nie ein Jurist gewesen: in ganz England giebt es vielleicht keinen Friedensrichter, der Jurist wäre. Und waren die alten Deutschen Gerichte, die Schöffenstühle etwa mit Juristen besetzt? mußte man etwa das dritte Examen gemacht haben, um in die Gerichte der heiligen Vehme aufgenommen zu werden? Nirgend, m. H., finden wir in der Historie die Juristen als Richter. — Aber vielleicht bringt es die Natur der Sache, die Rechtsphilosophie, das Naturrecht mit sich, daß die Juristen Recht zu sprechen haben? Ich finde das nicht. Es sind allerdings über zwanzig Jahre her, seit ich die Universität besuchte, aber meine damaligen Lehrer haben dergleichen nicht gelehrt. Der alte Zachariae sagt in seinen vierzig Büchern vom Staat: „Das Recht ist der Inbegriff oder die Gesammtheit der praktischen Gesetze, welche die Menschen in einem bestimmten Verhältnisse beobachten oder zu beobachten genöthigt sind. Wenn auch dieser Begriff nur eine Thatsache ausspricht, und wenn er auch über den Inhalt der Rechtsgesetze keinen Aufschluß giebt, so liegt doch in ihm die Aufgabe der Rechtswissenschaft." Der Jurist soll also nicht Recht sprechen: er kann sogar nach dieser Definition nicht Recht sprechen. (Heiterkeit.) Das ist nicht so lächerlich, m. H., als es klingt, ich glaube den Beweis für diesen Satz führen zu können. Zachariae sagt: Die Aufgabe der Rechtswissenschaft ist: zu erkennen, was Rechtens ist. Nun, m. H., was ist denn Rechtens? Ist es dasjenige, was etwa beliebige Juristen irgendwie feststellen? Keineswegs. Savigny sagt, daß dasjenige Recht ist, „was im Bewußtsein des ganzen Volkes lebt, das positive Recht, und wir haben es daher auch Volksrecht zu nennen." Er erörtert auch, wie der Jurist das Recht entdeckt: „Hauptsächlich aus den Entscheidungen der wirklichen Volksgerichte." Die Rechtswissenschaft hat also nicht die Aufgabe, Recht zu sprechen, sondern das Recht zu erkennen. Und woraus erkennt der Jurist das Recht? Doch durch das Studium der Anwendung desselben Seitens der Menschen in dem bestimmten Verhältnisse; aus dem Rechte, welcher es üben sieht, aus den Rechtssprüchen in den einzelnen Fällen lernt er den Rechtssatz und proklamirt ihn. Er ist aber nicht Recht, weil der Jurist ihn ausspricht, sondern weil der Nichtjurist ihn anwendet. Der Jurist ist also — a priori — zur Rechtsprechung nicht berufen. Es ist ein ὑςτερον προτερον, wenn man demjenigen, der aus der Entscheidung erst erfahren soll, was Rechtens ist, die Entscheidung übertragen will. — Nach allgemeinen Begriffen kann also gar nicht davon die Rede sein, daß der Jurist als solcher zur Rechtsprechung berufen wäre: man verurtheilt das lebendige Recht zur Stagnation, wenn man die Juristen zu Rechtsprechern macht; vom Rechte, das mit uns geboren ist, davon ist dann natürlich keine Frage mehr.

Hat nun der Satz, daß der Jurist das Privilegium des Rechtsprechens habe, weder geschichtlich noch rechtsphilosophisch eine Basis, so fehlt ihm auch gegenüber den Zuständen der Gegenwart unseres Volks jegliche Berechtigung. Wir sehen bei jeder Erschaffung eines neuen Gerichts, daß dieser Satz nicht anerkannt wird. Werden Militärgerichte eingerichtet, so hat darin der Jurist kaum einen Sitz, nie eine Stimme. Findet man die Bergwerksangelegenheiten besonderer Behandlung werth, so bringt man Bergleute in die Berggerichte. Für die Streitigkeiten zwischen Gutsherren und früheren Unterthanen hat man Gerichte aus landwirthschaftlichen Sachverständigen zusammengesetzt. Ja selbst darüber, ob Verwaltungsbeamte ihre Pflichten verletzt haben, — noch mehr: über die wichtigste aller zur richterlichen Entscheidung gehörigen Fragen, darüber, ob eine Sache zur Kompetenz der Gerichte überhaupt sich eignet, hat man die Juristen als vorzugsweise befähigt und berufen nicht erachten können, sondern überwiegend aus Verwaltungsbeamten bestehende Kompetenzgerichtshöfe eingesetzt. Und endlich in der wichtigsten Frage, da, wo Ehre, Leben oder Freiheit des Bürgers in Frage steht, da ist fast im ganzen Vaterlande den Juristen der wesentlichste Theil der Mitwirkung entwunden und dem gemeinen Manne im Schwurgericht in die Hand gegeben. Hieraus ergiebt sich klar, der Satz: „Der Jurist ist zur Rechtsprechung für alle Staatsangehörige berufen", hat nach keiner Richtung hin die geringste Berechtigung und steht im ganz entschiedenen Widerspruche auch mit der Anschauung der Deutschen Gesetzgeber der Gegenwart.

Mit diesem Satze fällt die ganze Deduktion der Herren Borchardt und v. Holzschuher zusammen. Der Satz war überhaupt nicht als ein solcher anzuerkennen, welcher maßgebend werden könnte. Wird eine neue Einrichtung beschlossen, so fragt man zunächst nach ihrem Zwecke. Ist uns derselbe klar geworden, so sucht man nach den Anordnungen, welche geeignet sind, diesen Zweck zu erfüllen. Erfüllen sie wirklich den Zweck, so ist die Einrichtung gut, — wenn nicht, schlecht. Es giebt gar keine Hauptfrage bei dem Thema, welches wir erörtern, als die nach der Zweckmäßigkeit. Was ist denn nun der Zweck der Handelsgerichte? Mein sehr verehrter Freund Borchardt sagt: sie sollen die Einheit des Handelsrechts herbeiführen. Und diesen Zweck meint er zu erreichen, indem er ausschließlich mit Juristen besetzte Handelsgerichte etablirt? Haben denn die bestehenden Juristengerichte das Bestreben, unter einander dieselben Rechtsnormen in streitigen Fragen zur Geltung zu bringen? Welchen Grund hätte denn ein unter der Firma „Handelsgericht" Recht sprechendes Juristengericht in Leipzig, so zu erkennen, wie das Handelsgericht in Braunschweig oder Hannover? Eine Einheit des Handelsrechts ließe sich weit eher erwarten, wenn diese Gerichte mit Kaufleuten besetzt würden. Denn der Kaufmann, welcher in Berlin, Leipzig, Nürnberg, Wien Recht zu suchen hat, findet es nicht begreiflich, das in dem einen Ort das Recht ist, was zehn Meilen davon in dem anderen, wo dasselbe Gesetzbuch gilt, Unrecht wird, und er wird bemüht sein, derartige Zustände zu beseitigen. In der That finden wir, daß unsere alten Schöffengerichte, welche nicht mit Juristen besetzt waren, Eines des Anderen Rechtsnormen adoptirten. Wäre also Einheit des Handelsrechts das zu erstrebende Ziel, so ließe es sich mit juristischen Handelsgerichten nie, mit kaufmännischen vielleicht erreichen. Es läßt sich aber überall nicht erreichen, so lange nicht ein oberster Gerichtshof — für solche Sachen wenigstens — besteht und die Gerichte nicht verpflichtet werden, dessen Präjudicien sich als Normen dienen zu lassen.

Aber die Förderung der Einheit des Handelsrechts ist gar nicht der Zweck der Handelsgerichte. Man verlangt Handelsgerichte, weil man erwartet, daß sie besser urtheilen werden, als jetzt geurtheilt wird. Ein Gericht urtheilt nur gut, sollte ich meinen, wenn es richtig und wenn es schnell entscheidet. Der Zweck ist also: Gerichte zu schaffen, welche richtiger und schneller entscheiden, als bis jetzt geschieht. Was ist denn nun eine richtige Entscheidung? Doch eine solche, welche dem Recht entspricht. Und was ist Recht? Zachariae, den ich schon citirt, sagt: „Es ist der Inbegriff der praktischen Gesetze, welche die Menschen in einem bestimmten Verhältnisse beobachten oder zu beobachten genöthigt sind.“ Savigny sagt in seinem System: „In dem gemeinsamen Bewußtsein des Volks lebt das positive Recht, und wir haben es daher auch Volksrecht zu nennen. Es ist der in allen Einzelnen gemeinschaftlich lebende und wirkende Volksgeist, der das positive Recht erzeugt, das also für das Bewußtsein des Einzelnen nicht zufällig, sondern nothwendig ein und dasselbe Recht ist. Auch innerhalb der Grenzen eines Volkes bilden sich oft engere Kreise, die durch einen besonderen Zusammenhang vereint sind, welche insgesammt volksmäßige Abtheilungen des Ganzen bilden. Auch in diesen wiederum kann eine eigenthümliche Rechtserzeugung ihren Sitz haben, als partikulares Recht neben dem gemeinsamen Volksrecht, welches dadurch auf mancher Seite ergänzt oder umgebildet wird.“ Und das bezieht sich nicht etwa blos auf die Vorzeit, sondern wirkt — nach Savigny's Ansicht — fort und fort. Er sagt: „Das Recht entfaltet sich durch die Uebung, und was ursprünglich blos im Keime vorhanden war, wird durch die Anwendung in bestimmter Gestalt zum Bewußtsein kommen. Aber auch Veränderung des Rechts wird auf diesem Wege erzeugt werden. Denn wie in dem Leben des Einzelnen kein Augenblick eines vollkommenen Stillstandes wahrgenommen wird, sondern stets organische Entwickelung: so verhält es sich im Leben der Völker und in jedem einzelnen Element, woraus dies Gesammtleben besteht.“ Sind diese Ansichten richtig, so würde man stets untrügliche Rechtssprüche erlangen, wenn man das ganze Volk entscheiden ließe. Denn, was das gesammte Volk sentirt, ist ja eben das Rechte. Und in der That finden wir im Alterthum, bei Athenern und Römern, daß Anklagen wegen Staatsverbrechen vor der Volksgemeinde verhandelt und von ihr entschieden wurden. Darum sagen auch kluge Rechtslehrer mit Recht: „Könnte man eine Quintessenz des Rechtsbewußtseins aller Laien schaffen, wüßte man den klügsten und begabtesten Laien zu entdecken, so würde derselbe jeden einzelnen Rechtsfall eben so richtig entscheiden, wie der beste Jurist. Aber es ist sogar das Umgekehrte das Richtige. Denn wenn Recht ist, was im Rechtsbewußtsein des Volkes lebt, so würde der Laie, welcher dasselbe repräsentirt, unbedingt das Rechte aussprechen müssen, und der beste Jurist hätte Unrecht, wenn er anders entscheidet.

Diese Reflexion führt aber ohne Weiteres zu dem meines Erachtens einzig richtigen Resultat: Ist in Handelssachen das Rechtens, was in dem gemeinsamen Bewußtsein aller Handeltreibenden lebt, würde man also einen richtigen Spruch in Handelssachen stets dann erzielen, wenn man ihn von allen Handeltreibenden fällen lassen könnte, so kommt man dem Ziele am nächsten, wenn man die Entscheidung den Klügsten und Besten des Handelsstandes anvertraut. Und diese findet man leicht. Man kann die Auswahl getrost den Handeltreibenden selbst überlassen; die Genossen wissen stets am besten, was für ein Gewicht ein Jeglicher von ihnen hat; man wird sich selten täuschen, wenn man die von ihnen Gewählten wirklich für ihre Elite hält. Und wenn man dagegen erwägt, daß man doch jenen „besten" Juristen nicht je dreimal in 100 Gerichte setzen kann, daß in den Handelsgerichten der Herren Borchardt und v. Holzschuher nicht lauter Papiniane und Ulpiane sitzen werden, sondern so der gewöhnliche Schlag Juristen, gute Mittelsorte: — nun, m. H., wer möchte dann wohl zweifeln, daß durchschnittlich die Elite der Kaufmannschaft klüger, feiner, klarer denkt, als die juristische Mittelmäßigkeit? besonders, wenn man erwägt, daß es sich um lauter Fragen handeln wird, deren richtige Auffassung dem Kaufmann viel leichter wird, als dem Juristen? — Wir finden denn auch diese Anschauung in den Erkenntnissen der Juristengerichte anerkannt. Ich kann Ihnen, m. H., ein Erkenntniß des Kammergerichts in Berlin vorlegen, erst im vorigen Monat gefällt, welches über das Bestehen einer Usance nicht, wie Herr v. Holzschuher will, eine Masse einzelner Fälle der Anwendung durch umfangreiche Zeugenvernehmungen sich beweisen ließ und dann etwa selbstständig fand, ob sie bestehe oder nicht, — sondern ganz einfach bei dem Aeltesten-Kollegium der Berliner Kaufmannschaft anfragte, ob die betreffende Usance in Berlin bestehe? Und auf die Antwort des Aeltesten-Kollegiums ohne Angabe von Gründen: „Es ist richtig, daß diese Usance besteht", stellte das Kammergericht ohne Weiteres fest, daß dies Rechtens sei. Damit wurde also anerkannt, daß diese Elite der Berliner Kaufmannschaft wisse, was in Handelssachen Rechtens sei. Nun! wenn sie es als Gesetzgeber sogar weiß, warum soll sie es als Richter nicht anwenden können?

Glaube ich nun gezeigt zu haben, daß eine möglichst richtige Entscheidung in Handelssachen rationell nur zu erwarten ist, wenn man diese den

Erwählten des Handelsstandes anvertraut, so bedarf die zweite Frage nach der Schnelligkeit der Entscheidung gar keiner Erörterung: denn es ist nicht streitig, daß diese bei solchen Richtern eher zu erwarten ist, als bei Juristen.

Leiten nun die Allgemeinen Rechtsgrundsätze, wie ich dargethan zu haben wünsche, dahin, daß das Handelsgericht ausschließlich mit Kaufleuten besetzt werden müsse, so bin ich über das Resultat um so zweifelloser, als bei uns in Preußen die vorliegende Frage durch die Erfahrung bereits entschieden ist. Wir besitzen nämlich in Preußen alle drei Sorten Handelsgerichte: die Borchardt'schen in Berlin, insofern als wenigstens in zweiter und dritter Instanz ausschließlich derselbe Senat in Handelssachen entscheidet; die Holzschuher'schen in Stettin, Danzig, Königsberg, Memel, wo in erster Instanz an der Entscheidung auch Kaufleute als Handelsrichter Theil nehmen — ich weiß allerdings nicht, ob mit decisivem oder konsultativem Votum; das ist aber gleichgültig, da sie ja bei Herrn v. Holzschuher immer die Minorität bilden sollen, das decisive Votum ihnen also nicht viel helfen wird. Endlich haben wir in der Rheinprovinz die Handelsgerichte nach Französischem Muster, ausschließlich aus Kaufleuten zusammengesetzt. Nun, m. H., wie hat sich denn der Handelsstand diesen Rechtszuständen gegenüber verhalten? In der Rheinprovinz ist man mit den Handelsgerichten vollkommen zufrieden, weder der Handelsstand, noch die Juristen dort wünschen eine Abänderung. In Stettin, wo das Holzschuher'sche gemischte Gericht besteht, haben sich die Mitglieder der kaufmännischen Korporation schriftlich verpflichtet, in ihren Streitigkeiten unter einander ausschließlich vor einem Schiedsgericht Recht zu suchen, nie bei dem ordentlichen Gerichte. In Berlin haben wir neben den ordentlichen Gerichten zwei vollständig organisirte Schiedsrichter-Institute: Alle Geschäfte auf Lieferung von Produkten, Oel, Spiritus, Getreide u s. w. erfolgen „unter den Bedingungen, welche in den gedruckten Schlußzetteln enthalten sind.“ Ich überreiche dem Bureau drei solche Zettel, wie sie vor 7 bis 8 Jahren galten. Für alle Rechtsstreitigkeiten aus diesen Geschäften ist der Rechtsweg ausgeschlossen und ein Schiedsgericht für allein kompetent erklärt. Jetzt haben die Berliner Kaufleute sich für diese Streitigkeiten ein eignes Album judicum konstruirt, aus denen jede Partei sich einen Richter wählt, und wobei die so Gewählten selbst den Dritten ernennen. Zur Besorgung der Formalien haben die Kaufleute einen besonders tüchtigen jungen richterlichen Beamten genommen. (Rufe: Aha!) M. H., dieser junge Jurist nimmt an der Berathung in der Regel gar nicht Theil und hat jedenfalls keine Stimme dabei. Und diese Herren fällen ihr Urtheil sofort, sie können sich also nicht, wie angeblich die Rheinischen Handelsrichter thun sollen, erst bei dem nächsten Gerichtspräsidenten Rath erholen. Außer diesen Schiedsgerichten bildet das Aeltesten-Kollegium der Berliner Kaufmannschaft aus sich eine sogenannte „schiedsrichterliche Kommission der Aeltesten." Wenn bei dieser eine Klage eingeht, so ladet sie den Beklagten vor — ohne Kommination. Erscheint derselbe und will sich auf den Schiedsspruch einlassen, so müssen beide Parteien sich verpflichten, bei der Kommission endgültig Recht zu nehmen; dann erfolgt im Mangel des Vergleichs die Verhandlung und Entscheidung. An dieser nimmt in der Regel — welche sehr viele Ausnahmen hat — der Syndikus der Kaufmannschaft Theil, welcher weder berathende, noch entscheidende Stimme hat, seinen Rath natürlich aber nicht verweigert und die Formalien besorgt. — Nun, m. H., diese beiden Schiedsrichter-Institute haben eine große Praxis, sie bedienen sich gedruckter Formulare — mindestens so gut gefaßt, als die des ordentlichen Richters, — ihre Erkenntnisse sind vorzüglich redigirt, mir ist auch noch kein materiell falsches vorgekommen. Und — was ich, der ich nicht selten die Ehre gehabt, vor ihnen zu plaidiren, besonders hoch schätze — das Märtyrer-Antlitz, welches uns Advokaten so oft aus Richter-Kollegien entgegenblickt, die resignirte Miene, welche ausspricht: Kann denn der Mann wirklich glauben, daß er uns etwas zu sagen im Stande wäre, was wir nicht zehn Mal besser wüßten? diesen, jede Freudigkeit am Plaidoyer verscheuchenden Anblick habe ich bei diesen Richtern nie gefunden. Ich habe stets gesehen, daß alle Mitglieder ohne Ausnahme dem Plaidoyer mit der gespanntesten Aufmerksamkeit folgten, und, weit entfernt, in Verzweiflung den Augenblick des Endes zu ersehnen, pflegten sie wohl nach dem Vortrage noch über einige Punkte eine nähere Erläuterung in einer Weise zu erbitten, welche Zeugniß gab ebenso von der klaren Auffassung der Sache, wie von dem regen Interesse an der Verhandlung. — Ganz ähnliche Institutionen wie in Berlin und Stettin bestehen, wie ich mir habe sagen lassen, in allen unseren wichtigen Handelsplätzen — mit Ausnahme der Rheinprovinz! Nun, m. H., das ist doch wohl nicht ohne Grund der Fall. Und der Grund kann doch nur der sein, daß die Kaufleute überzeugt sind, auf dem schiedsrichterlichen Wege, wo nur Kaufleute zu entscheiden haben, eine bessere Entscheidung zu erlangen. Und wenn sich diese Institutionen von Jahr zu Jahr mehr konsolidiren, habe ich Unrecht, wenn ich sage, daß die Frage, welche wir hier ventiliren, durch die Erfahrung bei uns bereits abgeurtheilt ist?

Wenn also die Borchardt'schen oder die Holzschuher'schen Anträge angenommen werden, so werden Sie damit zugleich auch solche schiedsrichterliche Institutionen ins Leben rufen, wie wir sie haben. Ihre Handelsgerichte werden die Handlanger dieser Institutionen, ihre Urtelsvollstrecker sein, und selbst ausschließlich die faulen Sachen, die Processe solcher Parteien bearbeiten, welche sich nicht unterstehen, den Erwählten ihres Standes unter die Augen zu treten; — alle interessanten Sachen honetter Kaufleute werden allein den

Schiedsgerichten anheimfallen, und in ihnen allein wird die ganze Wissenschaft des Handelsverkehrs lebendig bleiben und sich fortentwickeln.

Ich erlaube mir schließlich, folgende Anträge Ihrer Annahme zu empfehlen:

1) „In Handelsgerichten sollen principiell ausschließlich Richter des Handelsstandes Sitz und Stimme haben. Sie werden überall, und zwar für alle Streitigkeiten aus Handelsgeschäften, errichtet, wo es die Kaufmannschaft beschließt. Sie bestehen aus fünf von der Kaufmannschaft gewählten Richtern und dem Vorsitzenden des nächsten ordentlichen Gerichts, welcher nur berathende, nicht entscheidende Stimme hat.

2) Zur Erzielung einer Rechtseinheit im Deutschen Handelsrechte ist ein oberster Gerichtshof für ganz Deutschland eine absolute Nothwendigkeit.

3) Die Urtheile der Handelsgerichte sind sofort in ganz Deutschland exekutorisch.

4) Es findet von ihnen keine Appellation, sondern nur das Rechtsmittel der Kassation statt."

Ich habe nur wenige Worte zur Unterstützung dieser Anträge noch anzuführen. Ich meine, daß, wo die Kaufleute das Bedürfniß danach empfinden, sie auch ein Handelsgericht haben müssen, und daß die einfachste Organisation die beste ist. Die Appellations-Instanz halte ich für sehr überflüssig: sie wird auch fast nie beschritten werden, wenn das erste Urtel vollstreckbar ist. Jedenfalls ist sie nicht nöthig, wenn wir sie in Schwurgerichtssachen entbehren können, wo es sich um mehr handelt, als um Geld und Gut. Die Mitwirkung eines Richters — aber nur mit berathender Stimme, wie der Richter in den Englischen Civil-Geschwornengerichten, — halte ich nur der Formalien wegen für wünschenswerth. Dixi.

Gerichts-Accessist Dr. **Reinach** aus Mainz: Da meine Ansicht, daß die Handelsgerichte aus kaufmännischen und juristischen Elementen zusammenzusetzen seien, bereits von dem Herrn Referenten in erschöpfender Weise motivirt worden, so werde ich mich zunächst darauf beschränken, eine Widerlegung derjenigen Einwände, die Seitens einiger meiner Herrn Vorredner gegen die Betheiligung des kaufmännischen Elements vorgebracht sind, zu versuchen.

Herr Dockhorn hat gemeint, daß Kaufleute als Handelsrichter nicht zugezogen werden dürften, weil sie sich die zur Urtheilsfällung nöthigen Erfordernisse, die juristische Bildung und die juristische Praxis, nie aneignen könnten. Ich glaube, er hat ein bei der Urtheilsfällung nicht minder wichtiges Moment vergessen: die lebendige Anschauung des Verkehrslebens. Denn Handelsgerichte, sie mögen eine personelle oder eine sachliche Kompetenz haben, sind doch immer für Handelssachen und für den Handelsstand bestimmt. Und damit Urtheile gewonnen werden, die den Bedürfnissen des Handelsstandes genügen, muß im Gerichtshofe ein Element vorhanden sein, das mitten im Verkehrsleben steht. Das kaufmännische Element soll aber entbehrlich, ja sogar unmöglich sein, nachdem das Handelsrecht im Handelsgesetzbuch vollständig kodificirt worden: denn das Handelsgesetzbuch enthalte in jedem Artikel Bestimmungen, die nur für den verständlich seien, der gründliche Studien gemacht habe. Das ist ein sehr schlechtes Kompliment für unsere neueste Gesetzgebung; sie hätte gewiß nicht ihre Aufgabe erfüllt, wenn sie uns nur eine Zusammenstellung von Bestimmungen gäbe, deren Kenntniß für jeden Kaufmann ein besonderes Studium nöthig machte. Allerdings ist das Handelsgesetzbuch etwas systematisch und detaillirt, — aber gerade daraus schöpfe ich ein Argument für meine Ansicht. Ich meine, daß durch die Kodifikation das kaufmännische Element in den Handelsgerichten gerade ein Bedürfniß geworden sei. Das Handelsrecht *scheint* nur durch das Handelsgesetzbuch einen Abschluß gewonnen zu haben, denn das Handelsrecht als solches *kann* doch nie und nimmer einen Abschluß gewinnen. Und gerade deshalb, weil das Handelsgesetzbuch in eine Reihe von Detailbestimmungen eingegangen ist, die nur auf der Grundlage des Civilrechts entschieden und verstanden werden können, muß, meine ich, demjenigen Element, das in Handelssachen eine wichtige Rolle spielen muß, dem kommerciellen Gewohnheitsrecht eine Stätte gegeben werden, die es ihm möglich macht, sich neben dem kodificirten Recht seinen Platz zu wahren. Und dieses Element finden Sie nur im Kaufmannsstande verkörpert. Aber das Handelsgesetzbuch verweist auch in einer Reihe von Bestimmungen auf die Handelsgebräuche, und deren Kenntniß wohnt nur dem Kaufmann als solchem inne. Das kaufmännische Element kann in dieser Beziehung nie und nimmer etwa dadurch ersetzt werden, daß Sachverständige ihre Gutachten abgeben; denn es ist ein großer Unterschied, ob im Wege des Beweisverfahrens die Existenz eines Handelsgebrauchs festgestellt wird, oder ob ein Gericht niedergesetzt wird, das in sich selbst die Kenntniß des Usus und Verkehrslebens besitzt.

Herr *Dockhorn* hat die Vorschriften über die Handelsregister angeführt als Beweis dafür, daß manche Bestimmungen des Handelsgesetzbuchs für den Kaufmann schwer verständlich seien, mußte aber auch zugeben, daß selbst die Juristen nicht im mindesten einig über jene Vorschriften sind. Ich sehe dann nicht die großen Vortheile ein, die erzielt werden sollen, wenn wir drei Juristen statt der Kaufleute im Gerichte haben.

Ein fernerer Einwand ist, daß der Kaufmann nicht die Usancen jedes Ortes und jeder Branche kenne. Ich gestehe von vornherein, daß ich die Betheiligung der Kaufleute verlange, nicht deshalb, weil sie die Handelsgebräuche kennen, sondern weil mit ihnen die lebendige Anschauung des Verkehrslebens mitten in das Gericht hineintritt. Für mich ist nicht das Wesentliche, daß der kaufmännische Richter die Usancen des Waarenhandels, des Versicherungswesens u. s. f. kenne, sondern, daß er die kaufmännische Anschauung besitze, die gemeinschaftliche, von der einzelnen Geschäftsbranche unabhängige kaufmännische Anschauung.

Der Begriff „Kaufmann" soll ferner viel zu weit sein. Es wird Sache der Gesetzgebung sein, zu bestimmen, in welcher Weise das kaufmännische Element sich betheiligen soll, und darüber brauchen wir hier nicht zu diskutiren. Ich halte es allerdings für das Beste, wenn so wie am Rhein verfahren würde, die Richter also aus der Wahl des Handelsstandes hervorgehen, dessen richtiger Takt dafür bürgt, daß nur geeignete Persönlichkeiten auf die Richterbank kommen.

Gegen die Erfahrungen, die mit den Französisch-rechtlichen Handelsgerichten gemacht worden, ist sodann eingewendet, daß wenn die Urtheile auch anscheinend gut seien und vom Appellhofe nicht reformirt würden, dies nur deshalb möglich sei, weil sie häufig erst abgefaßt würden, nachdem die Handelsrichter sich mit diesem und jenem Juristen berathen. Das ist, soweit ich mich auf die Erfahrungen, die ich am Rheine gemacht habe, beziehen darf, ein vollständiger Irrthum, — schon deshalb, weil in der Regel das Urtheil unmittelbar nach stattgefundener Verhandlung verkündet wird. Ich erblicke gerade in dieser Raschheit des Verfahrens einen Vortheil, der weit den Nachtheil überwiegt, daß einmal ein irriges Erkenntniß gefällt wird.

Man hat ferner gemeint, der Kaufmann würde eine klägliche Rolle spielen, denn er könne sich mit dem Juristen in keine Disputation einlassen, wenn dieser es darauf ankommen lassen wolle, seine Ansicht durchzubringen. Ja, m. H., wenn Sie annehmen wollen, daß der rechtsgelehrte Richter es sich zur Aufgabe machen wird, speciell gegen seine Kollegen aus dem Handelsstande seine Ueberzeugung geltend zu machen und sie gewissermaßen ad absurdum zu führen, dann haben Sie Recht; wenn ihm aber nur darum zu thun ist, das Rechte zu finden, wenn er die Ansicht seiner kaufmännischen Kollegen achtet und schätzt, weil sie das Verkehrsleben repräsentiren, dann wird ein solcher Zwiespalt nicht ausbrechen. Ein jedes Element wird die Bedeutung fühlen und schätzen, die es selbst und die das andere einnimmt, und so werden sich beide Elemente gegenseitig vertragen.

Diese Gründe reichen vielleicht hin, um die Ausführungen des Herrn Dockhorn zu widerlegen, der die gänzliche Ausschließung des kaufmännischen Elements verlangt.

Andererseits kann ich mich aber auch nicht den Anträgen anschließen, die so eben, wohl im Anschluß an das Gutachten der Düsseldorfer Handelskammer, eingebracht wurden. Ich glaube nicht, daß selbst nach Vereinfachung des processualischen Verfahrens die kaufmännischen Richter des juristischen Elements, und wäre es auch nur in der Person jenes ausgezeichneten jungen Juristen, entbehren können. Ich glaube aber, daß sich auch positive Gründe für die Zweckmäßigkeit der gemischten Gerichte anführen lassen.

Wir können uns nicht verhehlen, daß der Handelsstand mit Recht und Einmüthigkeit die Handelsgerichte begehrt, — ebensowenig, daß gerade er es ist, für den die Jurisdiktion in Handelssachen besteht. Wenn nun dieses Verlangen berechtigt ist, also nicht auf dem Begehren eines Privilegiums beruht, so wäre es gefährlich, sich ihm zu widersetzen. Daß aber der Handelsstand die Handelsgerichte nicht als Privileg begehrt, sondern nur aus Rücksicht auf die von mir vorgetragenen Verhältnisse, das hat sich aus den Verhandlungen des Deutschen Handelstages und aus der Denkschrift ergeben, die sein ständiger Ausschuß den Deutschen Regierungen übersandt hat, und worin es wörtlich heißt: „Der Kaufmann findet den Grund für seinen Anspruch, an der Rechtsprechung in Handelssachen Antheil zu nehmen, nicht in seiner Standeseigenschaft, sondern in dem Bewußtsein, zur Lösung der eigenthümlichen Schwierigkeiten, welche die Entscheidung solcher Rechtsfälle darbietet, vermöge seiner Erfahrungen und seiner Kenntniß der thatsächlichen Verkehrsverhältnisse und Verkehrsformen beitragen und so dem allgemeinen Wohle dienen zu können.“ Ferner: „Sowie das Handelsrecht nicht ein Recht des Handelsstandes, sondern ein Recht der Handelsgeschäfte ist, so sind auch die Handelsgerichte nicht Gerichte für Kaufleute, sondern Gerichte für Handelssachen.“ Also nicht aus Standesinteressen, um etwa Genossenschaftsgerichte zu haben, sondern aus allgemeinen Gründen verlangt der Handelsstand nach Handelsgerichten. Widersetzen Sie sich diesem Verlangen, so laufen Sie Gefahr, daß der Handelsstand sich kaufmännischen Schiedsgerichten unterwirft, — und ich brauche wohl nicht auszuführen, daß der Rechtssicherheit ein entschiedener Nachtheil erwächst, wenn ein so wesentlicher Theil der Bevölkerung sich dem Urtheil des ordentlichen Gerichts entzieht, weil er kein Vertrauen zu ihm hat.

Man wendet gegen die gemischten Handelsgerichte ein, sie seien eine halbe Maßregel, und es würde ein Mißtrauen gegen sie entstehen: dem Kaufmann würde man mißtrauen, weil er nicht allein im Gericht säße, und dem Juristen, weil er den Kaufmann neben sich haben müsse. Wäre dies richtig, so müßte man sich auch überhaupt gegen alle Kollegialgerichte aussprechen: auch bei ihnen ließe sich der Satz aussprechen, daß, weil man einem Richter allein nicht traut, man ihm zwei oder vier andere beigegeben habe, und daß, wenn man dem einen nicht trauen könne, man auch allen drei oder fünf zusammen nicht trauen dürfe.

Ich glaube endlich, daß die Zuziehung des kaufmännischen Elements auch dem Rechte wesentliche Dienste leisten wird. Die Erfahrung, die wir am Rhein gemacht haben, wird sich bestätigen, daß fast nie ein Rechtsstreit auf Grund blos formeller Rechtsmittel, zur Chikane, um einen bösen Glauben mit Hülfe des Gesetzesbuchstabens zu begründen, geführt wird, sobald kaufmännische Richter mitentscheiden. Denn die kaufmännische Partei sagt sich im Voraus, daß sie von diesen strenger gerichtet wird und dadurch größeren Schaden erleidet, als wenn sie eine Differenz bezahlen muß.

Ich empfehle Ihnen also meinen Antrag. Schließen Sie das kaufmännische Element aus, so werden Sie vielleicht eine Organisation bekommen, die der Aufgabe der Anwendung des geschriebenen Rechts vollkommen gewachsen ist; aber Sie zerstören auch den Keim für die Fortbildung des Rechts, — und das scheint mir der größte Vorwurf zu sein, den man einer Organisation überhaupt machen kann.

Der **Präsident** ersucht um schriftliche Formulirung der Anträge und vertagt die Sitzung.

(Schluß der Sitzung um 2 Uhr.)

Zweite Sitzung der zweiten Abtheilung des Fünften Deutschen Juristentages am 27. August 1864 zu Braunschweig im Saale des Neustadt-Rathhauses.

(Beginn der Sitzung um 9 Uhr Vormittags.)

Der **Präsident**, Geheimer Rath Dr. **Bluntschli** aus Heidelberg, eröffnet die Sitzung mit der Mittheilung, daß außer den Anträgen des Referenten*) und des Rechtsanwalts Wilke**) noch folgende Anträge eingegangen seien:

1) Vom Rechtsanwalt v. Wilmowski aus Schlawe: Zusatz zu dem Antrage des Stadtgerichtsraths Borchardt:

„3) daß die Entscheidung über thatsächliche und sachverständige Fragen und über Handelsusancen nur von zuzuziehenden Kaufleuten zu treffen ist."

2) Vom Senator Dr. Versmann aus Hamburg:

„Die Handelsgerichte sind aus kaufmännischen Richtern unter einem Juristen als Präsidenten zusammenzusetzen.

3) Vom Rechtsanwalt Geck aus Hagen: Amendement zu dem Antrage des Referenten:

„Die Handelsgerichte bestehen aus Kaufleuten unter einem rechtsgelehrten Vorsitzenden."

Demnächst wird die abgebrochene Debatte fortgesetzt.

Kreisrichter **Lesse** aus Thorn: M. H.! Ich entscheide mich für die sog. gemischten Handelsgerichte. Ein Hauptgrund für die Mitwirkung des kauf-

---

*) Vergl. oben S. 147 und 148.

**) Vergl. oben S. 162.

männischen Elements ist der, daß die Kaufleute mehr als die gelehrten Richter geeignet seien, die Willenserklärungen, die bei kaufmännischen Rechtsgeschäften vorkommen, zu interpretiren. Bekanntlich hat das Handelsgesetzbuch bestimmt, daß Willenserklärungen nicht mehr nach dem buchstäblichen Wortlaut, sondern nach der Absicht der Kontrahenten ausgelegt werden sollen. Zwar hat man den Kaufleuten vorgeworfen, und hierauf auch schon bei den Nürnberger Konferenzsitzungen hingewiesen, daß gerade sie zur buchstäblichen Interpretation geneigt wären. Ich halte dies jedoch für unbegründet. Sollte man solche Erfahrungen gemacht haben, so sind sie leicht zu erklären. Wenn man früher den Kaufmann aufs Gericht citirte als Sachverständigen oder als Mitglied des Handelsgerichts mit berathender Stimme, so glaubte er, man verlange von ihm, er solle möglichst genau und buchstäblich interpretiren: er saß ja mit Juristen zusammen und nahm an, daß diese, da sie sehr häufig sich an den strengen Wortlaut einer Willenserklärung zu binden genöthigt sind, auch von ihm verlangten, daß er buchstäblich interpretire. Wenn aber der Kaufmann an einem Handelsgericht, wie wir es wünschen, mitwirkt, da wird er, wie ich sicher annehme, nur den Sinn und die Absicht der Parteien zu erforschen suchen.

Die Gegner meinen, bei dem früheren Zustand der Handelsgesetzgebung sei das Verlangen nach kaufmännischen Handelsgerichten vielleicht berechtigt gewesen, jetzt aber, seitdem das Handelsrecht kodificirt, seien auch die Juristen im Stande, in kaufmännischen Dingen Recht zu sprechen. Wenn aber schon früher die Einführung von Handelsgerichten als ein berechtigter Wunsch angesehen wurde, wie viel mehr jetzt, wo die Rechtsfindung durch die Kodifikation so erleichtert ist! Denn das Handelsgesetzbuch hat doch jedenfalls die Rechtsprechung bedeutend erleichtert, namentlich dem Kaufmann, der sein Rechtsbewußtsein darin niedergelegt findet. Freilich wird er des Beistandes des rechtsgelehrten Richters nicht entbehren können, der, wie es in einem der Gutachten heißt, gewissermaßen eine geburtshülfliche Thätigkeit ausüben, der helfen soll, die erheblichen Thatsachen aus den Parteivorträgen herauszuschälen und die Rechtsfragen, auf die es ankommt, zu präcisiren.

Der Wunsch nach Handelsgerichten ist auch schon von verschiedenen Regierungen als berechtigt anerkannt worden. Und ich weise darauf hin, daß auch die Preußische Regierung bereits vor drei Jahren ihrem Landtage einen Gesetzentwurf vorlegte, wonach Handelsgerichte oder doch wenigstens Handelsabtheilungen bei den betreffenden ordentlichen Gerichten organisirt werden sollten. Es wurde damals eine Zusammensetzung aus zwei Juristen und drei Kaufleuten beabsichtigt. Ich selbst habe damals in der Deutschen Gerichtszeitung diese Vorlage besprochen und mich für das Princip der Handelsgerichte erklärt, fand es aber noch bedenklich, den Kaufleuten die

Majorität zuzugestehen. Ich konnte den Gegenstand natürlich nur vom Standpunkte des altländischen Preußischen Rechts beurtheilen, da ich sonst keine genügenden Erfahrungen hatte. Aber heut, und nachdem ich mich mit dem Handelsgesetzbuch beschäftigt habe, bin ich von einem Theil der Bedenken zurückgekommen und halte es nicht mehr für bedenklich, den Kaufleuten die Majorität zuzugestehn.

Der Widerspruch der Ansichten in dieser Frage ist allerdings sehr groß. Während die Kaufleute einstimmig Handelsgerichte begehren, tritt ein großer Theil der Juristen ihnen entgegen. Ich finde zwischen den Meinungen denselben Gegensatz, wie im öffentlichen Leben zwischen den Ansichten der Laien und Fachmänner. Möge der Laie auch hier und da zu weit gehen, und manches gegründete Bedenken des Fachmannes für pedantisch erklären, so glaube ich doch, daß der Fachmann einen größeren Fehler begeht, wenn er die Anschauungen des Laien mit einer gewissen Vornehmheit betrachtet und dessen Leistungen unterschätzt. Ich glaube, der Richter darf nie vergessen, daß er dem praktischen Leben fern steht, so eingehend er sich auch mit dem Handelsrecht beschäftigen mag. Der Richter steht gewissermaßen auf einer Anhöhe, von welcher er in das Gewirr und Getriebe des Geschäftslebens hinabsieht: von dort aus muß sich manches seinem Blicke entziehen, was der Kaufmann, der mitten darin steht, wohl bemerkt. Ich meine daher, daß nur von einer geeigneten Verbindung des kaufmännischen und des juristischen Elements ein tüchtiges Resultat erwartet werden kann.

Rechtsanwalt **Block** aus Magdeburg: Man hat hervorgehoben, die Handelswelt habe den Ruf nach Handelsgerichten erschallen lassen. Dieser Ruf ist m. E. ein berechtigter: aber man prüfe doch zunächst, aus welchen Gründen er berechtigt ist. Ich meine, er ist es zunächst, weil der Proceßgang zu langsam ist, und sodann, weil die Richter durch das bisher bestehende Recht gehindert wurden, den kaufmännischen Verkehrsverhältnissen, den sogen. Usancen, Rechnung zu tragen. Dies Hinderniß ist jetzt beseitigt: durch das Handelsgesetzbuch ist den Verkehrsverhältnissen Rechnung getragen; — die Langsamkeit des Processes wird aber nicht durch Zuziehung von kaufmännischen Richtern, sondern nur durch eine zweckmäßige Proceßgesetzgebung beseitigt. Und wenn die Handelswelt immer auf Rheinland und Frankreich hinwies, als seien dort ihre Interessen besser gewahrt, weil dort Handelsgerichte beständen, so hatte dies seinen Grund eben darin, daß dort den Usancen Rechnung getragen wurde und das Verfahren kürzer war, nicht aber, wie der Kaufmann glaubte, darin, daß dort Kaufleute die Richter waren. Wir haben in Preußen auch Handelsgerichte, in denen Kaufleute mitsitzen, z. B. in Stettin: dort geht der Proceß aber ebenso langsam von Statten, wie anderswo, weil die Richter an die Vorschriften der Preußischen Gerichtsordnung gebunden sind.

Wohin würde es führen, wenn man die Kaufleute dazu berufen wollte, im Staate Recht zu sprechen! Nachdem das Handelsgesetzbuch erschienen ist, kann man eigentlich annehmen, daß der ganze Verkehr mit Mobilien nach ihm beurtheilt wird. Denn es gilt ja nicht blos für Streitigkeiten unter Kaufleuten, sondern auch für die Verhältnisse unter Kaufleuten und Nichtkaufleuten. Die größere Anzahl der Menschen ist nun aber nicht Kaufmann. Es würden also Kaufleute berufen sein, in allen Streitigkeiten über bewegliches Vermögen Recht zu sprechen; sie allein könnten als Richter konvocirt werden. Wenn man nun erwägt, daß nach Art. 10 des Handelsgesetzbuchs zu den Kaufleuten, wenn sie auch nicht ins Handelsregister eingetragen werden, Höker, Trödler, Wirthe u. s. f. gerechnet werden, so gelangt man dahin, daß man nur irgend ein Handelsgewerbe zu treiben braucht, um die richterliche Karriere beschreiten zu dürfen, während man sonst drei Examen bestehen muß.

Ich glaube endlich den Borchardt'schen Antrag dahin verstehen zu müssen, daß nur in größeren Städten Handelsgerichte eingeführt werden sollen. Denn sie überall einzurichten, wäre unmöglich. Wenn man nun die Handelsgerichte in größeren Städten ganz oder theilweise mit Kaufleuten besetzte, so verletzte man eine Menge Staatsangehöriger in den kleineren Orten, da ihnen diese Wohlthat — die es doch sein soll — nicht zu Theil werden könnte. Wohl aber finde ich es verständig, daß bei den Gerichten in größeren Städten die mit dem Verkehr Vertrautesten zur ausschließlichen Bearbeitung der Handelssachen berufen werden. Es wird hierdurch die Einheit der Rechtsprechung befördert, die kleineren Gerichte werden sich die Entscheidungen der größeren Gerichte zum Maßstabe nehmen. Ich trete also dem Antrage bei, die Handelsgerichte nur mit rechtsgelehrten Richtern zu besetzen, vorausgesetzt, daß sie nur in größeren Städten eingerichtet werden.

Senator Dr. **Versmann** aus Hamburg: Ich bin nicht zum ersten Male in der Lage, die Theilnahme kaufmännischer Richter bei den Entscheidungen von Handelsgerichten zu vertheidigen, obwohl und zugleich weil in meiner Vaterstadt seit fast 50 Jahren ein aus Einem Juristen und zwei Kaufleuten zusammengesetztes Handelsgericht besteht. Die Advokaten halten den juristischen Vorsitzenden gewöhnlich für den eigentlichen Urtheilsfasser, ihn allein für den Spruch verantwortlich und den Einfluß der kaufmännischen Mitglieder für sehr unbedeutend. Dies ist aber nur die Ansicht ihres Standes, nicht die des Publikums: im Gegentheil, die kaufmännischen Parteien stehen unter dem Eindruck, daß ihre kaufmännischen Kollegen diejenigen sind, die das Urtheil verfaßt haben. Die unterliegende Partei sagt gewöhnlich: Wenn auch der Präsident des Gerichts, der nichts von kaufmännischen Dingen versteht, ein solches Erkenntniß abgeben kann, so will ich nichts dagegen sagen; aber wie haben die kaufmännischen Beisitzer, die täglich auf die Börse kommen, solchen Spruch fällen können? und der Advokat dieser Partei wird dann sagen, wahrscheinlich hätten die Kaufleute den Präsidenten überstimmt.

Durchschnittlich haben weder Juristen noch Kaufleute eine richtige Vorstellung von dem Einfluß, den die kaufmännischen Richter in solchen Handelsgerichten ausüben, die aus Juristen und Kaufleuten zusammengesetzt sind. Ich beschränke mich darauf, diesen einen Punkt allein hervorzuheben, da die allgemeinen Gründe für die Betheiligung der Kaufleute in Handelsgerichten bereits in vorzüglicher Weise Ihnen hier ausgeführt sind. Ich darf wohl anführen, daß ich diese Wirksamkeit der Kaufleute einigermaßen aus der Praxis kennen zu lernen Gelegenheit gehabt habe, weil ich zehn Jahre an einem Handelsgericht als Vorsitzender thätig gewesen bin, das aus zwei Kaufleuten und einem Juristen zusammengesetzt ist. Dieser Einfluß der Kaufleute ist nicht ein direkter. Man meint gewöhnlich, es müsse im Handelsgericht ein Gegensatz zwischen juristischer und merkantiler Auffassung bestehen und die Kaufleute machten ihren Einfluß in der Art geltend, daß sie durch ihre zwei Stimmen den Präsidenten zu überstimmen versuchten. Dies ist aber nicht der Fall. Ich kann behaupten, daß die Erkenntnisse meist mit Einstimmigkeit abgegeben sind, daß aber da, wo diese nicht erreicht werden konnte, sehr viel häufiger die zwei konsentirenden Stimmen aus dem juristischen Vorsitzenden und dem einen Kaufmann bestanden, als aus beiden Kaufleuten gegenüber dem Vorsitzenden, — ein Beweis, daß die Meinungsverschiedenheit nicht in dem Gegensatz zwischen der juristischen und merkantilen Auffassung, sondern in der Zweifelhaftigkeit des Falles selbst lag. Der Einfluß der Kaufleute ist vielmehr ein vollständig indirekter, der ihnen selbst oft gar nicht zum Bewußtsein kommt. Die Kaufleute sind nämlich mehr als andere Laien dazu angethan, in ihren eigenen Angelegenheiten Recht zu sprechen. Wer nicht Geschäftsmann ist, kommt im gewöhnlichen Leben mit dem Recht, außer vielleicht mit dem Familien- oder Erbrecht, sehr wenig in Berührung, der Kaufmann dagegen wird gerade durch seinen Beruf von vornherein auf das Recht hingewiesen: das Abschließen von Verträgen ist sein Lebensberuf, und juristische Begriffe, die sonst dem Laien nicht nahe treten, sind es, mit denen er in seinem Geschäftsleben beständig operirt. Die Begriffe von Offerte und Accept, von Uebergang der Gefahr gekaufter Sachen, von den Wirkungen des Stillschweigens u. s. f. handhabt er täglich. Der Kaufmann ist täglich in der Lage, sich, um seine eigene Handlungsweise bestimmen zu können, Rede und Antwort geben zu müssen, was in diesem und jenem Falle Rechtens ist. Gerade dies aber befähigt ihn, in Handelsgerichten seinen Genossen das Recht zu sprechen. Die Art und Weise ferner, wie der Kaufmann zu seinem Urtheile kommt, ist durchaus verschieden von derjenigen, die der Jurist beobachten muß. Der Kaufmann wird ohne Weiteres aus der Totalität der Verhandlung sein Urtheil fällen; er wird sofort damit fertig sein, nachdem er den Fall gehört hat. Der Jurist dagegen muß sich — das ist seine Pflicht — der rechtlichen Gründe bewußt sein, er muß auf dem Wege der logischen Gedankenverbindung zu seinem Spruche kommen. Ich finde aber gerade eine Garantie für wirklich sachgemäße, konsequente und gerechte Erkenntnisse nur dann, wenn jene Leichtigkeit der Auffassung, jene Schnelligkeit des Blicks, jener Instinkt und Takt des Kaufmanns bei Fassung des Urtheils zusammentrifft mit dem juristischen Bewußtsein des rechtsgelehrten Vorsitzenden. M. H., Sie werden leicht zugeben können, daß wenn zwei gewiegte tüchtige Kaufleute — und andere als solche, also die zu Kaufleuten promovirten Höker, Fuhrleute u. s. f. wird man nicht wählen, wenn anders die Kaufleute selbst ihre Richter wählen sollen, — wenn also zwei Kaufleute der Art, die sich in ihrem Elemente bewegen, von vornherein nach angehörter Sache positiv ihre Meinung abgeben, dies auf den vorsitzenden Juristen den bedeutendsten Einfluß ausüben wird. Und das mit Recht. Denn sehr häufig wird dadurch die ganze Auffassung der Sache, das Fahrwasser, in welches die fernere Urtheilsfassung hineingebracht wird, bestimmt; und in den Fällen, wo von vornherein Jurist und Kaufmann entgegengesetzter Meinung sind, wird ein besonnener, verständiger Jurist sehr bedenklich werden, sobald die Kaufleute übereinstimmend eine von der seinigen entschieden abweichende Meinung haben. Diese Verschiedenheit der Ansichten wird zu weiteren Diskussionen führen, der Jurist wird sich die Sache nochmals überlegen, und in den meisten Fällen werden die Ansichten sich so klären, daß es dem Juristen gelingt, entweder die Kaufleute von seiner Ansicht zu überzeugen, oder die von den Kaufleuten vertretene Meinung mit seinem Gemeinen Rechte oder den sonstigen gesetzlichen Bestimmungen in Einklang zu bringen, auf dieselbe gewissermaßen auch die juristische Melodie zu finden. Mit einem Wort: das, was nur durch die Betheiligung der Kaufleute hervorgebracht werden kann, ist, daß das Gericht das quid actum si inter partes vollständig und genau einsieht. Meistens ist es ja nicht die Zweifelhaftigkeit der Rechtssätze selbst, welche die Entscheidung schwierig macht, sondern die Frage, welche Rechtssätze auf den konkreten Fall anzuwenden sind. Die Beantwortung dieser Frage aber fällt eben vollständig zusammen mit einer genauen und richtigen Einsicht in die Natur des Geschäfts, in den ganzen Geschäftsgang, in die wirklich merkantile Auffassung des Falls, und diese kann nur durch die Kaufleute gegeben werden.

In dieser Weise werden Kaufleute und Juristen, wenn sie vereinigt sind, die Arbeit gewissermaßen theilen, oder richtiger, in Gemeinschaft üben.

Der eine Theil wird den anderen ergänzen, und nur dann, wenn sie wirklich zu demselben Resultat kommen, wird man aus dem Gericht weggehen mit der vollen Ueberzeugung, daß das Richtige getroffen ist. Eine Theilung der Arbeit tritt übrigens, wie ich nicht verhehlen kann, und wie es auch ganz in der Ordnung ist, in äußerer, extensiver Beziehung ein. Es versteht sich, daß ein Theil nur dem Juristen zufällt, namentlich die Proceßleitung und die Beantwortung solcher Fragen, die sich direkt und ohne Weiteres aus dem positiven Recht beantworten lassen. Ein anderer Theil der Entscheidung aber, der noch dazu praktisch sehr wichtig und auch extensiv sehr bedeutend ist, wird den Kaufleuten allein zufallen. Es giebt viele einzelne Fragen, die für den Fortgang des Processes sehr wichtig sind, aber nur von Kaufleuten allein entschieden werden können. Die meisten Processe entstehen ja nicht über große gewaltige Principienfragen: der Zahl, wenn auch nicht der Bedeutung nach bilden diejenigen die Mehrzahl, wo sich der Streit an irgend welche Manipulationen des Verkehrs angeknüpft hat. Man weiß, die Processe der Kaufleute entstehen meist nicht aus Proceßsucht, — der Kaufmann processirt nur, wenn er muß, — sondern aus steigenden und fallenden Konjunkturen. Der Kaufmann acceptirt Waaren, auch wenn sie nicht vortrefflich sind, dann, wenn ein Gewinn auf dem Geschäfte liegt; ist dies nicht der Fall, so bedient er sich häufig seiner Rechtsbehelfe: „wenn die Preise sinken, setzt der Empfänger doppelte Brillen auf." In einer großen Anzahl der Processe wird es sich also um Fragen von geringer Bedeutung handeln. Ich denke beispielsweise an den Abschluß von Geschäften durch Mäkler, das Verfahren beim Empfang von Waaren, die Beurtheilung der Handelsbücher und Konto-Korrente, die Bestimmung der erlaubten Ansätze für Spesen und Provision, ferner die Verladungsweise der Waaren, den Hergang beim Laden und Löschen der Schiffe, die Bezahlungsweise, die wichtige und in jedem Handelsproceß vorkommende Frage, ob die kaufmännischen Dokumente ihrer äußeren Erscheinung nach in Ordnung sind oder schon auf den ersten Blick einen Mangel verrathen u. s. f. Allen diesen Fragen gegenüber steht ein rein juristisches Gericht rathlos da, sie sind ohne Kaufleute gar nicht zu entscheiden. Letztere aber geben einen Ausspruch: So soll es sein! und damit sind ihre Genossen meist außerordentlich zufrieden. In großen See- und Handelsstädten, wie Hamburg, Bremen u. s. f. würde es zwar vollkommen möglich sein, ein Gericht aus drei Juristen zusammenzusetzen, die auch bis auf Weiteres ganz vortreffliche Handelsrichter sein könnten: unter den Advokaten würden immer drei gewiegte und gewandte Persönlichkeiten zu finden sein, die vollständig in diesen merkantilen Geist eingeweiht sind und in ihm Fragen der angeregten Art entscheiden würden. Wie soll es aber sein im Binnenlande, in Ländern, wo eine eigene Richterkarriere ist, der Richterstand nicht aus den Advokaten ergänzt wird, und eine Versetzung in alle Provinzen stattfindet? Wie sollte man da juristische Richter zur Beurtheilung von Handelssachen finden? Dies Bedenken ist um so wichtiger, weil die handelsrechtlichen Institute immer mehr ins Binnenland vordringen. See-Assekuranz-Gesellschaften werden z. B. jetzt schon am Rhein, ja bis in die Schweiz hinein errichtet. Dies ist ja auch ein Grund, warum der Ruf nach Handelsgerichten immer stärker geworden ist.

Daß aber Juristen an der Entscheidung theilnehmen müssen, ist ebenfalls meine feste Ueberzeugung; die Gründe hierfür sind schon von den anderen Herren Rednern beigebracht. Der Hauptgrund ist für mich der, daß das Recht etwas Einheitliches ist, daß das Handelsgesetzbuch in seiner Totalität aufgefaßt werden muß, daß dem Gerichte die Kenntniß der positiven Gesetze beiwohnen muß, daß in außerordentlichen Fällen, die sich gewissermaßen aus dem gewöhnlichen Geleise entfernen, die nur nach Analogien und durch Kombination von allgemeinen Rechtsgrundsätzen entschieden werden können, der Kaufmann sofort den Kopf verliert, und hier der Jurist eintreten muß. Das Handelsgesetzbuch ändert hierin Nichts. Sie werden doch nicht glauben, m H., daß die Kaufleute das Handelsgesetzbuch studiren werden! Das wäre ein Unglück, dann müßte man sie wegweisen aus den Handelsgerichten. Ein kaufmännischer Richter, der anfängt, sich zum Juristen bilden zu wollen, ist mehr ein Hinderniß, als ein Vortheil. Man hat deshalb mit Recht einen häufigeren Wechsel der Kaufleute in den Handelsgerichten — in Hamburg z. B. besteht eine sechsjährige Periode — als nothwendig erachtet. Der Kaufmann bringt das, was er im Handelsgericht leisten soll, mit sich als tüchtiger, gewiegter Kaufmann. Er soll im Handelsgericht nicht etwa eine Schule der Jurisprudenz durchmachen; er lernt im Handelsgericht sehr viel für sich, aber er soll eben nicht vom juristischen Standpunkt aus die Fälle beurtheilen.

Die Herren übrigens, die sich für die Besetzung der Handelsgerichte allein durch Kaufleute ausgesprochen haben, haben doch auch stillschweigend zugegeben, daß es der Beihülfe eines Juristen immer bedarf. Die Herren aus den Rheinlanden haben selbst bemerkt, daß der Greffier in den dortigen Handelsgerichten eine große Rolle spielt. Herr Röder ferner macht in seinem Gutachten zwei Voraussetzungen, die aber unerfüllbar sind; er verlangt zuvörderst ein allgemeines Obligationenrecht und dann einen abgekürzten Civilproceß. Wenn er ein allgemeines Deutsches Obligationenrecht verlangt, dann sollen also die Kaufleute vollständige Juristen werden, sie sollen nicht nur das Handelsgesetzbuch und merkantile Institute, sondern auch das Obligationenrecht, also das Recht im Allgemeinen studiren; und da diese Voraussetzung nicht erfüllbar ist, so ist auch das juristische Element im Handelsgericht unentbehrlich. Auch ein kurzer Proceß wird nie zu Stande kommen: wir als Juristen werden uns nicht darüber täuschen. Denn man kann wohl einige Förmlichkeiten beseitigen, Fristen verkürzen, Auswüchse beschneiden; aber intrikate und verwickelte Sachen, bei denen es auf eine weitläufige und schwierige Beweisaufnahme ankommt, können nie kurz erledigt werden. Herr Rechtsanwalt Wilke hat dafür, daß Kaufleute allein Recht sprechen könnten, die Schlußnoten der Ostseehäfen angeführt. M. H., lassen Sie sich nicht täuschen. Ich kenne diese Schlußnoten sehr genau, ich habe sie häufig und genau studirt, denn sie stammen aus Hamburg und sind von da nach den Ostseehäfen und Berlin übergegangen. In diesen Noten ist die Weisheit zwanzigjähriger richterlicher Thätigkeit niedergelegt; alle die in ihnen vorkommenden Sätze sind aus jahrelangen Erfahrungen abstrahirt, die die Parteien in theuren Processen sich erstritten haben. Sie betreffen alle nur das Lieferungsgeschäft, und dieses ist im Laufe der Jahre in ein so festes und bestimmtes Geleise, aus dem es schwerlich herausgerückt werden kann, gekommen, wie kein zweites Geschäft im Handelsverkehr. Bei ihm können nur noch einzelne kleinere Streitfragen, z. B ob die Waare zu rechter Zeit geliefert ist, ob sie probemäßig ist u. s. f. vorkommen; große Fragen werden bei ihm nicht mehr entschieden. Wenn ich nicht irre, entscheiden die Berliner Kaufleute auch über die Empfangbarkeit der Waare, fungiren also, wenn sie die Probe mit der Waare vergleichen, m. E. nicht nur als Richter, sondern auch als Sachverständige. Das Handelsgericht braucht aber nicht Alles zu wissen, sondern mag solche Fragen durch Mäkler u. s. f. beantworten lassen.

Man könnte nun einwenden, daß nach meiner Ausführung der Jurist denn doch den eigentlich überwiegenden Einfluß ausübte, da ich sehr bedeutende Punkte seiner Kompetenz allein zugewiesen habe. Dies ist in gewisser Weise zwar wahr, aber kein Vorwurf. Denn es ist nicht nöthig, daß die Kaufleute alle Urtheile selbst finden, aber es ist von außerordentlichem Werthe, daß die im Handelsgerichte befindlichen Kaufleute, selbst wenn sie das Urtheil nicht selbst finden, das Gefundene billigen.

Noch ein wesentlicher Punkt ist die Zusammensetzung des Gerichts. Ich glaube, ein Handelsgericht sollte nur aus Kaufleuten mit einem juristischen Präsidenten zusammengesetzt sein. Nicht deswegen, wie man gewöhnlich glaubt, weil die Kaufleute die Majorität haben müßten; ich habe schon ausgesprochen, daß es m. E. nicht auf die Stimmenzahl ankommt; mir für meine Person würde es gleich sein, ob zwei oder vier oder sechs Kaufleute Richter sind, obwohl ich zwei für genügend halten würde. Aber ich halte die vielfach gewünschte Zusammensetzung aus drei Juristen und zwei Kaufleuten für vollständig verwerflich, weil bei ihr weder das kaufmännische noch das juristische Element zu seinem Rechte kommt. Das kaufmännische nicht, weil die eigentliche sachliche Erörterung des Falles in den Hintergrund treten wird vor dem Streit der Juristen; diese drei Juristen werden vollständig juristische Disputationen einführen, und die Kaufleute werden den Eindruck haben, daß sie überflüssig sind; denn wenn sie auch hier und da um ihre Meinung gefragt werden, so will das nicht viel bedeuten. Dies ist auch der Grund, warum in Preußen die wenigen Handelsgerichte, die aus kaufmännischen und juristischen Richtern zusammengesetzt sind, keinen Beifall gefunden haben und man sich unter die schiedsrichterliche Jurisdiktion geflüchtet hat. Der kaufmännische Stand würde nicht den Eindruck haben, von Kaufleuten gerichtet zu werden. Der andere Grund ist aber eben so wichtig. Die Erfahrung lehrt nämlich, daß, wenn drei Juristen und zwei Kaufleute das Gericht bilden, jeder der drei Juristen, wenn sie — was ich bis auf Weiteres annehme — jeder eine verschiedene Meinung haben, suchen wird, die Kaufleute zu sich herüberzuziehen, um das Erkenntniß machen zu können. Jeder der drei Juristen, wenn er es versteht, seine juristische Meinung den Kaufleuten plausibel zu machen, hat die Chance für sich, sein Votum durchzubringen. Daraus entsteht in der That, wenn die Persönlichkeiten nicht sehr glücklich arrangirt sind, etwas, was im Interesse der Würde der Rechtsprechung und der Jurisprudenz in jeder Weise vermieden werden sollte. Die Juristen plaidiren im Gericht juristische Fragen vor Kaufleuten; und die Kaufleute entscheiden das, was sie nicht verstehen, und was sie verstehen, das entscheiden sie nicht.

M. H., sprechen Sie sich also aus für die Zusammensetzung der Handelsgerichte aus Kaufleuten mit einem juristischen Vorsitzenden.

Advokat **Schöneseiffen** aus Gladbach: Ich vertrete die Ansicht, daß nur Kaufleute und sie besonders fähig sind, uns dasjenige Recht zu geben und zu erhalten, was wir im Handelsgesetzbuch als geschriebenes Recht empfangen haben. Ich schicke voraus, daß ich ausschließlich acht Jahre lang an einem Handelsgericht in einer Stadt beschäftigt gewesen bin, wo sonst gar keine Gerichte bestehen. Dort sitzen drei Kaufleute mit einem Sekretär, dessen Thätigkeit hier in etwas zu scharfen Ausdrücken geschildert worden ist; diese Kaufleute üben ihre Thätigkeit unentgeltlich, obwohl sie z. B. in Köln über 8000, in Elberfeld über 7000, an jenem kleinen Orte bei mir ca. 1700 Sachen jährlich zu bearbeiten haben. Das Publikum ist mit dieser Organisation außerordentlich zufrieden.

Als ich den Borchardt'schen Antrag zuerst las, fand ich es ganz natürlich, daß ein Richter, der mit Liebe und Fähigkeit der handelsrichterlichen Thätigkeit obliegt, betrübt sein mag, wenn man ihm diese angenehme einfache Thätigkeit nehmen und an seine Stelle einen unjuristischen Laien setzen will. Die Motive des Antrags aber haben auf mich nicht nur einen drastischen Eindruck, sondern mich geradezu unwirsch gemacht. Was bei uns eine feststehende Erfahrung ist, sucht man hier mit unbewiesenen Behauptungen zu beseitigen. Man sagt uns gerad auf den Kopf zu: was seit Jahrhunderten in Frankreich Praxis gewesen, was seit Jahrzehnten am Rhein bestanden und sich die Zuneigung des Publikums gewonnen, sei nicht zweckmäßig und nicht nothwendig. Und aus welchen Gründen? Es heißt doch in dem Antrage: „Die Einführung des Deutschen Handelsgesetzbuchs läßt die Errichtung besonderer Gerichte zur Entscheidung der Handelsstreitigkeiten als Bedürfniß erscheinen.“ Ueberall sonst, wo man ein Bedürfniß anerkennt, ist man darauf bedacht, dasselbe zu befriedigen. Was bringt nun aber der Antrag? Nichts als Verklausulirungen, die darauf hinauslaufen, so wenig als möglich Handelsgerichte einzuführen. Herr Borchardt bezieht sich nicht auf diejenigen Staaten, wo Handelsgerichte praktisch durchgeführt, sondern auf diejenigen, wo sie abgeschafft sind. Er sagt unmittelbar darauf, daß Handelsgerichte nur in größeren Städten eingeführt werden sollen. Warum denn? Wenn sie ein Bedürfniß sind, so muß dasselbe doch in größtmöglichem Maße befriedigt werden.

Den Passus der Motivirung von dem Verlangen nach einem Privilegium hat Herr Wilke bereits in vortrefflich humoristischer Weise beleuchtet, und mit Recht, denn dieser Vorwurf läßt sich nicht besser, als in humoristischer Weise ablehnen. Wohin sollte es führen, wenn diejenigen, die als Richter mit den heiligsten Beruf üben, sich als privilegirte Eigenthümer des Rechtes betrachten und den Eindruck hervorrufen wollen, als wäre das Recht eine Spende juristischer Beamten? Man darf dem Handelsstand kein Haschen nach Privilegien vorwerfen. Wenn der Kaufmann Richter werden will, so will er es nur, weil er nach seiner Meinung so weit vorgerückt ist, um die Rechtsprechung des juristischen Richters entbehren zu können. Wenn der Handelsstand damit zufrieden ist, was haben wir denn dagegen einzuwenden? Wir wollen doch nicht gleich allein selig machenden Theologen dem Laien erklären, daß er ohne unsere Mitwirkung nicht selig werden kann! Standesherren sind die Kaufleute nicht: sie sind auf ihren Stand oder Beruf nur so weit stolz, wie jeder es ist, der etwas Tüchtiges leistet. Kommen Sie, m. H., nur acht Tage mit mir an den Rhein! ich würde Ihnen dann weiter gar keine Gründe vorzubringen brauchen, Sie würden aus eigener Anschauung zugeben, daß das, was Herr Röder sagt, ganz richtig ist: die Einrichtung am Rhein entspricht den Bedürfnissen des Handels.

Wenn angeführt wird, daß die Kaufleute mit dem Recht nicht zurechtkommen könnten, so erwidere ich darauf, daß wir am Rhein wohl damit zurechtgekommen sind: der Uebergang aus dem alten Recht ins neue war so einfach und glatt, wie er nur sein konnte.

Abgesehen von den praktischen Erfahrungen, die man mit den aus Kaufleuten besetzten Handelsgerichten gemacht hat, bestimmen mich aber auch folgende sachliche Gründe. Zunächst ist die Gesetzgebung mit durch die Kaufleute vorbereitet worden: sie haben in der Gesetzgebungs-Kommission mitgearbeitet, — warum sollen sie denn nicht auch im Stande sein, das von ihnen gegebene Gesetz anzuwenden? Sodann muß in den Entscheidungen der einzelnen handelsrechtlichen Fälle das Laienbewußtsein zum Ausdruck kommen. Dadurch allein wird es möglich, die eigenste Individualität eines Falles zu erfassen. Das Generalisiren ist uns so zur anderen Natur geworden, daß die konkreten Verhältnisse bei unseren Entscheidungen gar nicht gehörig gewürdigt werden.

Auch die Finanzfrage ist nicht zu vernachlässigen. Bei dem größten Handelsgericht in der Rheinprovinz, in Köln, wäre es allenfalls möglich, einen Handelsrichter, da er sehr viel zu thun hat, anständig zu besolden: an anderen Orten, wo die Thätigkeit der Handelsrichter eine geringe ist, wäre es nicht möglich.

Also schon an diesen praktischen Bedenken müßten jene Anträge scheitern.

(Der Schluß der Generaldebatte wird beantragt und von der Versammlung beschlossen, vorbehaltlich des Schlußworts des Antragstellers und des Referenten.)

Stadtgerichtsrath **Borchardt** aus Berlin: Die vorgerückte Zeit zwingt mich, auf eine vollständige Widerlegung der gegen meinen Antrag erhobenen Einwendungen zu verzichten. Ich will mich deshalb nur darauf beschränken, dem anscheinend am meisten unterstützten Vorschlage auf eine gemischte Zusammensetzung der Handelsgerichte entgegenzutreten.

Ich bin der Ansicht, daß bei einer solchen gemischten Zusammensetzung die Minorität, ohne Unterschied, ob dieselbe aus Kaufleuten oder Juristen besteht, von vornherein eine unglückliche Stellung einnimmt. Ist den Juristen die Majorität eingeräumt, so werden sich die Kaufleute zurückgesetzt fühlen und stets klagen, daß die kaufmännische Auffassung vom Rechtsverhältnisse nicht genügend zur Geltung kommen könne. Hält man andererseits die Kaufleute vorzugsweise zur Rechtsprechung befähigt, so weiß ich nicht, weshalb ihnen Juristen noch zur Seite gesetzt werden sollen. Schließt man endlich die Juristen ganz aus, so fehlt nach meinem unmaßgeblichen Dafürhalten jeder Rechtsgrund, den aus Kaufleuten allein zusammengesetzten Gerichten die Entscheidung der Streitigkeiten der Kaufleute unter einander sowohl, als auch die der Kaufleute mit Nichtkaufleuten zu übertragen. Ich weiß nicht, mit welchem Recht verlangt werden kann, daß ein Nichtkaufmann, welcher ein Handelsgeschäft mit einem Kaufmann geschlossen hat, gezwungen sein soll, auf seinen gewöhnlichen persönlichen Civilrichter zu verzichten und

Recht bei den Fachgenossen seines Gegners zu nehmen und dieselben als unparteiische Richter anzuerkennen. Würde dagegen die Kompetenz dahin beschränkt, daß dem Handelsgerichte nur die Entscheidung der Streitigkeiten der Kaufleute unter einander obliegen solle, so wäre hierdurch gerade die Einheit der Rechtsprechung, die erstrebt wird, m. E. am meisten beeinträchtigt. Denn alsdann würde der Kaufmann, der ein Geschäft mit einem Nicht-Kaufmann und ein Geschäft derselben Art mit einem Kaufmann geschlossen hat, bei zwei verschiedenen Gerichten Recht nehmen müssen: in Betreff des ersteren Geschäfts bei dem gewöhnlichen Civilgericht und in Betreff des zweiten bei einem Handelsgericht. Es läge dann die Möglichkeit nahe, daß die Entscheidungen beider Gerichte verschieden ausfallen, und die Rechtseinheit wäre hierdurch nichts weniger als gefördert zu erachten. Und andererseits, wenn, wie zu wünschen, die beiden Entscheidungen übereinstimmen, dann ist gewiß der Beweis geführt, daß die rechtsgelehrten Gerichte vollständig genügen können und müssen.

Schließlich glaube ich noch darauf aufmerksam machen zu dürfen, daß es dem Handelsstande wohl weniger auf eine künstliche Zusammensetzung der Handelsgerichte ankommen wird, als auf eine Verbesserung des Proceßverfahrens. Möge die neue Deutsche Proceßordnung noch in einzelnen Beziehungen auf eine größere Beschleunigung des Proceßganges hinwirken, z. B. durch Abkürzung der Rechtsmittelfristen, und den Richter ermächtigen, unter bestimmten Voraussetzungen die Erkenntnisse erster Instanz für vollstreckbar zu erklären! Hierdurch dürfte dem Handelsstande in den meisten Fällen am besten gedient sein. Ich kann deshalb nur bei meinem Vorschlage verbleiben, daß die Handelsgerichte nur aus rechtsgelehrten Richtern zusammengesetzt werden. Eventuell würde ich noch die Bitte an die geehrte Versammlung zu richten mir erlauben, auch darüber durch Abstimmung sich aussprechen zu wollen, welchem Elemente, ob dem kaufmännischen oder dem juristischen bei der Zusammensetzung der sog. gemischten Gerichte in den verschiedenen Instanzen die Majorität einzuräumen sei.

Referent, Senator **Dr. Pfeiffer** aus Bremen: M. H.! Sie haben vorher aus dem Munde des bewährten, langjährigen Präsidenten eines der größten Handelsgerichte Deutschlands eine Schilderung der Thätigkeit der Handelsgerichte vernommen, welche nicht wahrer, nicht treffender, nicht überzeugender sein könnte. Dieser Darstellung gegenüber, die aus der Fülle eigener Erfahrungen und Erlebnisse geschöpft ist, müssen, glaube ich, alle theoretischen Bedenken verschwinden, mögen sie auch mit noch so viel Schärfe und Klarheit vorgetragen werden. Ich glaube mit Rücksicht auf diesen Vortrag mich jeder weiteren Erörterung im Allgemeinen enthalten zu können.

Es liegt mir nur noch ob, einige Worte über die verschiedenen Anträge, welche gestellt worden sind, den Verhandlungen hinzuzufügen.

Ueber die Hauptanträge, die Ihnen schon vorliegen, wird es nicht mehr nöthig sein, noch weiter zu sprechen. Neu hinzugekömmen sind zunächst die Anträge des Herrn Wilke, deren erster den Gegensatz zu den bisher gestellten Anträgen — auf rechtsgelehrte und auf gemischte Handelsgerichte — enthält, worüber ich also auch Nichts weiter zu bemerken brauche. Sein zweiter Antrag ist darauf gerichtet, daß zur Erhaltung der Rechtseinheit im Deutschen Handelsrechte ein oberster Gerichtshof für ganz Deutschland eine absolute Nothwendigkeit sei. Ich führe nur an, daß bereits der Vierte Deutsche Juristentag in Mainz einen Beschluß gleichen Inhalts gefaßt hat, so daß wir uns hierüber nicht mehr auszusprechen haben. In meinem Antrag unter 4. ist, zur weiteren Ausführung des letzten Beschlusses, beantragt worden, der ständigen Deputation die Frage vorzulegen, auf welche Weise diesem Bedürfnisse nach einem einheitlichen Organe abzuhelfen sei. Herr Wilke hat sodann noch zwei weitere Anträge gestellt, wonach die Urtheile der Handelsgerichte in ganz Deutschland sofort exekutorisch sein, und in Handelssachen keine Appellation, sondern nur das Rechtsmittel der Kassation stattfinden solle. Auf das Materielle dieser Anträge werde ich nicht eingehen können, theils weil die Fragen nicht auf der Tagesordnung stehen, theils weil sie nicht vorbereitet sind, theils weil sie nicht in unsere, sondern in die vierte Abtheilung gehören würden.

Herr Rechtsanwalt v. Wilmowski hat zu dem Antrag des Herrn Borchardt den Zusatzantrag gestellt, „daß die Entscheidung über thatsächliche und sachverständige Fragen und über Handelsusancen nur von zuzuziehenden Kaufleuten zu treffen sei.“ Dieser Antrag ist zu meinem Bedauern nicht weiter motivirt worden; ich empfehle ihn indeß nicht, weil ich nicht glaube, daß die „thatsächlichen und sachverständigen Fragen und Usancen“ aus dem Zusammenhang eines Civilrechtsstreits dergestalt losgelöst werden könnten, daß ein Urtheil über diese Punkte unter Zuziehung von Kaufleuten gefällt, der übrige Theil der Entscheidung aber von rechtsgelehrten Richtern allein getroffen würde.

Es bleiben schließlich noch übrig die zwei übereinstimmenden Anträge der Herren Senator Versmann und Rechtsanwalt Geck, welche darauf gerichtet sind, daß das Verhältniß der kaufmännischen und der juristischen Mitglieder nicht unbestimmt gelassen, sondern vielmehr dahin fixirt werde, daß zwei kaufmännische Mitglieder mit einem Juristen als Vorsitzenden zusammentreten. Ich muß zunächst vollkommen zugeben, daß sich die Handelsgerichte mit solcher Zusammensetzung in Hamburg und Bremen durchaus bewährt haben. Meine Bedenken sind mehr theoretischer Natur, und ich würde sie gern unterdrücken, obwohl ich noch immer nicht verkennen kann, daß, wenn zwei Juristen — nicht, wie Herr Dr. Versmann erwähnte, drei Juristen mit zwei Kaufleuten, sondern, wie ich es nach den Erfahrungen in Braunschweig wünschte, drei Kaufleute und zwei Juristen, — daß also, wenn zwei Juristen mitwirken, Einer den Anderen kontrollirt und dadurch eine gewisse Einseitigkeit vermieden wird. Ich würde indessen auf diese Bedenken keinen großen Werth legen, kann Ihnen aber nicht empfehlen, sich hierüber bestimmt auszusprechen, theils weil ich keinen Grund für den Juristentag sehe, in das Detail solcher Fragen einzugehen, theils weil ich das Zahlenverhältniß bei Zusammensetzung der Handelsgerichte überhaupt für einen Gegenstand von untergeordneter Wichtigkeit halte, und ich davon ausgehe, daß sich dasselbe nach Lokalverhältnissen richten müsse, endlich aber auch, weil in vielen Staaten ein anderes Zahlenverhältniß bereits eingeführt ist, — in Bayern sollen drei Juristen und zwei Kaufleute, in Württemberg zwei Juristen und drei Kaufleute die Handelsgerichte bilden, — so daß wir also mit bestehenden Verhältnissen in Konflikt kommen würden, wenn wir hier für ein bestimmtes Zahlenverhältniß als ein nothwendiges Bedürfniß uns aussprächen. Ich empfehle also, über dieses Verhältniß zu schweigen. Wir werden dadurch dem Antrag des Herrn Dr. Versmann durchaus nicht entgegentreten, — wir überlassen nur den Einzelstaaten die Einrichtung nach ihren innern lokalen Verhältnissen.

Hieran möchte ich noch eine Bemerkung knüpfen. Wenn wir wünschen müssen, daß der Beschluß, den wir fassen, zu gemeinschaftlichen Einrichtungen für ganz Deutschland führe, wenn wir den Beruf des Juristentags hauptsächlich darin erkennen und dadurch erfüllen wollen, daß wir nach einer einheitlichen Gestaltung unseres Rechts streben, dann, glaube ich, sind wir genöthigt, uns nicht gegen kaufmännische Handelsgerichte auszusprechen. Denn in den meisten Deutschen Staaten, in welchen solche Gerichte noch nicht ins Leben getreten sind, ist deren Einführung angebahnt. Wo sich aber Handelsgerichte unter Zuziehung von Kaufleuten gebildet haben, da werden sie als ein kostbares Eigenthum gewahrt und vertheidigt. Ein Versuch, sie aufzuheben — ich rede hier aus der Erfahrung in meiner Vaterstadt Bremen — ein Versuch, sie aufzuheben, würde gleich einem Angriffe auf ein Stück des eignen Lebens zurückgewiesen werden.

Präsident: M. H.! Wir können nunmehr zur Abstimmung schreiten. Ich erlaube mir folgenden Vorschlag, der zwar logisch anfechtbar, aber praktisch dienlich ist: daß wir über die drei Hauptmeinungen, nämlich daß die Handelsgerichte zusammenzusetzen seien entweder nur aus rechtsgelehrten Mitgliedern, oder nur aus Kaufleuten, oder aus Beiden gemischt, in eben dieser Reihenfolge abstimmen. Sind Sie damit einverstanden? (Allgemeine Zustimmung.)

(Abstimmung: Für die beiden ersteren Ansichten entscheidet sich jedesmal nur eine sehr kleine Minorität, für die letztere — die gemischten Handelsgerichte — dagegen die sehr überwiegende Majorität.

Nach kurzer Pause folgt die Wahl der Vertrauensmänner für die Vorwahl der ständigen Deputation. Sie fällt auf: Senator Dr. Versmann — Hamburg, Stadtgerichtsrath Borchardt — Berlin, Kreisrichter Lesse — Thorn, Obergerichts-Anwalt Lauenstein — Lüneburg, Rechts-Anwalt Dockhorn — Posen, Obergerichts-Advokat Schmidt — Altona, Gerichtsrath Malß — Frankfurt a. M., Kreisrichter Koch — Braunschweig, Kreisrichter Bode — Braunschweig, Handelsrichter Reuter — Braunschweig.)

Präsident: Im Principe hat die Abtheilung sich bereits dahin ausgesprochen, daß die Handelsgerichte aus einer Verbindung von Kaufleuten und Juristen bestehen sollen. Es wird daher zweckmäßig sein, die Anträge des Herrn Referenten der weiteren Abstimmung zu Grunde zu legen; zumal Herr Dr. Reinach seine der Hauptsache nach damit parallel gehenden Anträge zurückgezogen hat. Es kommen aber noch die beiden fast identischen Anträge der Herren Dr. Versmann und Geck, „daß die Handelsgerichte aus Kaufleuten unter einem rechtsgelehrten Präsidenten bestehen sollen“, in Frage.

Zu Punkt 3. ist der Antrag des Herrn Malß: „die Handelsgerichte sind besondere ständige Abtheilungen der gewöhnlichen Civilgerichte, welchen Kaufleute mit Stimmrecht beigegeben werden“,*) so eben vom Antragsteller zurückgezogen. Der Antrag des Herrn v. Wilmowski, „daß die Entscheidung über thatsächliche und sachverständige Fragen und über Handelsusancen nur von zuzuziehenden Kaufleuten zu treffen ist“, fällt weg, weil er sich an den Antrag des Herrn Borchardt anschließt, der nicht die Majorität erlangt hat. Von den Anträgen des Herrn Wilke fällt der erste weg, weil im Principe die gemischten Handelsgerichte bereits angenommen sind; der zweite, weil der Vierte Juristentag schon über den Gegenstand desselben Beschluß gefaßt hat; dagegen frage ich, ob der dritte und vierte zur Abstimmung kommen sollen?

Da sich Niemand dafür erklärt, so darf ich wohl annehmen, daß die Abtheilung auf die Anträge gar nicht weiter einzugehn beschließt? (Zustimmung.) Wünscht noch Jemand zur Abstimmung das Wort?

Stadtgerichtsrath **Borchardt** verlangt eventuell Abstimmung über das

---

*) Schriftlich gestellt in Gemäßheit seiner Schlußausführung, oben S. 151.

Mischungsverhältniß zwischen dem juristischen und kaufmännischen Element mit dem Antrage:

„dem kaufmännischen Element ist bei der Zusammensetzung der gemischten Handelsgerichte die Majorität einzuräumen."

Rechtsanwalt **v. Wilmowski** beantragt Abstimmung über seinen Zusatzantrag, verzichtet jedoch nach einer Erwiderung des Präsidenten darauf.

Präsident: Der erste Antrag des Herrn Referenten würde — und zwar, womit auch der Herr Referent einverstanden ist, unter Weglassung der Motive, — in seiner verkürzten Gestalt dahin lauten:

„Die Einführung besonderer, aus rechtsgelehrten und kaufmännischen Richtern gebildeter Handelsgerichte erscheint als ein dringendes Bedürfniß."

Wer diesem Antrag zustimmt, hebe die Hand. Es ist die große Majorität für den Antrag.

Ich schlage vor, nunmehr sofort über die Versmann-Geck'schen Anträge abzustimmen. Ihnen steht aber gegenüber der Antrag des Herrn Referenten, über das Zahlenverhältniß zwischen dem kaufmännischen und juristischen Element keinen Ausspruch zu thun, dasselbe als eine Detailfrage vielmehr der Gesetzgebung der einzelnen Staaten zu überlassen. Es fragt sich daher zunächst: ob die Abtheilung überhaupt sich über diesen Gegenstand aussprechen will.

(Die nach kurzer Debatte erfolgende Abstimmung bleibt wiederholt zweifelhaft.)

Es ist selbstverständlich, daß die Abstimmungen des Juristentags nur dann von Bedeutung sind, wenn die Beschlüsse mit großer Majorität gefaßt werden. Ich schlage deshalb folgenden künstlichen Umweg vor: es vorläufig auf sich beruhen zu lassen, ob wir über die in den beiden Anträgen enthaltene Frage einen Beschluß fassen wollen, vielmehr jetzt eventuell die materielle Frage zur Abstimmung zu bringen, und hinterdrein darüber zu beschließen, ob wir diesen — materiellen — Beschluß als die bestimmte Meinung des Juristentags aussprechen wollen oder nicht.

Bei der materiellen Frage stehen sich nun zwei Anträge gegenüber. Der Geck-Versmann'sche legt den Nachdruck darauf, daß der Vorsitzende ein Jurist sei. Der Borchardt'sche lautet dagegen:

„Dem kaufmännischen Element ist bei der Zusammensetzung der gemischten Handelsgerichte die Majorität einzuräumen."

M. H.! Ich frage also: Wer von Ihnen würde sich eventuell, — d. h. falls die Abtheilung es für nothwendig oder zweckmäßig erachten sollte, darüber einen bestimmten Beschluß zu fassen, — mit den Herren Versmann und Geck dahin aussprechen,

„daß die Handelsgerichte aus Kaufleuten unter einem rechtsgelehrten Präsidenten zu besetzen seien?"

Es ist die entschiedene Majorität für diese Ansicht.

M. H.! es fragt sich nun: Will die Abtheilung sich über diesen Beschluß dem Juristenstande gegenüber officiell aussprechen, oder hält sie es für genügend, daß die Frage hier diskutirt und eventuell so, wie geschehen, entschieden sei?

Will also die Abtheilung die Frage definitiv beantworten, oder sie weiterer Erörterung in den Einzelstaaten vorbehalten? Wer der Meinung ist, daß die Frage heut nicht definitiv entschieden werde, wolle die Hand erheben.

Es ist die Majorität. M. H.! wir haben also beide Zwecke erreicht: wir haben uns über die materielle Frage, über den Gedanken selbst ausgesprochen, aber zugleich auch erklärt, den Partikulargesetzgebungen nicht vorgreifen zu wollen.

Der **Präsident** bringt darauf die drei folgenden Anträge des Referenten einzeln zur Abstimmung:

„2. Die Mitwirkung des kaufmännischen Elementes ist auch in den Gerichten zweiter Instanz bei der Entscheidung von Handelssachen nicht zu entbehren."

„3. Die Gerichtsbarkeit in Handelssachen ist nur in solchen Bezirken, in welchen eine größere Zahl von Handelsstreitigkeiten nicht vorkommt oder die Zusammensetzung des Handelsstandes eine Auswahl tüchtiger Handelsrichter nicht bietet, den gewöhnlichen Gerichten zu übertragen und zwar, wo es thunlich ist, besonderen Abtheilungen derselben."

„4. Die ständige Deputation wird aufgefordert, die Frage:

auf welche Weise dem Bedürfnisse eines gemeinschaftlichen Organs behufs Erhaltung der Einheit des Handelsrechts in Deutschland am zweckmäßigsten zu genügen sei,

auf die Tagesordnung des nächsten Juristentags zu setzen und für eine geeignete Vorbereitung dieser Frage zu sorgen."

Dieselben werden jedesmal mit großer Majorität angenommen.

Auf den Vorschlag des Präsidenten und Referenten beschließt die Versammlung, daß die gefaßten Beschlüsse der Plenarversammlung lediglich zur Kenntnißnahme, jedoch zugleich unter summarischer Darstellung der verschiedenen Ansichten, mitgetheilt werden sollen und beauftragt, da der bisherige Referent an der nochmaligen Uebernahme des Referats behindert ist, den Senator Dr. Versmann mit der Berichterstattung im Plenum.

Der **Präsident** eröffnet sodann die Diskussion über den Lesse'schen Antrag, betreffend ein Allgemeines Deutsches Akkordgesetz.

Kreisrichter **Lesse**: M. H.! Sie wissen Alle, zu welchen Nachtheilen für Gläubiger und Schuldner ein Akkordverfahren im Konkurse führen kann, und wie sehr unzweckmäßige Akkordgesetze dem Kredit schaden. Ich wollte deshalb zunächst die Frage, über deren Wichtigkeit Sie mit mir einverstanden sein werden, anregen, ob es nicht möglich und zweckmäßig sei, ein gemeinsames Deutsches kaufmännisches Akkordgesetz herzustellen, und zwar unabhängig von einem neuen Konkursrecht, welch' letzteres natürlich den Vorzug verdiente.

Mein zweiter Antrag beschäftigt sich mit der Frage: in welcher Weise ein solches Akkordverfahren einzurichten, ob man sich bei einem Akkordverfahren im Konkurse zu beruhigen habe, oder ob es nicht zu empfehlen wäre, für Handelsstädte ein summarisches Akkordverfahren ohne Eröffnung des Konkurses mit seinen weitläufigen Formalitäten, herzustellen. Ich gebe zu, diese Frage unterliegt manchen Bedenken. Indeß manche Staaten, z. B. Bremen, besitzen schon ein derartiges Verfahren.

Meine übrigen Anträge beziehen sich auf die Grundsätze, die bei dem Akkorde anzuwenden seien. Wieviel verschiedene Ansichten darüber herrschen, wissen Sie. Viele sprechen sich gegen jedes Akkordverfahren aus, weil sie es für eine ungerechtfertigte Expropriation erachten; die Mehrzahl ist allerdings anderer Ansicht.

Ich habe natürlich den Wunsch, daß die Erörterung gründlich stattfinde, halte dies aber für unmöglich in einem Augenblicke, wo das Interesse der Versammlung durch eine so wichtige Frage, wie die eben verhandelte, bereits erschöpft ist. Auch halte ich meine Anträge noch nicht für genügend vorbereitet, da über sie noch keine schriftlichen Gutachten eingeholt sind; ich halte es für wünschenswerth, daß solche aus den verschiedensten Gegenden Deutschlands erfordert werden. Ich schlage deshalb vor, diesen Gegenstand von der Tagesordnung abzusetzen und die ständige Deputation zu ersuchen, über meinen Antrag zunächst schriftlich votiren zu lassen und ihn dann auf die Tagesordnung des nächsten Juristentages zu bringen.

Der **Präsident** befürwortet gleichfalls diesen Vorschlag, und die Abtheilung tritt demselben bei.

Der **Präsident** dankt der Versammlung, daß sie ihn bei der Leitung seiner Geschäfte kräftig unterstützt habe; Dr. **Versmann** spricht dem Präsidenten den Dank der Abtheilung für die übernommene Mühe aus.

Der **Präsident** schließt die Sitzung.

(Schluß der Sitzung nach 11 Uhr.)

Erste Sitzung der dritten Abtheilung des Fünften Deutschen Juristentages am 26. August 1864 zu Braunschweig im Saale des Landschaftlichen Hauses.

(Beginn der Sitzung Vormittags 11 Uhr.)

Rechtsanwalt Dr. **Schaffrath** aus Dresden eröffnet die Sitzung. Auf seinen Vorschlag wird der Obergerichts-Präsident Trieps aus Wolfenbüttel zum Präsidenten und der Geheime Justizrath, Professor Dr. Abegg aus Breslau zum Vice-Präsidenten gewählt.

Das Schriftführer-Amt übernehmen: der Amtsrichter Teichs aus Harzburg und Rechtsanwalt Schanz aus Dresden.

Der **Präsident** theilt sodann mit, daß der Referent über die Gesetzgebungsfrage:

> „In welchem Umfange sind Maßregeln zur Erzwingung eines Zeugnisses in Strafsachen (Voruntersuchung, Hauptverfahren) zuläßig?"

und über den Antrag des Rechtsanwalts Dr. Calm aus Bernburg:

> „Niemand kann gezwungen werden, in einer Untersuchungssache zeugeneidlich Auskunft zu geben, so lange die Untersuchung nicht gegen eine bestimmte Person eröffnet ist;"

Professor Dr. Glaser aus Wien nicht erschienen ist.

Es werden hierauf zu Berichterstattern über diesen Theil der Tagesordnung aus der Mitte der Versammelten gewählt: als Referent Professor Dr. John aus Königsberg, als Korreferent Gerichts-Assessor Dr. Rubo aus Berlin.

Da inzwischen die Mittheilung gemacht worden ist, daß die vierte Abtheilung bereits in die Berathung der Frage über die Organisation der Staatsanwaltschaft eingetreten sei, wird die Sitzung bis zum folgenden Vormittag vertagt.

Die Mitglieder der dritten Abtheilung begaben sich in Folge dessen in das Odeon, wo die vierte Abtheilung berieth.

(Schluß der Sitzung 11 1/2 Uhr.)

Zweite Sitzung der dritten Abtheilung des Fünften Deutschen Juristentages am 27. August 1864 zu Braunschweig im Saale des Landschaftlichen Hauses.

(Beginn der Sitzung: 9 Uhr Vormittags.)

Es erfolgt zunächst die Wahl der zehn Vertrauensmänner, welche bei Feststellung der Vorschlagsliste Behufs Wahl der ständigen Deputation mitzuwirken haben. Es werden gewählt: Geheimer Justizrath, Professor Dr. Abegg — Breslau, Obergerichts-Advokat Römcke — Blankenburg, Rechtsanwalt Dr. Schaffrath — Dresden, Advokat Dr. Mayer — Frankfurt a. M., Staatsanwalt v. Lauhn — Naumburg, Archivrath Falkmann — Detmold, Kreisgerichts-Direktor v. Kunowsky — Beuthen, Ober-Appellationsgerichts-Rath v. Bock — Hannover, Ober-Staatsanwalt Freiherr v. Groß — Eisenach, Rechtsanwalt Dr. Calm — Bernburg.

Demnächst stellt der **Präsident** die Gesetzgebungsfrage, betreffend den Zeugenzwang im Strafverfahren, nebst dem Calm'schen Antrage zur Diskussion.

Referent, Professor Dr. **John** aus Königsberg: M. H.! Es ist mir erst gestern die Aufgabe zu Theil geworden, das Referat in einer Sache zu übernehmen, für welche der eigentliche Referent ausgeblieben. Ich habe ohne irgend welche Hülfsmittel für den heutigen Vortrag mich vorbereiten müssen, und ich glaube, meine Bitte wird gerecht sein, weniger ein Referat von mir zu erwarten, als vielmehr einige einleitende Worte, um die Diskussion in Fluß zu bringen.

Es ist die erste Frage die, ob denn der Deutsche Juristentag überhaupt

Veranlassung habe, sich mit der Frage zu beschäftigen, welche hier vorgelegt ist. Ich meine nämlich, von der Ansicht ausgehen zu dürfen, daß der Deutsche Juristentag nicht die Aufgabe hat, eine richtige Interpretation eines bestehenden Gesetzes zu geben; ebensowenig glaube ich, daß der Juristentag den Beruf hat, über irgend welche Dinge Ansichten auszusprechen, welche sich nur als Konsequenzen darstellen von anderen Gegenständen, in Betreff deren die Meinungen noch weit auseinandergehen. Wir können nur aufstellen, wie ich glaube, Principien für eine Legislation, namentlich für eine solche, welche geeignet wäre, für das gesammte Deutschland in Anwendung gebracht zu werden. Es muß also, wenn wir uns mit der Frage des Zeugenzwanges beschäftigen, feststehen, daß in Betreff dieser Frage bestehende Principien unrichtig sind, daß richtige legislatorische Principien an deren Stelle gesetzt werden müssen, und dann würde es sich eben fragen, welches diese Principien sind?

Wenn wir nun auf die bestehende Gesetzgebung selbst eingehen, so ist es ja gar nicht streitig, daß die Zeugniß-Pflicht existirt. Es ist damit zu gleicher Zeit ausgesprochen: Es ist nicht streitig, daß ein Zeugenzwang existiren müsse; denn eine Pflicht, die unter Umständen nicht erzwungen werden könnte, würde juristisch wohl von keiner Bedeutung sein. Eben so glaube ich die Behauptung aufstellen zu dürfen: es ist principiell nicht Streit darüber, daß der Zeugenzwang ein beschränkter sein müsse. Denn wenn auch in einzelnen Partikular-Gesetzgebungen der Zeugenzwang als illimitirter sich darstellt, so ist dies als eine ausnahmsweise vorkommende Erscheinung zu betrachten. Will nun aber der Deutsche Juristentag um dieser partikulären Gesetzgebungen willen über den Grundsatz der Limitirung einen speciellen Satz aufstellen, so wird dagegen Nichts zu erinnern sein; wir dürfen uns nur nicht verhehlen, daß wir nicht ein neues Princip aufstellen, sondern nur den Versuch machen, ein bereits anerkanntes Princip auch da zur Geltung zu bringen, wo es ausnahmsweise noch nicht zur Geltung gelangt ist.

Wenn nun auch darüber kein Streit vorhanden ist, daß ein Zeugenzwang in Strafsachen existiren müsse, wenn darüber kein Streit vorhanden ist, daß jener Zwang limitirt sein müsse, so ist um so mehr ein Streit darüber vorhanden, bis wie weit man die Grenze des Zeugenzwanges ausdehnen dürfe. Ich glaube, hier mich an die Gutachten, welche von Dr. Geyer und v. Tippelskirch erstattet sind, anschließen zu sollen. Geyer sagt: dieser Zeugenzwang ist zweckmäßig nie auszudehnen über 100 Thaler Geldbuße und einige Monate Gefängnißhaft. v. Tippelskirch dagegen sagt: es soll der Zeugenzwang ausgedehnt werden bis zu der Strafe, welche der muthmaßliche Thäter des Delikts, in Betreff dessen das Zeugniß verweigert wird, zu erdulden haben würde.

Es ist in diesen beiden Aufstellungen eine verschiedene Richtung der

Frage angedeutet. Die eine sagt: Wir wollen bestimmt durch Zahlen, durch Tage die Größe des Zeugenzwanges normiren; die andere: wir wollen die Größe des Zeugenzwanges abhängig machen von einem anderen Straf-Faktor, von der Strafe des nicht zur Feststellung gelangenden Verbrechens. Daß es nun nicht richtig ist, wie v. Tippelskirch die Sache gemacht hat, dürfte einleuchtend sein. Erstens paßt seine Auffassung nur für die Aussage der Belastungszeugen. Ein Satz aber, den ich für die Limitirung des Zeugenzwanges überhaupt aufstelle, der muß, wenn er brauchbar sein soll, für die Entlastungszeugen so gut passen, wie für die Belastungszeugen. Ferner den renitenten Zeugen mit gleicher Strafe zu belegen, wie den Schuldigen selbst, ist ein so exorbitanter Satz, daß man ihn nicht acceptiren kann, wenn nicht positive Gründe dafür sprechen. Von selbst ist er nicht klar; der, welcher ihn aufstellt, muß ihn beweisen. v. Tippelskirch hat aber diesen Beweis nicht geliefert. Er rechtfertigt seinen Satz lediglich dadurch, daß er sagt: wenn der Zeuge, der das Zeugniß verweigert, ein Belastungszeuge ist, so kann man ihn höchstens als einen Begünstiger betrachten. Daraus folgt, daß, da keine Deutsche Gesetzgebung die Begünstigung mit der Strafe der Thäterschaft bedroht, der Satz des Herrn v. Tippelskirch aus seinen eigenen Gründen hinfällig erscheint. Wenn es zweitens um Defensional-Zeugen sich handelt, so können höchstens die Strafen der falschen Anschuldigung in Betracht kommen, und diese erreichen doch nirgends die Höhe der Strafe, mit welcher das in falscher Weise zur Anschuldigung gebrachte Vergehen bedroht ist. Ich glaube, daß die ganze Vergleichung schon deshalb unrichtig ist, weil die Deutschen Gesetzgebungen nicht das Talions-Princip anerkannt haben.

Wenn ich auf diese beiden Gesichtspunkte, aus denen v. Tippelskirch zu seinem falschen Satz gekommen ist, eingehe, so wird man wohl sagen können: die Grenze für den Zeugenzwang kann höchstens sein die Strafbestimmung für die Begünstigung, höchstens die Strafbestimmung für die falsche Anschuldigung. Aber um wie weit sich nun der Zeugenzwang diesen Strafgrenzen zu nähern hat, wie weit er davon entfernt zu bleiben hat, das, meine ich, ist eine Frage, die so sehr ins Detail lockt, daß es nicht gerathen erscheint, einen bestimmten Ausspruch darüber zu thun. Daher habe ich die Antwort in den Satz mir einzukleiden erlaubt, daß nach Ansicht des Juristentages keine Gründe vorhanden seien, diejenige Limitation, welche die Deutschen Gesetzgebungen in Betreff des Zeugenzwanges schon aufstellen, in irgend einer Weise zu erhöhen.

Wer ist aber zur Ausübung des Zeugenzwanges berechtigt?

M. H., ich werde hierüber von der verehrten Versammlung keinen Beschluß extrahiren, weil ich der unmaßgeblichen Ansicht bin, daß es darauf hinaus käme, einen Beschluß zu fassen über einen Gegenstand, über den kein Streit existirt. Ich glaube, dies behaupten zu dürfen trotz der Ansicht, welche sich in v. Tippelskirch's Gutachten S. 80 vorfindet. v. Tippelskirch glaubt nämlich, der von Herrn Dr. Ernst Rubo aufgestellte Satz, daß, wenn es sich erst um Sammlung von Materialien zur Untersuchung gegen eine bestimmte Person handle,

„dem mit Sammlung dieses Stoffes beauftragten Beamten unangefochten die Antwort verweigert werden könne;“

möchte für Preußen wenigstens zu bestreiten sein, da §. 20 des Gesetzes vom 11. März 1850 über die Polizei-Verwaltung ausdrücklich bestimmt:

„Jede Polizei-Behörde ist berechtigt, ihre polizeilichen Verfügungen durch Anwendung der gesetzlichen Zwangsmittel durchzusetzen.“

M. H, es ist mir nicht recht begreiflich gewesen, wie v. Tippelskirch diese Worte hat schreiben können! Er zieht hier ein Gesetz heran, in welchem allerdings diese Worte stehen, aber es handelt dieses ganze Gesetz nur von der Administrativ-Polizei. Dieses Gesetz ist nicht sedes materiae. Ich bin der Ansicht, da es unstreitig ist, daß nur der Richter den Zeugenzwang auszuüben hat, und Letzterer als Ausfluß des richterlichen Imperium sich darstellt, daß nur der rechte Richter, bei welchem der betreffende Strafproceß anhängig ist, oder der um die Vernehmung des Zeugen requirirt wird, die kompetente Behörde ist, den Zeugenzwang zu vollstrecken.

Das Schwierigste, um welches es sich in dieser Materie handelt, würde aber noch die dritte Frage sein: in welchem Stadium des Verfahrens ist der Zwang zulässig? Hier ist anzuknüpfen an den Antrag von Dr. Calm.*) Ich führe hier nur vorläufig an, daß durch diesen Antrag die Diskussion an den Punkt geleitet ist, daß gefragt wird: Wann hat der Zeugenzwang stattzufinden, resp. wann nicht? Geyer sagt: der Zeugenzwang habe stattzufinden sowohl in der Voruntersuchung, wie auch im Hauptverfahren. Er nimmt in seinem Gutachten einen doppelten Zeugenzwang an. M. H., ich glaube, wir befinden uns hier auf dem Gebiete, welches ich vorher anzudeuten mir schon erlaubt habe; nämlich, daß wir im Begriff sind, einen Grundsatz auszusprechen, der sich nur als eine einzelne Konsequenz darstellt. Wir haben noch einen Antrag, über den wir heute zu verhandeln haben, durch welchen wir aufgefordert werden, uns dafur auszusprechen, daß Zeugen in der Regel nur im Hauptverfahren beeidigt werden sollen. Hat nun der Zeugenzwang den Zweck, daß Beweismittel gewonnen werden, und ist ein Zeugniß, welches nicht beeidigt ist, kein Beweismittel: so würden wir, wenn wir angenommen hätten: in Voruntersuchungen seien die Zeugen gar nicht

---

*) Vergl. oben S. 186.

zu vereidigen, dann überhaupt in der Voruntersuchung keinen Zeugenzwang haben.

Nimmt man aber an, daß es auch des Beweises für die Voruntersuchung bedarf, so wird man sich nicht entbrechen können, die Konsequenzen zu ziehen, folglich die Mittel zu gewähren, um diese für die Voruntersuchung erforderlichen Beweise zu gewinnen, also den Zeugenzwang auch für die Voruntersuchung zuzulassen.

Freilich, auf Eins möchte ich noch aufmerksam machen. Wenn Geyer in seinem Gutachten von einem doppelten Zeugenzwang spricht, so muß dagegen allerdings aufgetreten werden. Erstens zeigt sich wohl die Unrichtigkeit dieses Standpunktes darin, daß, wenn man seinen Satz in die weiteren Konsequenzen zerlegt, man zu vollkommen inkongruenten Dingen gelangt. Geyer kann nicht anders dahin gekommen sein, als dadurch, daß er zwei verschiedene Pflichten für die Voruntersuchung, resp. für das Hauptverfahren statuirt. Nun möchte ich fragen: Ist es anders, wenn in der Appellations-Instanz das Zeugniß wiederholt begehrt wird? Und wenn auch dann der Zwang fruchtlos vollstreckt worden, wie dann, wenn das Urtheil des Appellationsgerichts kassirt, und die Sache nochmals an ein Instanz-Gericht zurückgewiesen würde und ein neues Verfahren stattfände, wo der sein Zeugniß Verweigernde als ein brauchbarer Zeuge sich herausstellt, er also dem Zeugenzwang zum vierten Male zu subjiciren sein würde? Wir kommen zu der Konsequenz: Wenn ein doppelter Zeugenzwang anzunehmen ist, dann wird auch ein drei- und vierfacher Zeugenzwang anzunehmen sein.

Aber abgesehen davon: der Satz ist unrichtig in sich selbst! Ganz gewiß wird die Pflicht, Auskunft zu geben über einen Straffall, begründet dadurch, daß der zuständige Richter die Aussage verlangt. Aber daß der zuständige Richter in die Lage kommen konnte, diese zu verlangen, liegt darin, daß die Pflicht jedes Staatsangehörigen Zeugniß zu leisten anerkannt ist. Diese ist aber nicht eine unbestimmte, sondern ergiebt sich als eine einheitliche, als eine durch die Rechtsverletzung, in Betreff deren das Zeugniß nöthig wird, vollständig begrenzte. Das ist eine bestimmte Pflicht, der man nachzukommen angehalten werden kann in jedem Stadium des Processes. Danach ist gewiß die Anwendung des vollen Zeugenzwanges noch in der Hauptverhandlung, aber gewiß nicht mehr als einmal zuläßig, wenn sie bereits im Stadium der Voruntersuchung beliebt worden ist.

Durch das Gesagte treffe ich wohl die Ausführungen des Herrn v. Tippelskirch, die er unter Nr. 4, 5 und 6 seiner Schlußsätze formulirt hat.

v. Tippelskirch geht davon aus, daß man in den Gesetzgebungen der civilisirten Welt ein doppeltes System bei dem Zeugenzwang annehme, nämlich:

1) den blos psychologischen Zwang durch Androhung und eventuelle Vollstreckung von Strafen, Auferlegung der verursachten Kosten u. s. w.,

2) den physischen Zwang durch Einsperrung bis dahin, daß der Ungehorsam gebrochen ist, wiewohl mit dem Unterschiede, daß einige Gesetze die Dauer dieser Einsperrung zum Voraus auf eine gewisse Zeit beschränken, andere dieselbe unbestimmt lassen, d. h. den Zeugen der Diskretion des Richters anheim stellen, da eine bis zum Lebensende des Zeugen fortgesetzte Haft wohl schwerlich in der Absicht irgend einer Gesetzgebung liegen wird, auch wenn sie sich das Ansehen giebt, nöthigenfalls bis zu diesem äußersten Ziele gehn zu wollen.

Wenn ich jenen Gedanken mit meinen Worten ausdrücken soll, so giebt es zwei Systeme: nach dem einen betrachtet man den Zeugenzwang als die Strafe für ein Omissivdelikt, nach dem anderen als eine Exekutivmaßregel gegen einen renitenten Zeugen. v. Tippelskirch fragt nun: Was ist eigentlich der Zeugenzwang? und antwortet: wir kommen vielleicht am besten so heraus, daß wir sagen, er ist alles beides! Daher also nehmen wir erst eine Strafe für den Ungehorsam an, und wenn die Strafe verbüßt ist und der zu Vernehmende noch nicht willfährig genug, dann greifen wir wiederum zu Exekutivmaßregeln, mit der Maßgabe freilich, daß, wenn die Strafe noch nicht verbüßt sein sollte, sie auf die Exekution angerechnet wird. Das ist eine Ungeheuerlichkeit! Ich kenne wohl Fälle, daß Untersuchungshaft processualisch in Anrechnung auf die Strafe gebracht wird, aber nicht den Fall, daß die Strafe in Anrechnung auf das Exekutionsmittel gebracht werden soll.

Es kommt dazu, daß durch die Annahme des Herrn v. Tippelskirch sein vorher schon als etwas abnorm bezeichneter Satz, daß der renitente Zeuge ebenso behandelt werden soll, wie der vermuthliche Delinquent, noch geschärft wird, nämlich dadurch, daß v. Tippelskirch das für den Zeugenzwang bestimmte Kompelle noch erhöht durch Strafe, die er außer der Exekutivmaßregel will.

Ich wende mich nach dem Gesagten speciell zu dem Antrage des Dr. Calm.

M. H., ich glaube nicht, daß ich der Versammlung empfehlen darf, diesen Antrag anzunehmen. Wenn Dr. Calm verlangt, daß Niemand gezwungen werden soll, zeugeneidliche Auskunft zu geben, so lange die Untersuchung nicht gegen eine bestimmte Person eröffnet ist, so habe ich das formelle Bedenken, daß, wenn ein weiterer Antrag angenommen werden soll, daß in der Voruntersuchung in der Regel keine Beeidigung der Aussagen vorkommen müsse, von selbst die thatsächliche Voraussetzung fortfällt, woran bei dem Antrage gedacht ist.

Aber weiter: Ich glaube, daß, wenn man über dieses formelle Bedenken weggehen wollte, der Inhalt des Antrages doch nicht richtig ist. Zur Herstellung des Beweises der Thäterschaft, wenn feststeht, daß ein Verbrechen überhaupt begangen ist, keine Zeugen-Aussage zulassen, des Beweises des Zeugnisses dafür entbehren zu wollen, scheint mir nicht gerecht zu sein. Ich glaube, daß die Praxis sich mit einem solchen Satze keineswegs würde einverstanden erklären. Darauf allerdings möchte ich einen Nachdruck legen, daß, ehe man an eine Zeugen-Vernehmung geht, es feststehen müsse, daß ein Delikt objektiv vorliege. Ich glaube auch beinah, daß ich im Stande sein würde, ein Beispiel anzuführen, welches vielleicht im Hintergrunde gestanden hat, als der geehrte Antragsteller seinen Satz formulirte. Ich will mir nur beispielsweise den Fall denken, daß durch Verletzung irgend eines Amtsgeheimnisses Thatsachen veröffentlicht sind, deren Veröffentlichung auch ohne Verletzung der Amtsverschwiegenheit geschehen konnte. Hier handelt es sich also darum, daß ein Delikt objektiv nur existirt unter der Voraussetzung, daß dasjenige, was geschehen ist, geschehen ist von einer Person, die eine bestimmte persönliche Qualifikation hat, von einem Beamten. Es muß also, damit feststeht, daß ein Delikt begangen ist, feststehen, daß die Person, welche es verübt hat, eine ausreichend qualificirte ist. Daher ist noch gar nicht festgestellt, daß überhaupt ein Delikt vorliegt, so lange darüber noch Zweifel bestehen, ob die betreffende Veröffentlichung gerade durch eine solche Person stattgefunden hat. Eine Lösung dieses Konfliktes wird sich von selbst aus der Formulirung des dritten meiner Anträge ergeben, die ich nunmehr in folgender Fassung der Diskussion unterbreite:

„Der Deutsche Juristentag wolle als seine Rechtsüberzeugung aussprechen:

1) Die Zwangsmittel, welche zur Erlangung eines Zeugnisses anzuwenden sind, müssen begrenzt sein.
2) Es ist nicht erforderlich, über das in Deutschen Strafproceß-Ordnungen anerkannte Maß des Zwanges hinauszugehn.
3) Niemand darf gezwungen werden, ein Zeugniß abzugeben, so lange es nicht feststeht, daß ein Delikt begangen ist.

Gerichts-Assessor Dr. **Kubo** aus Berlin: In Uebereinstimmung mit dem Herrn Referenten werde auch ich mich den abgestatteten Gutachtem anschließen. Die beiden zur Berathung gestellten Anträge verhalten sich so zu einander, daß der erstere die Frage über die Art und den Umfang der Zwangsmittel beim Zeugniß betrifft, der zweite dagegen die Frage erörtert: in welchem bestimmten einzelnen Falle müssen diese Maßregeln außer Anwemdung gelassen werden? Ich glaube wohl, daß diese Fragen in der gestelltem Art durchaus geeignet sind, dem Juristentage zur Berathung und Beschlußfassung unterbreitet zu werden, und möchte gleich von vornherein mich gegem den zweiten Antrag des Herrn Referenten erklären, in welchem er ausspricht, daß überhaupt die in den Deutschen Strafgesetzgebungen anerkannten Bestimmungen vollkommen genügend seien. Eine derartige Beschlußfassung bringt die Sache nicht weiter, sie enthält nur das, was wir wissen, und ich erinnere auch an Partikular-Gesetzgebungen, in denen enthalten ist, daß der Zwang womöglich lebenslänglich fortgesetzt werden könne.

Zur Lösung der Frage ist von Herrn v. Tippelskirch sehr gut unterschieden worden, ob es sich handelt erstens darum, daß Jemand einer an ihn ergangenen Vorladung, zu erscheinen, Folge leistet, oder zweitens darum, daß, wenn er vorgeladen und erschienen ist, er sich weigert, sein Zeugniß abzugeben, resp. zu beeidigen. Schon jetzt möchte ich darauf aufmerksam machen, daß der Herr Referent erklärt hat, daß, wenn die Vereidigung in der Voruntersuchung überhaupt wegfiele, eine Zwangsmaßregel bei Verweigerung des Zeugnisses in der Voruntersuchung nicht nothwendig sei, es sich aber keineswegs darum handelt, daß Jemand bestraft werden soll, der sein Zeugniß blos nicht beeidigt, sondern um die Bestrafung dessen, der überhaupt sich weigert ein Zeugniß abzugeben.

Ich glaube, wohl nicht weiter ausführen zu dürfen, daß in denjenigen Fällen, wo Jemand einer Vorladung, als Zeuge zu erscheinen, nicht Folge leistet, ohne Weiteres eine Strafe gerechtfertigt ist. Erscheint er der Vorladung gemäß, so präjudicirt es ihm in keiner Weise, und ich glaube nicht, daß es Behörden geben wird, welche auch mit dieser Befugniß einen Mißbrauch treiben werden. Um dessentwillen würde ich dem ersten Antrage des Herrn v. Tippelskirch durchaus beistimmen; ich würde ihn nur, in Uebereinstimmung mit dem Herrn Referenten, präciser fassen. Er sagt:

> „Ein jeder, der von einer Behörde, die den Beruf hat, Thatsachen durch Zeugenvernehmungen zu ermitteln, und mit exekutivischen Befugnissen versehen ist, zu seiner Vernehmung als Zeuge vorgeladen ist, kann im Falle des Ausbleibens von eben dieser Behörde durch Geldbußen bis zu einem bestimmten Betrage, nöthigenfalls durch Vorführungsbefehle zum Erscheinen angehalten werden."

Ich glaube, in Uebereinstimmung mit dem Herrn Referenten, daß es dem Juristentage besonders wohlansteht, blos in allgemeinen Principien sich auszusprechen und einzelne Fragen der Kasuistik den Gesetzgebungen zu überlassen. Darum würde ich die Worte:

> „die den Beruf hat, Thatsachen durch Zeugenvernehmungen zu ermitteln und mit exekutivischen Befugnissen versehen ist,"

ganz streichen.

Ich bin dem Herrn Referenten sehr dankbar dafür, daß er auseinandergesetzt und dargethan hat, inwiefern Herr v. Tippelskirch irrthümlich auf das Gesetz vom 11. März 1850 verwiesen und behauptet hat, daß die Polizei als solche ihr Zwangsrecht aus jenem Gesetze ableiten könne. Wenn Herr v. Tippelskirch im Allgemeinen sagt, der Zeuge könne im Falle des Ausbleibens bestraft werden, so übersieht er, daß gesetzliche Hinderungsgründe berücksichtigt werden müssen. Er erklärt ferner eine Begrenzung erforderlich, und zwar durch Geldbuße bis zu einem bestimmten Grade. Gerade hierin, daß er schrieb, „durch Geldbuße", zeigt sich schon, wie nothwendig und wünschenswerth es sei, daß sich überhaupt eine bestimmte Ansicht geltend mache über das Wesen der Sache. Von einer Geldbuße ist auch in der Kriminal-Ordnung in Preußen die Rede, und ich möchte recht bestimmt erklärt haben, daß nur durch einmalige Auferlegung einer Geldbuße der betreffende Zwang ausgeübt werde. Ich sage daher:

> „ein jeder, von einer kompetenten Behörde als Zeuge Vorgeladene ist verpflichtet, der Vorladung Folge zu leisten, widrigenfalls er, bei Ermangelung von gesetzlichen Hinderungsgründen, nur einmal in die aufzuerlegende Geldbuße von 50 Thalern genommen, und bei wiederholter Weigerung durch Zwangsmaßregeln zu erscheinen angehalten werden kann."

Ich gehe davon aus, daß wenn eine Geldbuße auferlegt worden ist, der Zeuge bei dem zweiten Male auch nicht kommen wird, und es zum Spiele führen müßte, wollte man in fortdauernden Androhungen von Geldbußen sich ergehen.

Den zweiten Fall, wo Jemand erscheint, aber sein Zeugniß abzugeben oder zu beeidigen sich weigert, betreffend, dürfte es wiederum zweifellos sein, wie der Herr Referent schon ausgeführt hat, daß gewisse Maßregeln gegen den sich Weigernden zu ergreifen sind. Indessen, m. H., eine Vorfrage von wichtigster Bedeutung, auf welche auch bereits der Herr Referent sich im Allgemeinen bezogen hat, ist die: sollen diese Maßregeln als Strafen oder als Exekutionsmittel betrachtet werden? Als Strafe müssen sie dann angesehen werden, wenn man die Zeugniß-Verweigerung als factum commissum, als ein der Vergangenheit bereits angehöriges Faktum betrachtet; als Exekutionsmittel dagegen, wenn der Zweck maßgebend sein soll, daß ein Zeugniß noch erlangt werde.

Um deßwillen muß es, wenn man Strafe anwenden will, gleichgültig sein, ob das Zeugniß später abgegeben wird, oder nicht, und ob dies später erforderlich wird, oder nicht. Wenn die Maßregel als Exekutionsmittel betrachtet wird, dann ist sie von dem Augenblick an hinfällig, wo der beabsichtigte Zweck erreicht und das Zeugniß abgegeben oder unerheblich geworden ist.

Herr Professor Geyer erklärt sich für Exekution, Herr v. Tippelskirch für Strafe und Exekution. Ich meinestheils möchte mich dafür entscheiden, daß die Maßregel blos als Strafe betrachtet wird.

Herr Professor Geyer, als Verfechter der Annahme, daß es Exekution sei, geräth selber in eine Inkonsequenz; denn er sagt, man müsse unterscheiden, ob das angewendete Exekutionsmittel in Androhung einer Geldbuße oder einer Freiheits-Entziehung bestand. War Letzteres der Fall und gab der Zeuge sein Zeugniß ab, so soll die Freiheits-Entziehung nicht fortgesetzt werden, wenn die Haft angetreten ist. Bestand es aber in Androhung einer Geldbuße, also darin, daß wenn der Zeuge nicht innerhalb einer bestimmten Frist das Zeugniß ablegte, er eine Geldbuße zu erleiden hatte, so soll diese Buße auch dann eingezogen werden, wenn der Zeuge zwar nachher das Zeugniß abgiebt, aber erst nach Ablauf der Präklusivfrist. Ich kann nicht einsehen, wie man einen solchen Unterschied zwischen Geldbuße und Freiheits-Entziehung in der That machen kann. — Die Herren v. Tippelskirch und Geyer halten die Zwangsmaßregel für eine executio ad faciendum, weil es darauf ankommt, daß überhaupt ein Zeugniß erzwungen werde. Dieselbe müsse deswegen erfolgen, weil der Staat ihrer bedürfe, damit die materielle Wahrheit erforscht werde.

Auch hier sehe ich an einer Prämisse, daß eine solche executio ad faciendum nicht blos ungenügend, sondern auch ungerechtfertigt und verderblich ist; ungenügend deshalb, weil selbst bei einer executio ad faciendum, die in fortwährender Freiheits-Entziehung besteht, die Abgabe eines Zeugnisses nicht zu erfolgen braucht; ungerechtfertigt, weil Exekutionen nur da vollzogen werden dürfen, wo es sich wirklich um ein vermögensrechtliches Interesse handelt; verderblich um deßwillen, weil eine solche Zwangsmaßregel oft, der Gerechtigkeit zuwider, zu hoch gegriffen wird. Eine Zwangsmaßregel soll dem Nützlichkeits-Princip entsprechen, und dieses ist mit dem Gerechtigkeits-Princip nicht in Uebereinstimmung zu bringen.

Dann erinnere ich daran, daß es oft vorkommt, daß Angeschuldigte erklären: wir haben ein Geständniß in der Voruntersuchung nur deswegen abgelegt, weil wir glaubten, dann frei zu kommen oder wenigstens die Isolirzelle mit der gemeinschaftlichen Haft zu vertauschen. Sollte man nicht aus dem nämlichen Gesichtspunkt den Zeugen verwerfen, der durch Abgabe des Zeugnisses den Vortheil erzielen will, von jeder ferneren Exekutivmaßregel befreit zu werden?

Alle diese Inkonvenienzen werden dadurch beseitigt, daß man die Maßregel als Strafe betrachtet. Es entspricht vollkommen der Gerechtigkeit, daß deswegen ein Leiden zugefügt wird, weil man eine Missethat begangen, oder einer gesetzlichen Pflicht nicht nachgekommen ist. Die Strafe muß derartig eintreten, daß der Richter ohne Festsetzung einer Präklusivfrist sie ausspricht, wobei es gleichgültig sein muß, ob ein Zeugniß später noch abgegeben wird oder nicht. Den Dieb trifft die Strafe — abgesehen nur von Oesterreich, wo die thätige Reue in Betracht kommt, — auch dann, wenn er das Gestohlene wieder herausgiebt. Die Rückgabe des Gestohlenen ist wohl als nichts Anderes anzusehn, denn als ein civilrechtlicher Schadensersatz. Und ähnlich liegt auch die Sache bei der nachträglichen Zeugenaussage. Wenn der Zeuge später das anfänglich verweigerte Zeugniß abgiebt, so macht er das nur wieder gut, was er früher gesündigt; aber das einmal Gesündigte wird nicht wieder aufgehoben, die Strafe selbst bleibt trotzdem gerechtfertigt.

Gehen wir nun davon aus, daß es sich um eine Strafe, und nicht um eine Exekutivmaßregel handelt, so müssen wir die Fälle streichen, welche Geyer Seite 60 als Ausnahmen erklärt, wo keine Exekution einzutreten habe: VI. A. 1, 2 und 3. Nehmen Sie aber an, daß der Zeugenzwang als eine Exekutivmaßregel gelten solle, und nicht als eine Strafe, so möchte ich empfehlen, auch die Ausnahmen, die Professor Geyer macht, beizubehalten. Ebenso würden ohne Frage der zweite Absatz und der Satz unter C. bleiben müssen; sie beruhen ebenfalls auf der Annahme, daß eine Exekutivmaßregel angewendet werden solle. Bei Herrn v. Tippelskirch's Gutachten müssen m. E. die Fälle Nr. 5 und 6 fortfallen. Im Hinblick auf den vorhergehenden Satz und im Anschluß an den Herrn Referenten würde ich mich entschieden dafür erklären, daß die beiden Sätze gestrichen würden, gleichviel, ob man von der Annahme einer Exekutivmaßregel oder einer Strafe ausgeht. „Ne bis in idem" ist zwar nur ein rechtspolitischer Satz, aber er ist so sehr begründet, daß, wo nicht dringende Veranlassung zur Ausnahme vorhanden ist, man ihn nicht verletzen soll. Bei Zeugenzwang aber liegt keine Veranlassung vor, diesen Satz nicht anzuwenden. Und so halte ich, in Uebereinstimmung mit dem Herrn Referenten, die Unterscheidung nicht für gerechtfertigt, welche Geyer macht, daß auch derjenige Zeuge bestraft werden könne, welcher in der Verhandlung noch sich weigert, nachdem er bereits bestraft worden ist, weil er in der Voruntersuchung das Zeugniß verweigert hat. Ebenso halte ich es für durchaus unzutreffend, daß Herr v. Tippelskirch eine Ungehorsamsstrafe und eine Exekutivmaßregel angewendet wissen will.

Ist nun die Zeugnißverweigerung als ein besonderes Vergehen zu betrachten, so folgt daraus von selbst, welcher Behörde die Bestrafung anzuvertrauen ist. Meines Dafürhaltens dem ordentlichen Strafrichter, und es könnte deshalb diejenige Bestimmung wegfallen, welche Herr v. Tippelskirch unter seinen Ergebnissen 2, 3 und 4 aufgeführt hat. Für den Fall, daß das Zeugniß des zu Vernehmenden von einer Behörde gefordert wird, welche nicht zugleich die Gerichtsbehörde desselben ist, werden Sie dem Vorschlage des Herrn v. Tippelskirch beistimmen, daß wegen der Vernehmung der ordentliche Richter des Zeugen requirirt werde. Sie werden aber gewiß den Satz ablehnen, welchen er daran schließt: „Der requirirte Richter hat nur die Berechtigung der requirirenden Behörde, nicht aber die Gesetzlichkeit des materiellen Inhalts der Requisition zu prüfen."

Was die Höhe der Strafe anlangt, so hat der Herr Referent schon bemerkt, daß nach dem Vorschlage des Herrn v. Tippelskirch das Talions-Princip gewissermaßen wiedereingeführt würde, und ich trete ihm vollkommen darin bei, daß dasselbe hier in keiner Weise Platz greifen könne. Seinen Antrag, daß die schon in Deutschland geltenden Bestimmungen als die richtigen zu erklären seien, möchte ich nicht empfehlen. Geyer schlägt vor im Maximum: 100 Thaler oder 6 Wochen Gefängniß. Dies ist zu gering, ich würde bis zu 500 Thaler, event. drei Monaten Einschließung gehen. Ich glaube, daß grade hier wieder ein Fall vorliegt, wo man diese neue Einrichtung der bloßen Freiheits-Entziehung, die Einschließung, wohl zu unterscheiden hat von der gewöhnlichen Gefängnißstrafe. Letztere führt in einen Verkehr mit Verbrechern, welcher dem nicht zu Theil werden soll, der blos ein Zeugniß verweigert. Denn dieser folgt oft durchaus ehrenhaften Gründen, vielleicht einem gegebenen Ehrenworte.

Geyer ist es ferner, der da sagt, wenn durch die Zeugnißverweigerung eine Vertagung der Verhandlung nothwendig geworden ist, so möge man dem sein Zeugniß Verweigernden die Kosten der Verhandlung und Vertagung auferlegen. Das wäre eine neue Strafe, und daher nicht empfehlenswerth. Die Strafe mag von Anfang an so hoch gegriffen werden, daß, wenn der Kostenpunkt für den Staat von Interesse ist, der Staat durch jene Strafe vollkommen sich ausgesöhnt finde. Daher sage ich:

> „Ein Jeder, welcher die Ablegung oder Beeidigung seines Zeugnisses rechtswidrig verweigert, ist Seitens des ordentlichen Strafrichters mit einer Geldbuße bis 500 Thaler oder 3 Monate Einschließung zu bestrafen. Eine Wiederholung der Strafe ist nicht zulässig, insoweit hinsichtlich derselben strafbaren Handlung das Zeugniß mehrmals verweigert wird."

Den Calm'schen Antrag möchte ich gegen Herrn Professor John vertheidigen. Die Verpflichtung zur Abgabe eines Zeugnisses ist eine rechtspolitische, und nicht eine aus Rechtsgrundsätzen abzuleitende. Ist es aber eine nur rechtspolitische Pflicht, so möge man ihre Konsequenzen nie so weit ausdehnen, daß sie Kollisionen mit anderen Pflichten herbeiführt.

Herr v. Tippelskirch gesteht die Möglichkeit solcher Kollisionen zu, während er trotzdem den Calm'schen Antrag verwirft. Er giebt zu, daß, wenn man den Calm'schen Antrag nicht annimmt, ein Zeuge in die Lage kommen kann, sich selber als Theilnehmer oder Thäter angeben zu müssen. Er hält aber eine Ausnahme nur dann, wenn der Richter erkennt, daß eine Selbstbezüchtigung wirklich vorhanden sein würde, für nothwendig. Ich frage:

wenn in diesem Falle der Calm'sche Antrag gelten soll, warum soll derselbe nicht auch in demjenigen Falle gelten, wo die thatsächlichen Verhältnisse an sich dieselben sind und blos das subjektive Erkenntnißvermögen des Richters nicht so weit reicht, um die thatsächlichen Verhältnisse zu durchschauen?

Ja, Herr v. Tippelskirch geht noch weiter. Er sagt: es könne auch der Fall eintreten, daß der Zeuge, weil er sich selber nicht anzeigen will, einen Meineid leistet; trotzdem aber empfiehlt Herr v. Tippelskirch nicht die Annahme des Calm'schen Antrages, sondern will lieber einen solchen Meineid für straflos erklären.

Ich würde zwar gleichfalls einen solchen Meineid für straflos erachten, aber doch nicht unbedingt, sondern nur insofern, als durch ihn nicht eine andere bestimmte Person bezüchtigt wird. Will man nun den Zeugenzwang in einem derartigen Umfange zulassen, daß man den Meineid für straflos erklären muß? Will man den Zeugen in vielen Fällen zur Vornahme einer Denunciation zwingen? Eine solche liegt nicht vor, bemerkt freilich Herr v. Tippelskirch, wenn Jemand zu einer Anzeige genöthigt wird; Denunciation sei nur eine freiwillige, unaufgeforderte Angabe des Verbrechers. Allein der Umstand der Freiwilligkeit berührt die Sache selbst nicht. Wer den Calm'schen Antrag verwirft, der billigt in der That, daß auch ein Denunciationszwang Platz greife. Ich bitte Sie, den Calm'schen Antrag in folgender Fassung anzunehmen:

> „Niemand ist verpflichtet, über eine strafbare Handlung sich als Zeuge vernehmen zu lassen, so lange nicht die Untersuchung gegen einen bestimmten persönlichen Thäter dieser Handlung gerichtet ist."

Rechtsanwalt Dr. **Calm** aus Bernburg: Der Antrag: Niemand solle in einer Untersuchungs-Sache zeugeneidlich sich vernehmen zu lassen verpflichtet sein, so lange nicht gegen eine bestimmte Person die Untersuchung eröffnet worden ist, — dieser Antrag ist nicht gestellt, um ein novum in die Welt zu schleudern, oder mit einem theoretischen Satz die Wissenschaft zu bereichern, sondern weil durch die Presse eklatante Fälle, — ich erinnere an den Hagen'schen, Blank'schen, Frick'schen und Hoppe'schen Fall, — zur Sprache gekommen sind, in welchen offenbar eine mißbräuchliche Anwendung des Zeugenzwanges vorliegt. Während in Preußen nach der Allgemeinen Gerichtsordnung Niemand verpflichtet ist, in einer Sache sich vernehmen zu lassen, wo er eine eigene unehrenhafte Handlung einzuräumen, in turpitudinem suam auszusagen hätte, fällt diese Beschränkung nach der Kriminalproceßordnung vollständig weg, und es ist mir nur der einzige Ausnahme-Fall bekannt: da, wo es sich um das Bekenntniß einer strafbaren Handlung handelt. Hier hat eine konstante Praxis des Obertribunals eine Verweigerung des Zeugnisses zugelassen. Es ist aber selbst nach Obertribunals-Beschlüssen streitig, ob Jemand über strafbare Handlungen nicht auch dann Zeugniß ablegen muß, wenn er sich durch sein Zeugniß nur kompromittiren würde.

Um Ihnen zu zeigen, daß mein Antrag nur etwas praktisch Mögliches enthält, verweise ich auf England; dort ladet der Richter die Zeugen vor, und wenn ein Zeuge nicht erscheint, so erläßt der Sheriff einen Vorführungs-Befehl und, erscheint der Zeuge auch dann nicht, einen Strafbefehl. Sonst giebt es keinen Zeugnißzwang; es giebt dort nichts weiter, als eine Strafe „for contempt", und zwar nur 7 Tage Gefängniß im Maximum. Jener Vorführungs- und Verhaftungs-Befehl aber lautet: nachdem mir bekannt geworden ist, daß das Vergehen von dem und dem gethan sein soll, und mir dargethan ist, daß Ihr darum wisset und Zeugniß abgeben könnt, so lade ich Euch vor, oder so lasse ich Euch vorführen u. s. w.

Soll der Zeuge die Gründe für seine Weigerung angeben oder gar bescheinigen, so wird er häufig gerade dadurch sich selbst bezichtigen müssen, denn die Verheimlichung der Motive geschieht oft aus denselben Gründen, welche die Verweigerung des Zeugnisses selbst herbeiführen.

Es heißt zwar in der Vorhaltung, welche dem Zeugen gemacht wird: zum Zeugniß aufgefordert zu werden, ist „ehrenvoll"; allein, m. H., zur Selbstanzeige gezwungen zu werden, ist qualvoll!

Ich empfehle Ihnen daher die Annahme meines Antrages, wenn auch in der Form, welche ihm Herr Dr. Rubo gegeben hat.

Rechtsanwalt Dr. **Schaffrath** aus Dresden: Mit dem Zwecke des Herrn Antragstellers, den durch manche Deutsche Staatsbehörde mit dem Zeugenzwange vielleicht zu oft getriebenen Mißbrauch unmöglich zu machen, sind wohl Alle einverstanden. Es fragt sich nur, ob das Mittel, welches er selber und gewissermaßen auch der Herr Korreferent will, erstens zweckentsprechend und zweitens mit den Zwecken des Rechtsstaats vereinbar ist? Ich glaube, daß in beiderlei Beziehungen der Antrag, wie er von dem Herrn Korreferenten formulirt worden, unannehmbar ist.

Das vorgeschlagene Mittel, glaube ich, geht einmal zu weit. Jeden Zeugenzwang auszuschließen, so lange nicht bereits die Untersuchung gegen eine bestimmte Person schwebt, geht nicht an. Ein jeder Bürger ist schuldig und verbunden, zur Verfolgung der Verbrechen das Seinige beizutragen. Und wenn wir diese Pflicht aufheben, so wird es mit der Realisirung der Rechtssicherheit schlecht stehen. Ich glaube aber auch, daß der Antrag dem Zweck, jeden Mißbrauch auszuschließen, nicht entspricht. Man sagt: so lange nicht eine Beschränkung des Zeugenzwanges in der vorgeschlagenen Weise angenommen sei, könne man als Zeuge in den Fall kommen, entweder einen Meineid schwören, oder sich selbst bezichtigen zu müssen. Diese Möglichkeit wird aber durch die Rubo'sche Fassung des Antrages keineswegs ausgeschlossen. Denken Sie sich z. B. den Fall: A. wird als Thäter eines bestimmten Verbrechens in Untersuchung genommen. Er ist aber nicht der Thäter; dagegen ist B. der Schuldige und der wird als Zeuge verhört. B. kommt also trotzdem, daß die Untersuchung gegen eine bestimmte Person eröffnet ist, in die schlimme Alternative: entweder einen Meineid zu begehen oder sich selbst zu bezüchtigen.

Ich glaube, daß wir uns mit dem Antrage, wie ihn der Herr Referent formulirte, einverstanden erklären können. Es bezeichnet eine Grenze, die immerhin schon einige Sicherheit gewährt und doch, wie ich glaube, den Zweck des Rechtsstaates nicht gefährdet. Die Grenze, welche Herr Professor John ziehen will, läßt sich sehr wohl rechtfertigen. So lange nicht fest steht, daß ein Verbrechen objektiv vorliegt, hat der Staat kein denkbares Interesse, einen Zeugenzwang auszuüben.

Kammergerichtsrath **Jacobi** aus Berlin: Ich muß Herrn v. Tippelskirch gegen die Unterstellung, als habe derselbe durch die Kumulirung von Ungehorsamsstrafen und Exekutionsmitteln den Zeugenzwang verschärfen wollen, verwahren. Aus der Motivirung seines Votums, namentlich aus dem Seite 96—97 des I. Bandes der V. d. J.-T's. Gesagten geht das Gegentheil hervor.

Oberstaatsanwalt Dr. Frh. v. **Groß** aus Eisenach: Es scheint mir nicht gerechtfertigt, den Zeugenzwang auszuschließen, so lange die Existenz eines Verbrechens nicht feststeht. Der objektive Thatbestand läßt sich ja oft gar nicht feststellen, ohne zugleich den subjektiven zu eruiren, und es ist daher unrichtig, wenn man stets erst die Feststellung des objektiven Thatbestandes verlangt, ehe man die Untersuchung der Thäterschaft und zu deren Ausmittelung den Zeugenzwang zuläßt.

Gestatten Sie mir, meine Ansicht durch ein Beispiel näher zu erhärten. Denken Sie sich den Fall: man findet die Leiche eines Menschen, dem der Hals abgeschnitten ist. Es ist wahrscheinlich, daß eine dritte Person diesen Schnitt geführt hat; es ist aber auch möglich, daß ein Selbstmord vorliegt. Sollen nun die Personen, von denen man Auskunft begehrt, ihr Zeugniß unter dem Vorgeben verweigern dürfen, daß erst feststehen müsse, es sei ein Mord und kein bloßer Selbstmord begangen?

Wollen Sie eine derartige Einrede zulassen, so wird der Rechtsstaat wohl ebenso gefährdet, als wenn Sie die Pflicht zum Zeugniß überhaupt aufheben.

Rechtsanwalt **Gierse** aus Münster: Wenn, wie gesagt worden, der Zeugenzwang nur eine rechtspolitische Maßregel ist und nur auf Nützlichkeit beruht, dann ist nur eine solche Strafe gerechtfertigt, welche dem Richter die

Ueberzeugung gewähren kann, daß der zu Vernehmende dringende Gründe hat, eine eidliche Zeugenaussage zu verweigern.

Was die verschiedenen Anträge betrifft, so halte ich den Antrag des Herrn Professor John in Beziehung auf den Zeitpunkt, wo die Zeugenpflicht eintreten soll, für schützender und zweckentsprechender, als den anderen Antrag, wo es heißt, es soll die Zeugenpflicht nur eintreten, wenn die Untersuchung bereits gegen eine bestimmte Person eröffnet worden ist. Es ist ja gar leicht, eine Untersuchung auch gegen eine bestimmte Person in Gang zu bringen. Der Zeuge kann dann nicht bloß auf Beschluß eines Richters zum Zeugniß gezwungen werden, sondern auch auf Requisition vieler anderer Behörden. Jedenfalls schützt der John'sche Antrag die Zeitungs-Redakteure, und zwar deshalb, weil der objektive und der subjektive Thatbestand bei Preßvergehen zusammenfällt, und es auch nicht möglich ist, von einer Verletzung des Amtsgeheimnisses zu sprechen, ohne zugleich eine qualificirte Persönlichkeit nachzuweisen.

Geh. Justizrath Professor Dr. **Abegg** aus Breslau: Vor der Abstimmung möchte ich mir noch eine besondere Erläuterung in Betreff derjenigen Thesis von Dr. Rubo erbitten, worin er eine Strafe im Gegensatz zu einer Zwangsmaßregel statuirt, in Höhe von 500 Thalern oder 3 Monaten Einschließung, — eine Aufklärung darüber: ob er glaubt, daß dem Richter ohne Weiteres zustehen soll, in dem ihm geeignet erscheinenden Falle einen renitenten Zeugen mit dem Maximum zu belegen, oder ob nach Analogie des ordentlichen Kriminalverfahrens zu verlangen ist, daß, bevor die Strafe bis 500 Thaler oder 3 Monat Einschließung ausgesprochen wird, dem Zeugen gestattet sei, eine förmliche Untersuchung zu begehren, sich vollständig zu vertheidigen, gegen das Urtheil die verschiedenen Rechtsmittel zu ergreifen? Darüber müssen wir uns klar machen.

Was die an das Dasein eines Delikts anknüpfende Thesis betrifft, so ließe sich die ganze Sache vielleicht vereinfachen und besser präcisiren, wenn wir einen Unterschied machten zwischen den eigentlichen Kriminal-Zeugen und den Auskunfts-Personen. In dem von Herrn v. Groß erwähnten Falle werden auch wir gewiß die Vernehmung von Auskunfts-Personen billigen. Allein was uns hier beschäftigt und im Innersten ergreift, ist ja nicht die Frage des eigentlichen Kriminalzeugnisses in Untersuchungen, sondern die Frage in Betreff desjenigen informatorischen oder Skrutinialverfahrens, das in den Quellen nirgends vorkommt und erst neuerdings erfunden worden ist, und woran sich praktische Folgen geknüpft haben.

Was die erste Thesis des Kollegen John betrifft, so sind wir mit ihr gewiß dergestalt einverstanden, daß wohl Niemand aufstehen wird, ungemessenes Zwangsrecht zu verlangen. Nur halte ich sie nicht für einen Gegenstand, welcher eine Beschlußfassung des Juristentages verdient.

Rechtsanwalt Dr. Schaffrath: Der erste Antrag des Herrn Referenten ist zu bescheiden. Auch der zweite von ihm uns vorgeschlagene Satz, daß das bisher bestandene Maß der Strafe oder Exekution nicht zu erhöhen sei, ist so bescheiden, daß ich einen solchen Ausspruch des Juristentages nicht veranlassen möchte. Blos sein dritter Satz enthält etwas Wesentliches und bildet das punctum saliens.

Ich kann es Herrn v. Groß nicht verdenken, wenn er, nicht bloß von seinem Standpunkt als Staatsanwalt, sondern von der Rechts-Idee ausgehend, verlangt, daß auch sogar in Beziehung auf die erste Ermittelung des objektiven Thatbestandes der Zeugenzwang eintreten solle. Dann hat letzterer jedoch gar keine Grenze, und eine solche wollen wir, wie denn auch die öffentliche Meinung dahin geht, daß die Bürger nicht ein willkürlich zu verwendendes Objekt zur Erreichung von Staatszwecken sein sollen.

Es ist daher die Grenze, die mit der Ermittelung des objektiven Thatbestandes gezogen wird, eine billige; die äußerste Rechte in unserer Versammlung kann sich damit einverstanden erklären. Denn so lange es fraglich ist, ob ein Vergehen begangen ist, etwa ein Mord, so lange leidet der Rechtsstaat durch Zeugnißverweigerung keinen so erheblichen Schaden, daß man den Zeugenzwang rechtfertigen könnte. Jeder Bürger wird sich überdies in solchem Falle, wie ihn Herr v. Groß als Beispiel anführte, gern zum Zeugniß erbieten.

Herr Dr. Calm schien der Ansicht zu sein, als wenn Herr Professor John und ich und einige andere Herren, die mit uns übereinstimmen, die schon bestehenden Ausnahmen vom Zeugenzwang nicht ferner beibehalten wollten. Das wollen wir ganz entschieden! Wir wollen jedoch eine weiter gehende Grenze ziehen, und ich finde, daß durch den Antrag des Herrn Professor John eine solche viel wirksamer aufgestellt ist, als im Calm'schen Antrage.

Daß übrigens die Strafe nur nach geordnetem Verfahren stattfinde, das, glaube ich, ist unser Aller Meinung.

Referent Professor Dr. John: Es ist mir bemerkt worden, daß bei einzelnen Mitgliedern der Versammlung die Worte Anstoß erregen: „so lange es nicht feststeht, daß ein Delikt begangen ist“, und zwar deshalb, weil das eigentlich doch erst durch die richterliche Entscheidung festgestellt werden könne. Was ich wirklich gemeint habe, würde allerdings weniger Anstoß erregen. Ich habe nunmehr jene Worte abgeändert, so daß es nun heißen würde:

> „Niemand darf gezwungen werden, ein Zeugniß abzugeben, bevor die gerichtliche Voruntersuchung eröffnet ist,“

wodurch ich die Möglichkeit abschneiden will, daß die Ausübung des Zeugenzwanges dem Ermessen der Polizei oder der Staats-Anwaltschaft anheim gegeben werde.

Professor Dr. **Meyer** aus Halle: Darüber herrscht wohl vollkommene Uebereinstimmung, daß Zwangsmittel gegen einen das Zeugniß Verweigernden zulässig sein müssen, und auch darüber daß diese Zwangsmittel beschränkt sein müssen. Es ist wesentlich Streit nur darüber, bis zu welchem Umfange sie zulässig sein sollen, und wann sie schon angewandt werden dürfen.

In Betreff des Umfanges wird besonders dann Meinungsverschiedenheit herrschen, wenn es sich darum handelt, gesetzgeberisch festzustellen, daß Zwangsmittel in dieser oder jener Höhe Platz greifen sollen. Es handelt sich hier jedoch nur um eine allgemeine Aeußerung darüber, ob weit oder weniger weit gehende Zwangsmittel zulässig sein sollen, ob wir daher uns nach der Seite der Härte hin aussprechen wollen, oder nach der Seite der Milde. Einige Deutsche Gesetzgebungen haben sich nach der Seite der Härte ausgesprochen, wenn auch nicht gerade ausdrücklich, doch so, wie man sie zu interpretiren hat. Die Gesetzgebungen von Nassau und von Frankfurt a. M. lassen eine unbestimmte Dauer des Zwanges statthaft erscheinen. Deswegen, glaube ich, kann Ihnen nicht anempfohlen werden, zu erklären, daß über das in Deutschen Gesetzgebungen festgesetzte Maß nicht hinauszugehen ist. Ich möchte daher für den Antrag des Herrn Professor John eine andere Fassung vorschlagen:

> „der Umfang der in jedem einzelnen Falle überhaupt zulässigen Maßregeln darf eine mäßige Geldbuße oder Freiheits-Entziehung nicht übersteigen."

Im Ganzen ist das die Meinung, in welcher Sie sich vereinigen können. In der Literatur wenigstens ist diese Ansicht diejenige, bei der sich die Meisten zusammenfinden. Auch Herr v. Tippelskirch hat nichts Anderes gemeint, wie von einem der Herren Vorredner hervorgehoben worden ist. Die Fassung seines Gutachtens ist jedoch nicht ohne Gefährdung des wahren Sinnes. Auch er hält eine mäßige Strafe für ausreichend hart. Wollte man nun darüber weitläufig debattiren, ob eine Zwangsmaßregel oder eine Strafe anzuwenden ist, so würden wir diesen Streit wohl heut nicht mehr zum Austrag bringen. Ich sage kurz: ich glaube, beide, Strafe und Zwangsmaßregel, durchkreuzen sich, und die Annahme, daß keine Zwangsmaßregel vorliege, wird immer der natürlichen Anschauung widersprechen. Dem Sträuben dagegen, daß die Zwangsmaßregel in infinitum fortgehe, liegt zu Grunde das Bewußtsein, daß hier zugleich der Effekt einer Strafe eintritt. Gegen wen eine sechswöchentliche Freiheitsentziehung ausgesprochen wird, wer zur Zahlung einer Geldbuße verurtheilt wird, der befindet sich in dem Falle, wie ein Bestrafter.

Wann aber sollen die Zwangsmaßregeln angewandt werden? Es

soll hier ein neuer Grundsatz eingeführt werden, der nämlich, daß Jemand nur dann gezwungen werden könne, als Zeuge auszusagen, wenn schon eine bestimmte Person beschuldigt ist. Ich will auf diesen Punkt nicht ausführlich eingehen und auf das, was Herr Rechtsanwalt Dr. Schaffrath darüber geäußert hat. So lange nicht die Garantie gegeben werden kann, daß kein Unschuldiger verfolgt wird, so lange ist immer die Möglichkeit vorhanden, daß man den wirklichen Schuldigen als Zeugen vernimmt und ihn in die Lage versetzt, zwischen Meineid oder Selbstbeschuldigung zu wählen.

Ich wünsche, wie gesagt, daß Sie den ersten Punkt so ändern, wie ich es oben vorgeschlagen habe. Denn es ist bestimmter, positiver, konkreter und der Sachlage angemessener, daß wir uns gegen Ausschreitungen überhaupt erklären. Sprechen wir uns mit aller Bestimmtheit aber dafür aus, daß nur eine Strafe für Zeugnißverweigerung eintritt und kein Zwangsmittel, so sprechen wir uns auch dafür aus, daß die Maßregel nur einmal verhängt werden kann. Bleiben wir dagegen bei der Auffassung der Maßregel als Zwangsmittel, so beginnen wir vielleicht mit Auferlegung von 10 Thalern, fahren fort mit 20 Thalern, bis wir ein Maximum erreichen. Ich glaube nun, daß jeder Praktiker und Theoretiker mir beistimmen und letztere Auffassung für die zweckmäßige, ja nothwendige erklären wird. Dem richterlichen Ermessen muß dabei natürlich der größte Spielraum gelassen werden.

Referent, Professor Dr. John: Im Laufe der Diskussion ist etwas in dieselbe hineingebracht, was nicht hineingehört. Wir haben zu unterscheiden die Pflicht, vor Gericht zu erscheinen oder vor der Person, die citirt, und ferner die Pflicht, ein Zeugniß zu beeidigen, also ein Beweismittel zu gewähren. Ich habe mich wohl gehütet, die Erscheinungspflicht auch nur zu erwähnen, weil sie nicht in die Materie gehört, die wir hier verhandeln.

Daß meine zwei ersten Anträge sehr bescheiden sind, gestehe ich gern zu; nicht aber, daß sie zu bescheiden seien. Wenn wir zufälliger Weise nicht in Preußen den unbeschränkten Zeugenzwang hätten, so würden wir die Diskussion nicht zu führen gehabt haben. Daher mußte, weil die Preußischen Verhältnisse die Veranlassung zur Frage gewesen sind, die an den Juristentag gestellt ist, besondere Rücksicht auf Preußen genommen werden. Und so bescheiden die Forderungen immer sind, für Preußen sind sie doch noch so wenig bescheiden, daß, obwohl im Abgeordnetenhause dieselben Wünsche ausgesprochen sind, sie ihre Erfüllung doch noch nicht gefunden haben. Und das Gleiche gilt auch für Nassau und für Frankfurt a. M. Wenn daher im Allgemeinen die Frage gestellt worden: welche Maßregeln sind zur Erzwingung des Zeugnisses zu ergreifen, da durften doch die Verhältnisse der Maßlosigkeit nicht unerwähnt bleiben.

Ich habe mich dann zu wenden zu der Verbesserung, die Kollege Meyer vorgeschlagen hat. Ich habe aus dieser Verbesserung ersehen und aus der Diskussion ist mir deutlich geworden, daß meine Worte nicht scharf und bestimmt genug gewesen sind; sie haben zu Mißverständnissen Veranlassung gegeben. Der Zwang findet sich überall! maßlos nach Preußischem, Nassauschem und Frankfurter Recht; er findet sich limitirt in allen übrigen Deutschen Ländern. Ich habe darum als ersten Punkt aufgestellt: der Zwang soll limitirt sein, und als zweiten Punkt die Art der Limitirung. Denn für die erwähnte zweite Kategorie von Ländern ist gewiß kein Grund zur Ueberschreitung ihres bisherigen Maßes vorhanden. Ich treffe daher, glaube ich, dasselbe, was Professor Meyer will.

Wenn es eine Erleichterung für die Abstimmung ist, so bin ich gern bereit, ihm beizutreten. „Mäßig" ist aber auch ein unbestimmter Begriff; nehmen Sie das Höchste, was in Strafproceß-Ordnungen vorkommt, so sind es 6 Monate Gefängniß; — es kommt jedoch nicht darauf an, daß man, wo es sich nicht darum handelt, Gesetzes-Formeln zu machen, sich für bestimmte Maße entscheidet.

Was die Auffassung des Dr. Rubo in Betreff der Strafe anlangt, so gehe ich den Weg, den Meyer geht, nämlich die Frage theoretisch auf sich beruhen zu lassen. Mag man selbst sagen: es handelt sich um eine Strafe; die Konsequenzen sind aus dem Gesichtspunkte der Zwangsmittel zu ziehen.

Dann habe ich den dritten Punkt gegen die Ausstellungen des Herrn Ober-Staatsanwalt v. Groß zu vertheidigen, der sehr drastisch gezeigt hat, daß es durchaus nöthig sei, wenn es in Frage stände, ob ein wirklicher Mord oder nur ein Selbstmord begangen ist, schon eidliche Zeugen-Vernehmung anzustellen. Herr Geh. Rath Abegg hat das Wort „eidlich" dabei nicht gebraucht. Und hier liegt der wichtige Punkt, auf den ich die Versammlung aufmerksam zu machen wünsche. Ich will ja der Staatsanwaltschaft und jenen Behörden, die mit ihr arbeiten, das Recht, Informationen einzuzuziehen, soweit einräumen, als sie wollen, und als es möglich ist, ohne mit der bürgerlichen Freiheit in Konflikt zu gerathen. Ich sage, — und es wird mir Jeder beistimmen, — das Bestreben, gegen Verbrechen zu wirken, ist allgemein; eine Widerwilligkeit findet in dieser Beziehung nicht statt. Jeder Bürger hat ein Interesse daran, daß das Verbrechen bestraft werde. Aber es handelt sich bei der Thätigkeit der Staatsanwaltschaft doch nur darum, festzustellen: ist das Verbrechen so weit in die Erscheinung getreten, das man die gerichtliche Voruntersuchung beantragen kann? Diese Information müssen wir von dem Beweise vollständig sondern, nicht bloß für diese Frage, sondern für viele andere strafprocessualische Fragen!

Ich habe gesagt: ich will die Beweise und den Zwang, sie zu liefern, nur abhängig wissen von der richterlichen Entscheidung. Ich will der Staatsanwaltschaft, welche die Sache so weit zu führen hat, um die Untersuchung zu beantragen, die Möglichkeit gewähren, Informationen einzuziehn, und ich glaube, im Allgemeinen hat sie sich in Betreff der Mittel, um informatorisch wirken zu können, nicht zu beklagen, und es ist keine Veranlassung vorhanden, ihr noch mehr Mittel einzuräumen. Es wird vielmehr die Aufgabe späterer Verhandlungen sein, zu untersuchen, ob manches, was jetzt als zur Information gehörig, der Staatsanwaltschaft überlassen ist, z. B. die Haussuchung, ihr auch ferner überlassen bleiben soll.

Nun aber weiter! Ich komme auf die eigentliche Veranlassung zu unseren Anträgen zurück. Ein Preßvergehen war es und ein Zeugenzwang, welcher zur Entdeckung des Urhebers ausgeübt wurde; sehr natürlich war da die Frage, ob die allgemeinen strafprocessualischen Bestimmungen korrekt genug, oder ob sie zu ändern seien? Ich glaube — und die Anträge, die Ihrer Beschlußfassung unterbreitet werden, sprechen es am Deutlichsten aus, — daß eine Aenderung wohl erforderlich ist. Die speciellen Verhältnisse der Presse verlangen freilich noch etwas Mehreres, als in jenen Anträgen enthalten. Will man dies Bedürfniß befriedigen, so möge man besondere Anträge für die Verhältnisse der Presse einbringen. Man möge sich aber hüten, Dinge, welche für die Aufrechterhaltung der freien Presse nöthig erscheinen, als allgemeine Bedürfnisse zu bezeichnen. Bringen Sie derartige auf die Presse bezügliche Anträge zur Diskussion! Es ist ja ein Gegenstand von juristischer Bedeutung, und ob er als politischer erscheint, das hängt ab von der Methode, wie er behandelt wird. Aber dann werde man sich auch darüber klar, daß man über einen Specialgegenstand zu verhandeln hat.

Gerichts-Assessor Dr. **Kubo**: Auf die Frage des verehrten Herrn Geh. Rath Abegg, ob ich ein vollständiges Verfahren bei Verhängung der Strafe wegen Zeugnißverweigerung verlange, bemerke ich, daß ich mich einer besonderen Beantwortung um so mehr überhoben glaubte, als ich ausgeführt habe, daß die Zeugnißverweigerung als ein Vergehen zu erachten sei, also die Procedur gegen dasselbe die gewöhnliche sein müsse.

Man wendet gegen meinen Antrag ein, es könne vorkommen, daß eine Untersuchung absichtlich gegen eine ganz andere, als die verdächtige Person, so zu sagen gegen eine blos vorgeschobene Person gerichtet werde, um gerade jenes Manöver zu ermöglichen, gegen welches mein Antrag gerichtet ist. Ich muß aber doch ausgehen von der Rechtschaffenheit der Behörden und annehmen, daß, wenn ein solches Gesetz, wie mein Antrag bezweckt, einmal besteht, die Behörden nicht aus bloßer Chikane dieses Gesetz umgehen werden. Und wenn derartige Fälle wirklich vorkommen könnten, so möge man deshalb doch nicht das Kind mit dem Bade ausschütten. Auf die Schaffung eines guten Gesetzes muß unsere Intention gerichtet sein; auch das beste Gesetz ist aber dem Mißbrauch ausgesetzt.

Auf die Unterschiede zwischen Strafe und Exekution wage ich nicht nochmals zurückzukommen; durch die Ausführungen des Herrn Professor Meyer bin ich dessen überhoben. Ich wünsche, daß, wenn der ein Zeugniß Verweigernde bestraft worden, er fortan Ruhe habe; daß die Zwangsmittel nicht dazu dienen, ihn zu einem unklassischen Zeugen zu machen, indem sie ihn nöthigen, nur irgend etwas auszusagen, um einer fortgesetzten Tortur zu entgehen. Jedenfalls muß es ein bestimmtes Strafmaximum und ebenso auch ein bestimmtes zeitliches Ende geben, wo die Verpflichtung cessirt. Und dies habe ich durch meinen dritten Satz auszudrücken versucht.

Professor Dr. **Meyer**: Ich glaube, der Herr Referent und Haupt-Antragsteller, Herr Kollege John, wird damit einverstanden sein, daß wir seinen zweiten Satz so fassen: es sollen die überhaupt zulässigen Maßregeln eine mäßige Geldstrafe oder Freiheits-Entziehung nicht übersteigen.

Referent, Professor Dr. **John**: Ich bin damit im Interesse der Einmüthigkeit der Beschlußfassung einverstanden.

Der **Präsident** schreitet sodann zur Abstimmung. Die Abtheilung ist damit einverstanden, daß zunächst über die John'schen Anträge abgestimmt, und die Rubo'schen Anträge, wegen des in ihnen liegenden einfachen Gegensatzes, durch die Annahme jener als erledigt betrachtet werden. Bei der Abstimmung gelangen folgende Sätze zur Annahme:

„1. Die Zwangsmittel, welche zur Erlangung eines Zeugnisses anzuwenden sind, müssen begrenzt sein.

2. Der Umfang der in jedem Falle überhaupt zulässigen Maßregeln darf eine mäßige Geldstrafe oder Freiheits-Entziehung nicht übersteigen.

3. Niemand darf gezwungen werden, ein Zeugniß abzulegen, bevor die gerichtliche Voruntersuchung eröffnet ist."

Bei der Frage, ob diese Beschlüsse dem Plenum nur zur Kenntnißnahme oder zur Beschlußfassung mitzutheilen seien, wird die zweite Alternative bejaht und Professor Dr. John zum Referenten für das Plenum erwählt.

Der zweite Gegenstand der Tagesordnung (Bardasch'scher Antrag) wird vertagt.

(Schluß der Sitzung um 2 Uhr.)

Erste Sitzung der vierten Abtheilung des Fünften Deutschen Juristentages am 26. August 1864 im Odeon zu Braunschweig.

(Beginn der Sitzung 10½ Uhr Vormittags)

Obergerichtsrath **Planck** aus Meppen eröffnet die Sitzung. Auf seinen Vorschlag wird Ober-Appellationsrath Dr. Kalb aus München zum Präsidenten und Ober-Tribunalrath Frh. v. Sternenfels aus Stuttgart zum Vice-Präsidenten gewählt. Das Schriftführer-Amt übernehmen Privatdocent Dr. Friedberg aus Berlin und Rechtsanwalt Dr. Mayersohn aus Aschaffenburg.

Die Abtheilung beschließt nach kurzer Debatte, zuerst die Frage nach der Organisation der Staatsanwaltschaft zu verhandeln.

Referent, Obergerichtsrath **Planck** aus Meppen: Die Frage nach der Organisation und Stellung der Staatsanwaltschaft, m. H., ist seit dem ersten Juristentage, wo sie durch Herrn Mittermaier angeregt wurde, auf jedem Juristentage Gegenstand unserer Berathungen gewesen. Auf dem Dresdener Juristentage wurden in Veranlassung der Lewald'schen Anträge eingehende Verhandlungen und Beschlüsse über die Stellung der Staatsanwaltschaft im Strafprocesse und über die Privat-Anklage gefaßt. Es sind diese Beschlüsse in dem Freydorf'schen Gutachten zusammengestellt; ich werde sie daher nicht zu wiederholen brauchen. Auf dem Wiener Juristentage wurden in Veranlassung der Keller'schen Anträge, deren Zweck dahin ging, daß das Anklageprincip konsequenter, wie bisher, durchgeführt werde und die Sammlung des Untersuchungs-Materials durch die Staatsanwaltschaft geschehe, ebenfalls eingehende Verhandlungen gepflogen und drei Beschlüsse gefaßt, deren wesentlicher Inhalt der war, daß die gerichtliche Voruntersuchung zwar beibehalten, aber eingeschränkt und verbessert werden müsse. Auf demselben Juristentage wurde über die Beziehungen der Staatsanwaltschaft zum Civilprocesse verhandelt; das Resultat war, daß die vierte Abtheilung sich dahin aussprach: es sei nicht zweckmäßig, die Staatsanwaltschaft in derjenigen Eigenschaft, welche in Frankreich mit dem Namen der partie jointe bezeichnet wird, in Deutschland in den Civilproceß einzuführen und eine Nichtigkeitsbeschwerde im Interesse des Gesetzes zuzulassen. Ueber die Frage, ob die Staatsanwaltschaft in gewissen Fällen die Stellung der partie principale einnehmen solle, gingen die Meinungen weit auseinander, so daß ein Beschluß darüber nicht gefaßt, die Sache vielmehr der ständigen Deputation zur weiteren Vorbereitung überwiesen wurde.

Neben jenen Anträgen und Fragen, welche einzelne Geschäfte der Staatsanwaltschaft betreffen, stehen zwei Anträge, die das ganze Wesen des staatsanwaltschaftlichen Instituts erfassen: die Anträge der Herren Rechtsanwalt Sabarth und Staatsanwalt Hauschteck. *)

Diese Anträge sind auf dem Wiener Juristentage nicht vollständig erledigt, sondern der ständigen Deputation zur weiteren Vorbereitung überwiesen worden. Auch auf dem Mainzer Juristentage sind dieselben, obgleich inzwischen mehrere Gutachten darüber eingegangen waren, nicht zu einer endlichen Beschlußnahme gelangt; es ist vielmehr damals folgender Beschluß von der dritten Abtheilung gefaßt:

> „In Erwägung, daß das Institut der Staatsanwaltschaft im Strafverfahren wohl dringend einer Reform bedürftig ist, nicht aber eine ständige Anklagebehörde entbehrt werden kann, geht der Juristentag zur Tagesordnung über und beauftragt die ständige Deputation, dem nächsten Juristentage Vorschläge über die nöthigen Reformen der Staatsanwaltschaft vorzulegen."

Derselbe wurde vom Plenum gebilligt, jedoch unter Weglassung der Motive, namentlich des Motivs, wodurch ausgesprochen war, daß eine ständige Anklage-Behörde nicht entbehrt werden könne.

Es ist das also eine offene Frage geblieben. Aehnlich hatte die vierte Abtheilung beschlossen, und dieser Beschluß wurde einfach im Plenum wiederholt:

> „Die Berathung über die auf die Staatsanwaltschaft bezüglichen Anträge des Herrn Hauschteck, soweit dieselben der vierten Abtheilung zugewiesen worden, bis zum nächsten Juristentage zu vertagen, zugleich aber die Frage von der Bedeutung, dem Wirkungs-

*) Siehe Verhandlungen des Dritten Deutschen Juristentages Band 1, Anträge 18 a und 18 b.

kreise und der Organisation der Staatsanwaltschaft überhaupt der ständigen Deputation zur weiteren Vorbereitung und zur näheren Entwickelung zuzuweisen."

Somit steht jetzt die ganze Frage nach der Stellung und Organisation der Staatsanwaltschaft zu unserer Berathung. Wir haben indessen dabei, wie mir scheint, die bereits früher über einzelne Beziehungen der Staatsanwaltschaft gefaßten Beschlüsse, wenn sie auch formell für uns nicht bindend sind, doch vorläufig bis dahin, daß Anträge auf ihre Beseitigung gestellt werden, als feststehende Sätze für unsere heutige Berathung zu betrachten. Ich selbst werde keine Veranlassung haben, auf diese Gegenstände in meinem Referat zurückzukommen.

Es liegt nun eine große Reihe von Gutachten über unsere Frage vor. Abgesehen von denjenigen, die sich lediglich mit der Stellung der Staatsanwaltschaft im Strafprocesse beschäftigen, kommen in Betracht die Gutachten von Brauer, Plathner, Francke, Schloß und König, die sich hauptsächlich mit der Stellung der Staatsanwaltschaft im Civilprocesse beschäftigen, daneben aber auch die ganze Organisationsfrage in Betracht ziehen.

Sodann folgen die Gutachten von Bauermeister, Fierlinger, Heimsoeth, welche die Stellung der Staatsanwaltschaft als partie principale im Civilproceß in's Auge fassen, daneben aber ebenfalls die Organisations-Frage berühren.

Ferner habe ich anzuführen die über die Hauschteck-Sabarth'schen Anträge sich verbreitenden Gutachten des Rechtsanwalts Ruhwandl und Staatsanwalts Lienbacher, und endlich das neueste, welches von dem Ministerialrath v. Freydorf erstattet ist. Außerdem sind über unsere Frage von den verschiedensten Standpunkten eine große Reihe Schriften erschienen, und es hat ferner inzwischen die in Hannover tagende Civilproceßordnungs-Kommission Beschlüsse über die Stellung der Staatsanwaltschaft gefaßt. Das Material ist sonach ein außerordentlich reiches geworden; ich werde mich daher bei der Kürze der Zeit darauf beschränken müssen, nur die Hauptgesichtspunkte und die Hauptgründe, welche für die eine oder andere Ansicht angeführt sind, anzudeuten.

Ich wende mich zunächst zu dem Sabarth'schen Antrage.

Nicht nur in Frankreich, sondern auch da, wo in Deutschland die Staatsanwaltschaft neuerdings eingeführt ist, ist sie allenthalben als ständige Behörde eingeführt; Herr Sabarth beruft sich dagegen beispielsweise auf England und Rom. Von dem einen Gutachter wird darauf hingewiesen, daß weder in England noch in Frankreich das Princip der öffentlichen Anklage im Gegensatz der Privat-Anklage durchgeführt sei; daß daher dieses

Beispiel auf Deutschland nicht passe. Den Hauptgrund, den Herr Sabarth für die Beseitigung der Staatsanwaltschaft als einer ständigen Behörde anführt, ist der, daß die einseitige Beschäftigung mit dem Anklagen nothwendig eine gewisse Einseitigkeit der ganzen Geistesrichtung erzeugen müsse, so daß der Staatsanwalt in die Gefahr gerathe, in jedem Denunciaten den Schuldigen zu sehen, und es der Vertheidigung überlasse, den Unschuldsbeweis zu führen. Daher rühre es auch, daß die Staatsanwälte, wo sie nur mit Strafsachen beschäftigt seien, es meist in ihrem Berufe nicht lange aushalten, daß sie unzufrieden mit ihrer Stellung seien. Es müsse diese einseitige Beschäftigung einen üblen Einfluß auf die ganze Rechtspflege üben. Dem entgegen führt das Freydorf'sche Gutachten an, daß erfahrungsmäßig die älteren Staatsanwälte es seien, welche am ruhigsten die Sachen behandelten, daß die Heißsporne unter den jüngeren Staatsanwälten, unter den seltener verwendeten Substituten zu finden seien, und es hier vorkomme, daß Unerfahrenheit, Leidenschaftlichkeit und der Wunsch, den Angeklagten verurtheilt zu sehen, dahin führe, des Guten zu viel zu thun. Bei den älteren Staatsanwälten sei dies seltener der Fall.

Dies Argument mag im Ganzen richtig sein; indessen wird sich schwerlich leugnen lassen, daß eine ausschließliche Beschäftigung mit einem so engen Berufskreise sehr leicht zu einer gewissen Einseitigkeit führt, daß die täglich in der gleichen Art und Weise beschäftigten Personen sich häufig eine gewisse Manier, die Sache zu behandeln, angewöhnen, daß sie sich aus der Erfahrung gewisse Grundsätze bilden, die, als Regel betrachtet, richtig sein mögen, die sie aber verführen, nicht mehr die Individualität des einzelnen Falls mit der nothwendigen Schärfe ins Auge zu fassen. Ich meine, daß dies psychologisch nicht anders möglich ist. Hat man doch die Erfahrung machen wollen, daß selbst Richter, die längere Zeit mit Strafsachen beschäftigt sind, leicht dahin kommen, gewisse Kategorien von Verbrechern nach einer bestimmten Schablone zu verurtheilen, und hat man gerade daraus einen Grund gegen ständige Gerichte und für die Schwurgerichte herleiten wollen. Ich glaube, mit Recht. Nicht zu bestreiten ist indeß, daß die Nachtheile, die aus einer solchen Einseitigkeit der Thätigkeit entspringen, bei den Staatsanwälten geringer sind, wie bei den Richtern, weil jene anzuklagen, nicht zu richten haben; und andererseits ist diese Einseitigkeit doch nur die Kehrseite einer Lichtseite, einer Lichtseite, die bei den Richtern von untergeordneter, bei den Staatsanwälten von entscheidender Bedeutung ist. Um bei Verbrechen das Ueberführungsmaterial zu sammeln, um immer gleich zu rechter Zeit das Richtige zu thun, dazu gehört nicht nur eine gewisse geistige Anlage, die gerade denjenigen, die zu Richtern besonders qualificirt sind, oft fehlt, sondern auch eine gewisse Fertigkeit, die nur durch Uebung erlangt werden kann.

Dazu kommt ferner, daß für eine erfolgreiche Thätigkeit des Staatsanwalts eine genaue Kenntniß der gesammten Verhältnisse seines Bezirkes, der Persönlichkeiten, der socialen Verhältnisse, der verbrecherischen Neigungen und Gewohnheiten u. s. w. von größter Wichtigkeit ist; und auch diese Kenntniß wird nur ein ständiger Staatsanwalt sich erwerben können. Nur ein ständiger Staatsanwalt wird mit der Polizei in eine Verbindung treten können, die dafür bürgt, daß die Verbrechen ermittelt und aufgedeckt werden; nur bei so beschaffener Staatsanwaltschaft wird eine rasche einheitliche Strafverfolgung möglich sein.

Welche Unzuträglichkeiten und Weitläufigkeiten würden überdies daraus entstehen, wenn der Sabarth'sche Vorschlag durchgeführt würde, wenn also in jedem einzelnen Falle vom Präsidenten ein Staatsanwalt ernannt werden sollte. Bei einem solchen Verfahren würde die dem Staatsanwalt zukommende Initiative, so wie seine Thätigkeit bei der Voruntersuchung zu einer leeren Form herabsinken. Und, fragen die Gutachten weiter, würden bei Durchführung der Sabarth'schen Vorschläge auch nur die Nachtheile einer ständigen Anklagebehörde vermieden werden? Würden nicht die Richter, welche mit diesen Anklagegeschäften beauftragt würden — und dies werde bei kleinen Gerichten sehr häufig der Fall sein — von demselben ungerechtfertigten Schwarzsehen ergriffen werden, das Herr Sabarth von einer ständigen Anklage-Behörde befürchtet? Würde nicht der Präsident in eine schiefe Stellung gerathen? Würde nicht der Wechsel zwischen Richter und Staatsanwalt mittelbar das ganze Princip des Anklageprocesses, das auf einer Trennung dieser Funktionen beruht, beeinträchtigen? Würde es einen guten, moralischen Eindruck machen, wenn dieselbe Person heute als Richter, morgen als Staatsanwalt fungirte? Und sollte es richtig sein, daß ein Anwalt, welcher gewohnt ist, einseitig im Interesse seiner Partei zu handeln, die öffentliche Anklage unparteiischer vertrete, wie der ständige Staatsanwalt? Diese und ähnliche Fragen wirft namentlich das Freydorf'sche Gutachten auf. Die Gründe gegen den Sabarth'schen Antrag scheinen mir in der That so überwiegend zu sein, daß ich keinen Anstand nehme, mit dem Freydorf'schen Gutachten Ihnen als Beschluß zu empfehlen:

„Die Amtsverrichtungen der Staatsanwaltschaft sind durch ständige, eigens damit betraute Beamte zu versehen.“

Ehe ich zu der weiteren Frage der Organisation übergehe, wird es nothwendig sein, die Frage zu erörtern, welche außer den ihm im Strafprocesse obliegenden Geschäften dem Staatsanwalt noch zukommen sollen.

Es sind hier zwei Hauptansichten vorhanden, die einander gegenüberstehen. Während die eine in der Thätigkeit des Staatsanwalts im Strafprocesse seine einzige oder doch seine Hauptaufgabe in der Art erblickt, daß alle anderen Geschäfte als Nebengeschäfte erscheinen, geht die andere Auffassung davon aus, daß die Thätigkeit der Staatsanwaltschaft im Strafprocesse nur der Ausfluß eines höheren und allgemeinen Princips sei. Diese zweite Auffassung ist diejenige, welche der Französischen Staatsanwaltschaft zu Grunde liegt. Sie wird gerechtfertigt einerseits mit Rücksicht auf die Theorie über die Theilung der Gewalten im Staate, andererseits dadurch, daß man den Staatsanwalt als ein Organ der Gerichtsherrlichkeit darzustellen sucht. In erster Beziehung ist das Heimsoeth'sche Gutachten sehr klar und eingehend; es sagt: indem die Staatsgewalt sich nach ihren Richtungen (formalen Funktionen) in verschiedene Zweige (Gewalten) sondert, wird ein souveränes Nebeneinanderwirken dieser Zweige durch die nothwendige Einheit der Staatsverwaltung überhaupt ausgeschlossen. Es müssen diese verschiedenen Gewalten sich gegenseitig unterstützen, auf ein Ziel hinwirken und mit einander in Berührung bleiben. Die Staatsanwaltschaft ist das Organ der oberaufsehenden und der vollziehenden Gewalt in denjenigen Verhältnissen, in welchen diese Gewalten mit der rechtsprechenden Gewalt in Berührung kommen. Aufgabe der oberaufsehenden Gewalt ist es, dahin zu sehen, daß die Gesetze auch bei den Gerichten zur ungeschmälerten Anwendung gelangen, daß die richterliche Gewalt, wenn Veranlassung vorliegt, einschreitet, daß sie bei ihrem Verfahren der Absicht und dem Willen der Gesetze gemäß handle, und daß ihre Aussprüche zum Vollzug gelangen. Um diese Wirksamkeit auszuüben, bedarf die oberaufsehende Gewalt ihrer lokalen Organe bei den Gerichten, und diese Organe bildet die Staatsanwaltschaft.

Fast zu demselben Resultat gelangt diejenige Auffassung, welche mit Rücksicht auf die Entwickelung des Strafprocesses und der Gerichtsverfassung in Deutschland die Staatsanwaltschaft als ein Organ der Gerichtsherrlichkeit darstellt. Sie geht von dem Unterschiede zwischen Gerichtsherrlichkeit und Gerichtsbarkeit aus und deducirt, daß im Laufe der Zeit eine Reihe von Befugnissen, die an sich zur Gerichtsherrlichkeit gehört haben, auf die Gerichte, die Träger der Gerichtsbarkeit, übergegangen sei, daß aber jetzt es nothwendig geworden, diese Befugnisse dem Gerichte wieder zu nehmen und auf besondere Organe zu übertragen. Solche bisher von den Gerichten ausgeübte, an sich aber gerichtsherrliche Befugnisse seien nicht blos die Ausflüsse der Justizverwaltung, sondern auch diejenigen Funktionen, welche die Thätigkeit des Staatsanwalts im Strafprocesse ausmachen.

Ich habe diese Ansichten nur in ihren Hauptzügen andeuten können, und muß mich darauf beschränken, auch die Gegengründe nur kurz darzulegen. Dieselben lassen sich in folgender Art zusammenfassen: Es ist innerlich unverträglich oder doch jedenfalls sehr unzweckmäßig, daß derselbe Beamte, der die Funktionen des Anklägers in Strafsachen ausübt, zugleich ein Organ der oberaufsehenden Gewalt sei. Wenn es in Deutschland allgemein als Bedürfniß anerkannt worden, an die Stelle des Inquisitionsprocesses den Anklageproceß zu setzen, so hat der Grund nicht darin gelegen, daß man es als ein Bedürfniß angesehen hat, der oberaufsehenden Gewalt irgend welchen Einfluß auf die Anwendung des Strafgesetzes auf den einzelnen Fall einzuräumen, sondern lediglich darin, daß man die von dem Untersuchungsprocesse an den Richter gestellte Forderung, daß er gleichzeitig das Beschuldigungs- und das Vertheidigungsmaterial sammle und demnächst Recht spreche, als unerfüllbar angesehen und deshalb die drei verschiedenen in dem Untersuchungsrichter vereinigten Funktionen von einander zu trennen und jede derselben einem besonderen Organe zu übertragen für zweckmäßig befunden hat. Das Amt des öffentlichen Anklägers ist somit ein von dem Untersuchungsrichteramte abgezweigtes. Es hat aber durch diese Abzweigung seinen inneren, rechtlichen Charakter nicht verändert. Der Staatsanwalt, als öffentlicher Ankläger, verfolgt den Zweck, die Anwendung des Strafgesetzes auf den einzelnen Fall zu vermitteln; er soll das Material herbeischaffen, damit der Richter sein Urtheil fällen könne; er ist deshalb immer noch ein Organ für die Zwecke der Gerichtsbarkeit und kein Organ der oberaufsehenden Gewalt. Ein Organ der vollziehenden Gewalt ist er allerdings, aber nicht mehr, als auch die Gerichte es sind und die richterliche Gewalt überhaupt, die ja nur eine Unterabtheilung der vollziehenden Gewalt ist. Daraus also, daß man die Staatsanwaltschaft ein Organ der vollziehenden Gewalt nennt, kann man nicht schließen, daß ihr alle übrigen Befugnisse derselben übertragen werden müssen. Das praktische Moment, das man bei dieser Bezeichnung im Auge hatte, war, daß man der Staatsanwaltschaft die Justizverwaltung übertragen wissen will. Indessen dabei zeigt sich, wie innerlich verschieden die der vollziehenden Gewalt zukommenden Geschäfte sind, und man findet, daß die darin liegenden Befugnisse mit dem Geschäfte eines öffentlichen Anklägers zum Theil wenig zu thun haben. Dasselbe gilt, wenn man die staatsanwaltschaftlichen Funktionen als Ausfluß der Gerichtsherrlichkeit betrachtet. Dies ist ein so weiter Begriff und die daraus abgeleiteten Funktionen sind so verschiedenartig, daß eine innere Nothwendigkeit, sie sämmtlich einem Organe zu übertragen, durchaus nicht nachweisbar ist. — Aus einem Princip läßt sich m. E. die Thätigkeit des öffentlichen Anklägers im Anklageprocesse und seine Thätigkeit als Organ der oberaufsehenden Gewalt nicht ableiten, vielmehr wird es eine Frage der Zweckmäßigkeit sein, ob man diese an sich und innerlich verschiedenen Funktionen ein und derselben Person übertragen will. Bei Beantwortung dieser Frage wird es nothwendig sein, daß man die einzelnen Funktionen, die hierbei in Betracht kommen, durchgeht.

Es treten hier zunächst zwei Funktionen besonders hervor, wo eine innere Verwandtschaft mit den Funktionen des Anklägers, resp. mit dem Anklageprocesse allerdings vorliegt. Die eine dieser Funktionen ist die Leitung und Verfügung über die gerichtliche Polizei. Wenn der Staatsanwalt das Verbrechen erforschen, das Ueberführungsmaterial sammeln soll, so bedarf er dazu der nothwendigen Werkzeuge, und diese sind die gerichtliche Polizei. Es ist eine aus dem Amte des öffentlichen Anklägers folgende Forderung der Zweckmäßigkeit, dem Staatsanwalt die unmittelbare Verfügung über die gerichtliche Polizei und deren Organe zu überlassen. Auf die Schwierigkeiten, die sich der Ausführung dieser Forderung im Einzelnen entgegenstellen, namentlich auf den Umstand, daß bei uns die Organe der Entdeckung der Verbrechen und der Verwaltung nicht getrennt sind, näher einzugehen, halte ich nicht für nothwendig. Ich glaube, daß es für uns genügen wird, den allgemeinen Satz auszusprechen:

„daß der Staatsanwalt die unmittelbare Verfügung über die Organe der gerichtlichen Polizei haben muß."

Nicht so unmittelbar folgt die andere Funktion aus dem Amte des öffentlichen Anklägers; dennoch aber ist sie mit ihm innerlich verwandt. Es ist die Funktion der partie principale in einer bestimmten Richtung. Ich meine nicht, daß dem Staatsanwalt irgendwie die Vertretung der fiskalischen Interessen oder des Regenten überlassen werden soll: das mag den Advokaten überlassen bleiben. Eben so wenig wird ein Grund vorliegen, ihm die Vertretung bevormundeter Personen oder den Schutz derselben zu übertragen: dafür mag die Vormundschafts-Behörde sorgen. Aber derselbe Gedanke, welcher im Strafproceß dahin geführt hat, an Stelle des Untersuchungsprocesses den Anklageproceß zu setzen und hier in den öffentlichen Anklägern ein besonderes Organ des öffentlichen Interesses herzustellen, führt in denjenigen Civilrechtsfällen, wo nach dem bisherigen Verfahren das Gericht, abweichend von den sonstigen Grundsätzen des Civilprocesses, von Amtswegen einzuschreiten berufen ist, von Amtswegen das thatsächliche Material sammeln muß, und ohne Rücksicht auf das Vorbringen der Parteien die materielle Wahrheit zu erforschen hat, — derselbe Gedanke — sage ich — führt auch in diesen Fällen des Civilprocesses dahin, die dort noch herrschende Untersuchungs-Maxime durch ein dem Anklageverfahren im Strafprocesse analoges Verfahren zu ersetzen und danach einen besonderen Vertreter des öffentlichen Interesses anzustellen. Daß diese Vertretung denselben Beamten überwiesen werden kann, welchen im Strafprocesse die Wahrnehmung des öffentlichen Interesses obliegt, und daß diese Ueberweisung zweckmäßig ist, liegt auf der Hand. Ich werde mich in dieser Beziehung darauf beschränken, die Anträge, welche in dem Gutachten des Herrn Heimsoeth gestellt sind und die richtige Formulirung zu enthalten scheinen, und denen ich zustimme, zu verlesen. Sie lauten:

„Der Staatsanwaltschaft ist neben dem Amte des öffentlichen Anklägers in Strafsachen der Beruf zu überweisen:

a) in den Fällen, wo nach dem bisherigen Verfahren ohne Antrag einer Privatpartei von Amtswegen durch ein Civilproceßverfahren (zur Feststellung, Aenderung oder Aufhebung eines den Gegenstand des Verfahrens bildenden Privat-Rechtsverhältnisses) einzuschreiten ist, als Principalpartei das Verfahren bei den Gerichten anhängig zu machen und unter Beibringung der Thatsachen mit den Proceßmitteln einer Partei durchzuführen;

b) in den Fällen, in welchen im Civilproceßverfahren (über die Feststellung, Aenderung oder Aufhebung eines den Gegenstand des Verfahrens bildenden Privat-Rechtsverhältnisses) zwar auf die Anträge einer oder mehrerer Parteien zu entscheiden, dabei jedoch die Thatsachen (welche die Voraussetzung der Entscheidung bilden) nicht lediglich nach Lage der Behauptungen, Beweise und Zugeständnisse der Parteien sich bestimmen, sondern von Amtswegen darauf zu halten ist, daß der wirkliche Thatbestand der Entscheidung zu Grunde gelegt werde, als Principalpartei an dem Verfahren betheiligt zu sein und selbstständig im geeigneten Falle unter Beibringung des Thatbestandes mit den Proceßmitteln und Rechtsmitteln einer Partei einzuwirken."

Es wird dann weiter zu der Frage überzugehen sein, welche Aufsichtsgeschäfte der Staatsanwaltschaft übertragen werden könnten. Es drängt sich hier zunächst als Hauptfrage die auf, ob dem Staatsanwalte die Aufsicht über die Gerichte und deren Geschäftsgang einzuräumen ist?

Die Hauptgründe, die hierfür angeführt werden, und zwar übereinstimmend in den meisten der früheren Gutachten, gehen dahin: Der Justizminister kann die ihm obliegende Pflicht der Aufsicht über die Gerichte und deren Geschäftsgang nicht erfüllen, wenn er neben seinen Centralorganen nicht noch Organe bei den einzelnen Gerichten hat; zu solchen Organen sind die Gerichte selbst nicht geeignet. Die in Deutschland bisher zur Anwendung gebrachten Mittel, um dem Justizminister eine sichere Einsicht in den ganzen Rechtsgang zu gewähren: Tabellen, Aufsicht durch die Präsidenten und höheren Gerichte, Einforderung der Akten u. s. w., haben ihren Zweck nicht erfüllt. Es bedarf daher der Justizminister besonderer Organe, die nicht zu den Gerichten gehören, vielmehr nur in enger Verbindung zu denselben stehen, und als solche Organe bietet sich die Staatsanwaltschaft dar. Das neueste Gutachten dagegen meint, daß in der That ein dringendes Bedürfniß, eine besondere Aufsichtsbehörde zu schaffen, in Deutschland nicht vorliege: es habe bisher die Aufsicht durch die Präsidenten genügt, und dieselbe werde künftig noch besser ausgeübt werden können. Ueberdies sei unverkennbar, daß in der Errichtung eines solchen Aufsichtsorganes die Gefahr des Mißbrauchs zur Korruption der Gerichte liege. Die Gefahr sei in Frankreich hin und wieder zur Wirklichkeit geworden. Wenn es in den Rheinprovinzen nicht geschehen sei, so habe das in besonderen dortigen Verhältnissen seinen Grund. Die Gefahr sei da, und wenn sie sich auch nicht verwirkliche, wenn nur daran geglaubt werde, so sei die daraus entstehende Erschütterung des Vertrauens in eine gerechte Rechtspflege nachtheiliger, als alle Vortheile, die eine verbesserte Aufsicht bieten könnte. — Daneben scheint mir besonders das noch berücksichtigt werden zu müssen, daß es sich nicht blos darum handelt, ob es zweckmäßig ist, ein besonderes Organ der Aufsicht für den Justizminister zu schaffen, sondern darum, ob es zweckmäßig ist, den öffentlichen Ankläger im Anklageprocesse zu diesem Organe zu machen.

Ist es nicht ein unnatürliches Verhältniß, wenn derselbe Beamte, welcher als Ankläger an die Gerichte Anträge stellt, die Gerichte zu beaufsichtigen, ihren Geschäftsgang zu überwachen und darüber zu berichten hat? Entsteht dadurch nicht ein schiefes Verhältniß zwischen Richter und Staatsanwalt? Ist nicht die dringende Gefahr damit verbunden, daß das ganze Wesen des Anklageprocesses leidet, daß die beiden Funktionen der Staatsanwaltschaft verwirrt werden, daß der Ankläger auch im Strafprocesse dem Gerichte, dem Vertheidiger und dem Schuldigen mit der höheren Autorität der Aufsichtsbehörde gegenübertritt? Wird eine solche Gefahr nicht schwachen Richtern gegenüber sehr bedenklich sein?

Sie tritt namentlich dann hervor, wenn Einzelrichter mit den Geschäften des Untersuchungsrichters beauftragt sind, und nun der Staatsanwalt bei dem Einzelrichter heute Revision abhält als Aufsichtsbeamter und morgen an ihn als Ankläger Anträge stellt. So wenig sich es verkennen lassen mag, daß es wünschenswerth wäre, besondere Organe der Aufsicht zu haben, so scheinen mir doch überwiegende Gründe dagegen zu sprechen, die Staatsanwälte damit zu beauftragen, wenigstens Einzelnrichtern gegenüber, mit denen sie als öffentliche Ankläger irgendwie in Berührung kommen. Können sie aber diesen gegenüber Aufsichtsbeamte nicht sein, so wird es den übrigen Richtern gegenüber auch nicht praktisch sein, sie zu Aufsichts-Beamten zu machen, und zwar schon der Gleichförmigkeit wegen.

Die Aufsicht wird besser durch die Gerichts-Präsidenten oder die höheren Gerichtshöfe ausgeübt werden können. Ob in einzelnen Fällen unter gewissen Voraussetzungen Ausnahmen zu machen sind, das ist eine Detailfrage, worauf hier nicht weiter einzugehen ist. Ist der allgemeine Satz richtig, daß die

Staatsanwälte, als die öffentlichen Ankläger, nicht geeignet sind, die Organe der Aufsicht über die Gerichte zu bilden, so kann damit nicht ausgeschlossen sein, sondern es versteht sich wohl von selbst, daß sie in Disciplinarsachen gegen Richter ebenso, wie gegen Verwaltungsbeamte, als Ankläger auftreten.

Es würden dann noch die übrigen Geschäfte der Justizverwaltung in Betracht zu ziehen sein, die aber so mannigfach sind, daß es schwer ist, in Bezug auf sie einen allgemeinen Satz auszusprechen. Es würde dahin gehören die Aufsicht über Gerichts-Unterbediente, Anwälte, Notare, über das Gefängnißwesen, über die Gerichts-Lokalien, die Vermittelung der geschäftlichen Verbindung zwischen den Gerichten und anderen Behörden, ferner ihre etwaige Mitwirkung in Civilprocessen, wovon besonders auf dem Wiener Juristentage die Rede war, insonderheit die Ertheilung des Armenrechts u. dgl. mehr. Manches davon kann unbedenklich den Gerichten überlassen werden, für anderes würde es am zweckmäßigsten sein, besondere Behörden einzurichten. Das v. Freydorf'sche Gutachten untersucht nicht, ob das eine oder andere Geschäft zweckmäßig dem Staatsanwalt zu übertragen sei oder nicht, und ich meine, das Gutachten hat Recht. Der allgemeine Satz ist der: daß eine innere Nothwendigkeit die Justizverwaltungs-Geschäfte dem Staatsanwalt nicht beilegt, daß eine innere Verwandtschaft hierin nicht besteht, und daß es eine nach den verschiedenen Verhältnissen der verschiedenen Länder verschieden zu beantwortende Frage der Zweckmäßigkeit ist, ob einzelne Geschäfte der Staatsanwaltschaft zu übertragen seien oder nicht. Daher rechtfertigt sich der Antrag:

> „Es ist kein Bedürfniß vorhanden, der Staatsanwaltschaft die sämmtlichen Justizverwaltungs-Geschäfte zu übertragen; ob einzelne ihr zu übertragen seien, ist Sache der Landesgesetzgebung."

Damit wird eine genügende Grundlage gewonnen sein, um auf die Frage der Organisation näher einzugehn.

Daß nun die Beantwortung verschieden ausfallen muß, je nachdem man ausgeht davon, daß die Staatsanwaltschaft nur Ankläger im Strafprocesse sei, oder davon, daß dies nur ein einzelner Ausfluß des höheren Princips und daß sie überhaupt ein Organ der staatlichen Aufsicht und der Justizverwaltung sei, das liegt auf der Hand. Der letzteren Auffassung entspricht im Wesentlichen die Französische Organisation. Die einzelnen Staatsanwälte sind schließlich dem General-Staatsanwalt untergeben, und dieser hängt von dem Minister ab. Sie müssen den Anweisungen desselben unbedingt folgen; sie sind beliebig versetzbar und entlaßbar. Im einzelnen Strafprocesse kann der Staatsanwalt seine besondere Ansicht äußern, und es ist Streit darüber, wie weit die Befugniß des Ministers geht, ihn zur Erhebung einer Anklage anzuhalten; ein Dekret des Kassationshofes von Paris, aus dem Jahre 1827, verneint dieselbe. Thatsächlich greift indessen die Abhängigkeit vom Justizminister unzweifelhaft auch im Strafprocesse durch. Der leitende Gedanke dabei ist: die Staatsanwälte sind Vertreter der Oberaufsichts-Behörde und der Verwaltung bei den einzelnen Gerichten, und als Vertreter haben sie den Anweisungen dessen, welchen sie vertreten, also in letzter Linie den Anweisungen des Justizministers, zu folgen. Ein konsequenter Gedanke; aber, wie ich bereits angedeutet, harmonirt er schlecht mit der rechten Auffassung der Funktion des Anklägers in Strafprocessen. Wo die Staatsanwaltschaft eingeführt ist im Wesentlichen auf Grund dieser Französischen Organisation, und zwar selbst da, wo man die Staatsanwaltschaft nur eingeführt hat für die Wahrnehmung des Amtes eines öffentlichen Anklägers, da hat man regelmäßig auch den Grundsatz adoptirt, daß die Staatsanwälte den Anweisungen des General-Staatsanwalts und des Justizministers zu folgen verpflichtet seien. Ihre Entlaßbarkeit geht allerdings gewöhnlich nicht so weit, als in Frankreich, und in Sachsen sind ausnahmsweise die Staatsanwälte mit den Garantien richterlicher Unabhängigkeit bekleidet.

Dem gegenüber fragt es sich, ob, wenn man die bisher vertheidigte Ansicht für richtig hält, daß die Thätigkeit des Staatsanwalts im Wesentlichen auf den Strafproceß zu beschränken, und daß davon aus die Organisationsfrage zu beurtheilen sei, das Princip der Abhängigkeit und Unterordnung unter den Justizminister aufgegeben und ihm ein anderes Princip substituirt werden muß; ob namentlich dem Justizminister die Befugniß der Anweisung an die Staatsanwälte zu nehmen, ob diesen die selbstständige Disposition in Beziehung auf alle Akte des Anklage-Verfahrens, ob ihnen die Garantie richterlicher Unabhängigkeit zu verleihen und ob sie statt dem Minister nur den Anklage-Senaten oder einem Senate des höchsten Gerichtshofes unterzuordnen sind.

Der Gedankengang, der zur Bejahung dieser Fragen führt, ist im Wesentlichen folgender: Der Zweck des Strafprocesses ist, die durch den Staatszweck gebotene, rechtlich nothwendige Anwendung des Strafgesetzes auf den einzelnen Fall zu realisiren. Bei dem Urtheile sowohl, als bei dem zum Zweck des Urtheils nothwendig vorhergehenden Verfahren sollen nur die Rücksichten und Bestimmungen des Rechts maßgebend sein. Jede Willkür, jede Möglichkeit, das Recht aus Zweckmäßigkeits-Gründen bei Seite zu setzen, mögen sich dieselben immerhin in das Gewand des öffentlichen Interesses kleiden, muß ausgeschlossen sein. Wenn ein öffentliches Interesse wirklich die Nichtanwendung des Strafgesetzes auf den einzelnen Fall fordert, so ist dafür dem Souverain das Recht der Begnadigung vorbehalten. Die Vermischung der begnadigenden Gewalt mit der strafverfolgenden und verurtheilenden ist verwerflich. Mit Recht hat man sich bereits auf dem Dresdener

Juristentage für dies Legalitäts-Princip — im Gegensatz zum Opportunitäts-Princip — ausgesprochen: nur das Recht, aber auch das ganze Recht soll im Strafverfahren verwirklicht werden. Nun hat es in Deutschland von jeher für das beste und sicherste Mittel zur Erreichung dieses Zweckes gegolten, daß die Gerichtsbarkeit nicht von dem Souverain selbst, der allerdings die Quelle aller öffentlichen Gewalt ist, auch nicht von Verwaltungsbehörden, sondern daß sie von unabhängigen, selbstständig entscheidenden Organen ausgeübt werde. Dies waren bisher ausschließlich die Gerichte, und daher der Deutsche staatsrechtliche Grundsatz von der Selbstständigkeit und Unabhängigkeit der Gerichte.

Seit der Einführung des Anklage-Processes an Stelle des Untersuchungs-Processes ist ein Theil der richterlichen Funktionen abgezweigt und dem sog. öffentlichen Ankläger übertragen worden. Es hat sich aber damit, wie ich bereits ausführte, der innere rechtliche Charakter dieser Funktionen, soweit sie hier in Betracht kommen, durchaus nicht geändert, folglich muß auch die Stellung des Trägers dieser Funktionen dieselbe bleiben. Wenn es nun richtig ist, daß die beste Garantie für eine unparteiische Rechtspflege darin liegt, daß diese Rechtspflege von selbstständig entscheidenden, unabhängigen Organen ausgeübt werde, so muß auch der Staatsanwalt, der nur einen Theil jener Funktionen auszuüben hat, die nothwendig sind, um das Gesetz anzuwenden, eine selbstständige und unabhängige Stellung erhalten. Im Wesen des Anklage-Processes liegt es nicht, daß der Justizminister durch irgend welche Anweisung einen Einfluß auf den einzelnen Proceß ausüben darf.

Das ist im Wesentlichen der Gedankengang, welcher zu den Konsequenzen führt, die ich andeutete.

Dagegen ist zunächst geltend gemacht worden: es sei noch Niemanden eingefallen, die Unabhängigkeit der Rechtsprechung überhaupt in jenen Ländern in Zweifel zu ziehen, wo die Privat-Anklage gestattet sei, weil hier die Gerichte schon durch Privatpersonen in Thätigkeit gesetzt werden könnten; die ganze Civilrechtspflege werde durch Private in und außer Thätigkeit gesetzt. Weshalb verdenke man der Regierung, daß sie durch Vermittelung der Staatsanwaltschaft die Gerichte in Thätigkeit setzt? Halte man das für bedenklich, so sei die Privatanklage mit Stumpf und Stiel auszurotten!

Diese Gründe, m. H., beruhen auf einer Verwechselung. Die Unabhängigkeit der Rechtspflege leidet **dadurch** nicht, daß die Gerichte in und außer Thätigkeit gesetzt werden können durch Privatpersonen, wohl aber **dadurch**, daß dasjenige Organ, welches vom Staat eingesetzt ist, um im öffentlichen Interesse, lediglich durch die Vorschriften des Rechts geleitet, Anklage zu erheben, aus anderen Rücksichten, als denen des Rechts, in Anweisung von Verwaltungsbehörden, **einzuschreiten** hat, oder **einzuschreiten** gehindert wird. Die Parallele zwischen Privatpersonen und Regierung kann nicht dahin führen, der Regierung das Recht zu geben, die Staatsanwaltschaft anzuweisen, Anklage zu erheben, wo von Rechtswegen den Privatpersonen eine solche Befugniß nicht gegeben wäre. Man mag der Regierung dasselbe Recht geben, wie den Privatpersonen zu deren Privatanklage, ja, man darf hierin — glaube ich — noch einen Schritt weiter gehen. Denn es kann und wird allerdings für die Regierung von Interesse sein, in allen Fällen, wo ihre Ansicht abweicht von der Ansicht des die Anklage verweigernden Organs, auf eine Entscheidung der Gerichte zu provociren. Man mag ihr also gestatten, auch dann, wenn nicht gerade sie selber der verletzte Theil ist, die Gerichte anzurufen und richterliche Entscheidungen zu erwirken, wobei sie dann als Privatankläger zu fungiren hat, oder sich an den höchsten Gerichtshof zu wenden, um durch diesen den betreffenden Staatsanwalt zur Erhebung der Anklage zu veranlassen.

Ein zweiter Grund, der gegen die bisher vertretene Ansicht geltend gemacht wird, besteht darin, daß man sagt: das Verbrechen sei eine Verletzung der Gesammtheit, der Vertreter dieser Gesammtheit sei der Staatsanwalt; nun würden aber die Interessen der Gesammtheit in höchster Instanz besser durch die Regierung, die so schon die Leitung des ganzen Staatswesens habe, wahrgenommen, als durch einen unabhängigen und selbstständig entscheidenden Beamten. Ich kann auch diesen Grund für zutreffend nicht halten. Es ist nicht richtig, daß der Staatsanwalt das Interesse der Gesammtheit in demselben Sinne vertrete, wie die Staatsregierung; er hat dies Interesse nur nach einer ganz bestimmten Seite hin zu vertreten: das Rechtsinteresse des Staats an der Verfolgung und Bestrafung des Verbrechers. Und weil er dieses Interesse des Staates nur nach dieser einen bestimmten Seite der Anwendung des Rechts auf den einzelnen Fall zu vertreten hat, deshalb treffen für die Selbstständigkeit und Unabhängigkeit des Staatsanwalts dieselben Gründe zu, wie für die der Gerichte. Es scheint mir im dringendsten Interesse des Justizministers selbst zu liegen, daß ihm nicht die Verantwortung für die Erhebung der öffentlichen Anklage und die Durchführung derselben in dem einzelnen Falle aufgebürdet werde.

Der erheblichste Grund gegen die Unabhängigkeit der Staatsanwaltschaft ist wohl der, daß es höchst gefährlich sei, einen Zweig des Staatsdienstes, der nur von einzeln wirkenden Personen, die nicht kollegialisch zusammen gehalten werden, wahrgenommen wird, und der nach oben hin nur in einem Einzelnen gipfelt, für unabhängig zu erklären. Zwar seien auch Einzel-Richter unabhängig, aber hier bilde es ein Korrektiv, daß sie in höherer Instanz dem kollegialischen Gerichte untergeordnet seien; wo eine Kollegial-Verfassung bestehe, da träten die Bedenken, die sich aus der etwaigen Leidenschaftlichkeit, der Schwäche des Charakters oder der Parteilichkeit der Einzelnen jeder Unabhängigkeit entgegen stellten, wegen des Zusammenwirkens Mehrerer in geringem Grade hervor. Deshalb schließe jede gute Gerichtsverfassung mit einem stark besetzten höchsten Gerichtshofe ab; das sei bei der Staatsanwaltschaft nicht möglich.

Bei Prüfung dieses Grundes wird man zwei Fragen zu unterscheiden haben: sollen die Staatsanwälte über die ihnen im Strafprocesse obliegenden Funktionen selbstständig entscheiden, von den Anweisungen des Justiz-Ministers unabhängig sein, und wie soll ihre äußere Stellung beschaffen sein?

In Betreff der ersten Frage scheinen mir die Freydorf'schen Ausführungen nicht durchschlagend. Wenn es wirklich bedenklich ist, in oberster Instanz über die staatsanwaltschaftlichen Funktionen einen Einzelnen entscheiden zu lassen, so trifft dieses Bedenken nicht blos bei dem Justizminister eben so wie bei den General-Staatsanwälten zu, sondern noch in verstärktem Grade. Der Justizminister ist nicht blos Chef der Justizverwaltung, sondern Mitglied des politisch verantwortlichen Ministeriums; von ihm die Entscheidung über die staatsanwaltschaftlichen Funktionen in höchster Instanz abhängig machen, heißt diese Entscheidung in oberster Instanz von der politischen Gewalt, also auch von deren Wechsel und politischen Ansichten abhängig machen. Nichts aber scheint mir der ganzen Stellung der Rechtspflege in Deutschland mehr widersprechend zu sein, als die Entscheidung solcher Rechtsfragen den politischen Behörden zu überweisen. Wenn es bedenklich ist, und ich bin damit einverstanden, in oberster Instanz einen Einzelnen entscheiden zu lassen, so setze man eine kollegialische Behörde darüber und als solche bieten sich die Anklagesenate oder eine Abtheilung des höchsten Gerichtes dar; sie sind schon mit der staatsanwaltschaftlichen Thätigkeit durch ihre Funktionen des Anklageurtheils verbunden. Auf diesem Wege wird eine einheitliche Anklagepraxis gesichert und dadurch der Selbstständigkeit und Unabhängigkeit der Staatsanwälte die Grundlage gegeben.

Ueber die einzelnen Fragen, wie im einzelnen eine solche Oberinstanz einzurichten sein würde, mich näher auszulassen, würde zu weit gehen.

Zweifelhafter könnte es sein, ob die Freydorf'schen Bedenken gegen die äußere Unabhängigkeitserklärung der Staatsanwälte, d. h. dagegen, daß sie äußerlich unabhängig zu stellen wie die Richter, nicht durchschlagend sind. Es läßt sich nämlich nicht läugnen, daß diejenigen Gründe, die der Unabhängigkeitserklärung der Beamten überhaupt entgegenstehen, bei der Staatsanwaltschaft mit besonderer Stärke zutreffen. Es bestehen die allgemeinen Nachtheile der Unabhängigkeit darin, daß es bei ihr außerordentlich schwer ist, einen begangenen Irrthum in der Anstellung wieder gut zu machen und Unfähige aus dem Dienste zu entfernen. Diese Nachtheile treten bei den

Staatsanwälten in besonders starkem Maße auf, nicht nur deshalb, weil zu diesem Amte manche Eigenschaften nothwendig sind, die für Richter nicht in gleichem Maaße nothwendig, wie: rascher Ueberblick, Rednergabe, Energie u. s. w., und ein Irrthum hierin leicht möglich ist; sondern auch deshalb, weil die Staatsanwälte ihrem ganzen Berufe nach immer nur als Einzelne zu wirken haben und ihre Thätigkeit derartig ist, daß auch die beste Beschwerde-Instanz nicht im Stande ist, Fehler und Unterlassungssünden wieder gut zu machen. Ein unfähiger Richter im höchsten Gerichtshofe ist zwar ein schweres Uebel, jedoch erträglich; ein unfähiger Ober-Staatsanwalt kann unerträglich werden.

Man wird also diese Nachtheile mit den Nachtheilen der Abhängigkeit vergleichen müssen und zu entscheiden haben, welche die größeren sind. Und hier fällt in's Gewicht, daß die Unabhängigkeit der Staatsanwälte kein Selbstzweck ist, sondern vielmehr ein Mittel, um zu verhindern, daß die ihnen gewährte Freiheit und Selbstständigkeit der Entscheidung durch Einwirkungen der politischen Behörde illusorisch werde. Auch dürfte es eine Einrichtung geben, welche geeignet ist, die Beseitigung der schädlichen Folgen von Irrthümern, die bei Anstellung eines Staatsanwaltes begangen worden, zu erleichtern; nämlich die Betrauung eines Richters mit dem Amte des Staatsanwalts auf eine bestimmte Reihe von Jahren.

Mein letzter Vorschlag würde dahin gehen:

> „Die Staatsanwaltschaften haben die ihnen im Straf- und Civilprocesse zustehenden Funktionen selbstständig auszuüben und können ihnen dabei Anweisungen von Seiten des Justizministers nicht ertheilt werden. Als oberste Beschwerde- und Aufsichtsinstanz für alle Staatsanwälte treten an die Stelle des Justizministers, vorbehaltlich natürlich der demselben in Betreff der Staatsanwälte in demselben Umfange, wie in Betreff der Gerichte verbleibenden allgemeinen Oberaufsicht, die Anklage-Senate der höheren Gerichtshöfe oder eine Abtheilung des höchsten Gerichtshofes; auch können die Staatsanwälte nur unter denselben Voraussetzungen wie die Richter entlassen, versetzt oder pensionirt werden."

Bezirksgerichts-Präsident **Wernz** aus Landau: M. H.! Nur mit einem Theil der Anträge des Herrn Referenten, welche den Specialgegenstand der heutigen Verhandlungen bilden, bin ich vollkommen einverstanden; ich bin nämlich der Ansicht, daß der Staatsanwaltschaft im Civilprocesse eine weitere Befugniß zustehen müsse; ich lege namentlich gerade auf die partie jointe das Hauptgewicht. Ich möchte deshalb den Anträgen mit folgenden Modifikationen entgegentreten: Es soll der Staatsanwaltschaft die Befugniß eingeräumt sein, im Civilprocesse mitzuwirken als ein handelnder Beistand des Richters wie der Parteien, der sich gutachtlich äußert, ausnahmsweise auch selbstständig in den Proceß eingreift — als partie principale —, der in öffentlicher Sitzung durch das Recht mündlicher und schriftlicher Anträge das Interesse der Oeffentlichkeit wahrnimmt. Zweitens soll der Staatsanwaltschaft die äußere Rechtsverwaltung übertragen werden, drittens bin ich eines Theils gegen die Unabsetzbarkeit der Staatsanwälte und andern Theils für eine gewisse Unterordnung derselben, damit die Einheit in ihrer Wirksamkeit gewahrt sei. Bei der Beurtheilung der Anträge, die hier vorgelegt sind, habe ich den Vortheil für mich, daß ich eine langjährige Erfahrung in die Wagschale der Entscheidung werfen kann; ich war lange im Amte nicht nur der Staatsanwaltschaft, sondern auch der reinen richterlichen Funktion, und bin jetzt seit sechs Jahren Vorstand eines Kollegialgerichts, also in einer Stellung, welche vorzugsweise geeignet sein könnte, in Konflikt mit der Staatsanwaltschaft zu bringen, in einer Stellung, bei welcher gewiß keine Gefahr obwaltet, daß mein Urtheil durch allzugroße Sympathien getrübt sein könnte.

Die Erfahrungen im rechts-rheinischen Deutschland sind nicht alt; die Staatsanwaltschaft ist dort seit kaum mehr als einem Decennium eingeführt und gerade nur nach Einer Seite hin, nämlich für die Strafrechtspflege. Das ist gerade die odiöse Seite, welche am meisten geeignet ist, die Staatsanwaltschaft in eine schiefe Stellung dem Publikum gegenüber zu bringen, und die betreffenden Beamten zu Einseitigkeiten, zu Uebergriffen und zu Ausschreitungen zu veranlassen. Wollen wir Erfahrungen zu Rathe ziehen, so müssen wir in jenen Ländern nachfragen, wo die Oeffentlichkeit und Mündlichkeit im Gerichtsverfahren und das Institut der Staatsanwaltschaft seit 60 Jahren besteht. Ich will nicht von Frankreich jetzt reden, sondern vom Deutschen Rheinland, von Hessen und von der Pfalz, wo die Französische Oeffentlichkeit und Mündlichkeit von Deutschen Juristen, von Juristen, die Deutsch denken und fühlen, die auf Deutschen Universitäten ihre Bildung erhalten haben, angewandt wird. Fragen wir die Erfahrung in diesen Ländern, so wird sie entschieden für das Institut der Staatsanwaltschaft, wie es im Wesentlichen von Frankreich her eingeführt ist, sich aussprechen; fragen wir nach überall, bei allen Leuten, die irgend eine Stimme in die Wagschale legen können, namentlich auch bei den Richtern, von denen so leicht eine Befürchtung der Beeinträchtigung ihrer Autorität durch die Staatsanwaltschaft anzunehmen wäre, fragen wir Jeden im Publikum, der wirklich etwas von der Sache weiß, er sei von einer politischen Farbe, von welcher er wolle, wir werden nirgend einer Stimme begegnen, welche die Staatsanwaltschaft beschränkt wissen will, und daß namentlich ihre Wirksamkeit in der Civilgerichtsbarkeit wegfalle.

Hier und da lassen sich allerdings Klagen hören: die Napoleonische

Gesetzgebung habe die Staatsanwaltschaft etwas zu freigebig ausgestattet; ihre Disciplinargewalt über die Friedensrichter und die Untersuchungsrichter gewähre ihr vielleicht einen zu großen Einfluß; bei Beförderungen, Gratifikationen hätten sich einzelne Mitglieder der Staatsanwaltschaft Ausschreitungen zu Schulden kommen lassen u. dergl. Aber das sind Nebensachen, welche das Princip nicht angreifen.

Ich will nun auf die Sache selbst eingehen und in kurzen Sätzen ausdrücken, worin wohl das Wesen der Staatsanwaltschaft liegt, und wie sie ausgestattet sein muß, wenn sie die Zwecke, deren Erreichung ihr naturgemäß obliegt, erfüllen soll.

Das Institut der Staatsanwaltschaft ruht auf dem Princip der Arbeitstheilung. In unentwickelteren Zeiten hatte ein Beamter, ein Amtmann, ein Richter, eine Masse Geschäfte, die nicht zusammengehören. Er war zugleich Advokat, indem er die Parteien hörte und ihnen ihre gegenseitigen Rechtsausführungen auf die Zunge legte; er war Gerichtsschreiber, Notar und auch Verwaltungsbeamter und zugleich Staatsanwalt. Je entwickelter die Zustände sind und je verfeinerter, je mehr Ansprüche an die Justiz gemacht werden, desto mehr ist es nöthig, diese verschiedenen Thätigkeiten zu sondern, und namentlich vom Richteramte alles abzulösen, was nicht naturgemäß dazu gehört. Mit dem Augenblicke, wo der Staatsanwalt einen Antrag an das Gericht stellt, damit es die Strafe diktire, beginnt die Thätigkeit des Gerichts, und sie endigt mit dem Augenblicke, wo das Urtheil gesprochen ist. Damit der Richter auf diesem höheren, naturgemäß sich absondernden Gebiete unbeschränkt, selbstständig und unbelästigt herrsche, erscheint es nöthig, ihm einen Beamten an die Seite zu stellen, der für die Wahrung des öffentlichen Interesses zu sorgen und auch die Justizverwaltung in die Hände zu nehmen hat. Das scheint durch Erfahrung und Natur bedingt.

Ich glaube demnach, daß die Staatsanwaltschaft die Attribute haben muß, bezüglich deren meine Anträge gestellt sind. Sie soll das aufspürende, thätige, angreifende Element sein, der Richter das ruhige; beide Elemente zusammen verbürgen erst eine gute Justiz.

Im Civilprocesse führen die Anwälte die Rechte der Parteien aus. Sie lassen sich leicht zu Ausschreitungen verleiten; der Staatsanwalt tritt dann vermittelnd ein und giebt sein unparteiisches Urtheil. Sie nehmen dem Staatsanwalte die schönste Seite, wenn Sie ihm die Einwirkung im Civilprocesse in der öffentlichen Sitzung entziehen. (Widerspruch.)

Die Thätigkeit im Civilproceß hat auch Einfluß auf die Anschauung der Staatsanwaltschaft überhaupt. Wer gewohnt ist, im Civilprocesse immer unparteiisch und blos vermittelnd das Gesetz zur Geltung zu bringen, der wird auch in Strafsachen seine wahre Mission nicht aus dem Auge verlieren.

Und es ist weiter von großer Wichtigkeit für die Beamten der Staatsbehörde, daß sie auch in rein juristischen Sachen beschäftigt werden.

M. H., die Staatsanwaltschaft ist ein besonders qualificirter Sachverständiger, sie hat die besondere Aufgabe, die öffentlichen Interessen zu wahren, überall Anträge zu nehmen, wo dieselben bedroht sind, und in dieser Weise wirkt sie segensreich, und hauptsächlich in der öffentlichen Sitzung.

In solchen Fällen, wo die Partei kein Interesse hat, daß das öffentliche Interesse nicht verletzt werde, oder wo es ihr zu kostspielig ist, ein Rechtsmittel einzulegen, ist es sehr gut, wenn die Staatsanwaltschaft das Recht hat, im Interesse des Gesetzes eine Vernichtung des Urtheils herbeizuführen. Die Anwälte erfahren dadurch die Ansicht des höchsten Gerichtshofes, die sie außerdem niemals erfahren hätten; sie können sich darnach richten. Die Richter erfahren, was der höchste Gerichtshof entscheidet, und werden sich in ihren Urtheilen darnach richten; das führt zur Einheit der Rechtspflege und zur Handhabung der Gesetze in deren Sinne. Jenes Rechtsmittel wird in Frankreich von der Staatsanwaltschaft nicht sehr häufig gebraucht, aber wo es geschieht, ist es von großem Segen. (Widerspruch.)

Gestützt auf diese Bemerkungen, m. H., glaube ich die Anträge motivirt zu haben, die ich nachher schriftlich überreichen werde.

[Es erfolgt nunmehr die Abstimmung über den Antrag des Referenten, betreffend die Organisation der Staats-Anwaltschaft als einer ständigen Behörde.*)

Derselbe wird fast einstimmig angenommen.]

Rechtsanwalt **Steinfeld** aus Eschwege: Die Hauptaufgabe der Staatsanwaltschaft muß bleiben, den Staat im Strafprocesse zu vertreten und alle Mittel vorzuführen, welche das zuverlässige Material für eine strafrichterliche Entscheidung bilden. Ich glaube, man darf deshalb nicht, wie der fernere Antrag des Referenten will, die Staatsanwaltschaft überall da zur Funktion veranlassen, wo der Staat sonst ohne Mitwirkung einer Partei auftritt. Das in diesen Beziehungen Nöthige wird auch von andern Behörden besorgt, und ich bin der Meinung, daß die Staatsanwaltschaft damit nicht belastet werden sollte.

[Es folgt die Abstimmung über die Anträge des Referenten in Betreff

a. der Staatsanwaltschaft als partie principale,

b. der Unterordnung der gerichtlichen Polizei unter die Staatsanwaltschaft.**)

Dieselben werden angenommen.]

---

*) Vergl. S. 214 dieses Bandes.

**) Vergl. S. 217 und 218 dieses Bandes.

Advokat **Kühn** aus Landau: M. H.! Sie haben, indem Sie meinen Namen hörten, schon entnommen, daß ich auch ein Rheinischer Jurist bin. Ich gehöre also zu denen, welche für das Institut der Staatsanwaltschaft sind und zwar für das Institut mit allen denjenigen Befugnissen, welche das Französische Gesetz der Staatsanwaltschaft übertragen hat. In Rhein-Baiern besteht seit etwa 50 oder 60 Jahren das Institut der Staatsanwaltschaft und Sie können mir glauben, es giebt dort auch nicht einen Juristen, welcher ein Gegner desselben wäre. Nach so langer Zeit hat sich die Ueberzeugung gebildet, daß die Aufsicht des Staatsanwaltes über die Regelmäßigkeit und Ordnung des Dienstes der Gerichte und insbesondere in der öffentlichen Verhandlung nicht blos etwa eine Nützlichkeit, sondern eine Nothwendigkeit ist.

Es wird Niemand meinen, daß der Stand, dem ich angehöre, etwa eine besondere Sympathie für die Staatsanwaltschaft von vorn herein besitze. Im Gegentheil, das Bedürfniß der Advokatur ist: freie, ungehemmte Bewegung. Es giebt aber keine absolute Freiheit; die uns gezogenen Schranken und Grenzen werden uns manchmal mit etwas zu viel Vorliebe von Seiten des Staatsanwaltes in's Gedächtniß zurückgerufen. Ein solches Verhältniß könnte eigentlich nur Ursache von Antipathie sein; es müssen also die Gründe sehr stark und die Wahrheit muß sehr in die Augen springend sein, wenn Sie trotzdem sehen, daß in den Rheinlanden nicht nur die anderen Juristen, sondern auch die Advokaten für die Staatsanwaltschaft und ihr Aufsichtsrecht eintreten.

Dieses Aufsichtsrecht ist ganz geeignet, Kollisionen zu beseitigen, welche in der mündlichen Verhandlung nur zu oft zwischen Gericht und Advokaten vorkommen. (Sensation.) Fällt das Aufsichtsrecht weg, so sind die Gerichte in Bezug auf die Handhabung der Sitzungsordnung keinerlei Kontrolle unterworfen. Es ist alsdann Niemand vorhanden, der eine Entscheidung trifft, wenn zwischen Gericht und Advokaten über die Grenzen der gegenseitigen Befugnisse Streit entsteht. (Große Unruhe. Schlußrufe.)

Advokat **Dr. S. Mayer** aus Frankfurt a. M.: Aus dem eben gehörten Vortrage ergeben sich Beschwerden des Anwaltstandes, dem auch ich angehöre, welche geeignet sind, unsern Deutschen Richterstand in ein Licht zu setzen, welches er wahrlich nicht verdient. Ich glaube, gerade die Frage, welche Sie hier zu entscheiden haben, ist eine der wichtigsten, die Frage nämlich, ob der Richterstand, wie auch der Advokatenstand, einer Beaufsichtigung durch die Staatsanwaltschaft bedarf. Der Herr Vorredner hat nachweisen wollen, daß die Aufsicht der Staatsanwälte für die Gerichte nothwendig sei. Er hat es aber nicht allein durch Nichts bewiesen, sondern er hat uns auf ein ganz anderes, in der Behandlung dieser Frage völlig neues

Feld geführt, nämlich auf das Kapitel der Aufrechthaltung der äußern Ordnung in öffentlichen Gerichtssitzungen; da soll das Gericht selbst unter die Aufsicht der Staatsanwaltschaft gestellt werden. — Meine eigenen Erfahrungen, die ich in der freien Stadt Frankfurt gemacht habe, sprechen gerade gegen eine solche Nothwendigkeit.

In der Regel ist anzunehmen, daß sowohl Advokaten als Richter mit den ganz primären Fragen des bloßen Anstandes — darin besteht doch die Grundlage der äußeren Ordnung — vertraut genug sind, um etwaige zufällige Konflikte auf diesem Gebiete sofort und ohne Weiterungen unter sich selbst auszugleichen. Und hinter dem Präsidenten steht ja gewöhnlich der ganze Gerichtshof, der moderirend auf die Thätigkeit des Präsidenten einwirken kann.

Ich glaube, m. H., es mit Recht für nöthig gehalten zu haben, mich in diesem Sinne auszusprechen, sowohl zur Wahrung der Würde des Advokaten- als auch des Richterstandes überhaupt, und ich bin überzeugt, daß Sie mit Einstimmigkeit für den Antrag sich aussprechen werden, daß wir eines Aufsichtsrechts der Staatsanwaltschaft weder zur Handhabung der äußeren Ordnung in den öffentlichen Gerichtssitzungen, noch zur Beaufsichtigung unserer Richter-Kollegien in irgend einer anderen Beziehung bedürfen. (Bravo.)

Obergerichtsassessor **Struckmann** aus Hannover: Der Herr Vorredner hat eben vom Standpunkte eines Anwaltes am Rhein die vorhergehenden Redner mit ihren Anträgen zurückgewiesen; ich will dasselbe thun vom Standpunkte des Richters und auf Grund der Erfahrungen, die wir in Hannover gemacht haben. Dort besitzen wir seit 12 Jahren ein öffentlich-mündliches Verfahren und auch das Institut der Staatsanwaltschaft. Es ist derselben leider auch die Oberaufsicht über die Gerichte eingeräumt worden; sie übt diese Oberaufsicht über die Einzelrichter, bei Kollegial-Gerichten ist dieselbe nicht zur Geltung gekommen. Wir haben aber niemals in Hannover es vermißt, daß diese Einwirkung der Staatsanwaltschaft auf die Obergerichte nicht stattfindet; im Gegentheil, wir freuen uns, daß sie dort nicht zur Geltung gelangt ist.

Es ist sodann von einigen Herren Vorrednern auf die Erfahrungen in den Rheinlanden provocirt und hervorgehoben worden, es sei daselbst nur eine Stimme, daß das Institut der Staatsanwaltschaft mit allen seinen dortigen Befugnissen aufrecht erhalten werden müsse. So ganz einstimmig scheint man aber daselbst doch nicht zu sein, denn auf den früheren Juristentagen haben wir mehrere Rheinische Juristen gehört, die sich theilweise abweichend aussprachen. Auch ein Aufsatz in Nr. 28 der Deutschen Gerichtszeitung scheint mir erheblich dafür zu sprechen, daß das Urtheil keineswegs ein einstimmiges ist. Dieser Aufsatz rührt zwar nicht von einem Juristen her, ist aber von einem Manne, der die Rheinischen Verhältnisse und Gesetze sehr wohl kennt und in juristischen Dingen erfahren ist, dem Handelsgerichts-Präsidenten Röder in Mainz, verfaßt. In dessen Gutachten, ich glaube über die Handelsgerichte, steht: „Ueber die Staatsbehörde brauchen wir kein Wort zu verlieren, da heut wohl Niemand mehr der Ansicht sein wird, daß irgend ein Nutzen aus den Konklusionen der Staatsbehörde im Civilrechtswege erwachsen kann."

Meines Erachtens trifft, was Herr Röder sagt, nicht allein auf diese Frage, sondern auch auf die Stellung der Staatsanwaltschaft überhaupt zu und geht daraus hervor, daß keineswegs die Erfahrungen in den Rheinlanden so glänzende Erfolge bestätigt haben. (Bravo.)

[Es erfolgt die Abstimmung über die Anträge des Referenten, betreffend:

a. die Staatsanwaltschaft als Oberaufsichts-Behörde,

b. die Uebertragung sämmtlicher Justiz-Verwaltungsgeschäfte an die Staatsanwaltschaft,

c. die Selbstständigkeit und **Unabhängigkeit** der Staatsanwaltschaft *).

Dieselben werden angenommen.

Ein Antrag, betreffend die Staatsanwaltschaft als partie jointe, wird wieder zurückgezogen.]

Präsident: Nach den Statuten können die Beschlüsse der Abtheilungen dem Plenum mitgetheilt werden entweder zur bloßen Kenntnißnahme oder zur Beschlußfassung. Soll Letzteres der Fall sein, so muß dies entweder durch die betreffende Abtheilung selbst beschlossen werden, oder es müssen mindestens zehn Mitglieder des Plenum in demselben die betreffenden Beschlüsse als ihre eigenen Anträge aufnehmen.

Obergerichts-Anwalt **Albrecht** aus Hannover: Bei der hohen Wichtigkeit der gefaßten Beschlüsse wird es zweckmäßig sein, dieselben nicht zur bloßen Kenntnißnahme dem Plenum mitzutheilen, sondern dieses aufzufordern, darüber eine Berathung und Beschlußfassung eintreten zu lassen.

Die Abtheilung tritt diesem Vorschlage bei.

(Schluß der Sitzung Nachmittags 1½ Uhr.)

---

*) Vergleiche Seite 220 und 225 dieses Bandes.

Zweite Sitzung der vierten Abtheilung des Fünften Deutschen Juristentages am 27. August 1864 im Odeon zu Braunschweig.

(Beginn der Sitzung 9½ Uhr Vormittags.)

Nachdem der Präsident Dr. Kalb die Sitzung eröffnet, wird zur Wahl von zehn Vertrauensmännern, welche bei Aufstellung der Vorschlagsliste für die Wahl der ständigen Deputation mitzuwirken haben, geschritten. Die Wahl fällt auf die Herren: Albrecht, v. Sternenfels, Dr. Friedberg, Mayersohn, Ruhwandl, Schenk, Holthoff, Streit, Kalb, Brinkmann.

Demnächst wurde auf Antrag des Obergerichtsrath Planck der gestrige Beschluß, die die Staatsanwaltschaft betreffenden Resolutionen dem Plenum nicht zur bloßen Kenntnißnahme mitzutheilen, wieder aufgehoben, und Planck zum Referenten erwählt.

Präsident: Wir gehen nunmehr zur Tagesordnung über, und zwar zu der Frage, betreffend die Beschränkung des Zeugenbeweises im Civilprocesse.

Referent, Stadtrichter **Hiersemenzel** aus Berlin: M. hochg. H.! Die ständige Deputation hat folgende Gesetzgebungsfrage der Berathung und Beschlußfassung des Deutschen Juristentages unterbreitet:

> „Erscheint es für das Deutsche bürgerliche Verfahren geboten oder auch nur zweckmäßig, daß die Zulässigkeit des Zeugenbeweises auf Rechtsgeschäfte von verhältnißmäßig nur geringem Betrage beschränkt und daß derselbe von dem Inhalte einer Urkunde oder zur Ergänzung des Inhalts, oder zur Herstellung von Reden, die vor, während oder nach Abfassung einer Urkunde vorgefallen sein sollen, ausgeschlossen werde?“

Diese Gesetzgebungsfrage ist von drei verehrten Vereinsmitgliedern begutachtet worden:

1) dem Herrn Ober-Hofgerichtskanzler Haaß in Mannheim,

2) dem Herrn Advokat-Anwalt Dr. Creizenach in Mainz,

3) dem Herrn Professor Dr. Hinschius in Halle.

Von den ersten beiden Herren Gutachtenerstattern, welche unter der Herrschaft des in unserer Gesetzgebungsfrage enthaltenen Rechtssatzes als Richter, resp. Anwalt thätig sind, hat nur Einer unsere Frage bejaht; der Andere hat, gleich dem dritten Herrn Gutachtenerstatter, dieselbe verneint.

Auch sei vorweg bemerkt, daß selbst derjenige Herr Gutachtenerstatter, welcher eine bejahende Antwort empfiehlt, doch nicht die absolute Nothwendigkeit, sondern nur die Zweckmäßigkeit einer Beschränkung des Zeugenbeweises behauptet.

Ehe ich nun die Gründe, welche in den Gutachten für und wider beigebracht sind, rekapitulire und in Kürze beleuchte, gestatten Sie mir wohl, die historischen Notizen, mit welchen Kanzler Haaß sein Gutachten einleitet, in gewisser Beziehung zu ergänzen. Nach diesen Notizen nämlich kann es scheinen, als sei der Rechtssatz, welcher der Bejahung unserer Gesetzgebungsfrage entspricht, zuerst im Mittelalter in der Rechtsgeschichte aufgetreten. In Wahrheit ist er jedoch mehrere tausend Jahre alt. Schon bei den alten Aegyptern galt, wie uns Diodor. Sicul. (lib. I. c. 75 sq.) erzählt, der Grundsatz, daß, wer dem Andern ohne Schuldschein geliehen hatte, den Beweis der Schuld nur durch Eidesdelation, nicht auch durch Zeugen führen durfte. Unter den Gründen, auf welchen nach Diodor's Angabe jener Rechtssatz beruhte, wird einer erwähnt, welcher einen besonders rationellen Anstrich besitzt und den ich wenigstens nicht so bestimmt und präcise, wie bei Diodor, in den Gutachten hervorgehoben finde. Jenes legislatorische Motiv lautet: Wer der nicht eidlichen Versicherung des Schuldners geglaubt und ihm ohne Schuldschein geliehen hat, der hat kein Recht, sich darüber zu beklagen, wenn auch der Richter der sogar eidlichen Versicherung des Schuldners Glauben beimißt; er hat eben seinen Anspruch unter den alleinigen Schutz der Rechtschaffenheit und Wahrheitsliebe des Schuldners gestellt, und hierbei muß es auch vor dem Richter bewenden. — Allein dieser Rechtfertigungsgrund fällt sofort in sich zusammen, wenn man den Fall in's Auge faßt, wo der Gläubiger zwar ohne Schuldschein kreditirt, jedoch dritte Personen ersucht hat, bei Vornahme des Rechtsgeschäftes als Zeugen gegenwärtig zu sein, um dasselbe später zu bekunden. Hier kann man doch nicht sagen, daß er seine Sache lediglich auf die Ehrlichkeit des Schuldners gestellt habe, und man muß daher konsequenter Weise den Zeugenbeweis zulassen. Aber auch dann, wenn zwar Zeugen zugegen, diese jedoch nicht testes rogati waren, ist wenigstens die Möglichkeit vorhanden, daß der Gläubiger sich darauf verließ, die Zeugen würden, auch ohne hierzu ausdrücklich aufgefordert zu sein, dem Rechtsgeschäfte ihre Aufmerksamkeit schenken und dasselbe später zu bekunden vermögen, daß er also nicht lediglich der Rechtschaffenheit des Schuldners zu vertrauen gedachte. Es würde daher, wollte man etwa zwischen erbetenen und solchen Zeugen, die nicht ausdrücklich erbeten worden, unterscheiden und nur die ersteren zulassen, diese Unterscheidung in vielen Fällen den wahren Intentionen des Gläubigers keine Rechnung tragen. Wie unpraktisch überdies eine solche Unterscheidung sein würde, brauche ich vor Ihnen, m. H., nicht näher auszuführen.

Ich gehe nunmehr zu den Gutachten selbst über. Kanzler Haaß wirft zunächst die Vorfrage auf: ob unsere Gesetzgebungsfrage dem formellen (Proceß-) oder dem materiellen Rechte angehöre, ob sie also in eine Deutsche Civilproceßordnung aufzunehmen sei oder nicht. Er entscheidet sich für die letzte Alternative, weil die in Rede stehende Beschränkung des Zeugenbeweises nicht als eine rein formelle, für alle bürgerlichen Klagen im Allgemeinen, oder für besondere Proceßarten, z. B. den Exekutivproceß, gegebene Regel sich darstelle, sondern vielmehr nur auf bestimmte Rechtsverhältnisse sich beziehe und deren civilrechtliche Wirksamkeit alterire. Dr. Creizenach dagegen bejaht die erste Alternative, indem er in der betreffenden Französisch-rechtlichen Bestimmung eine nur für den Richter, nicht für die Parteien gegebene Vorschrift erblickt. Meines Erachtens kann die Beantwortung jener Vorfrage dahin gestellt bleiben. Auch wenn die erwähnte Beschränkung materiellen Rechtens wäre, könnten doch processualische Gründe für die Bejahung unserer Gesetzgebungsfrage in's Gewicht fallen und die Aufnahme eines entsprechenden Rechtssatzes in die Deutsche Civilproceßordnung wünschenswerth machen. Ueberdies ist wohl der eigentliche Sinn unserer Gesetzgebungsfrage nicht der: ob die Beschränkung des Zeugenbeweises bei Rechtsgeschäften gerade aus processualischen Gründen geboten resp. wünschenswerth sei und ob dieselbe in die Deutsche Civilproceßordnung aufzunehmen, resp. mittelst derselben zu beseitigen sei. Vielmehr geht der wahre Sinn unserer Gesetzgebungsfrage wohl nur dahin: Erscheint es, wenn die civilrechtlichen Folgen einer Handlung Gegenstand eines Proceßverfahrens sind, geboten oder auch nur zweckmäßig, daß der Zeugenbeweis auf Rechtsgeschäfte von nur verhältnißmäßig geringem Betrage beschränkt werde u. s. f.? Ich werde mir denn auch erlauben, am Schlusse meines Referats Ihnen eine mit der von mir so eben vorgenommenen neuen Formulirung unserer Gesetzgebungsfrage konforme Antwort vorzuschlagen.

Sollten freilich aus der streitigen Natur unserer Gesetzgebungsfrage Bedenken gegen die Kompetenz dieser Abtheilung erhoben werden, da dieselbe die Berathung von Fragen des materiellen Civilrechts der Ersten Abtheilung zu überlassen hat, so würde ich mir zur Erledigung dieser Bedenken einen Vorantrag zu stellen und zu motiviren erlauben.

Von den Gründen, welche gegen die Bejahung unserer Gesetzgebungsfrage vorgebracht werden, will ich zunächst diejenigen erwähnen, welche m. E. bloße Scheingründe sind.

Dr. Hinschius macht erstens geltend: einen inneren Grund dafür, daß man nach Französischem Recht einen Darlehnsvertrag über 148 Franks durch Zeugen, ein Darlehn von 151 Franks aber nur durch eine Urkunde, resp. durch Eidesdelation beweisen dürfe, werde Niemand anzugeben vermögen.

Hierauf erwiedert bereits Kanzler Haaß, daß bei geringfügigen Rechtsgeschäften die Besorgniß einer Zeugenbestechung kaum vorhanden sei, und ich erlaube mir dieser Gegenbemerkung hinzuzufügen, daß die Französisch-rechtliche Grenzlinie der 150 Franks nur das nämliche Gepräge der Willkürlichkeit an sich trägt, welches allen quantitativen Bestimmungen der Gesetze mehr oder weniger eigen. Wenn und wo der Rechtsgedanke in die Sphäre des Quantitativen eintritt und sich zu quantitativer Bestimmtheit gestaltet, greift stets eine gewisse Willkür des Gestaltens Platz, und wäre die Besorgniß der Zeugenbestechung bei wichtigeren Rechtsgeschäften wirklich ein durchschlagender Grund für die Beschränkung des Zeugenbeweises, so müßte man sich auch entschließen, zur Unterscheidung der erheblichen von den unbedeutenden Rechtsgeschäften ein bestimmtes Quantum festzusetzen, oder aber alle quantitativen Bestimmungen der Gesetze über Bord werfen, was sicher Niemanden beifallen wird.

Dr. Hinschius weist ferner darauf hin, daß auf dem Gebiete des Handelsrechts der Zeugenbeweis unbeschränkt zugelassen werde und daß wiederum kein vernünftiger Grund findbar sei, weshalb der Zeugenbeweis nur bei einem Handelsgeschäfte, nicht auch bei einem Nichthandelsgeschäfte unbeschränkt statthaft sein solle.

Hiergegen bemerkt Kanzler Haaß, m. E. mit Recht, daß der Handelsverkehr die Möglichkeit freiester Bewegung erheische und daß mit letzterer jede Beschränkung des Zeugenbeweises unverträglich sei, weshalb für Handelsgeschäfte allerdings eine Ausnahme statuirt werden müsse.

Dr. Hinschius führt drittens an, daß der Zeugenbeweis nicht blos auf dem ganzen Gebiete des Kriminalrechts, sondern auch bei allen quasikontraktlichen, Delikts- und Quasidelikts-Obligationen unbeschränkt zulässig sei und zulässig sein müsse, und erhebt wegen dieser, sowie wegen der vorhin erwähnten und noch mancher anderer Ausnahmen gegen das Französisch-rechtliche System der Beschränkung des Zeugenbeweises den Vorwurf der Inkonsequenz. Hierauf ist zu entgegnen: Ueberall, und nirgends mehr als auf dem Gebiete des Prozesses, durchkreuzen einander die verschiedensten Rücksichten und brechen den Principien ihre Spitzen ab. So wird z. B. das Extrem der freien Advokatur durch das Princip der reinen Mündlichkeit des Processes abgewendet. Es giebt nicht nur nichts Vollkommenes, sondern auch nichts vollkommen Durchführbares unter der Sonne.

Was nun die in den Gutachten enthaltenen Gründe für die Bejahung unserer Gesetzgebungsfrage betrifft, so hebt Kanzler Haaß zunächst hervor, daß die unbedingte Zulassung des Zeugenbeweises der von dem Deutschen Juristentage selbst befürworteten Mündlichkeit des Verfahrens widerstreite. Indem nämlich die Erhebung des Zeugenbeweises die mündliche Verhandlung unterbreche, zerstöre sie die Einheit der Procedur und schaffe sie zwei getrennte Proceßabschnitte, von denen der erste entweder durch ein den Richter bindendes oder durch ein ihn nicht bindendes Interlokut abgeschlossen werden müsse. Ein Interlokut der ersten Art verstoße aber gegen das Princip der Mündlichkeit und der freien Würdigung des gesammten Proceßstoffes bei Erlassung der Definitiventscheidung, während ein Interlokut der zweiten Art die Gefahr hervorrufe, daß das Resultat der ersten mündlichen Verhandlung aufgehoben, folglich zwecklos, und der Stoff der zweiten mündlichen Verhandlung dergestalt gehäuft werde, daß er kaum äußerlich, geschweige in gründlicher Würdigung von dem Richter bewältigt werden könne. Aus diesen unverkennbaren Schwierigkeiten befreie nun die in Frage stehende Beschränkung des Zeugenbeweises, wenigstens für die bedeutenderen und zahlreicheren Rechtsfälle.

Zur Widerlegung dieses Arguments ist Dasjenige zu wiederholen, was ich vorhin über die Kreuzung der verschiedenen Principien zu bemerken mir erlaubte. Man darf um der Mündlichkeit des Verfahrens willen, die doch nur Mittel zum Zweck (der Eruirung der Wahrheit) ist, nicht gerade die Eruirung der Wahrheit durch eine exorbitante Beschränkung des Beweismaterials gefährden.

Kanzler Haaß weist ferner auf die Unsicherheit des Zeugenbeweises hin, welche nicht sowohl in der Bestechlichkeit einzelner Personen, als vielmehr in dem fast allgemein vorhandenen Unvermögen der Zeugen wurzele, rechtliche Vorgänge, welche doch nicht erheblich in die Sinne fallen, sondern wesentlich in Vorstellungen und Begriffen beruhen, scharf aufzufassen und nach längerer Zeit unter anderen Eindrücken und Stimmungen in der ganzen Ursprünglichkeit und Frische der Auffassung zu reproduciren und darzustellen. Dr. Hinschius und Dr. Creizenach machen dagegen geltend, daß das beste Korrektiv für die Unsicherheit des Zeugenbeweises gerade in der Mündlichkeit und Unmittelbarkeit des Verfahrens, verbunden mit einem ausgedehnten Fragerechte des Richters und freier Beweiswürdigung, liege. Namentlich sei die freie Beweiswürdigung, welche die Zeugenaussagen nicht als absolute, die richterliche Ueberzeugung zwingende Beweismittel, sondern als bloße Vermuthungsgründe erscheinen lasse, geeignet, die Gefahren zu beseitigen oder doch zu vermindern, welche allerdings aus der Unsicherheit des Zeugenbeweises entspringen. Ferner führt Dr. Hinschius aus, daß bei dem Urkundenbeweise ganz eben so wie bei dem Zeugenbeweise menschliche Schwäche und Schlechtigkeit in einer die Wahrheit entstellenden Weise mitwirken können, und daß die Beschränkung des Zeugenbeweises in vielen Fällen auf das noch gefährlichere Beweismittel des Schiedseides hindränge, welcher wegen seiner formellen Natur nicht einmal der freien Würdigung des Richters unterliege.

Kanzler Haaß macht endlich geltend, daß die Beschränkung des Zeugenbeweises, indem sie indirekt die Parteien zur Beurkundung ihrer Rechtsverhältnisse veranlasse, das wirksamste Mittel sei, Streitigkeiten über Existenz, Inhalt und Auslegung der Verträge zu verhüten und die Rechtsverhältnisse überhaupt sicher zu stellen, somit die Rechtssicherheit zu fördern. Mag man dies selbst als richtig zugeben, so kann man doch nimmermehr der ferneren Behauptung des verehrten Herrn Gutachtenerstatters zustimmen, daß in jener indirekten Nöthigung zur Beurkundung der Rechtsgeschäfte eine Bevormundung der Bürger und eine Beschränkung der natürlichen Freiheit nicht enthalten sei. Kanzler Haaß sagt wörtlich:

> „Es ist Niemand gezwungen, sich der Schrift zu bedienen, wenn er sich auf das Wort und beziehungsweise den Eid seines Gegners verlassen will; aber dieser hat das unbedingte rechtliche Interesse, daß ihm nicht ein trügliches Beweismittel aufgedrängt, sein Recht von dem Ausfalle des letzteren abhängig werde."

Soweit in diesen Worten das Aegyptische Rechtfertigungsmoment durchklingt, sei auf das zurückverwiesen, was ich mir am Eingange meines Referates zur Widerlegung jenes Momentes anzuführen gestattete. Hier muß ich hinzusetzen: Allerdings ist Niemand gezwungen, sich der Schrift zu bedienen, falls er sich auf das Wort und beziehungsweise den Eid seines Gegners verlassen will; wenn er letzteres aber nicht thun, sondern vielmehr sein Recht unter den Schutz von Zeugen stellen will, so wird er hieran durch die Beschränkung des Zeugenbeweises verhindert, und eben in dieser Verhinderung liegt die Beschränkung der natürlichen Freiheit, welche auch nicht dadurch gerechtfertigt werden kann, daß der Gegner nachträglich erklärt, er brauche sich ein so trügliches Beweismittel, wie der Zeugenbeweis sei, nicht aufdringen zu lassen. Beabsichtigte der Gegner, den Zeugenbeweis auszuschließen, so stand es ihm ja frei, seinerseits auf Errichtung einer Urkunde zu dringen, oder auf die Vornahme des Rechtsgeschäftes ganz zu verzichten. Will aber Jemand in Bezug auf den Inhalt einer Urkunde die Einrede der Simulation durch Zeugenbeweis darthun, so wäre das angebliche Recht des

Gegners, ein so trügliches Beweismittel, wie der Zeugenbeweis, abzulehnen, ein wahres Bollwerk der Unredlichkeit. Der Anspruch auf untrügliche Beweismittel geht sicher in keinem Falle so weit, daß er die Erforschung der Wahrheit geradezu unmöglich machen darf.

Schließlich muß ich noch zwei Gründe hervorheben, welche nicht sowohl zur Widerlegung der vom Kanzler Haaß geltend gemachten Motive dienen, als vielmehr dieselben aufzuwiegen geeignet sind, und von denen der eine besonders scharf von Dr. Creizenach, der andere von Dr. Hinschius ausgeführt wird.

Dr. Creizenach macht nämlich bemerklich, daß der Richter auf die Benutzung eines so wichtigen Beweismittels, wie sinnliche Wahrnehmungen vernünftiger Menschen über sinnlich wahrnehmbare Thatsachen, nicht verzichten dürfe, und daß, weil in allen Fällen, wo der Zeugenbeweis ausgeschlossen sei, auch jeder Vermuthungsbeweis wegfallen müsse, durch die Beschränkung des Zeugenbeweises der induktiven Logik des Richters ihr überall unbestreitbares Recht verkümmert werde.

Dr. Hinschius endlich legt dar, daß die Französisch-rechtliche Beschränkung des Zeugenbeweises schwerlich denselben Erfolg auf Deutschem Boden erzielen werde, den sie auf Französischem gehabt. Es widerspreche dem Rechtsbewußtsein des Deutschen Volkes entschieden, überall sich etwas Schriftliches geben zu lassen, und daß sich etwaige, die Einführung einer solchen Sitte bezweckende Vorschriften in Deutschland nicht einbürgern würden, davon lieferten die Preußischen Verhältnisse das beste Beispiel. Die Bestimmungen des Preußischen Landrechts über die Schriftlichkeit der Verträge seien in das Volksbewußtsein nicht übergegangen, obgleich sie die schriftliche Form sogar als Bedingung der Giltigkeit des Rechtsgeschäftes hinstellten. Um so weniger würden Vorschriften Wurzel zu fassen vermögen, welche der schriftlichen Abfassung nur die Bedeutung eines ausschließlichen Beweismittels beilegten.

Kanzler Haaß empfiehlt schließlich unsere Gesetzgebungsfrage, so weit es sich um die Zweckmäßigkeit handelt, zu bejahen; Dr. Hinschius dagegen schlägt vor, dieselbe nach allen Richtungen hin zu verneinen.

Dr. Creizenach hat fünf Anträge formulirt, welche nicht blos eine Verneinung unserer Frage enthalten, sondern auch zugleich ein Korrektiv für die Unsicherheit des Zeugenbeweises darbieten sollen. Diese Anträge lauten:

1) „Ohne die Bedenken gegen die unbedingte Zulässigkeit des Zeugenbeweises zu verkennen, ist doch eben so wenig außer Acht zu lassen, daß die Ergebnisse der Zeugenverhöre in den meisten Fällen eine zur Entscheidung des Thatsächlichen überaus wichtige Ueberzeugungsquelle sind, die dem Richter, auch wo es sich um Verträge und

Zahlungen handelt, so wenig verschlossen werden darf, wie die induktive Logik und der darauf beruhende künstliche Beweis überhaupt.

2) Der Zeugenbeweis ist als Species des künstlichen Beweises oder als Mittel dazu überall gestattet.

3) Eben deshalb ist aber auch die richtige Stellung der Gerichte gegenüber den Zeugenverhören lediglich die einer Civiljury, indem es auf der einen Seite dem Gerichte in allen Processen freistehen soll, Zeugenverhöre anzuordnen, andererseits aber auch ganz dem vernünftigen richterlichen Ermessen anheimgegeben sein soll, welcher Werth auf die Aussagen der Zeugen zur Ermittelung des Thatsächlichen zu legen ist.

4) Dabei ihm die nöthige Vorsicht und Strenge zu empfehlen, wenn Zeugen und Urkunden einander widersprechen, ist nicht Sache der Gesetzgebung, sondern diese Vorsicht ergiebt sich als Pflicht schon aus der Natur und dem Wesen des Richteramtes.

5) Der Stellung des Richters als Civiljury den Zeugendepositionen gegenüber muß das Verfahren entsprechen; insbesondere müssen

a. die Zeugenverhöre vor dem versammelten Gericht stattfinden,

b. ist das Recht der Zeugenverwerfung zu beschränken."

Was den ersten Antrag betrifft, so will es mir bedenklich scheinen, daß derselbe gewissermaßen die Motive des Herrn Gutachtenerstatters in die Antwort mitaufnimmt. Man kann die Frage aus den verschiedensten Gründen verneinen, und es ist daher gewiß nicht zweckmäßig, bestimmte einzelne Motive der Antwort einzuverleiben, zumal im Schooße des Juristentages wohl nur eine Einigung über die Bejahung oder Verneinung der Frage selbst, nicht aber über die Motive zu erzielen resp. anzustreben sein dürfte.

Was den zweiten bis vierten Antrag anlangt, so enthalten diese Anträge lediglich Konsequenzen des von dem Juristentage bereits früher angenommenen Princips der freien Beweiswürdigung. Dasselbe gilt von Alinea b. des fünften Antrags, der nothwendigen Beschränkung des Zeugenverwerfungsrechtes, welche ebenfalls eine Konsequenz der freien Beweiswürdigung ist. Dagegen enthält Alinea a. allerdings ein Novum, welches wohl geeignet ist, die aus der Unsicherheit des Zeugenbeweises entspringenden Gefahren zu beseitigen oder doch zu mindern. Nur möchte ich wünschen, daß, da es sich hier nur um Rechtsgeschäfte handelt, Alinea a. auch hierauf beschränkt werde.

Demnach erlaube ich mir, Ihnen folgende Sätze zur Annahme zu unterbreiten:

1) „Es erscheint weder nothwendig, noch auch nur zweckmäßig, daß, wenn die civilrechtlichen Folgen einer Handlung Gegenstand eines Proceßverfahrens sind, die Zulässigkeit des Zeugenbeweises auf

Rechtsgeschäfte von verhältnißmäßig nur geringem Betrage beschränkt und der Zeugenbeweis von dem Inhalte einer Urkunde, sowie zur Ergänzung des Inhalts und zur Herstellung von Reden, welche vor, bei oder nach Abfassung einer Urkunde vorgefallen sein sollen, ausgeschlossen werde.

2) Dagegen erscheint es geboten, daß die Zeugenverhöre, soweit es sich um ein streitiges Rechtsgeschäft handelt, im Civilproceß stets vor dem erkennenden Richter stattfinden."

Obergerichts-Assessor **Koppen** aus Rinteln: M. H.! Wenn wir die uns vorgelegte Frage bejahen, so können wir keinen Zweifel haben, daß wir eines Theils eine Freiheitsbeschränkung vornehmen, andern Theils dem Richter Mittel zur Wahrheitserforschung entziehen werden. Wenn wir uns dazu entschließen werden, so werden wir uns nicht auf das Aegyptische Recht oder Französische Institutionen berufen; auf letztere schon deshalb nicht, weil vieles, was uns als wünschenswerth empfohlen wird, diesseits des Rheines nicht anstrebenswerth erscheint. Wenn wir diese Frage bejahen, so muß ein entschiedenes Bedürfniß dazu vorliegen. Vom Standpunkte meiner geringen Erfahrung aus glaube ich die Frage entschieden verneinen zu müssen. Ich habe von meinem engeren Vaterlande nur den Wunsch laut werden hören, daß der Zeugenbeweis in dieser Richtung nicht beeinträchtigt werden möge. Was den zweiten Theil des Antrages des Herrn Referenten betrifft, so wünsche ich nur das Wort „regelmäßig" eingeschaltet.

Referent, Stadtrichter **Hiersemenzel**: Ich erkläre mich damit einverstanden.

Obergerichts-Assessor **Koppen**: Ich will noch anführen, daß in Kurhessen bereits mit Abhörung der Zeugen vor dem erkennenden Richter ein Anfang gemacht worden ist, welcher zu glücklichen Resultaten geführt hat. Es ist zwar nicht vorgeschrieben, daß nur das erkennende Gericht die Zeugen vernehmen soll; es werden aber in Kassel und Rinteln in allen erheblichen Sachen die Zeugen, wenn sie nicht allzuweit wohnen, vor dem erkennenden Gericht selbst abgehört. Ich glaube daher nicht, daß irgend ein Bedenken entgegenstehen wird, auch diesen zweiten Antrag mit der von mir gewünschten Modifikation anzunehmen.

Prokurator Dr. **Herz** aus Höchst: Ich bin zwar mit dem Herrn Referenten in den wesentlichsten Punkten einverstanden, glaube aber doch, daß die Frage, ob die Sache zum materiellen oder Civilproceßrecht gehöre, hier entschieden werden muß, und zwar durch Bejahung der ersten Alternative. Es sind daraus wichtige Konsequenzen zu ziehen.

Der Herr Referent scheint auch einen Punkt übergangen zu haben, welchen H a a ß anführt und den wir zur Widerlegung bringen müssen.

Haaß sagt: durch die Zulässigkeit des Zeugenbeweises werden die Processe verschleppt. Es ist allerdings nicht zu leugnen, daß durch zahlreiche Zeugenvernehmungen, durch weite Requisitionen eine Proceßverschleppung eintritt. Ich möchte deshalb vorschlagen, daß wir anerkennen, der Urkundenbeweis verdiene den Vorzug, nämlich in der Beziehung, daß wir wünschen, es möge in allen Staaten ein zweckmäßig eingerichteter Exekutivproceß eingeführt werden.

Obertribunalrath, Freiherr v. **Sternenfels** aus Stuttgart: Ich habe mir nur das Wort über den zweiten Theil des Antrages erbeten. Es hat mich sehr gefreut, daß der Herr Referent diesen Antrag so, wie geschehen, formulirt hat; wenn wir blos sagten: „in der Regel", so würden die Ausnahmen gar keine Grenze haben. Man würde die Zeugen schon dann, wenn sie zehn oder zwanzig Meilen entfernt wohnen, kommissarisch vernehmen lassen. Ein Zeuge hat aber, wenn er nicht vor dem erkennenden Gericht abgehört wird, gar keine Bedeutung, da in dem Vernehmungs-Protokoll nicht alle Worte, die der Zeuge vorbringt, nicht alle Zwischenfragen, nicht seine Mienen und Geberden, seine Sicherheit und Offenheit wiedergegeben werden können. Man sagt allerdings, es wäre zu belästigend, wenn unter allen Umständen die Zeugen vor dem erkennenden Gericht vernommen werden sollten. Warum ist das aber nicht zu belästigend im Kriminalverfahren, wo Richter und Geschworne die Zeugen selbst zu sehen verlangen? Was hier durchgeführt werden kann, ist auch im Civilverfahren möglich. Ich weiß wohl, es ist eine Ausnahme unvermeidlich, nämlich bei dem Zeugenverhör zum ewigen Gedächtniß. Diese Ausnahme kann uns aber nicht verhindern, für das ordentliche Verfahren eine schlechthin gültige Regel zu bilden. Man wendet vielleicht den Kostenpunkt ein. Es ist aber Sache derjenigen Partei, die sich auf einen Zeugen berufen will, die Kosten seiner Abhörung vorzuschießen. Nur in einem einzigen Falle ist ein Abweichen von jener Regel gerechtfertigt: wenn nämlich beide Parteien einwilligen, daß der Zeuge von einem Kommissar abgehört werde. Ich möchte daher empfehlen, das Amendement, welches zum zweiten Antrag des Herrn Referenten gestellt ist, nicht anzunehmen, sondern die ursprüngliche Fassung beizubehalten. Ich gebe zu, es wird lange dauern, bis die Landesgesetzgebungen diesen Satz adoptiren werden. Auch die Civilproceß-Kommission in Hannover hat sich nicht zu entschließen vermocht, eine so strenge Regel aufzustellen; sie hat es aus Rücksicht auf die verschiedenen Landesgesetzgebungen nicht gethan. Der Juristentag steht aber auf einem ganz anderen Standpunkte, und daher müssen wir jenen Satz als Princip aussprechen.

Obergerichts-Assessor **Koppen** aus Rinteln: Ich will dem Herrn Vorredner nur erwidern, daß ich mit seiner Fassung insofern einverstanden bin, wenn er mir koncediren will, daß es Ausnahmefälle giebt, wo die Vernehmung des Zeugen durch einen Kommissar erfolgen darf. Ich glaube nämlich, daß wenn wir den Satz in seiner ursprünglichen Fassung annehmen, wir in einer Reihe von Fällen das Mittel des Zeugenbeweises wider den Willen der Parteien ausschließen: bei Krankheit, Altersschwäche, räumlicher Entfernung zum Beispiel. Diese Dinge können unter Umständen das Erscheinen der Zeugen vor dem erkennenden Richter verhindern und selbst in den Fällen, wo ihre Vernehmung dem Interesse beider Parteien entsprechen soll. Unsere Gesetzgebung läßt es auch zu, die Aussage des Zeugen in Kriminalsachen vorzulesen, wenn der Zeuge nicht selbst beschafft werden kann.

Endlich möchte ich dem Wunsche nach einem angemessenen Exekutivprocesse erwidern, daß hoffentlich die Ausarbeitung der Civilproceßordnungs-Kommission in Hannover diesem Verlangen Rechnung tragen wird und also, wenn wir wünschen, daß diese Proceßordnung zum allgemeinen Deutschen Gesetze erhoben werde, wir in Bezug auf den Exekutivproceß kein besonderes Verlangen mehr auszusprechen haben werden. Ich stelle hiernach den Antrag:

„nur ausnahmsweise kann im Einverständnisse beider Streittheile die Vernehmnng des Zeugen kommissarisch erfolgen."

Advokat **Tochner** aus Wittenberg: Ich würde es für ein Stückwerk halten, wenn wir den zweiten Satz annähmen, und stelle den Antrag:

„die ständige Deputation des Juristentages zu beauftragen, die Frage zu erörtern, wie der Beweis im Civilprocesse im Ganzen und Einzelnen erhoben werden soll."

Advokat **Ruhwandl** aus München: Da wir unmöglich alle Ausnahmen specificiren können, so erlaube ich mir, den Vermittelungsantrag zu stellen: die Worte einzuschieben:

„mit Beschränkung der Ausnahmen auf die ganz unvermeidlichen."

Obertribunalrath, Freiherr **v. Sternenfels**: Das Amendement des Herrn Ruhwandl scheint mir nicht so präcis und klar, daß sich die Fassung desselben für ein Gesetz empfehlen möchte. Was ist absolut unthunlich, unvermeidlich? Ist der Zeuge alt, so fragt es sich, wie gebrechlich muß er sein, um nicht vor den erkennenden Richter geladen zu werden? Wir haben Beispiele, daß bei Abstimmungen in politischen Körperschaften todtkranke Personen in die Versammlung gebracht worden sind und ihre Stimme abgegeben haben, daß diese Personen mithin nicht absolut unfähig zu erscheinen gewesen sind. Wir sehen also, daß der Begriff der Unfähigkeit vor Gericht zu erscheinen ein relativer ist. Wenn ein Zeuge in Amerika wohnt, so ist er deshalb noch nicht absolut unfähig, hier vor Gericht zu erscheinen; es trifft ihn ein Brief von hier in 14 Tagen, und in 14 Tagen kann er selbst hierher zurückkommen. Was wäre die Folge, wenn ein solcher Zeuge nicht gehört werden kann? Es ist ein Unglück, welches die Partei tragen muß. Wenn der Zeuge zu weit entfernt, zu krank, oder zu gebrechlich u. s. w. ist, so muß man annehmen, es sei gerade so, als wenn derselbe todt wäre. Ich empfehle Ihnen daher nochmals, den Antrag so anzunehmen, wie er ursprünglich gestellt worden ist.

Obergerichts-Anwalt **Lauenstein** aus Lüneburg: Ich erkläre mich gegen den Antrag des Herrn Koppen auf Zurückweisung an die ständige Deputation. Der Herr Antragsteller meint, es handle sich hier um einen speciellen Fall eines höheren Principes, das selbst erst entschieden werden müsse, wozu aber die Sache noch nicht reif sei. Ich mache dem entgegen darauf aufmerksam, daß das Princip von uns bereits entschieden ist. Wir haben auf dem Zweiten Juristentage die Waldeck'schen Anträge angenommen. In denselben wurde für das Proceßverfahren in der zu erwartenden allgemeinen Deutschen Proceßordnung namentlich die Mündlichkeit und Unmittelbarkeit als das Princip hingestellt. Da nun die Beweisaufnahme jedenfalls ein Theil des Processes ist, so versteht es sich von selbst, daß der Juristentag die Aufnahme des Beweises vor dem erkennenden Richter bereits entschieden hat: es ist dies eben ein Ausfluß der Mündlichkeit und Unmittelbarkeit des Verfahrens.

Indessen, m. H., zu dem vom Referenten gestellten Antrage liegt die Veranlassung gerade in den einzelnen Special-Gesetzgebungen, nämlich darin, daß man meistens dem erkennenden Gerichte es überlassen hat, die Zeugenvernehmung aus Gründen der Oekonomie oder zur Erleichterung der Geschäfte einem Kommissar oder Untergerichte zu überweisen. Und weil die Special-Gesetzgebung in dieser Beziehung häufig das nach meiner Ueberzeugung richtige Princip verlassen hat, so hat der Juristentag Veranlassung, bei dem Zeugenbeweise sich gleichfalls für Beibehaltung des Principes auszusprechen.

Auch halte ich es für zweckmäßig, wenn man den Ausdruck „regelmäßig" aus dem Antrage fortläßt und das reine Princip aufstellt. Es versteht sich ja von selber, daß dasselbe in einem einzelnen Falle eine Ausnahme erleiden kann. Es sind aber auch mehrfach von dem Juristentage bereits große Principien ausgesprochen worden, ohne daß man erwähnt hat, daß Ausnahmen natürlich resp. möglich seien. Sprechen wir von vorn herein aus, daß die Zeugenvernehmung „regelmäßig" vor dem erkennenden Gerichte erfolgen soll, so geben wir der Praxis Gelegenheit, in jedem einzelnen Falle davon abzuweichen. Die Gerichte werden das um so mehr thun, als die Vernehmung der Zeugen vor dem erkennenden Gericht eine große Last verursachen wird. Daß einige wenige Ausnahmen nothwendig sind, ist ganz klar, namentlich bei der Beweisaufnahme zum ewigen Gedächtniß. Indeß dies hat auch Freiherr

v. Sternenfels ausgesprochen, daß er derartige nothwendige Ausnahmen nicht ausschließen will.

Obergerichtsrath **Plank**: Es ist allerdings klar, daß der Antrag, wie er von Herrn Ruhwandl gestellt ist, sich zur Aufnahme in ein Gesetz nicht eignet; dazu würde es nothwendig sein, die unvermeidlichen Ausnahmsfälle näher zu specialisiren. Indessen wir haben nicht die Aufgabe, ein Gesetz zu machen, sondern die leitenden Grundsätze aufzustellen. Und da fragt es sich: ist es gerechtfertigt, daß wir das Princip, daß die Zeugen vor dem erkennenden Richter vernommen werden sollen, als ein so unbedingtes hinstellen? Es scheint mir allerdings, daß es sich nicht blos um eine formelle Differenz handelt, sondern daß ein materieller Unterschied in den Ansichten vorliegt. Herr v. Sternenfels scheint die Ausnahmen auf den Fall des Beweises zum ewigen Gedächtniß und wenn die Parteien einverstanden sind, beschränken zu wollen; dagegen in all' den übrigen Fällen, wo die Zeugen unmöglich erscheinen können, keine Ausnahme statuiren, sondern den Zeugenbeweis ausschließen zu wollen. In dieser Beziehung bin ich nicht mit ihm einverstanden. Ich halte es für höchst gefährlich, wenn wir unbedingt sagen: in allen Fällen, wo die Partei den Zeugen nicht sistiren kann, hat sie denselben verloren, und darf auf ihn keine Rücksicht genommen werden. Das geschieht nicht einmal im Kriminalprocesse, denn dort ist es gestattet, Zeugenaussagen zu verlesen. Wir sind zur Zeit nicht in der Lage, ein solches strenges Princip hinzustellen; andererseits aber auch nicht in der Lage, die Ausnahmen genau zu specialisiren. Daher scheint es mir richtig zu sein, das Princip hinzustellen, dagegen offen anzuerkennen, daß in einzelnen zu beschränkenden Fällen Ausnahmen gestattet werden müssen, wir sie aber nicht aufzählen können.

Obertribunalrath, Freiherr **v. Sternenfels**: Sobald wir Ausnahmen aufstellen, m. H., können Sie sich darauf verlassen, daß diese Ausnahmen zur Regel werden. Es ist diese Erfahrung in Hannover gemacht worden. In der Praxis werden mit ganz geringen Ausnahmen alle Zeugen von dem Kommissar vernommen. Ein solches Zeugenverhör hat nicht blos die früher geschilderten Nachtheile, sondern auch eine Verzögerung zur Folge. Das Protokoll muß ausführlich verfaßt und dann, oft mehrere Bogen lang, verlesen werden. — Muß das Zeugenverhör vor dem erkennenden Gericht erfolgen, so werden die Parteien sich gewiß hüten, unnöthig Zeugen vor Gericht zu bringen. Es wird daher der große Mißbrauch, der mit Zeugenlaudirungen getrieben wird, durch Abhörung der Zeugen vor dem erkennenden Richter aufhören.

Bezirksgerichts-Präsident **Wernz** aus Landau: Ueber die Hauptfrage habe ich bis jetzt nur eine Ansicht vernommen, und doch ist es gut, wenn auch die andere Ansicht zur Sprache kommt; dies allein drängt mich heut wieder in die ziemlich undankbare Rolle, eine Sache zu vertreten, die von vornherein verloren scheint.

Es ist eine Bestimmung des Französischen Rechts, die hier vorliegt. Es fragt sich, ob das, was in der Französischen Gesetzgebung seit Jahrhunderten hergebracht ist, bei uns in Deutschland eingeführt werden soll. Ich spreche mich für die Zeugenbeschränkung in der Richtung aus, daß über wichtige Rechtsgeschäfte Urkunden errichtet werden sollen. Dafür scheinen mir verschiedene Gründe vorzuliegen. Es ist schon in verschiedenen Gutachten angedeutet worden, daß bei Verträgen Verhältnisse zur Sprache kommen, welche durch Zeugen nicht zu Tage gebracht werden können. Wenn Verträge in Frage sind, so ist man gewöhnlich über die Bedingungen uneins, oder zweifelhaft, ob der Vertrag vollendet ist oder man nur bei Präliminarien stehen geblieben. Da bei Verträgen vielerlei gesprochen wird, so beschwören die Parteien in vollständig gutem Glauben oft das Entgegengesetzte. An denselben Unvollkommenheiten leidet der Zeugenbeweis. Darum ist es nöthig, die Verträge schriftlich einzugehen, und hierzu zwingt indirekt die Beschränkung des Zeugenbeweises.

Der zweite Grund, welcher damit zusammenhängt, ist die Verhütung von Processen. Wenn die mündlich geschlossenen Verträge vollständige Gültigkeit haben, so werden die Fälle, wo die Parteien darüber in Streit kommen, was sie verabredet haben, sehr häufig sein.

Drittens spricht für die Beschränkung des Zeugenbeweises die Rücksicht auf die Vereinfachung und Abkürzung der Processe.

Auf den vierten Grund, die leichte Verleitung der Zeugen zum Meineide, will ich wenig Werth legen.

Ich glaube hiernach, daß ausgesprochen werden muß, daß Rechtshandlungen über einen bestimmten Werth schriftlich abgefaßt, die nöthigen Abweichungen und Ausnahmen natürlich zugelassen werden müssen. Es ist auch keine Frage, daß bei dem Beweise des Irrthums und Betruges der Zeugenbeweis überall statthaft ist.

Obergerichts-Assessor **Strukmann**: Gestatten Sie mir wenige Worte zur Widerlegung der eben ausgesprochenen Ansichten.

Es ist besonders hervorgehoben worden, daß die Beschränkung des Zeugenbeweises einen indirekten Zwang zur Errichtung von Urkunden herbeiführen soll. Ich glaube, diese Frage kann dahin gestellt bleiben. Meines Erachtens kann man von einem absoluten Vorzuge des einen oder anderen Beweises gar nicht sprechen. Aber es handelt sich hier gar nicht so sehr um den Vorzug des Urkundenbeweises vor dem Zeugenbeweise, als vielmehr um den Vorzug der Eideszuschiebung vor dem Zeugenbeweise. Denn nach dem Französischen Systeme, wo der Zeugenbeweis beschränkt ist, ist immer noch die Eideszuschiebung zuläßig. Der Zwang, der hier zur Errichtung von Urkunden ausgeübt wird, ist, wie das vom Herrn Vorredner hervorgehoben, nur ein indirekter; er geht nur davon aus, daß die Kontrahenten in dem Gedanken, daß, wenn sie keine Urkunde errichten, sie alles auf die Ehrlichkeit des Gegners setzen, sich dadurch veranlaßt sehen würden, eine Urkunde zu errichten. Wenn man es aber für zweckmäßig hält, Urkunden über alle Rechtsgeschäfte errichten zu lassen, wozu dann dieser indirekte Weg? Dann stelle man doch das Princip des Preußischen Landrechts auf. Ich billige dieses Princip nicht, würde ihm aber den Vorzug vor dem des Französischen Rechts geben; denn das Landrecht erreicht das, was es will, auf direktem Wege, während das Französische Recht dazu nur auf Umwegen und nicht so vollkommen wie das erstere gelangt. — Der Herr Vorredner hat noch verschiedene Gründe für die Zweckmäßigkeit einer Beschränkung des Zeugenbeweises angeführt. Zunächst die Unzuverlässigkeit des Zeugenbeweises mit Rücksicht auf die Natur des Gegenstandes, der Verträge. Ich gebe zu, daß der Zeugenbeweis in dieser Beziehung häufig unzuverlässig ist, aber ebenso unzuverlässig ist auch die Eideszuschiebung. Es ist namentlich angeführt worden, daß die Zeugen häufig nicht wissen, wann der Vertrag perfekt geworden. Allein wenn der Zeuge das nicht genau weiß, der zugegen war, so wissen die Parteien in der Regel es auch nicht. Welcher Schutz für die Parteien liegt nun darin, daß nur die Eideszuschiebung zuläßig ist, wenn sie selber nicht im Stande sind, einen mit der materiellen Wahrheit übereinstimmenden Eid zu leisten? Ich finde sodann ein Korrektiv gegen diese Unzuverlässigkeit des Zeugenbeweises in der freien Beweiswürdigung, namentlich wenn der erkennende Richter die Zeugen selbst anhört.

Es ist ferner hervorgehoben, daß die Processe in Folge unbeschränkter Zulassung von Zeugen sich vermehren; dagegen ist zu erwidern, daß, wenn zwei Parteien uneins sind, sie in der Regel auch den Proceß anfangen werden, sie mögen sich auf Zeugen berufen dürfen oder nicht.

Auch den Grund, daß durch die unbeschränkte Zulassung des Zeugenbeweises die Processe verzögert werden, kann ich durchaus nicht gelten lassen. Es ist allerdings richtig, die Processe werden durch Abhörung der Zeugen verlängert; allein diesem Grunde gegenüber tritt die Rücksicht auf die materielle Wahrheit in den Vordergrund. Die Proceßordnung soll immer nur dazu dienen, die materielle Wahrheit finden zu helfen. Das materielle Recht ist die Hauptsache, und Mittel zur Eruirung desselben dürfen nicht aus bloß processualischen Gründen abgeschnitten werden. Endlich ist auf die Möglichkeit einer Verleitung der Zeugen zum falschen Zeugniß hingewiesen worden. Diese Gefahr ist aber sehr gering; viel größer ist die Gefahr, daß eine

Partei, welcher ein Eid zugeschoben ist, einen Meineid leiste. Ich bin daher mit aller Entschiedenheit für den Antrag des Herrn Referenten.

Schließlich wende ich mich gegen die Anträge des Herrn Kollegen aus Höchst. Materiell bin ich zwar damit einverstanden, daß die in Rede stehende Frage processualischer Natur sei; ich glaube aber nicht, daß es sich für den Juristentag empfiehlt, eine so rein theoretische Frage zu entscheiden. Daß ein Mißverständniß, wie er befürchtet, einträte, ist nicht anzunehmen; denn es ist klar, daß, wenn wir sagen: die unbeschränkte Zulässigkeit des Zeugenbeweises empfiehlt sich nicht, hierdurch nicht die Zulässigkeit von Gesetzen ausgesprochen wird, welche dahin gehen, daß zur Gültigkeit von Geschäften die Errichtung einer Urkunde gehöre.

Was dann den ferneren Antrag betrifft, daß der Juristentag einen guten Executivproceß für ein Bedürfniß erachten solle, so hat ein Satz von dieser Allgemeinheit keinen Werth.

Referent, Stadtrichter **Hiersemenzel**: Ich erkläre mich vollständig mit den Strukmann'schen Ausführungen einverstanden; auch bin ich dagegen, daß die Deputation zur Begutachtung der Frage, wie der Beweis überhaupt erhoben werden soll, aufgefordert werde, da es ganz außerhalb der Grenzen unserer Thätigkeit liegt, eine so umfassende gesetzgeberische Frage in Angriff zu nehmen. —

Es folgt nunmehr die Abstimmung.

Der Antrag des Referenten ad 1 wird mit großer Majorität angenommen, der Antrag des Dr. Lochner (auf Ueberweisung der Frage nach der Art der Beweiserhebung überhaupt an die ständ. Deput.) fast einstimmig abgelehnt; der Antrag des Referenten ad 2 unter Einschaltung der Worte: „mit Beschränkung der Ausnahmen auf die ganz unvermeidlichen“ und nach Verwerfung des beantragten Zusatzes: „nur im Einverständniß beider Streittheile kann die Vernehmung eines Zeugen durch einen Kommissar erfolgen“ angenommen; der Antrag, die Frage nach der unbeschränkten Zulässigkeit des Zeugenbeweises für eine Frage des Civilproceßrechts zu erklären und den Wunsch nach einem zweckmäßig eingerichteten Exekutivproceß auszusprechen, verworfen.

Endlich wird beschlossen, die eben gefaßten Resolutionen dem Plenum nur zur Kenntnißnahme mitzutheilen, und zum Referenten Stadtrichter Hiersemenzel gewählt.

Präsident: Der fernere Gegenstand unserer Tagesordnung ist der Antrag des Kreisrichters Zenthöfer. Ist der Antragsteller anwesend? (Pause.)

Ist sonst Jemand vorhanden, der den Antrag sich selbst aneignet und somit die Diskussion veranlassen will? (Rufe: Nein!)

Ich glaube somit diesen Antrag als erledigt betrachten zu können. Ich schließe die Abtheilungssitzung und sage den geehrten Herren für Ihre freundliche Unterstützung meinen herzlichsten Dank.

(Schluß der Sitzung 1 Uhr.)

A.

Alphabetisches Verzeichniß

derjenigen

Mitglieder des 5. Deutschen Juristentages,

welche dem Vereine schon im Jahre 1863 angehörten,

nach Staaten geordnet.

Nr.	Name.	Stand.	Wohnort.
		Herzogthum Anhalt.	
1	Dr. Behr	Rechtsanwalt	Cöthen.
2	Dr. Bolze	Advokat	Bernburg.
3	Calm	Rechtsanwalt	Bernburg.
4	Holzmann	Kreisgerichts-Assessor	Cöthen.
5	Lezius	Rechtsanwalt	Cöthen.
6	Schröder	Advokat	Bernburg.
7	Dr. Siegfried	Geh. Justiz- u. Ober-Landesgerichtsrath	Dessau.
8	Dr. Sintenis	Staats-Minister	Dessau.
		Großherzogthum Baden.	
9	Aberle	Amtsrevisor u. Bezirksnotar	Freiburg.
10	Bachelin	Hofgerichtsrath u. Staatsanw.	Freiburg.

Nr.	Name.	Stand.	Wohnort.
11	v. Bechtold	Hofgerichts-Sekretair	Bruchsal.
12	Dr. Behaghel	Professor	Freiburg.
13	Bensinger	Obergerichts-Advokat	Mannheim.
14	Dr. Bingner	Regierungs-Assessor	Karlsruhe.
15	v. Blittersdorff	Amtsrichter	Säckingen.
16	Blum	Doktor der Rechte	Heidelberg.
17	Dr. Bluntschli	Professor	Heidelberg.
18	Bodenheim	Advokat	Karlsruhe.
19	Bohm	Hofgerichts-Direktor	Bruchsal.
20	Brauer	Hofgerichtsrath	Bruchsal.
21	Dr. Buch	Hofgerichts-Advokat	Freiburg.
22	Dr. Bülow	Privat-Dozent	Heidelberg.
23	Busch	Advokat	Karlsruhe.
24	Dr. Chelius	Amtsrichter	Mannheim
25	Courtin	Universitäts-Amtmann	Heidelberg.
26	Dietz	Oberamtsrichter	Bruchsal.
27	v. Dusch	Ministerialrath	Karlsruhe.
28	Eckert	Direktor des Zellen-Gefängnisses	Bruchsal.
29	Eckhard	Rechtsanwalt	Offenburg.
30	Eimer	Hofgerichtsrath	Freiburg.
31	Eisen	Amtsrichter	Rheinbischofsheim.
32	Eisenlohr	Amtsrichter	Gernsbach.
33	Dr. Eller	Obergerichts-Anwalt	Mannheim.
34	Ellstädter	Rechtsanwalt	Karlsruhe.
35	Engelhorn	Amtmann	Waldshut.
36	Esser	Obergerichts-Advokat	Mannheim.
37	Ettlinger	Obergerichts-Advokat	Karlsruhe.
38	v. Feder	Rechtsanwalt	Offenburg.
39	Fesenbeck	Rechtspraktikant	Bruchsal.
40	Dr. Fetzer	Hofgerichts-Präsident	Freiburg.
41	v. Freydorf	Ministerialrath	Karlsruhe.
42	Dr. Fritschi	Amtsrichter	Neckarbischofsheim.
43	Dr. Fritz	Hofrath u. Profess. d. Rechte	Freiburg.
44	Dr. Fürst	Rechtsanwalt	Schopfheim i. Wiesenthal.

Nr.	Name.	Stand.	Wohnort.
45	Dr. Fürst	Advokat	Mannheim.
46	Fürst	Advokat	Heidelberg.
47	Gänseblum	Amtsrichter	Neustadt.
48	Gerhardt	Rechnungsrath, Deputirter des Badenschen Notariats-Vereins	Karlsruhe.
49	Dr Grimm	Rechtsanwalt	Pforzheim.
50	v. Gulat	Referendar	Karlsruhe.
51	Gutmann	Obergerichts-Advokat	Bruchsal.
52	Gutmann	Rechtsanwalt	Karlsruhe.
53	Haaß	Hofgerichtsrath und Staatsanwalt	Bruchsal.
54	Haaß	Kanzler des Oberhofgerichts	Mannheim.
55	Hebting	Amtmann	Schönau.
56	v Heiligenstein	Hofgerichts-Sekretair	Bruchsal.
57	Heimerdinger	Advokat	Karlsruhe.
58	Heinsheimer	Referendar	Freiburg.
59	Heydweiller	Amtsrichter	Offenburg
60	Hildebrandt	Hofgerichtsrath	Bruchsal.
61	Hofer	Rechtsanwalt	Offenburg.
62	Dr. Jolly	Regierungsrath	Karlsruhe
63	Kärcher	Amtsrichter	Rastatt.
64	Kamm	Referendar	Achern.
65	Kapferer	Amtsrichter	Mosbach.
66	Klehe	Hofgerichtsrath	Mannheim.
67	Kohlhagen	Rechtsanwalt	Pforzheim.
68	Krämer	Advokat	Karlsruhe
69	Kusel	Obergerichts-Anwalt	Bruchsal.
70	Lacoste	Hofgerichtsrath	Bruchsal
71	Dr. Ladenburg	Obergerichts-Advokat	Mannheim.
72	Dr. Lamey	Geh.-Rath, Präs. d. Großh. Minist. d. Innern	Karlsruhe.
73	Levinger	Advokat	Karlsruhe.
74	Levisohn	Rechtsanwalt	Bruchsal.
75	Mays	Hofgerichtsrath u. Staatsanw.	Mannheim.

Nr.	Name.	Stand.	Wohnort.
76	Dr. Minet	Legationsrath	Karlsruhe.
77	Dr. Mittermaier	Geh. Rath und Professor	Heidelberg.
78	Mors	Amtsrichter	Sinsheim.
79	Müller	Amtsrichter	Schopfheim i. Wiesenthal.
80	Nebenius	Oberamtsrichter	Karlsruhe.
81	Nock	Oberschulraths-Sekretair	Karlsruhe.
82	Nüßlin	Staatsrath	Karlsruhe.
83	Oehl	Rechtsanwalt	Villingen im Schwarzw.
84	Ottendorff	Hofgerichtsrath	Bruchsal.
85	Dr. Pagenstecher	Professor	Heidelberg.
86	Pfeiffer	Amtsrichter	Gengenbach.
87	Dr. Puchelt	Hofgerichtsrath	Bruchsal.
88	Rée	Obergerichts-Anwalt	Bruchsal.
89	Reinhardt	Hofgerichtsrath	Mannheim.
90	Dr. Roßhirt	Oberhofgerichtsrath	Mannheim.
91	Roth	Referendar	Karlsruhe.
92	v. Rotteck	Oberamtsrichter	Emmendingen.
93	Ruth	Hofgerichtsrath	Mannheim.
94	Sachs	Oberamtsrichter	Karlsruhe.
95	Dr. Schultz	Amtsrichter	Baden.
96	Frhr. v. Schwartz-koppen	Doktor der Rechte	Weinheim.
97	Schwarzmann	Ministerialrath	Karlsruhe.
98	Serger	Hofgerichtsrath	Mannheim.
99	v. Seyfried	Ministerialrath	Karlsruhe.
100	Dr. Stabel	Staats-Minister der Justiz	Karlsruhe.
101	Frhr. v. Stockhorn	Hofgerichts-Direktor	Freiburg.
102	v. Stößer	Amtmann	Möskirch.
103	v. Stößer	Hofgerichtsrath	Bruchsal.
104	Traub	Referendar	Mannheim.
105	Trefurt	Domänenrath	Karlsruhe.
106	Turban	Ministerialrath	Karlsruhe.
107	v. Ungern-Sternberg	Legationsrath	Karlsruhe.
108	Dr. Vering	Professor	Heidelberg.

Nr.	Name.	Stand.	Wohnort.
109	v. Wänker	Oberamtsrichter	Waldshut.
110	Wallau	Rechtsanwalt	Mosbach.
111	Wielandt	Hofgerichts-Assessor	Bruchsal.
112	Wilckens	Amtsrichter	Lahr.
113	Wolff	Obergerichts-Advokat	Bruchsal.
114	v. Zech	Amtsrichter	Offenburg.

Königreich Bayern.

115	Bachmann	Advokat	Culmbach.
116	Dr. Barth	Rechtsanwalt	Augsburg.
117	Dr. Barth	Advokat	Kaufbeuren.
118	Bauer	Assessor und Fiskal-Adjunkt d. königl. Bayr. Berg- u. Salinen-Administration	München.
119	Berchtold	Doktor beider Rechte	München.
120	Dr. Bolgiano	Professor	München.
121	Croissant	Bezirksrichter	Frankenthal (Rheinpfalz).
122	Dr. Dauner	Advokat	Kaufbeuren.
123	David	Rechtskandidat	Zweibrücken.
124	Dilg	Rechtsanwalt	Aschaffenburg.
125	Frenckel	Advokat-Anwalt	Kaiserslautern.
126	v. Fuchs	Bezirksgerichtsrath	München.
127	Gerlach	Bezirksgerichtsrath	Aschaffenburg.
128	Dr. Gießmayer	Advokat	München.
129	Gotthelf	Advokatur-Concipient	München.
130	Dr. Gundermann	Rechtsanwalt	München.
131	Dr. v. Gutermann	Rechtsanwalt und Wechsel-Notar	Augsburg.
132	Hacke	Bezirksgerichts-Accessist	München.
133	Hagen	Advokat	Neu-Ulm.
134	Dr. Henle	Advokat	München.
135	Dr. Herrmann	Advokat	München.
136	Dr. Hierl	Bezirksgerichts-Assessor	München.

Nr.	Name.	Stand.	Wohnort.
137	Dr. Jäger	Rechtsanwalt	Nürnberg.
138	Kahr	Advokat	Kronach.
139	Keller	Staatsprokurator-Substitut	Zweibrücken.
140	Dr. Edler v. Kerstorf	Hofrath, Advokat	Augsburg.
141	Krieger	Rechtskandidat	Winnweiler (Pfalz).
142	Kühlmann	Staatsprokurator-Substitut	München.
143	Lindner	Advokat	Nürnberg.
144	Lösch	Bezirksgerichtsrath	Bayreuth
145	Dr. May	Reg.-Assessor u. Fisk.-Adjunkt	München.
146	Dr. Mayersohn	Rechtsanwalt	Aschaffenburg.
147	Merck	Advokat	Nürnberg.
148	Dr. Meyer	Bezirksgerichts-Assessor	München.
149	Michl	Bezirksgerichts-Direktor	Weiden.
150	Molitor	Ober-Appellationsgerichts-Direktor	München.
151	Münch	Bezirksgerichts-Accessist	Bayreuth.
152	Frhr. v. Mulzer	Justiz-Minister	München.
153	Neumayer	Advokat-Anwalt	Kaiserslautern.
154	Dr. Obermeyer	Advokat	Nürnberg.
155	Petersen	Appellationsgerichts-Präsid.	Aschaffenburg.
156	Petersen	Polizei-Commissär	Kaiserslautern.
157	Popp	Bezirksrichter	Kaiserslautern.
158	Pündter	Landgerichts-Assessor	Neumarkt (Oberpfalz).
159	Reiffel	Landrichter	Winnweiler (Pfalz).
160	Dr. Rockinger	Privat-Dozent	München.
161	Dr. Ruhwandl	Advokat	München.
162	v. Schauß	Advokat	München.
163	Scherer	Advokatur-Concipient	Aschaffenburg.
164	Schmolze	Staatsprokurator-Substitut	Kaiserslautern.
165	Schneider	Bezirksgerichtsrath	Augsburg.
166	Schubert	Bezirksgerichtsrath	Bamberg.
167	Dr. Schuhmann	Consistorialrath	Bayreuth.
168	Dr. Steidle	Rechtsanwalt	Würzburg.
169	Streit	Rechtsanwalt	Würzburg.

Nr.	Name.	Stand.	Wohnort.
170	Ritter v. Täuffenbach	Kammerherr, Bezirksgerichts-Direktor u. Handelsgerichts-Vorstand	München.
171	Graf Taufkirchen	Stadtrichter u Abtheilungs-Vorstand des Stadtgerichts	München.
172	Vaillant	Landrichter	Obermoschel.
173	Dr. Völk	Advokat	Augsburg.
174	Dr. v. Vogt	Ministerialrath	München.
175	Dr. Warmuth	Rechtsanwalt	Würzburg.
176	Zöller	Staatsprokurator-Substitut	Kaiserslautern.
177	Zöller	Notar	Speyer.

Herzogthum Braunschweig.

178	Dr. Aronheim	Obergerichts-Advokat	Braunschweig.
179	Bach	Obergerichts - Advokat und Notar	Holzminden.
180	Bode	Kreisrichter	Braunschweig.
181	Dr. Dedekind	Obergerichts-Advokat	Wolfenbüttel.
182	Gärtner	Obergerichtsrath	Wolfenbüttel.
183	Gotthardt	Obergerichts-Advokat	Braunschweig.
184	Grotrian	Obergerichtsrath	Wolfenbüttel.
185	Knittel	Obergerichts-Vice-Präsident	Wolfenbüttel.
186	Köpp	Obergerichts-Advokat	Wolfenbüttel.
187	Rhamm	Ober-Staatsanwalt	Wolfenbüttel.
188	Runde	Advokatanwalt	Wolfenbüttel.
189	Schütze	Obergerichtsrath	Wolfenbüttel.
190	Schulz	Geh. Rath	Braunschweig.
191	Stegmann	Referendar	Salder.
192	Dr. Strümpell II.	Advokatanwalt	Wolfenbüttel.
193	Teichs	Amtsrichter	Harzburg.
194	Vorwerk	Obergerichtsrath	Wolfenbüttel.
195	Wolff	Obergerichts-Advokat	Holzminden.
196	Zenkin-Sommer	Staatsanwalt	Helmstedt.

Nr.	Name.	Stand.	Wohnort.
	Freie Stadt Bremen.		
197	Dr. Adami	Obergerichts-Anwalt	Bremen.
198	Dr. Albers	Advokat	Bremen.
199	Dr. v. Lingen	Obergerichts-Anwalt	Bremen.
200	Dr. Lürmann	Senator	Bremen.
201	Dr. Pfeiffer	Advokat	Bremen.
202	Schumacher	Staatsanwalt	Bremen.
203	Dr. Schumacher	Kreisrichter	Bremen.
204	Dr. Ulrichs	Obergerichts-Anwalt	Bremen.
205	Dr. Wiederhold	Obergerichts-Anwalt	Bremen.
206	Dr. Wilckens	Obergerichts-Anwalt	Bremen
	Freie Stadt Frankfurt.		
207	Dr Auerbach	Advokat	Frankfurt a. M.
208	Dr. Bardorff	Advokat	Frankfurt a. M.
209	Dr. Berg	Advokat und Notar	Frankfurt a. M.
210	Dr. Binding	Appellationsrath	Frankfurt a. M.
211	Dr. Binding	Advokat	Frankfurt a. M.
212	Dr. Braunfels	Advokat	Frankfurt a. M
213	Dr. Cnyrim	General-Postdirektions-Sekretair	Frankfurt a. M.
214	Dr. Diehl-Thomas	Advokat und Konsistorialrath	Frankfurt a. M.
215	Dr. Ebner	Advokat	Frankfurt a. M.
216	Dr. Eckhard	Advokat	Frankfurt a. M.
217	Dr. Euler	Advokat und Notar	Frankfurt a. M.
218	Dr. Fester	Advokat und Notar	Frankfurt a. M.
219	Dr. Friedleben	Advokat und Notar	Frankfurt a. M.
220	Dr. Fuld	Advokat	Frankfurt a. M.
221	Dr. Getz	Advokat	Frankfurt a. M.
222	Dr. Grünewald	Stadtgerichtsrath	Frankfurt a. M.
223	Dr. Hartmann	Advokat	Frankfurt a. M.
224	Hesdörffer	Doktor der Rechte	Frankfurt a. M.

Nr.	Name.	Stand.	Wohnort.
225	Dr. Hoffmann I.	Advokat und Notar	Frankfurt a. M.
226	Dr. Humser	Advokat	Frankfurt a. M.
227	Dr. Jung, Julius	Stadtgerichtsrath	Frankfurt a. M.
228	Dr. Jung, Wilhelm	Fiskal	Frankfurt a. M.
229	Dr. Kugler	Appellationsgerichtsrath	Frankfurt a. M.
230	Dr. Lang	Advokat	Frankfurt a. M.
231	Dr. Maas	Advokat	Frankfurt a. M.
232	Dr. Malß	Rechtsanwalt	Frankfurt a. M.
233	Dr. Manhayn	Advokat	Frankfurt a. M.
234	Dr. Mayer	Advokat	Frankfurt a. M.
235	Dr. Müller	Advokat und Notar	Frankfurt a. M.
236	Dr. Mumm	Stadtgerichtsrath	Frankfurt a. M.
237	Dr. Nestle	Senator, Appellationsrath	Frankfurt a. M.
238	Dr Neukirch	Advokat und Notar	Frankfurt a. M.
239	Dr. Ohlenschlager	Advokat	Frankfurt a. M.
240	Dr. Orthenberger	Advokat	Frankfurt a. M.
241	Dr. Pfefferkorn	Advokat	Frankfurt a. M.
242	Dr. Prior	Advokat	Frankfurt a. M.
243	Dr. Reutlinger	Advokat	Frankfurt a. M.
244	Dr. Römer	Advokat	Frankfurt a. M.
245	Dr. Scharf	Appellationsgerichtsrath	Frankfurt a. M.
246	Schlemmer	Advokat	Frankfurt a. M.
247	Dr. Schmidt-Halßmann	Direktor der Hypothekenbank	Frankfurt a. M.
248	Dr. Schrader	Advokat	Frankfurt a. M.
249	Dr. Schwedes	Advokat	Frankfurt a. M.
250	Dr. v. Schweitzer	Advokat	Frankfurt a. M.
251	Dr. Wolff	Stadtgerichtsrath	Frankfurt a. M.

Freie Stadt Hamburg.

252	Dr. Aegidi	Professor	Hamburg.
253	Dr. Bandmann	Advokat	Hamburg.
254	Dr. Banks	Advokat	Hamburg.

Nr.	Name.	Stand.	Wohnort.
255	Dr. Baumeister	Obergerichtsrath	Hamburg.
256	Dr. Engel	Advokat	Hamburg.
257	Dr. Feill	Advokat	Hamburg.
258	Dr. Klauhold	Staatsanwalt a D.	Hamburg
259	Dr. Leo	Advokat	Hamburg
260	Dr. Levy	Advokat	Hamburg
261	Lührsen	Doktor der Rechte	Hamburg.
262	Dr. May	Advokat	Hamburg.
263	Dr. Versmann	Handelsgerichts-Präsident	Hamburg.
264	Dr. Wächter	Notar	Hamburg.
265	Dr. Winterhoff	Advokat	Hamburg.
266	Wolffson	Advokat	Hamburg.

Königreich Hannover.

267	Albrecht	Obergerichts-Anwalt	Hannover.
268	Albrecht	Kronanwalt	Celle.
269	Dr. André	Obergerichts-Anwalt	Osnabrück.
270	Angelbeck	Obergerichts-Anwalt	Lüneburg.
271	Dr. Augspurg	Obergerichts-Anwalt	Lüneburg.
272	Bader	Obergerichtsrath	Aurich.
273	Bauermeister	Obergerichts-Anwalt	Hannover.
274	Dr. Benfey	Obergerichts-Anwalt	Göttingen.
275	Benthe	Obergerichts-Anwalt	Aurich.
276	Berentzen	Obergerichts-Anwalt	Meppen.
277	Bergmann	Obergerichts-Assessor	Meppen.
278	Bierwirth	Obergerichts-Assessor	Lüneburg.
279	Bley	Amtsgerichts-Assessor	Gifhorn.
280	Block	Advokat und Notar	Neuenhaus im Bentheimschen.
281	v. Blum	Advokat	Hannover.
282	v. Bock	Ober-Appellationsrath	Celle.
283	Borchers	Ober-Appellationsgerichts-Anwalt	Celle.

Nr.	Name.	Stand.	Wohnort.
284	Dettmar	Obergerichts-Anwalt	Hildesheim.
285	Dr Droop	Amtsrichter	Osnabrück.
286	v. Düring	Ober-Appellationsger.-Präs.	Celle.
287	v. Engelbrechten	Advokat	Hannover
288	Evers	Ober-Appellationsger.-Anw	Celle.
289	Dr. Fischer	Obergerichts-Anwalt	Hannover
290	Francke	Obergerichts-Vice-Direktor	Lüneburg.
291	Fromme	Obergerichtsrath	Celle.
292	Dr. Gerding	Ober-Appellationsger.-Anw.	Celle.
293	Dr. Götting, Ludw.	Obergerichts-Anwalt	Hildesheim.
294	Götting, Carl	Obergerichts-Anwalt	Hildesheim.
295	Gottsleben	Obergerichts-Anwalt	Hildesheim.
296	Hansen	Advokat	Hannover.
297	v. Harletzem	Obergerichts-Anwalt	Hannover.
298	Hartmann	Advokat	Hannover.
299	Dr. Heitmann	Obergerichts-Anwalt	Lüneburg.
300	Hetzer	Gerichts-Assessor	Syke.
301	Dr. Hoyer	Amtsrichter	Hannover.
302	Hüpeden	Advokat	Hoya.
303	Jaques	Ober-Appellationsrath	Celle.
304	Jüdell	Obergerichts-Anwalt	Hannover.
305	Kerikhoff	Obergerichtsrath	Osnabrück.
306	Dr. Kistemaker	Obergerichts-Anwalt	Meppen.
307	Kleinrath	Advokat	Hannover.
308	Köllner	Obergerichts-Anwalt	Verden.
309	Kraut	Hofrath und Professor	Göttingen.
310	Laporte	Advokat	Hannover.
311	Lauenstein	Obergerichts-Anwalt	Lüneburg.
312	Linckelmann	Obergerichts-Anwalt	Hannover.
313	Lodemann	Gerichts-Assessor	Hannover.
314	Dr. Ludwig	Advokat und Notar	Dannenberg.
315	Mack	Kronanwalt	Verden.
316	Mangold	Obergerichts-Anwalt u. Notar	Celle.
317	Dr. Mehlis	Advokat	Hannover.
318	Dr. Meyer	Advokat	Bleckede.

Nr.	Name.	Stand.	Wohnort.
319	Meyersburg	Ober-Appellationsgerichts-Anwalt	Celle.
320	Müller, L.	Obergerichts-Anwalt	Celle.
321	Dr. Naumann I.	Ober-Appellationsgerichts-Anwalt	Celle.
322	Naumann II.	Advokat	Celle.
323	Dr. Naumann I.	Obergerichts-Anwalt	Hameln.
324	Dr. Naumann II.	Obergerichts-Anwalt	Hameln.
325	Noltemeier	Obergerichts-Anwalt	Hannover.
326	Dr. Northoff	Obergerichts-Anwalt	Hildesheim.
327	Dr. Oppermann	Obergerichts-Anwalt	Nienburg a. d. Weser.
328	v. Pape	Ober-Appellationsgerichts-Vice-Präsident	Celle.
329	Planck	Obergerichtsrath	Meppen.
330	Rautenberg	Advokat	Hannover.
331	v. Reden	Amts-Assessor	Hannover.
332	Roscher	Ober-Appellationsrath	Celle.
333	Rose	Advokat	Hannover.
334	Schepler	Amtmann	Leer.
335	Schmidt, L.	Obergerichtsrath	Celle.
336	Dr. Siemens	Amtsrichter	Hannover.
337	Struckmann	Auditor	Hameln.
338	Struckmann	Obergerichts-Assessor	Celle.
339	Thomsen	Amtsgerichts-Assessor	Meinersen.
340	Ubbelohde	Obergerichtsrath	Lüneburg.
341	Vißering	Obergerichts-Anwalt	Aurich.
342	Weber	Obergerichts-Anwalt	Stade.
343	Wendt	Finanzrath und Ministerial-Referent	Hannover.
344	Wiarda	Obergerichts-Direktor	Nienburg a. d. Weser.
345	Wölffer	Obergerichts-Anwalt u. Notar	Hannover.
346	Wöltge	Advokat	Hannover.
347	Dr. Zachariae	Professor	Göttingen.
348	Zuhorn	Obergerichts-Anwalt u Notar	Osnabrück.

Nr.	Name.	Stand.	Wohnort.

Kurfürstenthum Hessen-Cassel.

349	Cöster	Prokurator	Hanau.
350	Eberhard	Obergerichts-Anwalt	Fulda.
351	Dr. Grimm	Obergerichts-Anwalt	Marburg.
352	Hambürger	Prokurator	Hanau.
353	Hille	Justizamtmann	Bergen.
354	Hupfeld	Rechtsanwalt	Hünfeld
355	Jecklin	Obergerichts-Assessor	Fulda.
356	Köppen	Professor	Marburg.
357	Koppen	Obergerichts-Assessor	Rinteln.
358	Mackeldey	Staatsprokurator	Fulda.
359	Maier	Obergerichts-Anwalt	Fulda.
360	Dr. Oelken	Obergerichts-Anwalt	Cassel.
361	Osius	Prokurator	Hanau.
362	Peters	Obergerichts-Anwalt	Cassel.
363	Reul	Justizbeamter	Bockenheim.
364	Schultheis	Obergerichtsrath	Fulda.
365	Seelig	Criminalgerichts-Assessor	Felsberg.
366	Stölzel	Obergerichts-Assessor	Cassel.
367	Vietor	Obergerichts-Anwalt	Fulda.
368	Dr. Weigel	Syndikus	Cassel.
369	Dr. Wolf	Privat-Dozent	Marburg.
370	Wolfram	Justizbeamter	Spangenberg.
371	Zaun	Obergerichts-Assessor	Cassel.

Großherzogthum Hessen-Darmstadt.

372	Dr. Arens	Friedensrichter	Alzey.
373	Dr. Aull	Bezirksgerichtsrath	Mainz.
374	Becker	Advokat-Anwalt	Alzey.
375	Dr. Belluc	Staatsprokurator	Mainz.
376	Dr. Bernays	Advokat	Mainz.
377	Betz	Oberfinanzrath u. Fiskalanw.	Mainz.

Nr.	Name.	Stand.	Wohnort.
378	Dr. Bockenheimer	Gerichts-Accessist	Mainz.
379	Dr. Börckel	Advokat-Anwalt	Mainz.
380	Bopp	Bank-Sekretair	Darmstadt.
381	Dr. Braden	Gerichts-Accessist	Mainz.
382	Bramm	Hofgerichts-Sekretair	Gießen.
383	Brand	Gerichts-Accessist	Alzey.
384	Dr. Breidenbach	Hofgerichts-Advokat	Darmstadt.
385	Dr. Bruch	Staatsprokurator-Substitut	Mainz.
386	Buchner II.	Hofgerichts-Advokat	Darmstadt.
387	Buff	Landrichter	Nidda.
388	Buff	Hofgerichts-Assessor	Gießen.
389	Dr. Creizenach	Advokat-Anwalt	Mainz.
390	Curtmann	Hofgerichts-Advokat	Gießen.
391	Darapsky	Vice-Präsid. am Bezirksger.	Mainz.
392	Deninger	Handelsrichter	Mainz
393	Dernburg	Hofgerichts-Advokat	Darmstadt.
394	Diery	Hofgerichts-Advokat	Gießen.
395	Dornseiff	Hofgerichts-Advokat	Gießen.
396	Dr Du Mont	Advokat-Anwalt	Mainz.
397	Eigenbrodt	Hofgerichtsrath	Darmstadt.
398	Eigenbrodt	Staatsrath	Darmstadt.
399	Emmerling	General-Staatsprokurator am Kassationshofe	Darmstadt.
400	Engelbach	Hofgerichts-Advokat u. Mitgl. der ersten Ständekammer	Gießen.
401	Engelbach	Gerichts-Accessist	Grünberg.
402	Dr. Falker	Gerichts-Accessist	Mainz.
403	Feist	Doktor der Rechte	Mainz.
404	Dr. Finger	Advokat-Anwalt	Alzey.
405	Fischer	Bezirksgerichts-Präsident	Alzey.
406	Fitting	Advokat-Anwalt	Mainz.
407	Dr. Friedrich	Staatsprokurator-Substitut	Mainz.
408	Gaßner	Notar	Mainz.
409	Görz	Advokat-Anwalt	Mainz.
410	Gredy	Obergerichtsrath	Mainz.

Nr.	Name.	Stand.	Wohnort.
411	Dr. Grieser	Ergänzungsrichter am Friedensgericht	Mainz.
412	Grode	Friedensrichter	Niederolm.
413	Dr. v. Grolmann	Stadtgerichts-Assessor	Gießen
414	Groß	Hofgerichts-Advokat	Darmstadt.
415	Habermehl	Gerichts-Accessist	Mainz.
416	Hahn	Hofgerichts-Assessor	Darmstadt.
417	Hamm	Doktor der Rechte	Offenbach.
418	Heimburg	Notar	Pfeddersheim.
419	Heinzerling	Landgerichts-Assessor	Zwingenberg a. d. Bergstr.
420	v. Helmolt	Professor	Darmstadt.
421	Henk	Aktuar	Oppenheim
422	v. Hesse	Hofgerichtsrath	Darmstadt.
423	Heumann	Hofgerichts-Advokat	Darmstadt
424	Hirschhorn	Gerichts-Accessist	Gießen.
425	Hoffmann I.	Hofgerichts-Advokat	Darmstadt.
426	Dr. Hoffmann II	Hofgerichts-Advokat	Darmstadt.
427	Dr. Hoffmann	Hofgerichtsrath	Darmstadt.
428	Dr. Jaup	Hofgerichts-Advokat	Darmstadt.
429	Dr. Ihering	Geh. Justizrath, Professor	Gießen.
430	Kempf	Hofgerichtsrath	Gießen.
431	Dr. Klein	Landgerichts-Assessor	Gießen.
432	Knor	Ober-Appellationsrath	Darmstadt.
433	Dr. Knyn	Obergerichts-Präsident	Mainz.
434	Köhler	Hofgerichts-Advokat	Darmstadt.
435	Köhler	Gerichts-Accessist	Darmstadt.
436	Köllisch	Landgerichts-Assessor	Seligenstadt.
437	Krämer	Advokat-Anwalt	Alzey.
438	Krämer	Gerichts-Accessist	Mainz.
439	Krauskopf	Hofgerichts-Advokat	Gießen
440	v. Kreß	Gerichts-Accessist	Darmstadt.
441	Dr. Kritzler	Landgerichts-Assessor	Michelstadt.
442	Dr. Kroll	Notar	Pfeddersheim.
443	v. Krug	Hofgerichtsrath	Gießen
444	Krug	Gerichts-Accessist	Darmstadt.

Nr.	Name.	Stand.	Wohnort.
445	Dr. Lambinet	Gerichts-Accessist	Mainz.
446	Laudenheimer	Hofgerichts-Advokat	Darmstadt.
447	Lauteren, Christian	Präsident der Handelskammer	Mainz.
448	Lauteren, Clemens	Geh. Commerzienrath u. gewesener Handelsger.-Präs.	Mainz.
449	Lauteren, Louis	gewesener Handelsrichter	Mainz.
450	Lehne	Bezirksgerichtsrath	Mainz.
451	v. Lepel	Hofgerichtsrath	Gießen.
452	Dr. Levi	Gerichts-Accessist	Mainz.
453	Dr. Levi	Advokat-Anwalt	Mainz.
454	Levi	Gerichts-Accessist	Alzey.
455	Dr. Levita	Advokat-Anwalt	Mainz.
456	Dr. v. Lindelof	Justiz-Minister	Darmstadt.
457	Linz	Doktor der Rechte	Darmstadt.
458	Lippold, Georg	Gerichts-Accessist	Mainz.
459	Lippold, Adolph	Gerichts-Accessist	Mainz.
460	Lotheißen	Gerichts-Accessist	Darmstadt.
461	Dr. Matty	Gerichts-Accessist	Mainz.
462	Maurer	Staatsanwalt-Substitut	Darmstadt.
463	Maurer	Gerichts-Accessist	Offenbach.
464	Meisel	Landgerichts-Assessor	Zwingenberg a. d. Bergstr.
465	Mellinger	Doktor der Rechte	Mainz.
466	Merkel	Ober-Appellationsrath	Darmstadt.
467	Dr. Merkel	Privat-Dozent	Gießen.
468	Metz I.	Hofgerichts-Advokat	Darmstadt.
469	Metz	Friedensrichter	Bingen.
470	Dr. Mohr	Präsident a. D.	Ober-Ingelheim.
471	Mohrmann	Bezirksgerichtsrath	Alzey.
472	Momberger	Kreis-Assessor	Erbach.
473	Moritz	Doktor der Rechte	Mainz.
474	Müller	Hofgerichts-Advokat	Darmstadt.
475	Oechsner	Doktor der Rechte	Mainz.
476	Dr. Pauli	Gerichts-Accessist	Mainz.
477	Petry	Advokat-Anwalt	Alzey.
478	Pistor	Stadtrichter	Darmstadt.

Nr.	Name.	Stand.	Wohnort.
479	Pistor	Landgerichts-Assessor	Offenbach.
480	v Preuschen	Ministerialrath	Darmstadt.
481	Probst	Commerzienrath u. Präsident des Handelsgerichts	Mainz.
482	Purgold	Stiftungs-Anwalt und Hofgerichts-Advokat	Darmstadt.
483	Raysz	Gerichts-Accessist	Mainz.
484	Dr. Reatz	Privatdozent	Gießen.
485	Reatz	Fiskalanwalt	Darmstadt.
486	Dr. Reinach	Gerichts-Accessist	Mainz
487	Reuling	Gerichts-Accessist	Darmstadt.
488	Röder	Handelsgerichts-Präsident	Mainz.
489	Dr. Rödler	Gerichts-Accessist	Mainz.
490	Röschel	gewes. Handelsgerichts-Präsident	Mainz.
491	Rosenberg I.	Advokat	Gießen.
492	Dr Rosenberg II.	Advokat	Gießen.
493	Frhr. v. Rotsmann	Stadtgerichts-Assessor	Gießen.
494	Schenck	Hofgerichts-Advokat	Darmstadt.
495	Schlippe	Gerichts-Accessist	Bingen.
496	Schmitz	Doktor der Rechte	Mainz.
497	Schröder	Doktor der Rechte	Worms.
498	Schuchard	Landgerichts-Assessor	Nidda.
499	Dr. Seibert	Hofgerichts-Advokat	Darmstadt.
500	Seyd	Hofgerichts-Advokat	Friedberg.
501	Siebert	Staatsanwalt	Darmstadt.
502	Siegfrieden	Hofgerichts-Advokat	Darmstadt.
503	Dr. Sieglitz	Handelsgerichts-Sekretär	Mainz.
504	Städel	Geh. Regierungsrath	Darmstadt.
505	Dr. Stammler	Landgerichts-Assessor	Alsfeld.
506	Steinberger	Gerichts-Accessist	Gießen.
507	Strecker	Hofgerichtsrath, Präsident d. II. Kammer d. Stände-Versammlung	Darmstadt.
508	Dr. Struve, Alex.	Gerichts-Accessist	Mainz.

Nr.	Name.	Stand.	Wohnort.
509	Dr. Struve, Jos.	Gerichts-Accessist	Mainz.
510	Dr. Sturm	Gerichts-Accessist	Mainz.
511	Theyer	Notar	Alzey.
512	Trapp IV.	Hofgerichts-Advokat	Friedberg.
513	Dr. Umpfenbach	Dozent der Staats- und Finanzwissenschaft	Gießen.
514	Dr. Valkenberg	Staatsprokurator	Alzey.
515	Dr. Verdier	Ober-Auditeur und Hofgerichts-Advokat	Darmstadt.
516	Vogel	Gerichts-Accessist	Darmstadt.
517	Volhard	Hofgerichts-Advokat	Darmstadt.
518	Dr. Waßerschleben	Professor	Gießen.
519	Weber	Hofgerichts-Direktor	Gießen.
520	Dr. Weber	Hofgerichts-Advokat	Offenbach.
521	Weber	Advokat-Anwalt	Alzey.
522	Weber	Gerichts-Accessist	Mainz.
523	Dr. v. Wedekind	Hofgerichts-Advokat	Darmstadt.
524	Dr. Weidenbusch	Hofgerichts-Advokat	Darmstadt.
525	Welker	Hofgerichts-Advokat	Gießen.
526	Wittmann	Doktor der Rechte	Mainz.
527	Wolf	Aktuar	Pfeddersheim
528	Dr. Wolfskehl	Gerichts-Accessist	Worms.
529	Zimmermann	Hofgerichts-Advokat	Darmstadt.

Herzogthum Holstein.

530	Dr. Brinkmann	Ober-Appellationsrath a. D.	Kiel.
531	Dr. Burmeister	Advokat und Notar	Ahrensbök.
532	Niemand	Kirchspielvogt	Büsum im Dithmarschen.
533	Nitzsch	Advokat	Kiel.
534	Dr. Planck	Professor	Kiel.
535	Reimers	Justitiar	Wandsbeck.
536	Rheder	Klostersyndikus	Preetz.
537	Rosenhagen	Advokat	Wandsbeck.

Nr.	Name.	Stand.	Wohnort.
538	Stemann	Advokat	Segeberg.
539	Weber	Advokat	Kiel

Fürstenthum Lippe-Detmold.

540	Dr Caesar	Obergerichtsrath	Detmold.
541	Falkmann	Archivrath, Rechtsanwalt	Detmold.
542	Heldmann	Rechtsanwalt	Detmold.
543	Dr. Rosen	Geh. Justizrath	Detmold.
544	Runnenberg	Stadtgerichtsrath	Detmold.
545	Schröter	Syndikus und Rechtsanwalt	Blomberg.
546	Dr. Stein	Rechtsanwalt	Detmold.
547	Wessel	Justizamtmann	Oerlinghausen.

Freie Stadt Lübeck.

548	Avé-Lallemant	Doktor der Rechte	Lübeck.
549	Dr. Crome	Advokat, Ober-Appellations- u. Niedergerichtsprokurator	Lübeck.
550	Dr. Kulenkamp	Ober-Appellations- und Niedergerichtsprokurator	Lübeck.
551	Dr. Pleßing	Advokat	Lübeck.
552	Dr. Plitt	Richter	Lübeck.

Großherzogthum Mecklenburg-Schwerin.

553	Bauermeister	Advokat	Grabow
554	Briesemann	Advokat	Wismar.
555	Büsing	Advokat	Rostock.
556	Büsing	Advokat	Schwerin.
557	Dr. Drechsler	Bürgermeister	Parchim.
558	Dr. Driver	General-Auditeur	Schwerin.

Nr.	Name.	Stand.	Wohnort.
559	Dr. Dugge	Senator	Bützow.
560	Ehlers	Advokat	Rostock.
561	Dr. Giese	Senator	Rostock.
562	Hartung	Senator und Advokat	Waren.
563	Havemann	Advokat	Grabow.
564	Heucke	Advokat	Parchim.
565	Dr. Karsten	Kanzlei-Advokat	Rostock.
566	Dr. Klitzing	Bürgermeister und Stadtrichter	Plau.
567	Klitzing	Advokat	Parchim.
568	Krüger	Advokat	Rostock.
569	Lange	Advokat	Rostock.
570	Löwenthal	Advokat	Schwerin.
571	Müller, C. H	Advokat und Notar	Rostock.
572	Pohle	Magistratsgerichts-Direktor und Syndikus	Schwerin.
573	Dr. Simonis	Senator	Rostock.
574	Simonis	Advokat	Rostock.
575	Sommer	Advokat	Parchim.
576	Sommer-Diersen	Senator und Advokat	Parchim.
577	Triebsies	Advokat	Rostock.
578	Uterhart	Senator	Rostock.
579	Dr. Viereck	Advokat	Schwerin.
580	Weckmann	Senator	Rostock.
581	Wehnert	Justitiar beim ritterschaftlichen Gerichtsvereine zu Crivitz und Advokat	Crivitz.
582	Weltzien	Hofrath, Hypothekenbewahrer	Schwerin.
583	Dr. Zastrow	Senator	Rostock.

Großherzogthum Mecklenburg-Strelitz.

584	Buttel	Advokat	Neu-Strelitz.
585	Cohn	Advokat	Neu-Strelitz.

Nr.	Name.	Stand.	Wohnort.
586	Füldner	Kammerprokurator, Advokat und Fiskal	Neu-Strelitz.
587	Gundlach	Gerichts-Assessor	Neu-Strelitz.
588	Hahn	Advokat	Neu-Brandenburg.
589	Horn	Justizkanzlei-Registrator und Advokat	Neu-Strelitz.
590	Müller	Advokat, Stadtrichter	Fürstenberg.
591	Oesten	Hofrath, Stadt- und Amtsrichter	Stargard.
592	Plettner	Stadtrichter	Friedland.

Herzogthum Nassau.

Nr.	Name.	Stand.	Wohnort.
593	Bauer	Prokurator	Königstein.
594	Dr. Braun	Hofgerichts-Prokurator	Wiesbaden
595	Cramer	Ober-Appellationsgerichts-Prokurator	Wiesbaden.
596	Dr. Deul	Hof- u. Appellationsgerichts-Rath	Wiesbaden.
597	Ebhardt	Ober-Appellationsgerichts-Rath	Wiesbaden.
598	v. Eck	Obergerichts-Prokurator	Wiesbaden.
599	Eiffert	Hofgerichtsrath	Wiesbaden.
600	Faßbender	Amts-Assessor	Weilburg.
601	Flach	Staats-Prokurator	Wiesbaden.
602	Forst	Ober-Appellationsgerichts-Rath	Wiesbaden.
603	Dr. Freudenberg	Amts-Prokurator	St. Goarshausen.
604	Dr. Geiger	Obergerichts-Anwalt	Wiesbaden.
605	Großmann	Ober-Appellationsgerichts-Prokurator	Wiesbaden.
606	Hammer	Land-Oberschultheiß	Eltville
607	Hergenhahn	Hofgerichts-Direktor	Wiesbaden.
608	Dr. Herz	Prokurator	Höchst.

Nr.	Name.	Stand.	Wohnort.
609	Hilf	Prokurator	Limburg.
610	Horstmann	Hofgerichtsrath	Wiesbaden.
611	Isbert	Amtmann und Hofgerichts-Rath	Limburg.
612	Keim	Justizamts-Assessor	Wiesbaden.
613	Keller	Hof- u. Appellationsgerichts-Prokurator	Dillenburg.
614	Dr. Lang	Hofgerichts-Prokurator	Wiesbaden.
615	Langhans	Ober-Appellationsrath	Wiesbaden.
616	Dr. Leisler sen.	Advokat und Prokurator	Wiesbaden.
617	Dr. Leisler jun.	Ober-Appellationsgerichts-Prokurator	Wiesbaden.
618	v. Preuschen	Ober-Appellationsgerichts-Rath	Wiesbaden.
619	Frhr. v. Preuschen	Doktor der Rechte	Wiesbaden.
620	Raht	Prokurator	Weilburg.
621	Recken	Amtmann	Königsstein.
622	Frhr. v. Reichenau jun.	Hofgerichtsrath	Wiesbaden.
623	v. Rößler	Hofgerichtsrath	Wiesbaden.
624	Schellenberg	Domainenrath	Wiesbaden.
625	Schellenberg	Amtmann	Herborn.
626	Schenck	Hofgerichts-Prokurator	Wiesbaden.
627	Schindling	Amtsprokurator	Idstein.
628	Dr. Siebert	Hof- u. Appellationsgerichts-Prokurator	Wiesbaden.
629	Dr. Stamm	Prokurator	Höchst.
630	Stöckicht	Amtsprokurator	Herborn.
631	Strobel	Ober-Appellationsgerichts-Rath a. D.	Wiesbaden.
632	Thewalt	Accessist	Weilburg.
633	Velde	Amtsprokurator	Diez.
634	Wißmann	Amtsassessor	Höchst.
635	Wolf	Amtsaccessist	Eltville.

Nr.	Name.	Stand.	Wohnort.

Kaiserreich Oesterreich.

636	Dr. Abeles	Advokaturs-Candidat	Wien.
637	Dr. Adam	Advokaturs-Candidat	Wien.
638	Dr. Adensamer	Advokaturs-Candidat	Wien.
639	Dr. Ritter v. Aichenegg	Hof- und Gerichts-Advokat	Wien.
640	Dr. Aman	Hof- und Gerichts-Advokat	Wien.
641	v. Antoniewicz	Kreisgerichtsrath	Premysl (Galizien).
642	Frhr. v. Apfaltrern	wirkl. Hofrath des obersten Gerichtshofes	Wien.
643	Ritter v. Arbter	Auskultant	Brunn.
644	Vater Ritter v. Artens	Staatsanwalts-Substitut	Graz.
645	Dr. Arthold	Advokaturs-Candidat	Wien.
646	Dr. Artzt	Landes-Advokat	Olmütz.
647	Dr. H. Ritter v. Kremer-Auenrode	Privatdozent	Wien.
648	Dr. R. Ritter v. Kremer-Auenrode	Notar	Gmunden (Ob.-Oest.).
649	v. Auffenberg	Ober-Staatsanwalt	Lemberg.
650	Augmüller	Militär- u. Civil-Agent	Wien.
651	Dr. J. Bach	Hof- und Gerichts-Advokat	Wien.
652	Dr. Bachmayer	Advokaturs-Candidat	Wien.
653	Dr. Bardasch	Advokat	Stanislau (Galizien).
654	Dr. Barth	Hof- und Gerichts-Advokat	Wien.
655	Batiek	Notar	Opocno (Böhmen).
656	Dr. Bauer	Hof- und Gerichts-Advokat	Wien.
657	Bauerreiß	Notariats-Candidat	Wien.
658	Dr. Bazant	Landschafts-Sekretär	Brünn.
659	Dr. Beck	Hof- und Gerichts-Advokat	Linz
660	Dr. Beck	Ober-Landesgerichts-Rath	Brünn.
661	Dr. Becziczka	Magistrats-Concipist	Wien.

Nr.	Name.	Stand.	Wohnort.
662	Dr. Beer	Advokaturs-Candidat	Bielitz (öst. Schles.)
663	Dr. v. Benak	Advokaturs-Candidat	Wien.
664	Dr. Benischko	Hof- und Gerichts-Advokat	Wien.
665	v. Benoni	Justiz-Ministerialrath	Wien.
666	Dr. Berger	Hof- und Gerichts-Advokat	Wien.
667	Berger	Bezirksvorsteher	Guttenstein (N.-Oest.).
668	Dr. Bernatzik	Landes-Advokat	Korneuburg (N.-Oest.).
669	Dr. Berthold	Advokaturs-Candidat	Wien.
670	Beyer	Notar	Troppau.
671	Beyer	Ministerialrath	Wien.
672	Dr. Bezecny	Fin -Min.-Concipist	Wien.
673	Dr. Biach	Advokaturs-Candidat	Wien.
674	Dr. Bidermann	Professor	Innsbruck.
675	Bielin	Gerichts-Adjunkt	Wien.
676	Dr. Biziste	Advokaturs-Candidat	Fünfhaus bei Wien.
677	Dr. Blitzfeld	Landes-Advokat	Bielitz (Oest. Schles).
678	v. Blumfeld	Ministerialrath im Ministerium für Handel u. Volkswirthschaft	Wien.
679	Boggia	pens Magistrats-Sekretär	Kahlenbergerdörfel bei Wien.
680	Dr. Borowiczka	Landes-Advokat	Fünfhaus bei Wien.
681	Dr. Boschan	Landesgerichts-Präsident	Wiener-Neustadt (Nied.-Oesterreich).
682	Brameshuber	Kreisgerichts-Raths-Sekretär	Korneuburg (N.-Oest.).
683	Braulik	Notar	Neufelden (Ob.-Oest.)
684	Breinreich	Notar	Laa a. d. Thaya (Nied.-Oesterreich).
685	Dr. Brezina	Notar	Wien.
686	Dr. Brezina	Hof- und Gerichts-Advokat	Wien.
687	Dr. Brichta	Advokaturs-Candidat	Wien.
688	Dr. Brix	Advokaturs-Candidat	Wien
689	Dr. Bruck	Notariats-Candidat	Wien.
690	Dr. Brüxner	Finanzprokuraturs-Concepts-Praktikant	Wien.

Nr	Name.	Stand.	Wohnort.
691	Dr. Brunner	Landes-Advokat	Königgrätz (Böhmen).
692	Brunner	Notar	Geras (Nied.-Oest.).
693	Dr Brzorad	Landes-Advokat	Deutschbrod (Böhmen).
694	Dr. Burian	Advokaturs-Candidat	Wien.
695	Frhr. v. Call	Doktor der Rechte	Graz.
696	Dr. Chiari	Notar	Wien.
697	Dr. Chiari	Finanzprok.-Referent	Salzburg.
698	Dr. Chornitzer	Rechts-Consulent der priv. Oest. Nationalbank	Wien.
699	Dr. Costa	Advokaturs-Candidat	Laibach.
700	Dr. Crobath	Advokaturs-Candidat	Wien.
701	Ritter v. Czerny	Landesgerichts-Präsident	Linz.
702	Dr. Daubek	Hof- und Gerichts-Advokat	Wien.
703	Dr. Dauscher	Landes-Advokat	Preßburg (Ungarn).
704	Dr. Demel	Landes-Advokat	Teschen (öst. Schles.).
705	Dr. Demel jun.	Notar	Teschen (öst. Schles.).
706	Dr. Deperis	Sekretär der priv. Oesterr. Nationalbank	Wien.
707	Dr. Deperis	Landes-Advokat	Görz.
708	Dr. Dermoutz	Landes-Advokat	Karlsbad (Böhmen).
709	Dr. Diebl	Landes-Advokat	Tischnowitz (Mähren).
710	Dr. Dietrich	Landeshauptmanns-Stellvertreter von Schlesien	Troppau.
711	Dr. Dinstl jun.	Landes-Advokat	Krems (Nied.-Oest.).
712	Dr. Doktor	Finanz-Prokurator	Prag.
713	Dr. Dollenz	Hof- und Gerichts-Advokat	Wien.
714	Dosch	Kreisgerichts-Adjunkt	Steyr (Ob.-Oest.).
715	Dr. Dostal	öffentl. Agent	Brünn
716	Dr. Dürrnberger	Hof- und Gerichts-Advokat	Wien.
717	Dürschner	Justizministerial-Concipist	Wien.
718	Dr. Dworzak	Professor	Wien.
719	Dr. Dworzak	Landesgerichtsrath	Wien.
720	Dr. Eberle	Hof- und Gerichts-Advokat	Wien.
721	Dr. A. Eckl	Hof- und Gerichts-Advokat	Wien.
722	Dr. Egger	Hof- und Gerichts-Advokat	Wien.

Nr.	Name.	Stand.	Wohnort.
723	Dr. Edler v. Possanner-Ehrenthal	Advokaturs-Candidat	Wien.
724	v. Eisank	Gerichts-Adjunkt	Wien.
725	v. Eiselsberg	Kreisgerichtsrath	Wiener-Neustadt (Nied.-Oesterreich).
726	Eitelberger v. Eitelsberg	Ober-Kriegskommissär	Wien.
727	Eitl	Gerichts-Adjunkt	Wien.
728	Dr. Eltz	Hof- und Gerichts-Advokat	Wien.
729	Ritter d'Elvert	Ober-Staatsanwalt	Brünn.
730	Dr. Endletzberger	Advokaturs-Candidat	Wien.
731	Erlicher	Staatsanwalt	St. Pölten.
732	Dr. Erwein	Hof- und Gerichts-Advokat	Klagenfurt.
733	Dr. Esmarch	Professor	Prag.
734	Dr. Exle	Advokaturs-Candidat	Wien.
735	Farnik	Notar	Teschen (öst. Schles.).
736	Dr. Feistmantel	Advokaturs-Candidat	Wien.
737	Dr. Ritter v. Mündel-Feldberg	Hof- und Gerichts-Advokat	Wien.
738	Dr. Felder	Hof- und Gerichts-Advokat	Wien.
739	Dr. Felzmann	Hof- und Gerichts-Advokat	Wien.
740	Ritter v. Ferro	Kreisgerichtsrath u. Staatsanwalt	Leoben (Steiermark).
741	Dr. Fierlinger	Finanzrath	Wien.
742	Dr. Findeys	Hof- und Gerichts-Advokat	Wien.
743	Fischer	Statthaltereirath	Wien.
744	Dr. Fleckh	Hof- und Gerichts-Advokat	Graz.
745	Dr. Flesch	Hof- und Gerichts-Advokat	Wien.
746	Dr. Floch	Finanzrath	Pesth.
747	Dr. Flögel	Landes-Advokat	Jungbunzlau (Böhmen).
748	Dr. Florentin	Landes-Advokat	Krems (Nied.-Oest.).
749	Dr. Foltanek	Notariats-Candidat	Wien.
750	Dr. Forster	Advokaturs-Candidat	Prag.
751	Forstner	Bezirksgerichts-Adjunkt	Pettau (Steiermark).
752	Dr. Frank	Landes-Advokat u. Notar	Sternberg (Mähren)

Nr.	Name.	Stand.	Wohnort.
753	Dr. Frank	Rechtspraktikant	Prag.
754	Dr. Frantz	Hof- und Gerichts-Advokat	Wien.
755	Frauscher	Notar	Mattighofen (Ob.-Oest.).
756	Friedländer	Doktor der Rechte	Wien.
757	Frimmel	Bezirksvorsteher	Laa a. d. Thaya (Nied.-Oesterreich).
758	Dr. Frizzi	Finanzprokuratur-Concepts-Praktikant	Wien.
759	Fuchs	Statthalterei-Sekretär	Wien.
760	Landgraf zu Fürstenberg	Wirkl. Geh. Rath und Senats-Präsident des Obersten Gerichtshofes	Wien.
761	Fürth	Notar	Waizenkirchen (O.-Oest.).
762	Funke	Landesgerichtsrath	Leitmeritz (Böhmen).
763	Gal	Bezirksvorsteher	Hainburg a. D. (Nied.-Oesterreich)
764	Dr. Ganzwohl	Hof- und Gerichts-Advokat	Wien.
765	Gaßmann	Bezirksamts-Aktuar	Asch (Böhmen).
766	Dr. Geißler	Landes-Advokat	Krakau.
767	Gellert	Notar	Haida (Böhmen).
768	Frhr. v. Gemmel	Finanzprokuraturs-Adjunkt	Wien.
769	Dr. Geyer	Professor	Innsbruck.
770	Dr. Gilge	Advokaturs-Candidat	Wien.
771	Dr. Giskra	Landes-Advokat	Brünn.
772	v. Giuliani	Landesgerichtsrath	Wien.
773	Dr. Glaser	Professor	Wien.
774	Dr. Glaßner	Landes-Advokat	St. Pölten (Nied.-Oest.).
775	Dr. Ritter v. Hye-Glunek	Sektions-Chef im Justiz-Ministerium	Wien.
776	Dr. Görner	Landes-Advokat	Budweis (Böhmen).
777	Frhr. v. Gorizzutti	Justizministerial-Concipist	Wien.
778	Dr. Ritter v. Gredler	Hof- und Gerichts-Advokat	Wien.
779	Dr. Grimm	Statthaltereirath	Prag.
780	Dr. Grimm	General-Sekretär der priv. Südbahngesellschaft	Wien.

Nr.	Name.	Stand.	Wohnort.
781	Dr. Groß	Notar	Wels (Ob.-Oest.).
782	Dr. Grünberg	Hof- und Gerichts-Advokat	Wien.
783	Gründlinger	Landesgerichtsrath und Bezirksvorsteher	Scheibbs (Nied.-Oest.).
784	Dr. Grysar	Advokaturs-Candidat	Wien
785	Dr. Edler von Gschmeidler	Landes-Advokat	Ober-Hollabrunn (Nied.-Oesterreich).
786	Dr Gunesch	Advokaturs-Candidat	Wien.
787	Dr. Gutherz	Hof- und Gerichts-Advokat	Wien.
788	Gutsch	Notar	Hietzing bei Wien.
789	Frhr. v. Haan	Justizministerial-Rath	Wien.
790	Dr. Ritter von Haberler	Hof- und Gerichts-Advokat	Wien.
791	Dr. Frhr. v. Härdtl	Hof- und Gerichts-Advokat	Wien.
792	Dr. Frhr. v. Härdtl	Advokaturs-Candidat	Wien.
793	Halatschka	Kreisgerichts-Raths-Sekretär	Teschen (öst. Schles).
794	Haller	Landesgerichtsrath	Klattau (Böhmen).
795	Dr. Haimerl	Professor	Wien.
796	Dr. Hanel	Notar	Wagstadt (Schlesien).
797	Dr. Hanisch	Advokaturs-Candidat	Wien.
798	Hanisch	Bezirksamts-Adjunkt	Waidhofen a. d. Thaya (Nied.-Oest.)
799	Dr. Harant	Statthaltereirath	Wien.
800	Dr. Harl	Advokaturs-Candidat	Graz.
801	Dr. Ritter v. Harrasowsky	Justizministerial-Concipist	Wien.
802	Dr. Harum	Professor	Innsbruck.
803	Dr. Hauschild	Landes-Advokat	Prag.
804	Frhr. v. Haynau	Staatsanwalt aus Coburg	Greinburg (Nied.-Oest.).
805	Dr. Heidmann	Hof- und Gerichts-Advokat	Wien.
806	Dr. Hein	Landes-Advokat	Proßnitz (Mähren).
807	Dr. Hein	wirkl. geh Rath und Minister, Leiter des Justiz-Ministeriums	Wien.
808	Heinrich	Staatsanwalt	Korneuburg (N.-Oest.)

Nr.	Name.	Stand.	Wohnort.
809	Dr. Heinz	Landes-Advokat	Troppau.
810	Heiß	Bezirksamts-Adjunkt	Hainfeld (Nied.-Oest.).
811	Kreißle von Hellborn	Doktor der Rechte	Wien.
812	Dr. Heller	Professor	Graz
813	Ritter v. Scharfen-Hennersdorf	Justiz-Ministerialrath	Wien.
814	Dr. Herbst	Professor	Prag
815	Dr. Hermann	Hof- und Gerichts-Advokat	Wien.
816	Herzig	Notar	Wien.
817	Dr. Herzog	Advokaturs-Candidat	Wien.
818	Dr. Heyßler	wirkl. geh. Rath, Senats-Präsident des obersten Gerichtshofes	Wien.
819	Dr. Heyßler	Professor	Wien.
820	Dr. Hirschhofer	Notar	Graz.
821	Dr. Hochenegg	Hof- und Gerichts-Advokat	Wien.
822	Dr. Hochhauser	Advokaturs-Candidat	Steyr (Ob.-Oest.).
823	Dr. Hock	Landes-Advokat	Leitmeritz (Böhmen).
824	Dr. Höchsmann jun.	Advokaturs-Candidat	Wien.
825	Dr. Höchsmann	Landes-Advokat	Mauerkirchen (O.-Oest.).
826	Dr. Hönig	Advokaturs-Candidat	Wien.
827	Ritter v. Höniger	Statthalterei-Sekretär	Wien.
828	v. Hönigsberg	Notar	Wien.
829	Dr. Hoffer	Hof- und Gerichts-Advokat	Wien.
830	Dr. Hofmann	Landes-Advokat	Waizenkirchen (O.-Oest.).
831	Dr. Homann	Advokaturs-Candidat	Wien.
832	Horrack	Justiz-Ministerial-Concipist	Wien.
833	Dr. Huber	Advokaturs-Candidat	Wien.
834	Hübner	Staatsanwalt	Krems (Nied.-Oest.).
835	Dr. v. Huze	Hof- und Gerichts-Advokat	Wien.
836	Janeshitsh	Finanzbezirks-Direktions-Concipist	Laibach.
837	Janovski	Finanzprok.-Conc.-Pract.	Wien.

Nr.	Name.	Stand.	Wohnort.
838	Dr. Jaques	Verwaltungsrath der Handels-Akademie	Wien
839	Dr. Jeannée	Advokaturs-Candidat	Wien.
840	v. Wening-Ingenheim auf Hirschhorn	Doktor der Rechte	Wien.
841	Dr. Johanny	Advokaturs-Candidat	Wien.
842	Dr. Ritter von Jordan	Notar	Turnau (Böhmen).
843	Dr. Jünger	Hof- und Gerichts-Advokat	Wien.
844	Dr. Jüngling	Notariats-Candidat	Wien.
845	Dr. Jurnitschek	Finanzprok.-Conc.-Prakt.	Wien.
846	Dr. Kafka	Hof- und Gerichts-Advokat	Wien.
847	Kagerbauer	Ober-Staatsanwalt	Wien.
848	Dr. Kaiser	Notar	Wien.
849	Dr. Kaizl	Hof- und Gerichts-Advokat	Wieu.
850	Dr. Kalessa	Ober-Finanzrath	Wien.
851	Dr. Kallina	Ober-Landesgerichtsrath	Prag.
852	Dr. v. Kaltenegger	Finanzrath	Laibach.
853	Karrer	Notar	Raabs (Nied.-Oest.)
854	Dr. Kastner	Notar	Hernals bei Wien.
855	Dr. Kaufmann	Landes-Advokat	Neustadt (Mähren).
856	Dr. Kaul	Landes-Advokat	Neutitschein (Mähren)
857	Dr. Keller	Ober-Landesgerichtsrath	Wien.
858	Keller	Ober-Landesgerichtsrath	Krakau.
859	Kemperl	wirkl. Hofrath des obersten Gerichtshofes	Wien.
860	Kerner	Landesgerichts-Adjunkt	Wien.
861	Dr. Ritter v. Kindinger	Gerichts-Adjunkt	Wien.
862	Dr. Kirsch	Advokaturs-Candidat	Wien.
863	Dr. Ritter v. Kißling	Landes-Advokat	Scheerding (Ob.-Oest.).
864	Kleindl	wirkl. Hofrath des obersten Gerichtshofes	Wien.

Nr.	Name.	Stand.	Wohnort.
865	Kleiner	Notar	Groß-Enzersdorf (Nied.-Oesterreich).
866	Kleinrath	Finanzmin.-Concipist	Wien.
867	Dr. Klepsch	Notar	Rumburg (Böhmen)
868	Dr. Klier	Landes-Advokat	Tetschen (Böhmen).
869	Dr. Klob	Auskultant	Wien.
870	Dr. Klob	Advokaturs-Candidat	Brünn.
871	Dr. Klucky	Auskultant	Wien.
872	Knapp	Bezirksvorsteher	Nikolsburg (Mähren).
873	Dr. Knepler	Hof- und Gerichts-Advokat	Wien.
874	Dr. Kock	Bezirksamts-Aktuar	Ischl (Ob.-Oest.).
875	Dr Köchler	Hof- und Gerichts-Advokat	Wien.
876	König	Gerichts-Adjunkt	Wien.
877	Dr. Königsberg	Advokaturs-Candidat	Penzing bei Wien.
878	Dr. Kokoschinegg	Auskultant	Marburg (Steiermark).
879	Dr. Kolbe	Hof- und Gerichts-Advokat	Wien.
880	Dr. Kolisko	Hof- und Gerichts-Advokat	Wien.
881	Dr. Kopp, Joseph	Hof- und Gerichts-Advokat	Wien.
882	Dr. Kopp, Eduard	Hof- und Gerichts-Advokat	Wien.
883	Dr. Koreff	Landes-Advokat	Kuttenberg (Böhmen).
884	Dr. Kotschy	Advokaturs-Candidat	Wien.
885	Dr. Kral	Staatsanwalts-Substitut	Wien.
886	Dr. Krammer	Hof- und Gerichts-Advokat	Wien.
887	Dr. Kratky, Theod.	Advokaturs-Candidat	Wien.
888	Frhr. v. Krauß	wirkl. geheim. Rath und I. Präsident des obersten Gerichtshofes	Wien.
889	Dr. Kritsch	Justiz-Ministerialrath	Wien.
890	Dr. Kronawetter	Magistrats-Conc.-Prakt.	Wien.
891	Krumhaar	Staatsministerial-Concipist	Wien.
892	Dr. Krumpholz	Landes-Advokat	Freiwaldau (öst. Schles.).
893	Dr. Kunz	Finanzprokur.-Concipist	Krakau.
894	Laaber	Bezirksvorsteher	Gloggnitz (Nied.-Oest.).
895	Ritter v. Laminet	wirkl. Hofrath des obersten Gerichtshofes	Wien.

Nr.	Name.	Stand.	Wohnort.
896	Dr. Lammasch	Notar	Wien.
897	Lampl	Bezirksvorsteher	Neuhofen (Ob.-Oest.)
898	Lang	Gerichts-Adjunkt	Brünn.
899	Dr. Langer	Notar	Wien.
900	Dr. Lasch	Landes-Advokat	Jicin (Böhmen).
901	Dr. Ritter v. Lasser	wirkl. geheim. Rath u. Minister	Wien
902	Laßnigg	Ober-Landesgerichtsrath	Wien.
903	Dr. Lechner	Notar	Wien.
904	Dr. Lederer	Advokaturs-Candidat	Prag.
905	Dr. Leese	Advokaturs-Candidat	Wien.
906	Dr. Leidesdorf	Notar	Wien.
907	Dr. Lenz	Hof- und Gerichts-Advokat	Wien.
908	Dr. Lewin	Advokaturs-Candidat	Olmütz.
909	Frhr. v. Lewinsky	Sektions-Chef im Staats-Ministerium	Wien.
910	Dr. Leyrer	Hof- und Gerichts-Advokat	Wien.
911	Dr. Libitzky	Advokaturs-Candidat	Wien.
912	Dr. Lichtblau	Advokaturs-Candidat	Wien.
913	Dr. Lichtenstern	Hof- und Gerichts-Advokat	Wien
914	Dr. Edler v. Kunzek-Lichton	Landesgerichtsrath	Wien.
915	Lienbacher	Staatsanwalt	Wien.
916	Lichotzky	Sektionsrath im Justiz-Ministerium	Wien.
917	Lindermann	Landesgerichtsrath	Triest.
918	Dr. Linkh	Auskultant	Wien.
919	Dr. Liszt	Landesgerichtsrath	Wien.
920	Löschnigg	Bezirksvorsteher	Groß-Enzersdorf (Nied.-Oesterreich).
921	Dr. Lötsch	Notar	Atzenbruck (Nied.-Oest.).
922	Ritt. v. Löwenthal	Handels-Ministerialrath	Wien
923	Dr. Löwenthal	Advokaturs-Candidat	Wien.
924	Dr. Ludwig	Landes-Advokat	Retz (Nied.-Oest.).
925	Dr. Machanek	Landes-Advokat	Auspitz (Mähren).

Nr.	Name.	Stand.	Wohnort.
926	Dr. Machek	Landes-Advokat	Chrudim (Böhmen)
927	Mahler	Notar	Feldsberg (Nied.-Oest.).
928	Dr. Ritter v. Maly	Ministerialrath im Ministerium für Handel u. Volkswirthschaft	Wien
929	Dr. Mandelblüh	Landes-Advokat und Notar	Olmütz
930	Dr. Maresch	Hof- und Gerichts-Advokat	Wien
931	Ritter v. Reinlein-Marienburg	Justiz-Ministerialrath	Wien
932	Dr. Maschke	Referent d. Bodenkreditanstalt	Wien.
933	Dr. Mathis	Hof- und Gerichts-Advokat	Wien
934	Dr. Mauthner	Advokaturs-Candidat	Wien
935	Dr. Mayer	Notar	Wien
936	Dr. Mayerhofer	Notar	Wien
937	Merkl	Ober-Landesgerichtsrath	Wien
938	Dr. Merta	Landes-Advokat und Notar	Iglau (Mähren).
939	Dr. Michel	Landes-Advokat und Notar	Waidhofen a. d. Thaya (Nieder-Oesterreich)
940	Dr. Mikischka	Hof- und Gerichts-Advokat	Wien.
941	Mikschiczek	Notar	Brünn.
942	Dr. Millanich	Advokaturs-Candidat	Wien.
943	Ritter v. Mitis	Sektions-Chef im Justiz-Ministerium	Wien
944	Ritter v. Mitis	Justiz-Ministerial-Concipist	Wien
945	Dr. Mitlacher	Hof- und Gerichts-Advokat	Wien.
946	Dr. Mitscha	Hof- und Gerichts-Advokat	Wien
947	Dr. Mitschke	Auskultant	Wien.
948	Mochnacki	Landesgerichts-Präsident	Lemberg.
949	Edler v. Mörl	Notar	Vöcklabruck (Ob.-Oest.).
950	Monse	Finanz-Landes-Direkt.-Conc.	Wien.
951	Dr. Monti	Justiz-Ministerial-Concipist	Wien
952	Dr. Moosmann	Advokaturs-Candidat	Wien.
953	Edler v. Moritz	Kreisgerichts-Präses	Jicin
954	Dr. Moser	Advokat	Sternberg (Mähren).
955	Dr. Mraczek	Notar	Wien.

Nr.	Name.	Stand.	Wohnort.
956	Dr. Mück	Finanzprokuraturs-Concipist	Pesth.
957	Dr. v. Mühlfeld	Hof- und Gerichts-Advokat	Wien.
958	Dr A. Müller jun.	Hof- und Gerichts-Advokat	Wien
959	Dr. M. Müller	Hof- und Gerichts-Advokat	Wien.
960	v. Napadiewicz	wirkl. Hofrath des obersten Gerichtshofes	Wien.
961	Dr. Neumann	Regierungsrath u. Professor	Wien.
962	Dr. Neumeister	Advokaturs-Candidat	Wien
963	Dr. Neußer	Landes-Advokat	Freudenthal (öst. Schl.)
964	Dr. Newald	Civil- und Militär-Agent	Wien.
965	Dr. Newald	Landes-Advokat	Wiener-Neustadt (Nied.-Oesterreich).
966	Ritter von Wacek-Orlic	Statthalterei-Conc.-Prakt.	Wien.
967	Dr. v. Ott	Landes-Advokat	Brünn
968	Dr. Oxenbauer	Hof- und Gerichts-Advokat	Wien
969	Frhr. v. Paeumann	Statthalterei-Conc.-Prakt	Wien.
970	Paravicini	Notar	Hainburg (Nied.-Oest.).
971	v. Pauer	wirkl Hofrath des obersten Gerichtshofes	Wien.
972	Dr. Pawek	Hof- und Gerichts-Advokat	Wien.
973	Dr. Pawlik	Advokaturs-Candidat	Wien.
974	Dr. Peck	Gerichts-Adjunkt	Wien.
975	Dr. Peitler	Advokaturs-Candidat	Wien.
976	Dr. v Pelser	Bezirksamts-Aktuar	Hietzing bei Wien.
977	Ritter v. Perisutti	pens. Ober-Landesgerichts-Präsident	Wien.
978	Dr. Perley	Advokaturs-Candidat	Wien.
979	Dr. Pfaff	Professor	Hermannstadt (Siebenb.).
980	Dr. Pfefferer	Advokaturs-Candidat	Laibach.
981	Dr. Pfob	Advokaturs-Candidat	Wien.
982	Edler v. Pfungen	Ober-Landesgerichtsrath	Wien.
983	Dr. Ritt. v. Pfusterschmid	Notar	Wiener-Neustadt (Nied.-Oesterreich).
984	Pick	Landesgerichtsrath	Brünn.

Nr.	Name.	Stand.	Wohnort.
985	Dr. Pieta	Advokat	Kromau (Mähren)
986	Pisch	Advokaturs-Concipient	Wien.
987	Dr Pisko	Redakteur d. „Gerichtshalle"	Wien.
988	Ritter v. Pitreich	wirkl. Hofrath des obersten Gerichtshofes	Wien.
989	Plachy	Notar	Mähr Neustadt (Mähr).
990	Dr. Edler v Platner	Landes-Advokat	Triest.
991	Dr. Plattner	Notar	Praegarten (Ob.-Oest.).
992	Edler v Plener	wirkl. geh. Rath u. Finanzminister	Wien
993	Dr. Pobeheim	Notar	Wien.
994	Dr. Pokorny, Fr	Hof- und Gerichts-Advokat	Wien
995	Dr Pokorny, Ed	Hof- und Gerichts-Advokat	Wien.
996	Dr. Polaczek	Landes-Advokat	Reichenberg (Böhmen).
997	Pollanetz	Handels-Min.-Conc.-Adjunkt	Wien.
998	Dr. Pongratz	Hof- und Gerichts-Advokat	Laibach.
999	Dr. Poschacher	Notar	Hallein (Salzburg).
1000	Dr. Postl	Advokaturs-Candidat	Wien.
1001	Dr. Pozorny	Landschafts-Concipist	Brünn.
1002	Frh. v. Pratobevera	wirkl. geh. Rath	Wien.
1003	Dr. Preisenhammer	Landes-Advokat	Littau (Mähren).
1004	Preiß	Gerichtsleiter	Schwechat bei Wien
1005	Dr. Preißler	Advokaturs-Candidat	Wien, d. Z. Bielitz (öst. Schlesien).
1006	Dr. Priemann	Advokaturs-Candidat	Wien.
1007	Primavesi	wirkl. Hofrath des obersten Gerichtshofes	Wien.
1008	Dr. Pröll	Notar	Linz.
1009	Dr. Prokosch	Notar	Neubistritz (Böhmen)
1010	Pruggberger	Bezirksamts-Aktuar	Baden bei Wien.
1011	Dr. Ptaczek	Advokat und Notar	Boskowitz (Mähren).
1012	Dr. Vesque von Püttlingen	wirkl. Hof- u. Min.-Rath i. Ministerium d. Aeußern	Wien.

Nr.	Name.	Stand.	Wohnort.
1013	Puntschart	Doktor d. Phil. u. d. Rechte	Wien.
1014	Dr. Ritter v. Raimann	Gerichts-Adjunkt	Wien.
1015	v. Rainer	Finanz-Minist.-Conc. a. D.	Klagenfurt.
1016	Dr. Randa	Professor	Prag.
1017	Dr Ranzi	Advokaturs-Candidat	Wien.
1018	Ranzoni	Kreisgerichts-Präsident	St. Pölten (N.-Oest.).
1019	Dr. Rapp	Notar	Wien.
1020	Ratoliska	Bezirksvorsteher	Praegarten (Ob.-Oest.)
1021	Dr. Raudnitz	Landes-Advokat	Prag
1022	Dr. Rechbauer	Hof- und Gerichts-Advokat	Graz.
1023	Dr. Frhr. v. Reich	Ministerialrath	Wien.
1024	Dr. Reich	Notar	Wien.
1025	Dr Reif	Advokaturs-Candidat	Karlsbad (Böhmen).
1026	Reindl	Notar	Urfahr bei Linz.
1027	Dr. Reiner	Notariats-Candidat	Hernals bei Wien.
1028	Dr. Renger	Landes-Advokat und Notar	Tetschen (Böhmen).
1029	Reischl	Notar	Grein a. d Donau.
1030	Dr. Reiser	Advokaturs-Candidat	Wien.
1031	Dr Reissig	Advokat	Neutitschein (Mähren).
1032	Edler v. Rettich	Landesgerichtsrath	Wien.
1033	Dr. Reyer	Advokaturs-Candidat	d. Z. Venedig.
1034	Dr. v. Steinbüchel-Rheinwall	Ober-Finanzrath u. Central-Insp. i. Fin.-Ministerium	Wien.
1035	Dr. Richter	Hof- und Gerichts-Advokat	Wien.
1036	Richter	Gerichts-Adjunkt	Wien.
1037	Dr. Richter	Advokaturs-Candidat	Wien.
1038	Dr Riehl	Landes-Advokat	Wiener-Neustadt (Nied-Oesterreich).
1039	Dr. Rizy	Sektions-Chef i Just.-Min.	Wien.
1040	Rizy	disp. Stuhlrichter	Freistadt (Ob.-Oest.).
1041	Dr. Rodler	Notariats-Candidat	Wien
1042	Dr Rozi	Landes-Advokat	Iglau (Mähren).
1043	Dr. Rösler	Landes-Advokat	Zistersdorf (N.-Oest.).
1044	Dr. Rößler	Advokaturs-Candidat	Wien.

Nr.	Name.	Stand.	Wohnort.
1045	Dr. Rosenfeld	Hof- und Gerichts-Advokat	Wien.
1046	Dr. Rottensteiner	Landes-Advokat	Mürzzuschlag (Steierm)
1047	Dr. Rziha	Landes-Advokat	Budweis (Böhmen).
1048	Frhr. v. Sacken	Ober-Landesgerichtsrath, zugeth. im Justiz-Min.	Wien
1049	Dr Salomon	Advokaturs-Candidat	Wien.
1050	Dr. Schanzer	Advokaturs-Candidat	Wien.
1051	Dr. Ritt. v. Scharschmid	Landesgerichts-Präsident	Wien.
1052	Dr. Schaufler	Advokaturs Candidat	Vöcklabruck (Ober-Oest).
1053	Scheiner	Notar	Neulengbach (N.-Oest.).
1054	Dr. Schenk	Hof- und Gerichts-Advokat	Wien.
1055	Scheschigg	Ober-Landesgerichtsrath	Wien.
1056	Dr. Schiestl	Hof- und Gerichts-Advokat	Wien.
1057	Dr. Schik	Notar	Wien.
1058	Dr. Schimkowsky	Notar	Zdaunek (Mähren).
1059	Dr. Schinhann	Notar	Wolkersdorf (N.-Oest.)
1060	Schlager	Bezirksvorsteher	Tulln (N.-Oest.).
1061	Dr. Schlesinger	Landes-Advokat	Lobositz (Böhmen).
1062	Dr. Schlögelgruber	Hof- und Gerichts-Advokat	Wien.
1063	Schloß	Landesgerichtsrath	Wien.
1064	Schlossarek	Bezirksvorsteher	Sternberg (Mähren).
1065	Dr. Schmelkes	Landes-Advokat	Nikolsburg (Mähren).
1066	Ritter v. Schmerling	wirkl. geh. Rath u. Staats-Minister	Wien.
1067	Dr. Ritt. v Schmerling	Ober-Landesgerichtsrath	Wien.
1068	Dr. Schmeykal	Landes-Advokat, Mitglied des Böhm. Landesausschusses	Prag.
1069	Dr Schmidt	Staatsanwalts-Substitut	Wien.
1070	Dr. Schmitt	Hof- und Gerichts-Advokat	Wien.
1071	Dr. Schneider	Advokaturs-Candidat	Fünfhaus bei Wien.
1072	Schneider	Bezirksvorsteher	Neulengbach (N.-Oest.).
1073	Schober	Staatsanwalts-Substitut	Wien.

Nr.	Name.	Stand.	Wohnort.
1074	Schöbl	Ministerialrath	Wien.
1075	Dr. Schönborn	Landes-Advokat	Krakau.
1076	Dr. Schranzhofer	Gerichts-Adjunkt	Wien.
1077	Schubert	Handelsgerichts-Präsident	Prag.
1078	Schubert	Notar	Kamnitz (Böhmen).
1079	Dr. Schüller	Advokaturs-Candidat	Wien.
1080	Dr. Schulte	Professor	Prag.
1081	Dr. Schüßler	Advokaturs-Candidat	Wien.
1082	Dr. Edler v. Schulheim	Hofrath u. Leiter des Ober-Landesgerichts	Wien.
1083	Schustler	Notar	Neutitschein (Mähren).
1084	Dr. Schwach	Landes-Advokat	Baden bei Wien.
1085	Dr. Schwach	Auskultant	Graz.
1086	Schwaiger	Justizministerial-Concipist	Wien.
1087	Schwalm	Landesgerichtsrath	Brünn.
1088	Schwarz	Landesgerichts-Vicepräsident	Wien.
1089	Dr. Schwarz	Notar	Wien.
1090	Dr. Schwarz	Advokat und Notar	Aussig (Böhmen).
1091	Dr. Schweinburg	Advokaturs-Candidat	Wien.
1092	Seehann	Notar	Sankt Pölten (N.-Oest.).
1093	Seeliger	Notar	Schrems (Nied.-Oest.).
1094	Seidel	Landes-Advokat	Nikolsburg (Mähren).
1095	Dr. Seidler	Bezirksamts-Aktuar	Schwechat bei Wien.
1096	Dr. Siegel	Professor	Wien.
1097	Sighartner	Bezirksamts-Aktuar	Kremsmünster (O.-Oest.).
1098	Slawik	Landes-Advokat und Notar	Amstetten (Nied.-Oest.).
1099	Dr. Sochor	Advokaturs-Candidat	Wien.
1100	Dr. Frhr. v. Sommaruga	Finanzministerial-Rath	Wien.
1101	Dr. Edler v. Sonnleithner	Hof- und Gerichts-Advokat	Wien.
1102	Dr. Spanner	Advokaturs-Candidat	Wien.
1103	Sperl	Notar	Rohitsch (Steiermark).
1104	Dr. Spitzer	Advokaturs-Candidat	Wien.
1105	Starr	Justizministerial-Sekretär	Wien.

Nr.	Name.	Stand.	Wohnort.
1106	v. Stahl	Concepts-Adjunkt im Ministerium für Handel und Volkswirthschaft	Wien
1107	Dr Stammfest	Advokaturs-Candidat	Wien.
1108	Dr Stampfer	Landes-Advokat	Göding (Mähren).
1109	Dr. Staudinger	Bezirksamts-Aktuar	Ischl (Ob.-Oest.).
1110	Steiner	Ober-Landesgerichtsrath	Wien.
1111	Steiner	Landesgerichts-Adjunkt	Klagenfurt.
1112	Steinitz	Sektionsrath im Finanz-Ministerium	Wien.
1113	Dr. Stella	Advokaturs-Candidat	Hietzing bei Wien.
1114	Dr. Stern, Michael	Advokaturs-Candidat	Wien.
1115	Dr. Stern, Alfred	Advokaturs-Candidat	Wien.
1116	Dr. Sterzinger	Notar	Wien.
1117	Stiepanek	Notar	Neustadt (Mähren)
1118	Still	Gerichts-Adjunkt	Wien.
1119	Dr. Stingt	Advokaturs-Candidat	Krems (Nied.-Oest.).
1120	Dr. Stöhr	Advokaturs-Candidat	Wien.
1121	Dr. Stradal	Landes-Advokat und Notar	Ellbogen (Böhmen).
1122	Dr. Stradal	Landes-Advokat	Leitmeritz (Böhmen).
1123	Dr. Stradal	Landes-Advokat	Teplitz (Böhmen).
1124	Dr. van der Straß	Landes-Advokat	Brünn.
1125	Dr. Strauß	Advokaturs-Candidat	Wien.
1126	Dr. von Stubenrauch	Professor	Wien.
1127	Dr. Suppantschitsch	Hof- und Gerichts-Advokat	Wien.
1128	Dr. von Szymonovicz	wirkl. geh. Rath und Senats-Präsident des obersten Gerichtshofes	Wien.
1129	Tachauer	Gerichts-Adjunkt	Wien.
1130	Teischinger	Landesgerichtsrath	Graz.
1131	Dr. Teltscher	Hof- und Gerichts-Advokat	Wien.
1132	Teltschik	Notar	Mödling (Nied.-Oest.).
1133	v. Teschenberg	Handels-Min.-Conc.-Adjunkt	Wien.

Nr.	Name.	Stand.	Wohnort.
1134	Frhr. v. Lederer-Trattnern	Staatsministerial-Concipist	Wien.
1135	Dr. Ritter v. Trebersburg	Hof- und Gerichts-Advokat	Wien.
1136	Dr Tremel	Hof- und Gerichts-Advokat	Wien.
1137	Polivka v. Treuensee	Ober-Landesgerichtsrath	Wien.
1138	Dr. Tripold	Advokaturs-Candidat	Graz.
1139	Turteltaub	Advokaturs-Concipient	Wien.
1140	Dr. Uchatzy	Notar	Reichenberg (Böhmen)
1141	Dr. Ulbricht	Hof- und Gerichts-Advokat	Wien.
1142	Dr Unger	Professor	Wien.
1143	Dr. Vergeiner	Landes-Advokat und Notar	Freistadt (Ob.-Oest.).
1144	Dr. Veth	Landes-Concipist	Wien.
1145	Dr. v. Vilas	Advokaturs-Candidat	Wien.
1146	Volkelt	Notar	Prag.
1147	Dr. Völkl	Advokaturs-Candidat	Wien
1148	Dr. Vollmayer	Hof- und Gerichts-Advokat	Wien.
1149	Wagner	Bezirksamts-Adjunkt	Ischl (Ob.-Oest.)
1150	Dr. Wahlberg	Professor	Wien.
1151	Dr. Wallaschek	Notar	Brünn.
1152	v. Walter	Raths-Sekretär des obersten Gerichtshofes	Wien.
1153	Dr. Ritter v. Waser	Ober-Staatsanwalt	Graz.
1154	Dr. Weeber	Landes-Advokat	Weiskirchen (Mähren).
1155	Dr. Wehli	Hof- und Gerichts-Advokat	Wien.
1156	Dr. Weigl	Kreisgerichts-Präsident	Steyr (Ob.-Oest).
1157	Dr Weil	Regierungsrath im Ministerium des Aeußern	Wien.
1158	Dr. Weinlich	Advokaturs-Candidat	Wien.
1159	Dr. Weiß	Landesgerichtsrath	St. Pölten (Nied.-Oest.).
1160	Dr. Weiß	Advokaturs-Candidat	Wien
1161	Dr. Weißel	Hof- und Gerichts-Advokat	Wien.
1162	Dr. Weißmann	Staatsministerial-Rath	Wien.
1163	Dr. Weitlof	Advokaturs-Candidat	Wien.

Nr.	Name	Stand.	Wohnort.
1164	Ritter v. Weixelbaum	Hofrath und pens. Landesgerichts-Vicepräsident	Wien.
1165	Dr. Ritt. v. Wenisch	Ober-Landesgerichtspräsident	Linz
1166	Dr. Werner	Advokaturs-Candidat	Wien.
1167	Dr Wessely	Professor	Prag
1168	Wessely	Gerichts-Adjunkt	Krǒmau (Mähren)
1169	Dr. Wiedenfeld	Hof- und Gerichts-Advokat	Wien
1170	Dr. Wien	Advokaturs-Candidat	Prag.
1171	Dr. Wiener	Landes-Advokat	Prag.
1172	Wierzbicki	Justizministerial-Sekretär	Wien.
1173	Dr. Wilhelm	Fin.-Prok.-Conc.-Praktikant	Wien.
1174	Willfort	Gerichts-Adjunkt	Wien.
1175	Dr. Waidele Edler v. Willingen	Landesgerichts-Präsident	Prag.
1176	Dr. Willner	Hof- und Gerichts-Advokat	Wien.
1177	Dr. Ritter v. Winiwarter	Hof- und Gerichts-Advokat	Wien.
1178	Dr. Winter	Advokaturs-Candidat	Wien.
1179	Wirl	Bezirksvorsteher	Ischl (Ob.-Oest.)
1180	Dr. Wiser	Hof- und Gerichts-Advokat	Linz.
1181	Dr. Wittek	Landes-Advokat	Znaim (Mähren).
1182	Witting	Landesgerichtsrath	Brünn
1183	Dr. Wodikh	Hof- und Gerichts-Advokat	Wien.
1184	Wögerer	Ober-Landesgerichtsrath	Wien.
1185	Dr. Wölhelm	Landes-Advokat	Brünn
1186	Ritter v. Wolff	pens. Hofrath des obersten Gerichtshofes	Wien.
1187	Dr. Wrann	Landes-Advokat	Bruck a. d. Leitha (Nied.-Oesterreich).
1188	Dr. Wunsch	Hof- und Gerichts-Advokat	Wien.
1189	Dr. Zelinka	Landesmarschalls-Stellvertreter von Nied.-Oesterreich, Bürgermeister von Wien	Wien.
1190	Dr. Zillich	Landes-Advokat	St Pölten (Nied.-Oest.).
1191	Dr. Zimmermann	Advokaturs-Candidat	Wien.

Nr.	Name.	Stand.	Wohnort.
1192	Zink	Ober-Landesgerichtsrath	Wien.
1193	Dr. Zirkel	Ober-Landesgerichtsrath	Prag.
1194	Dr. Zoll	Professor	Krakau.

Großherzogthum Oldenburg.

1195	Becker	Ober-Appellationsrath	Oldenburg.
1196	Baron v. Beaulieu-Marconnay	Ober-Appellationsrath	Oldenburg.
1197	Flor	Auditor	Oldenburg.
1198	Görlitz	Ober-Gerichtsanwalt	Birkenfeld.
1199	Gräper	Ober-Gerichtsrath	Varel.
1200	Heddäus	Anwalt	Oberstein.
1201	Dr. v. Hoyer	Ober-Gerichtsanwalt	Oldenburg.
1202	Schomann	Amtsrichter	Oberstein.
1203	Tappenbeck	Ober-Gerichtsrath	Oldenburg.
1204	Trentepohl	Ober-Appellationsrath	Oldenburg

Königreich Preußen.

1205	Dr. Abegg	Geh. Justizrath, u. Professor	Breslau.
1206	Abegg	Gerichts-Assessor	Breslau.
1207	Adams I.	Justizrath u. Advokat-Anwalt	Coblenz.
1208	Adams II.	Advokat-Anwalt	Coblenz.
1209	Ahlemann	Justizrath, Rechtsanwalt	Grätz bei Posen.
1210	Ahlemann	Rechtsanwalt	Samter.
1211	Albrecht	Kreisrichter	Lauenburg i. P.
1212	Alschefski	Rechtsanwalt	Magdeburg.
1213	Dr. Anschütz	Professor	Halle a. S.
1214	Arndts	Staatsanwalt	Mohrungen.
1215	Aschenborn	Rechtsanwalt	Arnswalde.
1216	Ax	Justizrath, Rechtsanwalt u. Notar	Mühlheim a. d. R.

Nr.	Name.	Stand.	Wohnort.
1217	Bader	Kreisgerichtsrath	Heiligenstadt.
1218	Baier	Staatsanwalt	Löwenberg (Schlesien).
1219	Ballhorn	Ober-Tribunalsrath	Berlin.
1220	Bartolomäus	Kreisrichter	Cammin i. P.
1221	Bartsch	Appellationsger.-Referendar	Reichenbach (Schlesien).
1222	Bassenge	Kreisrichter	Lauban.
1223	Bauer	Appellationsger.-Referendar	Reichenbach (Schlesien).
1224	Dr. Bauerband	Geh. Justizrath u. Professor	Bonn.
1225	Bayer	Rechtsanwalt	Schönau (Schlesien).
1226	Becher	Justizrath, Rechtsanwalt	Berlin.
1227	Berckenkamp	Justizrath, Rechtsanwalt und Notar	Mühlheim a. d. R.
1228	Bergmann	Rechtsanwalt	Spandau.
1229	Bering	Kreisrichter	Elsterwerda.
1230	Berndt	Kammergerichtsrath	Berlin
1231	Berndt	Justizrath, Rechtsanwalt und Notar	Nordhausen.
1232	Berner	Justizrath, Rechtsanwalt	Mohrungen.
1233	Bernhard	Gerichts-Assessor	Berlin.
1234	v. Bernuth	Justiz-Minister a. D.	Berlin.
1235	v. Bernuth	Referendar	Essen.
1236	Bertheim	Rechtsanwalt	Posen.
1237	Dr. Beseler	Geh. Justizrath u. Professor	Berlin.
1238	Besser	Appellationsger.-Referendar	Naumburg a. S.
1239	Besthorn	Justizrath, Rechtsanwalt	Danzig.
1240	Beyrich	Kreisrichter	Perleberg
1241	Billerbeck	Justizrath, Rechtsanwalt	Anclam.
1242	Block	Rechtsanwalt	Magdeburg.
1243	Blöbaum	Rechtsanwalt	Berent.
1244	Bock	Gerichts-Direktor a. D.	Hagen.
1245	Bock	Kreisrichter	Pasewalk.
1246	Bodstein	Rechtsanwalt	Löwenberg (Schlesien).
1247	Böhm	Rechtsanwalt	Berlin.
1248	Böhmer	Kreisgerichtsrath	Stettin.
1249	Böle	Justizrath, Rechtsanwalt	Münster.

Nr.	Name.	Stand.	Wohnort.
1250	Bonseri	Appellationsgerichtsrath	Potsdam.
1251	Borchardt	Stadtgerichtsrath	Berlin.
1252	Dr. Bornemann	Stadtrichter	Berlin.
1253	Bothe	Rechtsanwalt	Trzemeszno.
1254	Bouneß	Rechtsanwalt	Berlin.
1255	Bcuneß	Rechtsanwalt	Breslau.
1256	Brachvogel	Justizrath, Rechtsanwalt	Wollstein.
1257	Brachvogel	Rechtsanwalt	Berlin.
1258	Brebeck	Rechtsanwalt	Lötzen.
1259	Bremig	Advokat-Anwalt	Coblenz.
1260	v Briesen	Rechtsanwalt	Hagen
1261	Brockhoff	Kammergerichts-Auskultator	Duisburg
1262	Bromme	Rechtsanwalt	Naumburg a S.
1263	Brügmann	Gerichts-Assessor	Essen.
1264	Buchholtz	Kreisrichter	Essen.
1265	Buchwald	Rechtsanwalt und Notar	Gr.-Strelitz (Schlesien).
1266	Büchtemann	Gerichts-Assessor	Berlin.
1267	Bühl	Rechtsanwalt	Paderborn.
1268	Bulla	Rechtsanwalt	Lauban.
1269	Burchard	Rechtsanwalt	Charlottenburg.
1270	Bussenius	Rechtsanwalt a. Ober-Trib.	Berlin.
1271	Buyx	Advokat	Köln
1272	Casper	Justizrath, Rechtsanwalt	Berlin.
1273	v. Choltitz	Kreisgerichtsrath	Jauer.
1274	Chomse	Kreisrichter	Culm.
1275	Corty	Justizrath, Rechtsanwalt	Luckau.
1276	Crome	Regierungsrath	Erfurt
1277	Dalcke	Staatsanwalt	Delitzsch.
1278	Damke	Justizrath, Rechtsanwalt	Filehne.
1279	Danner	Justizrath	Mühlhausen
1280	Dechend	Kreisgerichts-Direktor	Glatz.
1281	Decker	Ober-Tribunalsrath	Berlin
1282	Deegen	Stadtgerichtsrath	Berlin.
1283	Dr. Degenkolb	Ger.-Assessor u. Priv.-Dozent	Berlin
1284	Dr. Dernburg	Professor	Halle.

Nr.	Name.	Stand.	Wohnort.
1285	v. Dewitz	Justizrath, Rechtsanwalt	Stettin.
1286	Dockhorn	Kreisrichter	Kempen (Posen)
1287	Dorn	Justizrath, Rechtsanwalt am Ober-Tribunal	Berlin.
1288	Dr. Drewcke	Advokat	Köln
1289	Ebers	Stadtgerichtsrath	Berlin.
1290	Dr. Eberty	Stadtgerichtsrath	Berlin.
1291	v. Eckenbrecher	Kreisgerichts-Direktor	Bergen auf Rügen.
1292	Eckert	Justizrath	Bromberg.
1293	Eding	Appellationsgerichtsrath	Magdeburg
1294	Ehlers	Kreisgerichtsrath	Halberstadt.
1295	Ehlert	Kreisrichter	Niemeck
1296	Ehrhard	Landgerichts-Referendar	Trier.
1297	Elbers	Rechtsanwalt	Hagen.
1298	Frhr. von Elmendorff	Staatsanwalt	Heiligenstadt.
1299	Elven	Advokat-Anwalt	Köln
1300	v. Enckevort	Appellationsgerichtsrath	Stettin.
1301	Engelhardt	Justizrath, Rechtsanwalt	Posen.
1302	Engelmann	Justizrath, Rechtsanwalt	Ratibor
1303	Engels	Rechtsanwalt und Notar	Potsdam.
1304	Ernst	Kammergerichts-Referendar	Berlin.
1305	Esselen	Rechtsanwalt und Notar	Lüdenscheid.
1306	Euler	Notar	Düsseldorf.
1307	Fahrenhorst	Kreisgerichtsrath	Ragnit.
1308	Fatken	Staatsanwalts-Gehilfe	Lobsens.
1309	Feige	Kreisrichter	Kempen (Posen).
1310	Fiebiger	Rechtsanwalt	Halle a. S.
1311	Dr Filehne	Kreisrichter	Ratibor.
1312	Dr. Fischer	Kreisgerichtsrath	Schweidnitz.
1313	Fischer	Justizrath, Rechtsanwalt	Breslau.
1314	Fischer	Justizrath, Rechtsanwalt	Magdeburg.
1315	Fischer	Advokat-Anwalt	Köln
1316	Fitting	ord. Professor der Rechte	Halle a. S.
1317	Fleischauer	Appellationsgerichtsrath	Magdeburg.

Nr.	Name.	Stand.	Wohnort.
1318	Flierdl	Staatsprokurator	Köln.
1319	Florschütz	Kreisrichter	Hagen.
1320	Francke	Kreisgerichts-Direktor	Suhl.
1321	Frank	Kreisgerichtsrath	Crossen a. O.
1322	Frank	Gerichts-Assessor	Bonn.
1323	Franz	Justizrath, Rechtsanwalt	Naumburg a. S.
1324	Frech	Ober-Tribunalsrath	Berlin.
1325	Frech	Stadtgerichtsrath	Berlin.
1326	Fretzdorff	Justizrath, Rechtsanwalt	Berlin
1327	Freund	Kreisgerichtsrath	Halle a. S.
1328	Freund	Rechtsanwalt	Breslau.
1329	Freusberg	Kreisgerichtsrath	Olpe (Westphalen).
1330	Friccius	Justizrath, Divisions-Audit.	Berlin.
1331	Dr. Friedberg	Geh. Ob.-Justizrath u. vortr. Rath im Justiz-Minist.	Berlin.
1332	Dr. Friedenthal	Landrath	Grottkau (Schlesien).
1333	Friedländer	Geh. Ober-Justizrath	Berlin.
1334	Friedländer I	Gerichts-Assessor	Breslau.
1335	Friedländer II.	Gerichts-Assessor	Breslau.
1336	Dr. Gad	Rechtsanwalt und Notar	Breslau.
1337	Geck	Kreisgerichtsrath	Werden a. R.
1338	Geck	Rechtsanwalt	Hagen.
1339	Gedicke	Bergrath und Bergamts-Justitiar	Breslau.
1340	Dr. Gehbler	Kreisrichter	Filehne.
1341	Gelineck	Justizrath, Rechtsanwalt	Breslau.
1342	v. Gerhard	Syndikus	Königsberg i. P.
1343	Dr. Gerhard	Kreisrichter	Schwiebus.
1344	Gerstäcker	Kreisrichter	Gleiwitz (Ob.-Schlesien).
1345	Gesenius	Stadtrath	Berlin.
1346	Geßler	Justizrath, Rechtsanwalt	Bromberg.
1347	Giehlow	Staatsanwalt	Oppeln.
1348	Gierse	Rechtsanwalt	Münster.
1349	Giesinger	Kreisrichter	Wollstein.
1350	Giller	Rechtsanwalt und Notar	Nikolai (Ober-Schlesien).

Nr.	Name.	Stand.	Wohnort.
1351	Dr. Gitzler	Professor der Rechte	Breslau.
1352	Glasewald	Kreisgerichtsrath	Naumburg a. S.
1353	Glöckner	Justizrath, Rechtsanwalt	Halle a. S.
1354	Dr. Gneist	Professor	Berlin.
1355	Gnielka	Kreisrichter	Trebnitz.
1356	Gödecke	Justizrath, Rechtsanwalt	Halle a. S.
1357	Göring	Rechtsanwalt und Notar	Schlawe (Pommern)
1358	Göring	Stadt- u. Kreisgerichtsrath	Magdeburg.
1359	Götze	Appellationsgerichtsrath	Frankfurt a. O.
1360	Goldstandt	Rechtsanwalt und Notar	Rosenberg i. W.-P.
1361	Dr. Goltdammer	Ober-Tribunalsrath	Berlin.
1362	Gordan	Doktor der Rechte	Breslau.
1363	Gottschalk	Kreisrichter	Bielefeld.
1364	Gräff	Advokat-Anwalt	Coblenz.
1365	v. Grävenitz	Ober-Staatsanwalt	Marienwerder.
1366	Graßhof	Kreisgerichtsrath	Halberstadt.
1367	v. Groddeck	Rechtsanwalt	Schwetz.
1368	Grolp	Rechtsanwalt	Neustadt i. W.-P.
1369	Gründel	Justizrath, Rechtsanwalt	Ratibor.
1370	Grüner	Appellationsgerichtsrath	Ratibor.
1371	Baron von Grutschreiber	Kreisgerichtsrath	Ratibor.
1372	Gryczewski	Kreisrichter	Lötzen.
1373	Gubitz	Notar	Berlin
1374	Dr. Güterbock	Stadtrichter	Königsberg i. P.
1375	Gützloe	Justizrath	Essen.
1376	Haack	Rechtsanwalt	Glogau.
1377	Hachtmann	Appellationsgerichtsrath	Naumburg a. S.
1378	Dr. Häberlin	Professor	Greifswald.
1379	Hänisch	Rechtsanwalt	Colberg.
1380	Hahndorff	Staatsanwalt	Berlin.
1381	Dr. Hambrook	Rechtsanwalt	Marienwerder.
1382	Hammacher	Doktor der Rechte	Essen.
1383	Hammerfeld	Rechtsanwalt	Berlin.
1384	Hanke	Justizrath	Eilenburg.

Nr.	Name.	Stand.	Wohnort.
1385	Hantelmann	Rechtsanwalt	Inowraclaw.
1386	v. Hartmann	Kreisgerichts-Direktor	Habelschwerdt.
1387	Hauschteck	Staatsanwalt	Stralsund.
1388	Hay	Rechtsanwalt	Insterburg.
1389	Hayn	Justizrath, Rechtsanwalt	Breslau.
1390	Hecht	Rechtsanwalt	Kempen (Posen).
1391	Heidenreich	Kanzleirath, erster Bibliothekar d. Ober-Tribunals	Berlin.
1392	Heidsieck	Rechtsanwalt	Rahden (R.-B. Minden).
1393	Heilborn	Rechtsanwalt	Berlin.
1394	Dr. Heimann	Gerichts-Assessor	Breslau.
1395	Heimbrod	Kreisgerichts-Direktor	Rybnick
1396	Dr. Heimsoeth	Geh. Ober-Justizrath und Präsident	Köln
1397	Heineccius	Ober-Tribunalsrath	Berlin.
1398	Heintze	Justizrath, Rechtsanwalt	Frankfurt a. O.
1399	Heinzel	Justizrath, Rechtsanwalt	Bunzlau.
1400	Hempel	Justizrath, Rechtsanwalt	Weißenfels.
1401	Hermanni	Stadtgerichtsrath	Berlin.
1402	Herms	Gerichts-Assessor	Freienwalde a. O.
1403	Herrmann I.	Gerichts-Assessor	Berlin.
1404	Hertz	Appellationsgerichtsrath	Hamm.
1405	Herzbruch	Kreisrichter	Minden.
1406	Herzfeld	Rechtsanwalt	Insterburg.
1407	Herzfeld	Rechtsanwalt	Sprottau.
1408	Heß	Kreisgerichtsrath	Waldenburg (Schlesien).
1409	Dr. Heydemann	Geh. Justizrath u. Professor	Berlin.
1410	Heyden	Doktor der Rechte	Lindengut bei Essen.
1411	Hiersemenzel	Stadtrichter	Berlin, Schönebergerstraße 26.
1412	Hillmar	Justizrath, Rechtsanwalt	Cöslin.
1413	Hilse I.	Kammergerichts-Referendar	Berlin.
1414	Dr. Hilse II.	Appellationsger.-Referendar	Bromberg.
1415	Hinrichs	Kreisrichter	Halle a. S.
1416	Dr. Hinschius	Justizrath, Rechtsanwalt	Berlin

Nr.	Name.	Stand.	Wohnort.
1417	Dr. Hinschius	Professor	Halle a. S.
1418	Dr. Hirsch	Rechtsanwalt	Parchwitz.
1419	Höniger	Rechtsanwalt	Inowraclaw.
1420	Dr. Höpner	Geh. Justizrath a. D.	Berlin
1421	Dr. Höpner	Ober-Tribunalsrath	Berlin
1422	Hoffmann	Kreisgerichtsrath	Graudenz.
1423	Hohnhorst	Rechtsanwalt	Oppeln
1424	Holthoff	Rechtsanwalt	Berlin.
1425	Dr. F. von Holtzendorff	Professor	Berlin.
1426	Hopmann	Kreisgerichts-Direktor	Olpe (Westphalen)
1427	Hopmann	Advokat-Anwalt	Bonn
1428	Horn	Kreisgerichts-Direktor und Ober-Landesgerichtsrath	Naumburg a. S.
1429	v. Horn	Appellationsger.-Referendar	Eisleben.
1430	Horst	Justizrath, Rechtsanwalt	Breslau.
1431	Dr. Horwitz	Rechtsanwalt	Grünberg (Schlesien).
1432	Hosius	Kreisrichter	Neuwied.
1433	Huck	Kreisrichter	Zehden.
1434	Humbert	Justizrath, Rechtsanwalt u. Notar	Berlin.
1435	Hunger	Justizrath, Rechtsanwalt	Merseburg.
1436	Jacobi	Kammergerichtsrath	Berlin.
1437	Jeidels	Doktor der Rechte	Berlin.
1438	Jeiseck	Appellationsgerichtsrath	Posen.
1439	Jenthe	Rechtsanwalt	Falkenberg (Ob.-Schles.).
1440	Jeschke	Gerichts-Assessor	Halberstadt.
1441	Jester	Justizrath, Rechtsanwalt	Königsberg i. P.
1442	Joel	Rechtsanwalt	Greiffenberg (Schlesien).
1443	Jordan	Rechtsanwalt	Ragnit
1444	Itzmer	Justizrath, Rechtsanwalt am Ober-Tribunal	Berlin
1445	Jung	Geh. Justizrath, Rechtsanwalt am Ober-Tribunal	Berlin.
1446	Kade	Kreisrichter	Frankenstein (Schlesien).

Nr.	Name.	Stand	Wohnort.
1447	Désiré von Kaldenberg	Advokat	Coblenz
1448	Kamp	Advokat	Crefeld.
1449	Kanngießer	Ober-Staatsanwalt z. D.	Greifswald.
1450	Karlowa	Auditeur	Bonn.
1451	Keibel	Stadtrichter	Berlin.
1452	Kelch	Rechtsanwalt	Potsdam.
1453	Keller	Auditeur	Spandau.
1454	Keller	Kreisrichter	Essen.
1455	Kempe	Rechtsanwalt	Stargard (Pommern)
1456	Keßler	Staatsanwalt	Burg bei Magdeburg
1457	Keyßner	Stadtrichter	Berlin.
1458	v. Kitzing	Geh. Justizrath	Münster.
1459	Klimowicz	Rechtsanwalt	Königsberg i. P.
1460	Klinkmüller	Kreisgerichtsrath	Luckau.
1461	Klotz	Kreisgerichtsrath	Berlin.
1462	Knauth	Kreisgerichtsrath	Merseburg
1463	Kneusel	Justizrath, Rechtsanwalt	Ratibor.
1464	Kneusel	Kreisrichter	Cosel (Schlesien).
1465	Koch	Rechtsanwalt und Notar	Schweidnitz.
1466	Kochann	Stadtgerichtsrath	Berlin.
1467	König	Justizrath, Advokat-Anwalt	Cleve.
1468	König	Rechtsanwalt und Notar	Leobschütz.
1469	Kohleis	Kreisrichter	Ostrowo.
1470	Kolbe	Rechtsanwalt und Notar	Crossen a. O.
1471	Kolk	Kreisgerichtsrath	Berlin.
1472	Korb	Rechtsanwalt,	Breslau.
1473	Korn	Stadtrath	Quedlinburg.
1474	Korpulus	Rechtsanwalt und Notar	Wohlau.
1475	Kortenbeit'l	Kreisrichter	Templin.
1476	Kortum	Rechtsanwalt	Halberstadt.
1477	Koschella	Rechtsanwalt	Habelschwerdt.
1478	Kosegarten	Kammergerichts-Referendar	Berlin.
1479	Koßmann	Ober-Tribunalsrath	Berlin.
1480	v. Krämel	Appellationsgerichtsrath	Naumburg a. S.

Nr	Name	Stand.	Wohnort.
1481	Kramer	Justizrath, Advokat-Anwalt	Düsseldorf
1482	Kremkow	Rechtsanwalt	Gleiwitz (Ob.-Schlesien).
1483	Kremnitz	Justizrath, Rechtsanwalt	Berlin
1484	Kretschmann	Rechtsanwalt	Burg bei Magdeburg
1485	Krüger	Stadtgerichtsrath	Berlin.
1486	Krug	Appellationsgerichtsrath	Naumburg a. S
1487	Kühn	Justizrath, Rechtsanwalt	Pyritz.
1488	Kühnas	Kreisrichter	Torgau
1489	Kühne	Appellationsgerichtsrath, Mitglied der Gesetz-Revisions-Kommission	Berlin
1490	Kühne	Kreisrichter	Prettin bei Torgau.
1491	Kühnemann	Geh Finanzrath und Haupt-Bank-Justitiar	Berlin.
1492	Dr. Kühns	Privat-Dozent	Berlin.
1493	Küttner	Appellationsgerichtsrath	Frankfurt a. O.
1494	Kuhr	Kreisrichter	Grottkau (Schlesien).
1495	v. Kunowsky	Kreisgerichts-Direktor	Beuthen (Ob.-Schlesien).
1496	Kurlbaum	Stadt- und Kreisrichter	Magdeburg.
1497	Kurlbaum	Kreisrichter	Zossen.
1498	Kuwert	Rechtsanwalt	Kaukehmen.
1499	Kyll jun.	Advokat	Köln.
1500	Lambrecht	Kreisgerichtsrath und Abtheilungs-Direktor	Lobsens.
1501	Landwehr	Notar	Köln.
1502	Lange	Rechtsanwalt	Creuzburg (Ob.-Schl.).
1503	Langen	Referendar	Essen.
1504	Lasker	Gerichts-Assessor	Berlin.
1505	Laué	Gerichts-Assessor	Charlottenburg.
1506	Lauhn	Staatsanwalt	Naumburg a. S.
1507	Lehfeldt	Gerichts-Assessor	Berlin.
1508	Lehmann	Advokat-Anwalt	Köln.
1509	Leißring	Gerichts-Assessor	Halle a. S.
1510	Lennich	Rechtsanwalt	Lüdenscheid.
1511	Lent	Rechtsanwalt	Breslau

Nr.	Name.	Stand	Wohnort.
1512	Lenz	Rechtsanwalt	Greifswald.
1513	Leonhard	Rechtsanwalt	Beuthen (Ob.-Schlesien)
1514	Leonhard	Rechtsanwalt	Grünberg (Schlesien).
1515	Lepsius	Appellationsgerichtsrath	Naumburg a. S
1516	Leske	Staatsanwalt	Bromberg.
1517	Lesse	Kreisrichter	Thorn.
1518	Lesser	Appellationsgerichtsrath	Posen.
1519	Levin	Gerichts-Assessor	Berlin.
1520	Lewald	Rechtsanwalt	Berlin.
1521	Lewald	Stadt- und Kreisrichter	Danzig
1522	Libawsky	Rechtsanwalt	Creuzburg (Ob.-Schles)
1523	Liebert	Justizrath, Rechtsanwalt	Danzig.
1524	Liebmann	Stadtgerichtsrath	Berlin
1525	Liman	Stadtgerichtsrath	Berlin.
1526	Lindemann	Rechtsanwalt	Habelschwerdt.
1527	Lindemann	Bürgermeister, Ger.-Ass. a D.	Essen.
1528	Lindner	Kreisrichter	Behrend bei Danzig.
1529	Lingmann	Advokat-Anwalt	Coblenz.
1530	Linke	Gerichts-Assessor	Glogau.
1531	Lipke	Rechtsanwalt	Schwetz.
1532	Graf zur Lippe	Justiz-Minister	Berlin.
1533	Dr. Löhr	Landgerichts-Assessor	Köln.
1534	Löper	Rechtsanwalt	Wittenberg (Reg. - Bez Merseburg).
1535	Longard II	Advokat-Anwalt	Coblenz.
1536	Loreck	Rechtsanwalt u. Notar	Berlin.
1537	Lorenz	Gerichts-Assessor	Crossen a. O.
1538	v. Lossow	Staatsanwalt	Wreschen.
1539	Dr. Louis	Kreisgerichtsrath	Berlin.
1540	Lubowsky	Rechtsanwalt und Notar	Cosel (Schlesien).
1541	v. Luck	Staatsanwalt	Potsdam.
1542	Lüdicke	Justizrath, Rechtsanwalt	Berlin.
1543	Lüdicke	Kammergerichts-Referendar	Berlin
1544	Lympius	Appellationsgerichts-Direktor	Halberstadt.
1545	Maaß	Stadtgerichtsrath	Berlin.

Nr.	Name.	Stand.	Wohnort.
1546	Macco	Justizrath, Rechtsanwalt	Siegen.
1547	Makower	Rechtsanwalt und Notar	Berlin.
1548	Mallison	Rechtsanwalt	Carthaus (Westpreußen).
1549	Marck	Gerichts-Assessor	Breslau.
1550	Martins	Landgerichtsrath	Elberfeld.
1551	Martins	Stadtrath	Görlitz.
1552	Martiny	Rechtsanwalt	Kaukehmen.
1553	Maß	Appellationsger.-Auskultator	Anclam.
1554	Mattersdorf	Kreisrichter	Wohlau.
1555	Mayet	Justizrath, Rechtsanwalt	Berlin.
1556	Meese	Kreisrichter	Lüdenscheid.
1557	Meibauer	Kreisrichter	Schivelbein.
1558	v Meibohm	Geh. Justizrath	Berlin.
1559	Meier	Geh. Justiz- u. vortr Rath im Justiz-Ministerium	Berlin
1560	Meineke	Kreisrichter	Burg bei Magdeburg.
1561	Meißner	Kreisgerichts - Direktor und Ober-Landesgerichtsrath	Quedlinburg.
1562	Methner	Gerichts-Assessor	Breslau.
1563	Meurer	Landgerichts-Assessor	Coblenz.
1564	Metz	Kreisgerichtsrath	Brandenburg a. H.
1565	Metz	Rechtsanwalt	Werne a. d. Lippe.
1566	Meyen	Justizrath, Rechtsanwalt u. Notar	Berlin.
1567	Meyer	Ober-Tribunalsrath	Berlin.
1568	Meyer	Rechtsanwalt	Insterburg.
1569	Meyer, Siegm.	Rechtsanwalt	Berlin.
1570	Meyn	Rechtsanwalt	Berlin.
1571	Michaelis	Kreisrichter	Worbis.
1572	Mier	Rechtsanwalt	Neustadt (Ob.-Schles.).
1573	Milch	Gerichts-Assessor	Breslau.
1574	v. Minigerode	Gutsbesitzer u. Appellationsgerichts-Referendar a. D.	Halberstadt.
1575	Minsberg	Rechtsanwalt	Bunzlau (Schlesien)

Nr.	Name.	Stand	Wohnort.
1576	Mitscher	Gerichts-Assessor	Neisse.
1577	v. Mittelstädt	Justizrath, Rechtsanwalt u. Notar	Neuwied
1578	Model	Stadtgerichtsrath	Berlin
1579	Möller	Staatsprokurator	Bonn.
1580	Moritz	Rechtsanwalt	Magdeburg.
1581	Moßner	Rechtsanwalt	Luckenwalde
1582	Mühlbach	Kreisgerichtsrath	Stargard (Pommern)
1583	von u. zur Mühlen	Wirkl. Geh. Ober-Justizrath	Berlin.
1584	Mühlenbeck	Ober-Landesgerichts-Assessor a. D. und Gutsbesitzer	Groß-Wachlin bei Stargard in Pommern.
1585	Müller	Kreisgerichts-Direktor	Birnbaum
1586	Müller	Kreisgerichtsrath	Bromberg.
1587	Müller	Justizrath, Rechtsanwalt u. Notar	Berlin.
1588	Müller, Gustav	Appellationsgerichtsrath	Glogau.
1589	Mürmann	Kreisrichter	Laasphe (Rheinprovinz).
1590	Muthwill	Rechtsanwalt und Notar	Loslau (Schlesien).
1591	Naudé	Rechtsanwalt	Potsdam.
1592	zur Nedden	Staatsanwalt	Bochum.
1593	Nessel	Staatsanwalt	Breslau
1594	Neuhaus	Advokat-Anwalt	Elberfeld.
1595	Neumann	Appellationsgerichtsrath	Naumburg a. S
1596	Niewandt	Justizrath, Rechtsanwalt	Weißenfels.
1597	Nimmer	Justizrath, Rechtsanwalt	Rothenburg i. d. Lausitz.
1598	Noah	Geh. Ob.-Regier.- u. vortr Rath i Minist d Innern	Berlin.
1599	v. Nordenskjöld	Stadtgerichtsrath	Berlin.
1600	Oberkampff	Rechtsanwalt	Tilsit.
1601	Oehr	Rechtsanwalt	Gleiwitz (Ob.-Schlesien)
1602	Oelschläger	Staatsanwalt	Marienwerder.
1603	Oelzen	Kreisgerichtsrath	Merseburg.
1604	Opitz	Reg.-Assessor u. Spec.-Commissar d. Gen.-Commission zu Merseburg	Cölleda (Reg.-Bezirk Merseburg).

Nr.	Name	Stand.	Wohnort.
1605	Oppenheim	Stadtgerichtsrath	Stettin.
1606	Oppert	Kammergerichts-Referendar	Berlin.
1607	Orlop	Rechtsanwalt	Halberstadt.
1608	Orthmann	Ober-Staatsanwalt	Cöslin.
1609	v. Ożowski	Stadtgerichtsrath	Berlin.
1610	Palmié	Kreisgerichtsrath	Halberstadt.
1611	Panse	Rechtsanwalt	Cölleda (Reg.-Bez. Merseburg).
1612	Pappritz	Stadtgerichtsrath	Berlin.
1613	Paritius	Kreisgerichtsrath	Breslau.
1614	Parisius	Kreisrichter	Gardelegen.
1615	Parrisius	Kreisgerichtsrath	Brandenburg a. H
1616	Pasch	Kreisrichter	Poln. Wartenberg.
1617	Paschke	Kreisrichter	Liebenwerda.
1618	v. Patow	Staats- u Finanzminister a. D.	Berlin
1619	Peck	Kreisgerichts-Direktor	Templin.
1620	Peters	Rechtsanwalt	Wittenberg (Reg.-Bezirk Merseburg).
1621	Petersen	Rechtsanwalt	Breslau
1622	Petiscus	Rechtsanwalt und Notar	Oels.
1623	Petiscus	Rechtsanwalt und Notar	Breslau.
1624	Petsch	Stadtrichter	Berlin.
1625	Pezenburg	Rechtsanwalt	Frankfurt a. O.
1626	Pfletzer	Kreisgerichtsrath	Görlitz.
1627	Pheiffer	Rechtsanwalt	Altenkirchen (Reg.-Bezirk Coblenz).
1628	Philipp	Kreisgerichts-Direktor	Ratibor.
1629	Philippi	Landgerichts-Präsident	Elberfeld.
1630	Pietzker	Justizrath, Rechtsanwalt	Naumburg a. S.
1631	Pinckert	Justizrath, Rechtsanwalt	Erfurt.
1632	v. Piper	Kreisgerichtsrath	Wriezen
1633	Pitschky	Justizrath, Rechtsanwalt	Stettin.
1634	Plathner	Kammergerichtsrath	Berlin
1635	Plathner	Justizrath, Rechtsanwalt	Breslau.
1636	Plato	Rechtsanwalt	Colberg.

Nr.	Name.	Stand.	Wohnort.
1637	Pohlandt	Kreisgerichtsrath	Spandau
1638	Pohle	Rechtsanwalt	Guben.
1639	Polenz	Kreisgerichts-Direktor	Reichenbach (Schlesien).
1640	Polenz	Rechtsanwalt	Naumburg a. S.
1641	Polenz	Appellationsger.-Auskultator	Reichenbach (Schlesien).
1642	Dr Pütter	Professor	Greifswald
1643	v. Puttkammer	Gerichts-Assessor	Sorau.
1644	v Radecke	Staatsanwalt	Torgau.
1645	Raue	Rechtsanwalt	Löbau (Westpreußen).
1646	Reich	Kreisgerichtsrath	Stettin.
1647	v. Reiche	Appellationsgerichtsrath	Breslau.
1648	Reichensperger	Ober-Tribunalsrath	Berlin
1649	Reincke	Rechtsanwalt und Notar	Spremberg.
1650	Reißner	Kreisrichter	Stettin.
1651	Ribbeck	Geh. Regierungs- u. vortr Rath i Minist d. Innern	Berlin.
1652	Richter	Kreisrichter	Spandau.
1653	Riecke	Kreisrichter	Bleicherode bei Nordhausen.
1654	Ritter	Gerichts-Direktor a D.	Frankfurt a. O.
1655	Rittler	Rechtsanwalt und Notar	Torgau.
1656	Röber	Kreisrichter	Lindow bei Neu-Ruppin
1657	v. Rönne	Handelsamts-Präsident a. D.	Glogau.
1658	Romberg	Gerichts-Assessor	Berlin.
1659	Rosenkranz	Justizrath, Rechtsanwalt	Bromberg.
1660	Rubo	Doktor der Rechte	Berlin.
1661	Dr. Rubo	Gerichts-Assessor	Berlin.
1662	Rudolph	Kreisrichter	Märkisch Friedland.
1663	Rüdorff	Gerichts-Assessor	Berlin.
1664	Rupprecht	Kreisgerichtsrath	Reichenbach (Schlesien).
1665	Sabarth	Rechtsanwalt	Ratibor.
1666	Sack	Justizrath, Rechtsanwalt	Essen.
1667	Sack	Gerichts-Assessor	Bielefeld
1668	Sames	Kreisrichter	Dierdorf.
1669	Sander	Rechtsanwalt	Arnswalde.

Nr.	Name.	Stand.	Wohnort.
1670	Sartorius	Kreisrichter	Angerburg.
1671	Sauerteig	Rechtsanwalt	Eilenburg.
1672	Schäfer	Stadt- u Kreisgerichtsrath	Magdeburg.
1673	Schalt	Rechtsanwalt	Berlin.
1674	Scharff	Kreisgerichtsrath	Jauer (Schlesien)
1675	Schede	Justizrath, Rechtsanwalt, Universitätsrichter	Halle a. S.
1676	Scheller	Justizrath, Rechtsanwalt	Elbing.
1677	Scheurich	Rechtsanwalt	Crossen a. O.
1678	Schiebler	Kreisrichter	Straußberg
1679	v. Schimmelfennig	Rechtsanwalt	Gerdauen.
1680	v Schleusing	Kreisgerichtsrath	Berent.
1681	Schlüter	Rechtsanwalt	Witten
1682	Schmaling	Kreisrichter	Hettstädt im Mannsfelder Gebirgskreise.
1683	Schmidt	Geh. Justizr., Rechtsanwalt	Marienwerder.
1684	Schmidt	Rechtsanwalt	Lobsens.
1685	Dr. Schmidt	Gerichts-Assessor	Trier.
1686	Schmiedel	Justizrath, Rechtsanwalt	Ratibor
1687	Schmitz	Kreisgerichtsrath	Lüdinghausen b. Münster
1688	Schneller	Kreisrichter	Schlochau.
1689	Schöneseiffen	Advokat	Gladbach bei Düsseldorf.
1690	Schönstedt	Kreisrichter	Seehausen i. d. Altmark
1691	Schörke	Rechtsanwalt	Belgard.
1692	Schollmeyer	Kreisrichter	Cremmen.
1693	Schröder	Gerichts-Assessor u Special-Commissarius	Tarnowitz.
1694	Schück	Strafanstalts-Direktor	Breslau.
1695	Schück	Rechtsanwalt und Notar	Aschersleben.
1696	Schuhmann	Geh. Regierungsrath	Berlin
1697	Schultz	Justizrath, Rechtsanwalt	Bochum.
1698	Schultz	Rechtsanwalt	Wanzleben
1699	Schultz-Völker	Justizrath, Rechtsanwalt	Bromberg
1700	Schultze	Kreisrichter	Neuwied.

Nr.	Name.	Stand.	Wohnort.
1701	Dr. Schultze	Gerichts-Assessor	Bonn.
1702	Schulz	Kreisrichter	Bochum
1703	Dr. Schulze	Hofrath u. ord. Prof. d. Rechte	Breslau.
1704	Schulze	Stadtgerichtsrath	Berlin.
1705	Schulze	Rechtsanwalt	Spandau.
1706	Schuster	Rechtsanwalt	Eisleben.
1707	Schwartz	Gerichts-Assessor	Berlin.
1708	Schwarz	Appellationsgerichtsrath	Breslau.
1709	Schwarz	Kreisgerichtsrath	Greifswald.
1710	Schwarz	Rechtsanwalt	Berlin.
1711	Schwerin	Kreisrichter	Sommerfeld.
1712	Graf v. Schwerin-Putzar	Staats- und Minister des Innern a. D.	Berlin.
1713	Dr. Frhr. v. Seckendorf	Ober-Tribunalsrath	Berlin.
1714	Seemann	Kreisgerichts-Direktor	Spremberg.
1715	Sehlmacher	Rechtsanwalt	Pyritz.
1716	Seligmann	Advokat-Anwalt	Coblenz.
1717	Senff	Appellationsgerichtsrath	Frankfurt a. O.
1718	v. Seydewitz	Stadtgerichtsrath	Berlin.
1719	Siegert	Gerichts-Assessor	Breslau.
1720	Siegfried	Landgerichtsrath	Köln.
1721	Dr. Silberschlag	Stadt- u. Kreisgerichtsrath	Magdeburg.
1722	Simon	Justizrath, Rechtsanwalt	Breslau.
1723	Simon	Stadtgerichtsrath	Berlin.
1724	Simonson	Rechtsanwalt	Berlin.
1725	Dr. Simson	Appellationsgerichts-Vice-Präsident	Frankfurt a O.
1726	Simson	Rechtsanwalt	Berlin.
1727	Slevogt	Justizrath, Rechtsanwalt	Berlin.
1728	Sommer	Rechtsanwalt und Notar	Bochum.
1729	Sommer	Rechtsanwalt	Grottkau (Schlesien).
1730	v. Spangenberg	Kreisgerichtsrath	Bunzlau.
1731	Spickhoff	Advokat-Anwalt	Düsseldorf.
1732	Spiegelthal	Rechtsanwalt	Calbe a. S

Nr.	Name.	Stand.	Wohnort.
1733	Stegemann	Staatsanwalt	Wriezen.
1734	Stegemann	Rechtsanwalt	Halberstadt.
1735	Steinhausen	Stadtgerichtsrath	Berlin
1736	Stelzer	Rechtsanwalt	Torgau
1737	Stephany	Stadtgerichtsrath	Berlin.
1738	Stinner	Rechtsanwalt	Schlochau (Westpreußen).
1739	Stöpel	Staatsanwalt	Potsdam.
1740	v Stöphasius	Stadt- und Kreisgerichts-Präsident	Magdeburg.
1741	Stößell	Kreisrichter	Stolp
1742	Strützki	Gerichts-Assessor	Bunzlau.
1743	Stuckart	Justizrath, Rechtsanwalt	Waldenburg (Schlesien).
1744	Sutro	Rechtsanwalt	Meschede.
1745	Sydow	Geh. Justizrath u. vortr. Rath im Justiz-Ministerium	Berlin
1746	Teichen	Kreisrichter	Loitz i Neu-Vorpommern.
1747	Teichmann	Rechtsanwalt	Breslau.
1748	Tellemann	Gerichts-Assessor	Magdeburg.
1749	Tepler	Appellationsgerichtsrath	Naumburg a. S.
1750	v. Tepper	Appellationsgerichtsrath	Ratibor.
1751	Teßmar	Kreisgerichts-Direktor	Lauenburg (Pommern).
1752	Teßmar	Rechtsanwalt	Stargard (Pommern)
1753	Theremin	Kreisrichter	Landshut.
1754	Thesing	Rechtsanwalt	Stallupönen.
1755	Dr. Thesmar	Advokat-Anwalt	Köln.
1756	v. Thielenfeld	Justizrath, Rechtsanwalt	Frankfurt a. O.
1757	Thilo	Staatsanwalt	Trebnitz.
1758	Thomas	Kreisrichter	Schroda
1759	Thomas	Advokat	Coblenz.
1760	v. Tippelskirch	Ober-Tribunalsrath	Berlin.
1761	Treff	Rechtsanwalt	Wittenberg (Reg.-Bezirk Merseburg).
1762	Trimborn	Advokat-Anwalt	Köln
1763	Twesten	Stadtgerichtsrath	Berlin.
1764	Ukert	Stadt- u. Kreisgerichts-Dir.	Danzig.

Nr.	Name.	Stand.	Wohnort.
1765	Ulrici	Appellationsger.-Referendar	Frankfurt a O
1766	Dr Ullmann	Gerichts-Assessor	Berlin.
1767	Urban	Gerichts-Assessor	Neiße (Schlesien).
1768	Valentin	Justizrath, Rechtsanwalt	Berlin.
1769	Valois	Rechtsanwalt	Dirschau.
1770	Völtz	Justizrath, Rechtsanwalt	Danzig.
1771	Vogel	Justizrath, Rechtsanwalt	Strehlen (Schlesien).
1772	Vogler	Justizrath, Rechtsanwalt	Berlin.
1773	Voigt	Kreisgerichtsrath	Stettin.
1774	Volkmar	Gerichts-Assessor	Berlin.
1775	Volkmer	Gerichts-Assessor	Breslau
1776	Volland	Kreisgerichtsrath	Suhl.
1777	Vorster	Kreisgerichtsrath	Broich.
1778	Wache	Kammergerichts-Assessor a. D.	Berlin.
1779	Wagner	Justizrath, Rechtsanwalt am Ober-Tribunal	Berlin.
1780	Dr. Waldeck	Ober-Tribunalsrath	Berlin.
1781	Walder	Kreisgerichtsrath	Brandenburg a. H.
1782	Walter	Justizrath, Rechtsanwalt	Beuthen (O.-Schl).
1783	Dr Graf v. Wartensleben	Stadtgerichtsrath	Berlin.
1784	Wassermeyer	Advokat-Anwalt	Bonn.
1785	Weber	Justizrath, Rechtsanwalt	Berlin.
1786	Dr. Weber	Stadtrath	Erfurt.
1787	Weber	Advokat	Elberfeld.
1788	v. Wegner	Ober-Tribunalsrath	Berlin.
1789	Wegner	Justizrath, Rechtsanwalt	Berlin
1790	Wegner	Kreisrichter	Stolp.
1791	Weidlich	Rechtsanwalt	Gleiwitz (O.-Schl.).
1792	Wendt	Stadtgerichtsrath	Breslau.
1793	Wentzel	Tribunalsrath	Königsberg i. P.
1794	Wentzel	Stadtrichter	Breslau
1795	Wenzel	Stadtgerichtsrath	Berlin.
1796	Dr. Wenzig	Rechtsanwalt	Berlin.
1797	Werner	Justizrath, Advokat-Anwalt	Coblenz.

Nr.	Name.	Stand.	Wohnort
1798	Werner	Kammergerichts-Referendar	Berlin
1799	Westphal	Gerichts-Assessor	Heiligenstadt
1800	Wettke	Kreisrichter	Mohrungen (Ostpreuß.).
1801	Weuste	Rechtsanwalt und Notar	Mühlheim a. d. R.
1802	Wiener	Rechtsanwalt	Ohlau (Schlesien)
1803	Wilke	Rechtsanwalt	Berlin
1804	Wilke	Rechtsanwalt	Magdeburg
1805	Wilke	Legationsrath	Berlin.
1806	v. Wilmowski	Geh. Finanzrath	Berlin.
1807	v. Wilmowski	Rechtsanwalt	Schlawe (Pommern)
1808	Wilmowski	Rechtsanwalt und Notar	Herford.
1809	Windhorst	Justizrath	Duisburg.
1810	Windthorst	Justizrath und Rechtsanwalt	Münster
1811	Windthorst	Gerichts-Assessor	Münster.
1812	Winkler	Rechtsanwalt	Gleiwitz (Ob.-Schl.).
1813	Winkler	Kreisrichter	Halle a. S.
1814	v. Winter	Ober-Bürgermeister	Danzig.
1815	Winterfeldt	Gerichts-Assessor	Brandenburg a. H.
1816	Dr. Witte	Professor	Greifswald.
1817	Witte	Stadtrichter	Berlin.
1818	Wölfel	Rechtsanwalt	Lützen bei Merseburg.
1819	Woide	Gerichtsrath	Rawicz.
1820	Wolf	Stadt- und Kreisrichter	Halle (Westphalen).
1821	Wolff	Justizrath, Rechtsanwalt am Ober-Tribunal	Berlin.
1822	Wolff	Rechtsanwalt	Berlin
1823	Wolff	Kreisrichter	Hoyerswerda.
1824	Wolff	Kreisgerichtsrath	Strehlen (Schlesien).
1825	Wollank	Stadtgerichtsrath	Berlin.
1826	Wollenschläger	Appellationsgerichtsrath	Marienwerder.
1827	Zenthöfer	Kreisrichter	Rybnick
1828	v. Zerbst	Appellationsgerichtsrath	Greifswald.
1829	Zimmermann	Doktor der Rechte	Berlin.
1830	Dr. Zöllner	Staatsanwalt	Berlin

Nr.	Name.	Stand.	Wohnort.
		Fürstenthum Reuß.	
1831	Knoll	Regierungs-Advokat und Gerichts-Direktor	Greiz.
1832	Dr. Liebich	Kriminalrath	Lobenstein.
1833	Schlotter	Advokat und Notar	Gera.
1834	Schlotter	Advokat	Schleiz.
1835	Süßenguth	Rechtsanwalt	Lobenstein.
1836	Weidinger	Regierungs-Advokat	Greiz.
1837	Weigelt	Justiz-Amtmann	Burgk.
		Königreich Sachsen.	
1838	Abeken	Gerichtsrath	Dresden.
1839	Ackermann	Hofrath, Finanzprokurator u. Rechtsanwalt	Dresden
1840	v. Aehrenfeld	Advokat	Löbau
1841	Ahnert	Gerichtsrath	Großenhain
1842	Dr. Andritschky	Advokat	Leipzig.
1843	Anschütz	Advokat	Leipzig.
1844	Anton	Advokat	Borna bei Leipzig
1845	Arndt	Gerichtsamts-Aktuar	Crimitschau.
1846	Bachmann	Rechtsanwalt und Notar	Zwickau.
1847	Bachmann	Rechtsanwalt	Pulsnitz.
1848	Barth	Regierungsrath	Leipzig.
1849	Bassenge	Bezirksgerichts-Aktuar	Dresden.
1850	Bauer	Advokat und Notar	Adorf.
1851	Beck	Advokat	Leipzig.
1852	Beck	Bezirksgerichts-Aktuar	Leipzig.
1853	Beeger	Rechtsanwalt	Löbau.
1854	Dr. v. Behr	Justiz-Minister	Dresden.
1855	Bennewitz	Rechtsanwalt	Leipzig.
1856	Bermann	Gerichts-Amtmann	Zöblitz.

Nr.	Name.	Stand.	Wohnort.
1857	Bermann	Advokat	Geringswalde.
1858	Berndt	Gerichts-Amtmann	Geithain.
1859	Beschorner	Finanz-Prokurator	Dresden.
1860	Blüher	Notar	Dresden.
1861	Böhmer	Amtsaktuar	Zwenkau.
1862	Börner	Bezirksgerichts-Aktuar	Löbau.
1863	Böttger	Amtsaktuar	Moritzburg
1864	Bornemann	Advokat	Schneeberg
1865	Bräuer	Advokat	Bautzen.
1866	Dr. Brandt	Advokat	Leipzig.
1867	Dr. Braun	Geh. Regierungsrath	Plauen
1868	Brockhaus	Doktor der Rechte	Leipzig.
1869	Brunner	Rentamtmann u. Advokat	Leipzig
1870	Brunner	Advokat	Leipzig
1871	v. Buttlar	Assessor	Chemnitz
1872	Butter	Gerichtsamts-Aktuar	Frankenberg
1873	Canzler	Rechtsanwalt	Dippoldiswalde
1874	Clauß	Advokat	Polditz bei Leisnig
1875	Dr Coccius	Advokat	Leipzig.
1876	Coith	Gerichtsrath	Chemnitz.
1877	Cunradi	Rechtsanwalt	Dresden
1878	Degen	Advokat	Leipzig.
1879	Deumer	Advokat	Kamenz
1880	Dietel	Bürgermeister	Wurzen.
1881	Dietze	Gerichts-Amtmann	Zöblitz
1882	Döring, W.	Rechtsanwalt	Dresden.
1883	Dr. Drucker	Advokat und Notar	Leipzig.
1884	Ebert	Gerichtsrath	Dresden.
1885	Ehrig III.	Advokat	Bautzen.
1886	Dr. Einert, Wilh.	Rechtsanwalt	Leipzig
1887	Einert	Gerichtsrath	Dresden.
1888	Reiche-Eisenstuck	Staatsanwalt	Borna.
1889	Reiche-Eisenstuck	Advokat	Annaberg.
1890	Eißner	Advokat	Pulsnitz.
1891	Engel, Moritz	Advokat	Dresden.

Nr.	Name.	Stand.	Wohnort.
1892	Eysoldt	Rechtskandidat und Notar	Königsstein.
1893	Fasoldt	Rechtsanwalt und Notar	Dresden
1894	Fellmer	Gerichts-Amtmann	Pulsnitz.
1895	Ficker	Advokat	Leisnig.
1896	Ficker	Advokat	Herrnhut.
1897	Fleck	Appellationsrath	Bautzen.
1898	Fleck	Steuerprok., Rechtsanwalt	Dresden.
1899	Förster	Advokat	Pirna.
1900	Fränzel, Robert	Rechtsanwalt	Dresden.
1901	Dr. Francke	Gerichtsrath	Dresden.
1902	Frenkel	Advokat	Leipzig.
1903	Freytag	Bürgermeister	Adorf.
1904	Dr. Friederici	Obergerichts-Advokat	Leipzig.
1905	Dr. Friederici jun.	Rechtsanwalt	Leipzig.
1906	Friedrich	Gerichts-Amtmann	Chemnitz.
1907	Friedrich	Rechtsanwalt	Pirna.
1908	Friedrich	Advokat	Burgstädt b. Chemnitz.
1909	Gabriel	Gerichts-Amtmann	Brand.
1910	Gareis	Staatsanwalt	Pirna.
1911	Gasch	Rechtsanwalt	Dresden.
1912	Gebert	Geh. Justiz- u. Minist.-Rath	Dresden.
1913	Dr. Georgi	Advokat	Leipzig.
1914	Dr. Gerhard	Advokat	Leipzig.
1915	Gerlach	Advokat	Dresden.
1916	Glöckner	Gerichtsrath	Dresden.
1917	Dr. v. Götz	Professor	Leipzig.
1918	Dr v. Gohren	Advokat	Schandau.
1919	Golle	Rechtsanwalt	Glauchau.
1920	Gottschalck	Rechtsanwalt	Dresden.
1921	v. Gottschalk	Gerichts-Amtmann	Rötha
1922	Grabowsky	Bürgermeister, Advokat und Notar	Thum.
1923	Gräffe	Rechtsanwalt	Dresden.
1924	Grimm	Advokat	Reichenbach i. Voigtlande.
1925	Grötsch	Bezirksgerichts-Direktor	Oschatz.

Nr.	Name.	Stand.	Wohnort.
1926	Groß	Gerichtsrath	Dresden.
1927	Gutbier	Rechtsanwalt	Dresden
1928	Frh. v. Gutschmidt	Advokat	Zwickau.
1929	Haase	Advokat	Haynichen
1930	Haberkorn	Bürgermeister, Präsident der II. Kammer der Stände-Versammlung	Zittau.
1931	Dr. Hänel	Geheimer Rath	Dresden
1932	Häntzschel	Advokat	Radeburg.
1933	Härtig	Rechtsanwalt	Großenhain.
1934	Hallbauer	Finanz-Prokurator	Meißen
1935	Hammer	verpflichteter Protokollant	Waldheim.
1936	Harnisch	Advokat	Chemnitz.
1937	Hartung	Bürgermeister	Schandau.
1938	Hartung	Gerichts-Amtmann	Königsbrück bei Dresden.
1939	Hartwich	Advokat	Pirna.
1940	Haße	Advokat und Notar	Chemnitz.
1941	Dr. Haubold	Rechtsanwalt	Leipzig.
1942	Hecker	Auditor	Zwickau.
1943	Heinze	Rathsaktuar	Dresden
1944	Helbig	Advokat	Limbach bei Chemnitz.
1945	Helfer	Advokat	Leipzig.
1946	Hempel	Stadtrath	Dresden.
1947	Hensel	Bezirksgerichts-Direktor	Budissin.
1948	Hentschel	Staatsanwalt	Meißen
1949	Hermann sen.	Rechtsanwalt	Dresden.
1950	Dr. Herrmann	Professor	Jena.
1951	Dr. Herrmann	Advokat	Leipzig.
1952	Herrmann	Advokat	Glauchau.
1953	Dr. Hertel	Bürgermeister	Dresden.
1954	Dr. Hesse	Advokat	Dresden.
1955	Heubner	Advokat	Zwickau.
1956	Heydenreich	Rechtsanwalt	Dresden
1957	Hirschberg	Bürgermeister	Meißen
1958	Höckner	Doktor der Rechte	Budissin.

Nr.	Name.	Stand	Wohnort
1959	Höffner	Rechtsanwalt	Nossen
1960	Dr Hösler	Advokat	Leipzig
1961	Hofmann	Advokat	Burgstädt bei Chemnitz
1962	Holke	Bezirksgerichts-Aktuar	Leipzig
1963	Hünich	Advokat	Dresden
1964	v. Hüttner	Advokat	Huttenburg bei Meißen
1965	Jacob	Advokat	Bautzen.
1966	Jacobi	Rechtsanwalt	Grimma.
1967	Jähnert	Advokat	Oschatz.
1968	Jahn	Gerichtsamts-Aktuar	Brand bei Freiberg
1969	Jaspis	Bezirksgerichts-Aktuar	Bautzen.
1970	Dr Jentsch	Rechtsanwalt	Zittau.
1971	Dr Joseph	Rechtsanwalt	Leipzig
1972	Joseph	Baccal. der Rechte	Leipzig.
1973	Judeich	Kreissteuerrath	Dresden
1974	Judeich	Advokat	Dresden.
1975	Just	Senator	Dresden.
1976	Keysselitz	Aktuar	Großenhain
1977	Dr. Kieber	Rechtsanwalt	Dresden.
1978	Kleinschmidt	Hofrath, Rechtsanwalt	Leipzig.
1979	Klemm	Appellationsrath	Dresden
1980	Klemm	Geh Justizrath	Dresden
1981	Klinger	Rechtsanwalt	Dresden.
1982	Kneschke	Gerichtsamts-Aktuar	Frankenberg.
1983	Koch, Theodor	Advokat	Buchholz.
1984	Köhler	Gerichtsamts-Assessor	Löbau.
1985	Körner	Geh. Rath u Dep.-Direktor i. Ministerium d. Innern	Dresden.
1986	Körner	Advokat und Notar	Lengenfeld i. Voigtlande.
1987	Körner	Rechtsanwalt	Auerbach i. Voigtlande.
1988	Körner	Stadtrath	Zwickau
1989	Körnig	Advokat	Meißen.
1990	Köttig	Rechtsanwalt	Meißen.
1991	Kohlschütter	Rechtsanwalt	Dresden.
1992	Dr. Kori sen	Advokat	Leipzig

Nr.	Name.	Stand.	Wohnort.
1993	Dr Kori jun.	Advokat	Leipzig
1994	Dr. Kormann	Hofrath, Advokat	Leipzig.
1995	Dr. Kretschmar	Rechtsanwalt	Leipzig.
1996	Kretschmar	Advokat	Lichtenstein
1997	Kretschmar	Rechtsanwalt	Großenhain.
1998	Kretzschmar	Rechtsanwalt	Dresden
1999	Krippendorf	Rechtsanwalt	Dresden.
2000	Dr. Krug	Geh. Justizrath u. vortrag. Rath i Justiz-Ministerium	Dresden.
2001	Kühn, Herrm.	Rechtsanwalt	Leipzig.
2002	Künzel	Regierungsrath im Ministerium des Innern	Dresden.
2003	Küttner	Finanzprok, Rechtsanwalt	Dresden.
2004	Kuhn, Albert	Rechtsanwalt	Dresden
2005	Kuhn, Moritz	Rechtsanwalt	Dresden.
2006	Dr. Kuntze	Professor	Leipzig.
2007	Kuntze	Bürgermeister	Reichenbach i. Voigtlande
2008	Lamm	Gerichtsrath	Bautzen
2009	Landgraff	Rechtskandidat und verpflichteter Protokollant	Zwickau.
2010	Langbein	Rechtsanwalt und Notar	Wurzen
2011	Lauhn	Advokat	Dresden.
2012	Lauhn	Polizei-Aktuar	Leipzig.
2013	Dr. Lehmann, Gust.	Advokat	Dresden.
2014	Lehmann, E.	Advokat und Notar	Dresden.
2015	Lengnick	Rechtsanwalt und Notar	Dresden.
2016	Leonhardi	Advokat	Waldenburg.
2017	Leonhardi	Advokat	Freiberg.
2018	Leupold	Rechtsanwalt	Dresden.
2019	Dr. Lincke	Appellationsrath	Leipzig.
2020	Lincke	Gerichtsrath	Pirna.
2021	Litzkendorf	Gerichts-Amtmann	Löbau.
2022	Löhr	Bürgermeister	Bautzen.
2023	Lorenz	Finanzprokurator u Rechtsanwalt	Großenhain.

Nr.	Name.	Stand	Wohnort.
2024	Lorenz	Rechtsanwalt	Zwickau.
2025	Lucius	Geh. Regierungsrath u. Bezirksgerichts-Direktor	Leipzig
2026	Martini	Advokat	Meerane.
2027	Matteis	Kriminal-Assessor	Wurzen
2028	Mehner	Assessor	Radeberg bei Dresden
2029	Dr. Meinhold	Advokat	Dresden
2030	Dr. Meischner	Rechtsanwalt und Notar	Penig.
2031	Melzer	Bürgermeister u Advokat	Frankenberg
2032	v Metzsch	Gerichtsrath	Leipzig.
2033	v. Metzsch	Assessor	Bautzen
2034	v. Metzsch	Aktuar	Mittweida.
2035	Mickan	Gerichtsamts-Aktuar	Schönfeld bei Dresden
2036	Dr jur Minckwitz	Rittergutsbesitzer	Thun bei Chemnitz
2037	Dr. Mirus sen.	Rechtsanwalt	Leisnig.
2038	Dr. Mirus jun	Rechtsanwalt	Leisnig.
2039	v Mücke	Bezirksgerichts-Direktor	Zittau
2040	Müller	Finanzrath	Leipzig
2041	Müller	Bezirksgerichtsrath	Bautzen.
2042	Nake	Rechtsanwalt	Dresden
2043	Nake	Advokat	Leisnig
2044	Neidhardt	Bezirksgerichts-Direktor	Zwickau.
2045	Neubert	Bürgermeister	Dresden
2046	Neumann	Appellationsrath	Dresden.
2047	Dr. Nitzen	Professor	Leipzig.
2048	Nöller	Advokat	Dresden
2049	Nohr	Gerichtsamts-Aktuar	Zwickau.
2050	Ochernal	Rechtsanwalt	Dippoldiswalde.
2051	Oehme	Rechtsanwalt	Annaberg
2052	Oertel	Rechtskandidat und Notar	Radeberg bei Dresden.
2053	Opitz	Finanzprokurator u. Rechtsanwalt	Dresden
2054	Orb	Rechtsanwalt und Notar	Königstein
2055	Osten	Advokat und Notar	Leipzig
2056	Dr. Osterloh	Hofrath und Professor	Leipzig.

Nr.	Name	Stand.	Wohnort.
2057	Oßwald	Rechtsanwalt	Borna
2058	v Otto	K Russ. Wirkl. Staatsrath und Professor emer.	Dresden.
2059	Petermann	Baccal. der Rechte	Dresden
2060	v Petrikowsky	Gerichts-Amtmann	Leipzig
2061	Petsch	Gerichtsrath	Löbau.
2062	Dr Petschke	Advokat	Leipzig.
2063	Petzoldt	Advokat	Leipzig.
2064	Pflug	Advokat	Penig.
2065	Pfotenhauer	Ober-Bürgermeister	Dresden.
2066	Pietsch	Bezirksgerichts-Direktor	Pirna.
2067	Dr. Pilling	Advokat	Dresden.
2068	Pohl	Rechtsanwalt	Frohburg.
2069	Dr. Frh. v. Pohland	Legationsrath	Dresden.
2070	Fihr. v Pohland	Finanzrath	Dresden.
2071	Pohlentz	Advokat	Leipzig.
2072	Prasse	Advokat	Leipzig
2073	Preller	Rechtsanwalt und Notar	Chemnitz.
2074	Priber	Gerichtsrath	Chemnitz.
2075	Priber	Rechtskandidat	Frankenberg.
2076	Raum	Advokat	Glauchau.
2077	Reiner	Advokat und Notar	Bernstadt.
2078	Richter	Rechtsanwalt	Budissin.
2079	Richter	Notar	Leipzig.
2080	Riedel	Rechtsanwalt	Pomßen bei Grimma.
2081	Roch	Advokat	Zwickau.
2082	Roßtäuscher	Staatsanwalt	Bautzen.
2083	Dr. Roux	Advokat	Leipzig.
2084	Rüger	Rechtsanwalt	Dresden.
2085	Ruffini	Advokat und Notar	Königsbrück bei Dresden.
2086	Rumpelt	Rechtsanwalt	Radeberg bei Dresden.
2087	Schäffer	Advokat	Dresden.
2088	Schäffer	Regierungs-Referendar	Budissin
2089	Dr. Schaffrath	Rechtsanwalt	Dresden
2090	Schanz	Rechtsanwalt	Dresden.

Nr.	Name.	Stand.	Wohnort.
2091	Scharf	Advokat	Zwickau.
2092	Schedlich	Rechtsanwalt	Rochlitz.
2093	Schedlich	Rechtsanwalt	Crimitschau.
2094	Scheele	Rechtsanwalt	Dresden.
2095	Dr. Schelcher	Rechtsanwalt	Dresden.
2096	Schelcher	Rechtsanwalt	Oschatz.
2097	Scherell	Doktor der Rechte	Leipzig.
2098	Scheuffler I.	Rechtsanwalt und Notar	Meißen.
2099	Scheuffler II.	Rechtsanwalt	Meißen.
2100	Dr. Schilling	Gerichtsrath	Leipzig.
2101	Schlegel	Gerichtsamts-Aktuar	Dresden.
2102	Dr. Schletter	Professor	Leipzig.
2103	Dr. Schluckwerder	Assessor	Leipzig.
2104	Schmid, G. Bernh.	Rechtsanwalt	Dresden
2105	Dr. Schmidt	Justizrath	Dresden.
2106	Dr. Schmidt	Finanzprokurator	Dresden.
2107	Schmidt, Franz Ad.	Advokat und Notar	Dresden.
2108	Dr. Schneider	Appellationsger.-Präsident	Dresden.
2109	Dr. Schnell	Rechtsanwalt und Notar	Zittau.
2110	Schörmer	Gerichts-Amtmann	Limbach bei Chemnitz
2111	Schreck	Advokat	Pirna.
2112	Schrey	Advokat	Leipzig.
2113	Schreyer	Advokat	Meißen
2114	Schröter	Rechtsanwalt	Stollberg bei Chemnitz.
2115	Schulz, Georg	Notar und Advokat	Dresden.
2116	Schulz, Hermann	Doktor der Rechte	Radeburg.
2117	Schulze	Advokat	Döbeln.
2118	Dr. Schwarze	General-Staatsanwalt	Dresden.
2119	Schwauß	Polizei-Direktor	Dresden.
2120	Segnitz	Rechtsanwalt	Wermsdorf.
2121	Seume	Advokat	Crimitschau.
2122	Seyfert	Gerichts-Amtmann	Ebersbach (Ober-Lausitz).
2123	Dr. Siebdrat	Geh. Justizrath und vortr. Rath im Justiz-Minist.	Dresden.
2124	Siegel	Rechtsanwalt	Glauchau.

Nr.	Name.	Stand	Wohnort.
2125	Dr Sierig	Hülfsarbeiter bei der Staatsanwaltschaft	Leipzig
2126	Simon	Advokat	Leipzig.
2127	Sommer	Advokat, Justitiar	Bernstadt.
2128	Sommer	Advokat	Wilsdruff bei Dresden
2129	Speck	Advokat	Döbeln.
2130	Dr. Spranger	Privat-Dozent	Leipzig.
2131	Dr. Starke	Auditeur,	Dresden.
2132	Stauß	Rechtsanwalt	Dresden.
2133	Dr. Steeger	Advokat	Dresden.
2134	Dr Stein	Rechtsanwalt	Dresden
2135	Steinhäuser	Rechtsanwalt	Plauen.
2136	Dr. Stieber	Appellationsgerichts-Vice-Präsident	Bautzen
2137	Stimmel	Finanzprokurator u Rechtsanwalt	Plauen
2138	Stöckel	Staatsanwalt	Chemnitz
2139	Streit	Bürgermeister	Zwickau
2140	Stremel	Advokat	Zittau.
2141	Strödel	Rechtsanwalt	Dresden
2142	Dr Stübel, Alfred	Advokat	Dresden.
2143	Dr Stübel, Bruno	Advokat	Dresden
2144	Dr. Stübel, Carl	Advokat	Leipzig.
2145	Sulzberger	Rechtsanwalt	Wurzen
2146	Teucher	Rechtsanwalt	Dresden.
2147	Thiel	Rechtsanwalt	Bautzen.
2148	Thiele	Bürgermeister	Döbeln.
2149	Thiemer sen.	Advokat und Notar	Zittau
2150	Thiemer jun	Rechtsanwalt	Zittau.
2151	Tietz	Rechtsanwalt	Leipzig
2152	Dr Tischer sen.	Advokat	Dresden
2153	Tischer jun.	Advokat	Dresden
2154	Trautmann	Advokat	Dresden.
2155	Trömel	Advokat	Roßwein
2156	Tscharmann	Advokat	Leipzig

Nr.	Name.	Stand.	Wohnort.
2157	Ufer	Advokat	Glauchau.
2158	Dr. Uhlig	Advokat	Chemnitz.
2159	Urban	Advokat	Zwickau.
2160	Valz	Advokat und Notar	Oschatz.
2161	Wachs	Rechtsanwalt	Leipzig.
2162	Wachsmuth	Advokat	Leipzig.
2163	Dr. v. Wächter	Geh. Rath und Professor	Leipzig.
2164	v. Walter-Jeschki	Advokat und Konsistorial-Assessor	Budissin.
2165	Walther	Rechtsanwalt	Meerane.
2166	Dr. Wehrmann	Advokat und Hilfsrichter	Leipzig.
2167	Weickert	Advokat	Zwickau.
2168	Weidner	Rechtsanwalt	Zittau.
2169	Weise	Rechtsanwalt	Meißen.
2170	Dr. Weiske	Professor	Leipzig.
2171	Wengler	Gerichtsrath	Dresden.
2172	Wetzel	Rechtsanwalt	Dresden.
2173	Wetzlich	Gerichtsamts-Aktuar u. Notar	Bernstadt.
2174	v. Wilm	K. Ruff. Kollegien-Assessor, Kronanwalt und Notar	Dresden.
2175	Winter	Advokat	Dresden.
2176	Dr Winzer	Justizrath, Bezirksgerichts-Direktor	Löbau.
2177	Witschel	Rechtsanwalt	Dresden.
2178	v. Witzleben	Regierungsrath	Leipzig.
2179	Dr. Wolf	Anwalts-Aspirant	Dresden.
2180	Zacharias	Rechtsanwalt und Notar	Dresden.
2181	Zenker	Finanzprokurator	Dresden.
2182	v. Zeschau	Doktor der Rechte	Dresden.
2183	Zimmer	Advokat	Dresden.
2184	Zimmermann	Stifts-Syndikus und Rechtsanwalt	Meißen.
2185	Zürn	Advokat	Rochlitz.
2186	Zumpe I.	Rechtsanwalt	Dresden.
2187	Zumpe II.	Rechtsanwalt	Dresden.

Nr	Name	Stand.	Wohnort.
	Herzogthum Sachsen-Altenburg.		
2188	Dölitzsch	Advokat	Altenburg.
2189	Glasser	Advokat	Roda.
2190	Hase	Advokat u. Bürgermeister	Schmölln
2191	Hase II.	Advokat und Notar	Altenburg.
2192	Hase, Theodor	Rechtsanwalt	Altenburg.
2193	Kircheisen	Advokat und Notar	Eisenberg.
2194	Lippold	Advokat	Altenburg
2195	Dr. Schenck	Notar	Altenburg.
2196	Staps	Bezirks-Ablösungskommissar und Advokat	Schmölln.
2197	Wagner	Geh. Justiz- u. Appellationsgerichtsrath	Altenburg.
	Herzogthum Sachsen-Coburg-Gotha.		
2198	Briegleb	Hofrath und Hofadvokat	Coburg.
2299	Forkel	Justizrath, Rechtsanwalt	Coburg
2200	v Holtzendorff	Ober-Staatsanwalt	Gotha.
2201	Hornbostel	Regierungsrath und vortrag. Rath im Staats-Minist.	Gotha.
2202	Knauer	Rechtsanwalt und Notar	Gotha.
2203	Oberländer	Bürgermeister u. Hofadvokat	Coburg.
2204	Dr. Schuchardt	Justizrath u. Rechtsanwalt	Gotha
	Herzogthum Sachsen-Meiningen.		
2205	Enzian	Landrichter	Wesungen b. Meiningen
2206	Dr. Kircher	Rechtsanwalt u. Regierungs-Fiskal	Meiningen
2207	Dr Michaelis	Rechtsanwalt und Notar	Hildburghausen

Nr.	Name.	Stand.	Wohnort.
2208	Romberg	Rechtsanwalt	Wesungen b. Meiningen.
2209	Strupp	Rechtsanwalt	Hildburghausen.
2210	Dr. v. Uttenhoven	Staatsrath	Meiningen.

Großherzogthum Sachsen-Weimar.

2211	Berninger	Staatsanwalt am Appellationsgericht	Eisenach.
2212	Dr. Brüger	Justiz- u. vortrag. Rath im Justiz-Ministerium	Weimar.
2213	Burkhard	Kreisgerichts-Direktor	Weimar.
2214	Danz	Ober-Appellationsrath und Professor	Jena.
2215	Endemann	Ober-Appellationsrath und Professor	Jena
2216	Fries	Advokat	Weimar.
2217	Dr. Frhr. v. Groß	Ober-Staatsanwalt	Eisenach.
2218	Dr. Hase	Kreisgerichtsrath	Weimar.
2219	Hering	Rechtsanwalt	Eisenach.
2220	Holbein	Rechtsanwalt	Apolda.
2221	Hotzel	Kreisgerichts-Assessor	Weimar.
2222	Leist	Hofrath und Professor	Jena.
2223	Lieber	Auditor	Weimar.
2224	Dr. Martin	Justiz-Amtmann	Kreuzburg.
2225	Müller	Bezirks-Direktor	Neustadt a. d. Orla
2226	Müller	Rechtsanwalt	Apolda.
2227	Dr. Pause	Redakteur	Weimar.
2228	Salzmann	Rechtsanwalt	Weida.
2229	Schmid	Kreisgerichtsrath	Weimar.
2230	Schumann	Advokat	Apolda.
2231	Steinberger	Rechtsanwalt	Neustadt a. d. Orla.
2232	Dr. Voigt	Rechtsanwalt	Weimar.
2233	Walter	Ober-Post kommissariats-Sekretär	Eisenach.

Nr.	Name.	Stand.	Wohnort.
	Fürstenthum Schwarzburg-Rudolstadt.		
2234	Wohlfahrt	Regierungs-Assessor	Rudolstadt.
	Fürstenthum Schwarzburg-Sondershausen.		
2235	Dr. Vollert	Kreisgerichtsrath	Arnstadt
	Fürstenthum Waldeck.		
2236	Bauer	Rechtsanwalt	Arolsen.
2237	Frese	Ober-Gerichtsrath	Arolsen.
2238	Steineck	Kreisrichter	Korbach.
	Königreich Württemberg.		
2239	Bacher	Rechtskonsulent	Stuttgart.
2240	Bazing	Ober-Amtsrichter	Neresheim
2241	Beck	Ober-Amtsgerichtsaktuar	Riedlingen a. D
2242	Benzinger	Rechtskonsulent	Eßlingen.
2243	v. Binder	Ober-Tribunalsrath, General-Staatsanwalt	Stuttgart.
2244	Breitling	Justiz-Referendar	Eßlingen.
2245	v. Breitschwert	Gerichts-Aktuar	Heilbronn.
2246	Dietrich	Rechtskonsulent	Ulm.
2247	Dr. Dove	Professor	Tübingen.
2248	Ehrlenspiel	Ober-Amtsrichter	Ravensburg.
2249	Elben	Gouvernements-Auditor	Stuttgart.
2250	Faber	Ober-Tribunals- und vortr. Rath i. Justiz-Ministerium	Stuttgart
2251	Fest	Rechtskonsulent	Jagsthausen.
2252	Feuerbach	Ober-Justizrath	Ulm
2253	Feyerabend jun	Rechtskonsulent	Heilbronn.
2254	Finckh	Ober-Justizrath	Tübingen.

Nr.	Name.	Stand	Wohnort.
2255	Freisleben	Rechtskonsulent	Heidenheim.
2256	Frik	Rechtskonsulent	Gmünd.
2257	Frölich	Ober-Amtsrichter	Backnang
2258	Gärttner	Ober-Regierungsrath	Stuttgart.
2259	Ganzhorn	Ober-Amtsrichter	Neckarsulm
2260	Gaupp	Stadtgerichts-Aktuar	Ulm.
2261	Dr Georgii	Ober-Amtsrichter	Freudenstadt.
2262	Dr. Geßler	Professor	Tübingen.
2263	Glocker	Ober-Justizassessor	Tübingen.
2264	Halder	Ober-Amtsrichter	Waldsee.
2265	Hartmeyer	Ober-Amtsrichter	Calw.
2266	Haußmann	Rechtskonsulent	Göppingen.
2267	Hertling	Ober-Amtsrichter	Gaildorf.
2268	Heß	Ober-Justizprokurator	Ulm.
2269	Hölder	Rechtskonsulent	Stuttgart.
2270	Hofacker	Gerichts-Aktuar	Urach.
2271	Frh. v. Holzschuher	Ober-Justizrath	Stuttgart.
2272	Frh. v Holzschuher	Ober-Justizassessor	Stuttgart.
2273	Huber	Ober-Justizrath	Ulm.
2274	Jordan	Kolleg.-Assessor u. Rechtskons.	Stuttgart.
2275	Jordan	Rechtskonsulent	Stuttgart.
2276	Kaulla	Rechtskonsulent	Stuttgart.
2277	Khuen	Rechtskonsulent	Ravensburg.
2278	Klett	Ober-Justizassessor	Eßlingen.
2279	Köstlin	Ober-Justizrath	Stuttgart.
2280	Kohlhaas	Ober-Justizassessor	Stuttgart.
2281	Krauß	Ober-Tribunalsrath	Stuttgart.
2282	v. Kronmüller	Ober-Tribunalsrath	Stuttgart.
2283	Lautenschlager	Rechtskonsulent	Stuttgart.
2284	Lebrecht	Rechtskonsulent	Ulm.
2285	Leipheimer	Rechtskonsulent	Ulm.
2286	Dr. Lenz	Gerichts-Akt, Assessor.-Verw.	Tübingen.
2287	Graf v Leutrum	Staatsrath	Stuttgart.
2288	Graf Linden	Ober-Amtsgerichts-Assistent	Ellwangen.
2289	Meurer	Ober-Amtsrichter	Aalen.

Nr	Name.	Stand.	Wohnort.
2290	Meyer	Rechtskonsulent	Reutlingen.
2291	Milz	Ober-Justizassessor	Eßlingen.
2292	Moser	Justiz-Referendar	Stuttgart
2293	Nagel	Ober-Justizprokurator	Eßlingen.
2294	Nagel	Rechtsanwalt	Balingen.
2295	Neidhardt	Ober-Justizassessor	Ulm.
2296	Niethammer	Justiz-Referendar	Weinsberg.
2297	Oesterlen	Rechtskonsulent	Stuttgart.
2298	Dr. Otto	Rechtskonsulent	Heilbronn.
2299	Dr. Pfeiffer	Professor	Tübingen
2300	Probst	Rechtskonsulent	Stuttgart.
2301	Probst	Ober-Justizassessor	Stuttgart
2302	Reichardt	Ober-Amtsrichter	Ulm.
2303	v. Reuß	Gerichts-Aktuar	Gaildorf.
2304	Dr. Reyscher	Rechtskonsulent	Stuttgart
2305	Römer	Ober-Amtsrichter	Gmünd.
2306	v. Schäfer	Ober-Tribunalsrath, Dirigent des Gerichtshofes	Tübingen.
2307	Schall	Rechtskonsulent	Ulm.
2308	Schall	Rechtskonsulent	Oehringen
2309	Schickhardt	Ober-Justizassessor	Eßlingen.
2310	Schott	Rechtskonsulent	Stuttgart.
2311	Dr. Seeger	Professor	Tübingen.
2312	Sick	Ober-Justizrath	Stuttgart.
2313	Steiner	Rechtskonsulent	Heilbronn.
2314	Frh. v. Sternenfels	Ober-Tribunalsrath	Stuttgart.
2315	Frhr. v. Sternenfels, E.	Justiz-Referendar	Stuttgart.
2316	Frhr. v. Sternenfels, C.	Justiz-Referendar	Biberach
2317	Steudel	Ober-Justizrath	Tübingen.
2318	Streich	Ober-Justizassessor	Ellwangen
2319	Stumpf	Gerichts-Aktuar	Balingen.
2320	Tafel sen.	Rechtskonsulent	Stuttgart.
2321	Tscherning	Justiz-Referendar	Heilbronn

Nr.	Name.	Stand.	Wohnort.
2322	Frhr. v. Wächter-Spittler	Justiz-Minister	Stuttgart.
2323	Weiß	Ober-Amtsgerichtsaktuar	Kannstadt.
2324	Weißer	Auditor u. Aktuariatsverweser	Marbach a. N
2325	Weizsäcker	Finanz-Assessor	Stuttgart.
2326	Wiedmann	Kriegsrath	Stuttgart.
2327	Wirth	Ober-Amtsrichter	Horb a. N.
2328	Zirkler	Ober-Amtsrichter	Künzelsau.

B.

Alphabetisches Verzeichniß

derjenigen

Mitglieder des 5. Deutschen Juristentages,

welche dem Vereine im Jahre 1864 beigetreten sind,

nach Staaten geordnet.

Nr.	Name.	Stand.	Wohnort.
		Großherzogthum Baden.	
2329	v. Miaskovsky	Doktor der Rechte	Heidelberg.
		Königreich Bayern.	
2330	Dr. Held	Hofrath und Professor	Würzburg.
2331	Dr. Kalb	Ober-Appellationsger.-Rath	München.
2332	Kuhn	Advokat-Anwalt	Landau a. d Isar
2333	v Schab	Ober-Staatsanwalt	München.
2334	Warmuth	Rechtspraktikant	Würzburg.
2335	Wernz	Präsident	Landau a. d. Isar.

Nr.	Name.	Stand.	Wohnort.

Herzogthum Braunschweig.

2336	Dr. Bertram	Obergerichts-Advokat	Gandersheim.
2337	Bock	Assessor	Braunschweig.
2338	Dr Breithaupt	Referendar	Wolfenbüttel
2339	v. Campe	Staats-Minister	Braunschweig
2340	Carstens	Stadtrath	Braunschweig
2341	Caspari	Ober-Bürgermeister	Braunschweig.
2342	Dedekind	Obergerichts-Advokat	Braunschweig.
2343	Dr Degener	Obergerichts-Advokat	Braunschweig.
2344	Dommerich	Landesökonomierath	Braunschweig
2345	Engelbrecht	Obergerichts-Advokat	Braunschweig
2346	v. Eschwege	Assessor	Braunschweig
2347	Geller	Stadtrichter	Braunschweig.
2348	Gerhard	Auditor	Braunschweig.
2349	Gerstell	Kreisrichter	Helmstedt.
2350	Griepenkerl	Landesökonomierath	Braunschweig
2351	Grote	Cand. jur.	Braunschweig.
2352	Haberland	Assessor	Braunschweig
2353	Häusler	Obergerichts-Advokat	Braunschweig
2354	Hampe	Advokat-Anwalt	Holzminden.
2355	v. Hantelmann	Finanzrath	Braunschweig.
2356	v. Hantelmann	Referendar	Braunschweig.
2357	v Heinemann	Steuerrath	Braunschweig
2358	Henneberg	Hofrath	Braunschweig.
2359	Herzog	Staatsanwalt	Wolfenbüttel.
2360	Heymann	Auditor	Braunschweig
2361	Hollandt	Obergerichts-Advokat	Braunschweig.
2362	Hollandt	Auditor	Braunschweig.
2363	Hornig	Obergerichts-Advokat	Braunschweig.
2364	Horst	Obergerichts-Advokat	Braunschweig
2365	Huch	Obergerichts-Advokat	Braunschweig.
2366	Jonas	Assessor	Braunschweig.
2367	v. Kalm	Stadtrichter	Braunschweig.
2368	v. Kalm, Erich	Kandidat der Rechte	Braunschweig.

Nr.	Name.	Stand.	Wohnort.
2369	v Kalm, Max	Kandidat der Rechte	Braunschweig.
2370	Koch	Kreisrichter	Braunschweig.
2371	Krüger	Kammerrath	Braunschweig
2372	Kühne	Staatsanwalt	Blankenburg.
2373	Langerfeldt	Auditor	Braunschweig
2374	Dr v. Liebe	Geheimrath	Braunschweig.
2375	Lieff	Auditor	Braunschweig.
2376	Lilly	Staatsanwalt	Braunschweig.
2377	Lucius	Obergerichtsadvokat u. Notar	Braunschweig.
2378	Lüderßen	Referendar	Braunschweig.
2379	Dr. Magnus	Advokat	Braunschweig.
2380	Mansfeld	Assessor	Wolfenbüttel.
2381	Matthiä	Kreisrichter	Holzminden.
2382	Dr. Meier	Stadtrath	Braunschweig.
2383	Meinecke	Obergerichts-Advokat	Braunschweig.
2384	Meyer	Polizei-Direktor	Braunschweig.
2385	Mittendorff	Kreisrichter	Braunschweig.
2386	Moritz	Kreisrichter	Braunschweig.
2387	Müller	Assessor	Salder.
2388	Pape	Obergerichts-Advokat	Braunschweig.
2389	v. Pawel	Kreisgerichts-Direktor	Holzminden.
2390	v. Pawel	Landesökonomierath	Braunschweig.
2391	Dr. Peters	Advokat-Anwalt	Braunschweig.
2392	Peters	Referendar	Braunschweig.
2393	v. Praun	Kreisrichter	Blankenburg.
2394	v. Praun	Assessor	Braunschweig.
2395	v. Praun	Referendar	Braunschweig.
2396	Dr. Räcke	Obergerichts-Advokat	Braunschweig.
2397	Reuter	Handelsrichter	Braunschweig.
2398	Rhamm	Auditor	Lehndorf.
2399	Ribbentrop	Kreisrichter	Blankenburg.
2400	Riesell	Kreisgerichts-Direktor	Braunschweig.
2401	Rittmeyer	Obergerichts-Advokat	Braunschweig.
2402	Römcke	Obergerichts-Advokat	Blankenburg.
2403	Röpcke	Obergerichts-Advokat	Braunschweig.

F

Nr.	Name.	Stand	Wohnort.
2404	v. Rosenstern	Obergerichtsrath	Wolfenbüttel.
2405	Rosenthal	Kreisgerichts-Direktor	Wolfenbüttel
2406	Roßmann	Auditor	Braunschweig
2407	Scharnbeck	Obergerichts-Advokat	Braunschweig
2408	Dr. Scheller	Obergerichts-Advokat	Braunschweig.
2409	Schmidt	Obergerichtsrath	Wolfenbüttel.
2410	Schnuse	Staatsanwalt	Gandersheim.
2411	Schrader	Finanz-Sekretair	Braunschweig.
2412	Schröder	Kreisrichter	Braunschweig.
2413	Dr. Schulz	Auditor	Braunschweig.
2414	Seidel	Assessor	Blankenburg.
2415	Solmitz, M.	Handelsrichter	Braunschweig.
2416	Sommer II	Auditor	Wolfenbüttel.
2417	Spies, G	Referendar	Wolfenbüttel.
2418	Dr. Spies, W.	Referendar	Wolfenbüttel.
2419	Dr Strümpell	Professor	Wofenbüttel, z. Z. in Dorpat (Liefland).
2420	Dr. Strümpell	Obergerichts-Advokat	Wolfenbüttel.
2421	Strümpell	Auditor	Wolfenbüttel.
2422	Stünkel	Auditor	Braunschweig.
2423	Stünkel, Ad.	Auditor	Braunschweig.
2424	Stünkel	Assessor	Braunschweig.
2425	Tappe	Obergerichts-Advokat	Scheppenstedt.
2426	Thielemann	Auditor	Braunschweig
2427	Dr. Trieps	Obergerichts-Präsident	Wolfenbüttel.
2428	Dr. Tunica	Referendar	Braunschweig
2429	Dr. Ude	Assessor	Holzminden.
2430	v. Unger	Assessor	Braunschweig.
2431	v. Veltheim	Assessor	Wolfenbüttel.
2432	Vogler	Kreisgerichts-Direktor	Helmstedt.
2433	Vorwerk	Referendar	Wolfenbüttel.
2434	Witting	Referendar	Braunschweig.
2435	Zimmermann	Staatsanwalt	Braunschweig.

Nr.	Name.	Stand	Wohnort.

Freie Stadt Bremen.

2436	Dr. Kießelbach	Advokat	Bremen.
2437	Dr. Schellhaß	Obergerichts-Anwalt	Bremen.

Freie Stadt Hamburg.

2438	Dr. Hirsch	Advokat	Hamburg.
2439	Jacobson	Doktor der Rechte	Hamburg.
2440	Dr. Lazarus	Advokat	Hamburg.
2441	Dr. Lührsen, Johs.	Advokat	Hamburg.
2442	Dr. Stockfleth	Notar	Hamburg.

Königreich Hannover.

2443	Dr. v. Bar	Amtsgerichts-Assessor	Göttingen
2444	Biedenweg	Doktor der Rechte	Hannover.
2445	Dr. Blumenberg	Obergerichts-Anwalt	Hannover.
2446	Dr. Böttcher	Amtsrichter	Herzberg.
2447	v. Bülow	Auditor	Wöltingerode
2448	v. Bülow	Gerichts-Assessor	Gifhorn.
2449	Crusen	Gerichts-Assessor	Celle.
2450	Fischer II.	Advokat	Hannover.
2451	Dr. Griesebach	Auditor	Hannover.
2452	Haarmann	Obergerichts-Anwalt	Goslar.
2453	Hattendorf	Obergerichtsrath	Stade.
2454	Hoppe	Obergerichts-Anwalt	Hameln.
2455	Dr. Hoyer	Amtsrichter	Hannover.
2456	Lauenstein	Obergerichts - Anwalt und Consistorial-Prokurator	Hannover.
2457	Dr. Maxen	Privat-Dozent	Göttingen.
2458	Meier, E.	Doktor der Rechte	Göttingen.
2459	Dr. Nicol	Obergerichts-Anwalt	Hannover.

Nr.	Name.	Stand.	Wohnort.
2460	v. Pestel	Obergerichtsrath	Celle
2461	Rauschenbusch	Rechtsanwalt	Hamm.
2462	Rautenberg	Obergerichts-Anwalt	Hannover.
2463	Reinking	Amtsrichter	Celle.
2464	Rieken	Obergerichts-Anwalt	Aurich.
2465	Ripperger	Rechtsanwalt	Hamm.
2466	zum Saude	Amtsgerichts-Assessor	Sögel.
2467	Schlesinger	Professor	Göttingen
2468	Schmidt	Auditor	Nienburg a. W.
2469	Schrader	Obergerichts-Anwalt	Göttingen.
2470	Schrader	Assessor	Osnabrück.
2471	Seckel	Advokat	Göttingen.
2472	Ulrichs	Gerichts-Assessor	Aurich
2473	Westerkamp	Auditor	Hannover
2474	Wolde	Ober-Appellationsgerichts-Anwalt	Celle.
2475	Dr. Wüstenfeld	Obergerichts-Anwalt	Hannover.

Kurfürstenthum Hessen-Cassel.

2476	Bechmann	Professor	Marburg.
2477	Dr. Löbell	Obergerichts-Anwalt	Marburg.
2478	Dr. Steinfeld	Rechtsanwalt	Eschwege.
2479	Vogel	Obergerichtsrath	Cassel.

Freie Stadt Lübeck.

2480	Funk	Doktor der Rechte	Lübeck.
2481	Dr. Klügmann	Obergerichts-Prokurator, Advokat und Notar	Lübeck.
2482	Dr. Pleßing	Advokat und Notar	Lübeck.

Nr.	Name.	Stand.	Wohnort.
	Großherzogthum Mecklenburg-Schwerin.		
2483	Dr. Knieß	Advokat	Wismar.
2484	Löscher	Advokat	Wittenburg.
2485	Möller	Bürgermeister und Polizeirichter	Schwerin.
2486	Zickermann	Advokat	Schwerin
	Kaiserreich Oesterreich.		
2487	Brunner	Doktor der Rechte	Linz a. d. Donau.
2488	Dr. Kuh	Rechtskonsulent	Wien.
2489	Dr. Löw	Notariats-Candidat	Wien
2490	Manger	Berggerichts-Beisitzer	Prag.
2491	Poglies	Ober-Landesgerichtsrath	Lubaczow (Galizien).
2492	Dr Reiser	Notariats-Candidat	Marburg (Steyermark).
2493	Ritter v. Schinnern	Notar	Windisch-Garsten (Ober-Oesterreich).
2494	Weinert	Auskultator	Laun a. d. Eger
2495	Dr. Zatecky	Advokaturs-Candidat	Wien.
	Großherzogthum Oldenburg.		
2496	Alfken	Staatsanwalt	Vechta
2497	Lauw	Justizrath, Amtsrichter	Brake a. d. Weser.
2498	Ruhstrat	Obergerichts-Direktor	Vechta.
2499	Selkmann	Ministerialrath	Oldenburg.
	Königreich Preußen.		
2500	Barre	Rechtsanwalt und Notar	Paderborn.
2501	Baum	Commerzienrath, Präsident der Handelskammer u. des Handelsger. i. Düsseldorf	Düsseldorf.

Nr.	Name.	Stand.	Wohnort.
2502	Brauer	Rechtsanwalt	Deutsch Crone.
2503	Buttmann	Kreisrichter	Pleschen.
2504	Danner	Kreisrichter	Dingelstedt.
2505	Dürre	Justizrath	Magdeburg.
2506	Dr. Friedberg	Privatdozent	Berlin.
2507	Friedländer	Rechtsanwalt und Notar	Halle (Westphalen)
2508	Fritsch	Kreisrichter	Görlitz.
2509	Gräfe	Stadtgerichtsrath	Berlin.
2510	Hackenberg	Friedensrichter	Remscheid.
2511	Horch	Gerichts-Assessor	Wernigerode.
2512	Horn I	Gerichts-Assessor	Berlin.
2513	Hübener	Gerichts-Assessor	Halberstadt.
2514	Hürter	Handelsgerichts-Sekretair	Düsseldorf.
2515	Dr. John	Professor	Königsberg i. Pr.
2516	Jüngling	Gerichts-Assessor	Berlin.
2517	Dr. Kompe	Syndikus	Breslau.
2518	Kremnitz	Kammergerichts-Auskultator	Berlin.
2519	Krönig	Rechtsanwalt	Paderborn
2520	Lehmann	Kammergerichts-Referendar	Berlin.
2521	Dr Lette	Präsident des Rev.-Colleg. für Landes-Culturfachen	Berlin
2522	Lochte	Rechtsanwalt und Notar	Soldin.
2523	Löschbrand	Justizbeamter a. D.	Hasserode b. Wernigerode.
2524	Lüders	Gerichts-Assessor	Berlin.
2525	Lupp	Fabrikant und Handelsrichter	Düsseldorf.
2526	Meyer	Professor	Halle a. S
2527	Meyer	Gerichts-Assessor	Berlin.
2528	Reinecke	Rechtsanwalt und Notar	Oschersleben.
2529	Riedel	Kreisgerichtsrath	Schweidnitz.
2530	Rieß	Rechtsanwalt	Weferlingen.
2531	v. Rönne	Kreisrichter	Stettin
2532	Dr. Runde	Rechtsanwalt und Notar	Spandau.
2533	Scherler	Justizrath, Rechtsanwalt und Notar	Gardelegen.
2534	Schröder	Kreisrichter	Zanow (Hinterpommern).

Nr.	Name.	Stand.	Wohnort.
2535	Stubenrauch	Rechtsanwalt und Notar	Berlin.
2536	Teichmann	Kreisgerichtsrath	Stendal.
2537	Wagner	Gerichts-Assessor	Magdeburg.
2538	Wegner	Rechtsanwalt	Wittstock.
2539	Witte	Referendar	Berlin
2540	Zuckschwerdt	Gerichts-Assessor	Halberstadt

Königreich Sachsen

2541	Dr. Gensel	Advokat und Notar	Leipzig.
2542	Dr. Haase	Protokollant	Dresden.
2543	Hänel, Arthur	Advokat	Dresden.
2544	Kuntzsch	Notar	Dresden
2545	Mettler	Bezirksgerichts-Aktuar	Dresden.
2546	Müller, H. E	Advokat und Notar	Zwickau.

Großherzogthum Sachsen-Weimar.

2547	Dr. Zerbst	Rechtsanwalt	Jena.

Herzogthum Schleswig-Holstein.

2548	Bathjen	Ober- u. Landger.-Advokat	Glückstadt.
2549	Dähnhardt	Obergerichtsrath	Glückstadt.
2550	Dahms	Ober- u. Landger.-Advokat	Elmshorn.
2551	Dohrn	Obergerichts-Auskultant	Glückstadt.
2552	Heymann	Advokat und Notar	Altona.
2553	Jeßen	Advokat und Notar	Altona.
2554	Johannsen	Landvogt	Heide (Norder-Dithm.)
2555	Meyer, Adolph	Oberger.-Advokat u. Notar	Altona.
2556	Mohrdiek	Obergerichtsrath	Glückstadt.
2557	Philipp	Obergerichts-Advokat	Glückstadt.

Nr.	Name.	Stand	Wohnort.
2558	Schlüter	Kirchspielvogt	Delve (Norder-Dithm.).
2559	Schmidt, Adolph	Oberger.-Advokat u. Notar	Altona.
2560	Scholz	Kanzleirath	Heide (Norder-Dithm.).
2561	Semper	Advokat und Notar	Altona.
2562	Struve	Advokat	Heide (Norder-Dithm.).
2563	Vogler	Senator	Altona.
2564	Warburg	Oberger.-Advokat u. Notar	Altona.
2565	Wedekind	Advokat und Notar	Altona.
2566	With	Kirchspielvogt	Weddingstedt (N.-Dith.).
2567	Witt	Obergerichtsrath	Glückstadt.
2568	Wittmaack	Candidat der Rechte	Glückstadt.

Fürstenthum Schwarzburg-Rudolstadt.

2569	v. Holleben	Staatsanwalts-Gehülfe	Rudolstadt.

Königreich Württemberg.

2570	Strauß, jun.	Rechtskonsulent	Heilbronn.

Verhandlungen

des

Sechsten Deutschen Juristentages.

Herausgegeben

von

dem Schriftführer-Amt der ständigen Deputation.

Zweiter Band. (Register-Band.)

Berlin, 1866.

Druck und Commissions-Verlag von G. Jansen.

Sachen- und Personen-Register

zu den

Verhandlungen

des

ersten bis incl. fünften

Deutschen Juristentages.

Herausgegeben

von

dem Schriftführer-Amt der ständigen Deputation.

Berlin, 1866.

Druck und Commissions-Verlag von G. Jansen.

Inhalt
des Register-Bandes.*)

---

*) Der Register-Band ist entworfen von Herrn Ober-Justizrath Feuerbach in Stuttgart, revidirt von dem Schriftführer-Amte.

☞ **Die Römische Zahl im Register-Bande bezeichnet den Juristentag, die erste Arabische Zahl den Band, die zweite Arabische Zahl die Seite.**

Vorwort.

Den Mitgliedern des großen vaterländischen Juristen-Vereines überreichen wir den die bisherigen Arbeiten desselben umfassenden Register-Band.

Er wird — so hoffen wir — öffentliches und vollgiltiges Zeugniß ablegen, daß der Deutsche Juristentag nicht nur die Einigung des ganzen ungeschmälerten Deutschlands auf dem Rechtsgebiete mit Entschiedenheit angestrebt, sondern auch diejenigen großen Rechts-Prinzipien und Reformen, welche die Grundpfeiler der Rechtseinheit zu bilden tauglich, mit Eifer aufgesucht, mit Gründlichkeit berathen und mit Besonnenheit verkündet hat.

Mit dem Rückblicke auf die Vergangenheit, welchen der Register-Band uns gewährt, verbinden wir einen Blick in die Zukunft.

Wie steht es fortan mit der Existenz-Berechtigung des Deutschen Juristentages, die ja allein abhängig ist von der Möglichkeit, eine fruchtreiche Thätigkeit zu entfalten?

Als der Deutsche Juristentag gegründet wurde, waren sämmtliche Deutsche Lande durch ein politisches Band vereinigt, welches zwar überaus schwach, aber immerhin ein Band war. Alles Streben war dahin gerichtet, dieses Band zu stärken; allein die Frage, in welchen bestimmten staatsrechtlichen Formen Deutschland fester geeinigt werden könne und solle, stand noch weitab im Hintergrunde. Man wagte bei den Verhandlungen des Zweiten Deutschen Juristentages (1861 in Dresden) noch nicht einmal, das künftige Organ für eine gemeinsame

Deutsche Gesetzgebung anders als eine „Einrichtung" zu bezeichnen. So tief in Dunkel gehüllt erschienen die staatsrechtlichen Formen der zu erringenden Einheit, daß man dieselben willig auf sich beruhen ließ und sich lediglich damit beschäftigte, welcher Inhalt auch ohne sie — mittelst der Einzelgesetzgebungen — als gemeinsames Gut auf dem Rechtsgebiete zur Geltung gebracht werden könne und solle.

Der Juristentag durfte hoffen, daß diese Thätigkeit keine resultatlose sein werde. Denn es war in Deutschland keine legislative Körperschaft vorhanden, welche Ansehn und Macht genug besessen hätte, um jene Aufgabe selbst in die Hand nehmen zu können, oder doch wenigstens ungescheut den von dem Juristentage proklamirten Prinzipien andere, eigene gegenüber zu stellen. Es war vielmehr anzunehmen, daß auch die bedeutendsten legislativen Faktoren — wo immer sich Gelegenheit dazu bieten würde — den von dem Juristentage als communis opinio ausgesprochenen Grundsätzen möglichst Rechnung tragen würden.

Und diese Hoffnung — wir könnten viele Beweise dafür anführen — ist in der That nicht getäuscht worden. Der Deutsche Juristentag durfte sich als ein — wenn auch mit blos berathender Stimme ausgestattetes — so doch von den Deutschen Regierungen und Landesvertretungen, ja von den mächtigsten Deutschen Fürsten anerkanntes Deutsches „Vorparlament ad hoc" betrachten, dessen Legitimation zwar lediglich auf der Liebe zur Sache und dem inneren Berufe der einzelnen Mitglieder beruhte, indeß nirgends in einer sein Ansehn wirksam beeinträchtigenden Weise angezweifelt wurde.

Durch die jüngsten Ereignisse hat sich die Sachlage völlig geändert. Die Frage nach den einigenden staatsrechtlichen Formen ist dergestalt in den Vordergrund getreten, daß vor ihr jede andere Frage verschwindet. Sie ist es, welche alle Gemüther ausschließlich beschäftigt und beschäftigen muß, da nicht einmal jenes lose Band mehr existirt, welches einst das ganze Vaterland umschloß, und Deutschland zur Zeit in drei große Theile auseinandergefallen erscheint. Es kann sich im Augenblicke nicht darum handeln, welche civil- und kriminalrechtlichen Institutionen das Norddeutsche Parlament und die Gesetzgebung der Süddeutschen Staaten ins Leben rufen soll, sondern einzig und allein darum, auf welchem Wege und in welcher Form möglichst bald eine gemeinsame Legislation für Nord- und Süddeutschland hergestellt werden kann.

Der Lösung dieser Frage ist der Deutsche Juristentag nicht gewachsen. Er würde auch, falls die Schaffung einer gemeinsamen gesetzgeberischen Gewalt für Nord- und Süddeutschland vorläufig mißlingen sollte, nicht der Aufgabe gewachsen sein, das legislatorische Band zwischen dem Norden und Süden irgendwie zu ersetzen, und weder bei dem großen Norddeutschen Reichstage, noch bei den Süddeutschen gesetzgeberischen Gewalten die für eine Vermittler-Rolle nothwendige Autorität zu erringen und zu behaupten vermögen.

Gelänge aber jene Vereinigung, so wäre der Einfluß des Juristentages erst recht absorbirt durch das allgemeine Deutsche Parlament, welches — entsprungen aus Volkswahlen und zweifellos auch die bedentendsten theoretischen und praktischen Juristen in sich umschließend — in gerechtem Selbstgefühle wenig Gewicht auf die Aussprüche einer anderen, nicht aus Wahlen, sondern aus eigener Entschließung hervorgegangenen Versammlung legen würde.

Hiernach bleibt auf alle Fälle als alleiniger Zweck für den Deutschen Juristentag eine rein theoretische Aufgabe: die Förderung der Rechtswissenschaft, stehen. Ob aber hierzu nicht kleinere Kreise viel geeigneter sind, als unser mitgliederreicher Verein; ob hierzu nicht ein längerer Zusammentritt als der allein mögliche von drei oder vier Tagen erforderlich; ob gerade die strebendsten juristischen Kräfte sich nicht lieber dem Deutschen oder auch dem nur Norddeutschen Parlamente als dem Juristentage widmen werden; ob nicht hierdurch schon jetzt ein fühlbarer Mangel an Arbeitskräften und durch das verminderte Ansehn, den verminderten Einfluß des Juristentages eine Abnahme der Arbeitslust innerhalb des Vereins bewirkt werden wird; ob dann nicht die dringende Gefahr vorhanden ist, daß der Juristentag von seiner früheren Höhe zu einem wesentlich „geselligen Vereine" herabsinkt: dies sind Fragen, die unseres Erachtens unschwer zu beantworten sind.

Für uns steht es daher fest, und viele Männer, die als eifrige Mitarbeiter für die bisherigen Zwecke des Juristentages erprobt sind, theilen unsere Ansicht: „Der Deutsche Juristentag hat die äußersten Marksteine seiner Wirksamkeit erreicht!" Seine Arbeiten, seine Bestrebungen werden der Nation unvergeßlich sein; seine Beschlüsse werden auf die Gestaltung der Zukunft um so nachhaltigeren Einfluß ausüben, je weniger die Autorität seiner Aussprüche durch einen langsamen Todeskampf abgeschwächt wird. — Die Lehren der Todten pflegen williger befolgt zu werden, als die der Lebenden; williger mit Recht, als die Lehren Derer, welche nur ein Scheinleben führen.

In dieser Ueberzeugung bieten wir den gegenwärtigen Band unserem Vereine als eine letzte Gabe dar. Möge derselbe auch unserer Thätigkeit ein freundliches Andenken bewahren!

Berlin, im Dezember 1866.

Das Schriftführer-Amt der ständigen Deputation.

Hiersemenzel.

I.

Verzeichniß des Inhalts der Verhandlungen der ersten fünf Juristentage

nach der Zeitfolge.

Erster Juristentag.

Zweiter Juristentag.

Erster Band.

Neue Anträge.

Zweiter Band.

Neue Anträge (Schluß).

Stenographische Berichte.

Dritter Juristentag.

Erster Band.

Zweiter Band.

Seite

Stenographische Berichte.

Vierter Juristentag.

Erster Band.

Gutachten.

Zweiter Band.

Stenographische Berichte.

Fünfter Juristentag.

Erster Band.

II.

Verzeichniß der bei den ersten fünf Deutschen Juristentagen zur Verhandlung gebrachten Gegenstände mit dem Gang der Verhandlung,

nach Fächern geordnet.

I. Verhandlungen über den Juristentag selbst.

A. Das Statut.

1. Ursprüngliche Feststellung desselben.

a. Die von der „Kommission der Juristischen Gesellschaft in Berlin für Ausschreibung eines Deutschen Juristentages" entworfene

„Vorläufige Ordnung für den Deutschen Juristentag" I. 3—6.

wurde in der Plenar-Versammlung vom 28. August 1860 mit der von dem einstweiligen Vorsitzenden derselben, Stadtgerichtsrath Dr. Graf v. Wartensleben aus Berlin, Namens der gedachten Kommission beantragten Aenderung in §. 7., daß statt zweier vier Vice-Präsidenten für das Plenum ernannt werden, unter Vorbehalt der Prüfung im Einzelnen, vorläufig angenommen. I. 179.

b. Einzelberathung in der 1. Abtheilung, beziehungsweise in der vollen Versammlung vom 30. desselben Monats:

§. 1. der „vorläufigen Ordnung"

„Der Zweck des Deutschen Juristentages ist: eine Vereinigung für den lebendigen Meinungsaustausch und den persönlichen Verkehr unter den Deutschen Juristen zu bilden, auf den Gebieten des Privatrechts, des Prozesses und des Strafrechts den

Forderungen nach einheitlicher Entwickelung immer größere Anerkennung zu verschaffen, die Hindernisse, welche dieser Entwickelung entgegenstehen, zu bezeichnen und sich über Vorschläge zu verständigen, welche geeignet sind, die Rechtseinheit zu fördern," I 3.

aa. in der Abtheilung nach Zurückziehung, beziehentlich Abwerfung eines Antrages von Professor Dr. Kuntze aus Leipzig auf einen Zusatz hinsichtlich des Handelsrechts und eines Antrages von Rechtskonsulent Bacher aus Stuttgart auf einen solchen hinsichtlich der freiwilligen Gerichtsbarkeit angenommen, I. 308

und von einem Antrage des Professors Dr. Aegidi aus Hamburg: zu Protokoll zu erklären, ob der nächste Juristentag nicht seine Verhandlungen auch auf das öffentliche Recht erstrecken wolle, abgesehen, I. 308.

bb. in der Plenar-Versammlung angenommen. I. 204.

§. 2. „Der Deutsche Juristentag tritt alljährlich zusammen," I. 3.
in der Abtheilung, I. 308.
und in der Plenar-Versammlung, I. 304.
angenommen.

§. 3. „Zur Mitgliedschaft berechtigt sind die Deutschen Richter, Staatsanwälte, Advokaten und Notare, die Aspiranten des Richteramtes, der Anwaltschaft und des Notariats, die Lehrer an den Deutschen Hochschulen, die Mitglieder der gelehrten Akademieen und die rechtsgelehrten Mitglieder der Verwaltungsbehörden," I. 3.

in der Abtheilung mit dem auf Antrag des Professors Dr. Unger aus Wien beschlossenen Zusatze „Doctores juris," sowie unter Abwerfung der Anträge des Kreisgerichtsraths Wollheim von Kammin auf Beschränkung des Wortes „Aspiranten," des Advokaten Dr. Pfeiffer aus Bremen auf den Zusatz der Worte „Sekretäre" und (nach „Verwaltungs-Behörden") „Justizbehörden," und des Professors Dr. Kuntze aus Leipzig auf den allgemeinen Ausdruck: „Alle, welche die akademische Laufbahn zurückgelegt haben," angenommen, I. 309.

und ebenso in der Plenar-Versammlung nach der zufolge eines Antrages des Privatdozenten Dr. Kühns aus Berlin, den Zusatz zu machen: „gleichviel, ob die zur Mitgliedschaft berechtigten Staatsbeamten in oder außer Dienst sind," von dem Berichterstatter abgegebenen Erklärung, daß die Abtheilung davon ausgegangen sei, daß Richter, welche ihr Amt niedergelegt haben, dadurch ihre Fähigkeit zur Mitgliedschaft nicht verlieren. I. 204 205.

§. 4. „Die Mitgliedschaft beginnt mit dem Empfange der Mitgliedskarte und berechtigt zur Theilnahme an den Verhandlungen und an der Abstimmung,"

in der Abtheilung, I. 309.

und in der Plenar-Versammlung, I. 205.

angenommen.

§. 5. „Der Beitrag der Gesellschaftsmitglieder wird auf drei Thaler jährlich festgesetzt und ist für das Jahr 1860 innerhalb vier Wochen nach der Seitens des Deutschen Juristentages erfolgten Genehmigung dieses Statuts, für jedes folgende Jahr innerhalb vier Wochen nach Beginn des neuen Jahres zu entrichten, widrigenfalls derselbe durch Postvorschuß eingezogen wird. Nimmt ein Mitglied den mit Postvorschuß beschwerten Brief nicht an, so wird dies einer ausdrücklichen Austrittserklärung gleich geachtet,"

ebenso. I. 309 u. 205.

§. 6. „Den Plenar-Verhandlungen des Deutschen Juristentages gehen der Regel nach Abtheilungs-Berathungen voraus. Zu diesem Zwecke werden durch freiwillige Einzeichnung der Mitglieder folgende vier Abtheiluugen gebildet:

1. Abtheilung für Privatrecht, insbesondere Obligationen- und Pfandrecht;
2. Abtheilung für Handels-, Wechsel-, See- und internationales Recht;
3. Abtheilung für Strafrecht, Strafprozeß und Gefängnißwesen;
4. Abtheilung für Gerichtsverfassung, Civilprozeß und juristisches Studium.

Die Abtheilungen wählen ihre Vorsitzenden, Schriftführer, Berichterstatter und benachrichtigen den Vorsitzenden der Plenar-Versammlung (§. 7), sobald ihre Berathungen über einzelne Gegenstände geschlossen sind; ihre Anträge sind schriftlich zu fassen,"

in der Abtheilung auf den Antrag einer auf Vorschlag des Obergerichtsraths Bähr aus Kassel zur Vorberathung niedergesetzten Kommission angenommen mit dem Zusatze zu Nr. 4. „und praktische Ausbildung," sowie unter Ablehnung der Anträge: des Notars Uchatzy aus Reichenberg (Böhmen) auf Streichung der Nr. 1, des Professors Dr. Unger aus Wien auf Zusammenfassung der Nr. 1 und 2 und des Professors Dr. Aegidi aus Hamburg auf Trennung des juristischen Studiums von Nr. 4, I. 309 312.

und ebenso in der Plenar-Versammlung. I. 205.

§. 7. „Die Verhandlungen der Plenar-Versammlungen leitet ein

Vorsitzender, welcher für die Dauer eines jeden Juristentages in der ersten Plenar-Versammlung durch Stimmzettel oder Akklamation gewählt wird. Derselbe ernennt zwei Stellvertreter und vier Schriftführer. Er bestimmt die Tagesordnung und kann einzelne Gegenstände, ohne Vorberathung in den Abtheilungen (§. 6), unmittelbar zur Plenar-Berathung stellen. Auch ist er befugt, Nichtmitglieder als Zuhörer zuzulassen,"

in der Abtheilung ohne Debatte, I. 309.

in der Plenar-Versammlung nach der Bemerkung des Vorsitzenden, daß zufolge des am 28. August gefaßten Beschlusses gesagt werden müsse: „zwei bis vier Stellvertreter," angenommen. I. 205.

§. 8. „Bei allen Beschlüssen der Plenar-Versammlung und der Abtheilungen entscheidet einfache Stimmenmehrheit der anwesenden Mitglieder; bei allen Wahlen relative Majorität und im Falle der Stimmengleichheit das Loos,"

in der Abtheilung, I 309.

und in der Plenar-Versammlung, I. 206.

angenommen.

§. 9. „Wird Schluß der Debatte beantragt, so wird über diesen Antrag sofort abgestimmt. In der Plenar-Versammlung sind alle Anträge, mit Ausnahme des Antrages auf Schluß der Debatte, schriftlich zu stellen,"

in der Abtheilung, I. 309.

und in der Plenar-Versammlung, I. 206.

angenommen.

Bei §. 10. „Vor dem Schlusse eines jeden Juristentages wird von der Plenar-Versammlung durch Stimmzettel in einem einzigen Skrutinium eine aus fünf Personen bestehende ständige Deputation mit folgenden Befugnissen und Obliegenheiten gewählt:

1) sie sorgt für die Ausführung der von dem Juristentage gefaßten Beschlüsse, veranstaltet nach eigenem Ermessen den Druck der Protokolle und Vorlagen, bewirkt die Vertheilung der Drucksachen an die Mitglieder und verwahrt alle Akten und Schriftstücke des Juristentages;
2) sie bestimmt Zeit und Ort des nächsten Juristentages, trifft die für denselben nöthigen Vorbereitungen, erläßt die Einladungen und stellt die vorläufige Tagesordnung auf;
3) sie nimmt die Beitrittserklärungen neuer Mitglieder entgegen, fertigt die Mitgliedskarten aus, empfängt die Bei-

träge, bestreitet die Ausgaben und legt der folgenden Deputation Rechnung;

4) sie ergänzt sich selbst, falls eines oder mehrere ihrer Mitglieder während des Geschäftsjahres ausscheiden.

Die Deputation wählt aus ihrer Mitte einen Vorsitzenden, dessen Wohnort der Sitz der Deputation ist. Zur Gültigkeit ihrer Beschlüsse ist die Einladung sämmtlicher Mitglieder, sowie die Mitwirkung von wenigstens drei Mitgliedern erforderlich,"

wurde, den Eingang betreffend, in der Abtheilung, nachdem die obenerwähnte Kommission zuerst beantragt hatte, (von der Plenar-Versammlung) durch Akklamation oder durch Stimmzettel (wie oben) eine aus neun Personen, von denen fünf am Orte des eben versammelten Juristentages wohnen, bestehende Deputation wählen zu lassen, I. 311.

Stadtrichter Hiersemenzel aus Berlin aber, die Zahl der Mitglieder der ständigen Deputation auf eilf zu erhöhen, welchen der Präsident des jeweiligen Juristentages als Ehrenpräsident zuzugesellen, I. 312.

nach dem später von der Kommission zu dem ihrigen gemachten Antrage des Justizraths und Rechtsanwalts Dr. Hinschius aus Berlin beschlossen: fünfzehn Mitglieder, sieben von dem Orte des letzten Juristentages, sieben von außerhalb, und den Ehrenpräsidenten, in die Deputation zu wählen, I. 312.

in der Plenar-Versammlung aber zunächst: daß die Deputation aus vierzehn Mitgliedern und dem Präsidenten des letzten Juristentages bestehen solle, I. 206.

sodann, daß sie zusammengesetzt werden solle, wie die Abtheilung beantragte, I. 213. f.

und daß ebenso ihre Wahl entweder durch Stimmzettel oder durch Akklamation zu geschehen habe, I. 216.

nachdem Prof. Dr. Anschütz aus Greifswald beantragt hatte, nach dem ersten Satze des §. 10 der „vorläufigen Ordnung" die Wahl in einem einzigen Skrutinium erfolgen zu lassen. I. 215.

Ueber Ziff. 1 fand eine Erörterung nicht statt.

Zu " 2 wurde in der Abtheilung nach dem Antrage der Kommission beschlossen, den Zusatz zu machen: „bei welcher in der Regel nur diejenigen Vorlagen zu berücksichtigen sind, welche bis zum 31. Mai des laufenden Jahres eingegangen sind," und ein Antrag des Professors Dr. Aegidi aus Hamburg, die Bestimmung des Orts für den nächsten Juristentag der Plenar-Versammlung vorzubehalten, verworfen, I. 311. f.

in der Plenar-Versammlung, unter Ablehnung der Anträge des Ober-Staatsanwalts Dr. Frh. v. Groß aus Eisenach, jenen Zusatz zu verwerfen, und des Justizraths, Rechtsanwalt Vogler aus Berlin, der

Deputation das ihr zuzuweisende Recht nur unter dem Vorbehalte der Entscheidung der Plenar-Versammlung einzuräumen, der von der Abtheilung beschlossene Zusatz angenommen und festgesetzt, daß die Wahl des Ortes der nächsten Zusammenkunft der ständigen Deputation zu überlassen sei. I. 209 f. 217.

Ueber Ziff. 3 fand eine Erörterung nicht statt.

Zu " 4 wurde in der Abtheilung nach dem Kommissions-Antrage der Zusatz beschlossen: „sie bereitet Abänderungs-Vorschläge in Betreff der Geschäfts-Ordnung für die Plenar-Versammlung vor und setzt erforderlichen Falles Abänderungen provisorisch ins Werk,“ I. 311 f.

dagegen in der Plenar-Versammlung dieser Zusatz nur in seinem ersten Theile angenommen, im zweiten aber, nachdem Obergerichtsrath Bähr aus Kassel erklärt hatte, daß die Absicht desselben nur gewesen sei, der Deputation diese Befugniß bis zum nächsten Juristentage zuzuweisen, abgelehnt. I. 210 f.

Der Schlußsatz wurde nach der von der Kommission beantragten Fassung:

> „Die Deputation wählt aus ihrer Mitte einen Vorsitzenden und einen Schriftführer, welcher letztere ein von der Deputation festzusetzendes Pausch-Quantum für baare Auslagen erhält. Der Sitz der Deputation ist der Ort des letzten Juristentages. Zur Gültigkeit ihrer Beschlüsse ist die Einladung sämmtlicher Mitglieder, sowie die Mitwirkung von wenigstens fünf Mitgliedern erforderlich,“ I. 311.

in der Abtheilung, I. 312.
und in der Plenar-Versammlung, I. 311 f.
angenommen.

Zu §. 12 (§. 11 des Statuts, da §. 11 der „vorl. Ordnung“ als transitorisch im Statut ausfiel): „Abänderungen des vom Juristentage genehmigten Statuts können zwar von der Plenar-Versammlung durch einfache Stimmenmehrheit, jedoch nur auf schriftlichen Antrag, der vier Wochen vor dem Zusammentritte des Juristentages der ständigen Deputation (§. 10) überreicht worden, beschlossen werden,“
fand eine Erörterung nicht statt.

2. Fortbildung des Statuts.

ad §. 2 a) Ein Antrag des Hofgerichtsraths E. Brauer zu Bruchsal:
„In Bezug auf die Wahl des Versammlungsortes gilt, abgesehen von außerordentlichen Ausnahmsfällen, die Regel, daß

abwechselnd eine geeignete Stadt in der nördlichen und in der südlichen Hälfte Deutschlands zu wählen ist, sofern nicht, was dazwischen zu jeder Zeit geschehen kann und öfters geschehen soll, eine annähernd im Mittelpunkte von Deutschland liegende geeignete Stadt als Versammlungsort bestimmt wird," II. 1, 228.

wurde von demselben zurückgezogen. II. 2, 134.

b) Antrag der ständigen Deputation:

„Der Deutsche Juristentag tritt in der Regel alljährlich zusammen; doch ist die ständige Deputation ermächtigt, aus Gründen der Zweckmäßigkeit ausnahmsweise die Wiedereinberufung des Juristentages erst in dem auf dessen letzten Zusammentritt folgenden zweiten Kalenderjahre vorzunehmen,"

angenommen in der Plenar-Versammlung vom 26. August 1864. V. 2, 45.

ad §. 3. Antrag des Obertribunalraths Frh. v. Sternenfels zu Stuttgart: diesen §. dahin abzuändern:

„Zur Mitgliedschaft berechtigt sind die Deutschen Richter, Staatsanwalte, Advokaten und Notare, die Aspiranten zu einer dieser Stellen, sowie jeder, welcher dazu nach seinen Landesgesetzen für befähigt erkannt ist, ferner die Lehrer an den Deutschen Hochschulen, die Mitglieder der gelehrten Akademien, die Doktoren der Rechte und rechtsgelehrten Mitglieder der Verwaltungsbehörden," II. 1, 276.

angenommen in der Plenar-Versammlung vom 27. August 1861. II. 2, 98.

ad §. 5. Antrag der ständigen Deputation:

diesen §. dahin abzuändern:

„Der Beitrag der Gesellschafts-Mitglieder wird vom dritten Vereinsjahre an auf Zwei Thaler jährlich festgesetzt und ist innerhalb vier Wochen nach Beginn jedes neuen Jahres zu entrichten, widrigenfalls ꝛc. (wie oben §. 5 bis „gleich geachtet").

Für die am Orte des Juristentages selbst zu lösende Anmeldungskarte ist Ein Thaler zu entrichten," II. 1, 227.

angenommen in der Plenar-Versammlung vom 27. August 1861. II. 2, 88.

ad §. 6.

a) Ein von dem (Gerichts-Assessor, später) Kreisrichter Dulheuer aus Lüdenscheid eingereichter, ausführlich entwickelter Antrag betraf auch die Einrichtung der Abtheilungen des Juristentages, I. 121—123.

und wurde von der Plenar-Versammlung vom 28. August 1860 an die erste Abtheilung verwiesen, I. 183.

vom Antragsteller wiederholt und event. dahin als neuer Antrag gestellt:

„Der Deutsche Juristentag wolle beschließen:

A. Von den im §. 6 der Statuten aufgeführten Abtheilungen werden
   a) die Abtheilungen ad 1 und 2 zu einer „Abtheilung für Civilrecht,"
   b) die Abtheilungen ad 3 und 4 zu einer „Abtheilung für Strafrecht, Prozeß, Studium und Praxis"

vereinigt.

B. Jede der beiden Abtheilungen zergliedert sich nach den einzelnen Deutschen Ländern in Unterabtheilungen, deren Organisation auf Grund der früheren und einer wiederholten Einzeichnung der Mitglieder in geeignete Listen der ständigen Deputation übertragen wird," II. 1, 228 f.

wurde von demselben später zurückgenommen. II. 2, 134.

b) Ein Antrag der ständigen Deputation:

den §. 6 mit nachstehender transitorischer Zusatzbestimmung zu versehen: „Für die Dauer des zweiten Juristentages werden die Erste und Zweite Abtheilung zu einer einzigen verschmolzen," II. 1, 227.

erledigte sich in der Plenar-Versammlung vom 27. August 1861 durch den schon zuvor gefaßten Beschluß, beide gedachten Abtheilungen (für den zweiten Juristentag) zu vereinigen, wobei zugleich von einer bleibenden Verschmelzung Beider Abstand genommen wurde. II. 2, 85, 88 f.

c) Der Antrag der ständigen Deputation:

in diesen §. hinter den Worten: „der Regel nach Abtheilungsberathungen voraus," folgende Bestimmung einzuschalten: „Nach der Berathung in der bezüglichen Abtheilung findet eine Erörterung und Entscheidung in dem Plenum nur dann statt, wenn die Abtheilung eine solche beantragt oder das Plenum sich dieselbe vorbehält," II. 1, 227.

wurde in der Plenar-Versammlung vom 27. August 1861, nachdem Rechtsanwalt Lewald aus Berlin beantragt hatte, denselben abzulehnen, angenommen. II. 2, 91 f.

d) Der Antrag der ständigen Deputation:

den §. 6 des Statuts auch noch mit folgendem Zusatze zu versehen: „In jeder Abtheilung stimmen nur diejenigen mit, welche sich bei ihrer persönlichen Anmeldung in die betreffende Abtheilung eingezeichnet haben," II. 1, 228.

wurde, nachdem Kreisrichter Lefeldt aus Beuthen die Fortlassung der Worte: „bei ihrer persönlichen Anmeldung," II. 2, 93.

Andere die Fortlassung des ganzen Zusatzes beantragt hatten, II. 2, 93.

unter Weglassnng jener Worte in derselben Plenar-Versammlung angenommen. II. 2, 95.

e) Ebenso der Antrag derselben:

Der Juristentag wolle beschließen, am Schlusse des §. 6 des Statuts die Worte hinzuzufügen:

„Sämmtliche Beschlüsse der Abtheilungen werden in der Plenar-Versammlung mitgetheilt. Es findet jedoch eine Erörterung und Entscheidung im Plenum nur statt, wenn dieselbe von der betreffenden Abtheilung vorgeschlagen oder wenn sie von mindestens zehn Mitgliedern beantragt und von der Plenar-Versammlung beschlossen wird. Im letzteren Falle wird über die Vorfrage nur einem der Antragsteller und dem Berichterstatter das Wort ertheilt," III. 1, Vorlagen Nr. 1.

in der Plenar-Versammlung vom 25. August 1862, III. 2, 10.

nachdem ein von dem Hof- und Gerichts-Advokaten Dr. Berger aus Wien gestellter Antrag auf Einfügung der Worte (nach Abtheilungen): „in Rechts- und Gesetzgebungsfragen" zurückgezogen worden war, III. 2, 9 f.

und indem über einen Antrag des Advokaten Judeich aus Dresden, zu sagen: „(zehn) im Plenum anwesenden" u. s. w. zur Tagesordnung übergegangen worden. III. 2, 9 f.

f) Der Antrag der ständigen Deputation:

der Ersten Abtheilung des Juristentages die das juristische Studium und die praktische Ausbildung betreffenden Vorlagen zuzuweisen, IV. 1, 6.

wurde in der Plenar-Versammlung vom 25. August 1863 angenommen. IV. 2, 7.

g) Antrag des Professors Dr. Glaser aus Wien:

der Deutsche Juristentag wolle beschließen:

es habe der §. 6 Nr. 3 der Statuten künftig zu lauten: „Abtheilung für Strafsachen und Strafprozeß mit Einschluß des Militär-Strafrechts und für Gefängnißwesen," II. 1, 277.

von dem Antragsteller zurückgezogen. II. 2, 96.

ad §. 8. Antrag des Staatsanwalts Dalke in Delitzsch:

zu diesem Paragraphen den Zusatz zu beschließen:

„Anträge und Verbesserungsanträge (Amendements) werden nur dann zur Berathung und Abstimmung gebracht, wenn sie in den Plenar-Sitzungen von mindestens 50, in den Abtheilungs-Sitzungen von mindestens 20 Mitgliedern durch Aufstehen unterstützt werden; darüber, ob ein Antrag durch die erforderliche

Zahl von Mitgliedern unterstützt ist, entscheidet, ohne daß es einer besonderen Zählung bedarf, das Büreau,"

in der Plenar-Versammlung vom 25. August 1863 verworfen. IV. 2, 10.

ad §. 9. Antrag des Staatsanwalts Nessel zu Breslau:

Der Juristentag wolle zu §. 9 des Statuts folgenden Zusatz machen:

„Anträge werden nur dann zur Berathung und Abstimmung gestellt, wenn sie in den Plenar-Versammlungen von mindestens zwanzig und in den Abtheilungs-Sitzungen von mindestens zehn Mitgliedern sofort nach der Vorlesung des Antrages durch Aufstehen unterstützt werden," III. 1, Vorl. Nr. 2.

von dem Antragsteller zurückgezogen. III. 2, 10

ad §. 10.

a) Antrag der ständigen Deputation:

in §. 10 des Statuts hinter dem ersten Alinea folgende Bestimmung einzuschalten:

„Die Liste der zur Akklamation vorzuschlagenden Personen wird nicht von dem Präsidenten allein, sondern durch ihn, seine Stellvertreter und je zehn von jeder Abtheilung gewählte Vertrauensmänner festgestellt," II. 1, 228.

angenommen in der Plenar-Versammlung vom 27. August 1861. II. 2, 96.

b) Antrag des Obertribunalraths Frh. v. Sternenfels aus Stuttgart:

den §. 10 des Statuts dahin zu ändern:

„Vor dem Schlusse eines jeden Juristentages wird von der Plenar-Versammlung auf Vorschlag des Präsidenten durch Akklamation oder in einem einzigen Skrutinium durch Stimmzettel eine aus achtzehn Mitgliedern und dem Präsidenten des letzten Juristentages als Ehrenpräsidenten bestehende ständige Deputation gewählt. Von jenen achtzehn Mitgliedern müssen mindestens drei am Orte des letzten Juristentages, und jedenfalls zwölf auswärts wohnen," II. 1, 276.

angenommen in derselben Versammlung. II. 2, 99.

3. Anträge in Beziehung auf die Ordnung des Juristentages im Allgemeinen.

Antrag des Notars Dr. Uchatzy aus Reichenberg in Böhmen, betreffend den Entwurf eines Statuts und einer Geschäfts-Ordnung für den Deutschen Juristentag, I. 111—120.

in der Plenar-Versammlung vom 28. August 1860 an die (mit der

Berathung der „vorläufigen Ordnung" für den Deutschen Juristentag befaßte) Erste Abtheilung verwiesen. I. 183.

B. Einzelne Zwecke und Mittel des Juristentages.

1. Antrag des Obergerichtsraths Bähr zu Kassel, nach welchem der Juristentag für seine Mitglieder ein bleibendes Organ zum Austausch begehrter Auskunft über das in den einzelnen Deutschen Ländern geltende besondere Recht bilden und die zu diesem Zwecke dienliche Einrichtung im Einzelnen erhalten soll, I. 5 f.

in der Plenar-Versammlung vom 28. August 1860 auf Antrag des Antragstellers in die Erste Abtheilung verwiesen, I. 191.

(worauf noch über einen von mehreren Mitgliedern gestellten Antrag, den Bähr'schen Antrag unter Aufhebung des eben gedachten Beschlusses an eine besondere Kommission zu verweisen, zur Tagesordnung übergegangen wurde, I. 197.)

in der gedachten Abtheilung mit einigen Aenderungen angenommen, I. 312 f.

in der Plenar-Versammlung vom 30. August 1860 aber in Erwägung, daß der Antrag in seiner Ausführung auf große ökonomische und technische Schwierigkeiten stoßen würde, derselbe jedenfalls auch mit Rücksicht auf die eigentlichen und nächsten Zwecke des noch in der Organisation begriffenen Juristentages verfrüht erscheint, in Anerkennung der löblichen Intentionen des Antragstellers durch Uebergang zur Tagesordnung beseitigt. I. 213.

2. Antrag des Geh. Raths, Professor Dr. Mittermaier in Heidelberg, nach welchem der Juristentag es sich als eine weitere Aufgabe zu setzen habe, die Bearbeitung von Entwürfen solcher Gesetze zu übernehmen, deren Erlassung für das gesammte Deutschland ein allgemeines Interesse hat, und demgemäß die geeignete Einrichtung bekommen soll, I. 60—62.

in der Ersten Abtheilung auf Antrag des Geh. Raths, Professor Dr. v. Wächter, I. 310.

in der Plenar-Versammlung vom 30. August 1860 abgelehnt. I. 225.

3. Antrag des (Gerichts-Assessors, später) Kreisrichters Dulheuer aus Lüdenscheid, nach welchem die Unterabtheilungen des Juristentages, in welche (nach dem oben unter Litt. A., Ziff. 2, ad §. 6 a. angeführten Antrage) die Abtheilungen zerfallen sollten, den Beruf erhalten würden, auf dem ihnen zugetheilten Rechtsgebiete nach einem von der Hauptabtheilung festgestellten und für sämmtliche Unterabtheilungen maßgebenden Systeme ihr heimathliches Recht in Form eines Gesetzentwurfs in kurzer und präziser Fassung auszuarbeiten, die Abtheilungen selbst aber

den, auf dem betreffenden Rechtsgebiete die wichtigsten abweichenden Rechtsnormen der Deutschen Partikulargesetzgebungen in systematischer Ordnung nebeneinander darzustellen, zu diesem Zwecke die Arbeiten der Unterabtheilungen zu fördern uud zu unterstützen und über die Resultate an die Plenar-Versammlung des Deutschen Juristentages gutachtlich zu berichten, I. 121—123.

von dem Antragsteller zurückgezogen. II. 2, 134.

4. Antrag des Obergerichtsraths Vorwerk aus Wolfenbüttel:

„Der Deutsche Juristentag wolle beschließen:

1) daß auf jedem Juristentage von den Mitgliedern Auskunft darüber erwartet werde, was in den einzelnen Deutschen Staaten von Regierungen, Kammern, Gerichten und Vereinen für oder wider die Förderung Deutscher Rechtseinheit seit Jahresfrist geschehen sei,

2) daß die ertheilte Auskunft besprochen und sammt etwaigen Resolutionen veröffentlicht werden solle", II. 1, 237.

und des Advokaten Förster zu Pirna:

„Der Deutsche Juristentag möge seine ständige Deputation (bis auf Weiteres) ein für alle Mal beauftragen, ihm alljährlich über die bisherige Einigung des in sein Bereich gehörigen Rechts und darüber, ob eine weitere Einigung des letzteren zur Zeit ausführbar und wünschenswerth sei, Bericht zu erstatten und im Falle der Bejahung dieser Frage ihm darüber, in welchen Rechtszweigen etwa die sofortige Ausführbarkeit und Dringlichkeit einer weiteren Einigung auszusprechen sei, unter möglichster Verfolgung eines gewissen Planes geeigneten Vorschlag zu machen", II. 1, 237.

welcher letztere Antragsteller in der Plenar-Versammlung vom 27. August 1861 an seinen Antrag noch einen Zusatz hinsichtlich der von den Mitgliedern des Juristentages erwarteten Auskunft (wie in Ziff. 1. des Vorwerk'schen Antrages) gemacht wissen wollte. II. 2, 155.

Beschluß der Plenar-Versammlung vom angeführten Tage auf Antrag des Vorsitzenden:

„Die Deputation zu beauftragen, in dieser Beziehung alljährlich dem Juristentage Bericht zu erstatten." II. 2, 136.

5. Antrag des Obertribunalraths Frh. v. Sternenfels aus Stuttgart:

„Der Juristentag wolle beschließen:

1) daß die in Berlin erscheinende Zeitschrift „Preußische Gerichts-Zeitung" als gemeinschaftliches Organ für Bespre-

chung der Zwecke und näheren Ausbildung des Deutschen Juristentages erklärt werde;

2) daß die ständige Deputation des Juristentages zur Ausführung dieses Beschlusses mit der Redaktion der genannten Zeitschrift sich ins Einvernehmen setze, auch dahin wirke, daß diese Zeitschrift sich als gleichzeitiges Organ für den Deutschen Juristentag ankündige." I. 124.

in der Ersten Abtheilung dahin angenommen:

es solle die Preußische Gerichtszeitung zum Organ des Juristentages gewählt und der ständigen Deputation das betreffende Arrangement, eventuell die Bestimmung eines andern Organs überlassen werden, I. 311 f.

und in der Plenar-Versammlung vom 30. August 1860 beschlossen:

die genannte Zeitung als Organ des Juristentages zu benutzen, und (nachdem Obertribunalsrath Dr. Waldeck aus Berlin zuerst beantragt hatte, auszusprechen, daß dieselbe unter dem Namen „Deutsche Gerichts-Zeitung" dieses Organ werde, sich aber dann mit dem Vorschlag des Vorsitzenden, der Redaktion den Wunsch auf Verallgemeinerung des Titels der Zeitung auszusprechen, einverstanden erklärt hatte, dagegen von anderer Seite der Antrag auf eine desfalls zu machende Bedingung gestellt worden war) der Redaktion den angeführten Wunsch zu erkennen zu geben. I. 221—224.

II. Verhandlungen über Gegenstände des Rechts-Gebietes.

A. Rechtsstudium und praktische Ausbildung.

1. Antrag des Advokatur-Kandidaten Dr. Costa in Laibach:

„Der Deutsche Juristentag wolle folgende Sätze zum Beschlusse erheben:

1) Die Nothwendigkeit der Errichtung eigener Lehrkanzeln an den Deutschen Hochschulen für vergleichende Rechtsgeschichte, Gesetzgebungswissenschaft und Justizpolitik wird anerkannt und den Regierungen zur möglichsten Beachtung empfohlen.

2) Es wird in Erwägung gezogen, durch welche direkten Mittel (etwa Aussetzung eines entsprechenden Preises) die Abfassung eines den wissenschaftlichen und praktischen Zwecken entsprechenden Handbuchs der „Justizpolitik" gefördert werden könnte." I. 144.

abgelehnt in der Vierten Abtheilung, I. 335.

ebenso in der Plenar-Versammlung vom 30. August 1860. I. 294.

2. Antrag des Justizraths, Rechtsanwalt Volkmar aus Berlin:

„Der Juristentag wolle als seine Ueberzeugung aussprechen:

Das juristische Studium auf den Universitäten bedarf einer weiteren Entwickelung. Diese anzubahnen erscheinen folgende Maßregeln geeignet:

1) Die Exegese und die juristische Literaturgeschichte ist mehr zu berücksichtigen, als dies bisher geschehen.

2) Bei der Besetzung der Professuren ist auch auf die praktische Vorbildung des Dozenten Gewicht zu legen.

3) Es ist durch eine juristische Klinik den Bedürfnissen der Praxis zu genügen.

4) Die Studienzeit ist auf einen vierjährigen Zeitraum auszudehnen.

5) Ein einziges Examen genügt. Bei diesem wirken in gleicher Zahl als Examinatoren mit:

a) die Dozenten der Fakultät ohne Unterschied zwischen den ordentlichen und außerordentlichen Professoren und den Privatdozenten,

b) die Mitglieder der Gerichte,

c) die Mitglieder des Barreau.

Die Personen der Examinatoren wechseln.

6) Die Collegia publica sind ein wesentliches Moment des Unterrichts.

7) Die Lernfreiheit ist so nothwendig, als die Lehrfreiheit. Es fällt daher fort:

jeder Kollegienzwang,

jedes Monopol der Landesuniversität,

jede Verkümmerung des Privatdozententhums."

Hierzu stellte bei der Erörterung in der Vierten Abtheilung zunächst ad Ziff. 7 der Berichterstatter, Geh. Rath, Professor Dr. v. Wächter aus Leipzig, den Antrag, die Versammlung solle aussprechen, daß jeder Kollegienzwang und jede Verkümmerung des Privatdozententhums, ferner die Nothwendigkeit der Ertheilung von Fleiß-Zeugnissen an Zuhörer wegfallen solle, IV. 2, 160.

welcher Antrag von dem Antragsteller und dem Berichterstatter gemeinschaftlich in Beziehung auf die Verkümmerung des Privatdozententhums durch die Worte: „durch Ertheilung der venia docendi auf Widerruf und durch Beschränkung der Fächer, über welche der Privatdozent solle lesen dürfen," (indem sie zugleich nach einer Bemerkung des Geh. Justizraths Dr. Ihering aus Gießen das Wort „namentlich" vor diesem Einschiebsel fallen ließen) ergänzt wurde; IV. 2, 169.

und wurde nun (zu Ziff. 7. des Antrages) beschlossen:

a) die Abtheilung erklärt sich gegen jeden Kollegienzwang (unter Verwerfung des Verbesserungs-Antrages des Kreisrichters Dockhorn aus Kempen: „Die Zwangs-Kollegia sind auf eine geringe Anzahl zu beschränken,") IV. 2, 171.

es sollen sodann fortfallen

b) die Zwangstestate und

c) das Monopol der Landes-Universität, IV. 2, 171.

d) (nach Einschaltung der Worte „durch Regierungs-Konzession" auf Antrag des Bürgermeisters Dr. Drechsler aus Parchim) jede Beschränkung des Privatdozententhums durch Regierungs-Konzession, durch Ertheilung der venia docendi auf Widerruf und durch Beschränkung der Fächer, über welche der Privatdozent lesen darf. IV. 2, 171 f.

Weiterer Antrag des Berichterstatters:

Für Diejenigen, welche in den Staatsdienst oder in die Advokatur einzutreten beabsichtigen, ist die Bestehung einer strengen Prüfung nothwendig. Es sollen aber höchstens zwei Examina stattfinden, ein theoretisches und ein praktisches. Das erstere soll von akademischen Lehrern und Mitgliedern der Gerichte sowie der Advokatur abgehalten werden, IV. 2, 185.

ward unter Ablehnung des Antrages des Antragstellers: „es soll nur Ein Examen stattfinden," und eines Zusatz-Antrages des Regierungsraths v. Witzleben aus Leipzig, „die Abstufung in den Zeugnissen der Reife durch Censur und Censurgrade habe wegzufallen," angenommen, IV. 2, 185 f.

indem die übrigen von dem Antragsteller angeregten Fragen bis auf Weiteres liegen gelassen wurden. IV. 2, 167.

Nachricht hiervon an die Plenar-Versammlung in der Sitzung derselben vom 25. August 1863. IV. 2, 124.

3. Antrag des Professors Dr. Aegidi in Hamburg:

„Der Erste Deutsche Juristentag wolle sich für die Erhaltung des reichskammergerichtlichen Archivs zu Wetzlar in seiner gegenwärtigen Einheit erklären und dieselbe der Fürsorge der hohen Staatsregierung dringend empfehlen;" I. 146.

wad abgelehnt in der Vierten Abtheilung, I. 335.

zurückgezogen in der Plenar-Versammlung am 30. August 1860. I. 294.

B. Gesetzgebung überhaupt.

1. Antrag des Professors Dr. Unger aus Wien:

„Der Juristentag wolle

1) aussprechen: es sei dringend wünschenswerth, daß im Anschluß an das Deutsche Wechsel- und Handelsrecht und zur Anbahnung eines gemeinsamen Deutschen Civilgesetzbuchs sofort die Abfassung eines allgemeinen Deutschen Gesetzes über das Obligationenrecht unternommen werde; und

2) die ständige Deputation beauftragen, die deshalb erforderlichen Schritte bei den Deutschen Regierungen zu thun," I. 128.

in der Ersten Abtheilung im Anschlusse an einen Antrag des Geh. Raths Dr. v. Wächter aus Leipzig dahin erweitert:

„Man möge aussprechen, daß, da die Abfassung eines gemeinsamen Gesetzbuches höchst wünschenswerth, ja ein dringendes Bedürfniß sei, die Umstände zur Zeit aber die Ausführung dieses Unternehmens nicht gestatten, die Deutschen Regierungen ersucht werden möchten, mindestens eine gemeinsame Gesetzgebung über das Obligationenrecht herbeizuführen,"

und so, unter Abwerfung des auf Verweisung des Antrages an eine Kommission zur Berathung für den nächsten Juristentag lautenden Antrages des Advokaten Dr. Pfeiffer aus Bremen, von der gedachten Abtheilung angenommen. I. 310 f. 225 f.

In der Plenar-Versammlung vom 30. August 1860 wurde, nachdem man sich in Folge eines Antrages des Kreisrichters Lefeldt aus Beuthen (I. 340, 229.) dahin erklärt hatte:

„daß der Juristentag nur seine Ueberzeugung über die an ihn gebrachten Anträge auszusprechen, nicht aber die Beschlüsse in irgend einer offiziellen Weise an die Regierungen zu bringen habe," I. 229.

mit der hieraus folgenden Einschränkung der Abtheilungs-Antrag genehmigt.

2. Antrag der ständigen Deputation:

„Der Juristentag wolle erklären,

a) daß die erfolgreiche Förderung einer gemeinsamen Deutschen Gesetzgebung über den Civil-Prozeß und das Obligationenrecht, zu welcher sich die Mehrzahl der Deutschen Regierungen bereitwillig erklärt habe, des allgemeinen Dankes des Vaterlandes sicher sei;

b) daß eine Meinungsverschiedenheit über die Form der Einleitung zu diesem Werke für dessen Zustandekommen unerheblich sei und beseitigt werden möge,

c) umsomehr, als es sich zur Zeit nur um Vorarbeiten für dieses Werk handle und der Juristentag der Ueberzeugung sei, daß zum endlichen Zustandekommen einer gemeinsamen Gesetzgebung auf dem Gebiete des Prozeß- und Obligationenrechts die Einleitung zu einem gemeinsamen, von den Regierungen und den Kammern der Einzelstaaten anerkannten — wenn auch lediglich zu diesem nationalen Werke ermächtigten — Organe nothwendig sei.“ II. 2, 104 f.

In der Plenar-Versammlung vom 27. August 1861 erfolgte sofortige Annahme der beiden ersten Sätze des Antrages (a. und b.). II. 2, 108.

Hinsichtlich des dritten Satzes wurde,

nachdem ein (in Folge einer Anregung von Seiten des Obertribunalsraths Dr. Waldeck aus Berlin) von dem Rechtsanwalt Lewald von dort dahin, daß der letzte Theil dieses Satzes zu lauten hätte: „daß es zum endlichen Zustandekommen erforderlich sei, daß den Kammern der Einzelstaaten eine rechtzeitige Einwirkung gestattet werde,“ gestellter (II. 2, 121.) und, nachdem Rechtsanwalt Lewald ihn zurückgezogen, von dem Appellationsgerichts-Präsidenten Dr. Heimsoeth aus Köln unter Abänderung des Wortes „Einwirkung“ in „Mitwirkung“ wiederaufgenommener (II. 2, 127.) Antrag abgelehnt, II. 2, 128.

und ein Verbesserungs-Antrag des Geh. Justizraths Krug aus Dresden hinsichtlich dieses letzten Theiles zurückgenommen worden, II. 2, 113 127.

nach dem Antrage des Berichterstatters Dr. Bluntschli aus München: die Worte: „einem u. s. w. ermächtigten — Organe“ in: „einer u. s. w. festgesetzten — Einrichtung“ (II. 2, 125.) zu ändern, der Deputationsantrag mit dieser Aenderung angenommen (II. 2, 130.) und zwar

unter Ablehnung des von dem Gerichts-Assessor und Ober-Staatsanwalts-Gehilfen Dr. Mittelstädt aus Posen gestellten Antrages, das Wort „Organ“ zu belassen, II. 2, 130.

und des Antrages des Advokatur-Kandidaten Dr. Raudnitz aus Prag, die Worte: „auf den Gebieten des Prozeß- und Obligationenrechts“ und: „wenn auch nur zu diesem nationalen Werke festgesetzten,“ wegzulassen, II. 2, 126—132.

dagegen, dem Antrage des Appellationsgerichtsrathes v. Kräwel aus Naumburg a/S. gemäß, unter Aufnahme des „Strafrechts“ in den Beschluß. II. 105 131.

3. Antrag des Advokatur-Kandidaten Dr. Costa aus Laibach:

„Der Juristentag wolle beschließen:

Es wird als höchst zweckentsprechend und nothwendig anerkannt, größere und wichtigere Gesetze, deren Beendigung einen Aufschub zuläßt, durch Veröffentlichung des Entwurfes im Druck der allgemeinen freien Beurtheilung anheimzugeben," I. 144.

in der Vierten Abtheilung, I. 335.

und in der Plenar-Versammlung vom 30. August 1860 abgelehnt. I. 294.

C. Bürgerliches Recht.

1. Allgemeine Lehren.

a) Die Rechts-Quellen.

Zu der von der ständigen Deputation aufgeworfenen Frage:

„Soll von der Gesetzgebung das Gewohnheitsrecht (im Privatrechte) als gültige Rechtsquelle anerkannt werden, und bejahenden Falls in welchem Umfange?"

stellte der Oberappellationsgerichts-Rath Becker aus Oldenburg in dem von ihm der ständigen Deputation erstatteten Gutachten den Antrag, zu erklären:

„Die Gesetzgebung darf dem Gewohnheitsrechte die Anerkennung als gültige Rechtsquelle im Allgemeinen nicht versagen; nur bei allgemeinen Gesetzen solcher Natur, daß das Interesse der Allgemeinheit die absolute Unterwerfung des Einzelnen fordert, ist die Bildung abändernden partikulären Gewohnheitsrechts nicht zu gestatten (wobei er es auch als wünschenswerth aussprach, daß die Gesetzgebung Gesetze solcher Natur möglichst bestimmt bezeichne)." V. 1, 12.

Der Geh. Justizrath, Professor Dr. Beseler in Berlin aber faßte sein Gutachten dahin zusammen:

I. Gesetz und Gewohnheitsrecht bestehen als selbstständige Rechtsquellen ursprünglich in gleicher Kraft und Bedeutung neben einander.

II. Die Aufhebung des Gewohnheitsrechts durch die Gesetzgebung ist ohne ein besonderes Bedürfniß nicht gerechtfertigt.

III. Eine umfassende Gesetzgebung (Kodifikation) hat die derogatorische Kraft des Gewohnheitsrechts nicht anzuerkennen.

IV. Das Gewohnheitsrecht als ergänzende Rechtsquelle kann auch neben einer umfassenden Gesetzgebung in Geltung bleiben und ist nur aus besonderen Gründen und soweit diese reichen, auszuschließen oder zu beschränken. V. 1, 110.

Bei der Behandlung dieser Frage in der Ersten Abtheilung wurden zunächst die beiden ersten Sätze des letzteren Gutachtens angenommen und sodann, unter Ablehnung des als Verbesserungs-Antrag zum dritten Beselerschen Satze behandelten Beckerschen Vorschlages und eines Antrages des Rechtsanwalts Hasse aus Chemnitz:

„Der Juristentag möge sich dafür aussprechen, daß Rechtsgewohnheiten, welche den guten Sitten oder öffentlichen Rechten widerstreiten, nichtig sind, indem man es der Beurtheilung des einzelnen Falles überläßt, ob die Rechtsgewohnheit den guten Sitten entspricht,“

auch die beiden letzten Sätze des Beselerschen Gutachtens angenommen. V. 2, 100.

Nachricht hiervon an die Plenar-Versammlung in der Sitzung vom 29. August 1864. V. 2, 50.

b) Die Personen.

Zu den von der ständigen Deputation aufgeworfenen Fragen:

„Ist es wünschenswerth, daß schon jetzt gemeinsame Bestimmungen über folgende drei Punkte, die auch zum Theil in das prozessualische Verfahren eingreifen, getroffen werden:

1) über den Zeitpunkt der Großjährigkeit;
2) über die Handlungsfähigkeit großjähriger Personen unter väterlicher Gewalt;
3) über die Interzessionen der Personen weiblichen Geschlechts?“ II. 1, 126.

sprach sich der Professor Dr. Unger aus Wien in dem von ihm der Deputation erstatteten Gutachten dahin aus: es sei diese Frage hinsichtlich aller drei Punkte zu verneinen, dagegen (da das Mittel zur Abhilfe für die aus der Verschiedenheit der gesetzlichen Bestimmungen über Rechts- und Handlungsfähigkeit entstehenden Unzuträglichkeiten auf dem Boden des internationalen Privatrechts liege) auszusprechen:

„Die Handlungsfähigkeit eines Ausländers wird in der Regel nach den Gesetzen seines Wohnortes beurtheilt. Doch wird ein nach diesen Gesetzen nicht handlungsfähiger Ausländer durch die Abschließung von Rechtsgeschäften im Inlande verpflichtet, wenn er nach den Gesetzen des Inlandes handlungsfähig wäre.“ II. 1, 126 u. 128.

a. In der vereinigten Ersten und Zweiten Abtheilung stellte (ad Ziff. 1.) der Berichterstatter, Gerichtsrath Abeken aus Dresden (indem er sich in Betreff der unter Ziff. 2 und 3 erwähnten Punkte mit dem Gutachten in seinem negativen Theile einverstanden erklärte) den Antrag:

„Der Deutsche Juristentag möge als zweckmäßig und wünschenswerth anerkennen, daß die Frage, ob in den örtlichen Verhältnissen der Einzelstaaten ein genügender Grund liege, die Verschiedenheit in den bestehenden Partikularrechten in Betreff des Eintritts der

Volljährigkeit aufrecht zu erhalten und etwaige Aenderungen in dieser Beziehung der Partikulargesetzgebung zu überlassen oder nicht, bei der in Aussicht stehenden Berathung eines allgemeinen Deutschen Obligationenrechtes mit in Erwägung gezogen und letzteren Falles über den Zeitpunkt des Eintrittes der Volljährigkeit eine gemeinsame Bestimmung getroffen werde," II 2, 148.

und Justizrath König aus Cleve den:

„die Frage der Deputation zu bejahen." II. 2, 154.

Es ward beschlossen:

a) „es für wünschenswerth zu erklären, daß schon jetzt (und nicht erst bei Gelegenheit der Emanation einer gemeinsamen Deutschen Civilprozeßordnung) über den Zeitpunkt der Großjährigkeit eine gemeinsame Bestimmung getroffen werde." II. 2, 163—165.

Ferner (ad Ziff. 2.) nach auf Befreiung der Volljährigen von der väterlichen Gewalt gerichteten Anträgen des Vorsitzenden der Abtheilung, Appellationsgerichts-Präsidenten Dr. Heimsoeth aus Köln, und des Professors Dr. Bluntschli aus München, II 2, 171 174.

b) „es für wünschenswerth zu erklären, daß über die Handlungsfähigkeit großjähriger Personen unter väterlicher Gewalt die Bestimmung getroffen werde, daß dieselben wegen ihrer Großjährigkeit aus der väterlichen Gewalt heraustreten, II. 2, 175"

und (ad Ziff 3.) nach Anträgen des Professors Dr. Bluntschli aus München, des Notars Euler aus Düsseldorf und des Abtheilungsvorsitzenden hinsichtlich der Beschränkung der Bürgschaften von Frauenspersonen und hinsichtlich der Geschlechtsvormundschaft, II. 2, 185 u. 188 f.

c) „es für wünschenswerth zu erklären, daß eine gemeinsame Bestimmung für Deutschland getroffen werde, nach welcher die für die Interzession der Personen weiblichen Geschlechts bestehende Handlungsunfähigkeit (senatusconsultum Vellejanum, authentica si qua mulier und die daher entnommenen, sich anschließenden partikularrechtlichen Bestimmungen) sowie die cura sexus aufgehoben werden," II. 2, 189.

d) „auszusprechen, daß der Unger'sche Zusatzantrag seinen Hauptzweck durch Erledigung der drei soeben erörterten Fragen verloren habe, im Uebrigen aber so weitgehend sei, daß er bei dieser Gelegenheit nicht wohl in Angriff genommen werden könne." II. 2, 191 192.

b. In der Plenar-Versammlung vom 30. August 1861 wurde hinsichtlich der Punkte 1—3. nach den Abtheilungs-Anträgen beschlossen und von Professor Dr. Unger sein Zusatzantrag zurückgezogen. II. 2, 701 f.

2. Sachenrecht, insbesondere Pfandrecht.

1. Die Anträge

a) des Obertribunalsraths Meyer aus Berlin:

„Zur Begründung eines, an einem ferneren Juristentage vorzulegenden allgemeinen Deutschen Hypothekengesetzes ist eine Kommission zu ernennen, welche zum nächsten Juristentage die Grundprinzipien sowohl für das materielle als für das formale Hypothekenrecht zu prüfen hat, insbesondere ob das Hypothekenbuch ein Grund- oder ein reines Hypothekenbuch sein solle, welche Grenzen der Publizität, Spezialität und Legalitätsprüfung zu setzen, welche einfache und sichernde Formen das Verfahren regeln sollen; ob namentlich hypothèques au porteur ausgestellt werden dürfen; ob das obligatorische Verhältniß von dem hypothekarischen gänzlich zu scheiden; ob die Hypotheken-Buchführung bei den Gerichten stattfinden solle;" I. 125.

b) des Advokat-Anwalts, Justizrath König aus Cleve:

„auf Anerkennung mehrerer Sätze, nach denen das den Preußischen und anderen Germanischen Hypothekenrechten zu Grunde liegende Legalitätsprinzip verwerflich, übrigens da, wo es gilt, vorläufig daran festzuhalten; da aber, wo das Französische Hypothekensystem Geltung hat, auf der Basis des Antilegalitäts-Prinzips die sonstige Reform des Hypothekenwesens vorzunehmen ist, damit seiner Zeit über die Art der Beseitigung des Legalitätsprinzips ein reiferes Urtheil gefällt werden könne;" I. 126.

sowie

2. die Anträge

a) des zweiten Präsidenten des Königl. Obertribunals Dr. Bornemann zu Berlin in Betreff mehrerer, das Hypothekenwesen betreffender Sätze, II. 1, 229—232.

b) des Obertribunalsraths Meyer zu Berlin, der dem Juristentage mehrere leitende Sätze für eine künftige Deutsche Hypotheken-Ordnung zur Annahme vorschlägt, II. 1, 232—236.

und

c) als Zusatz zu Ziff. 6. des Antrages unter litt. b. („Das Prinzip der Publizität wird unbedingt und im vollsten Umfange festgehalten") der Antrag des Kreisrichters Geck zu Werden a/R.:

Der Juristentag wolle beschließen:

„Dem Prinzip der Publizität ist auch in subjektiver Hinsicht durch unbedingte Gestattung der Einsicht des Hypothekenbuchs und der dazu überreichten Urkunden (der Grundakten) Geltung zu verschaffen," II. 1, 277.

wurden

a) auf dem Zweiten Juristentage

in der vereinigten Ersten und Zweiten Abtheilung, nachdem zuerst Oberappellationsgerichts-Direktor Molitor aus München Ablehnung der gedachten Anträge vorgeschlagen, II. 2, 225.

und Advokat Miller aus Dresden eine Erklärung des Juristentages bezüglich der Reform des Hypothekenwesens beantragt hatte, nach welcher die Beseitigung der General- und gesetzlichen Hypotheken, die Anwendung der Grundsätze der Publizität, Spezialität und Legalität, die möglichst geringe Beschränkung der Uebertragbarkeit hypothekarischer Forderungen u. A. m. als wünschenswerth erscheine, II. 2, 228.

auch der Vorsitzende der Abtheilungen, Geh. Justizrath und Präsident Dr. Heimsoeth aus Köln den Antrag gestellt hatte:

„zu erklären, daß es wünschenswerth sei, statt detaillirter Bestimmungen über das Hypothekenwesen zunächst eine Vorlage über allgemeine Grundsätze zu erhalten, welche sich für eine Hypothekengesetzgebung für ganz Deutschland eignen; der Juristentag erkenne es aber als dringendes Bedürfniß, daß die Hypothekengesetzgebung in allen Deutschen Ländern nach gemeinsamen Grundsätzen erfolge, und beauftrage seine ständige Deputation, weiteres Material für diesen wichtigen Gegenstand zu sammeln und weitere Vorlagen zu machen," II. 2, 249.

durch die Annahme des schließlich dahin gestellten Antrages des Bürgermeisters Dr. Drechsler aus Parchim:

„Der Juristentag geht zwar auf die Berathung der Bornemann- und Meyer'schen Anträge zur Zeit nicht ein, erkennt es aber als ein dringendes Bedürfniß, daß die Hypothekengesetzgebung in allen Deutschen Ländern auf gemeinsamen Grundsätzen erfolge, und beauftragt daher die ständige Deputation, weiteres Material für diesen wichtigen Gegenstand zu sammeln und weitere Vorlagen zu machen, II. 2, 251.

welchem sich auch Appellations-Gerichts-Direktor Molitor anschloß, II. 2, 235.

und in welchen nachträglich auch noch die Erwähnung des Geck'schen Antrages (oben unter Ziff. 2 c.), hinsichtlich dessen Kammergerichts-Assessor Wache aus Berlin Tagesordnung beantragt hatte, (II. 2, 255.) aufgenommen wurde,

erledigt; II. 2, 251—257.

und ebenso in der Plenar-Versammlung vom 30. August 1861. II. 2, 704.

b) In den sodann der Deputation über die von ihr ausgehobenen Sätze 1 — 3 des Bornemannschen Gutachtens (Erwerb und Aufhören des Pfandrechts durch Eintragung in das Hypothekenbuch in Folge einer geeigneten Erklärung der als Eigenthümer eingetragenen Person, beziehungsweise durch Löschung in diesem Umfang. — formelle Prüfung von Seiten der Behörde — Herstellung des Hypothekenscheins durch die Beifügung des Eintragungsvermerks unter die gedachte Erklärung) und die Sätze 1 und 2 des Meyer'schen Gutachtens (über Errichtung eines Grund- und Unterpfandbuchs, dessen Eintragungen allein Rechte an unbeweglichen Sachen begründen, aber von Seiten des Betheiligten zu veranlassen sind), sowie über den Geck'schen Zusatzantrag (III. 1, 73 f.) erstatteten Gutachten kam Hofrath und Advokat Dr. v. Kerstorf aus Augsburg, indem er sich seinerseits wieder auf die Hauptgrundsätze beschränkte, zu dem Ergebniß:

„Es möge der Juristentag beschließen, daß es im Interesse der gleichen Rechte und Rechtszustände in ganz Deutschland liege, einem auf die Prinzipien der Publizität und Spezialität gebauten selbstständigen Hypothekensysteme, wie es sich in der neuen Gesetzgebung und insbesondere in dem Bayerischen Hypothekengesetze vom Jahre 1822 gestaltet hat, in allen Deutschen Staaten gesetzliche Geltung verschafft zu sehen, und daß hiebei vom Standpunkte der Wissenschaft, sowie des praktischen Bedürfnisses eine vollkommen konsequente und beziehungsweise konsequentere Durchführung dieses Systems dringend zu empfehlen sei," III. 1, 84.

Dr. jur. G. Lührsen zu Hamburg aber, indem er den Standpunkt, den die Deputation bezeichnet, verlassen hatte und wesentlich von der Germanischen Entwickelung des Hypothekenwesens und dem Hamburger Rechtsbrauch ausging, zu folgenden fünf selbstständigen Grundsätzen:

1) „Der Besitz von Grundeigenthum kann nur vor dem kompetenten Gerichte (der Hypotheken-Behörde der gelegenen Sache) übertragen und erworben werden. III. 1, 87.

2) Die Deutsche Hypothek ist als Reallast des Grundstücks, auf dessen Folium sie eingetragen, aufzufassen und nach den Deutschrechtlichen Grundsätzen über diese zu beurtheilen, mit der Ausdehnung einer durch das Gesetz zu bestimmenden persönlichen Haftverbindlichkeit des jedesmaligen Besitzers des belasteten Grundstücks, wenn durch Zwangsverkauf die Hypothek durch den erzielten Kaufpreis nicht gedeckt wird. III. 1, 90

3) Eine Hypothek entsteht nur durch Eintragung in die von dem Gerichte der gelegenen Sache geführten Hypothekenbücher, kann

rechtsgültig nur von dem Gerichte, in dessen Protokolle sie eingetragen, übertragen werden, und erlischt nur durch Tilgung in denselben. III. 1, 92.

4) Nur auf Antrag Desjenigen, welcher in den Eigenthums- oder Hypothekenbüchern als Besitzer von Grundeigenthum oder einer Hypothek darauf eingetragen steht, eventualiter dessen gesetzlichen Vertreter oder in Gemäßheit eines den Konsens supplirenden rechtskräftigen Erkenntnisses darf in diese Bücher etwas eingetragen oder darin verändert, umgeschrieben oder getilgt werden. III. 1, 93

5) Im Konkurse bildet jedes auf einem Folium eingetragene Grundstück mit seiner Belastung eine Spezialmasse für sich, aus welcher nur der Ueberschuß des von den eingetragenen hypothekarischen Gläubigern und den Kosten nicht in Anspruch genommenen Verkaufspreises in die Generalmasse fällt." III. 1, 96.

c) Auf dem Dritten Juristentage wurde bei der Verhandlung in der vereinigten Ersten und Zweiten Abtheilung, nachdem der Berichterstatter, Gerichts-Assessor Meyer aus Berlin, sich mit den v. Kerstorf'schen Anträgen einverstanden erklärt, III 2, 151

und der Rechtsanwalt Kretzschmann aus Burg einen von ihm gestellten Antrag in Beziehung auf Einführung einer Hypotheken-Verjährung, III. 2, 150 zurückgezogen hatte, III. 2, 182

beschlossen, auszusprechen:

„Das Bedürfniß einer gemeinsamen Deutschen Gesetzgebung über das Hypothekenwesen, beziehungsweise den Immobiliarkredit, III. 2, 186.

sodann, daß hiebei die konsequente Durchführung der allgemein für das Hypothekenwesen anerkannten Prinzipien der Spezialität und der Oeffentlichkeit zu Grunde zu legen, III. 2, 186

daß das Hypothekenwesen auf Grundlage des sachenrechtlichen Grundbuchssystems errichtet werde." III 2, 187.

Ferner wurde eine Erklärung über den Antrag des Advokat-Anwalts, Justizrath König aus Cleve, es sei auch die vollständige Beseitigung des Legalitätsprinzips als wünschenswerth auszusprechen (s. oben Ziff. 1 b.), gegen welchen sich der Advokat, Dr. v. Kerstorf aus Augsburg erklärt hatte, abgewiesen, III. 2, 188.

ebenso Anträge des Professor Dr. Stein aus Wien, nach welchen bei dem Verlangen einer gemeinsamen Immobiliarkredit-Gesetzgebung in Deutschland auf die Art der Entstehung des Handelsgesetzbuches hingewiesen werden sollte, III. 2, 176 u. 189 f.

und des Advokaten Dr. Auerbach aus Frankfurt a/M. in Beziehung auf Uebertragung einer Hypothek, III. 2, 190.

ferner über den Geck'schen Zusatzantrag (s. oben Ziff. 2 c.) in Erwägung, daß durch die gefaßten Beschlüsse derselbe schon im bejahenden Sinne erledigt sei, nach dem Vorschlage des Berichterstatters, beziehungsweise des Advokatur-Kandidaten Dr. Beer aus Bielitz zur Tagesordnung übergegangen, III. 2, 201 203.

woneben ein von dem Finanz-Prokuratur-Adjunkten Floch aus Wien in Betreff der Erwerbung dinglicher Sachenrechte an Grundstücken gestellter Antrag (III. 2, 182.) von demselben, als im Wesentlichen schon angenommen, zurückgezogen, III. 2. 195.

und die Einverleibung der von dem Keisgerichts-Direktor Horn aus Naumburg a/S. und dem Bürgermeister Dr. Drechsler aus Parchim eingereichten Zusammenstellungen von Anträgen in Betreff des Grundbuchswesens in das Protokoll beschlossen wurde. III. 2, 192—196.

Hiervon wurde der Plenar-Versammlung vom 28. August 1862 Nachricht gegeben.

3. Obligationen-Recht.

Antrag des Geheimen Justizraths, Professor Dr. Heydemann zu Berlin:

„Der Deutsche Juristentag wolle sich für baldige Herstellung eines gemeinsamen Deutschen Gesetzes zum Schutze des Urheberrechts an Werken der Literatur und Kunst gegen Nachdruck so wie gegen unbefugte Nachbildung und Aufführung aussprechen," II. 1. 236.

in der vereinigten Ersten und Zweiten Abtheilung, nachdem ein Vertagungsantrag des Hofraths Dr. v. Kerstorf aus Augsburg, II. 2, 260.

und ein Zusatzantrag des Professors Dr. Unger aus Wien, sich hinsichtlich der Mittel zur Herbeiführung einer gemeinsamen Gesetzgebung in diesem Punkte so auszusprechen, wie bereits hinsichtlich des Civilprozesses ꝛc. beschlossen worden, zurückgezogen war, II. 2, 277.

angenommen; II. 2, 278.

und ebenso in der Plenar-Versammlung vom 30. August. 1861, II. 2. 705.

4. Familien-Recht.

a) Eherecht.

aa) Antrag des Geheimen Raths, Professor Dr. Mittermaier in Heidelberg:

„Der Juristentag wolle beschließen,

daß durch eine Kommission ein Gesetzes-Entwurf bearbeitet

werde über die Stellung der Ehefrau in Bezug auf Vornahme von Rechtsgeschäften und über das eheliche Güterrecht," I. 127.

in der Plenar-Versammlung vom 28. August 1860 an die Erste Abtheilung verwiesen, I. 183.

bb) Antrag des Kreisgerichtsraths Geck zu Werden:

„Der Deutsche Juristentag wolle erklären:

1) daß ein gemeinsames Ehegüterrecht für Deutschland anzustreben, und

2) daß die Gütergemeinschaft als das der Deutschen Ehe vorzugsweise entsprechende System zu empfehlen sei," III. 1, Vorlage Nr. 6.

in der vereinigten Ersten und Zweiten Abtheilung, nachdem dieselbe sich dahin ausgegesprochen hatte, auf den Gegenstand einzugehen (III. 2, 214 u. 217.), nach seinen beiden Theilen abgelehnt, III. 2. 217.

und der Plenar-Versammlung vom 28. August 1862 Nachricht hiervon gegeben. III. 2, 70.

b) Verhältniß zwischen Eltern und Kindern.

Antrag des Professors Dr. Unger in Wien:

„Der Deutsche Juristentag wolle als seine Ueberzeugung aussprechen: daß die Klage auf Anerkennung der unehelichen Vaterschaft im Prinzip für zulässig zu halten sei, daß sie jedoch

1) auf eine ganz kurze Anstellungsfrist zu beschränken sei;

2) daß sie auszuschließen sei, wenn der als Vater in Anspruch Genommene zur Unzucht verführt oder zur Zeit der Beiwohnung verehelicht war, sowie wenn die Mutter notorisch eine lüderliche Weibsperson ist;

3) daß sie durch die exceptio plurium concumbentium entkräftet werden könne." III. 1, Vorlage 7.

aa) In der vereinigten Ersten und Zweiten Abtheilung, nachdem der von dem Advok.-Kandidaten Dr. Beer aus Bielitz gestellte Antrag auf eine motivirte Tagesordnung abgelehnt war (III. 2, 263.), wurde beschlossen:

„Die Vaterschaftsklage (im Grundsatze) für zulässig zu erklären," III. 2, 271.

sodann auszusprechen wie ad 3. des Antrages. III. 2. 271.

und in Folge von Anträgen des Hofgerichts-Advokaten Dr. Vogel in Darmstadt und des Bürgermeisters Dr. Drechsler aus Parchim (III. 2, 252 u. 261.): die gedachte Klage sei nur zulässig unter zwei Voraussetzungen, entweder wenn ein Eheversprechen oder wenn eine Anerkennung des Vaters vorliegt

(III. 2, 275.), auf eine (Meinungs-) Aeußerung über weitere Beschränkungen der Klage nicht einzugehen, III. 2, 276.

wohl aber (in Gemäßheit eines Antrages des Professors Dr. Stubenrauch aus Wien [III. 2 (238 und) 277.]) zu erklären, sie sei in angemessener Weise zu beschränken, III. 2, 277.

wonach dann weitere Anträge, wie der des Professor Dr. Heller aus Wien, die Klage mit der einzigen Beschränkung einer kurzen Anstellungsfrist zuzulassen, III. 2, 150 u. 277.

des Regierungsraths Dr. Weil aus Wien in Betreff einer Beschränkung der Ausnahme bei Verehelichung des als Vater Belangten, III. 2, 255.

des Amtsrichters a. D. Wedekind aus Lüneburg auf eine ausdrückliche Unzulässigkeitserklärung der Vaterschaftsklage, III. 2, 259.

von selbst entfielen, während ein von dem Gerichts-Assessor Meyer aus Berlin gestellter Antrag, die Klage auszuschließen, wenn die Mutter des Kindes eine in geschlechtlicher Beziehung bescholtene Person ist, zurückgezogen wurde. III. 2, 230 u. 277.

bb) In der Plenar-Versammlung vom 28. August 1862 aber wurde, nachdem zur Sache selbst ein Gegenantrag gegen den der Abtheilung dahin:

> „zu erklären, die Klage auf Anerkennung der Vaterschaft ist nur zulässig, wenn sie neben der causa stupri noch auf ein vorangegangenes Eheversprechen gegründet oder die Anerkennung der Vaterschaft erfolgt ist,"

von Drechsler, von v. Kerstorf und Vogel gestellt, III. 2, 128 130.

und ein Antrag des Advokaten Dr. Judeich aus Dresden, in Erwägung, daß die vorliegende Frage einen speziell aus dem Rechtssystem herausgegriffenen Punkt betrifft, über denselben zur Tagesordnung überzugehen, III. 2, 131.

abgelehnt worden war, dem Antrage von Dr. Drechsler gemäß, III. 2, 135. beschlossen, den Gegenstand auf die Tagesordnung des nächsten Juristentages zu setzen und die ständige Deputation, welcher nach einem Antrage des Advokaten Dr. Fries aus Weimar der Unger'sche Antrag zur Berichterstattung überwiesen werden sollte (III 2, 128.), mit der Ausführung dieses Beschlusses zu befassen. III. 2, 135.

cc) In der Plenar-Versammlung vom 28. August 1863 wurde, nachdem anfänglich der Vorschlag des Vorsitzenden, diese Frage noch ein Jahr ruhen zu lassen, genehmigt war (IV 2, 85.), später aber doch auf die Sache eingegangen wurde (IV 2, 132), zunächst ein Antrag des Advokat-Anwalts König aus Cleve:

> „In dem künftigen gemeinsamen Deutschen Civilgesetzbuch ist die Klage auf Vaterschaft unehelicher, nicht anerkannter Kinder **nicht** zuzulassen," IV. 2, 134.

abgelehnt, IV. 2, 147.

und hierauf ein von ꝛc. Drechsler, dem sich v. Kerstorf und der Antragsteller, Professor Dr. Unger, anschlossen (IV 2, 130—133, 167.), dahin angebrachter Antrag:

zu erklären:

„Die Paternitätsklage ist in den Gegenden Deutschlands, wo sie zur Zeit noch im Prinzipe besteht, in die engsten Grenzen einzuschränken; in einem gemeinsamen Deutschen Gesetzbuche ist sie jedoch nur in Ausnahmefällen zuzulassen,“ IV. 2, 133.

angenommen. IV. 2, 147.

c) Vormundschaftswesen.

Die Anträge

a) des Professors Dr. Heller aus Wien:

„Die gedeihliche Entwickelung des Deutschen Vormundschaftsrechts erfordert die Bildung eigener aus dem Schooße der Gemeinden hervorgehender Vormundschaftsbehörden mit dem Familienrathe als vorwiegend berathendem Organe zur Seite,“ III. 2, 143, V. 1, 14 f.

(schon in der vereinigten Ersten und Zweiten Abtheilung des Dritten Juristentages der Deputation zur weiteren Behandlung zurückgelassen, III. 2, 143.)

b) des Advokatur-Kandidaten Dr. Schenk aus Wien:

„Der Deutsche Juristentag wolle als seine Ueberzeugung aussprechen:

A. Das Deutsche Familienrecht beruht auf dem Altdeutschen Gedanken des Mundiums.

Daraus folgt:

aa) die Vormundschaft ist Sache der Familie,

bb) in deren Ermangelung der Gemeinde.

Es ist daher

B. die Vormundschaft auf das Familienprinzip zurückzuführen.

Zu diesem Ende ist erforderlich:

aa) die Schaffung einer Familienversammlung,

bb) die Stellung derselben in einer Weise, daß der Schwerpunkt der Vormundschaft in ihr liegt.

C. Uebrigens ist mit dem staatlichen Aufsichtsrechte immer nur ein Gericht zu betrauen,“

wurden in der vereinigten Ersten und Zweiten Abtheilung des Vierten

Juristentages, nachdem der Berichterstatter, Advokat Dr. Bernays aus Mainz die Anträge in folgender Fassung empfohlen hatte:

„Der Deutsche Juristentag spreche als seine Ueberzeugung aus:

1) daß ein Familienrath zu schaffen sei, der in allen durch das Gesetz zu bestimmenden Fällen bald eine entscheidende, bald eine berathende Stimme hat;

2) daß dem Familienrathe eine richterliche Behörde beigegeben werde, welche den Familienrath leitet und in demselben Sitz und Stimme hat;

3) daß den Gerichten die Obervormundschaft über diesen Familienrath derart zustehe, daß in den durch das Gesetz zu bestimmenden Fällen die Beschlüsse des Familienrathes der Bestätigung der Gerichte bedürfen, und die Letzteren über alle zwischen dem Vormunde und dem Familienrathe entstandenen Streitigkeiten entscheiden," IV. 2, 195 f.

auf Vorschlag des Vorsitzenden IV. 2, 196.

und ebenso in der Plenar-Versammlung vom 28. August 1863 dem nächsten Juristentage zur Einholung schriftlicher Gutachten überwiesen. IV. 2, 125.

In den über diese vereinigten Schenk-, Heller-, Bernays'schen Anträge erstatteten Gutachten kam

aa) der Gerichtsrath Aull in Mainz zu dem Schlußantrag:

„Der Juristentag wolle als seine Ueberzeugung aussprechen:

A. Das Deutsche Familienrecht beruht auf dem Altdeutschen Gedanken des Mundiums.

Daraus folgt:

aa) die Vormundschaft ist Sache der Familie.

bb) in deren Ermangelung der Gemeinde.

Es ist daher

B. die Vormundschaft auf das Familienprinzip zurückzuführen.

Zu diesem Ende ist erforderlich:

aa) die Schaffung einer besonderen Familienversammlung für jede Pflegschaft, welche aus den vom Gesetze zu bezeichnenden Familienangehörigen des Pflegebefohlenen und in deren Ermangelung aus den vom Gesetze zu bezeichnenden Angehörigen der Gemeinde, in welcher der Mündel wohnt, zu bestehen, den Vormund zu wählen und alle weiteren vom Gesetze der Obervormundschaft zugewiesenen Rechte und Pflichten auszuüben hat.

bb) Diesem Familienrathe ist ein Richter beizugeben, welcher den Vormund zu verpflichten, die Familienversammlung zu berufen. deren Berathung zu leiten und an dieser Theil zu nehmen, aber keine entscheidende Stimme hat.

C. In den vom Gesetze zu bezeichnenden Fällen ist dem Vormunde sowohl als den bei den Entscheidungen des Familienrathes in der Minderheit gebliebenen Mitgliedern desselben ein Rekursrecht gegen jene Entscheidungen an ein Kollegialgericht zu gewähren.

D. Jedenfalls sei mit dem staatlichen Aufsichtsrechte immer nur ein Gericht zu betrauen.

Im Falle der Juristentag sich für Ueberweisung der Vormundschaften an eigene aus den Gemeinden zu bildende Behörden erklären sollte, wolle derselbe seine Ueberzeugung dahin aussprechen:

E. Daß in diesem Falle es nicht rathsam sei, diesen Behörden einen Familienrath an die Seite zu geben." V. 1, 27 f.

bb) der Hof- und Gerichts-Advokat Dr. Heyßler aus Wien zum Ausspruch folgender Ansicht:

„Die Vormundschaft ist ein Recht und eine Obliegenheit der Familie. Sie wird ausgeübt durch den Vormund und durch den Familienrath, welcher dem Vormunde theils mit berathender, theils mit beschließender Stimme zur Seite steht.

Die Obervormundschaft ist ein Recht und eine Obliegenheit der Gemeinde; sie wird ausgeübt durch Entscheidung in gewissen vorbehaltenen Fällen, sei es wegen der Wichtigkeit des Gegenstandes, sei es wegen Meinungsverschiedenheit der vormundschaftlichen Organe; und durch die Oberaufsicht über die vormundschaftliche Gestion.

Jede Administrativ-Thätigkeit der Gerichte in Vormundschaftssachen hat aufzuhören; die Gerichte haben in diesen Angelegenheiten ausschließend in den Grenzen und nach den Formen ihrer allgemeinen (Civil- und Straf-) Gerichtsbarkeit einzuschreiten." V. 1, 53.

In der Ersten Abtheilung wurde sodann, nachdem der Berichterstatter, Notar Euler aus Düsseldorf, beantragt hatte:

„Der Juristentag wolle als seine Ueberzeugung aussprechen:

1) daß die Vormundschaft Sache der Familie, in deren Ermangelung der Gemeinde ist;

2) daß ein Familienrath zu schaffen ist, der in allen durch das Gesetz zu bestimmenden Fällen bald entscheidende, bald berathende Natur hat, daß diesem eine richterliche Behörde beigegeben wird, welche den Familienrath leitet und in demselben Sitz und Stimme erhält;

3) daß dem Gerichte das staatliche Aufsichtsrecht über diesen Familienrath der Art zusteht, daß in den durch das Gesetz zu bestimmenden Fällen die Beschlüsse des Familienrathes der Bestätigung des Gerichts bedürfen, und daß dasselbe über alle zwischen dem Vormunde und dem Familienrathe entstehenden Streitigkeiten entscheidet," V. 2, 118 f.

hinsichtlich der in dem Schenk'schen Antrage unter A. und B. aufgestellten Sätze, sowie eines von dem Advokat-Anwalt, Justizrath König aus Cleve gestellten und von dem Vorsitzenden u. A. etwas umgestalteten Verbesserungsantrages beschlossen:

„Es ist ein Familienrath, d. h. ein Organ aus Familienmitgliedern eventuell Freunden für jede Vormundschaft zu schaffen, welches unter Vorsitz des Orts-Einzelrichters theils berathend, theils beschließend in die Vormundschaftsverwaltung einzuführen ist und dessen Beschlüsse in wichtigeren, vom Gesetze zu bestimmenden Fällen von dem Kollegial-Gerichte zu bestätigen sind," V. 2, 130 f.

wodurch die Anträge des Berichterstatters und ein zu denselben von dem Obergerichtsrath Vorwerk aus Wolfenbüttel gestellter Unterstützungs-Antrag sich erledigten.

Sodann wurde die Frage über die Betheiligung der Gemeinde an der Vormundschaft von dem Vorsitzenden zur Berathung gestellt, in dieser Hinsicht aber ein Antrag nicht eingebracht, V. 2, 131 f.

und nun auch der Antrag von Bernays unter Ziff. 3. als durch Annahme des König'schen erledigt erklärt, V. 2, 132.

der Heller'sche Antrag (s. oben a.) aber verworfen. V. 2, 133.

Hiervon erhielt die Plenar-Versammlung vom 29. August 1864 Nachricht. V. 2, 50 ff.

5. Erbrecht.

Antrag des Kreisgerichts-Raths v. Piper zu Wrietzen:

„Der Deutsche Juristentag wolle die Ueberzeugung aussprechen:

es sei gerecht, daß der Erbe den Gläubigern des Erblassers niemals über den Betrag der Erbmasse hinaus verhaftet werde."
III. 1, Vorl. Nr. 5.

Beschluß:

a) in der vereinigten Ersten und Zweiten Abtheilung, in der der Antragsteller nicht anwesend und kein Berichterstatter ernannt war, III. 2, 203.

b) in der Plenar-Versammlung vom 28. August 1862, III. 2, 70 „die Sache auf einen folgenden Juristentag zu vertagen."

Ebenso wurde der Antrag auf dem Vierten Juristentage von der Tagesordnung abgesetzt. IV. 2, 211 (125)

6. Handels- und Wechselrecht, Gewerberecht.

a) Antrag des Advokaten Dr. Auerbach aus Frankfurt a/M. u. A.:

„Der Juristentag spricht den Wunsch aus, daß diejenigen Deutschen Bundesstaaten, in welchen das Allgemeine Deutsche Handelsgesetzbuch noch keine Gesetzeskraft hat, dasselbe alsbald unverändert einführen," IV. 2, 211.

in der vereinigten Ersten und Zweiten Abtheilung mit Einschaltung der Worte: „mit Einschluß des Seerechts" hinter „Handelsgesetzbuch" angenommen, IV. 2, 211 f

und in der Plenar-Versammlung vom 28. August 1863, welche hiervon nur benachrichtigt werden sollte (IV. 2, 212 u. 127.), ebenfalls zum Beschlusse erhoben. IV. 2, 128.

b) Antrag des Stadtrichters Primker aus Breslau:

„Der Deutsche Juristentag möge anerkennen, daß das dringende Bedürfniß vorhanden, eine Reform der Gesetzgebung über die stille Gesellschaft in Deutschland noch vor dem Zustandekommen eines Deutschen Handelsgesetzbuches vorzunehmen." I 107.

Beschluß:

a) in der Zweiten Abtheilung, I. 315.

b) in der Plenar-Versammlung vom 30. August 1860, I. 232 f.

„In Erwägung, daß die gesetzliche Regulirung der Verhältnisse der stillen Gesellschaft vor Publikation des Deutschen Handelsgesetzbuches die Vollendung des nationalen Werkes nur von Neuem verzögern würde, geht der Juristentag über den Antrag des Herrn Stadtrichters Primker zur Tagesordnung über. Der Deutsche Juristentag spricht jedoch hierbei die Erwartung aus, daß die Regierungen Alles aufbieten werden, damit die Bearbeitung des Deutschen Handelsgesetzbuchs so rasch als möglich zum Abschluß gebracht werde und das Gesetzbuch selbst in's Leben trete."

c) Antrag der Advokaten Kuntzsch zu Chemnitz und Miller zu Dresden, sowie des Gerichts-Assessors Bernau zu Magdeburg:

„Der Deutsche Juristentag wolle aussprechen:

1) es sei dringend wünschenswerth, daß im Nachtrag und zur Vervollständigung des allgemeinen Deutschen Handelsgesetzbuchs baldigst auch ein das gesammte Versicherungswesen umfassendes Gesetz mit Zugrundelegung des in den Art. 327 ff. des Entwurfs eines Handelsgesetzbuchs für die Preußischen Staaten von 1857 befolgten Prinzips zu Stande komme, und

2) die ständige Deputation deshalb beauftragen, die desfalls erforderlichen Schritte bei den Deutschen Regierungen zu thun." III. 1, Vorl. Nr. 8.

In der vereinigten Ersten und Zweiten Abtheilung, nachdem die Antragsteller die Ziff. 2. des Antrages fallen gelassen hatten (III. 2, 278.), ward beschlossen:

„auszusprechen, es liege ein dringendes Bedürfniß vor, daß über das gesammte Versicherungswesen, soweit es noch nicht durch das Handelsgesetzbuch regulirt ist, ein gemeinsames Deutsches Gesetz erlassen werde, dagegen in Einzelnheiten hinsichtlich der Form der Einleitung u. s. w. (wie nach dem Antrage des Advokaten Dr. Auerbach aus Frankfurt auszusprechen, daß die zum Entwurfe eines allgemeinen Deutschen Obligationenrechtes zusammentretende Kommission beauftragt werden sollte, ein solches Gesetz zu entwerfen, III. 2, 284.) nicht einzugehen." III. 2, 286.

Nachricht hievon an die Plenar-Versammlung vom 28. August 1862. III. 2, 71.

d) Antrag des Advokaten und Notars Judeich aus Dresden:

„daß der Erste Deutsche Juristentag den Männern der zu Nürnberg tagenden Deutschen Handelsgesetzgebungs-Kommission ein Votum des Vertrauens, ein Votum des Dankes abgebe für Schaffung des in allen Theilen, auch im Titel „vom Frachtgeschäft" als segensreich aufrecht zu erhaltenden Entwurfes eines Allgemeinen Deutschen Handelsgesetzbuches, und mit kürzlicher Abfassung dieses schriftlichen Votums sein Präsidium beauftrage." I. 130.

in der Zweiten Abtheilung, namentlich im Hinblick auf die bei Gelegenheit des Primker'schen Antrages ausgesprochene Erwartung der baldigen Vollendung des Handelsgesetzbuches (s. oben a.), im Ganzen abgelehnt, dagegen auf Antrag des Advokaten Kuntzsch aus Chemnitz beschlossen, den Wunsch auszusprechen:

„daß die Deutschen Regierungen den Beschwerden des Deutschen

Handelsstandes in Bezug auf die Haftung der Eisenbahnverwaltungen betreffs des Frachtverkehrs thunlichst Rechnung tragen mögen," I. 316 f

und ebenso in der Plenar-Versammlung vom 30. August 1860. I. 138.

e) Ein Antrag des Gerichts-Assessors Saran aus Potsdam:

„Der Deutsche Juristentag möge die Erwartung aussprechen, daß die von der Nürnberger Kommission gefaßten Beschlüsse, mehrere zur allgemeinen Deutschen Wechselordnung gekommene Fragen betreffend, von den hohen Deutschen Regierungen in ihren Staaten baldigst eingeführt werden," I. 315 f.

wurde von demselben im Laufe der Erörterung in der Zweiten Abtheilung zurückgezogen. I. 317.

f) Antrag des Advokaten Dr. Auerbach aus Frankfurt a/M. u. A., (IV. 2, 211.) in Verbindung mit dem oben unter a. angeführten gestellt:

„Der Juristentag spricht den Wunsch aus, daß diejenigen Deutschen Bundesstaaten, in welchen die Novelle zur Allgemeinen Deutschen Wechselordnung noch nicht publizirt ist, baldigst mit der Publikation vorgehen möchten,"

in der vereinigten Ersten und Zweiten Abtheilung angenommen, IV. 2, 212. und in der Plenar-Versammlung vom 28. August 1863, welche hiervon nur benachrichtigt werden sollte (IV. 2, 212, 127.), ebenfalls zum Beschluß erhoben. IV. 2, 128.

g) Antrag des Stadtgerichtsraths Borchardt zu Berlin:

„Der Deutsche Juristentag wolle aussprechen, daß ein Bedürfniß zu einer Deklaration der Deutschen Wechselordnung gegenwärtig noch nicht vorhanden, und daß der Erlaß einer Deklaration eher nachtheilig als vortheilhaft wirken werde." II. 1, 277.

Beschluß in der vereinigten Ersten und Zweiten Abtheilung auf Antrag des Geh. Justizraths und Präsidenten Dr. Heimsoeth aus Köln und des Hofraths v. Kerstorf aus Augsburg, II. 2, 203.

und ebenso in der Plenar-Versammlung vom 30. August 1861 II. 2, 708:

Uebergang zur Tagesordnung.

h) Antrag des Notars Dr. Uchatzy aus Reichenberg in Böhmen:

„Der Deutsche Juristentag wolle aussprechen, es sei die baldigste Einführung eines allgemeinen Deutschen Patentgesetzes erwünscht." II. 1, 236

Beschluß in der vereinigten Ersten und Zweiten Abtheilung, nachdem der Berichterstatter, Advokat Miller aus Dresden, zuerst den Antrag zur Annahme empfohlen hatte, indem er zugleich auf die Nothwendigkeit der Einsetzung einer ständigen Kommission für Patentangelegenheiten hinwies, II. 2, 209.

dann den Antrag stellte, bei der Erwünschtheit einer solchen Gesetzgebung die ständige Deputation zu beauftragen, zu derselben die Hauptgrundsätze vom juristischen Standpunkte zu entwerfen und dem nächsten Juristentage eine Vorlage hierüber zu machen, II. 2, 214.

dem Antrage des Vorsitzenden, Präsidenten Dr. Heimsoeth, welchem sich auch der Antragsteller anschloß, (II. 2, 217.) gemäß:

„Die Versammlung erklärt, den Antrag bis dahin, daß über die hauptsächlichen juristischen Grundsätze einer allgemeinen Deutschen Patentgesetzgebung eine Vorbereitung und nähere Vorschläge vorliegen, zu vertagen,“ II. 2, 217.

und ebenso in der Plenar-Versammlung vom 30. August 1861, womit sich der von dem Antragsteller hier wieder aufgenommene ursprüngliche Antrag desselben erledigte. II. 2, 707.

D. Strafrecht.

1) Antrag des Appellationsgerichtsraths v. Kräwel aus Naumburg a/S.:

„Der Deutsche Juristentag wolle anerkennen, daß ein allgemeines Deutsches Strafgesetzbuch, welches diejenigen Grundsätze adoptirt, die in den Gesetzbüchern der einzelnen Deutschen Staaten enthalten sind und in der Deutschen Rechtswissenschaft und dem Deutschen Rechtsleben ihre Begründung finden, ein dringendes Bedürfniß ist, sowie in Erwägung ziehen, auf welche Weise jenes Bedürfniß am zweckmäßigsten und schnellsten befriedigt werden könne,“ I. 58.

zu welchem im Auftrage des Antragstellers Obertribunalsrath Goltdammer aus Berlin in der Dritten Abtheilung einen redigirten Entwurf eines Deutschen Strafgesetzbuches bezüglich der ersten fünf Paragraphen überreichte. I. 319.

Es wurde

a) in dieser Abtheilung, nachdem Ober-Staatsanwalt Frh. v. Groß von Eisenach seinen schon früher als Zusatz zu dem v. Kräwel'schen Antrag schriftlich eingereichten Antrag (I. 59.) dahin gestellt hatte:

„Der Juristentag wolle

A. eine Petition an sämmtliche Deutsche Regierungen richten und in derselben beantragen:

daß die Deutschen Regierungen gemeinschaftlich beschließen möchten, ein allgemeines Deutsches Strafgesetzbuch durch eine von ihnen zu wählende Kommission entwerfen zu lassen und eventuell nach geeigneter Prüfung dasselbe in ihren Staaten einzuführen;

B. mit Ausführung dieses seines Beschlusses seine ständige Deputation, welcher zur Ausarbeitung der Petition der erste Präsident der Plenar-Versammlung beigesellt werde, betrauen und namentlich

C. derselben auftragen, die unter A. bezeichnete Petition nebst einer motivirenden Denkschrift ausarbeiten zu lassen und beide Schriften — unter gleichzeitiger Publikation derselben durch den Druck — im Namen und Auftrag des Juristentages sämmtlichen Deutschen Regierungen zu überreichen;" I. 59, 320.

Rechtsanwalt v. Dazür aus Ostrowo aber beantragt hatte:

„Der Deutsche Juristentag wolle anerkennen, daß ein allgemeines Deutsches Strafgesetzbuch ein dringendes Bedürfniß ist und eine auf Einführung eines solchen gerichtete Petition den Deutschen Regierungen überreichen,"

und Obertribunalsrath Goltdammer vorgeschlagen:

die Worte des v. Kräwel'schen Antrages: „welches" bis „finden," dahin zu fassen:

„welches diejenigen Grundsätze adoptirt, die in den Gesetzbüchern der einzelnen Deutschen Staaten enthalten sind, so weit sie in der Deutschen Rechtswissenschaft und dem Deutschen Rechtsbewußtsein ihre Begründung finden," I. 320.

zunächst beschlossen, beim Plenum den Beschluß zu befürworten:

„Der Deutsche Juristentag erkennt an, daß ein allgemeines Deutsches Strafgesetzbuch ein dringendes Bedürfniß ist;"

dagegen die angedeuteten Zwischenworte des v. Kräwel'schen Antrages und die statt derselben in dem Goltdammerschen gewählten wegzulassen, wonächst noch der zweite Theil des v. Dazür'schen und die Sätze unter B. und C. des v. Groß'schen Antrages zur Annahme gelangten." I. 320 f

b) In der Plenar-Versammlung vom 30. August 1860, nachdem Gerichts-Assessor Sander aus Berlin im Hinblick auf einige aus dem Französischen Rechte namentlich in das Preußische Gesetzbuch aufgenommene Grundsätze die Wiedereinschaltung der gedachten v. Kräwel'schen Zwischenworte in den Ausspruch des Juristentages beantragt hatte, (I. 245.), ward beschlossen:

„Die Dringlichkeit und das Bedürfniß einer gemeinsamen

Strafgesetzgebung anzuerkennen, dagegen in Beziehung auf das Preußische Strafgesetzbuch oder überhaupt in der angeregten Richtung nichts Weiteres zu sagen." I. 246.

(Vergl. auch oben unter B 2. u. f.)

2) Antrag desselben Mitgliedes (zugleich mit dem hernach unter Ziff. 4. angeführten hinsichtlich der Strafbemessung eingebracht):

„Wenn auch keine Einigung dahin zu erzielen sein sollte, daß die Todesstrafe in ganz Deutschland abgeschafft wird, so hindert dies doch das Zustandekommen eines für ganz Deutschland geltenden Strafgesetzbuches nicht," III. 1, Vorl. Nr. 11.

in der Dritten Abtheilung, nachdem der Berichterstatter, Prof. Dr. Wahlberg aus Wien beantragt hatte, über den Antrag zur Tagesordnung überzugehen (als noch verfrüht), III. 2, 367

und die Abtheilung sich dahin erklärt hatte, über einen von dem Obergerichts-Anwalt Götting aus Hildesheim gestellten Antrag (oder Verbesserungsantrag), dahin lautend:

„Die gänzliche Beseitigung der Todesstrafe ist eine der Voraussetzungen für das Zustandekommen eines gemeinsamen Deutschen Strafgesetzbuches," III. 2, 368.

für jetzt nicht abzustimmen; III. 2, 381.

auch Obertribunalsrath v. Seckendorf aus Berlin einen von ihm vorgelegten Antrag auf eine motivirte Tagesordnung zurückgezogen hatte, III. 2, 373 f. 382.

in Gemäßheit eines Antrages des Prof. Dr. v. Holtzendorff aus Berlin (dem sich der Antragsteller angeschlossen hatte, III. 2, 374.)

wie derselbe bezüglich der Formulirung des Verlangens nach Rechtseinheit von dem Kreisgerichts-Direktor v. Kunowsky aus Beuthen im Einverständnisse mit den Antragstellern verbessert worden war, III. 2, 374.

als Beschluß ausgesprochen:

„Die hinsichtlich der Todesstrafe bestehende Verschiedenheit der gegenwärtigen Deutschen Strafgesetze ist kein Hinderniß gegen die unmittelbare Ausführung der vom Juristentage als dringendes Bedürfniß erklärten Deutschen Strafrechtseinheit;" III. 2, 382.

ebenso im Wesentlichen in der Plenar-Versammlung vom 28. August 1862, III. 2, 87.

nachdem Obergerichts-Advokat Eller aus Mannheim beantragt hatte, statt „kein" (Hinderniß), umgekehrt zu sagen, „ein;" III. 2, 80.

Advokat Fries aus Weimar aber, wenigstens den Abtheilungs-Antrag abzulehnen, III. 2, 82.

und Hof- und Gerichts-Advokat Dr. Berger aus Wien, die derzeit bestehende Verschiedenheit hervorzuheben. III 2, 85.

3) Antrag des Prof. Dr. Wahlberg aus Wien:

„Der Deutsche Juristentag wolle eine Kommission von Juristen verschiedener Deutscher Staaten bilden, welche über „Krug's Ideen zu einer gemeinsamen Deutschen Strafgesetzgebung“ bis zum nächsten Juristentag ein umfassendes Gutachten abzugeben hat, und hierfür folgendes Verfahren vorzeichnen:

Jedes Kommissionsmitglied hat während der Jahresfrist vom Standpunkt seiner Landesgesetzgebung den Krug'schen Entwurf zu beurtheilen und dabei den Gesichtspunkt festzuhalten, ob und inwieweit sich eine Vereinbarung seines Landesgesetzbuches mit diesem Entwurfe, und sei es auch nur annäherungsweise, ausführen läßt.

Die ständige Deputation des Juristentages hat sodann auf Grundlage der eingelaufenen Separatgutachten aus der Mitte der Kommission ein Referat hervorgehen zu lassen, und dieses Referat mit den geeigneten Vorschlägen ist dem nächsten Juristentage zur Berathung in pleno vorzulegen;“ I. 63.

in der Dritten Abtheilung zugleich mit dem v. Kräwel'schen Antrage (s. oben unter Ziff. 1.) berathen und dem Antrage des Berichterstatters gemäß abgelehnt. I. 319. 321

4) Weitere (s. oben zu Ziff. 2.) Anträge des Appellationsgerichts-Raths v. Kräwel aus Naumburg a/S.:

a) „Wenn das allgemeine Deutsche Strafgesetzbuch absolute Strafen, wie die Todes- und lebenswierige Zuchthausstrafe androht, so ist dem Richter zugleich die Möglichkeit zu geben, wegen des Hinzutretens von Milderungsgründen auch auf geringere als die absolute Strafe zu erkennen.

b) Ueberhaupt ist das Strafmaß so zu erweitern, daß der Richter bei der Strafabmessung auch auf außergewöhnliche Schärfungs- und Milderungsgründe Rücksicht nehmen kann. Ein geringstes Strafmaß ist nur ausnahmsweise festzusetzen.

c) Verordnet das allgemeine Deutsche Strafgesetzbuch wegen hinzutretender erschwerender Umstände eine Verschärfung der Strafe, so ist in der Regel der Richter zu dieser Strafschärfung wohl zu ermächtigen, nicht aber zu zwingen, daß er allemal diese Strafschärfung eintreten lassen muß,“ III. 1, Vorl. Nr. 11.

welche der Antragsteller in der Dritten Abtheilung (des Dritten Juristentages) in dem Satze unter b. durch die Worte nach „Richter": „sogar beim Schwurgerichtsverfahren" ergänzte. III. 2, 388.

Es wurde nun

a) von dem Dritten Juristentage beschlossen:

aa) in der Dritten Abtheilung:

α) statt des Satzes unter a.,

mit dem sich der Berichterstatter, Prof. Dr. Wahlberg aus Wien, einverstanden erklärt, III. 2, 383.

und in dessen zweiten Theil der Obertribunalsrath v. Seckendorff aus Berlin die Worte „dem Richter" abzustreichen beantragt hatte, III. 2, 386 393.

gemäß dem Antrage des Prof. Dr. v. Holtzendorff aus Berlin, dem sich der Antragsteller angeschlossen; III. 2, 386 402.

zu sagen: absolute Strafandrohungen (Strafbestimmungen) [d. h. nicht Strafen, III. 2, 397 405 77.] sind grundsätzlich zu verwerfen, III. 2, 403.

wodurch auch der v. Seckendorff'sche Verbesserungsantrag (mit dem v. Kräwel'schen Satze a.) sich erledigte; III. 2, 404.

β) die in den Sätzen b. und c. enthaltenen, auf Strafmilderung, Strafabmassung und Strafschärfung bezügliche Anträge aber,

hinsichtlich deren Rechtsanwalt Sabarth aus Ratibor den Wegfall der von dem Antragsteller neuerdings eingefügten Worte: „sogar" u. s. w. beantragt hatte, III. 2, 392.

nach dem Antrage des Prof. Dr. v. Holtzendorff, III. 2, 401.

der ständigen Deputation zur Vorbereitung für den nächsten Juristentag zu überweisen; III. 2, 404.

bb) in der Plenar-Versammlung vom 28. August 1862 desgleichen. III. 2, 87 f.

b) In den über diese Sätze der ständigen Deputation erstatteten Gutachten kam der Obertribunalsrath v. Tippelskirch aus Berlin, indem er den Satz c. unbedenklich fand und sich des Weiteren nur über den Satz b. verbreitete, dahin, daß das Ermessen des Richters, aus besonderen Gründen unter das niedrigste Maß der ordentlichen Strafe herabzugehen, durch Aufstellung bestimmter Milderungsgründe und durch Bezeichnung eines gewissen Maaßes der alsdann eintretenden außerordentlichen Strafe zu beschränken sei; IV. 1, 157—170

Professor Dr. Wahlberg aus Wien aber gelangte dahin, die Ablehnung des Satzes b. und die Annahme des Satzes c. zu empfehlen. IV. 1, 179—198

c) Beim Vierten Juristentage stellte

aa) in der Dritten Abtheilung der Berichterstatter, Privatdozent Dr. Merkel aus Gießen, zunächst, indem er seine Ansicht in Betreff des Satzes b. entwickelte, folgende Anträge:

„Der Juristentag möge erklären:

1) Der Juristentag verwirft die Kräwel'schen Anträge Nr. 3 und 4;

2) erklärt, daß die Unterscheidung zwischen Strafausmessungsgründen und Strafänderungsgründen, wie sie gegenwärtig in unseren Gesetzen fixirt ist, als eine prinziplose aufzugeben sei;

3) daß dagegen der ordentliche Strafmaßstab mit seinen Gliederungen, begründet in den konstitutiven Elementen der besonderen Verbrechensthatbestände und der Steigerungen und Verbindungen, deren diese Elemente fähig sind, zu unterscheiden sei von allgemeinen und speziellen Strafänderungsgründen.

4) Allgemeine Milderungsgründe sind solche, die Zurechenbarkeit betreffende Momente, welche in ihrer höchsten Steigerung die Strafbarkeit vollständig ausschließen. Dahin gehören: geminderte Zurechnungsfähigkeit, Jugend, Nothstand, Befehl, Pflichtenkonflikt.

5) Diesen allgemeinen Milderungsgründen gegenüber ist ein Minimalsatz nicht festzuhalten.

6) Spezielle Strafänderungsgründe sind außerhalb des besonderen Thatbestandes liegende Momente, welche die durch jenen begründete Strafpflicht in irgend einem nach den verschiedenen Verbrechensarten verschiedenen Maße mindern oder erhöhen."
IV. 2, 220 f.

Der Antragsteller aber formulirte den gedachten Satz b. zur Verdeutlichung in folgender Weise:

„Der Deutsche Juristentag möge als seine Ueberzeugung aussprechen:

Es sei nothwendig, daß das Allgemeine Deutsche Strafgesetzbuch dem Richter die Befugniß einräume, unter das (gewöhnliche oder wie auf den Vorschlag des Advokaten Dr. Schaffrath aus Dresden von dem Antragsteller verbessert wurde) ordentliche Strafmaß herabzugehen, und dann ein noch geringeres, außerordentliches Strafmaß anzuwenden, wenn nach seinem Ermessen selbst die geringste der That angedrohte Strafe mit deren Strafbarkeit nicht in richtigem Verhältniß steht." IV. 2. 221.

Sodann stellte noch Gerichts-Assessor Dr. Rubo aus Berlin den Antrag, zu beschließen:

„Daß der Richter ermächtigt sein solle, für den Fall mildernder Umstände unter das geringste gesetzliche Strafmaß herabzugehen,"

den er auf Vorschlag des Vorsitzenden, General-Staatsanwalt Dr. Schwarze aus Dresden, durch die Worte ergänzte:

„ohne durch eine im Gesetze hierfür festgesetzte Strafgrenze beschränkt zu sein".

Es wurde aber sowohl der Rubo'sche als auch der v. Kräwel'sche Antrag abgelehnt, IV. 2, 228. 230.

worauf der Berichterstatter seine sämmtlichen Anträge, der Antragsteller aber den Satz c. mit Genehmigung der Versammlung zurückzog. IV. 2, 230 f.

5. Antrag des Rechtsanwalts Fries aus Weimar:

„Der Deutsche Juristentag wolle erklären, daß die Todesstrafe, als mit den Grundsätzen einer richtigen Strafgesetzgebung unvereinbar, abzuschaffen sei." III 1, Vorl. Nr. 22.

In Betreff dieses, als verspätet eingebracht, nicht mehr auf die Tagesordnung des Dritten Juristentages gesetzten und deshalb auch von der Plenar-Versammlung vom 28. August 1862, bei welcher er aus Veranlassung des v. Kräwel'schen Antrages (oben zu Ziff. 2.) zur Sprache kam, nicht in die Hand genommenen Antrages, (III. 2, 368 86.) stellten

a) in der Dritten Abtheilung des Vierten Juristentages der Berichterstatter, Sektionschef Dr. v. Hye-Gluneck aus Wien, folgenden Antrag:

„Der Deutsche Juristentag spricht es als seine Ueberzeugung aus:

1) Die allmälige völlige Abschaffung der Todesstrafe ist eine gebieterische Forderung der fortschreitenden Civilisation, und es seien daher die bestehenden Strafensysteme namentlich auch in dieser Zielrichtung entsprechend umzugestalten.

2) Die Todesstrafe sei aber auch jetzt schon, nämlich in dem alsbald zu erlassenden gemeinsamen Deutschen Strafgesetze — außer den Fällen des Kriegs- und Stand- und

bei Meutereien des Seerechts — auf zwei Verbrechen zu beschränken, nämlich:

a) auf den mit überlegtem Vorsatze ausgeführten Mord eines Menschen und

b) auf hochverrätherische Angriffe gegen die körperliche Sicherheit der Person des Staatsoberhauptes.

3) Die Todesstrafe sei selbst in diesen Fällen im Gesetze nicht absolut anzudrohen, sondern dem erkennenden Gerichtshofe sei freizulassen, bei überwiegenden Milderungsumständen statt derselben auf lebenswierige oder selbst zeitliche Freiheitsstrafe zu erkennen." IV. 2, 231.

Advokat Dr. Schaffrath aus Dresden aber denselben Antrag, wie Fries, nur ohne Anführung des Grundes, IV. 2, 232.

und Hof- und Gerichts-Advokat Dr. v. Mühlfeld aus Wien den Antrag:

„Der Juristentag spricht als seine Ueberzeugung aus:

Die Todesstrafe soll in einem allgemeinen Deutschen Strafgesetzbuche, außer den Fällen des Kriegs- und des Seerechts bei Meutereien, keinen Platz finden." IV. 2, 232.

Es ward nun der Fries-Schaffrath'sche Antrag mit schwacher Majorität und der v. Mühlfeld'sche mit 41 gegen 40 Stimmen abgelehnt,

und wurden die drei Theile des v. Hye'schen Antrages, der dritte jedoch nur, dem Antrage von Dr. Schaffrath gemäß, unter Fortlassung der Worte: „bei überwiegenden Milderungs-Gründen," angenommen. IV. 2, 232 f.

b) In der Plenar-Versammlung vom 28. August 1863 wiederholte Advokat v. Mühlfeld seinen in der Abtheilung gestellten Antrag, IV. 2, 102.

und wurde derselbe, in seinen beiden Theilen (Regel — Ausnahme) zur Abstimmung gebracht, mit überwiegender Mehrheit angenommen. IV. 2, 104 f.

6) Antrag des Hofgerichts-Raths v. Stößer zu Bruchsal:

„Der Deutsche Juristentag wolle als seine Rechtsüberzeugung aussprechen, daß entehrende Strafen dem Gerechtigkeits- und Besserungszwecke der Strafe widersprechen und daß solche deshalb bei Bearbeitung eines gemeinsamen Deutschen Strafgesetzbuches keine Aufnahme finden mögen." III. 1, Vorl. Nr. 12.

a) In der Dritten Abtheilung stellte der Berichterstatter, Sektionschef Dr. v. Hye-Gluneck folgende Anträge:

„Der Deutsche Juristentag spricht es als seine Ueberzeugung aus, daß es von der Gerechtigkeit gebieterisch gefordert und gleichmäßig durch den Besserungszweck der Strafe, durch die Humanität, durch die heutigen sozialen Anschauungen, sowie durch den Stand der Kultur des Deutschen Volkes dringend empfohlen sei, in dem künftigen Deutschen gemeinsamen Strafgesetze in Beziehung auf die entehrenden Strafen an folgenden Grundsätzen festzuhalten:

1) Alle schon ihrer Qualifikation nach einen das Ehrgefüh- eines jeden Menschen erstickenden oder doch abstumpfenden Charakter einschließenden Strafen oder Verschärfungen derselben, wie z. B. die Ausstellung am Strafpfahle (Pranger, Schandbühne und dergleichen), die Kettenstrafe und insbesondere jede Art von körperlicher Züchtigung (Stockprügel, Ruthenstreiche u. s. w.) haben unbedingt zu entfallen.

2) Die in der Wissenschaft und in den bestehenden Strafgesetzen unter dem Namen entehrender Straffolgen bekannt ten Verluste a) der Ehren-, b) der sogenannten politischen oder staatsbürgerlichen, c) der Dienst- oder Amts- und d) der gemeinen bürgerlichen Rechte sollen kraft des Gesetzes oder durch besonderes richterliches Straf-Erkenntniß nur mit der Strafe für solche strafbare Handlungen verbunden werden, welche selbst vermöge ihrer inneren Beschaffenheit als entehrend gelten, nämlich auf einer verächtlichen, ehrlosen Gesinnung beruhen.

3) Es hat aber auch bei den strafbaren Handlungen der erwähnten Kategorie in der Regel mit der Erlöschung der Strafe überhaupt auch die Fähigkeit zur Wiedererlangung der verlorenen Ehren-, politischen und Dienst-Rechte und die Berechtigung zur Wiederausübung der entzogenen gemeinen bürgerlichen Rechte ohne Weiteres einzutreten, und nur in solchen Fällen, wo eine strafbare Handlung auf besondere Niederträchtigkeit oder Bosheit des Schuldigen schließen läßt, sowie bei Gewohnheitsverbrechern soll es dem erkennenden Gerichte freistehen, die Fortdauer der Unfähigkeit zur Wiedererwerbung und beziehungsweise Wiederausübung der genannten vier Kategorien von Rechten noch einige Zeit über das Ende der Strafe hinaus, jedoch in einer der verhängten Strafe entsprechenden Dauer oder Zeit-Skala, und höchstens auf 10 Jahre nach Erlöschung der Strafe auszusprechen.

4) Bei allen übrigen strafbaren Handlungen soll während der Dauer der Freiheitsstrafe nur die Ausübung der genannten vier Kategorien von Rechten ruhen, ihre Untersagung daher nach Erlöschung der Strafe von selbst entfallen.

5) Das Begnadigungsrecht der Krone (des Staatsoberhauptes) ist auch in Beziehung auf die gänzliche und theilweise Nachsicht dieser Straffolgen im vollsten Umfange aufrecht zu erhalten.

6) Es seien diese Bestimmungen des künftigen Deutschen Strafgesetzes rückwirkend auch auf alle nach den früheren Gesetzen ausgesprochenen Verurtheilungen in Anwendung zu bringen, in so weit diese Bestimmungen für den Verurtheilten günstiger sind, als die bisherigen Strafgesetze." III. 2, 410 f.

Dieselben wurden angenommen, und zwar der Antrag sub Ziff. 1, nachdem Rechtsanwalt Sabarth aus Ratibor einen von ihm darauf, auch die Brandmarkung unter die Beispiele der Ziff. 1. des Antrages des Berichterstatters aufzunehmen, gestellten Antrag auf die Aeußerung des Letzteren, daß diese Strafart nirgends und gewiß in keinem Deutschen Gesetze mehr vorkomme, wieder zurückgenommen hatte; III. 2, 417 f.

der Antrag sub Ziff. 2., dem Antrage des Advokaten Dr. Schaffrath (dem der Berichterstatter beitrat) gemäß, unter Beifügung der Worte nach „beruhen":

„und deshalb nach der allgemeinen Meinung entehrend sind,"

III. 2, 430, 434, 436.

wodurch sich ein Antrag des Geh. Raths, Prof. Dr. v. Wächter aus Leipzig, dahin lautend:

„An Stelle des Absatzes 2 zu erklären:

daß von dem Gerichte der Eintritt der in dem Strafgesetzbuche bestimmten Schmälerung der politischen und Ehrenrechte nach der Natur des Verbrechens auszusprechen sei, und zwar entweder auf eine bestimmte Zeit oder auf eine unbestimmte; daß aber im letzteren Falle das Gericht die Befugniß habe, nach dem Verhalten des Betreffenden jene Folgen für die Zukunft wieder aufzuheben," III. 2, 432.

erledigte; III. 2, 436.

der Antrag sub Ziff. 3. unter Verwerfung eines Verbesserungs-Vorschlages des Advokatur-Kandidaten Dr. Stern aus Wien, die Fähigkeit zur Wiedererlangung der Dienstrechte auszuschließen; III. 2, 437.

der Antrag sub Ziff. 4. mit dem von Geh. Rath, Prof. Dr v. Wächter beantragten und von dem Berichterstatter gebilligten Zusatze:

„daß dem Richter auch bei Bestimmung der Art der Freiheitsstrafe die Möglichkeit geboten werden müsse, dem Umstande Rechnung zu tragen, daß die Handlung nicht aus unehrenhafter Gesinnung hervorgegangen, und daß zu diesem Zweck besondere Strafarten einzuführen seien," III. 2, 432, 434, 437 f.

die beiden letzten Punkte aber ohne Weiteres; III. 2,438.

dagegen abgelehnt der Antrag des Rechtsanwalts Götting aus Hildesheim:

1) „Der Juristentag spricht als seine Ueberzeugung aus:
daß die Anträge des Herrn Berichterstatters als das Geringste, was die Gerechtigkeit und der Besserungszweck der Strafe fordert, anzunehmen seien."

2) Er beschließt:
daß der Stößer'sche Antrag in seiner weiteren Tendenz an die ständige Deputation zur weiteren Vorbereitung für den nächsten Juristentag zurückverwiesen werde." III. 2, 438 f.

b) In der Plenar-Versammlung vom 28. August 1862 wurden die Anträge der Dritten Abtheilung, und zwar dem Antrage des Hof- und Gerichts-Advokaten v. Mühlfeld gemäß, III. 2, 94 f.
unter Wiederherstellung des (von dem mit der Redaktion der Abtheilungs-Beschlüsse betrauten Ausschuße gestrichenen) Wortes „Kettenstrafe" in Ziff. 1., sämmtlich angenommen. III. 2, 95.

F. Gerichts-Verfassung und gerichtliches Verfahren überhaupt.

1) Ueber die Gerichts-Verfassung stellten (neben auf andere Gegenstände, — s. unten Ziff. 10 und Ziff. 8 a. — sich beziehenden Vorschlägen)

a) Kreisgerichtsrath (jetzt Stadtgerichtsrath) Dr. Eberty aus Wittenberg (jetzt in Berlin) folgende Anträge:

1) „Die erste Aufgabe nationaler Civil-Gesetzgebung ist Einheit in der Gerichts-Organisation.
2) Die Gerichte sind gleichförmig in Deutschland zu organisiren.
3) Die Gerichts-Organisation muß auf
 a) Inamovibilität der Richter,
 b) deren Befreiung von allen Geschäften außer dem Rechtsprechen,
 c) Ausschließlichkeit der richterlichen Befugniß auf dem Gebiete des Rechtsstreits,
 d) Kollegial-Verfassung
gegründet werden."

b) Staatsanwalt Hauschteck aus Stralsund aber folgende:

„Der Deutsche Juristentag wolle für die Reorganisation der Justiz-Verfassung in Deutschland folgende Grundsätze als maßgebend anerkennen:

1) Die für die erste Instanz zu errichtenden Kollegialgerichte sind von jeder verwaltenden Thätigkeit — auch der Justiz-Verwaltung — zu befreien.

2) Eine Jurisdiktion von Einzeln-Richtern im bürgerlichen und Straf-Prozesse ist für „unwichtigere" Sachen, jedoch nur unter der Voraussetzung zulässig, daß dem Kollegialgerichte das Recht gesichert bleibt, jeden nach den gewöhnlichen Kompetenz-Bestimmungen vor den Einzeln-Richter gehörigen Prozeß vor sein eigenes Forum zu ziehen, sofern dies von einer Partei oder der Staatsbehörde beantragt wird." III. 1, Vorl. Nr. 18.

Es wurde, nachdem diese Anträge auf die Tagesordnung des Dritten Juristentages gesetzt waren, von der Vierten Abtheilung desselben dem Antrage des Staatsanwalts Hauschteck selbst gemäß, III. 2, 447 u. 511 f. 592. und von der Plenar-Versammlung vom 28. August 1862, III. 2, 125 f. beschlossen,

diese Anträge der ständigen Deputation zu überweisen.

In den der ständigen Deputation als Vorbereitung der Verhandlungen auf dem Vierten Juristentage erstatteten Gutachten erklärte sich

a) Rechtsanwalt Ruhwandl aus München für die Sätze 1. und 2. des Eberty'schen Antrages (IV. 1, 12 f.), nicht aber für die Unabsetzbarkeit aller Richter (Ziff. 3 a. desselben Antrages), IV. 1, 13 f.

hinsichlich der Ziff. 1 b. desselben und Ziff. 1. des Hauschteck'schen Antrages dafür:

„Es ist dahin zu streben, daß die Gerichte von Geschäften außer dem Rechtsprechen befreit werden, mit Ausnahme der Fälle, in denen ganz entschiedene Zweckmäßigkeitsrücksichten entgegenstehen; (wobei nur in so weit, als nicht in der Inanspruchnahme der Gerichtsvorstände und Parteivertreter passende Mitwirkung zu finden ist, die Staatsanwaltschaft zugezogen werden soll)," IV. 1, 16.

die Ziff. 1. litt. c. beziehungsweise als durch den Beschluß des Juristentages über den Primker'schen Antrag (s. unten zu Ziff. 13.) erledigt und im Sinne einer Anforderung, daß kein zu einem „Rechtsstreit" geeignetes Verhältniß der Beurtheilung der gewöhnlichen Gerichte sollte entzogen und einer anderen Behörde unterstellt werden dürfen, als nicht zur Annahme empfehlenswerth, IV. 1, 17 f.

endlich die Ziff. 2. litt. d. Eberty's und Ziff. 2. Hauschteck's als durch die Berathungen über die Waldeck'schen Anträge erledigt, und gegen die in der letzten Ziff. 2. ausgesprochene Voraussetzung; IV. 1, 17.

b) Staatsanwalt Lienbacher aus Wien

für Einheit und Gleichförmigkeit der Gerichtsverfassung in Deutschland, für Unabsetzbarkeit der Richter, für die Befreiung der (Kollegial-) Gerichte von der verwaltenden Thätigkeit mit der durch die Rücksicht auf die Selbstständigkiet der Rechtspflege gegenüber Verwaltungs-Einflüssen und auf Geschäftsförderung gebotenen Beschränkung, für (Kollegial-) Gerichtshöfe und für Einzelrichter (je nach ihren Zuständigkeiten), dagegen wider die in Ziff. 2. des Hauschteck'schen Antrages enthaltene Voraussetzung. IV. 1, 263—275.

In der Vierten Abtheilung des Vierten Juristentages wurde zunächst auf den Antrag des Berichterstatters, Obertribunalrath Faber aus Stuttgart, unter Ablehnung eines von dem Advokat-Anwalt Lingmann aus Koblenz dahin gestellten Verbesserungs-Antrages:

„Die erste Aufgabe einer nationalen Civilgesetzgebung ist die Herstellung einer den Bedürfnissen der Zeit entsprechenden Prozeßordnung und Gerichtsorganisation,"

nach welchem dann Nr. 3. des Eberty'schen Antrages stehen geblieben, nur am Anfang statt „Gerichtsorganisation" zu sagen gewesen wäre: „Prozeßordnung und Gerichtsverfassung," IV. 2, 332 f.

beschlossen, zu erklären:

I. „Die Vorbedingung einer einheitlichen Deutschen Prozeßgesetzgebung ist Einheit in den Grundzügen der Gerichtsverfassung," IV. 2, 333.

sodann nach dem von dem Berichterstatter beantragten Eingangssatze:

II. „Die Gerichtsverfassung sämmtlicher Deutschen Staaten soll auf folgenden Grundsätzen beruhen," IV. 2, 336 f.

in der Hauptsache dem Antrage des Berichterstatters gemäß:

a) „in allen wichtigeren bürgerlichen und Strafsachen entscheiden schon in erster Instanz kollegialisch gebildete Gerichte. Den Einzelrichtern sind nur die leichteren Gesetzesübertretungen, ferner die Streitsachen von geringerem Belange, sowie Sachen von dringlicher Natur zuzuweisen," IV. 2, 336 f.

wobei nur die weiter von demselben (nach „dringlicher") beantragten (aber als nicht besonders wichtig bezeichneten) Worte: „oder sonst eigenthümlicher" (Natur) gestrichen wurden, dagegen ein von dem Advokat-Anwalt Lingmann aus Koblenz gestellter Antrag auf Weglassung der Worte „dringlicher oder sonst" entfiel, IV. 2, 336 f.

ferner:

b) „Die Richter sind inamovibel. — Hierbei sind folgende nähere Bestimmungen maßgebend:

1) Entlassung oder Zurücksetzung kann gegen die Richter nur durch Urtheil des Strafgerichts verfügt werden;

2) unfreiwillige Versetzung auf eine andere Richterstelle von gleichem Rang und Gehalt kann nur im Interesse der Rechtspflege aus dringenden Gründen verfügt werden. Diese Verfügung soll, wofern sie nicht durch Aenderungen in der Organisation der Gerichte oder Gerichtsbezirke veranlaßt ist, oder ein sonstiger im Gesetze bestimmter Ausnahmsfall vorliegt, von der Justizaufsichts-Behörde nur nach vorgängigem Ausspruche des höheren Gerichts, wodurch das Vorhandensein der gesetzlichen Erfordernisse anerkannt wird, getroffen werden;

3) die unfreiwillige Zurruhesetzung eines Richters soll gleichfalls nur nach vorgängigem Ausspruche des höheren Gerichtes, wodurch das Vorhandensein der gesetzlichen Erfordernisse anerkannt wird, erfolgen," IV. 2, 343.

und zwar wiederum in der Hauptsache nach den Vorschlägen des Berichterstatters, mit Ausnahme der von demselben weiter beantragten Worte, — in Ziff 1. (nach „des Straf-") „oder Disziplinar-" (Gerichtes), in Ziff. 2. (nach „höhern Gerichtes") „oder einer Richterkommission," sowie des Satzes (nach „getroffen werden"):

„Die vorübergehende Verwendung eines Richters auf einer anderen Stelle ist bis zu einer gesetzlich bestimmten Dauer ohne Vernehmung des höheren Gerichtes zulässig,"

und in Ziff. 3. der Worte (nach „Richters"): „vor dem Eintritt einer gesetzlich bestimmten Altersgrenze" und (nach „Gerichts-"): „oder einer Richterkommission," IV. 2, 340 f.. 343.

endlich, dem Antrage des Berichterstatters gemäß, IV. 2, 346.

unter Ablehnung eines Verbesserungs-Antrages des Advokaten Dr. Dumont aus Mainz:

„Es soll stets eine Trennung der Rechtsprechung von der Verwaltung, der freiwilligen von der unfreiwilligen Gerichtsbarkeit stattfinden," IV. 2, 346. 348.

als Schlußsatz:

c) „Das Richteramt ist von allen seiner Natur fremden Geschäften namentlich aus dem Gebiete der Verwaltung, rein zu halten, soweit nicht durch dringende Gründe der Zweckmäßigkeit Ausnahmen geboten sind." IV. 2, 346. 348.

(Gesammt-Beschluß siehe IV. 2, 343. Note).

Weiter wurde noch, dem Antrage des Berichterstatters gemäß, zu Ziff. 3 c. der Eberty'schen Anträge beschlossen:

„In Erwäguug, daß der Juristentag bereits früher für den Grundsatz sich erklärt hat, es haben die Gerichte in allen Fällen über ihre Kompetenz selbst und ausschließlich zu entscheiden, in Erwägung sodann, daß die weitere Frage, ob, und bejahenden Falles in welchem Umfange Streitsachen des öffentlichen Rechtes den Civilgerichten zugewiesen werden sollen, keinesfalls für den gegenwärtigen Juristentag vorbereitet ist, über Vorschlag unter Nr. 3. litt. c. zur Tagesordnung überzugehen," IV. 2, 348 f.

und sodann den Hauschteck'schen Antrag (dessen Ziff. 1. sich schon durch die bisher angeführten Beschlüsse erledigt hatte) unter Ziff. 2. abzulehnen. IV. 2, 349.

Diese Abtheilungs-Beschlüsse wurden zur Kenntniß der Plenar-Versammlung vom 28. August 1863 gebracht. IV. 2, 116—123.

2) In Bezug auf die Errichtung eines gemeinsamen Deutschen Gerichtshofes wurde ein in einem Schreiben des Zweiten Präsidenten des Kgl. Obertribunals Dr. Bornemann in Berlin an die Kommission der Juristischen Gesellschaft für Ausschreibung eines Deutschen Juristentages enthaltener Satz:

„Zu einer Einheit in der Rechtsanwendung kann nur ein höchster Gerichtshof führen, dessen Zusammensetzung, dauerndes oder zeitweises Zusammentreten und Wirkungskreis näher zu erwägen sein wird," I. 66.

in der Vierten Abtheilung von dem Vorsitzenden derselben dahin als Antrag formulirt:

„Der Deutsche Juristentag wolle beschließen: Zu einer Einheit in der Rechtsanwendung kann nur Ein höchster Gerichtshof führen,"

mit dem von Obertribunalrath Frh. v. Sternenfels aus Stuttgart und Obergerichtsrath Griesebach aus Hameln a/W. beantragten Zusatze:

„Dessen sofortige Einführung bezüglich des bereits bestehenden gemeinschaftlichen Deutschen Rechts (Wechselordnung), sowie des zu schaffenden (Handelsrechts) wünschenswerth erscheint," I. 279 u. 331.

unter Ablehnung des Antrages:

„Es erscheine wünschenswerth, bis zur Bildung des höchsten Gerichtshofes zur Vermittelung einer Uebereinstimmung in der Rechtsprechung alljährlich kollegialische Konferenzen von Deputirten sämmtlicher Deutschen höchsten Gerichtshöfe zusammentreten zu lassen," I. 330 f.

und ebenso in der Plenar-Versammlung vom 30. August 1860 angenommen. I. 279 f.

3) Der Antrag des Staatsanwalts a. D. Dr. Klauhold aus Hamburg:

„Der Deutsche Juristentag spreche seine Ueberzeugung dahin aus, daß unabhängig von der Frage, ob ein gemeinsames Deutsches Handelsgesetzbuch zu Stande gebracht wird oder nicht, die Errichtung eines obersten Gerichtshofes zur Entscheidung von Handelsrechtsfragen eine nothwendige Voraussetzung zur ferneren gleichmäßigen Ausbildung des Deutschen Handelsrechts ist, und empfehle als einen zur Erreichung dieses Zweckes beachtenswerthen Vorschlag, daß durch Auftrag sämmtlicher Deutschen Staaten das Ober-Appellationsgericht der vier freien Städte, unter Verstärkung dessen Personals auf allgemeine Kosten, als Gerichtshof zur Entscheidung der handelsrechtlichen Fragen in letzter Instanz bestellt werde," I. 131 f.

wurde in der Zweiten Abtheilung im Hinblick insbesondere darauf, daß der Gegenstand in seiner allgemeinen Richtung in der Vierten Abtheilung (bei Gelegenheit der Berathung des soeben unter Ziff. 2. angeführten Satzes des Bornemann'schen Schreibens) zu berathen sein werde, I. 317 u. 233 f.

und in der Plenar-Versammlung vom 30. August 1860 unter Vorbehalt der Berathung über die Berichte der Vierten Abtheilung, bei welcher (eben bei Erörterung jenes Satzes) der Berichterstatter auf den Klauhold'schen Antrag hinwies, I. 278.

durch Uebergang zur Tagesordnung erledigt. I. 234.

4) Der Antrag des Advokaten Dr. Auerbach aus Frankfurt a/M. u. A., (IV. 2, 211.) in Verbindung mit den oben, Abschnitt C. 6. unter litt. a. und f., angeführten Anträgen gestellt:

„Der Juristentag erklärt, daß zur Wahrung der durch Einführung eines Deutschen Handels- und Wechselrechts gewonnenen Rechtseinheit die Errichtung eines gemeinsamen obersten Gerichtshofes für ganz Deutschland dringendes Bedürfniß ist," IV. 2, 211 f.

wurde von der vereinigten Ersten und Zweiten Abtheilung angenommen, IV. 2, 212.

und in der Plenar-Versammlung vom 28. August 1863, welche hiervon nur benachrichtigt werden sollte, IV 2, 212 u 127.

ebenfalls zum Beschluß erhoben. IV 2, 128.

5) Der Antrag des Notar Dr. Uchatzy aus Reichenberg in Böhmen:

„Der Juristentag wolle beschließen:

Es sei das Rechtsinstitut der F r i e d e n s g e r i c h t e für die Rechtspflege der Deutschen Staaten in staatsbürgerlicher und politischer Beziehung von gemeinsamem Interesse, dessen Einführung auf eine mit den konkreten Rechtsinstitutionen der einzelnen Staaten vereinbare Weise wünschenswerth, demnach ein Gesetzentwurf mit umfassendem Gutachten hierüber zu verfassen und hiebei insbesondere in prinzipieller Richtung der Einfluß der Friedensgerichte im summarischen Prozeßverfahren und im Gebiete der freiwilligen Gerichtsbarkeit, dann ihre thunliche Vereinigung mit dem Notariatsinstitute zur Geltung zu bringen," I. 133.

wurde in der Vierten Abtheilung in Erwägung,

„daß das Institut der Friedensrichter, bei aller Anerkennung der Vorzüge von Friedensgerichten, zu eng mit Partikular-Prozeß-Gesetzgebung und lokalen Bedürfnissen zusammenhängt,"

durch Tagesordnung beseitigt, I. 334.

in der Plenar-Versammlung vom 30. August 1860 aber von dem Antragsteller (wegen dermaliger Inopportunität) zurückgezogen. I. 292.

6) In Betreff der Errichtung und Zusammensetzung von H a n d e l s g e r i c h t e n stellte Stadtgerichtsrath Borchardt aus Berlin den Antrag:

1) „Die Einführung des Deutschen Handelsgesetzbuches läßt die Errichtung besonderer Gerichte zur Entscheidung der Handelsstreitigkeiten als ein Bedürfniß erscheinen.

2) Was die Organisation solcher Handelsgerichte betrifft, so ist es erforderlich, daß die Zusammensetzung des Richter-Kollegiums in allen Instanzen nach gleichem Grundsatze erfolge und nur Rechtsgelehrte zu Richtern bestellt werden;"

Gerichts-Accessist Dr. Reinach aus Mainz aber folgenden Verbesserungs-Antrag:

1) „Die Einführung des Deutschen Handelsgesetzbuches erfordert die Errichtung besonderer Handelsgerichte.

2) Im Interesse der einheitlichen Fortbildung des Handelsrechts ist eine möglichst gleichmäßige Organisation der Handelsgerichte in allen Deutschen Staaten wünschenswerth.

3) Die Handelsgerichte sollen weder ausschließlich aus rechtsgelehrten Richtern, noch lediglich aus Kaufleuten bestehen, vielmehr empfiehlt sich eine entsprechende Vereinigung des juristischen und des kaufmännischen Elements bei Besetzung der Handelsgerichte.

4) Dieses kaufmännische Element soll auch bei der Zusammensetzung der Gerichte der Appell-Instanzen, insoweit es sich um handelsgerichtliche Rechtsstreite handelt, berücksichtigt werden." V. 2, 134 f.

Die über den Borchardt'schen Antrag der ständigen Deputation erstatteten Gutachten sprechen sich (die Errichtung von Handelsgerichten in Folge der Einführung des Handelsgesetzbuches als ein Bedürfniß voraussetzend) dahin aus und zwar:

a) das des Ober-Justizraths Frh. v. Holzschuher aus Stuttgart:

„Daß die Handelsgericht aus Rechtsgelehrten und aus Kaufleuten, so daß letztere in der Minderzahl sind, und zwar in beiden Instanzen in ähnlicher Weise, zusammengesetzt werden sollen;“ V. 1, 37—42.

b) das des Professors Dr. Anschütz aus Halle:

„Daß zu denselben überall nur ausnahmsweise, namentlich nur da, wo der Kaufmannsstand die geeigneten Persönlichkeiten bietet, kaufmännische Mitglieder zugezogen werden;“ V. 2, 3—9.

c) das des Handelsgerichts-Präsidenten, Kaufmann Carl Röder aus Mainz:

„Daß, dem Französischen Rechte entsprechend, in erster Instanz Kaufleute, im zweiten Rechtszuge rechtsgelehrte Richter in den Handelsgerichten urtheilen sollen.“ V. 2, 10—18.

In der Zweiten Abtheilung wurde, gemäß den vom Berichterstatter Senator Dr. Pfeiffer aus Bremen gestellten Anträgen, nachdem durch Abstimmung über die drei Hauptfragen,

nämlich ob die Handelsgerichte zusammenzusetzen seien nur aus rechtsgelehrten Mitgliedern oder nur aus Kaufleuten oder aus Beiden gemischt,

festgestellt war, daß für die Bejahung der beiden ersten Fragen sich nur eine sehr kleine Minderzahl, für die Bejahung der letzten, die gemischten Handelsgerichte, aber die sehr überwiegende Mehrheit entschied, V. 2, 181 f.

somit der Borchardt'sche Antrag und ein zu demselben von dem Rechtsanwalt v. Wilmowski aus Schlawe gestellter Zusatz-Antrag:

„Daß die Entscheidung über thatsächliche und sachverständige Fragen und über Handelsusancen nur von zuzuziehenden Kaufleuten zu treffen ist,“

beseitigt, V. 2, 183.

ein von dem Gerichtsrath Dr. Malß aus Frankfurt a/M. gestellter Antrag:

„Die Handelsgerichte sind besondere ständige Abtheilungen der gewöhnlichen Civilgerichte, welchen Kaufleute mit Stimmrecht beigegeben werden,“

von demselben zurückgezogen, V. 2, 182.

und von der Abtheilung beliebt worden war, auf die Ziff. 3. und 4. der von dem Rechtsanwalt Wilke aus Berlin dahin gestellten Anträge:

1) „In Handelsgerichten sollen prinzipiell ausschließlich Richter des Handelsstandes Sitz und Stimme haben. Sie werden überall, und zwar für alle Streitigkeiten aus Handelsgeschäften, errichtet, wo es die Kaufmannschaft beschließt. Sie bestehen aus fünf von der Kaufmannschaft gewählten Richtern und dem Vorsitzenden des nächsten ordentlichen Gerichtes, welcher nur berathende, nicht entscheidende Stimme hat.

2) Zur Erzielung einer Rechtseinheit im Deutschen Handelsrechte ist ein oberster Gerichtshof für ganz Deutschland eine absolute Nothwendigkeit.

3) Die Urtheile der Handelsgerichte sind sofort in ganz Deutschland exekutorisch.

4) Es findet von ihnen keine Appellation, sondern nur das Rechtsmittel der Kassation statt;" V. 2, 162.

deren erste Ziffer durch den oben erwähnten, für gemischte Handelsgerichte, und deren zweite Ziffer durch den auf dem Vierten Juristentage über den fraglichen Gegenstand (vergl. oben Ziff. 4.) gefaßten Beschluß sich erledigt hatte, nicht einzugehen, V. 2, 182.

beschlossen, auszusprechen:

1) „Die Einführung besonderer, aus rechtsgelehrten und kaufmännischen Richtern gebildeter Handelsgerichte erscheint als ein dringendes Bedürfniß." V. 2, 183.

(ohne die dem Antrage in diesem Punkte zuerst einverleibten Motive, V. 2, 147.)

und sodann zwar, einem im Wesen gleichen Antrag des Senators Dr. Versmann aus Hamburg und des Rechtsanwalts Geck aus Hagen gemäß, V. 2, 167.

eventuell angenommen, daß die Handelsgerichte aus Kaufleuten unter einem rechtsgelehrten Präsidenten bestehen sollen, womit ein entgegenstehender Antrag, den inzwischen Stadtgerichtsrath Borchardt dahin gestellt hatte:

„Dem kaufmännischen Element ist bei der Zusammensetzung der gemischten Handelsgerichte die Majorität einzuräumen," V. 2, 183.

beseitigt war, dagegen zugleich, dem Antrage des Berichterstatters entsprechend, beschlossen, die Frage von dem Mischungsverhältniß beider Bestandtheile der gedachten Gerichte hier nicht förmlich und definitiv zu beantworten, sondern dieselbe der Erörterung in den Einzelstaaten vorzubehalten; V. 2, 184.

und ferner mit großer Majorität beschlossen, auszusprechen:

2) „Die Mitwirkung des kaufmännischen Elementes ist auch in den

Gerichten zweiter Instanz bei der Entscheidung von Handelssachen nicht zu entbehren;

3) die Gerichtsbarkeit in Handelssachen ist nur in solchen Bezirken, in welchen eine größere Zahl von Handelsstreitigkeiten nicht vorkommt oder die Zusammensetzung des Handelsstandes eine Auswahl tüchtiger Handelsrichter nicht bietet, den gewöhnlichen Gerichten zu übertragen und zwar, wo es thunlich ist, besonderen Abtheilungen derselben;

4) die ständige Deputation wird aufgefordert, die Frage:

auf welche Weise dem Bedürfnisse eines gemeinschaftlichen Organs behufs Erhaltung der Einheit des Handelsrechts in Deutschland am zweckmäßigsten zu genügen sei,

auf die Tagesordnung des nächsten Juristentages zu setzen und für eine geeignete Vorbereitung dieser Frage zu sorgen." V. 2, 184.

Hiervon wurde der Plenar-Versammlung vom 29. August 1864 Nachricht gegeben. V. 2, 53—61.

7) Der von dem Bezirksgerichts-Assessor Dr. Hierl aus München gestellte Antrag:

„Der Deutsche Juristentag wolle aussprechen:

es sei wünschenswerth, daß in allen Deutschen Ländern Gerichtsferien eingeführt werden, und daß diese Gerichtsferien möglichst gleichzeitig stattfinden," IV. 2, 78.

gelangte in der Plenar-Versammlung vom 28. August 1863 in seinen beiden Theilen zur Annahme. IV. 2, 80 f.

8) Hinsichtlich der Einrichtung der Staatsanwaltschaften wurden (schon vor dem Dritten Juristentage) folgende hier nur nach ihren allgemeinen Beziehungen (vorbehaltlich des unten bei dem Verfahren in bürgerlichen Rechtsstreitigkeiten, Abschnitt F., und in Strafsachen, Abschnitt G. Anzuführenden) zu erörternde Anträge gestellt:

a) von dem Staatsanwalt Hauschteck in Stralsund (in Verbindung mit den oben unter Ziff. 1. angeführten):

1) „Die Staatsanwaltschaft wird als eine Justizbehörde organisirt, bestimmt, Namens der Staatsregierung dafür zu sorgen, daß die richterliche Gewalt den Gesetzen gemäß frei geübt werden könne.

2) Der Beruf der Staatsanwaltschaft umfaßt die gesammte Leitung aller für die Rechtspflege nothwendigen, nicht-richterlichen Geschäfte neben den Gerichten, insbesondere:

die Leitung der Justiz-Verwaltung, einschließlich der gerichtlichen (Kriminal-) Polizei;

die Anrufung der richterlichen Strafgewalt bei Verletzung

von Strafgesetzen, — soweit nicht durch besondere Gesetze Privatpersonen Rechte gewährt sind, welche die Staatsbehörde ausschließen;

die Vertretung der Interessen der Staatsregierung vor den Gerichten im bürgerlichen Prozesse." III. 1, Vorl. Nr. 18 a.

und b) von dem Rechtsanwalt Sabarth aus Ratibor:

1) „Das Institut der Staatsanwaltschaft, wie sich dasselbe seither in Deutschland ausgebildet hat, ist kein Bedürfniß oder Förderungsmittel einer unparteiischen Rechtspflege.

2) Zum Wesen des Anklageprozesses sind ständige öffentliche Anklagebehörden nicht erforderlich." III. 1, Vorl. Nr. 18 b.

Hinsichtlich derselben ward Folgendes verhandelt:

a) Es wurde zunächst auf dem Dritten Juristentage sowohl in der Vierten Abtheilung, nachdem ein Antrag des Rechtsanwalts Sabarth und des Staatsanwalts Hauschteck, diese die Stellung der Staatsanwaltschaft überhaupt betreffenden Anträge vor der ebenfalls auf die Tagesordnung gesetzten Frage bezüglich ihrer Thätigkeit im Civilprozeß in Angriff zu nehmen, abgelehnt, III. 2, 448, 464 u. 469.

und nur letztere Frage erörtert worden war, nach dem Vorschlage der Antragsteller selbst, III. 1, 511.

als auch in der Plenar-Versammlung vom 28. August 1862, III. 1, 100. beschlossen,

beide Anträge an die ständige Deputation zurückzuweisen;

während in der Dritten Abtheilung, auf deren Tagesordnung der Sabarth'sche Antrag ad 2 als Gegen-Antrag gegen einen von dem Oberlandesgerichtsrath Dr. Keller aus Wien in Betreff der Thätigkeit des Staatsanwalts in der Voruntersuchung (s. unten Abschnitt G., Ziff. 3) gestellten Antrag gesetzt war, über denselben nach einer von dem Vorsitzenden (im Einverständniß mit Rechtsanwalt Sabarth) gemachten Bemerkung nicht verhandelt wurde. III. 2, 292. f.

b) Demnächst sprachen sich in den der Deputation erstatteten Gutachten (s. auch oben unter Ziff. 1.)

aa) Rechtsanwalt Ruhwandl aus München zwar für das Bestehen einer öffentlichen Behörde zur Förderung der Rechtspflege neben den Richtern, einer Staatsanwaltschaft, somit gegen den Sabarth'schen Antrag, aber auch (indem er hinsichtlich der unter Ziff. 2. des oben aufgeführten Hauschteck'schen Antrages auf die bisherigen Verhandlungen des Zweiten und Dritten Juristentages in der Dritten und Vierten Abtheilung [s. unten Abschnitt F. Ziff. 4., Abschnitt G. Ziff. 4.] und die noch zu erwartenden Beschlüsse hinsichtlich der Thätigkeit der Staatsanwaltschaft im bürgerlichen Streitverfahren hinwies), gegen die Ziff. 1 und den ersten Absatz der Ziff. 2. dieses obenstehenden Antrages als zu weitgehend aus, indem er als zweckmäßig erklärte, daß

> der Staatsanwaltschaft eine wohlbemessene Aufsicht über die formelle Ordnung der Justizpflege, den Geschäftsgang, dann über die Organe der freiwilligen Gerichtsbarkeit und das Hülfspersonal übertragen, aber überall auf Beobachtung und Meldung beschränkt werde; IV. 1, 14—16.

bb) Staatsanwalt Lienbacher aus Wien gegen den Sabarth'schen Antrag, dagegen im Wesentlichen für die Hauschteck'schen Anträge, indem er nur den ersten (unter Ziff. 1.) hinsichtlich der dem Staatsanwalt zugewiesenen Sorge für die Freiheit der Ausübung der richterlichen Gewalt, welche hauptsächlich den Gerichten selbst obliege, den letzteren (unter Ziff. 2.), sofern er dem Richteramte alle verwaltende Thätigkeit abnehmen wolle, als zu weitgehend angriff. IV. 1, 268—271.

c) Bei dem Vierten Juristentage wurde

aa) in der Dritten Abtheilung von dem Berichterstatter, Oberlandesgerichtsrath Dr. Keller aus Wien beantragt, über den Sabarth'schen Antrag, über den hier allein verhandelt wurde, zur Tagesordnung überzugehen, IV. 2, 250.

sodann zwar ein von dem Justizrath Volkmar aus Berlin im Hinblick darauf, daß der zuvor aufgestellte Berichterstatter abwesend und der gegenwärtige sich nicht genügend vorbereiten konnte, gestellter Antrag, die Hauschteck-Sabarth'schen Anträge auf die Tagesordnung des nächsten Juristentages zu verweisen (IV. 2, 250.), abgelehnt, IV. 2, 252.

dagegen, nachdem in Folge weiterer Erörterungen der Berichterstatter den Antrag gestellt hatte:

> „Der Vierte Deutsche Juristentag geht über die Anträge des Rechtsanwalts Sabarth zur Tagesordnung über und beauftragt seine ständige Deputation, begründete Gutachten über die entsprechende Reform der Deutschen Staatsanwaltschaft für den nächsten Juristentag zu veranlassen," IV. 2, 258 f

in Gemäßheit eines zuerst von Advokat Dr. Schaffrath aus Dresden gestellten und vom Kreisgerichtsdirektor v. Kunowsky aus Beuthen erweiterten, IV. 2, 256

sodann von Letzterem, nachdem Schaffrath denselben zu Gunsten des Antrages des Berichterstatters zurückgezogen hatte, wiederaufgenommenen Vorschlages IV. 2, 260.

beschlossen:

„In Erwägung, daß das Institut der Staatsanwaltschaft im Strafverfahren wohl dringend einer Reform bedürftig ist, nicht aber eine ständige Anklagebehörde entbehrt werden kann, geht der Juristentag zur Tagesordnung über und beauftragt die ständige Deputation, dem nächsten Juristentage Vorschläge über die nöthigen Reformen der Staatsanwaltschaft vorzulegen." IV. 2, 260.

bb) In der Vierten Abtheilung wurde, nachdem dieser Beschluß der Dritten Abtheilung (als „auf Uebergang zur Tagesordnung über die Hauschteck-Sabarth'schen Anträge" lautend) mitgetheilt war, IV. 2, 349 f.

und Sabarth den ersten Theil seines oben angeführten Antrages zurückgezogen hatte, IV. 2, 350.

der von dem Berichterstatter im Hinblick namentlich auf jenen Beschluß der Dritten Abtheilung und diesen Verzicht des Antragstellers Sabarth, sowie das von dem Antragsteller Hauschteck schon früher (wegen Trennung der Berathung des Antrages in zwei verschiedene Abtheilungen, in der Deutschen Gerichtszeitung) ausgesprochene Aufgeben desselben und die hinsichtlich der Thätigkeit der Staatsanwaltschaft im Civilverfahren bereits gefaßten Beschlüsse gestellte Antrag:

„die Berathung über die auf die Staatsanwaltschaft bezüglichen Anträge des Herrn Hauschteck, soweit dieselben der Vierten Abtheilung zugewiesen sind, bis zum nächsten Juristentage zu vertagen, zugleich aber die Frage von der Bedeutung, dem Wirkungskreise und der Organisation der Staatsanwaltschaft überhaupt der ständigen Deputation des Juristentages zur weiteren Vorbereitung und näheren Entwickelung vom Standpunkte der seither gefaßten Beschlüsse zuzuweisen," IV. 2, 351.

unter Wegstreichung der von dem Obergerichts-Anwalt Dr. Eller aus Mannheim beanstandeteten Worte: „vom Standpunkt der seither gefaßten Beschlüsse," zum Beschluß erhoben. IV. 2, 352.

cc) In der Plenar-Versammlung vom 28. August 1863, welcher beide Abtheilungs-Entschließungen (unter aa. und bb.) zum Behufe der Berathung und Beschlußfassung mitgetheilt waren, wurde, nachdem Rechtsanwalt Sabarth die Weglassung der Worte (unter aa.): „nicht aber eine ständige Anklagebehörde entbehrt werden kann," beantragt, und der Berichterstatter der Dritten Abtheilung den von ihm in dieser gestellten Antrag wiederholt, IV. 2, 107 f.

Hof- und Gerichts-Advokat Dr. Berger aus Wien aber beantragt hatte, die Frage zum nächsten Juristentag zu vertagen und der ständigen Deputation den Auftrag zur weiteren reiferen Vorbereitung derselben zu ertheilen, IV. 2, 108.

zwar die Tagesordnung und dieser Auftrag an die Deputation beschlossen, IV. 2, 109.

dagegen, nachdem die Abstimmung über die Frage, ob diesem Beschluß der Erwägungsgrund, daß eine ständige Anklagebehörde in Strafsachen nicht entbehrt werden könne, beizufügen sei, kein bestimmtes Ergebniß geliefert hatte, weiter beschlossen, es einfach, ohne allen Beisatz hinsichtlich eines Motives, bei dem Ueberweisungsbeschluß zu belassen. IV. 2, 110.

d) Ein von dem Ministerialrath v. Freydorf zu Karlsruhe erstattetes Gutachten kam, was die Stellung der Staatsanwaltschaft im Staatsganzen (ihre allgemeineren Befugnisse und ihre Einrichtung) betrifft, unter Verwerfung der (noch übrigen, s. oben sub c. bb.) Ziff. 2. des Sabarth'schen Antrages, Uebergehung des ersten Theils und Verwerfung des zweiten Theils, soweit sich dieser auf die Beaufsichtigung der Gerichte bezieht, der Ziff. 1, sowie der beiden ersten Sätze der Ziff. 2. (insoweit sie die Uebertragung der Leitung aller für die Rechtspflege nöthigen nicht-richterlichen Geschäfte, insbesondere der Justizverwaltung, auf die Staatsanwaltschaft bezwecken), des Hauschteck'schen Antrages, (V. 1, 164.) zu folgenden Vorschlägen:

1) „Die Amtsverrichtungen der Staatsanwaltschaft sind fortan durch ständige, eigens hiezu ernannte Beamte zu versehen.

2) Diese Staatsanwälte sollen nicht unbedingt, und nur unter denselben Voraussetzungen entlaßbar sein, wie die nicht-richterlichen Beamten des Landes.

Die Staatsanwälte bei den Kollegialgerichten sind dem Richterstande zu entnehmen oder mit Richtereigenschaft anzustellen, so zwar, daß sie mit der Entlassung oder dem Rücktritte aus der Staatsanwaltschaft mit denselben Rechten und in demselben Range in den Richterstand eintreten, als hätten sie in der Zwischenzeit diesem Stande angehört.

3) Die Staatsanwälte bleiben den Justizministern dienstlich untergeben.

Sie sind jedoch befugt und verpflichtet, in den gerichtlichen Verhandlungen einer anhängig gemachten Sache ihrer eigenen rechtlichen Ueberzeugung zu folgen.

4) Das Personal der Entdeckungs- und Verfolgungspolizei ist den Staatsanwälten unmittelbar zu untergeben.

5) Es ist kein Bedürfniß vorhanden, der Staatsanwaltschaft die Leitung der bisher von den Gerichten besorgten Justiz-Verwaltungsgeschäfte, insbesondere der mit der Civilrechtspflege verbundenen Nebengeschäfte zu übertragen.

6) Die Staatsanwaltschaft eignet sich nicht zu einem Organe der staatlichen Oberaufsicht über die Gerichte.“ V. 1, 164 f.

e) Auf dem Fünften Juristentage wurden

aa) in der Vierten Abtheilung, durchaus den Anträgen des Berichterstatters, Obergerichtsraths Planck aus Meppen gemäß, neben den sich auf die Thätigkeit der Staatsanwaltschaft im bürgerlichen Verfahren beziehenden Erklärungen, V. 2, 218 u. 228

(s. unten Abschnitt F., Ziff. 4.) und indem ihr zugleich das Amt des öffentlichen Anklägers in Strafsachen überwiesen wurde, V. 2, 216 u. 228.

folgende, die Verwerfung des Sabarth'schen Antrages in sich begreifenden Beschlüsse gefaßt:

1) „Die Amtsverrichtungen der Staatsanwaltschaft sind durch ständige, eigens damit betraute Beamte zu versehen.

2) Das Personal der Entdeckungs- und Verfolgungs-Polizei ist der Staatsanwaltschaft unmittelbar zu untergeben.

3) Die Staatsanwaltschaft eignet sich nicht zu einem Organe der staatlichen Oberaufsicht über die Gerichte.

4) Es ist nicht nothwendig, der Staatsanwaltschaft die sämmtlichen Justizverwaltungsgeschäfte zu übertragen. Ob ihr einzelne derselben zu überweisen seien, ist Sache der Landesgesetzgebung.

5) a. Die Staatsanwaltschaften haben die ihnen im Straf- und Civilprozesse zustehenden Funktionen (Nr. 2.) selbstständig auszuüben, und können ihnen dabei Anweisungen von Seiten des Justizministeriums nicht ertheilt werden;

b. als oberste Beschwerde- und Aufsichtsinstanz für alle Staatsanwälte treten an die Stelle des Justizministers — vorbehaltlich natürlich der demselben in Betreff der Staatsanwälte in demselben Umfange wie in Betreff der Gerichte verbleibenden allgemeinen Oberaufsicht — die Anklagesenate der höheren Gerichtshöfe oder eine Abtheilung des höchsten Gerichtshofes.

6) Die Staatsanwälte können nur unter denselben Voraussetzungen, wie Richter, entlassen, versetzt oder pensionirt werden," V. 2, 214, 217—220, 225, 228, 231, 74, 76 f.

bb) In der Plenar-Versammlung vom 29. August 1864 wurde von diesen Beschlüssen Mittheilung gemacht, dagegen, obwohl in der Vierten Abtheilung dem Antrage des Obergerichts-Anwalts Albrecht aus Hannover gemäß beschlossen war, eine Berathung und Beschlußfassung im Plenum herbeizuführen, V. 2, 231.

und obschon Ober-Staatsanwalt Dr. Frh. v. Groß aus Eisenach einen Antrag auf Berathung und Beschlußfassung stellte,

solche nicht beliebt. V. 2, 77 f.

9) Der Antrag des Rechtsanwalts, Kreisjustizrath a. D. Dr. Straß aus Berlin:

„Der Deutsche Juristentag wolle eine Kommission niedersetzen mit dem Auftrage, einen Entwurf zu einer allgemeinen Deutschen Advokaten-Ordnung auszuarbeiten,“ I. 138.

wurde in der Vierten Abtheilung, besonders weil dieser Gegenstand zu eng mit der Gerichtsverfassung und der Ordnung des Verfahrens in bürgerlichen Streitsachen zusammenhänge, abgelehnt, I. 334.

in der Plenar-Versammlung vom 30. August 1860 aber zurückgezogen. I. 292.

10) Ueber den Antrag des Stadtgerichtsraths Dr. Eberty aus Berlin (den er in Verbindung mit dem oben unter Ziff. 1 a. angeführten eingebrachte):

1) „Die Anwaltschaft ist freizugeben.
2) Die Trennung der Advokatur von der Anwaltschaft ist wünschenswerth.“ II. 1, 6.

wurden, nachdem er auf die Tagesordnung des Dritten Juristentages gesetzt und von diesem an die ständige Deputation zur weiteren Vorbereitung überwiesen worden, III. 2, 592 f. 123 f. mehrere Gutachten eingezogen. Die Ansichten der Erstatter derselben gingen dahin:

a) des Obertribunalraths Faber aus Stuttgart:

„Es empfehle sich im Interesse der Rechtspflege freie Advokatur, aber geschlossene Advokatanwaltschaft, Letztere mit der Einrichtung, daß die freieste Konkurrenz auch unter den Advokatanwälten in Beziehung auf ihre ganze Berufsthätigkeit eröffnet, und daß sowohl die Bestimmung der Zahl der Advokatanwälte, als die Besetzung erledigter Anwaltsstellen in die Hand der höheren Gerichte, sei es der Appellationsgerichte oder des obersten Gerichtshofes, gelegt werde;“ IV 1, 49.

b) des Hof- und Gerichts-Advokaten Dr. Kopp aus Wien auf Annahme des ersten und Ablehnung des zweiten Theils des Antrages; IV. 1, 54 ff. 61 ff.

c) des Obergerichts-Advokaten Vissering aus Aurich auf Freigebung der Advokatur im Sinne nicht einer Aufhebung des Standes, sondern freier Bewegung der gesetzlich geprüften Personen innerhalb des Standes, und daneben für Freimachung desselben von der Ueberwachung des Richterstandes, indem er die Frage von der Trennung der Anwaltschaft von der Advokatur als von der Gerichts-Verfassung und dem Verfahren abhängig bezeichnete, IV. 1, 66—76.

d) des Notars Jos. Euler aus Düsseldorf dahin, daß eine Trennung der Advokatur und Anwaltschaft unzweckmäßig und dem

Rechtsuchenden nachtheilig, und daher die Zahl der Anwälte (in weiterer Bedeutung, eventuell die Zahl der Advokaten und Anwälte in engerer Bedeutung) nach den wahren Bedürfnissen zu beschränken sei. IV. 1, 313—342.

In der Vierten Abtheilung des Vierten Juristentages stellte der Berichterstatter, Obertribunalrath Frh. v. Sternenfels aus Stuttgart nachstehenden Antrag:

„Der Juristentag spricht seine Ueberzeugung dahin aus:

1) Die Ausübung der Advokatur ohne Unterscheidung zwischen den Gerichten und ohne Unterschied der Rechtssachen soll jedem geprüften Rechtsverständigen freigestellt werden.

2) Die Prozeßvertretung (Anwaltschaft) soll von der Rechtsvertheidigung (Advokatur) nicht getrennt werden.

3) Zur Ausübung der Advokatur vor Kollegial-Gerichten sollen nur Diejenigen zugelassen werden, welche binnen einer gesetzlich festzustellenden Frist untadelhaft als Advokat praktizirt haben,"

und für den Fall der Ablehnung des ersten dieser Anträge

4) „Die Ausübung der Anwaltschaft vor den Kollegialgerichten in Civilsachen soll an die Ermächtigung durch die höheren Gerichte geknüpft werden." IV. 2, 295.

Nachdem ein von dem Justizrath Fischer aus Breslau und dem Rechtsanwalt Block aus Magdeburg gestellter Antrag, die Sache bis zum nächsten Juristentage zu vertagen, da die Entscheidung der Frage, ob die Anwaltschaft freizugeben, wesentlich von der Prozeßordnung abhänge, hier aber eine ganz Deutschland umfassende Aenderung zu erwarten sei, IV. 2, 310, 316, 319.

und ein Antrag des Rechtsanwalts Dr. Malß aus Frankfurt a/M.:

„Die Frage der Organisation der Advokatur ist keine Frage des Gewerberechts, sondern der Justiz-Verfassung," IV. 2, 302.

abgelehnt war, IV. 2, 309 f.

wurden zuerst Punkt 2 (beinahe einstimmig), dann Punkt 1. unter Ablehnung eines von dem Advokat-Anwalt Frenkel aus Kaiserslautern beantragten Zusatzes:

„daß die Freigebung unter Voraussetzung einer Allgemeinen Deutschen Gesetzgebung, namentlich einer einheitlichen Gerichtsorganisation erfolgen soll," IV. 2, 314.

nach dem Antrage des Berichterstatters angenommen, dagegen Punkt 3., in welchen von demselben nach einem Antrage des Hofgerichtsraths v. Stößer aus Bruchsal die Worte (nach „untadelhaft") „als Richter oder" aufgenommen waren, VI. 2, 314 u. 319.

abgelehnt, IV. 2, 320.

wonach ein von dem Advokaten Dr. v Kießling aus Schärding gestellter Antrag, die Advokatur nicht freizugeben, jedoch bei Besetzung offener Anwaltstellen lediglich nach dem Alter der Praxis vorzugehen, entfiel. IV. 2, 320.

Diese Beschlüsse wurden der Plenar-Versammlung vom 28. August 1863 zur Kenntnißnahme mitgetheilt. IV. 2, 114

11) Ein Antrag des Rechtsanwalts und Notars Krieger aus Goldap:

„Der Deutsche Juristentag wolle

die Frage über die Nothwendigkeit einer allgemeinen Deutschen Notariats-Ordnung

in Berathung nehmen und für den Fall, daß das Bedürfniß anerkannt wird, sich über Vorschläge zur Befriedigung desselben verständigen; es sei zweckmäßig und nothwendig:

1) daß sämmtliche öffentliche Urkunden von dazu bestellten Notaren ausgefertigt würden,
2) daß Notarien-Kammern errichtet,
3) daß das Notariat von der Advokatur getrennt,
4) daß den Gerichten die „freiwillige Gerichtsbarkeit" abgenommen,
5) daß für ganz Deutschland Eine allgemeine Deutsche Notariats-Ordnung erlassen werde," I. 139 f.

ist auf dem Ersten Juristentage gestellt, aber nicht zur Verhandlung gelangt.

12) Ueber den vom Stadtgerichtsrath Dr. Eberty aus Berlin zugleich mit den oben unter Ziff. 10. erörterten Anträgen gestellten weiteren Antrag:

„das Notariat ist von der Anwaltschaft (und nach den Erwägungs-Gründen dieses Antrages, auch von dem Richteramte IV. 1, 343.) zu trennen," II. 2, 6.

sprechen sich mit Ausnahme des Obergerichts-Advokaten Vissering aus Aurich, welcher über diesen Antrag, als einen Gegenstand von zu sehr örtlicher Bestimmtheit betreffend, zur Tagesordnung überzugehen vorschlug, IV. 1, 76.

die sämmtlichen übrigen, oben unter Ziff. 10. genannten Begutachter beifällig aus, IV. 1, 53, 60 u. 350.

und es wurde dann auch in der Vierten Abtheilung, dem Antrage des Berichterstatters gemäß (s. oben Ziff. 10.) beschlossen:

„Das Notariat soll von der Advokatur getrennt werden.

Für diejenigen Orte soll eine Ausnahme hiervon gemacht werden, wo jede dieser Funktionen für sich ein genügendes Auskommen nicht gewährt," IV 2, 297 u. 320 f.

und hiervon der Plenar-Versammlung vom 28. August 1863 Nachricht gegeben. IV 2, 115.

13) Der Antrag des Stadtrichters Primker aus Breslau:

„Der Deutsche Juristentag wolle aussprechen, daß die Unabhängigkeit der Rechtspflege nur dann gewahrt sei, wenn der alte Deutschrechtliche Grundsatz, daß die Gerichte in allen Fällen über ihre Kompetenz selbst und ausschließlich zu entscheiden haben, ungeschmälert Geltung hat," II. 1, 229.

den derselbe in der Vierten Abtheilung des Dritten Juristentages durch den auf Beseitigung der sogenannten Kompetenz-Gerichtshöfe und Herbeiführung eines letztinstanzlichen richterlichen Ausspruches ausdrücklicher gerichteten Zusatz: daß Kompetenz-Konflikte durch den höchsten Gerichtshof zu entscheiden seien, noch näher bestimmte, II. 2, 581.

worauf er denn noch, nachdem Geh. Justizrath Sydow aus Berlin den Antrag gestellt hatte:

„Der Deutsche Juristentag wolle aussprechen: Es ist ein für die Sicherung des Rechtsschutzes nothwendiger Grundsatz alten Deutschen Rechtes, daß die Gerichte über ihre Kompetenz selbst und ausschließlich entscheiden, und es ist dieser Grundsatz auch fortan, wo zwischen ihnen und den Verwaltungsbehörden über die Grenzen ihrer Kompetenz Streit entsteht, ungeschmälert dahin zur Anwendung zu bringen, daß über diese Grenzen schließlich ein keiner anderen Autorität als der des Gesetzes unterworfener Gerichtshof in den allgemein geordneten Formen des Verfahrens zu erkennen hat," II. 2, 587.

und Obertribunalrath Frh. v. Sternenfels aus Stuttgart den Unter-Antrag eingebracht:

„Die Mitglieder des Kompetenz-Gerichtshofes müssen ständige und unentlaßbare sein," II. 2, 597.

hervorhob, daß nach seinem Antrage im Gegensatze zu dem auch Verwaltungsbeamte in den Gerichtshof zulassenden Sydow'schen Antrage nur Richter der höchsten Gerichtsstelle zu entscheiden hätten, daß er aber zunächst Annahme seines ursprünglichen Antrages wünsche und erst im Abweisungsfalle seinen (präzisirten) Zusatz-Antrag empfehlen würde, II. 2, 591.

dagegen später letzteren fallen ließ und sich mit dem Sydow'schen Antrage vereinigte, II. 2, 597.

wurde von der gedachten Abtheilung, nachdem Justizrath Volkmar aus Berlin den ursprünglichen Primker'schen Antrag wieder aufgenommen hatte, fast einstimmig zum Beschlusse erhoben, wogegen der Sydow'sche abgelehnt wurde. II. 2, 598.

14) Der Antrag des Stadtrichters Hiersemenzel aus Berlin:

„Der Deutsche Juristentag wolle aussprechen, daß die Würde der Rechtspflege und die Handhabung wirklicher Gerechtigkeit nur da gesichert ist, wo der Richter auch die Frage, ob ein Gesetz verfassungsmäßig zu Stande gekommen, ohne Einschränkung zu prüfen hat," III. 1, Vort. Nr. 3

bei der Erörterung in der Plenar-Versammlung vom 25. August 1862 wurde, nachdem der Berichterstatter, Geh. Justizrath Professor Dr. Ihering aus Gießen, den fraglichen Antrag in zwei Fragen, die nach dem richterlichen Prüfungsrechte hinsichtlich der von dem Fürsten in einem Verfassungsstaate erlassenen Verordnungen, und die in Betreff der Untersuchung, ob bei einem (eigentlichen) Gesetze alle Formen, namentlich auch nach der Seite der landständischen Rechte, beobachtet seien, getrennt hatte, III. 2, 11—13.

und sofort nur die erstere von dem Berichterstatter besprochen, von dem Vorsitzenden aber die Verhandlung über den Satz:

„Verordnungen der Staatsregierung, deren Inhalt nur in der Form des Gesetzes mit Zustimmung der Stände hätte festgestellt werden können, haben für den Richter keine verbindliche Kraft,"

eingeleitet worden war, III 2, 19

von dem Antragsteller unter Einfügung der Worte (nach „Gesetz"): „oder eine Verordnung" in seinem vollen Umfange ausdrücklich festgehalten. III. 2, 20.

Nachdem nun von dem Vorsitzenden wiederholt die Besprechung auf den angeführten, den Antrag des Berichterstatters enthaltenden Satz beschränkt, bald aber auch diese Einschränkung aufgegeben war, III. 2, 25 f.

und der Antragsteller sich mit dem Berichterstatter dahin vereinigt hatte, daß in den angeführten Antrag des Letzteren die Worte (nach „Verordnungen"): „des Staatsoberhauptes oder" (der Regierung u. s. w.) aufzunehmen, III. 2, 55 f.

wurde zuerst der Antrag des Dr. Frank aus Prag:

„Der Deutsche Juristentag geht in Erwägung, daß der Antrag des Herrn Stadtrichters Hiersemenzel, betreffend die angebliche richterliche Kompetenz, wesentlich staatsrechtlicher Natur ist, und daher über die Aufgabe, die sich der Juristentag gestellt hat, hinausgeht, zur Tagesordnung über," III. 2, 47.

dann der des Advokatur-Kandidaten Dr. Brix aus Wien:

„die Verweisung des ganzen Antrages an die ständige Deputation zur Vorbereitung für den Vierten Juristentag zu beschließen," III. 2, 47.

ersterer mit sehr großer Mehrheit, abgelehnt, III. 2, 58 f.

und dem Antrage des Berichterstatters (beziehungsweise auch des Antragstellers) gemäß beschlossen:

a) den zweiten Theil des Antrages (Prüfungsrecht hinsichtlich eigentlicher Gesetze) als für jetzt noch nicht gehörig vorbereitet, der ständigen Deputation zu überweisen,

b) über den ersten aber sich dahin auszusprechen:

„Verordnungen und Erlasse des Staatsoberhauptes oder der Staatsregierung, deren Inhalt nur in der Form des Gesetzes mit Zustimmung der Stände hätte festgestellt werden können, haben für den Richter keine verbindliche Kraft." III. 2, 61.

Von den sodann der ständigen Deputation erstatteten Gutachten sprach sich

a) das des Professors Dr. Stubenrauch aus Wien gegen das richterliche Prüfungsrecht der verfassungsmäßigen Entstehung einer in gehöriger Weise als Ausdruck des gemeinsamen Willens der gesetzgebenden Gewalten verkündeten Rechtsnorm, IV. 1, 201—211.

b) das des Professors Dr. Gneist aus Berlin aber dafür, indem derselbe für Verfassungsstaaten folgende Grundsätze aufstellte:

I. „Die Gerichte haben im Gebiete ihrer Civil- und Strafjustizsachen zu prüfen, ob die nach Einführung der Landesverfassung publizirten „Gesetze" verfassungsmässig, namentlich mit der erforderlichen Zustimmung der Kammern promulgirt sind; andernfalls solche nicht zur Anwendung zu bringen;"

II. „Die Gerichte haben im Kreise ihrer Kompetenz insbesondere zu ermessen, ob und wie weit die publizirten „Verordnungen" der Staatsregierung nach der Landesverfassung Gesetzeskraft haben oder nicht."

III. „Den Deutschen Gerichten steht dagegen keine Prüfung darüber zu, ob die verfassungsmäßigen Organe von ihrer Befugniß, Gesetze zu geben, den rechten Gebrauch gemacht haben," IV 1, 229 f.

c) das des Verwaltungsraths Dr. Jaques aus Wien für das gedachte Prüfungsrecht aus. IV. 1, 239.

In der Plenar-Versammlung vom 25. August 1863 stellte nun zuvörderst der Berichterstatter, Geh. Rath Professor Dr. v. Wächter aus Leipzig folgende einzelne Anträge:

1) „Ueber das Dasein der formellen Erfordernisse der Publikation eines Gesetzes hat der Richter in der Anwendung auf den einzelnen Fall zu erkennen;

2) Der Richter hat ein Gesetz nur insoweit in Anwendung zu bringen, als sein Inhalt die erforderliche Zustimmung der Stände erlangt hat;

3) Dringend ist zu wünschen, daß sofern Zweifel über diese Zustimmung entstehen, endgültig ein unabhängiger Kassationshof auf An-

trag eines bei einem Prozesse Betheiligten oder der Staatsbehörde über die Frage Nr. 2. zu entscheiden habe."

4) „Werden Verfassung oder Wahlgesetz durch einen Akt der Staatsregierung einseitig geändert und auf Grund dieser Aenderungen mit Zustimmung der hiernach zusammengesetzten Stände Gesetze erlassen, so sollte jeder Betheiligte das Recht haben, gegen solche Gesetze ein unabhängiges Reichsgericht anzugehen, welches über die Anwendbarkeit der betreffenden Gesetze zu entscheiden hat," IV. 2, 21 f

worauf der Antragsteller seinen Antrag dahin faßte:

„Der Deutsche Juristentag wolle aussprechen, daß die Würde der Rechtspflege und die Handhabung wirklicher Gerechtigkeit nur da gesichert sei, wo der Richter auch die Frage, ob ein Gesetz oder eine Verordnung verfassungsmäßig zu Stande gekommen, beziehungsweise gültig sei, ohne Einschränkung zu prüfen hat." IV. 2, 34.

Es kamen nun folgende Anträge ein:

aa) von dem Appellationsgerichts-Präsidenten Dr. Schneider aus Dresden:

„Ueber das verfassungsmäßige Zustandekommen der Gesetze hat nicht der Civil- und Kriminalrichter im einzelnen Falle, sondern nur ein von den Ständen und der Regierung gewählter Staatsgerichtshof zu entscheiden," IV. 2, 44.

bb) von dem Hofgerichts-Prokurator Dr. Braun aus Wiesbaden:

„Der Richter hat im gegebenen Falle über das verfassungsmäßige Zustandekommen der Gesetze und Verordnungen zu befinden," IV. 2, 34 u. 52.

und

cc) von dem Hof- und Gerichts-Advokaten Dr. Berger aus Wien:

„Die Frage, ob ein Gesetz verfassungsmäßig zu Stande gekommen ist, hat ein unabhängiger Staats-Gerichtshof zu entscheiden," IV. 2, 52.

nach welchem ꝛc. Schneider den seinigen zurückzog, IV. 2, 61.

während Ministerialrath v. Freydorf aus Karlsruhe den Sätzen des Berichterstatters einen fünften, etwa dahin:

„Bei provisorischen Gesetzen hat sich das Prüfungsrecht nicht auf die Frage der Dringlichkeit und Nothwendigkeit zu erstrecken,"

beigefügt und über den letzten Theil der Frage, hinsichtlich des Verhaltens der Gerichte gegenüber von Gesetzen, welche von einer nur thatsächlich, aber nicht rechtlich bestehenden Gewalt erlassen sind, zur Tagesordnung übergegangen wissen wollte. IV. 2, 55 f.

Der nach dem Antrage des Oberappellationsgerichts-Raths a. D. Brinkmann aus Kiel zuerst zur Abstimmung gebrachte Braun'sche Antrag, für welchen sich auch der Antragsteller erklärt hatte, IV. 2, 61.

wurde nun per majora angenommen, IV. 2, 65 f.

wodurch sich der Berger'sche und der erste Satz des Antrages des Berichterstatters erledigten. Auf den von Dr. Braun unterstützten Vorschlag des Letzteren brachte der Vorsitzende indessen noch den zweiten Satz mit dem von Obergerichts-Assessor a. D. Planck aus Göttingen beantragten Zusatze (nach „Zustimmung der"): „verfassungsmäßigen" (Stände), sowie die Sätze 3 und 4 des Antrages des Berichterstatters zur Abstimmung, und es wurden dieselben sämmtlich angenommen. IV 2, 66—68

15) Der Antrag des Gerichts-Assessors Sutro aus Münster:

„Der Deutsche Juristentag wolle erklären, daß eine in ganz Deutschland geltende allgemeine Eidesnorm mit den Eingangsworten:

„„Ich schwöre bei Gott dem Allmächtigen und Allwissenden ꝛc.""

und mit den Schlußworten:

„„So wahr mir Gott helfe. Amen.""

als wünschenswerth erscheine,"

ward von der Vierten Abtheilung angenommen. I. 333.

Die Plenar-Versammlung vom 30. August 1860, indem gemäß dem Antrage des Hof- und Appellationsgerichts-Prokurators Keller aus Dillenburg, I 284 über beide Theile des Antrages getrennt abgestimmt wurde, beschloß:

„auszusprechen, daß eine allgemeine Eidesformel wünschenswerth sei, aber eine bestimmte Formel für jetzt nicht festzusetzen." I. 290.

F. Verfahren in bürgerlichen Rechtsstreitigkeiten (und freiwillige Gerichtsbarkeit).

1) Der Antrag des Kreisjustizraths Dr. Straß aus Berlin:

„Der Deutsche Juristentag wolle eine Kommission von 6 bis 8 Mitgliedern erwählen, um den Entwurf zu einem allgemeinen Deutschen Prozeßgesetz, verbunden mit einer Exekutions-Ordnung, auszuarbeiten," I. 138.

ward in der Vierten Abtheilung dahin gestellt:

„Der Deutsche Juristentag wolle die Deutschen Regierungen ersuchen, ein allgemeines Deutsches Civilprozeß-Gesetz zu erlassen;" I. 332

in dieser Abtheilung dahin angenommen:

„Der Deutsche Juristentag erklärt es für wünschenswerth, daß ein allgemeines Deutsches Civilprozeß-Gesetzbuch erlassen werde," I. 332.

unter Ablehnung des Antrages:

„Die Deutschen Regierungen aufzufordern, zu diesem Zwecke eine Kommission niederzusetzen," I 332

sowie unter Aufstellung des Grundsatzes,

daß der Juristentag sich nicht mit Gesuchen an die Regierungen zu wenden habe,

in der Plenar-Versammlung vom 30. August 1860 ebenfalls angenommen und zugleich, dem bei Berathung der Waldeck'schen Anträge (s. unten Ziff. 2 a., bb.) gestellten Antrag des Obergerichts-Anwalts Götting aus Hildesheim gemäß (I 268 u 281), einstimmig ausgesprochen,

daß ein solches als dringendes Bedürfniß erscheinendes Prozeßgesetzbuch auf die Grundsätze der Oeffentlichkeit und Mündlichkeit gebaut sein solle. I 282.

2) Anträge des Obertribunalsraths Dr. Waldeck aus Berlin über einige Vorfragen, betreffend die einheitliche Civilprozeßgesetzgebung:

„Bei vorausgesetzter Justizorganisation und einer Prozedur, welche auf mündliches Verfahren vor kollegialisch formirten Gerichten gegründet ist, für das ordentliche Prozeßverfahren folgende Grundsätze als die richtigen anzuerkennen:

1) Die Angabe der Beweismittel für die Behauptungen der Parteien erster Instanz in Klage, Klagebeantwortung, Replik 2c. braucht erst nach ergangenem Beweisinterlokute zu geschehen, mit Ausnahme der Urkunden, welche zur Begründung der Behauptungen dienen, und deren Beibringung oder Nachweisung mit den Behauptungen verbunden werden muß;

2) Beweis-Interlokute sind nicht appellabel;

3) Streitführende Parteien müssen sich beim Gerichte durch Rechtsanwälte vertreten lassen;

4) Eine Zurückweisung der Klage per decretum wegen offenbarer Nichtbegründung ist unzulässig;

5) Das Rechtsmittel letzter Instanz bringt nicht die Sache in ihrer Totalität, sondern neben Kompetenzüberschreitungen und gewissen Prozedurfehlern nur die behauptete fehlerhafte Anwendung und Auslegung des Gesetzes mit Ausschluß der thatsächlichen Würdigungen des zweiten Richters zur Entscheidung des für ein größeres Gebiet bestimmten höchsten Gerichtshofes." I. 36.

a) Beim Ersten Juristentage wurde

aa) in der Vierten Abtheilung

Ziff 1. ohne weitere Erörterung einstimmig angenommen,

" 2. nach Ablehnung zweier anderer Vorschläge:

„Die Beweis-Interlokute sind nicht sofort appellabel,"

und

„die Beweis-Interlokute werden nicht rechtskräftig und sind nicht appellabel,"

mit überwiegender Mehrheit, und ebenso

Ziff. 3., unter Hinweisung auf das Unzeitgemäße einer Beschränkung und die Nothwendigkeit einer freien Advokatur, angenommen,

Ziff. 4. nach Ablehnung eines Antrages auf Tagesordnung,

" 5. nach Verwerfung zweier Präjudizialanträge auf einfache und auf eine motivirte Tagesordnung dahin:

„In Erwägung, daß der Antrag Nr. 5. zu tief in die Organisationsfrage und das übrige Prozeßrecht eingreift, geht die Versammlung zur Tagesordnung über,"

sowie eines Gegenantrages:

„Das Oberappellationsgericht soll ein Gerichtshof im Deutschen Sinne des Wortes sein und bleiben, und demgemäß soll die Revision, beziehungsweise Oberappellation das ordentliche Rechtsmittel höchster Instanz, das der Kassation nachgebildete Rechtsmittel nur ergänzend in den Deutschen Civilprozeß eintreten,"

mit bedeutender Mehrheit unter Ablehnung eines auf Einschaltung der Worte (nach „Prozedurfehlern"): „abgesehen von jenen Fällen, wo in zweiter Instanz auf Grund neuer Instruktion reformirt ist," lautenden Gegenantrages angenommen. I 328 u. 330.

bb) In der Plenar-Versammlung vom 28. August 1860 auf Antrag des Professors Dr. Gneist aus Berlin ward beschlossen:

„Die Debatte und Beschlußfassung über sämmtliche Punkte des Waldeck'schen Antrages, mit Vorbehalt der Beschlußfassung über die Prinzipien der Oeffentlichkeit und Mündlichkeit (s. oben Ziff. 1.) bis zum nächsten Juristentage zu vertagen." I. 271, 277, 347.

b) Die Anträge wurden demnächst begutachtet

aa) von Obertribunalrath Frh. v. Sternenfels aus Stuttgart, der dem ersten Antrage mit einer Beschränkung in Betreff der Vorlegung von Urkunden, dem zweiten und dritten Antrage beitrat, sich gegen den vierten erklärte und sich ebenfalls für einen nicht über das Thatsächliche des Falles, sondern nur über unrichtige Gesetzes-Anwendung und Auslegung und über Fehler im Verfahren urtheilenden höchsten Gerichtshof aussprach, II. 1, 3—35.

bb) von dem Obergerichts-Anwalt André aus Osnabrück, der, auf den Boden der Hannöverschen Prozeßordnung sich stellend, dem ersten Antrage ebenfalls mit einer ähnlichen Beschränkung (wie ad aa.) beitrat, den zweiten verwarf, den dritten und vierten als sich von selbst verstehend bezeichnete und sofern es sich um einen obersten Gerichtshof für Deutschland handelt, die Auffassungen des Antragstellers theilte, II. 1, 36—65.

und

cc) von dem Professor Dr. Planck aus Kiel, der in der Hauptsache auf die verschiedenen möglichen Grundzüge der Gerichtsverfassung und des Verfahrens hinweisend, vor Allem eine Einigung hinsichtlich dieser als räthlich hervorhob. II. 1, 66—92.

Die ständige Deputation hatte nun aber auch u. A. über die Fragen:

1) „Soll der Schwerpunkt des nach dem Grundsatze der Oeffentlichkeit und Mündlichkeit zu regelnden Verfahrens in bürgerlichen Streitsachen in der mündlichen Verhandlung oder in dem als Grundlage dienenden schriftlichen Verfahren liegen, namentlich was das Verfahren in erster Instanz betrifft?“ und

2) „Soll, was den Beweis in bürgerlichen Streitsachen betrifft, das Urtheil nach freier richterlicher Ueberzeugung ohne fest bindende Beweisregeln erfolgen?“

Gutachten von dem Hofgerichtsrath Brauer aus Bruchsal und von dem Kammergerichtsrath Plathner aus Berlin eingezogen.

ad 1. sprach sich Ersterer für ein rein mündliches Verfahren im Sinne des Hannöverschen Gesetzes, II. 1, 102 ff.

Letzterer für eine schriftliche Grundlage der Entscheidung mit nachfolgender mündlicher Verhandlung, II. 1, 116 ff.

ad 2. sprach sich sowohl der Eine als der Andere für das Aufgeben der gesetzlichen Beweisregeln im Ganzen und Festhalten solcher hinsichtlich gewisser Beweismittel (z. B. Urkunden), beziehungsweise die Nothwendigkeit richterlich aufgelegter Eide aus. II. 1, 104—108, 122—125.

c) Beim Zweiten Juristentage wurde

aa) in der Vierten Abtheilung zunächst die dem Antrage des Berichterstatters, Obergerichts-Assessor Planck aus Göttingen gemäß, II. 2, 447.

vor Berathung der Waldeck'schen Anträge auf die Tagesordnung gesetzte, oben unter Ziff. 1. angeführte Frage (mündliches Verfahren), II. 2, 451.

nach dem Antrage des Gerichts-Assessors Makower aus Berlin, II. 2, 463.

übrigens unter Hinzufügung der Worte (nach „Streitsachen“): „bei kollegialisch formirten Gerichten,“ wie Kreisgerichts-Direktor Odebrecht aus Berlin, II. 2, 480.

und mit Fortlassung der Schlußworte: „namentlich was das Verfahren in erster Instanz betrifft,“ wie Justizrath Volkmar aus Berlin beantragt hatte, II. 2, 477.

bejaht, II. 2, 499 f.

und ein Gegenantrag des Kammergerichtsraths Plathner aus Berlin:

„Nur die durch Schrift erkennbar gemachten Erklärungen der Parteien dürfen die Grundlage der Entscheidung bilden," II. 2, 490.

abgelehnt, II 2, 500.

worauf noch in Folge eines dem Vorsitzenden übergebenen Antrages von diesem ausdrücklich festgestellt wurde, daß durch diese Beschlüsse das Verfahren vor dem Einzelrichter nicht berührt werde. II. 2, 502.

Demnächst erfolgte

α) die Annahme des ersten Antrages des Dr. Waldeck, II. 2, 509.

β) nachdem derselbe den zweiten Antrag dahin anders gefaßt hatte: „Die Ausführung eines vom Richter angeordneten Beweises kann durch Rechtsmittel nicht aufgehalten werden," II. 2, 515

und Advokat Dr. Bernays aus Mainz und Justizrath Volkmar aus Berlin ihre auf eine andere Fassung dieses Punktes abzielenden Anträge (II. 2, 518) zurückgezogen hatten, II. 2, 523.

die Annahme dieses zweiten Antrages; II. 2, 524.

worauf beschlossen wurde, den von dem Obertribunalrath Frh. v. Sternenfels aus Stuttgart aufgestellten Satz, daß der Richter an Beweisdekrete nicht gebunden sei, der ständigen Deputation zur weiteren Begutachtung zu überweisen, II. 2, 524 f.

und Gerichts-Assessor Makower seinen im Laufe der Berathung gestellten Antrag:

„Beweis-Interlokute werden nicht rechtskräftig," II. 2, 518.

zurückzog. II. 2, 525.

Nachdem sodann die von dem Vorsitzenden an dieser Stelle in die Tagesordnung eingereihte, oben unter Ziff. 2. angeführte Frage (gesetzliche Beweistheorie), II. 2, 503.

dem Antrage des Justizraths Volkmar gemäß:

„In Erwägung, daß die Frage von der größten praktischen Wichtigkeit und noch nicht genügend vorbereitet ist," II. 2. 546.

zur weiteren Vorbereitung an die ständige Deputation verwiesen war, wurde

γ) hinsichtlich des dritten Waldeck'schen Antrages, nachdem Advokat Dr. Bernays aus Mainz die Vertretung durch Anwälte bei Kollegialgerichten, und Justizrath Volkmar dieselbe bei ordentlichen, kollegialisch besetzten Gerichten als nothwendig zu bezeichnen beantragt hatten, II. 2, 550 u. 557.

zuerst beschlossen, daß die Vertretung durch Anwälte überhaupt obligatorisch sein soll, II. 2, 558.

jedoch mit der von Obertribunalrath Frh. v. Sternenfels aus Stuttgart beantragten Ausnahme bei Bagatellsachen, II. 2, 558.

sodann aber, dem Antrage von ꝛc. Waldeck gemäß:

„daß die Vertretung durch einen Rechtsanwalt in allen bürgerlichen ordentlichen Rechtsstreitigkeiten vor kollegialisch formirten Gerichten obligatorisch sein soll,"

wonach sich die erste Abstimmung (unter Belassung jener Ausnahme) einschränkte. II. 2, 559

δ) Der vierte Waldeck'sche Antrag wurde sofort, II. 2, 560.

und

ε) der fünfte, nachdem Obergerichts-Assessor Endemann aus Fulda einen Vertagungsantrag zurückgezogen, II. 2, 561

dahin,

daß das Rechtsmittel letzter Instanz nur als Kassation und,

wie Rechtsanwalt Leonhard aus Grüneberg beantragt hatte, II. 2, 570

unter letzter Instanz die dritte zu verstehen sei,

angenommen. II. 2, 575.

bb) In der Plenar-Versammlung vom 30. August 1861 wurde zunächst, den Anträgen der Vierten Abtheilung gemäß, die oben unter Ziff. 1. aufgeführte Frage hinsichtlich des Schwerpunktes des Verfahrens bejahend erledigt, II. 2, 614.

ebenso hinsichtlich der Punkte 1. und 2. der Waldeck'schen Anträge die Abtheilungs-Vorschläge angenommen, II. 2, 617, 619 f.

desgleichen, nachdem ein Gegenantrag dahin gestellt war:

„Die Gesetzgebung soll dahin streben, daß, was den Beweis in bürgerlichen Streitsachen betrifft, das Urtheil möglichst nach freier richterlicher Ueberzeugung ohne bindende Beweisregeln erfolgen kann," II. 2, 625.

die hinsichtlich der oben unter Ziff. 2 angeführten, die Beweiswürdigung betreffenden Frage von der Abtheilung beschlossene Vertagung, II. 2, 626 f.

in Betreff des dritten Waldeck'schen Antrages aber nur der von der Abtheilung aufgestellte allgemeine Satz, unter Abwerfung sowohl des v. Sternenfels'schen, als eines von dem Kreisrichter Dr. Gad aus Sagan und dem Oberstaatsanwalt Dr. Keller aus Wien in Betreff einer bei rechtsverständigen Personen zu machenden Ausnahme gestellten Antrages, II. 2, 628 ff. 637.

und dann noch die zu Punkt 4. und 5. von der Abtheilung gefaßten Entschließungen. II. 2, 639—641.

d) Die ständige Deputation veranlaßte weitere Gutachten über die beiden vorbehaltenen Fragen (s. unter c. β.) und es sprach sich

aa) hinsichtlich der Frage, ob der Richter an das Beweis-Interlokut bei der Hauptentscheidung gebunden sein soll, der Finanz-Prokurator, Rechtsanwalt Beschorner aus Dresden mit gewissen Beschränkungen und indem er den Nachdruck auf den Zeitpunkt der ersten Entscheidung legte, bejahend, III. 1, 98—112.

der Obertribunalsrath Professor Dr. Heffter aus Berlin, unter Voraussetzung einer entsprechenden Verfahrensart, verneinend aus; III. 1, 113—118.

bb) die Frage, ob in bürgerlichen Streitsachen das Urtheil ohne bindende Beweisregeln erfolgen soll, wurde von den beiden Begutachtern, Gerichts-Assessor Dr. Bornemann aus Berlin und Advokat Dr. Bernays aus Mainz, bejaht. III. 1, 121—131.

e) Beim Dritten Juristentage wurde hinsichtlich der vorbehaltenen zwei Fragen, und zwar

aa) hinsichtlich der Frage unter Ziff. 1. oben (Verbindlichkeit des Beweisdekrets) in der Vierten Abtheilung dem Antrage des Berichterstatters, Justizrath Volkmar aus Berlin, gemäß auszusprechen beschlossen: III. 2, 591.

„Das Gericht hat in einem mit Gründen versehenen Dekrete die Beweislast zu regeln und den Beweis zu verordnen. Das Gericht ist bei der End-Entscheidung an dieses Beweisdekret nicht gebunden,“ III. 2, 562 f.

unter Abwerfung des von Kreisrichter Zenthöfer aus Rybnick gestellten Antrages:

„auszusprechen, in einem Civilprozesse, in welchem es zur Beweiserhebung kommt, sind zwei verschiedenartige Beweis-Resolute, nämlich ein Beweisaufgabe-Resolut oder Interlokut und ein Beweiszulassungs-Resolut oder Resolut im engeren Sinne anzunehmen. Bei der Hauptentscheidung eines solchen Prozesses ist das Beweis-Interlokut unabänderlich, dagegen das Beweisresolut, insofern es auf Eidesabnahme lautet, ebenfalls unabänderlich, im Uebrigen abänderlich,“ III. 2, 569.

sowie der beziehungsweise von dem Gerichts-Assessor Makower aus Berlin, dem Rechtsanwalt Gierse aus Münster und dem Obertribunalrath Frh. v. Sternenfels aus Stuttgart gestellten Anträge auf Weglassung der Worte: „mit Gründen,“ III. 2, 585. und: „die Beweislast zu regeln,“ III. 2, 591.

und hiervon der Plenar-Versammlung Mittheilung gemacht. III. 2, 124 f.

bb) Hinsichtlich der Frage unter Ziff. 2. oben (gesetzliche Beweistheorie) ging

α) der Beschluß der Vierten Abtheilung, nachdem der Berichterstatter, Obergerichtsanwalt Dr. Pfeiffer aus Bremen, zuvörderst beantragt hatte:

„In Betracht,

daß die Würdigung eines geführten Beweises der Natur der Sache nach vorzugsweise der freien richterlichen Erkenntniß überlassen werden muß,

daß insbesondere durch das mündliche Verfahren ein größerer Einfluß der subjektiven Ueberzeugung des Richters bei Entscheidung der Thatfrage bedingt erscheint,

daß jedoch in bürgerlichen Rechtsstreitigkeiten unter den jetzt vorherrschenden prozessualischen Grundprinzipien gewisse positive Beweisregeln als Schranken der freien richterlichen Beurtheilung nicht ganz entbehrt werden können,

die Grenzlinie aber zwischen der Nothwendigkeit und Verwerflichkeit von Beweisregeln nicht durch einen allgemeinen Ausspruch, sondern nur durch Erörterung der einschlagenden Einzelfragen bezeichnet werden kann:

über die aufgestellte Frage zur Tagesordnung überzugehen," III. 2, 521 f.

dann aber sich dem Antrage des Rechtsanwalts Dr. Horwitz aus Grüneberg:

„Der Juristentag wolle als seine Ueberzeugung aussprechen:

Die Würdigung des geführten Beweises ist auch im Civilprozeß der Natur der Sache nach vorzugsweise der freien richterlichen Erkenntniß zu überlassen; insbesondere wird durch das mündliche Verfahren ein größerer Einfluß der subjektiven Ueberzeugung des Richters bei Entscheidung der Thatsachen bedingt. Die unbedingte Verwerfung aller positiven Beweisregeln als Schranken der freien richterlichen Beurtheilung erscheint jedoch nicht gerechtfertigt;" III. 2, 536.

angeschlossen hatte, III. 2, 552.

und nachdem der Antrag des Advokaten v. Feder aus Offenburg:

„Der Deutsche Juristentag solle seine Ueberzeugung dahin aussprechen, daß, was den Beweis in bürgerlichen Streitsachen betrifft, das Urtheil nach freier richterlicher Ueberzeugung ohne festbindende Beweisregeln erfolgen soll, wobei jedoch die Frage, ob und in wie weit die Einführung des Instituts der Richter der Thatsachen (Geschworenen) zu empfehlen sei, der weiteren Erörterung vorbehalten ist," III. 2, 549.

zurückgezogen, III. 2, 549.

auch die von dem Rechtsanwalt Gierse aus Münster dahin:

„Die Versammlung geht in Erwägung,

1) daß gewisse Beweisregeln nicht entbehrt werden können,
2) daß dieselben jedoch auf das nothwendigste Maß zu beschränken seien, hierbei aber auch
3) die Gerichtsverfassung und die Gerichtsordnung in Betracht komme,

zur Tagesordnung über,"

vorgeschlagene Ablehnung einer Entscheidung in der Sache selbst, III. 2, 535 f.

nicht beliebt worden war, III. 2, 556.

dem Antrage gemäß, welchen Professor Endemann aus Jena gestellt, III. 2, (534) 549.

und im Hinblick auf welchen Rechtsanwalt Leonhard aus Grüneberg einen von ihm gestellten Antrag:

„In bürgerlichen Streitsachen soll das Urtheil nach freiem Ermessen ohne fest bindende Beweisregeln erfolgen, soweit nicht der freie Wille der Parteien und sein Einfluß auf das Verfahren Ausnahmen rechtfertigt," III. 2, 536.

zurückgezogen hatte, III. 2, 554.

dahin:

„Der Juristentag spricht sich, ohne damit die Folgen des Grundsatzes im Einzelnen festzustellen, im Ganzen für das Prinzip aus, daß der Richter die Wahrheit der Thatsachen, so weit sie unter den Parteien streitig, nach freier Ueberzeugung zu prüfen habe." III. 2, 556.

Nach diesem Beschlusse entfielen die weiteren, in's Einzelne der Beweismittel eingehenden Anträge (III. 2, 556.)

des Kreisrichters Zenthöfer aus Rybnik:

„Es sei auszusprechen, daß die Zeugen-, Gutachten- und Augenscheinbeweise nach freiem Ermessen des Richters zu würdigen, dagegen bei der Würdigung des Urkundenbeweises gesetzliche Regeln anzuwenden seien," III. 2. 534.

des Justizraths, Rechtsanwalt Corty aus Lukau:

„Der Deutsche Juristentag wolle als seine Ueberzeugung aussprechen:

in bürgerlichen Streitsachen habe der Richter die Frage, ob ein Beweis durch Zeugen oder Sachverständige geführt sei, nach seiner freien Ueberzeugung, vorbehaltlich der Befugniß der Auferlegung eines nothwendigen Eides, zu beantworten," III. 2, 534.

und des Obertribunalraths Frh. v. Sternenfels aus Stuttgart:

„Der Juristentag spricht die Ueberzeugung aus, daß das richterliche Ermessen bei Würdigung des geführten Zeugen- und Urkundenbeweises und bei Auflegung des richterlichen Eides von fest bindenden Beweisregeln entbunden werden möge." III. 2, 540.

β) In der Plenar-Versammlung vom 28. August 1862 wurde zunächst ein von ꝛc. Zenthöfer gestellter Antrag auf nochmalige Verweisung der Frage an die ständige Deputation verworfen, III 2, 106.

dann aber derselbe, nachdem in der Sache selbst Advokatur-Kandidat Dr. Brix aus Wien beantragt hatte:

„Der Juristentag wolle aussprechen: der Civilrichter ist bei Beurtheilung der im Prozesse vorgebrachten Thatsachen an eine positive Beweistheorie nicht zu binden, vorbehaltlich der Bestimmung über die Glaubwürdigkeit von Urkunden und Parteieneiden," III. 2, 113.

und die Abstimmung über den nun noch vom Obergerichts-Anwalt Lauenstein aus Lüneburg gestellten Vorantrag:

„In Erwägung, daß die Frage über die Freiheit der Prüfung der Beweisfrage in der Wissenschaft noch nicht zum Abschlusse gelangt ist, geht der Juristentag zur Tagesordnung über," III. 2, 122.

kein unzweifelhaftes Ergebniß geliefert hatte, III. 2, 123.

dennoch angenommen. III 2, 124.

f) Von den weiteren, durch die ständige Deputation über die Frage, ob das Urtheil in bürgerlichen Streitsachen nach freier richterlicher Ueberzeugung erfolgen solle, veranlaßten Gutachten sprach sich das des Gerichts-Assessors Makover aus Berlin für die Bejahung dieser Frage, IV. 1, 111 ff.

das des Oberlandesgerichts-Raths Dr. Frh. v. Sacken dahin aus, der Juristentag sollte über diese weder unbedingt zu bejahende, noch unbedingt zu verneinende Frage zur Tagesordnung übergehen. IV. 1, 116—132.

g) In der Vierten Abtheilung des Vierten Juristentages wurde schließlich, dem Antrage des Berichterstatters, Hofgerichtsrath v. Stößer aus Bruchsal entsprechend, IV. 2, 278.

der Beschluß gefaßt:

„Der Juristentag spricht sich — ohne damit bestimmten Vorschriften über die Zulässigkeit einzelner Beweismittel und über die Art ihrer Erhebung vorzugreifen, sowie mit Vorbehalt nöthiger Bestimmungen über den Beweis durch Urkunden und den Eid — für den Grundsatz aus, daß der Richter die Wahrheit der Thatsachen, soweit sie unter den Parteien streitig ist, nach freier Ueberzeugung zu prüfen habe," IV. 2, 284.

und der Antrag des Advokaten Dr. v. Kießling aus Schärding:

die Worte (nach „streitig ist"): „jedoch nur unter der Voraussetzung des öffentlichen und mündlichen Verfahrens" beizufügen, IV. 2, 280 f.

abgelehnt, IV. 2, 284

wonach dann die anderen materiellen Anträge, namentlich der des Rechts-Anwalts Block aus Magdeburg, die Frage in folgender Fassung:

„Soll in bürgerlichen Streitsachen der Richter die Thatsachen —

soweit die Parteien den Beweis weder durch Urkunden, noch durch einen Eid führen — nach freiem Ermessen feststellen?"

zu stellen und zu bejahen, IV. 2, 279.

und der des Obergerichts-Anwalts Dr. Eller aus Mannheim, auszusprechen:

„In bürgerlichen Rechtsstreitigkeiten erfolgt die Beurtheilung des Beweises durch Zeugen, Sachverständige und Vermuthungen, soweit dieselben zulässig sind, nach freier richterlicher Ueberzeugung," IV. 2, 282.

von selbst wegfielen. IV. 2, 284.

Hiervon wurde der Plenar-Versammlung vom 28. August 1863 Kenntniß gegeben. IV. 2. 114.

3) In Betreff des Zeugenbeweises stellte die ständige Deputation die Gesetzgebungsfrage auf:

„Erscheint es für das Deutsche bürgerliche Verfahren geboten oder auch nur zweckmäßig, daß die Zulässigkeit des Zeugenbeweises auf Rechtsgeschäfte von verhältnißmäßig nur geringem Betrage beschränkt, — und daß derselbe von dem Inhalte einer Urkunde oder zur Ergänzung des Inhalts oder zur Herstellung von Reden, die vor, während oder nach Abfassung einer Urkunde vorgefallen sein sollen, ausgeschlossen werde?"

Ueber dieselbe wurden zunächst

a) drei Gutachten eingezogen:

aa) Oberhofgerichts-Kanzler Haaß aus Mannheim sprach sich dahin aus: „daß zwar die Bestimmungen über Beschränkung des Zeugenbeweises in bürgerlichen Rechtssachen für besondere Fälle nicht zu der Gesetzgebung über das Verfahren gehören, daß aber, wenn auch die Aufnahme solcher Bestimmungen in den Deutschen bürgerlichen Prozeß durch die übrige Einrichtung des letzteren nicht als geboten erscheine, eine solche Aufnahme wenigstens zweckmäßig sei," V. 1, 62—77.

bb) Professor Dr. Hinschius aus Halle aber für die Verneinung der aufgestellten Frage, V. 1, 166—176.

cc) Advokat-Anwalt und Ergänzungsrichter Dr. Creizenach aus Mainz endlich stellte mehrere Sätze auf, nach denen der Zeugenbeweis zuzulassen, übrigens von den Richtern, gleich Civilgeschworenen frei gewürdigt, und ein diesem entsprechendes Verfahren hinsichtlich dieses Beweismittels eingerichtet werden solle. V. 2, 19—31.

b) In der Vierten Abtheilung wurde, nachdem der Berichterstatter, Stadtrichter Hiersemenzel aus Berlin, beantragt hatte, auszusprechen:

1) „Es erscheint weder nothwendig, noch auch nur zweckmäßig, daß,

wenn die civilrechtlichen Folgen einer Handlung Gegenstand eines Prozeßverfahrens sind, die Zulässigkeit des Zeugenbeweises auf Rechtsgeschäfte von verhältnißmäßig nur geringem Betrage beschränkt, und der Zeugenbeweis von dem Inhalte einer Urkunde, sowie zur Ergänzung des Inhalts und zur Herstellung von Reden, welche vor, bei oder nach Abfassung einer Urkunde vorgefallen sein sollen, ausgeschlossen werde;

2) dagegen erscheint es geboten, daß die Zeugenverhöre, soweit es sich um ein streitiges Rechtsgeschäft handelt, im Civilprozeß stets vor dem erkennenden Richter stattfinden," V. 2, 239 f

und in diesen Antrag auf den Vorschlag des Obergerichts-Assessors Koppen aus Rinteln unter Ziff. 2 das Wort „regelmäßig" eingeschaltet hatte, V. 2, 240.

die Ziff. 1 dieses Antrages mit großer Mehrheit angenommen, der Antrag des Advokaten Lochner aus Wittenberg:

„Die ständige Deputation des Juristentages zu beauftragen, die Frage zu erörtern, wie der Beweis im Civilprozesse im Ganzen und Einzelnen erhoben werden soll," V 2, 242

beinahe einstimmig abgelehnt, sodann auch die Ziff. 2 des Antrages unter Einschaltung der von dem Advokaten Ruhwandl aus München beantragten Worte:

„mit Beschränkung der Ausnahmen auf die ganz unvermeidlichen," V. 2, 242

dagegen unter Verwerfung des von Assessor Koppen beantragten Zusatzes:

„Nur ausnahmsweise kann im Einverständnisse beider Streittheile Vernehmung des Zeugen kommissarisch erfolgen," V. 2, 242.

angenommen, V. 2, 247.

und die von dem Prokurator Dr. Herz aus Höchst gestellten Anträge, die Frage nach der unbeschränkten Zulässigkeit des Zeugenbeweises für eine Frage des Civilprozeßrechts zu erklären und den Wunsch nach einem zweckmäßig eingerichteten Exekutiv-Prozeß auszusprechen (V. 2, 240 f.), abgelehnt. V. 2, 247.

4) Ueber die von der ständigen Deputation aufgestellte Frage:

„Soll die Thätigkeit der Staatsanwaltschaft auch auf bürgerliche Rechtsstreitigkeiten ausgedehnt werden und inwieweit?"

a) zog die Deputation zunächst Gutachten von dem Hofgerichtsrath Brauer aus Bruchsal und dem Kammergerichtsrath Plathner aus Berlin ein. Ersterer sprach sich dahin aus, daß eine Ausdehnung des staatsanwaltschaftlichen Wirkungskreises auf den bürgerlichen Prozeß nicht nothwendig, und wenn sie in bedeutenderem Maß und Umfange geschehe, mehrfach bedenklich, daß aber dieselbe in angemessener Beschränkung, etwa wie in der Hannöverschen und Oldenburgischen Prozeßordnung und auf alle Fälle des öffentlichen Interesses im eigentlichen Sinne, als zweckmäßig zu empfehlen sei; II. 1. 96—99.

Letzterer aber dahin:

„I. Die Staatsanwaltschaft ist nur als Partei zuzulassen.

II. Die Staatsanwaltschaft hat ein Recht zur Klage:

1) auf Nichtigkeitserklärung von Ehen,

2) auf Interdiktion;

sie ist als Mitverklagte zuzuziehen bei Klagen auf Nichtigkeitserklärung oder Scheidung von Ehen.

III. Wieweit sie in anderen Fällen in Vertretung eines öffentlichen Interesses als Partei zuzulassen ist, ist nach den bezüglichen Landesrechten zu beurtheilen.“ II. 1, 109.

b) Auf dem Zweiten Juristentage wurde sowohl in der Vierten Abtheilung, als in der Plenar-Versammlung vom 30. August 1861 beschlossen, diese auf der Tagesordnung gestandene Frage zur weiteren Vorbereitung an die ständige Deputation zu verweisen. II. 2, 599. 656.

c) Es wurden nun weitere Gutachten veranlaßt und dieselben gingen dahin:

aa) das des Obergerichts-Vicedirektors Franke aus Lüneburg:

„Der Staatsanwaltschaft, als einem Organe der Oberaufsicht, wird zweckmäßig auch für die bürgerliche Justizpflege eine überwachende und vermittelnde Thätigkeit — jedoch ohne die Befugniß zum Eingreifen in den einzelnen Prozeßfall — angewiesen. Damit sie die Ueberwachung ausüben kann, ist ihr das Recht zu gewähren,

allen Gerichtssitzungen, auch wenn die Oeffentlichkeit ausgeschlossen ist, jedoch nicht den Berathungen der Richter beizuwohnen, und

jederzeit die Mittheilung der Akten zu verlangen.

Die näheren Bestimmungen aber darüber, in welcher Weise sie als Organ der Oberaufsicht thätig zu werden hat, können nicht allgemein, sondern nur mit Rücksicht auf die Dienstorganisation in den einzelnen Staaten getroffen werden.

Eine Thätigkeit derselben als Organ des Gesetzes ist nicht zuzulassen, sondern nur eine solche in der Eigenschaft als Prozeßpartei, und die Entscheidung über Ertheilung des Armenrechts, nicht aber die Vermittelung der Geschäftsverbindung der Gerichte unter sich oder mit andern Behörden ihr zuzugestehen.“ III. 1, 28—49.

bb) Das des Justizraths, Advokat-Anwalt König aus Cleve dahin: „Unter der Voraussetzung der Thätigkeit der Staatsanwaltschaft im Strafverfahren und der von dem Juristentage hinsichtlich der Grundlagen des Civilverfahrens gefaßten Beschlüsse sei auch in bürgerlichen Rechtsstreitigkeiten dem Staatsanwalte eine Stelle anzuweisen und das Minimum seiner Thätigkeit müsse darin bestehen:

1) daß in den öffentlichen Sitzungen der kollegialischen Gerichte stets ein Staatsanwalt zugegegen sein und

2) daß es demselben gestattet sei, nach den Vorträgen der Rechtsanwälte und vor dem Urtheile seine Ansicht über die in seiner Gegenwart verhandelte Sache zu äußern." III 1, 50—56.

cc) Das des Staatsanwalts Schloß aus Korneuburg dahin:

1) „Die Staatsanwaltschaft hat bei sonstiger Nichtigkeit, versehen mit allen Parteirechten, sowohl im streitigen als nicht streitigen Verfahren zu interveniren:
   a) bei Verhandlung über Trennung und Ungültigkeitserklärung der Ehe, sowie über Scheidung von Tisch und Bett;
   b) wo es sich um Ehelichkeit der Geburt handelt;
   c) bei Adoptionen und Legitimationen;
   d) bei Todeserklärungen;
   e) bei Verfahren wider Abwesende;
   f) bei Interdiktion wegen Geisteskrankheit oder Verschwendung.

2) Die Staatsanwaltschaft ist berechtigt, allen übrigen Verhandlungen beizuwohnen und hierbei das Wort zu ergreifen.

3) Die Staatsanwaltschaft hat bei wahrgenommener Inkompetenz Anträge zu stellen und ist bei Kompetenz-Konflikten der Gerichte mit anderen Behörden jederzeit zu hören." III. 1, 57—70.

d) Beim Dritten Juristentage stellte

aa) der Berichterstatter, Obergerichts-Assessor Planck aus Göttingen, indem er diejenigen Fragen, welche die Stellung der Staatsanwaltschaft im Ganzen der Gerichtsverfassung angehen, und über welche sich Staatsanwalt Schloß in seinem Gutachten ebenfalls ausgesprochen hatte (unter Ziff. 4—7), III. 1, 70. hier bei Seite liegen zu lassen und in Gemeinschaft mit den Hauschteck-Sabarth'schen Anträgen (s. oben Abschnitt E., Ziff. 8 a. und b.) zu verhandeln vorschlug, III. 2, 450 f, 453 460 f.

folgende Anträge:

1) „Es ist nicht zweckmäßig, der Staatsanwaltschaft das Recht oder gar die Pflicht zu geben, in Civilprozessen, sei es in allen oder

einzelnen, oder bei Incidenzverhandlungen, ihre Ansicht über die verhandelte Sache und die abzugebende Entscheidung zu entwickeln.

2) Ebenso ist eine Nichtigkeitsbeschwerde im Interesse des Gesetzes nicht zu empfehlen.

3) Dagegen ist es zweckmäßig, die Staatsanwaltschaft als Prozeßpartei in solchen Fällen zuzulassen, wo es sich um eine im öffentlichen Interesse und auf Grund von Prohibitivgesetzen erfolgende Einwirkung auf privatrechtliche Verhältnisse handelt. Wann diese Voraussetzungen vorliegen, ist nach der Civilgesetzgebung der einzelnen Staaten zu beurtheilen." III. 2, 461.

Nachdem sodann beschlossen war, die Thätigkeit der Staatsanwaltchsaft im bürgerlichen Streitverfahren vor ihrer Einrichtung im Allgemeinen zu erörtern (s. auch Abschnitt E. unter Ziff. 8 a.), III. 2, 469.

und eine Abstimmung über den allgemeinen Antrag des Staatsanwalts Hauschteck aus Stralsund:

auszusprechen, daß das besondere Interesse dieses Verfahrens an sich eine Zuziehung der Staatsanwaltschaft nicht erfordere, III. 2, 485.

sowie über einen Antrag des Rechtsanwalts Gierse aus Münster:

hinsichtlich dieser Frage noch keine endgültigen Beschlüsse zu fassen, bis über die Gerichtsverfassung selbst beschlossen sei, III. 2, 482 f.

nicht beliebt worden war, III. 2, 490.

wurden die beiden ersten Ziffern des Antrages des Berichterstatters angenommen; III. 2, 490.

dagegen wurde hinsichtlich der dritten Ziffer desselben, nachdem der Berichterstatter den fraglichen Theil seines Antrages zu Gunsten des von Hofrath Dr. v. Weixelbaum aus Wien gestellten:

„Ob und in welchen Fällen die Staatsanwaltschaft als partie principale einschreiten soll, bleibt der Gesetzgebung der einzelnen Staaten festzusetzen vorbehalten," III. 2, 501.

zurückgezogen, (III. 2, 503.) Bezirksgerichts-Accessist Hake aus München aber denselben zu dem seinigen gemacht hatte, III. 2, 504.

und nachdem ein Antrag des Justizraths Volkmar aus Berlin:

„In Erwägung, daß die Frage nach Mitwirkung der Staatsanwaltschaft, insoweit sie die Gerichtsorganisation betrifft, nicht hinreichend zu erörtern ist, bevor nicht die Abtheilung Kenntniß davon hat, was von der Dritten Abtheilung beschlossen worden ist, die gedachte Frage, insoweit sie die Gerichtsorganisation betrifft, nicht weiter zu verhandeln," III. 2, 496

abgelehnt worden war,

ein sicheres Abstimmungs-Ergebniß über den ersten Satz dieser dritten Ziffer nicht erzielt, dagegen (hinsichtlich des zweiten Satzes derselben) der Weirelbaum-Planck'sche Antrag abgeworfen. III. 2, 507.

bb) In der Plenar-Versammlung vom 28. August 1862 wurde dem Antrage des Hof- u. Gerichts-Advokaten Dr. Berger aus Wien gemäß (III 2, 99.) beschlossen, diese unentschieden gebliebene Frage noch einmal an die ständige Deputation zur weiteren Vorbereitung zurückzuweisen. III. 2, 100

e) Die weiter eingegangenen Gutachten lauteten dahin:

das des Finanzraths Dr. Fierlinger aus Wien:

„die Staatsanwaltschaft sei als Prinzipalpartei in bürgerlichen Rechtsstreitigkeiten nicht zuzulassen;" IV. 1, 23—33.

das des Obergerichts-Anwalts Bauermeister aus Hannover:

1) „daß die Staatsanwaltschaft nur unter Voraussetzung der Entziehung jedes Oberaufsichtsrechts über die Gerichte als Prozeßpartei zuzulassen und

2) daß die Bestimmung der einzelnen Fälle, in welchen sie als solche zuzulassen, der Civilgesetzgebung vorzubehalten sei;" IV. 1, 34—37.

das des Geh. Oberjustizraths, Senatspräsidenten Dr. Heimsoeth aus Cöln dahin:

„Der Staatsanwaltschaft sei der Beruf zu überweisen:

1) in den Fällen, wo nach dem bisherigen Verfahren ohne Antrag einer Privatpartei von Amtswegen durch ein Civilprozeßverfahren (zur Feststellung, Aenderung oder Aufhebung eines den Gegenstand des Verfahrens bildenden Privat-Rechtsverhältnisses) einzuschreiten ist, als Prinzipalpartei das Verfahren bei den Gerichten anhängig zu machen und unter Beibringung der Thatsachen mit den Prozeßmitteln einer Partei durchzuführen;

2) in den Fällen, in welchen im Civilprozeßverfahren (über die Feststellung, Aenderung oder Aufhebung eines den Gegenstand des Verfahrens bildenden Privat-Rechtsverhältnisses) zwar auf die Anträge einer oder mehrerer Parteien zu entscheiden, dabei jedoch die Thatsachen (welche die Voraussetzung der Entscheidung bilden) nicht lediglich nach Lage der Behauptungen, Beweise und Zugeständnisse der Parteien sich bestimmen, sondern von Amtswegen darauf zu halten ist, daß der wirkliche Thatbestand der Entscheidung zu Grunde gelegt werde, als Prinzipalpartei an dem Verfahren betheiligt zu sein und selbstständig im geeigneten Falle unter Beibringung des That-

bestandes mit den Prozeßmitteln und Rechtsmitteln einer Partei einzuwirken," IV. 1, 279—310.

und diesem letzteren schloß sich auch das des Ministerialraths v. Freydorf aus Karlsruhe an. V. 1, 165.

f) In der Vierten Abtheilung des Fünften Juristentages wurden auf den Antrag des Berichterstatters, Obergerichtsraths Planck aus Meppen, V. 2, 217 f. die angeführten Sätze des Heimsoeth'schen Gutachtens zum Beschluß erhoben; V. 2, 228.

in der Plenar-Versammlung vom 29. August 1864 wurde von diesem Beschlusse Mittheilung gemacht, dagegen, obwohl in der Vierten Abtheilung dem Antrage des Obergerichts-Anwalts Albrecht aus Hannover gemäß beschlossen war, eine Berathung und Beschlußfassung im Plenum herbeizuführen, V. 2, 231.

und obschon Oberstaatsanwalt Dr. Frh. v. Groß aus Eisenach einen Antrag auf Berathung und Beschlußfassung stellte, eine solche nicht beliebt. V. 2, 77 f.

5) Antrag des Kammergerichtsraths Buddee aus Berlin:

„Der Deutsche Juristentag wolle folgende Sätze erwägen und anerkennen:

1) die strenge Anwendung der Eventualmaxime im Civilprozeß bedingt die Vertretung der Parteien durch Rechtsanwälte,

2) die bloße Unterschrift eines Rechtsanwaltes unter Prozeßschriften (Legalisirung) kann die nothwendige Vertretung nicht ersetzen, und

3) bei Verhandlung geringfügiger Sachen vor dem Einzelrichter ist die Anwendung der Eventualmaxime auszuschließen." I. 64.

In der Vierten Abtheilung, nachdem ein Antrag dahin gestellt war:

„Der Juristentag wolle beschließen: die Zwangs-Vertretung durch Rechtsanwälte bedingt die Freigebung der Advokatur an alle nach gesetzlichen Bestimmungen hierzu befähigte Personen;" I. 331 f.

wurde beschlossen:

„In Erwägung, daß durch den Abtheilungs-Beschluß ad Nr. 3 der Waldeck'schen Anträge (s. oben Ziff. 2 a. aa., Ziff. 3) Nr. 1 der Buddee'schen Anträge im Wesentlichen erledigt ist, daß aber Nr. 2 und 3 zu tief mit der Partikular-Gesetzgebung in Verbindung stehen, über diese Anträge zur Tagesordnung überzugehen," I. 332.

und ebenso in der Plenar-Versammlung vom 30. August 1860. I. 280.

6) Der Antrag des Rechtsanwalts Dr. Schaffrath aus Dresden:

„Der Juristentag wolle als seine Rechtsüberzeugung aussprechen: daß der Gebrauch eines gesetzlich zulässigen Rechtsmittels selbst dann, wenn dasselbe für völlig unbegründet befunden wird, nicht noch besonders an der Partei oder deren Vertreter mit einer Geld- oder sonstigen Strafe geahndet werden darf," III. 1, Vorl. Nr. 17

wurde zurückgezogen. III 2, 125.

7) Der Antrag des Advokaten Dr. Meyersohn aus Aschaffenburg:

„Auch der Juristentag wolle seine Ueberzeugung aussprechen und zur Kenntniß der sämmtlichen Regierungen der Deutschen Bundesstaaten bringen:

daß ein allgemeines Gesetz über den Vollzug der rechtskräftigen civilrechtlichen Erkenntnisse als ein sehr dringendes Bedürfniß für alle Deutschen Bundesstaaten erkannt werde," I. 141.

ward in der Vierten Abtheilung in folgender, von dem Antragsteller genehmigten Fassung angenommen:

„Der Deutsche Juristentag erklärt, daß der baldige Erlaß eines für alle Deutsche Staaten geltenden Gesetzes über die gegenseitige Vollstreckbarkeit der rechtskräftigen Civil-Erkenntnisse für ein dringendes Bedürfniß zu erachten sei." I. 334.

8) Der Antrag des Kreisgerichtsraths v. Pieper aus Wrietzen:

„Der Deutsche Juristentag wolle für zweckmäßig erachten, daß die Entscheidung von Prozessen bis zu 5 Thlr. (einschließlich) den Ortsgerichten mit Vorbehalt des Rekurses an den Richter überwiesen werde," III. 1, Vorl. Nr. 20.

veranlaßte, auf dem Dritten Juristentage (in der Vierten Abtheilung und in der Plenar-Versammlung vom 28. August 1862) an die ständige Deputation zur weiteren Vorbereitung überwiesen, III. 2, 592 und 125 f. die Einziehung von drei Gutachten, von dem Hofrath und Landesgerichts-Vicepräsidenten Ritter v. Weirelbaum zu Wien, welcher sich dafür aussprach, geringfügige Sachen (deren Betrag landesgesetzlich festzustellen wäre) mit gewissen Beschränkungen kollegialisch gebildeten, nur bei Stimmeneinheit zu entscheiden befugten Ortsgerichten zuzuweisen, IV. 1, 147—150.

und von dem Obergerichts-Advokaten Dr. Ladenburg aus Mannheim, sowie von dem Gerichtsrath Wengler aus Dresden, die sich gegen den v. Pieper'schen Antrag erklärten. IV. 1, 151—153, 363—368.

Die Vierte Abtheilung beschloß, den Antrag abzulehnen; IV. 2, 325. wovon der Plenar-Versammlung vom 28. August 1863 Mittheilung gemacht wurde. IV. 2, 116.

9) Der Antrag des Kreisrichters Zenthöfer aus Nicolai,

nach welchem der Juristentag die Einrichtung eines jedem ordentlichen Civil-Prozesse, der nicht schleuniger Natur ist und nicht mit einem unbedingten Mandate anhebt, vorauszuschickenden Mandats- und Sühne-Verfahrens empfehlen sollte, I. 134 ff.
ward in der Vierten Abtheilung, als zum Ausspruche des Juristentages nicht geeignet, ohne Eingehen in die Einzelnheiten des (von dem Antragsteller in 12 Punkten ausgeführten) Entwurfs abgelehnt, I. 333.
und ebenso im Plenum vom 30. August 1860. I. 283.

10) Antrag desselben Mitgliedes:
„Der Juristentag wolle folgenden (auf Abschneidung von Streitigkeiten oder wenigstens des ordentlichen Prozesses abzielenden) Vorschlägen seine Zustimmung ertheilen:

1) die durch eine öffentliche qualifizirte Urkunde beglaubigte privatrechtliche Befugniß, beziehungsweise Obliegenheit ist, im Falle sie nicht von einer sogenannten Suspensiv-Bedingung abhängt, innerhalb einer bestimmten Frist ohne vorherigen Prozeß exekutionsfähig.

2) Der Streit über eine privatrechtliche Befugniß, beziehungsweise Obliegenheit ist versuchsweise ohne ordentlichen Prozeß in der Art beizulegen, daß
   a) das Erkenntniß nach dem gesetzlich statthaft erfundenen Antrage des Berechtigten ertheilt und bei unterbliebener Erhebung des dem Verpflichteten dagegen innerhalb einer bestimmten Frist zulässigen Widerspruchs für wirksam erklärt, eventuell
   b) auf den Antrag des dergestalt in Anspruch genommenen Verpflichteten zwischen diesem und dem Berechtigten, ebenso wie auf den gemeinschaftlichen Antrag beider Theile ein Vergleich vermittelt wird.

3) Bei einer im Streite über eine privatrechtliche Befugniß, beziehungsweise Obliegenheit unter den Parteien über die Thatfrage stattgehabten Verständigung ist, vorbehaltlich der Nichtigkeitsbeschwerde, über die Rechtsfrage ohne ordentlichen Prozeß zu entscheiden.“ III. 1, Vorl. Nr. 21.

a) Der Dritte Juristentag (Vierte Abtheilung und Plenar-Versammlung vom 28. August 1862) beschloß die Ueberweisung des Antrages an die ständige Deputation. III, 2, 594, 126

b) Von den nunmehr zu Gutachten über diesen Autrag veranlaßten, oben unter Ziff. 8 genannten Vereinsmitgliedern erklärten sich die beiden ersten gegen denselben, mit Ausnahme des Satzes unter Ziff. 2 b., welchen 2c. Weixelbaum empfehlen zu sollen glaubte, IV 1, 135—144.

Gerichtsrath Wengler dagegen sprach sich im Allgemeinen zu Gunsten der Zenthöferschen Vorschläge aus. IV 1, 353—360

c) Die Vierte Abtheilung des Vierten Juristentages lehnte dem Antrage des Berichterstatters, Rechtsanwalt Kohlschütter aus Dresden, gemäß den Antrag Zenthöfers in allen seinen Theilen nebst einem von dem Rechtsanwalt v. Thielenfeld aus Frankfurt a/O. zu Ziff. 2 b. gestellten Verbesserungs-Antrag:

„es ist wünschenswerth, daß jedes Rechtsverfahren mit einem Termine zur Sühne beginne,"

ab, IV. 2, 326—330.

und machte hiervon der Plenar-Versammlung vom 28. August 1863 Mittheilung. IV. 2, 116.

11) Antrag des Stadtgerichtsraths Dr. Eberty aus Berlin (in Verbindung mit den [oben] Abschnitt E., Ziff. 1, 10 und 12 aufgeführten Anträgen gestellt):

„Der Juristentag wolle als seine Ansicht auszusprechen beschließen;
Der Personal-Arrest wegen Schulden findet
a) in Wechselsachen,
b) wegen verweigerter Offenlegung des Vermögens,
c) sonst nur bei nachgewiesenem Betruge
statt." II. 1, 6

a) Der Dritte Juristentag (Vierte Abtheilung und Plenar-Versammlung vom 28. August 1862) beschloß die Ueberweisung des Antrages an die ständige Deputation. III 2, 592 u 126.

b) Es wurden nun über denselben Gutachten erstattet von dem Rechtsanwalt Calm aus Bernburg, welcher die Ansicht aussprach, daß die Schuldhaft an und für sich, namentlich in den Fällen unter b. und c. zu verwerfen, jedoch vorläufig in Wechselsachen noch beizubehalten sei und im Hinblick auf den innigen Zusammenhang der in Rede stehenden Lehre mit der Ordnung des Verfahrens in Streitsachen überhaupt, eine hierauf Bezug nehmende Tagesordnung vorschlug. IV. 1, 79—95.

von dem Stadtrichter Primker aus Breslau, der, indem er sich grundsätzlich für die Schuldhaft erklärte, übrigens dahin gestellt sein ließ:

„inwieweit diese Materie nur in Verbindung mit der Reform des Konkursrechts und der Gesetzgebung über die Handelsgerichtsbarkeit überhaupt neu geregelt werden könne,"

eine Aenderung in derselben nur dahin befürworten zu sollen glaubte,

„daß in Handelssachen die Personal-Exekution als prinzipales Exekutionsmittel und gleichzeitig mit der Vermögens-Exekution zu gestatten sei.“ IV. 1, 96—107.

c) In der vereinigten Ersten und Zweiten Abtheilung des Vierten Juristentages stellte der Berichterstatter, Justizrath Dorn aus Berlin, den Antrag:

„Der Juristentag spreche seine Ueberzeugung dahin aus:

Der Personalarrest ist kein zulässiges Zwangsmittel zur Vollstreckung der Judikate,“ IV. 2, 203.

(zu welchen er namentlich auch wechsel- und handelsgerichtliche Erkenntnisse gerechnet haben wollte. IV. 2, 203—209.)

Dieser Antrag wurde, nachdem Hofgerichts-Prokurator Dr. Braun aus Wiesbaden einen von ihm dahin gestellten Antrag, daß die Personalhaft

I. zu beschränken sei auf

1) Handels- und Wechselsachen,

2) verweigerte Offenlegung des Vermögens und Betrug,

3) auf den Sicherheitsarrest,

II. daß sie zu beschränken sei auf Ein Jahr, IV. 1, 207.

zurückgezogen hatte, IV. 2, 211.

gegen eine kleine Minderheit abgelehnt, IV. 2, 211.

und hiervon der Plenar-Versammlung vom 28. August 1863 Mittheilung gemacht. IV. 1, 126.

12) Antrag des Kreisrichters Lesse aus Thorn:

„Der Deutsche Juristentag wolle sich für folgende Sätze, betreffend das Konkursrecht, aussprechen:

I. Die baldige Herstellung eines gemeinsamen Deutschen kaufmännischen Akkordgesetzes erscheint dringend wünschenswerth und braucht nicht nothwendig vom Zustandekommen einer gemeinsamen Civilprozeß-Ordnung abhängig gemacht zu werden.

II. Ein gemeinsames Akkordgesetz hat sich nicht auf den gerichtlichen Akkord im Konkurse zu beschränken, vielmehr ist auch auf Einführung eines zweckmäßigen gerichtlichen Akkordverfahrens außerhalb des Konkurses Bedacht zu nehmen,“

welchem noch eine in's Einzelne gehende Ausführung der Grundsätze für den Akkord im Gante und außerhalb desselben beigefügt war.

Der Beschluß der Zweiten Abtheilung und der Plenar-Versammlung vom 29. August 1864 lautete:

„den Antrag von der Tagesordnung abzusetzen und die ständige Deputation aufzufordern, über denselben für den nächsten Juristentag schriftlich referiren zu lassen.“ V. 2, 185, 62.

13) Antrag des Rechtsanwalts und Notar Krieger aus Goldap (als Theil des oben in Abschnitt E. unter Ziff. 11 erwähnten gestellt):

„Es ist zweckmäßig und nothwendig, daß sämmtliche öffentliche Urkunden, sowohl die zur Beglaubigung, als auch die zur Begründung der Rechtgeschäfte dienenden, von dazu bestellten Notaren ausgefertigt werden," I. 139 f.

ist, wie bereits bemerkt, nicht zur Verhandlung gelangt.

G. Strafverfahren und Gefängnißwesen.

1) Der Antrag des Landesadvokaten Dr. Weeber aus Weißkirchen:

„Der Deutsche Juristentag wolle den vom Antragsteller verfaßten Entwurf einer Strafprozeßordnung als geeignete Grundlage zur Anbahnung einer den sämmtlichen Staaten Deutschlands gemeinsamen Prozeß-Ordnung anerkennen und den Regierungen der einzelnen Staaten Deutschlands zur Benutzung empfehlen" II. 1, 277.

ward in der Dritten Abtheilung auf Antrag des Rechtsanwalts Sabarth aus Ratibor:

„In Erwägung, daß für den diesmaligen Juristentag die Zeit wohl offenbar unzureichend ist, um den Entwurf eines ganzen Gesetzbuches erst zu studiren und zu besprechen; in Erwägung, daß andere bereits dringlich gewordene Anträge vorliegen, für deren Erledigung ohnehin wohl schon kaum Raum gelassen ist,"

durch Uebergang zur Tagesordnung beseitigt. II. 2, 288.

2) Antrag des Geh. Raths, Professor Dr. Mittermaier aus Heidelberg:

„Der Juristentag wolle beschließen, daß durch eine von der Versammlung zu wählende Kommission der nächsten Versammlung ein Gesetzentwurf vorgelegt werde über die Regelung des Verhältnisses der Polizeibehörden, des Staatsanwalts und Untersuchungsrichters in Bezug auf den Umfang der jedem dieser Beamten zustehenden Befugnisse in der strafrechtlichen Voruntersuchung." I. 127.

In der Dritten Abtheilung wurde auf Antrag des Berichterstatters, Prof. Dr. v. Holtzendorff aus Berlin, und in der Plenar-Versammlung vom 30. August 1860 beschlossen:

diesen Antrag, soweit er auf Ausarbeitung eines Gesetzentwurfes gerichtet ist, abzulehnen, dagegen die zur Sprache gebrachte Frage gleich dem Lewald'schen Antrage (s. unten Ziff 4) zum Vortrage beim nächsten Juristentage der ständigen Deputation zu überweisen."
I. 325, 260.

3) Antrag des Oberlandesgerichts-Raths (damals Ober-Staatsanwalt) Dr. Keller aus Wien:

nach welchem sich der Deutsche Juristentag für die Nothwendigkeit einer gründlichen Verbesserung der Voruntersuchung im Strafprozesse und hierbei für mehrere, von dem Antragsteller in sieben Punkten aufgestellte Grundsätze (Erforschung der Verbrechen, Erhebung des Thatbestandes und aller die Beschuldigung oder die Vertheidigung begründenden Umstände, gewisse Vernehmungen, bei Gefahr im Verzug auch vorläufige kurze Haftanlegung durch den Staatsanwalt, Nothwendigkeit seiner Anträge bei vielen Untersuchungshandlungen u. s. w.) aussprechen sollte. II. 2, 6—8.

a) Bei dem Zweiten Juristentage zunächst ging der Beschluß der Dritten Abtheilung und der Plenar-Versammlung vom 30. August 1861 dahin, den Antrag an die ständige Deputation zur Berathung, zur Begutachtung und zum Vortrage beim nächsten Juristentage zu überweisen. II. 2. 287 und 657.

b) Demnächst wurden von der ständigen Deputation drei Gutachten über diesen Antrag eingezogen.

Alle drei, erstattet von dem Justizrath, Obertribunals-Anwalt Dorn aus Berlin, III. 1, 3—6.

von dem Professor Dr. Geßler aus Tübingen, III. 1, 7—12

und von dem Staatsanwalt Heinze aus Dresden, III. 1, 13—27.

sprachen sich gegen den Antrag aus, welcher von dem Antragsteller in einigen Einzelheiten geändert wurde. III. 1, Vorl. Nr. 9.

c) Bei dem Dritten Juristentage und zwar

in der Dritten Abtheilung desselben wurde dieser Antrag von dem Antragsteller zurückgezogen, III. 2, 302.

jedoch von dem Kreisgerichts-Direktor v. Kunowsky aus Beuthen in gewissem Maße wieder aufgenommen, III. 2, 306, 308, 342

und nachdem, eines von dem Staatsanwalts-Substituten Bündsdorf aus Wien erhobenen, auf die Verschiedenheiten des abgeänderten und des ursprünglichen Antrages gegründeten Vertagungs-Vorschlages ungeachtet, auf die Berathung des Gegenstandes einzugehen beschlossen war, III, 2, 307 f. 329.

dem Antrage des Berichterstatters, Professor Dr. Glaser aus Wien gemäß (III. 2, 321, 325, 327.) folgende Sätze angenommen:

I. „Die gerichtliche Voruntersuchung muß beibehalten werden, weil nicht dem Staatsanwalte, sondern nur einem unabhängigen richterlichen Beamten die Verfügung über die Person des Angeschuldigten, die Aufnahme jener Beweise, welche in der Hauptverhandlung nicht wieder vorgeführt werden können, endlich die Herbeischaffung des Vertheidigungsmateriales anvertraut werden kann."

(Dieser Satz unter Abweisung eines Verbesserungs-Antrages des Staatsanwalts Lienbacher aus Wien, die Voruntersuchung nur für bestimmte Fälle beizubehalten, III. 2, 342.)

II. „Die gerichtliche Voruntersuchung muß aber beschränkt werden:

1) dadurch, daß der Staatsanwaltschaft die Erhebung der öffentlichen Anklage vorbehalten wird;
2) dadurch, daß die Staatsanwaltschaft angewiesen wird, der Erhebung der öffentlichen Anklage gerichtspolizeiliche Vorerhebungen vorausgehen zu lassen;
3) daß die Voruntersuchung wegfallen kann, wo es sich nicht um Verbrechen schwerster Art handelt und weder der Staatsanwalt noch der Angeschuldigte sie verlangt.

III. Die Voruntersuchung soll verbessert werden:

1) dadurch, daß das Hinarbeiten auf ein Geständniß des Angeschuldigten aufgegeben wird;
2) dadurch, daß sowohl der Staatsanwaltschaft als der Vertheidigung eine fortwährende Einwirkung auf ihren Gang ermöglicht wird;
3) dadurch, daß die Oeffentlichkeit, mindestens die Parteien-Oeffentlichkeit auch für sie als Regel anerkannt wird," III. 2, 350 ff

wodurch sich der von dem Advokatur-Kandidaten Dr. v. Vilas aus Wien im Anschluß an die Anträge ꝛc. Keller's gestellte Gegenantrag III. 2, 336. erledigte. III. 2, 382.

Von diesen Beschlüssen erfolgte Mittheilung an die Plenar-Versammlung vom 28. August 1862. III. 2, 73.

4) Antrag des Rechtsanwalts Lewald aus Berlin:

„Der Juristentag wolle als seine Rechtsüberzeugung aussprechen:

1) jedem Privatbetheiligten ist die Erhebung der Anklage in solchen Fällen zu gestatten, wo sich die Staatsanwaltschaft dessen weigert;
2) in allen Fällen sind neben der Staatsanwaltschaft den Privatbetheiligten die vollen Rechte einer Partei, welche nicht bloß die Zuerkennung einer Entschädigungssumme, sondern auch die Verurtheilung des Angeklagten erstreben darf, einzuräumen;
3) die Parteistellung des Anklägers bedingt es, daß dem Angeklagten gleiche Parteirechte eingeräumt werden, also namentlich

a) daß er nicht erst nach geschlossener Voruntersuchung, sondern von Anfang an sich eines rechtsverständigen Beistandes als Vertheidiger bedienen darf,

b) daß dem Vertheidiger gleiche Rechte mit dem Ankläger eingeräumt werden.“ I. 91.

a) Beim Ersten Juristentage wurde

aa) in der Dritten Abtheilung, nachdem Vor-, beziehungsweise Verbesserungs-Anträge gestellt worden waren

von dem Ober-Staatsanwalt v. Tippelskirch aus Stettin dahin:

1) „Daß die Privatanklage neben der öffentlichen Anklage des Staatsanwalts, soweit solches nicht in einzelnen Ländern Deutschlands schon geschehen, zu dem Zwecke zuzulassen, daß Jedem, der von einer strafbaren Handlung betroffen worden, die Möglichkeit gegeben werde, unabhängig vom Staatsanwalt eine gerichtliche Untersuchung zum Zwecke der Bestrafung des Schuldigen herbeizuführen;

2) die Zahl der nur auf Antrag zu verfolgenden strafbaren Handlungen, wo solches noch nicht in ausreichendem Maße geschehen, so weit auszudehnen, als unbeschadet des öffentlichen Interesses statthaft erscheinen möchte;

3) die etwa noch vorhandenen Bevorzugungen der Anklage im Verhältnisse zur Vertheidigung thunlichst auszugleichen und dahin zu wirken, daß namentlich in erheblicheren Sachen der Angeschuldigte schon vor Erhebung der Anklage mit seinen Vertheidigungsgründen so weit gehört werde, als nöthig ist, um über den wahrscheinlichen Erfolg derselben ein einigermaßen sicheres Urtheil zu gestatten;“ I. 323.

von dem Staatsanwalt Koch aus Trebnitz dahin:

„Der Juristentag wolle für folgende Grundsätze sich aussprechen:

ad 1. Jedem Privatbetheiligten, welcher die hierfür gesetzlich festzustellenden Bedingungen erfüllt, ist die Erhebung der Anklage in solchen Fällen zu gestatten, wo sich die Staatsanwaltschaft dessen weigert,

dagegen ist der letzteren die Befugniß einzuräumen, die Verfolgung einer Strafsache auch wegen offenbarer Unerheblichkeit für das öffentliche Interesse zu unterlassen.

ad 3. Die Parteistellung des Anklägers bedingt es, daß nach förmlich eröffnetem Strafverfahren dem Angeklagten gleiche Parteirechte eingeräumt werden, also namentlich

a) daß dem Angeklagten der Beistand eines rechtsverständigen Vertheidigers auch vor dem völligen Abschluß der Voruntersuchung nach dem Ermessen des Gerichts bewilligt werden kann,

b) daß dem verhafteten Angeklagten die Zuziehung eines solchen von Anfang an gestattet werden muß;" I. 322.

von dem Professor Dr. v. Holtzendorff aus Berlin dahin:

„Dem Verletzten in denjenigen Fällen der Ehr- und Körperverletzung sowie rechtswidrigen Freiheitsbeschränkung und Gefangenhaltung, in welchen die Staatsanwaltschaft ein Einschreiten verweigert, die Erhebung der Privat anklage zu gestatten;" I. 324.

von dem Professor Dr. Geßler aus Tübingen dahin (als Zusatz zu dem v. Holtzendorff'schen Antrage):

„Sowie in denjenigen Fällen, in welchen die Staatsanwaltschaft in Kollision tritt mit früher durch sie durchgeführten Anklagen;" I 324.

von dem Obertribunalsrath Dr. Frh. v. Seckendorf aus Berlin dahin:

„Die Dritte Abtheilung möge dem Plenum den Vorschlag unterbreiten: Der Juristentag wolle es als ein dringendes Bedürfniß der Deutschen Strafrechtspflege anerkennen und aussprechen:

daß die Staatsanwaltschaft gleichmäßig organisirt und mit gleichen Befugnissen und Pflichten in Deutschland bekleidet, überall aber von dem Grundsatze ausgegangen werde, daß die Befugniß, die Strafgerichte mit der Einleitung einer Untersuchung zu befassen, nirgends eine ausschließliche der Staatsanwaltschaft sei, sondern einem Jeden zustehe, der durch eine strafbare Handlung in seinen Rechten verletzt ist;" I. 323.

von dem Staatsanwalt Black aus Kreutzburg dahin:

zu Ziff. 1 des Lewald'schen Antrages:

„Hinter die Worte: „jedem Privatbetheiligten ist" folgende Worte: „nach vorgängiger Sicherstellung des Anzuklagenden gegen leichtsinnige und chikaneuse Anklagen" einzuschalten;" I. 323.

von dem Justizrath, Rechtsanwalt Vogler aus Berlin dahin:

„Nur die Beseitigung des Monopols der Staatsanwaltschaft und die gleiche Stellung des Anklägers und Vertheidigers für wünschenswerth zu erklären;" I. 325.

von dem Prof. Dr. v. Holtzendorff weiter dahin:

„Die Frage nach der zweckmäßigen Gestaltung und dem rechtlichen Charakter der Voruntersuchung sowie dem gegenseitigen Verhältniß der dabei mitwirkenden Behörden, beziehungsweise Personen für die Tagesordnung des nächsten Juristentages in Vorschlag zu bringen;" I. 322.

und von dem Obertribunalsrath Dr. Frh. v. Seckendorff aus Berlin, welchem sich der Antragsteller anschloß, dahin:

„Nur über den Antrag zu Nr. 1 zu beschließen und das Uebrige der ständigen Deputation zur Vorbereitung für die nächstjährige Versammlung zu überweisen;" I. 324 f.

dem Antrage des Rechtsanwalts Calm aus Bernburg gemäß beschlossen:

„beim Plenum zu beantragen: der Lewald'sche Antrag und die dazu gestellten übrigen Anträge seien der ständigen Deputation zur Prüfung und zum Vortrage beim nächsten Juristentage zu überweisen;" I. 324 f.

worauf noch Staatsanwalt v. Grävenitz aus Danzig einen dahin lautenden Antrag übergab:

„Der Deutsche Juristentag wolle anerkennen, daß das Recht des durch eine strafbare Handlung verletzten Privaten im Falle verweigerter Verfolgung durch die Staatsanwaltschaft eines ferneren Schutzes durch die gewährte Möglichkeit richterlicher Entscheidung bedürfe." I. 325.

bb) In der Plenar-Versammlung vom 30. August 1860 wurde, nachdem Rechtsanwalt Lewald den oben angeführten, von ihm gebilligten v. Seckendorff'schen, theils sachlichen, theils Vertagungs-Antrag, I. 247 f.

und auch Justizrath Vogler den von ihm in der Abtheilung eingebrachten Antrag (I. 252.) wiederum gestellt hatte, der Abtheilungs-Antrag angenommen. I. 258.

b) Die von der ständigen Deputation über den Lewald'schen Antrag und die zu demselben gestellten Nebenanträge eingezogenen Gutachten gingen dahin, und zwar:

das des Ober-Staatsanwalts Dr. v. Groß aus Eisenach:

„Die Ablehnung des ersten Lewald'schen Antrages und der zu demselben gestellten Nebenanträge (II. 1, 156.) und die Annahme des zweiten Lewald'schen Antrages zu empfehlen, II. 1, 159.

hinsichtlich des dritten Lewald'schen Antrages aber vorzuschlagen:

A. denselben unter a. anzunehmen mit dem Zusatze: jedoch unter näher zu bestimmenden, durch den Zweck der Untersuchungsführung gebotenen Beschränkungen;

B. in Erwägung, daß dem Angeschuldigten und seinem Vertheidiger die freieste Bewegung und alle diejenigen Befugnisse einzuräumen sind, welche dem Zwecke des Strafprozesses dienlich und zugleich dem Interesse der Vertheidigung förderlich erscheinen,

daß aber für die nähere Bestimmung dieser Rechte im Einzelnen der Gesichtspunkt der bloßen Vergleichung mit den Rechten des Staatsanwalts weder ein ausreichender noch ein überall zutreffender ist,

über das alinea 1 und den Satz sub b. des dritten Lewald'schen Antrages, sowie über den Antrag des Justizraths Vogler und des Oberstaatsanwalts von Tippelskirch (s. oben sub litt. a. aa.) unter Ziff. 3 in den Eingangsworten: „die etwa nach — auszugleichen" zur motivirten Tagesordnung überzugehen (woneben die Annahme des übrigen Inhaltes der Ziff. 3 des v. Tippelskirch'schen Antrages unbedenklich erschiene);"
II. 1, 174

das des Obertribunalsraths Dr. v. Seckendorff aus Berlin im Wesentlichen — unter Ausführung einzelner dieser Punkte, sowie unter Beifügung von Vorschlägen hinsichtlich der sonstigen Thätigkeit und der Befugnisse des Staatsanwalts und der Haupt-Untersuchung — dahin:

A. „Anzeigen wegen strafbarer Handlungen und Anträge auf Bestrafung der Schuldigen sind dem zuständigen Staatsanwalte einzureichen.

B. Sieht die Staatsanwaltschaft sich nicht veranlaßt, darauf eine Verfolgung einzuleiten, so hat sie den Angeber oder Antragsteller hiervon zu benachrichtigen.

C. Ist derselbe durch die angezeigte Handlung in seinen eigenen Rechten verletzt und will er als Ankläger gegen eine oder mehrere bestimmte Personen deshalb auftreten, so kann er die Anklage dem zuständigen Untersuchungsrichter und in Sachen von der Zuständigkeit des Einzelrichters der Ortspolizeibehörde zu Protokoll geben oder in einer von einem Rechtsanwalte beglaubigten Schrift dem Untersuchungsrichter, bezüglich dem Einzelrichter, welchem die Ortspolizeibehörde das Protokoll zuzufertigen haben würde, einreichen.

D. Die Untersuchung kann darauf (bei Kollegial-Gerichten) nur durch einen Kollegialbeschluß des Gerichts (Rathskammer) abgelehnt oder eingestellt werden, gegen welchen dem Privatankläger dieselben Rechtsmittel, wie der Staatsanwaltschaft gegen dergleichen Beschlüsse, im Instanzenzuge zustehen.

E. Das Verfahren kann sich auch auf die Entschädigungspflicht des Angeklagten erstrecken; wenn aber die Ermittelung des Entschädigungs-Anspruchs des Privatanklägers ohne erhebliche Verzögerung der Untersuchung nicht erfolgen kann, so ist derselbe mit seiner Forderung überhaupt oder mit der Liquidirung des Betrages vor den Civilrichter zu verweisen.

F. Sämmliche obige Bestimmungen greifen auch bei gemeinen und solchen Dienstvergehen der öffentlichen Beamten Platz, welche in den allgemeinen Strafgesetzen mit Strafe bedroht sind;" II. 1, 210—212.

woneben in diesem Gutachten noch Vorschläge in Betreff der Gleichstellung der Staatsanklage und der Vertheidigung und Bemerkungen über das Verhältniß der Polizeibehörden, des Staatsanwalts und des Untersuchungsrichters in der Voruntersuchung (s. oben Ziff. 2) gemacht werden. II. 1, 214—223.

Die ständige Deputation aber stellte sodann folgende Sätze auf (II. 1, 243—247.), welche

c) bei dem Zweiten Juristentage und zwar zunächst

aa) in der Dritten Abtheilung die Grundlage der Berathung bildeten.

§. 1. „Die Untersuchung einer strafbaren Handlung wird in der Regel durch den Staatsanwalt veranlaßt, indem das Verbrechen als eine Verletzung nicht blos des Individuum, sondern zugleich der Gesammtheit sich darstellt. Bei besonders geringen Verbrechen kann das Gesetz die Erhebung der Anklage ausnahmsweise dem Beschädigten zuweisen und die Mitwirkung der Staatsanwaltschaft ausschließen. Dem Beschädigten sind hierbei insbesondere dieselben Rechtsmittel einzuräumen, welche das Gesetz der Staatsanwaltschaft zugesteht," II. 1, 243, 2, 291.

wurde, nachdem Kreisrichter Zenthöfer aus Rybnik den Verbesserungs-Antrag:

„im ersten Satze dieses Paragraphen statt „zugleich" zu setzen: „vorzugsweise,"

zurückgezogen, II. 2, 305—308.

und Rechtsanwalt Dr. Schaffrath aus Dresden seinen Verbesserungs-Antrag zu dem zweiten Satze dieses Paragraphen:

statt der Worte „bei besonders — zuweisen und" zu sagen: „Ausnahmsweise z. B. bei besonders geringen Verbrechen, oder bei solchen, bei welchen das Interesse des dadurch unmittelbar Verletzten oder der Angehörigen desselben an der Untersuchung und Bestrafung oder an Unterlassung derselben vorwiegend und wichtiger erscheint, als das Interesse der Gesammtheit, z. B. bei Entführung u. s. w. kann das Gesetz die Erhebung der Anklage dem Beschädigten zuweisen, oder auch" („die Mitwirkung" u. s. w.) II. 2, 292 u. 301 f.

ebenfalls zurückgezogen hatte, II. 2, 307

unter Verwerfung des Antrags, den Rechtsanwalt Haak aus Glogau gestellt:

den §. 1 so zu fassen: „Die Untersuchung wird in der Regel durch den Staatsanwalt veranlaßt," II. 2, 307 f

und des von Ober-Staatsanwalt Dr. Keller gestellten:

im zweiten Satze statt „Verbrechen" zu sagen: „strafbare Handlungen," II. 2, 293, 309.

dagegen dem Antrage des Dr. Schaffrath gemäß, II. 2, 292.

unter Einfügung der Worte (nach „sind hierbei"): „in der Regel dieselben Rechte und" („insbesondere" u. s. w.) II. 2, 310.

angenommen, II. 2, 308—310.

(wodurch sich die beziehungsweise auf einen Beisatz und auf Streichung einzelner Worte gehenden Anträge des Geh. Justizrath Dr. Krug aus Dresden (II. 2, 300.) und des Rechtsanwalts Sabarth aus Ratibor (II. 2, 306.) erledigten).

§. 2. „Die Staatsanwaltschaft kann die strafgerichtliche Verfolgung ablehnen, weil entweder die Handlung nicht unter das Strafgesetz zu stellen, oder die Anzeige nicht mit genügenden Beweisen unterstützt wird," II. 1, 243, II. 2, 311.

wurde angenommen, II. 2, 331.

wodurch sich der auf Streichung dieses Paragraphen gerichtete Antrag des Ober-Staatsanwalts v. Tippelskirch, nach welchem dann weiter §. 3. mit den Worten zu beginnen gehabt hätte:

„Wenn der Staatsanwalt die Verfolgung einer strafbaren Handlung ablehnt, so kann der durch dieselbe Beschädigte" („die Anzeige" u. s. w.), II. 2, 311.

zu dessen Gunsten Staatsanwalt Koch aus Trebnitz auf seinen Antrag,

dem §. 2. noch die Worte anzufügen: „oder weil die Verfolgung für das öffentliche Interesse offenbar unerheblich erscheint," II. 2, 311 f.

verzichtet hatte, II. 2, 328.

erledigte. II. 2, 331.

§. 3. „Der durch die strafbare Handlung Beschädigte kann im Falle solcher Ablehnung die Anzeige an das Gericht bringen und dessen Entscheidung veranlassen, ob der Fall zur strafgerichtlichen Verfolgung sich eigne oder nicht. Das Gericht kann zur Vorbereitung seiner Entscheidung auf Antrag wie von Amtswegen vorläufige Erörterungen veranstalten," II. 1, 244 u. II. 2, 318.

ward angenommen mit der v. Schaffrath (mit dem sich Staatsanwalt Leske aus Schneidemühl, Ober-Staatsanwalt Dr. Keller und Justizrath Corty aus Luckau, welche ähnliche Anträge gestellt hatten, vereinigten) beantragten Aenderung des Wortes „der" in „jeder," II. 2, 325, 331.

woneben dann noch auf den von dem Rechtsanwalte Heydenreich in Dresden gestellten Antrag, beizufügen:

„das in §. 3 dem Beschädigten eingeräumte Recht ist nicht an den Nachweis einer Beschädigung gebunden, sondern auch in dessen Ermangelung zur Geltung zu bringen, so oft ein in das Gebiet des Strafrechts gehörendes Verbrechen in Frage," II. 2, 373 f.

nach dem Antrage des Rechtsanwalts Sabarth aus Ratibor beschlossen wurde:

„in Erwägung, daß der für §. 3. beschlossene Ausdruck „Beschädigte" nicht blos im Sinne eines Geldinteresses zu verstehen, über jenen Antrag zur Tagesordnung überzugehen." II. 2, 382.

§. 4. „Fällt die Entscheidung zu Gunsten des Antragstellers aus, so konstituirt sich — nach der Meinung eines Theils der Deputation — derselbe als Privatankläger und betreibt die Anklage bei den Gerichten ohne Mitwirkung der Staatsanwaltschaft, vorbehaltlich des Rechts derselben, im Laufe der Verhandlung sich der Sache wieder anzunehmen und sie weiter zu betreiben, wenn die Ergebnisse der Verhandlung oder etwaige Zwischenvorfälle eine solche Wiederanziehung der Sache durch die Staatsbehörde rechtfertigen. Dagegen soll — nach der Meinung des andern Theils der Deputation — bei einer gerichtlichen Entscheidung der obigen Art die weitere Betreibung durch die Staatsanwaltschaft selbst erfolgen," II. 1, 244, II. 2, 335.

ward unter Abwerfung des Schlußsatzes, II. 2, 366.

und damit eines von dem Hofgerichts-Prokurator Keller aus Dillenburg gestellten Antrags:

„(unter Weglassung des §. 7) zu sagen: §. 4. Fällt die Entscheidung zu Gunsten des Antragstellers aus, so soll die weitere Betreibung der Sache durch die Staatsanwaltschaft selbst erfolgen," II. 2, 336 u. 366.

nach der ersten von der Deputation aufgestellten Richtung, jedoch dem Antrage des Justizraths Fischer aus Breslau gemäß, II. 2, 336.

mit der Abänderung der Worte: „ohne Mitwirkung — rechtfertigen," in die Worte: „der Staatsanwalt ist in diesem Falle zur Mitwirkung berechtigt, aber nicht verpflichtet," II. 2, 367.

wodurch sich ein von dem Justizrath v. Beyer aus Frankfurt a/O. gestellter Antrag:

nach den Worten: „Fällt die Entscheidung zu Gunsten des Antragstellers aus," fortzufahren: „so hat derselbe die Wahl, ob er die Anklage ohne Mitwirkung der Staatsanwaltschaft selbst bei den Gerichten weiter betreiben oder dies der Staatsanwaltschaft überlassen will," II. 2, 336.

erledigte, II. 2, 368.

und mit dem von Ober-Staatsanwalt v. Tippelskirch beantragten Zusatze:

„Wird der Angeklagte freigesprochen, so können dem Privatankläger die Kosten des Verfahrens und wenn die Anklage durch Beschluß zurückgewiesen wird, die Kosten der vorläufigen Ermittelung zur Last gelegt, auch kann ihm zur Sicherstellung dieser Kosten vorweg eine Kaution abgefordert werden," II. 2, 335.

angenommen. II. 2, 366—368.

§. 5. „Dem Beschädigten ist der Anschluß an das Strafverfahren zur Geltendmachung seiner Schädenansprüche zu gestatten. Der Strafrichter kann die Verurtheilung auf den geforderten Schadenersatz miterstrecken oder den Beschädigten auf den civilgerichtlichen Weg verweisen, nicht aber den Angeklagten von der Forderung selbst lossprechen. Das Erkenntniß des Strafrichters ist, gleichviel ob der Beschädigte adhärirt hatte oder nicht, insoweit für den Civilrichter bei der Entscheidung über den Schädenanspruch bindend, als in dem strafgerichtlichen Erkenntniß ausgesprochen ist, daß die That begangen worden und daß der Angeschuldigte sie begangen habe. Es wird hierbei allenthalben vorausgesetzt, daß der erkennende Richter auch im Civilprozesse an gesetzliche Beweisregeln nicht gebunden ist," II. 1, 244 u. 2, 382 f.

ward unter Einschaltung des von dem Staatsanwalt v. Lauhn aus Naumburg a/S. beantragten Satzes:

„Die Verweisung zum Civilprozesse erfolgt durch ein Dekret, gegen welches ein Rechtsmittel nicht zulässig ist," II. 2, 384.

nach dem zweiten Punkte, II. 2, 406.

sowie unter Ablehnung insbesondere der Anträge des Advokaten Gotthelf aus München:

„Das Erkenntniß des Strafrichters ist, gleichviel ob der Beschädigte adhärirt hatte oder nicht, insoweit für die Entscheidung des Civilrichters bindend, als durch dasselbe eine Thatsache zum Vortheile oder Nachtheile des Beschädigten in bestimmter Weise festgestellt ist," II. 2, 384 u. 407.

und des Justizraths Corty aus Luckau:

nur folgenden Grundsatz anzunehmen: „Das Erkenntniß des Strafrichters ist für den Civilrichter bei der Entscheidung über den Schädenanspruch insoweit bindend, als in dem strafgerichtlichen Erkenntniß ausgesprochen ist, daß der Angeschuldigte die That begangen habe," alle übrigen in §§. 5, 6 und 7 enthaltenen Vorschläge aber abzulehnen, II. 2, 384 u. 407.

angenommen. II. 405—408.

§. 6. „Dem Beschädigten ist zu jenem Behufe — nach der Ansicht eines Theils der Deputation — eine selbstständige Mitwirkung bei der Beweisaufnahme durch Anträge auf Zeugenvorladungen und andere Beweishandlungen zu gestatten, während — nach der Ansicht des andern Theils der Deputation — eine solche Mitwirkung ausgeschlossen bleibt und überhaupt die Verurtheilung in Schadensersatz nur dann gefordert werden kann, wenn aus den zum Zwecke der Untersuchung nöthig gewordenen Erörterungen die Verbindlichkeit zum Ersatze und der Umfang desselben mit ausreichender Bestimmtheit sich ergiebt," II. 1, 245. 2, 411.

wurde im Sinne der ersten der beiden aufgestellten Ansichten und unter Ablehnung eines Zusatzantrages des Ober-Staatsanwalts v. Tippelskirch:

„Kosten, welche durch Erlangung seiner Anträge oder durch die von ihm angewendeten Rechtsmittel entstanden sind, können ihm, wenn der Angeklagte freigesprochen wird, zur Last gelegt werden," II. 2, 413.

angenommen.

§. 7. „Dem Beschädigten sind bei der Strafverfolgung durch die Staatsanwaltschaft die besonderen Rechte einer Partei zur Anstrebung der Verurtheilung in der Strafsache nicht einzuräumen, wogegen ihm die Unterstützung der Staatsanwaltschaft durch Mittheilung von Beweismitteln und Beweisthatsachen an dieselbe nachgelassen bleibt. Ein Theil der Deputation will jedoch, daß dem Beschädigten die Befugniß eingeräumt werde, einen Antrag auf Verurtheilung, insbesondere gegenüber dem Antrage des Staatsanwalts auf Freisprechung, vor dem erkennenden Gerichte zu stellen und zu begründen," II 1, 245

ward, nachdem der erste Satz desselben sich durch die zu §. 4 gefaßten Beschlüsse erledigt hatte, in seinem zweiten Satze angenommen. II. 2, 366.

§. 8. „Der Staatsanwalt nimmt in keinem Stadium der Untersuchung die Stelle einer Partei ein. Er soll nicht nur von jeder Parteilichkeit, sondern auch von jeder Parteieinseitigkeit sich frei halten und nur die Erforschung der materiellen Wahrheit, als den Zweck des strafgerichtlichen Verfahrens, anstreben, gleichviel ob diese zu Gunsten oder zu Ungunsten des Angeklagten gereicht. Insbesondere soll er ihm bekannt werdende, dem Angeklagten günstige Thatsachen nicht verschweigen und die Verurtheilung desselben nicht da anstreben, wo er von der Unzulänglichkeit des Belastungsbeweises überzeugt ist.

Die Vertheidigung ist dagegen nicht verpflichtet, ihr bekannt gewordene, dem Angeklagten ungünstige Thatsachen oder Beweismittel zur Kenntniß des Gerichtes zu bringen.

Die Befugnisse der Staatsanwaltschaft und der Vertheidigung während der Untersuchung können daher nicht durchgängig dieselben sein, und das Verlangen nach einer Gleichstellung der Befugnisse der Vertheidigung mit denen der Staatsanwaltschaft ist unzulässig," II. 1, 245 f. 2, 413 f.

ward unter Verwerfung des Antrages des Ober-Staatsanwalts v. Tippelskirch: diesen §. 8. zu streichen und statt seiner zu sagen: „der Staatsanwalt hat im Verfahren das öffentliche Interesse wahrzunehmen. Er hat in jedem Stadium desselben die Gründe, welche für oder gegen den Beschuldigten sprechen, gleichmäßig zu berücksichtigen," II. 2, 414.

womit auch ein von dem Landes-Advokaten Dr. Weeber aus Weißkirchen zu diesem Antrag vorgeschlagener Zusatz entfiel:

„die Rechte der Vertheidigung sind mit jenen Rechten des Staatsanwalts gleichzustellen, welche diesem in seiner Stellung als Ankläger zustehen," II. 2, 414.

unter Ablehnung ferner des von dem Kreisgerichts-Assessor Dr. Vollert aus Arnstadt gestellten Antrages:

statt des obigen §. 8. zu sagen: „in der Voruntersuchung, nämlich bis zur Anklageerhebung resp. bis zum Anklagebeschluß des Gerichts stehen sich der Staatsanwalt und der Angeschuldigte nicht als Parteien gegenüber; es ist daher jedem ein besonderes Maß von Rechten einzuräumen. Mit der Erhebung der Anklage resp. mit dem Anklagebeschluß des Gerichts treten sich der Staatsanwalt und der Angeklagte als prozeßualische Parteien gegenüber und müssen daher von diesem Stadium an beide Theile als Parteien mit gleichem prozessualischen Rechte behandelt werden;" II. 2, 414.

und des von dem Dr. Schaffrath gestellten, also lautend:

1) im ersten Satze des §. 8. nach dem Worte: „Staatsanwalt" einzuschalten: „wie der Vertheidiger";

2) im zweiten Satze

a) statt des Wortes: „Er" zu setzen: Jener wie dieser" und

b) statt des Wortes „und" („nur die Erforschung") zu setzen: „der Staatsanwalt soll";

3) dem vierten Satze nach den Worten: „zur Kenntniß des Gerichts zu bringen" noch folgende Bestimmung hinzuzufügen: „Auch der Vertheidiger soll jedoch die Erforschung der materiellen Wahrheit, gleichviel ob diese zu Gunsten oder Ungunsten des Angeklagten gereicht, nicht hindern und die Freisprechung des Angeklagten nicht da anstreben, wo auch e r von der Zulänglichkeit des Belastungsbeweises überzeugt ist";

4) im fünften Satze oder dritten und letzten Absatze

a) statt des Wortes „nicht" vielmehr folgende zu setzen: „wenn und insoweit nicht die Verschiedenheit der Verpflichtungen der Staatsanwaltschaft und der Vertheidigung oder die Stellung des Staatsanwalts als öffentliche Behörde entgegensteht;"

b) statt des letzten Wortes „unzulässig" zu sagen: „— mit jenen beiden alleinigen Ausnahmen — zulässig;" II. 2, 414 f.

endlich eines von dem Rechtsanwalte Sabarth aus Ratibor vorgeschlagenen Zusatzes des Inhalts:

„daß dem Angeklagten resp. der Vertheidigung gegen einen Verweisungsbeschluß dieselben Rechtsmittel zu gestatten sind, welche dem Ankläger gegen die Zurückweisung der Anklage zustehen," II. 2, 318, 415.

mit Ausnahme des abgelehnten Schlußsatzes angenommen. II. 2, 416 ff.

§. 9. „Dagegen soll bei der Feststellung der Befugnisse der Vertheidigung maßgebend sein, daß auch durch sie und ihre Thätigkeit ein Postulat der Gerechtigkeit erfüllt wird. Es ist ihr daher jede Befugniß einzuräumen, durch welche sie ohne Gefährdung des Zweckes der Untersuchung auf den Gang derselben und insbesondere die Vollständigkeit der Beweisaufnahme zu Gunsten des Angeklagten einwirken kann. Insbesondere wird jede Beschränkung zu vermeiden sein, durch welche das Vertrauen des Angeklagten auf eine unparteiische und unbefangene Untersuchung und Aburtheilung mit Recht erschüttert wird.

Dem Angeschuldigten wird daher bereits während der Voruntersuchung der verlangte Beirath eines rechtsverständigen Vertheidigers und diesem die Akteneinsicht nicht unbedingt und ausnahmslos zu versagen sein, vielmehr kann beides nach dem pflichtmäßigen Ermessen des Gerichts in jedem einzelnen Falle und unter Aufsicht des Gerichts, sowie unter sonstigen Maßregeln gegen etwaigen Mißbrauch gestattet werden. Ebenso ist dem Vertheidiger die Gegenwart bei Obduktionen zu gestatten.

Dem Vertheidiger ist wie dem Staatsanwalt das direkte Fragerecht einzuräumen. Der Vorsitzende schreitet bei Mißbrauch desselben zum Schutze des Befragten, wie zur Sicherung des Zweckes der Untersuchung ein.

Dem Staatsanwalt ist eine besondere Entwickelung der Anklage nach deren Vorlesung bei Eröffnung der Verhandlung nicht zu gestatten.

Die von dem Angeschuldigten vorgeschlagenen Zeugen sind, wenn ihre Vorladung auf Staatskosten bedenklich fällt, zuzulassen, wenn die Gestellung auf Kosten des Angeschuldigten erfolgen kann und weder die Gestellung zu bedenklicher Verzögerung der Hauptverhandlung führt, noch die Abhörung selbst materiellen Bedenken begegnet," II. 1, 246 f, 2, 418 f.

ward unter Einfügung der Worte im Eingange des zweiten Absatzes (nach „Angeschuldigten"):

„auch wenn er verhaftet ist"

nach dem Antrage des Rechtsanwaltes Lewald, II. 2, 421.

und unter Abänderung der Worte im zweiten Absatze:

„nicht unbedingt — Falle und" in die Worte: „in der Regel nicht zu versagen sein, vielmehr soll beides"

nach dem Antrag des Dr. Schaffrath, II 2, 419.

unter Streichung der Worte des zweiten Absatzes: „sowie unter sonstigen Maßregeln gegen etwaigen Mißbrauch"

nach dem Antrage des Rechtsanwalts Lewald, II. 2, 421.

sowie unter Annahme des weiteren Antrages von Schaffrath:

den letzten Satz des zweiten Absatzes durch die Bestimmung zu ersetzen:

„Ebenso ist dem Vertheidiger die Gegenwart bei Obduktionen, sowie bei allen den gerichtlichen Untersuchungshandlungen, Verhandlungen, Sitzungen oder Terminen, bei denen der Staatsanwalt zugezogen wird, zu gestatten," II. 2, 425.

dagegen unter Ablehnung eines Antrages des Advokaten Heydenreich aus Dresden,

im zweiten Absatze zu sagen: „die Akteneinsicht in der Regel nicht zu versagen, vielmehr unter Aufsicht des Gerichts und unter geeigneten Maßregeln gegen etwaigen Mißbrauch zu gestatten. Ebenso ist als Regel nicht blos die Anwesenheit des Vertheidigers bei Obduktionen und, namentlich im Haftfalle, bei sonstigen Lokalexpeditionen zu betrachten, sondern auch die freie Besprechung des Vertheidigers mit dem Angeklagten. — Diese Berechtigungen der Vertheidigung gehen nur individuell durch Mißbrauch verloren, daher dem Vertheidiger gegen deren ausnahmsweise Versagung die Berufung an die vorgesetzte Behörde freisteht," II. 2, 420.

und eines Antrags des Gerichtsassessors Dr. Fischel aus Berlin,

statt dieses Absatzes zu setzen: „Dem Angeschuldigten wird daher bereits während der Voruntersuchung der verlangte Beirath eines rechtsverständigen Vertheidigers und diesem Beiwohnung aller Verhandlungen, in welchen der Angeschuldigte sowie die Zeugen verhört werden, zu gestatten sein. Dem Vertheidiger ist das Recht einzuräumen, auch während der Voruntersuchung Fragen an die Zeugen zu richten," II. 420, 423.

endlich gemäß einem weiteren, theilweise angenommenen Antrage des Advokaten Heydenreich, unter Abänderung des Schlußsatzes in die beiden Sätze:

„Die Vertheidigung hat bezüglich der Benennung von Zeugen gleiche Rechte mit der Anklage. Die von ihr benannten Zeugen sind zuzulassen, wenn nicht Gefährde offen liegt," II. 2, 420 f.

angenommen II. 2, 423—427.

(S. auch Zusammenstellung der Beschlüsse II. 2, 427—430 und hinsichtlich der Fassung des §. 9. II. 2, 674)

bb) In der Plenar-Versammlung vom 30. August 1861 wurden sämmtliche in der Abtheilung beschlossene Vorlagen an erstere mit der einzigen von dem Hof- und Gerichts-Advokaten Dr. Berger aus Wien beantragten, und von dem Berichterstatter für die Abtheilung, General-Staatsanwalt Dr. Schwarze aufgenommenen Aenderung des Wortes:

„Benennung" (von Zeugen) im letzten Satze des §. 9 in „Vorladung" (von Zeugen) II. 2, 675 ff.

unter Abwerfung namentlich eines von dem Advokaten Lauenstein aus Lüneburg auf Streichung des Schlußsatzes des §. 8 „Es wird u. s. w". gerichteten Gegenantrages, II. 2, 670 ff.

eines Antrages des Ob.-Staatsanwaltsgehülfen Dr. Mittelstädt aus Posen:

auf einen Zusatz zu §. 8 des Inhalts: „Die Befugnisse der Staatsanwaltschaft und der Vertheidigung im Strafverfahren können daher nicht dieselben sein, und das Verlangen nach einer Gleichstellung der Befugnisse der Vertheidigung mit denen der Staatsanwaltschaft ist unberechtigt," II. 2, 672 f.

und eines von dem Dr. Hilse aus Berlin zu dem zweiten Absatze des §. 9 gestellten Abänderungs-Antrags:

daselbst zu sagen: „Dem Angeschuldigten wird ein rechtsverständiger Vertheidiger von Amtswegen beigeordnet", statt „der verlangte Beirath — gestattet", II. 2, 675.

angenommen, II. 674—681.

wobei nur nicht mit Sicherheit zu bestimmen war, ob die Mehrheit für die Worte des zweiten Absatzes des §. 9:

„in der Regel" (deren Abstrich von mehreren Mitgliedern beantragt war, II. 2, 675, 678.)

sich entschied. II. 2, 678 f.

5) Antrag des Rechtsanwalts Lewald zu Berlin:

„Der Deutsche Juristentag wolle seine Rechtsüberzeugung dahin aussprechen,

a) daß politische und Preßverbrechen sowie politische und Preßvergehen in sachlicher Beziehung sich vorzugsweise zur Aburtelung durch Geschworene eigenen,

b) daß sie sachgemäßer durch Geschworene als durch Richterkollegien entschieden werden," II 1, 236.

und Antrag des Rechtsanwalts Dr. Schaffrath in Dresden:

„Der Deutsche Juristentag möge zum diesjährigen Lewald'schen Antrage (betreffend die Aburtelung der politischen und Preßvergehen durch Geschwornengerichte) folgenden Zusatz oder vielmehr Vordersatz beschließen:

Der Deutsche Juristentag erklärt es für ein Bedürfniß Deutscher Strafrechtspflege, daß Schwurgerichte auch in denjenigen Deutschen Staaten, in welchen dies noch nicht geschehen, jedenfalls für schwere Strafsachen, eingeführt werden." II. 1, 276.

In der Dritten Abtheilung wurde zunächst letzterer Antrag, nachdem

a) der Rechtsanwalt Calm aus Bernburg einen zu demselben gestellten Verbesserungs-Antrag auf den Zusatz:

„vorausgesetzt, daß dies nach der Größe des einzelnen Staates möglich ist."

zurückgezogen hatte,

mit großer Mehrheit angenommen, II. 2, 432.

und sodann hinsichtlich des Lewald'schen Antrages,

b) nachdem der Berichterstatter Staatsanwalt Stegemann aus Halberstadt beantragt hatte, auszusprechen:

„Der Deutsche Juristentag erklärt aus Rechtsgründen für seine Ueberzeugung, daß Strafsachen, welche nach der bestehenden Gerichtsverfassung an sich der Aburtheilung durch Geschworene unterliegen, von dei Kompetenz der Schwurgerichte deshalb nicht auszuschließen sind, weil die Strafthat politischer Natur ist oder durch das Mittel der Presse verübt wurde," II. 2, 634.

beschlossen, diesen Antrag, jedoch mit Hinweglassung der Worte:

„aus Rechtsgründen"

anzunehmen, II. 2, 434 f. und weiter zu erklären:

„Bei Vergehen, welche politischer Natur sind oder durch die Presse begangen worden, ist wegen dieser Natur, beziehungsweise wegen des gewählten Mittels, die Entscheidung der Thatfrage durch Geschworene mehr geeignet, als eine Aburtheilung durch Richterkollegien." II. 2, 435, 692.

In der Plenar-Versammlung vom 30. August 1861 aber wurden, nachdem der Antrag des Geh. Justizraths Krug aus Dresden:

„Der Juristentag wolle erklären, daß die von der Dritten Abtheilung zu Nr. 3 des Programms [die vorliegenden] beschlossenen Anträge mit §. 1 der Statuten nicht im Einklang stehen, und er daher auf dieselben nicht eingehen könne," II. 2, 683.

und des Kreisrichters Wettke aus Mohrungen:

„in Erwägung, daß die angeregte Frage überwiegend politischer Natur ist, deshalb außerhalb der statutenmäßigen Zwecke des Juristentages liegt, über den Antrag Nr. III [den vorliegenden] zur Tagesordnung zu gehen," II. 2, 683.

sowie ein auf Uebergang zur Tagesordnung aus anderen Gründen und Ueberweisung des Gegenstandes an die ständige Deputation zur weiteren Begutachtung gestellter Antrag (II 2, 684.) verworfen, II. 2, 687 f.

über einen weiteren Antrag von Wettke aber:

„in Erwägung, daß der vorliegende Antrag der Abtheilung ein Mißtrauensvotum gegen die Deutschen Richterkollegien enthält, welchem Ausdruck zu geben für den Juristentag keine Veranlassung geboten ist, die Tagesordnung anzunehmen," II. 2, 683.

nicht abgestimmt worden war, II 2, 684.

der Antrag der Abtheilung ad a, II. 2, 688.

und sodann ad b. der dort zuerst angeführte angenommen, II. 2, 691.

der zweite dort erwähnte Antrag aber, nachdem zuvörderst ein dritter Antrag Wettke's:

„zu erklären, daß bei Vergehen, welche politischer Natur sind oder durch die Presse begangen worden, die Entscheidung der Schuldfrage durch Geschworene nicht minder geeignet ist, als eine Aburtheilung durch Richterkollegien," II. 2, 684.

abgelehnt war, II. 2, 693.

ebenfalls verworfen. II. 2, 694.

6) Der Antrag des Kreisrichters Zenthöfer aus Rybnik:

„Der Deutsche Juristentag wolle die Unterscheidung der im Strafprozesse zu beantwortenden Fragen in That- und in Rechts-Fragen als eine innerlich berechtigte anerkennen," II. 2, 285.

ist unerledigt geblieben.

7) Ueber die von der ständigen Deputation aufgestellte Frage:

„In welchem Umfange sind Maßregeln zur Erzwingung eines Zeugnisses in Strafsachen (Voruntersuchung, Hauptverfahren) zulässig?"

hatte dieselbe zwei Gutachten eingezogen.

Professor Dr. Geyer aus Insbruck sprach sich in dem von ihm erstatteten Gutachten dahin aus:

Das Gesetz soll den Richter ermächtigen, gegen Zeugen, welche das Zeugniß in Strafsachen oder die Ablegung des Zeugeneides verweigern (ohne daß ihnen gesetzliche Befreiungsgründe zu Statten kommen), Zwangsmaßregeln in einer von dem Begutachter näher ausgeführten Weise zu ergreifen, wenn das Zeugniß in dem betreffenden Falle unentbehrlich erscheint, ohne daß der Richter jedoch das Verfahren gegen den Angeschuldigten zu dessen Ungunsten verzögern darf, um den Erfolg einer gegen einen Zeugen ergriffenen Zwangsmaßregel abzuwarten. V. 1, 54—61.

Obertribunalsrath v. Tippelskirch zu Berlin kam ebenfalls zu einem dem Zeugnißzwange, zu dessen Verwirklichung der Richter mit Geld- und Gefängnißstrafen und mit Haft bis zu einer zum Voraus bestimmten Dauer vorzugehen habe, vorausgesetzt, daß der Zeuge nicht blos wegen eigener Verschuldung sich des Zeugnisses weigere, günstigen Ergebnisse. V. 1, 78—101.

Hiezu war ferner von dem Rechtsanwalt Calm aus Bernburg der Antrag gestellt:

„Niemand kann gezwungen werden, in einer Untersuchungssache zeugeneidlich Auskunft zu geben, so lange die Untersuchung nicht gegen eine bestimmte Person eröffnet ist." V. 2, 186.

In der Dritten Abtheilung wurde, nachdem der Berichterstatter Professor Dr. John aus Königsberg, beantragt hatte:

„Der Deutsche Juristentag wolle als seine Rechtsüberzeugung aussprechen:

1) die Zwangsmittel, welche zur Erlangnng eines Zeugnisses anzuwenden sind, müssen begrenzt sein;

2) es ist nicht erforderlich, über das in Deutschen Strafprozeß-Ordnungen anerkannte Maß des Zwanges hinauszugehen;

3) Niemand darf gezwungen werden, ein Zeugniß abzugeben, bevor die gerichtliche Voruntersuchung eröffnet ist; V. 2, 194, 204.

und Professor Dr. Meyer aus Halle statt der zweiten Ziffer dieses Antrags zu setzen vorgeschlagen hatte (womit sich auch der Berichterstatter einverstanden erklärte):

„der Umfang der in jedem einzelnen Falle überhaupt zulässigen Maßregeln darf eine mäßige Geldbuße oder Freiheits-Entziehung nicht übersteigen," V. 2, 205, 209.

beziehungsweise nach dem ersten (ad 1 u. 3) und dem zweiten (für Ziff. 2 gestellten) Antrage sich auszusprechen beschlossen, V. 2, 209.

wodurch sich ein von dem Gerichts-Assessor Dr. Rubo aus Berlin gestellter Gegenantrag (welchem eventuell Calm beitrat, V. 2, 201.):

den Antrag des Letzteren dahin anzunehmen:

„Niemand ist verpflichtet, über eine strafbare Handlung sich als Zeuge vernehmen zu lassen, so lange nicht die Untersuchung gegen einen bestimmten persönlichen Thäter dieser Handlung gerichtet ist," V. 2, 200.

erledigte. V. 2, 209.

In der Plenar-Versammlung vom 29. August 1864 wurden die zwei ersten Ziffern des Abtheilungs-Vorschlags einstimmig, V 2, 66—70.

statt der dritten Ziffer aber wurde in Gemäßheit eines von dem Staatsanwalt, Frh. v. Elmendorff aus Heiligenstadt gestellten (V. 2, 67.), von dem Antragsteller wieder aufgegebenen, dagegen nunmehr vom Kammergerichtsrath Jakobi aus Berlin zu dem seinigen gemachten Antrages, V. 2, 69.

nachdem beziehungsweise der Vorsitzende und der Berichterstatter Professor Dr. John die Erläuterung gegeben hatten, daß mit den Worten „gerichtliche Voruntersuchung" in Ziff. 3 nicht der engere Sinn einer schon gegen eine bestimmte Person gerichteten Untersuchung habe verbunden, sondern nur ausgedrückt werden wollen, daß der Staatsanwalt oder eine andere nichtrichterliche Behörde über die Anwendung von Zwangsmitteln zur Herbeiführung eines Zeugnisses nicht solle befinden dürfen, V. 2. 66—68.

zu setzen beschlossen (in dem von dem Vorsitzenden dargelegten Sinne):

„Niemand darf gezwungen werden, ein Zeugniß abzugeben, außer von dem mit der Untersuchung befaßten Richter." V. 2, 70.

8) Antrag des Advokaten Dr. Bardasch aus Stanislau (Galizien):

„Der Deutsche Juristentag wolle als seine Rechtsüberzeugung aussprechen:

I. daß im Strafprozesse die Beeidigung der Zeugen in der Regel nicht schon in der Voruntersuchung, sondern erst bei der Schluß- oder Hauptverhandlung nach erfolgter Abhörung aller Belastungs- und Entlastungszeugen und nach den hierüber vorangegangenen Anträgen der Anklage und Vertheidigung über Beschluß des Spruchgerichts stattfinden darf;

II. daß ausnahmsweise bei jenen Zeugen, welche voraussichtlich nicht bei der Hauptverhandlung erscheinen werden, die Beeidigung derselben zwar auch in der Voruntersuchung nach deren Abhörung zulässig, daß jedoch eine Beeidigung der Zeugen in der Voruntersuchung der Beeidigung der übrigen in der Hauptverhandlung abzuhörenden Zeugen nicht hinderlich sei." IV. 2, 110 f.

a) Bei dem Vierten Juristentag ward in der Dritten Abtheilung und in der Plenar-Versammlung vom 28. August 1863 beschlossen: diesen Antrag bei seiner Wichtigkeit und der späten Bekanntmachung desselben der ständigen Deputation zur Veranlassung einer Begutachtung und Vorlage für den nächsten Juristentag zu überweisen. IV. 2, 276, 112.

b) Die von der ständigen Deputation über denselben eingezogenen Gutachten gehen dahin, und zwar das des Staatsanwalts Gareis in Pirna bezüglich des ersten Theiles des Antrags:

„es wolle der Deutsche Juristentag als seine Rechtsüberzeugung aussprechen,

daß die Beeidigung der Zeugen in der Regel nicht schon in der Voruntersuchung, sondern erst in der Hauptverhandlung, nach erfolgter Abhörung, zu dem Zeitpunkte zu erfolgen habe, welchen hierzu, nach Gehör des Staatsanwalts und Vertheidigers, der Vorsitzende für geeignet hält;

dagegen den Antrag, daß die Vereidung der Zeugen den Schlußvorträgen nachzufolgen habe, ablehnen.

Bezüglich des zweiten Theils aber denselben in folgender Fassung anzunehmen:

daß ausnahmsweise die Vereidung jener Zeugen, welche voraussichtlich bei der Hauptverhandlung nicht erscheinen werden, auch in der Voruntersuchung, nach deren Abhörung, zulässig und der Beeidigung der übrigen, in der Hauptverhandlung abzuhörenden Zeugen nur insoweit hinderlich sein dürfe, als Jener Aussage und Vereidung, wäre sie in der Hauptverhandlung erfolgt, solche Wirkung gehabt haben würde." V. 1, 29—36.

Das von dem Landesgerichtsrath Dr. Liszt zu Wien erstattete Gutachten aber dahin, den Antrag nur in folgender umgeänderter Fassung anzunehmen:

I. „daß im Strafprozesse die Beeidigung der Zeugen in der Regel nicht schon in der Voruntersuchung, sondern erst bei der Schluß- oder Hauptverhandlung und zwar vor ihrer Vernehmung statt zu finden habe;

II. daß aber ausnahmsweise bei jenen Zeugen, welche voraussichtlich bei der Hauptverhandlung nicht erscheinen können, ihre Beeidigung auch in der Voruntersuchung nach der Abhörung zulässig sei." V. 1, 118.

c) Von der Dritten Abtheilung des Fünften Juristentages, auf deren Tagesordnung dieser Antrag stand, ward derselbe vertagt. V. 2, 209.

9) Antrag des Advokaten Dr Schaffrath aus Dresden:

„Der Deutsche Juristentag wolle aussprechen, daß im Strafprozesse nur eine Art der Freisprechung — eine vollständige oder unbeschränkte —, nicht aber außer ihr auch noch eine andere, beschränkte „„aus Mangel an vollständigem Beweise"", stattfinden darf." III. 1, Vorl. Nr. 10.

In der Dritten Abtheilung ward derselbe unter Ablehnung eines von Dr. Alfred Stern aus Wien vorgeschlagenen Zusatzes:

„Es bleibt jedoch den Parteien unbenommen, durch den Ausspruch des Gerichts und, falls das Geschwornengericht fungirte, durch ein Verdikt der Geschwornen feststellen zu lassen, daß die Schuldlosigkeit des Angeklagten durch Behebung sämmtlicher wider ihn vorgekommener Verdachtsumstände oder durch Herstellung eines Gegenbeweises nachgewiesen wurde, worüber dem Angeschuldigten ein Amts-Zeugniß auszufertigen ist," III. 2, 362.

gegen Eine Stimme, III. 2, 363.

in der Plenar-Versammlung vom 28. August 1862 einstimmig, ja ohne weitere Berathung angenommen. III. 2, 74.

10) Antrag des Professors Dr. v. Holtzendorff zu Berlin:

„Der Juristentag wolle die Deutschen Regierungen ersuchen:

in Verbindung oder im Zusammenhange mit den strafstatistischen Tabellen in regelmäßig wiederkehrenden Zeitfristen Berichte über den Zustand der Gefängnisse und die Resultate der Strafvollstreckung durch den Druck bekannt zu machen."

In der Dritten Abtheilung wurde derselbe so wie er lautet (I. 326.) und in der Plenar-Versammlung vom 30. August 1860 mit der zu anderen Beschlüssen stimmenden Abänderung,

daß der dringende Wunsch ausgesprochen werde, ꝛc. I. 262.

angenommen.

III.

Alphabetisches Verzeichniß der in den Verhandlungen der ersten fünf Deutschen Juristentage erörterten und erwähnten wichtigeren Gegenstände.

A.

B.

C.

G.

H.

J.

K.

O.

P.

R.

S.

T.

U.

V.

IV.

Verzeichniß derjenigen Mitglieder des Deutschen Juristentages, welche als Beamte oder Vertrauensmänner des Vereins, als Gutachten- oder Bericht-Erstatter, als Redner oder Antragsteller thätig gewesen sind.

I. Vorsitzende.

A. In der Plenar-Versammlung.

v. Wächter, Geheimer Rath, Professor Dr. aus Leipzig I. 180—187, 191, 195—197, 200—227, 229—234, 236, 238, 243—246, 252, 255—260, 262, 271 f., 277—283, 287—291, 294—302; III. 2, 3—7, 9, 19 ff., 21—24, 46 ff., 56—64, 69, 71, 73 ff., 78, 86 ff., 93 ff., 98 ff., 106 ff., 111, 113, 119—126, 128—140; IV. 2, 4—7, 9 f., 69—77, 70 f., 83—87, 101—104, 107—110, 112—116, 124—129, 131, 146—149; V. 2, 36 f., 45—50, 53, 61 f., 65—70, 77 f., 80—83.

Bluntschli, Geheimer Rath, Professor Dr. (aus München, jetzt) in Heidelberg II. 2, 81—89, 91—99, 133—136, 138 f., 607—613, 617, 619 f., 623, 625—628, 630, 632, 635—638, 641, 647—649, 653—657, 660, 666, 668 ff., 672—694 ff., 701—712.

Ehren-Vorsitzender:

v. Campe, Staats-Minister in Braunschweig V. 2, 37—47.

B. In den Abtheilungen.

Berger, Hof- und Gerichts-Advokat Dr. aus Wien, in der Vierten Abtheiluug I. 327 ff.; II. 2, 445 f., 450—453, 463—466, 476 f., 480, 482 f., 489 f., 497—503, 508 f., 518 f., 523—528, 544—548, 550, 553, 556—560, 572, 575 ff., 582, 596—601; III. 2, 445 ff., 461 f, 466—469, 476, 480, 483 ff., 487—491, 501

II. Stellvertreter der Vorsitzenden.

A. In der Plenar-Versammlung.

Wartensleben, Graf v., Stadtger.-Rath Dr. aus Berlin I. 182, III. 2, 5, IV. 2, 6.
Zenker, Advokat Dr. aus Dresden II. 2, 82.

B. In den Abtheilungen.

Abegg, Geh. Justizrath, Professor Dr. aus Breslau, in der Ersten Abtheilung IV. 2, 203, 262 f., V. 2, 186.

Bernays, Advokat Dr. aus Mainz, in der vereinigten Ersten und Zweiten Abtheilung IV. 2, 151, 178.

Fischer, Justizrath, Rechtsanwalt aus Berlin, in der Dritten Abtheilung I. 318.

v. Freydorf, (Ministerialrath, jetzt) Präsident des Ministeriums der auswärtigen Angelegenheiten aus Karlsruhe, in der vereinigten Ersten und Zweiten Abtheilung II. 2, 142.

Heydemann, Geh. Justizrath, Prof. Dr. aus Berlin, in der Ersten Abtheilung I. 308.

Knittel, Obergerichts-Vicepräsident aus Wolfenbüttel, in der Ersten Abtheilung V. 2, 84, 99 f.

v. Kronmüller, Obertribunalsrath aus Stuttgart, in der Dritten Abtheilung II. 2, 281, 290, 292, 299 f., 302, 307—311, 317 f., 325, 328—331 f.

v. Molitor, Oberappellationsgerichts-Direktor aus München, in der vereinigten Ersten und Zweiten Abtheilung III. 2, 141, 231—238.

Planck, Obergerichts- (Assessor, jetzt Rath) aus (Göttingen, jetzt) Meppen, in der Vierten Abtheilung II. 2, 445.

Riesell, Kreisgerichts-Direktor aus Braunschweig, in der Zweiten Abtheilung V. 2, 134.

v. Seckendorff, Frh., Obertribunalsrath aus Berlin, in der Dritten Abtheilung III. 2, 290.

v. Sternenfels, Frhr., (Obertribunalsrath, jetzt) Ober-Handelsgerichts-Direktor aus Stuttgart, in der Vierten Abtheilung III. 2, 445 f., IV. 2, 277, V. 2, 210.

Unger, Professor Dr. aus Wien, in der Ersten Abtheilung I. 308.

III. Schriftführer.

Bähr, Obergerichtsrath Dr. aus Kassel, in der Plenar-Versammlung II. 2, 82.

Berchtold, Dr. jur. aus München, in der vereinigten Ersten und Zweiten Abtheilung III. 2, 142.

Bördel, Advokatanwalt Dr. aus Mainz, in der Dritten Abtheilung IV. 2, 213.

Calm, Rechtsanwalt aus Bernburg, in der Dritten Abtheilung II. 2, 281, III. 2, 290.

Drechsler, (Bürgermeister Dr. aus Parchim, jetzt) Ober-Appellationsrath in Lübeck, in der Ersten und Zweiten Abtheilung IV. 2, 213.

v. Feder, Advokat aus Offenbach, in der Plenar-Versammlung III. 2, 6.

Friedberg, (Privatdozent Dr. aus Berlin, jetzt) außerordentl. Professor in Halle, in der Vierten Abtheilung V. 2, 210.

Gareis, Staatsanwalt aus Pirna, in der Dritten Abtheilung II. 2, 281.

Gotthard, Obergerichtsanwalt aus Braunschweig, in der Ersten Abtheilung I. 308.

Hölder, Rechtskonsulent aus Stuttgart, in der Plenar-Versammlung I. 182.

Hoffer, Hof- und Gerichtsadvokat aus Wien, in der Vierten Abtheilung IV. 2, 277.

Horst, Obergerichtsadvokat aus Braunschweig, in der Plenar-Versammlung V 2, 37.

Horwitz, Rechtsanwalt Dr. (aus Liebenwerda, jetzt) in Grünberg, in der Plenar-Versammlung I. 182, 300.

v. Huze, Hof- und Gerichtsadvokat Dr aus Wien, in der Zweiten Abtheilung I. 314.

Jakoby, Kammergerichtsrath aus Berlin, in der Dritten Abtheilung I 318.

Jaques, Verwaltungsrath Dr. aus Wien, in der Plenar-Versammlung II. 2, 82.

Judeich, Advokat und Notar aus Dresden, in der Vierten Abtheilung II. 2, 447, III. 2, 446, IV 2, 277.

v. Kißling, Ritter, (Advokat aus Schärding, jetzt) Hof- und Gerichtsadvokat in Linz, in der Plenar-Versammlung IV. 2, 5.

Klotz, Kreisgerichtsrath aus Berlin, in der Vierten Abtheilung I. 327.

Koch, Kreisrichter aus Braunschweig, in der Zweiten Abtheilung V. 2, 134; in der Plenar-Versamlung V. 2, 37

Kolbe, Advokatur-Koncipient Dr aus Wien, in der vereinigten Ersten und Zweiten Abtheilung III. 2, 142.

v. Kunowsky, Kreisgerichts-Direktor aus Beuthen, in der Dritten Abtheilung I. 318; in der Plenar-Versammlung II. 2, 82, III. 2, 5, IV. 2, 5, V. 2, 37.

Makower, (Gerichts-Assessor, jetzt) Rechtsanwalt aus Berlin, in der Vierten Abtheilung II. 2, 447, III. 2, 446.

Mansfeld, Assessor aus Wolfenbüttel, in der Ersten Abtheilung V. 2, 84.

Matty, Gerichts-Accessist Dr. aus Mainz, in der Plenar-Versammlung IV. 2, 5,

Mayersohn, Advokat Dr aus Aschaffenburg, in der Vierten Abtheilung V. 2, 210.

Meyen, (Staatsanwalt, jetzt) Justizrath aus Berlin, in der Plenar-Versammlung I. 182.

Möller, Bürgermeister aus Schwerin, in der Ersten Abtheilung V. 2, 84.

Neidhardt, Bezirksgerichts-Direktor aus Zwickau, in der Plenar-Versammlung II. 2, 82.

Probst, Oberjustiz-Assessor aus (Tübingen, jetzt) Stuttgart, in der Plenar-Versammlung III. 2, 19.

Probst, Rechtskonsulent aus Stuttgart, in der Vierten Abtheilung I. 327.

Reinach, Gerichts-Accessist Dr. jur. aus Mainz, in der Ersten und Zweiten Abtheilung IV. 2, 151.

Reyner v. Bleileben, Professor aus Brünn, in der Zweiten Abtheilung I. 314.

Schenk, (Advokatur-Kandidat, jetzt) Hof- und Gerichtsadvokat Dr aus Wien, in der vereinigten Ersten und Zweiten Abtheilung IV. 2, 151; in der Plenar-Versammlung V. 2, 37.

Teichs, Amtsrichter aus Harzburg, in der Dritten Abtheilung V. 2, 186.

Unger, Professor Dr. aus Wien, in der Plenar-Versammlung I. 182.

v. Vilas, (Advokatur-Kandidat, jetzt) Hof- und Gerichtsadvokat Dr. aus Wien, in der Dritten Abtheilung III. 2, 290.

Zirkler, Oberamtsrichter aus Künzelsau, in der Ersten und Zweiten Abtheilung II. 2, 142, 258.

IV. Mitglieder der ständigen Deputation.

Berger, Hof- und Gerichtsadvokat Dr. aus Wien II. 2, 709, III. 2, 136, V. 2, 81.

Bernays, Advokat Dr aus Mainz IV. 2, 131.

Bluntschli, Geh. Rath, Professor Dr. (aus München, jetzt) in Heidelberg I. 220, 299, III. 2, 136.

Bornemann, Wirkl. Geh. Rath, Zweiter Präsident des Obertribunals Dr. aus Berlin (gestorben 1864) I. 220, 299, II. 2, 709.

Caspary, Oberbürgermeister aus Braunschweig V. 2, 81.
Dorn, Justizrath, Obertribunals-Anwalt aus Berlin I. 220, 299.
Drechsler, (Bürgermeister Dr. aus Parchim, jetzt) Ober-Appellationsrath in Lübeck III. 2, 136.
Du Mont, Advokat-Anwalt Dr. jur. aus Mainz IV. 2, 131.
Faber, (Obertribunalsrath, jetzt) Staatsrath aus Stuttgart I. 220, 299, II. 2, 709, III. 2, 136.
Friedberg, Geh. Oberjustizrath Dr. aus Berlin I. 220, 299.
Glaser, Professor Dr. aus Wien II. 2, 709, III. 2, 136, IV. 2, 131.
Gneist, Professor Dr. aus Berlin IV. 2, 131, V. 2, 81.
Gotthard, Obergerichts-Advokat aus Braunschweig V. 2, 81.
Heydemann, Geh. Justizrath, Professor Dr. aus Berlin I. 220, 299.
Hiersemenzel, Stadtrichter aus Berlin I. 220, 299, II. 2, 709, III. 2, 136, IV. 2, 131, V. 2, 81.
Jhering, Geh. Justizrath, Professor Dr. aus Gießen I. 220, 299, II. 2, 709, IV. 2, 131, V. 2, 81.
Kalb, (Oberappellationsgerichtsrath, jetzt) Justizministerialrath Dr. aus München V. 2, 81.
Keller, (Ober-Staatsanwalt, jetzt) Oberlandesgerichtsrath Dr. aus Wien I. 220, 299, II. 2, 709, III. 2, 136, IV. 2, 131.
Knyn, Obergerichts-Präsident Dr. aus Mainz IV. 2, 131.
König, Justizrath, Advokat-Anwalt aus Cleve V. 2, 81.
Kohlschütter, Rechtsanwalt aus Dresden II. 2, 709.
Niemand, Kirchspielvogt aus Büsum V. 2. 81.
Pfeiffer, (Obergerichts-Anwalt, jetzt) Senator Dr. aus Bremen II. 2, 709, III 136, IV. 2, 131, V. 2, 81.
Planck, Obergerichtsrath aus Meppen II. 2, 709, III. 2, 136, IV. 2, 131, V. 2, 81,
Rizy, Sektionschef Dr. aus Wien III. 2, 136, IV. 2, 131, V. 2, 81.
Ruhwandl, Advokat aus München III. 2, 136, IV. 2, 131.
v. Schab, (Oberstaatsanwalt, jetzt) Appellationsgerichts-Direktor aus München V. 2, 81.
Schaffrath, Rechtsanwalt Dr. aus Dresden III. 2, 136, IV. 2, 131.
v. Scharschmid, Ritter, Handelsgerichts-Präsident aus Wien III. 2, 136.
Schneider, (Appellationsgerichts-Präsident, jetzt) Justizminister Dr. aus Dresden II. 2, 709.
Schwarze, General-Staatsanwalt Dr. aus Dresden I. 220, 299, II. 2, 709, 2, 136, IV. 2, 131, V. 2, 81.
v. Sternenfels, Frhr., (Obertribunalsrath, jetzt) Ober-Handelsgerichts-Direktor aus Stuttgart IV. 2, 131, V. 2, 81.
v. Stößer, (Hofgerichtsrath aus Bruchsal, jetzt) Kreisgerichtsdirektor in Lörrach I. 220, 299, II. 2, 709, IV. 2, 131, V. 2, 81.
Trieps, Obergerichts-Präsident aus Wolfenbüttel V. 2, 81.
Volkmar, Justizrath, Obertribunals-Anwalt aus Berlin (gestorben 1864) I. 220, 299, II. 2, 709, III. 2, 136, IV. 2, 131.
v. Wächter, Geh. Rath, Professor Dr. aus Leipzig II. 2, 709.
Waldeck, Obertribunalsrath Dr. aus Berlin II. 2, 709, III. 2, 136.
v. Wartensleben, Graf, Stadtgerichtsrath Dr. aus Berlin I. 220, 299, II. 2, 710, III. 2, 136, IV. 2, 131, V. 2, 81.
Wilke, Geh. Justizrath aus Dresden II. 2, 710.

V. Vertrauensmänner,

zur Feststellung der Liste der dem Plenum zu Mitgliedern der ständigen Deputation Vorzuschlagenden gewählt.

Abegg, Geh Justizrath, Professor Dr aus Breslau III 2, 353, IV. 2, 235, V. 2, 188.
Albrecht, Obergerichts-Anwalt aus Hildesheim V 2, 232
André, Obergerichts-Anwalt aus Osnabrück II 2, 547
Bähr, Obergerichtsrath aus Kassel II. 2, 547, IV. 2, 330.
Becker, Oberappellationsrath aus Oldenburg V. 2, 133.
Berger, Hof- und Gerichtsadvokat Dr. aus Wien II 2, 547, III. 2, 522, IV. 2, 330.
Bernays, Advokat Dr aus Mainz IV. 2, 197, V 2, 133.
v. Binder, Obertribunalsrath und General-Staatsanwalt aus Stuttgart II. 2, 372.
v. Bock, Oberappellationsrath aus Hannover V 2, 188.
Bode, Kreisrichter aus Braunschweig V 2, 182.
Börckel, Advokatanwalt aus Mainz IV. 2, 235.
Borchardt, Stadtgerichtsrath aus Berlin IV. 2, 197, V. 2, 182.
Brauer (Hofgerichtsrath aus Bruchsal, jetzt) Oberhofgerichtsrath in Mannheim II. 2, 372, III. 2, 353.
Braun, Hofgerichts-Prokurator aus Wiesbaden IV. 2, 197.
Brinkmann, Oberappellationsrath a. D. Dr. aus Kiel V. 2, 232.
Calm, Advokat aus Bernburg IV 2, 235, V 2, 188.
Dockhorn, Rechtsanwalt aus Posen V 2, 181.
Dorn, Justizrath, Obertribunals-Anwalt aus Berlin II. 2, 235, III. 2, 522.
Drechsler, (Bürgermeister Dr. aus Parchim, jetzt) Oberappellationsrath in Lübeck II 2, 235, III. 2, 226, IV. 2, 197.
Du Mont, Advokatanwalt Dr. aus Mainz IV. 2, 330.
v. Eck, Obergerichts-Prokurator aus Wiesbaden IV. 2, 330.
Eller, Anwalt Dr. aus Mannheim IV. 2, 330.
Euler, Notar aus Düsseldorf III. 2, 226, V. 2, 133.
Falkmann, Archivrath aus Detmold V. 2, 188.
v. Freydorff, (Ministerialrath, jetzt) Präsident des Ministeriums der auswärt. Angelegenheiten aus Karlsruhe II. 2, 235.
Friedberg, Geh. Oberjustizrath Dr aus Berlin V 2, 232.
Geßler, Professor Dr. aus Tübingen III. 2, 353.
Getz, Advokat Dr. aus Frankfurt a. M. IV. 2, 235.
Glaser, Professor Dr. aus Wien III. 2, 353.
Gneist, Professor Dr. aus Berlin IV. 2, 197, V. 2, 133.
Goltdammer, Obertribunalsrath Dr aus Berlin II. 2, 372.
v. Groß, Frhr., Ober-Staatsanwalt Dr aus Eisenach V. 2, 188.
Henle, Advokat Dr. aus München IV. 2, 330.
Herbig, Bezirksgerichts-Direktor aus Annaberg III. 2, 354.
Heydemann, Geh. Justizrath, Professor Dr. aus Berlin II. 2, 235.
Holthoff, Rechtsanwalt aus Berlin V. 2, 232.
v Holtzendorff, Professor Dr. aus Berlin III. 2, 354.
v. Hye-Glunect, Wirkl. Geh. Rath, Sektionschef Dr. aus Wien III. 2, 354, IV. 2, 235
Ihering, Geh. Justizrath, Professor Dr. aus Gießen II. 2, 235, IV. 2, 197.

v Weixelbaum, Hofrath aus Wien III. 2, 522
v. Witzleben, Regierungsrath aus Dresden IV 2, 197
Zenker, Finanzprokurator aus Dresden V 2, 133.

VI. Vereins-Mitglieder, welche schriftliche Voranträge gestellt haben.

Aegidi, Professor Dr. aus Hamburg — in Betreff der Erhaltung des Archivs in Wetzlar I. 146.

Bähr, Obergerichtsrath Dr. aus Kassel — in Betreff der vorläufigen Ordnung für den Juristentag I 7 f

Bardasch, Advokat Dr. aus Stanislau (Galizien) — in Betreff der Zeugenbeeidigung im Strafverfahren V. 1, 111.

Bernau, Gerichts-Assessor aus Magdeburg — in Betreff des Versicherungswesens III. 1, Vorlage Nr 8

Bernays, Advokat Dr. aus Mainz — in Betreff des Vormundschaftswesens V. 1, 15.

Borchardt, Stadtgerichtsrath aus Berlin — in Betreff der Deklaration der Wechsel-Ordnung II. 1, 277, in Betreff der Handelsgerichte V 2, 134 f.

Bornemann, Wirkl. Geh. Rath, Zweiter Präsident des Obertribunals aus Berlin — in Betreff des Hypothekenwesens II. 1, 229.

Brauer, (Hofgerichtsrath aus Bruchsal, jetzt) Oberhofgerichtsrath in Mannheim — in Betreff des Ortes des Juristentages II. 1, 228

Buddee, Geh. Justiz- und Kammergerichtsrath aus Berlin — in Betreff der Anwälte und Einzelnrichter I. 64 f.

Costa, Advokatur-Kandidat aus Laibach — in Betreff der Errichtung von Lehrkanzeln für vergleichende Rechtsgeschichte, Gesetzgebungs-Wissenschaft und Politik, ferner in Betreff eines Handbuchs der Justiz-Politik und der Veröffentlichung der Gesetzes-Entwürfe I. 144 f.

Dulheuer, Assessor aus Duisburg — in Betreff der Einrichtung des Juristentages I. 121 ff., II. 1, 228 f.

Eberty, Stadtgerichtsrath aus Berlin — in Betreff der Gerichtsverfassung und des Personalarrestes II. 2, 5 f.

Förster, Advokat aus Pirna — in Betreff der Deutschen Rechtseinheit II. 1, 137.

Fries, Advokat aus Weimar — in Betreff der Abschaffung der Todesstrafe III. 1, Vorlage Nr. 22.

Geck, (Kreisrichter, jetzt) Kreisgerichtsrath aus Werden a. R. — in Betreff des Hypothekenwesens II 1, 277, in Betreff des ehelichen Güterrechts III. 1, Vorl. Nr. 6.

Glaser, Professor Dr aus Wien — in Betreff der Strafverjährung II. 1, 236 f., in Betreff der Dritten Abtheilung des Juristentages II. 1, 277.

v. Groß, Ober-Staatsanwalt Dr. aus Eisenach — Zusatzantrag in Betreff eines allgemeinen Deutschen Strafgesetzbuchs I. 59.

Hauschteck, Staatsanwalt aus Stralsund — in Betreff der Gerichtsverfassung III. 1, Vorl. Nr. 18a.

Heller, Professor Dr. aus Wien — in Betreff des Vormundschaftswesens V. 1, 14.

Heydemann, Geheimer Justizrath, Professor Dr. aus Berlin — in Betreff eines Nachdrucksgesetzes II. 1, 236.

VII. Erstatter von Gutachten.

Lienbacher, (Staatsanwalt, jetzt) Oberlandesgerichtsrath aus Wien — in Betreff der Gerichtsverfassung IV. 1, 263.

Liszt, Landesgerichtsrath aus Wien — in Betreff der Zeugenvereidigung im Strafverfahren V. 1, 111

Lührsen, Dr. aus Hamburg — in Betreff des Hypothekenwesens III. 1, 85.

Makower, (Gerichts-Assessor, jetzt) Rechtsanwalt aus Berlin — über Beweiswürdigung im Civilprozeß IV. 1, 111.

Planck, Professor Dr. aus Kiel — in Betreff der Waldeck'schen Anträge II. 1, 66.

Plathner, Kammergerichtsrath aus Berlin — in Betreff mehrerer, das bürgerliche Streitverfahren betreffender Fragen II. 1, 109

Primker, (Stadtrichter aus Breslau, jetzt) Justizrath und Rechtsanwalt in Berlin — in Betreff des Personalarrestes III. 1, 96

Röder, Handelsgerichts-Präsident, Kaufmann aus Mainz — in Betreff der Handelsgerichte V. 2, 10.

Ruhwandl, Advokat Dr. aus München — in Betreff der Gerichtsverfassung III. 1, 9

v. Sacken, Frhr, Oberlandesgerichtsrath Dr. aus Wien — in Betreff der Beweiswürdigung im bürgerlichen Streitverfahren IV. 1, 116.

Schloß, (Staatsanwalt aus Korneuburg, jetzt) Landesgerichtsrath in Wien — in Betreff der Staatsanwaltschaft im bürgerlichen Streitverfahren III. 1, 57

Schwarze, General-Staatsanwalt Dr. aus Dresden (als Mitglied der ständigen Deputation) — in Betreff der Voruntersuchung II. 1, 241.

v. Seckendorff, Frhr., Obertribunalsrath Dr. aus Berlin — desgl. II. 1, 175.

v. Sternenfels, Frhr., (Obertribunalsrath, jetzt) Ober-Handelsgerichts-Direktor aus Stuttgart — in Betreff der Waldeck'schen Anträge II. 1, 3.

Stubenrauch, Professor Dr aus Wien — in Betreff des richterlichen Prüfungsrechts der Verfassungsmäßigkeit der Gesetze IV. 1, 201.

Tippelskirch, Ober-Tribunalsrath aus Berlin — in Betreff der Strafbemessung IV. 1, 157, in Betreff des Zeugnißzwanges in Strafsachen V. 1, 78.

Unger, Professor Dr. aus Wien — in Betreff der Großjährigkeit u. s. w. II. 1, 126.

Vissering, Obergerichts-Anwalt aus Aurich — in Betreff der Anwaltschaft und des Notariats IV. 1, 66.

Wahlberg, Professor Dr aus Wien — in Betreff der Strafbemessung IV. 1, 179.

v. Weixelbaum, Ritter, Hofrath und Landesgerichts-Vicepräsident aus Wien — in Betreff einiger Fragen des bürgerlichen Verfahrens IV. 1, 135, in Betreff der Verweisung geringfügiger Streitsachen an Ortsgerichte IV. 1, 147.

Wengler, Gerichtsrath aus Dresden — in Betreff einiger Fragen des Verfahrens in bürgerlichen Streitsachen IV. 1, 353, in Betreff der Verweisung geringfügiger Streitsachen an Ortsgerichte IV. 1, 363.

VIII. Berichterstatter in den Versammlungen und Sitzungen.

Abeken, (Gerichtsrath, jetzt) Appellationsrath aus Dresden, in der vereinigten Ersten und Zweiten Abtheilung und in der Plenar-Versammlung für dieselbe Abtheilung II. 2, 142, 279, 699—702.

Abegg, Geh. Justizrath, Professor Dr. aus Breslau, in der Dritten Abtheilung und für dieselbe in der Plenar-Versammlung II. 2, 285, 436—442.

André, Obergerichts-Anwalt aus Osnabrück, in der Plenar-Versammlung für die Vierte Abtheilung II. 2, 502, 608—614.

IX. Vereinsmitglieder, welche (abgesehen von einer Thätigkeit als Berichterstatter) in den Versammlungen und Sitzungen gesprochen oder Anträge gestellt haben.

Anhang.

Verzeichniß
des Inhalts des 1. Bandes der Verhandlungen des VI. Juristentages.

FSC
www.fsc.org
MIX
Papier | Fördert gute Waldnutzung
FSC® C083411

Kolibri 360 GmbH
Ferdinand-Jühlke-Straße 7
99095 Erfurt, Deutschland
produktsicherheit@kolibri360.de